매스커뮤니케이션의 역사

A History of Mass Communication

6단계 정보혁명 Six Information Revolution

어빙 팽 Irving   Fang 지음
심길중 옮김

A History of Mass Communication by Fang
Butterworth-Heinemann a division of Reed Educational & Professional Publishing Ltd.

한울
아카데미

그림 출처

그림 3-5 ⓒ International Museum of Photography at George Eastman House
그림 3-9 ⓒ Xerox Corporation
그림 3-10 ⓒ State Historical Society of Wisconsin
그림 3-12 ⓒ Pavek Museum
그림 3-16 ⓒ Pavek Museum
그림 3-17 ⓒ Pavek Museum
그림 3-18 ⓒ International Museum of Photography at George Eastman House
그림 4-1 ⓒ Pavek Museum
그림 4-2 ⓒ Pavek Museum
그림 4-4 ⓒ Pavek Museum
그림 4-5 ⓒ Pavek Museum
그림 4-6 ⓒ Pavek Museum
그림 4-7 ⓒ Pavek Museum
그림 4-8 ⓒ U.S. Army
그림 4-9 ⓒ State Historical Society of Wisconsin
그림 4-10 ⓒ International Museum of Photography at George Eastman House
그림 4-11 ⓒ Eastman Kodak Company
그림 4-13 ⓒ State Historical Society of Wisconsin
그림 4-14 ⓒ State Historical Society of Wisconsin
그림 4-15 ⓒ State Historical Society of Wisconsin
그림 4-16 ⓒ State Historical Society of Wisconsin
그림 4-17 ⓒ State Historical Society of Wisconsin
그림 4-19 ⓒ State Historical Society of Wisconsin
그림 4-20 ⓒ National Archives
그림 6-2 ⓒ *Blender*
그림 6-4 ⓒ Comsat
그림 6-5 ⓒ USSB
그림 6-8 ⓒ Time Warner
그림 6-9 ⓒ Time Warner
그림 6-10 ⓒ Minneapolis *Star Tribune*

A History of Mass Communication
by Fang
Butterworth-Heinemann · 1997
Korean translation copyright ⓒ 2002 by Hanul Publishing Company

이 책의 한국어판 저작권은 Butterworth-Heinemann과의 독점계약으로 도서출판 한울에 있습니다.
신저작권법에 의해 한국 내에서 보호를 받는 저작물이므로 무단전재와 복제를 금합니다.

■ 옮긴이 서문

우리의 삶에 영향을 주고 변화를 가져오는 것으로는 종교, 교육, 정치, 문화, 예술 등 여러 가지가 있다. 그리고 인류가 형성한 공동체들은 탄생과 몰락 그리고 수많은 혁명을 겪으며 면면히 이어져 지금까지 변화, 발전해왔다. 개인의 삶에 영향을 주는 요소들과 공동체의 변화와 발전을 가져오는 바탕에는 언제나 개인과 개인 혹은 공동체와 공동체 사이의 의사전달 혹은 소통, 즉 커뮤니케이션이 있다는 것은 주지의 사실이다. 개인의 삶이 풍요롭다는 것은 개인과 그 개인의 삶에 영향을 주는 요소들과의 커뮤니케이션이 원활하게 이루어지고 있다는 반증이며, 공동체의 번영은 그 공동체가 내부와 외부로의 커뮤니케이션이 원활하게 이루어진 결과라고 볼 수 있다.

1909년 『커뮤니케이션의 의의』라는 책에서 미국의 사회학자 찰스 쿨리(Charles Cooly)가 "커뮤니케이션은 인간관계를 발전하게 하는 기제(mechanism), 즉 공간을 통해 전달하고 시간적으로 보존하는 수단을 포함하는 모든 마음의 상징들이며 그것은 표정, 태도, 몸짓, 음성, 언어, 서체, 인쇄물, 철도, 전보, 전화 그리고 공간과 시간을 정복하는 근대의 기술을 포함한다. 커뮤니케이션 매체 연구의 선구자라고 할 수 있는 마셜 맥루한(Marshall McLuhan)이 등장한 1960년대 이후 많은 학자들에 의해 커뮤니케이션과 매체가 개인의 삶과 공동체의 역사에 미치는 영향에 대한 연구가 활발하게 진행되면서 그 중요성이 날로 부각되어가고 있다.

어빙 팽(Irving Fang) 박사는 이 책에서 매스커뮤니케이션 매체의 발달과정과 삶의 변화를 독특한 기준을 가지고 여섯 단계의 혁명으로 나누어 설명하고 있다.

첫 번째 혁명은 인류가 역사를 기록하게 된 문자의 발명이다. 즉 인류는 문자의 발명을 통해 선사시대에서 역사시대로 전환되었으며, 엄청난 양의 과학과 예술 등의 지식을 공유할 수 있게 되었다. 두 번째 혁명은 활자와 결합된 인쇄로 인쇄술의 발달은 봉건주의의 몰락을 선도하였으며, 문예부흥·인본주의·종교개혁 등에 직·간접적인 영향을 끼쳤다. 또한 현대적인 배달 시스템의 수립을 촉진하게 하였으며, 문맹률의 감소 등을 통해 현대사회로의 시작을 주도하였다. 세 번째 혁명은 신문잡지 등 인쇄매체들로 시작된 매스미디어이다. 인류는 매스미디어를 통해 문맹률을 획기적으로 낮출 수 있었으며, 이는 곧 교육기관과 공공도서관의 설립을 촉진시키는 계기가 되었다. 또한 전보와 사진술이 이 혁명에 결합되면서 사회 전반적인 사건들을 단시간 내에 대중들에게 알릴 수 있게 되었으며, 각종 광고는 산업혁명을 가속화시키는 계기가 되었다.

이와 같은 매스커뮤니케이션의 발달은 궁극적으로 민주주의와 자본주의가 뿌리를 내리는 데 결정적인 역할을 한 것이다. 네 번째 혁명은 영화, 소설, 음반, 뉴스 등의 오락산업으로 오락산업이 펼쳐가는 꿈과 환상의 세계는 사람들에게 무미건조한 일상의 세계에서 자신들이 꿈꾸는 피안으로 도피할 수 있는 기회를 제공하였다.

우리는 지금 가정이 커뮤니케이션의 도구창고로 전환되는 시대를 살고 있는데 이것이 다섯 번째 정보혁명이다. 수백 만의 사람들에게 있어 이제 가정은 가족들이 함께 모여 식사를 하고, 잠을 자고, 정을 나누는 장소라는 전통적인 개념이 깨져버렸다. 대신에 그곳은 가정 밖으로 커뮤니케이션을 보내고 받기 위한 도구들을 보관하는 장소로 전환되었다. 많은 현대인들은 텔레비전, 비디오테이프, 라디오, 전화, 책, 잡지, 신문, 컴퓨터, 자동응답기, 케이블, 위성방송 등을 갖추고 다른 사람들과 고립된 채 살아간다. 우리는 사람과 사람 사이를 격리시키는 매스커뮤니케이션의 위력을 절감하고 있으며, 또 그것에 순응하고 있는 듯하다. 마지막으로 우리는 여섯 번째 정보혁명인 정보고속도로에 진입하고 있다. 이 혁명의 규모와 범위, 특징 등은 아직은 분명하지 않지만 이것이 운송과 커뮤니케이션을 완전히 분리할 것만은 분명하다. 이제 사람들은 집 안에서 일하고, 공부하고, 먼 곳에 있는 사람들과 교류(커뮤니케이션)하고 필요한 정보를 얻으며 가정과 학교, 직장, 놀이터의 개념을 허물어갈 것이다. 심지어 사랑하는 사람들과의 커뮤니케이션 또한 정보고속도로 안에서 이루어질 전망이다. 정보통신의 발달로 사랑하는 사람과 굳이 가까이 있을 필요가 없어질 것이고 어디든지 자신이 원하는 곳을 가정으로, 직장으로, 놀이터로 만들어낼 수 있는 혁명이 일어나고 있는 것이다.

이와 같이 커뮤니케이션 매체의 발달과 우리 삶의 변화의 역사를 체계적으로 정리해놓은 이 책은 분명 커뮤니케이션에 관심이 있는 모든 사람들에게 일독의 가치가 있을 것이다. 이 책은 1997년 발행된 초판을 원전으로 하였으며 역자는 원전을 충실히 번역하려고 노력했다. 만일 오류가 있다면 전적으로 역자의 책임이며 독자제현의 질정을 바란다. 끝으로 이 책을 출판할 수 있도록 많은 도움을 주신 도서출판 한울의 김종수 사장님과 관계자분들께 감사를 드린다.

2002년 3월
옮긴이

옮긴이 서문 / 3
감사의 말 / 10

■ 정보혁명이란 무엇인가? 11
    정보혁명의 정의 11
    여섯 차례의 정보혁명 13
    공통적인 특징 14
    정보의 힘 15
    고속도로와 마을 15
    내용에 의한 매체의 분류 16
    운송의 대체 16
    모양잡기와 정립된 모양 17
    어려운 출발 17
    생활의 변화 18
  정치적 도구와 무기 19
    고르바초프 체포하기 19
    천안문광장 20
    매스컴의 전염 22
    테러리즘과 미디어 23
    비밀 라디오 23
    중동에서 드러난 미디어의 힘 24
    새로운 세계정보 질서 25
    문화제국주의 25
    정치적 통제하의 경제적 자유 26
    미국정치의 변화 27
    걸프전 28

1 쓰기 - 첫 번째 혁명 30
  문자의 발명 30
    점토 위의 문자 30
    지식의 진보 31
  가죽, 뼈 그리고 파피루스 32
    이집트의 파피루스 33
    그리스의 파피루스 35
    양피지 35
    기타 다른 필기 매체들 36
  그리스 사람들 37

    암흑시대를 벗어나서 38
    혼란의 시대 40
    구전문화의 보완 41
    소크라테스의 경고 41
    그리스에서 로마로 42
    최초의 도서관 42
    이성의 등불 43

2 인쇄 - 두 번째 혁명 46
  뒤숭숭한 유럽 46
    정보의 원천 47
    종교개혁과 르네상스 48
  중국에서 온 선물 49
    종이의 기원 49
    정보혁명은 없다 50
    종이, 서방세계로 가다 50
    한 권의 성서와 3백 마리 양가죽 51
  책과 대학 52
    최초의 대학들 52
    새로운 책 문화 54
    검열제도 55
    출판물에 대한 징벌 55
  중세의 우편제도 56
    시민과 대학관계자들을 위한 우편서비스 57
    사업으로서의 우편서비스 58
  여기도 신문, 저기도 신문 59
    신문의 선구자들 59
    최초의 신문 60
    의도하지 않은 결과들 60
  인쇄와 지식층 61
    자국어 인쇄 61
    왜 읽어야만 하는가? 62
    인쇄와 지식의 원동력 62
    지식과 평등권 63
  구텐베르크는 중국을 알았을까? 64
    유럽인들의 흥분 64
    구텐베르크는 무엇을 알았을까? 65

중국과 한국의 활자 66
구텐베르크의 업적 67

3 대량전달 매체 – 세 번째 혁명 ············ 70
새로운 시대의 혼돈 70
도시로의 이동 70
그것은 고통도 불러왔다 71
세 가지 혁명 71
어린이 노동력 72
사회적 변화 73
대중 의존성 73
모든 사람들을 위한 인쇄 74
인쇄와 사회의 변화 74
연판인쇄 75
활자조판하기 75
옵셋 석판인쇄술 76
모든 사람들을 위한 종이 76
두루마리 종이 76
말벌의 교훈 77
정보 펌프 78
신문사업 86
페니신문 79
보도 80
객관성의 탄생 80
식자실의 개선 81
신문 속의 사진 81
자유신문 82
조종당하는 신문 82
여자들도 타자를 칠 수 있다 84
여성들을 일터로 84
구식 사무실 84
필기기계의 발명 85
숄스의 기계 85
여자는 사업을 뜻한다? 86
쿼티 – 타자기의 문자 배열 86
"만약 누군가 원한다면……" 87

수요의 창출 87
광고의 원형들 88
'광고'라는 말의 유래 88
광고 대행사 89
카탈로그와 매약(賣藥) 90
상표명 90
더 많은 광고의 도구들 91
라디오 광고 91
텔레비전 광고 92
표준화 92
우편문제의 해결 92
우체국장과 발행인 93
신문을 위한 우편업무 94
우편물의 운송 94
국제협약 96
사진 96
고대의 기원 96
사진의 화학적 바탕 97
다게르와 탈보트 98
습판사진 100
세상찍기 100
추문 폭로자의 사진 101
사진조판 102
복사기 103
미래보기 104
오늘의 뉴스 104
신문의 변화 104
고대의 신호 105
최초의 전보 105
'신의 창조물?' 106
웨스턴 유니온이 선두에 서다 107
뉴스 전달에서 전보의 역할 107
통신사 109
서비스의 변화 110
전선을 통한 목소리 111
침입자와 구조자 111
"미스터 왓슨 이리와 보세요." 112

서민들도 사용할 수 있는가? 113
초기 라디오로서의 전화 114
전화교환수 114
20세기로 115
공중의 전파신호 117
라디오의 몇 가지 사회적 효과 117
라디오의 원형 118
마르코니 118
경쟁 119
타이타닉호 120
목소리 120
애호가들 다이얼을 맞추다 121
영화의 탄생 123
커뮤니케이션매체로서의 영화 123
영화는 어떻게 탄생했나 124
발명을 명령한 에디슨 124
영화의 상영 125
영화, 미국에 가다 125
최초의 영화 126

4 오락산업 - 네 번째 혁명 127
대중의 오락 127
빈민들의 돈 128
오락적 신문들 129
색깔넣기 129
일부 계층을 위한 잡지 130
영국과 식민지의 시작 130
일반화된 표절행위 131
5센트짜리 잡지들 132
판 위의 오락 133
녹음된 음악의 시작 133
이전에 없던 것 134
축음기가게 135
가구로서의 축음기 136
춤과 재즈 136
하이파이 137
휴대용 녹음 138

녹음테이프 이야기 138
독일, 앞서다 139
기자들의 도구 140
새로운 형식 140
방송 141
고립된 청취자들 142
미국의 1927년의 라디오법령 143
광고들 143
다른 나라의 방송정책 144
네트워크 144
카메라의 소유 145
기술의 진보 145
코닥 146
더욱 발달한 것들 147
거짓말 하는 사진 148
홀로그램 149
이야기하는 영화들 150
5센트 극장 150
혁명적인 생각에 대한 두려움 152
간단한 이야기를 위한 시장 153
배우들 154
조립라인 같은 제작 155
다른 나라의 영화 155
소리의 출현 157
색의 출현 158
스타들과 그들의 영화 159
검열제도 160
정치적 쟁점들 160
자동차 전용극장 161
텔레비전의 도래 162
배급계획 163
저예산 영화 163

5 도구창고가 된 가정 - 다섯 번째 혁명 165
커뮤니케이션 도구창고 165
무엇이 집을 가정으로 만드는가? 165
접촉의 감소 166

도구창고가 된 가정의 확대 167
지나친 매체이용의 문제 168
가정 우편배달 169
무료 우편물 169
소포, 카탈로그 그리고 잡동사니 우편물 170
변화들 171
전화의 새로운 이용 172
전화회사의 구조 개편 172
휴대전화 173
주머니전화 173
새로운 화상전화 174
이용의 다양성 174
접촉 없는 접속 175
'무료' 오락 175
정치적 방송 176
문화적 영향 176
소리의 개선 177
라디오의 재탄생 177
시민들의 주파수 178
라디오의 미래 178
방송의 혜택 178
거실의 영화 179
TV보기-시간 보내기 180
TV의 과학적 기원 181
전자적 텔레비전 181
텔레비전에 노출된 대중 183
표준화 전쟁 184
고선명텔레비전(HDTV) 185
상업적 기반 185
프로그램 185
설정과 구성 186
주부들을 위한 연속극 187
시트콤 187
어린이를 위한 것은? 188
토크쇼와 '정보, 오락프로그램' 188
유료프로그램 189
방송의 쇠퇴 189

거실의 비극 190
라디오 뉴스 191
텔레비전 뉴스의 두 가지 뿌리 191
케네디 암살보도 193
시민인권운동 193
반전시위 194
'거실의 전쟁' 194
비신문보도 195
지구촌 196
도구창고의 연결 197
두 개의 트로이 목마 197
케이블 텔레비전은 어떻게 시작되었나? 198
CATV의 선구자들 199
프로그램 만들기 200
케이블 초기의 성장 200
도시 독점권(Franchise) 201
무선 유료텔레비전 202
비디오테이프, 새로운 책 202
가정용 VCR의 이점 202
텔레비전 녹화의 시도 203
최초의 비디오테이프 기계 204
ENG(Electronic News Gathering) 204
영화 보러 집으로 205
가까운 미래 207
세계로의 보급 207
비디오 저널리스트의 확대 208
해적판 비디오 209
'문화적 제국주의' 209
비디오 제작의 확산 210
새로운 기록세우기 211
라디오와 녹음 212
고감도소리 212

6 정보고속도로 - 여섯 번째 혁명 ········ 216
엄청난 교통량 216
선택 217
상호작용성 219

커뮤니케이션에 의한 분리 219
원거리 연결 220
컴퓨터의 장악 221
커뮤니케이션의 도구 222
그 모든 것들은 어떻게 시작되었는가 222
탁상출판 223
멀티미디어, 더 새로운 책 225
멀티미디어란 무엇인가? 225
CD-ROM 226
CD-ROM 잡지들 227
케이블 협송 228
테드 터너의 등장 229
새로운 채널들 229
홈쇼핑 230
케이블 프랜차이즈 231
유료케이블 TV 232
무선케이블 TV 233
광섬유 233
광섬유를 통한 프로그램 234
지구상의 송신 가능 영역 234
지정학적 고려 235
몇 초 간격 236
뉴스보도의 구조 변화 236
시작 237
INTELSAT 238
비디오 원격화상회의 239
직접위성방송 239
C-밴드와 Ku-밴드 240
뒤범벅 신호 240
텔레포트 241
무한공간의 한계 241
전자적 출퇴근 241
재택근무 242
재택근무의 장점 243
텔레센터 244
우리가 살 곳은 어디인가? 244
도시에는 어떤 일이 일어날까? 244

인터넷 245
인터넷의 주인은 누구인가? 246
월드 와이드 웹(World Wide Web) 247
전자화폐 248
게시판 248
통제 훈련 249
지식그룹 250
광고 250
대화방 251
사회적 연관관계 251
인터넷상의 라디오 252
팩스 보내기 254
팩시밀리의 속도 255
'fax'라는 새로운 단어의 탄생 255
팩스의 기원 256
다양한 사용 256
정보고속도로로의 진입 257
큐브 실험 258
텔레텍스트와 비디오텍스 259
온라인 서비스 260
다른 상호작용성 운용 261
상호작용의 가능성 261
텔레비전 프로그램의 조작 262
온라인 뉴스 262
전자신문 262
텔코스(Telcos), 신문 그리고 뉴스 캐스팅 263
신문 대신 뉴스 팔기 263
컴퓨터화된 신문 264
전국배급 265

■ 요약 ·········· 266
여섯 단계의 정보혁명 다시 보기 267
3세대에 걸친 커뮤니케이션 268

참고문헌 270
커뮤니케이션 약사 282
찾아보기 297

■ 감사의 말

저자는 이 책에서 길고도 복잡한 커뮤니케이션 역사의 공통적인 주제를 찾아보려고 했다. 각 시대별로 커뮤니케이션의 변화와 커뮤니케이션 도구들의 발달과 시대적 영향 그리고 후발세대에 미친 영향 등에 대해 밝혀보려고 했다.

이 책에서는 정보혁명이라고 규정짓는 데 논란의 여지가 있을 수는 있지만 두드러진 사건이라고 생각되는 사건들을 선별하여 그 정보혁명들을 여섯 시기로 나누었다. 예를 들어 영화는 대량 정보 전달의 수단이자 오락을 위한 도구이다. 이와 같이 시대구분이 쉽지않은 몇몇 사항들은 명료성과 이야기의 흐름을 위해 특정한 시기에 배치할 수밖에 없었다.

저자는 이 책에서 전체 역사를 자세하게 취급하는 것이 불가능하다고 판단되어 다른 전문가들의 도움을 받았다. 그들 중에는 미네소타 대학의 Hyman Burman, Ken Doyle, Mark Heistad, Nancy Roberts, Phillip Tichenor 그리고 William Wells; 자료제공자로는 National Cable Television Center에 있는 R. Smith Schuneman, Niels Jensen 그리고 Peter Hammar, William Cologie가 있고, 펜실베니아 케이블/통신 협의회의 George Potter도 포함된다. 국립우주박물관(National Air Space Museum)의 Martin Collins, 윈스럽 대학(Winthrop University)의 Haney Howell, 넷 라디오(net.radio)의 Scott Bourne, Blender의 David Glitzer, 미니아폴리스(Minneapolis)는 ≪스타트리뷴(Star Tribune)≫의 Steve Yelvington, 스미소니언연구소(Smithsonian Institution)의 Bernard Finn과 Kay Youngflesh 그리고 E. N. Sivowitch, 캔사스 대학(University of Kansas)의 Thomas Volek, USSB의 Steve Blum, 국립우편박물관(National Postal Museum)의 James Bruns 등이 있다.

특별히 연구조교인 Cheri Anderson, Erin Labbie와 삽화를 그린 Annie Singer에게 감사를 드린다.

■ 정보혁명이란 무엇인가?

What Are Information Revolution

해를 거듭할수록 더 많은 사람들이 더 많은 채널을 통해 더 많은 이야깃거리들을 더 많은 사람에게 보내고 있다. 인터넷 사용량은 폭발적으로 증가하고 케이블 텔레비전 채널은 5백 개를 넘어섰으며 비디오가게들은 테이프가 너무 많아 비좁아진 선반을 정리하기 위해 오래된 테이프들을 팔아치우고 있다. 데스크탑 출판은 뉴스레터, 자체 제작한 책들, 잡지들, 멀티미디어를 이용한 제작물 등을 끊임없이 쏟아내고 있다. 새로운 컴퓨터 소프트웨어들이 매일매일 나오고 있으며 자유산업국가의 서점들과 잡지판매대는 책과 잡지들로 넘쳐나고 있다. 도서관들은 보유하고 있는 수많은 책을 어찌해야 할지 모르고 있다. 지난 수십 년 동안이 누구나 책을 소유할 수 있는 시대였다면, 산업사회가 된 지금은 누구나 영화를 소유할 수 있는 시대가 되었다. 동시에 그 어느 때보다 많은 영화가 만들어지고 있으며, 가정용 비디오는 할리우드의 대형영화들을 시골마을까지 불러들였다. 동시에 가정용 컴퓨터는 최근까지 꿈도 꾸지 못했던 정보의 활용을 가능하게 했다.

설사 그것이 두드러진 일은 아니라 해도, 정의되고 기록된 짧은 역사 속 일련의 사회혁명 중에서, 우리의 "정보시대"는 가장 최근의 혁명적인 사건이다. 커뮤니케이션을 위한 정보들을 생산하고 소비하려는 욕구는 모든 세대에 걸쳐 발현되어왔다. 모험적인 사람들은 정보를 생산하고 배포하는 데 자신의 개인적 자유와 돈, 명예, 심지어 목숨을 걸기도 했다. 책이나 TV처럼 최종사용자용 매체를 포함한 위성케이블 등 연결 가능한 매체들이 컴퓨터기술과 융합된 현세대는, 유럽에서 인쇄술이 개발되고 과거의 정보 전달방식의 한계가 무너진 15세기와 매우 유사한 상황이 전개되고 있다.

정보혁명의 정의

수천 년에 걸쳐, 무엇인가를 기록해둠으로써 기억하려는 바람이 첫 번째 정보혁명을 이끌어내었다. 그러한 욕구와 정보혁명이 어떤 왕이나 전쟁보다도 인류의 문화 형성에 더 많은 영향을 끼쳤다. 우리의 창의적인 조상들은 기록될 수 있는 정보들과 저장된 지식들을 두뇌 밖으로 전달하기 위해 몇 개의 줄을 긋기 시작했다. 역사의 기나긴 여명은 여기서부터 시작되었다.

정보혁명은 무엇으로 구성되는가? 혁명이라는 단어는 갑작스럽고 때론 폭력을 동반한 변화를 떠올리기 쉽지만, 혁명은 수십 년 혹은 수백 년에 걸처 우리가 알아차리지 못하게 올 수도 있다. 일반적 어법으로, 혁명은 어떤 형태로든 사회적 발전의 과격한 표현이다. 옛날이라는 단어는 진부한 것이 되었다. 커뮤니케이션의 새로운 의미와 관련된 언어의 의미 변화에 대해 생각해보면 그것은 정치적 구조를 흔들어 바꾸고 경제적 발전에도 영향을 줄 것이며 공동체의 활동이나 개인적 습관의 변화 등 사회 전반적인 것에 영구적으로 영향을 미칠 것이다. 수많은 전쟁이나 통치자의 교체와는 다르게 정보혁명은 의도적이든 아니든 좀처럼 드러나지 않는 변화를 가져온다. 정보의 새로운 매개체는 변화하는 사회의 일부가 된다.

정보혁명이 성공하기 위해 이미 변화하고 있는 사회에 커뮤니케이션의 새로운 의미를 제공할 매개체가 확산되어야만 한다는 것은 분명하다. 커뮤니케이션의 기술은 기술 그 자체로는 충분치 않다.

변화를 추구하는 사람들은 자신들의 견해에 도움이 되는 어떤 수단들을 얻기 위해, 기존 질서와 의미를 흔들어놓는 데 기여했고, 그로 인해 이득을 보았던 미디어를 잡기 위해 손을 뻗친다. 이것은 새로운 아이디어가 아니다. 중국의 당대(7~10C)에 "관습이 바뀔 때, 글쓰기가 바뀐다"라는 말이 있었다. 이런 견해가 전파됨에 따라 미디어 자체에 대한 인식이 확산되었다. 깨달음은 실행을 낳는다. 뗄래야 뗄 수 없는, 사회변화와 미디어 발달의 상호관계는 역사의 기록이 시작될 때부터 계속되었다. 이 논의는 다음과 같이 설명될 수 있다. "만약 당신이 획기적인 쥐덫을 만들었다 해도 그 쥐덫에 쥐가 잡히는 것을 볼 때까지 세상 사람들은 당신의 집을 찾지 않을 것이다. 커뮤니케이션 도구에 관한 이야기는 바로 저 '획기적인 쥐덫'과 같다." 커뮤니케이션 도구들은 인간의 삶에 많은 영향을 주어왔다. 그러나 도구의 발명 그 자체가 사회를 변화시키는 것은 아니다. 사람들이 변화를 행동으로 옮기기를 원할 만큼 때가 무르익어야 발명이 도움이 된다. 우리가 수백 년간 추구해왔고 이제 완성단계에 이른 산업사회에서는, 항상 변화가 있었고 추구되어 왔다.

사회적 혁명—대다수 사람들의 삶에 영원토록 영향을 미치는—은 왕의 칙령에 의해서 비롯된 것이 아니다. 그것은 거친 토양, 변화를 향한 열린 마음, 최소한 특정한 사회계층을 바탕으로 성장한 것이다. 미디어는 사회적 혼란과 합세하여 목표를 향한 방법들을 묶어준다. 어떤 사람들에게는 커뮤니케이션의 도구들이 무기가 되지만, 어떤 사람들에게는 인류의 지식을 확장하고 풍부한 지적 삶을 신장시키는 데 사용된다.

사회적 혼란은 사상적 독립과 성장의 가능성을 인도하는 정보혁명에 필요한 기초를 제공한다. 그린(Graham Greene)은 역사에서 다소 믿을 수 없는 행동을 했지만 적어도 그의 소설 『제3의 사나이』에서 중요한 논쟁거리를 제공했다. 부도덕한 인물로 나오는 해리 라임(Harry Lime)은 "이탈리아는 30년 동안 보르지아(Borgias) 가문의 치하에서 유혈이 낭자한 전쟁과 테러와 살인에 시달리면서도 미켈란젤로와 레오나르도 다빈치를 키워내고 르네상스를 일으켰지만, 스위스는 500년 동안 주변국들과 형제처럼 사랑을 나누며 민주주의와 평화를 누리면서도 고작 뻐꾸기 시계밖에 못 만들지 않았는가?"라고 말했다.

사회적 변화의 한복판에 도달한, 하나 혹은 그 이상의 커뮤니케이션 기술은 혼란에 부가되고, 더욱 중요하게 사회에 영원한 표지를 남기는 정보혁명을 선도할 수 있다. 실제로 세계는 현재 정보혁명의 중반기에 접어들어 있으며 지금은 20세기 후반 정보혁명의 산물인 '정보시대(Information Age)'라고 정의될 수 있는 시기이다. 또한 구텐베르크의 인쇄술 발명 이후인 15세기 후반은 금세기 후반과 똑같이 '정보의 시대'라고 불릴 만하다. 사진과 전보의 발명 이후인 19세기 후반, 즉 축음기, 전화기, 타자기, 영화, 라디오 등이 발명되었고 인쇄술의 괄목할 만한 발전과 텔레비전, 녹음테이프에 대한 초기 실험이 있었던 19세기 후반도 '정보의 시대'라고 주장할 수도 있을 것이다.

이 모든 커뮤니케이션 기술들은 모든 계층간에 긴장이 감돌던 산업혁명 중반기에 등장했다.

물론 커뮤니케이션의 변화는 더 조용한 시기에도 일어났지만 여기에서 정의하는 변화는 질적으로 다른 사회적 차이를 낳는 역할을 한 변화를 의미한다. 그 변화는 항상 사회구성원들의 지위를 평등하게 하는 민주주의의 방향으로 흘러왔다. 인류 역사에 진정한 평등은 결코 없었다 해도, 인류 사회의 진정한 사회적 개선에 대한 노력의 진가를 평가절하해서는 안된다.

여섯 차례의 정보혁명

이 책에서는 정보혁명을 설명하는 데 적합하도록 서구 역사를 여섯 시기로 나누어 구분하고자 한다. 전체적으로는 기원전 8세기에서 가까운 미래까지를 포함한다.

여섯 번의 정보혁명 중 첫 번째는 문자의 혁명이 될 것이다. 이것은 기원전 8세기경 그리스에서 시작되었는데, 동방의 페니키아(Phoenicia)에서 유입된 표음문자 알파벳과 남쪽의 이집트에서 유입된 파피루스의 결합으로 일어난 혁명이다. 지식의 저장을 위해 문자를 사용하기 시작하면서부터 사람들은 기억의 한계에 대한 압박감으로부터 해방되었다. 지식의 한계가 사라졌다.

두 번째 정보혁명인 인쇄혁명은 15세기 후반 유럽에서 시작되었는데, 원래 중국에서 기원했으나 아랍과 무어인들을 통해 받아들인 종이와 독일의 금세공장인 요하네스 구텐베르크가 조립한 인쇄체계—다양한 근원을 가진—의 결합으로 시작되었다. 인쇄술의 발달로 사회 각 계층에 정보가 보급되었다. 인쇄는 정치, 종교, 경제, 교육과 개인의 생활에 커다란 변화를 가져왔다. 우리는 이런 변화들을 종교개혁, 르네상스, 휴머니즘, 중상주의 그리고 봉건제도의 종말이라고 부른다. 인쇄는 근대의 시작을 알리는 표상이다.

세 번째 정보혁명은 대중매체의 혁명으로, 19세기 중반에 서구 유럽과 미국 동부에서, 종이 생산과 인쇄, 출판방법의 발달과 정보전달의 방법에 변화를 가져온 전보의 발명 등과 함께 시작되었다. 처음으로, 가깝고 먼 곳의 뉴스와 판매를 위한 패키지 상품들을 담은 신문과 잡지가 서민들에게 전달되었다. 사진은 사람들의 마음을 흔들었고, 공립학교와 도서관들이 시골과 성장하는 도시에 생겨나기 시작했다. 일반대중들도 문맹에서 벗어날 수 있게 되었다.

네 번째 정보혁명은 오락의 혁명으로 19세기 말 유럽과 미국에서 소리의 녹음, 개인 소유가 가능해진 카메라 그리고 활동사진 등의 기술과 함께 시작되었다. 이야기책들은 인쇄되어 싸구려로 팔렸다. 산업혁명시대부터 조립라인에서 냄비와 프라이팬을 찍어내듯이 이제는 오락도 무한대로 복제되고 통조림처럼 만들어질 수 있게 되었다. 이후 수십 년간, 그것들은 5센트 영화관(nickelodeon)에서 상영되거나 라디오에서 들을 수 있게 되었다. 전세계가 오락물을 사랑하게 되었다. 오락의 혁명 초기에는 그 누구도 이것과 함께할 시간이 얼마나 많을지 상상도 못했다.

다섯 번째 정보혁명은 가정이 '커뮤니케이션 도구의 창고'가 된 것이다. 20세기 중반에 전화, 방송, 음반, 발달된 인쇄술, 값싸고 보편화된 우편서비스 덕분으로 가정이 정보와 오락을 수신할 수 있는 중심으로 바뀌었다. 물론 20세기는 구제 받지 못한 정치적, 문화적 그리고 심리적 혼란과 변화의 시기이다. 우리 삶에서 뗄 수 없게 된 커뮤니케이션매체에 대한 염려가 많은 기사와 책 그리고 연구논문들에서 끊임없이 지적되어 왔다.

여섯 번째 정보혁명인 '정보고속도로'는 컴퓨터, 방송, 인공위성 그리고 시각화 기술(예를 들어 화면에 문자나 도형을 표시하는 기술—역주)들의 결합으로 구축되고 있다. 커뮤니케이션기술의 발달은 전통적 의미의 일과 공부 그리고 놀이의 모습을 뒤흔들고 있다.

이제 정보엘리트들이 어느 곳에서나 살 수 있다면, 산업혁명과 폭발적 인구 증가에 의해 생겨난 산업혁명의 구심점으로서의 도시의 미래에 대한 의문이 생겨난다.

만약 경제가 정보에 의존한다면, 정보의 흐름에 완전히 연결되지 않은 지구 곳곳의 미래는 누가 지킬 것인가? 만일 이런 지역들에 계속해서 경기침체와 환경파괴 그리고 인구과잉 현상들이 발생한다면, 즉각적 의사소통과 대량파괴의 무기를 가진 상호의존적인 세계에 무슨 일이 일어날까? 우리가 정보고속도로를 건설할 때 어떤 특정 공동체를 그냥 지나칠 수 있을까?

정보혁명의 속도는 가속화되고 있다. 두 번째 정

보혁명은 첫 번째 혁명이 정점에 달하고 1,700년 뒤에 일어났다. 나머지 네 개의 혁명은, 각기 특징은 있지만, 지난 2세기 동안 부분적으로 중복되며 일어났다.

공통적인 특징

각각의 정보혁명은 다음과 같이 서로 어떤 특성들을 공유하고 있는 것으로 보인다.
* 각각의 혁명은 파피루스와 표음 알파벳, 종이와 인쇄, 혹은 텔레비전과 인공위성과 같이 한 가지 이상의 커뮤니케이션 도구의 발명을 기초로 하고 있다. 이들의 결합이 강력한 효과를 낳았다.
* 다른 종류의 변화가 사회를 자극하는 곳, 근대 서구 민주사회와 같이 기존의 사회구조가 변화의 가능성이 있는 곳에서 혁명이 일어났다.
* 커뮤니케이션의 도구가 사회적, 정치적 변화에 역동성을 보태주었고, 커뮤니케이션 도구 자체는 다른 변화로부터 전진적 추진력을 받아 원인과 결과라는 쌍리공생(雙利共生)적 관계를 형성한다.
* 정보혁명은 그 혁명에 참여한 사람들의 사회적 평준화에 도움이 되었고, 그들이 지향한 결과는 평등주의자가 되는 것이었다. 그들은 이미 존재하는 것보다 더 수준 높은 민주주의를 향해 나아가거나 영향력을 공유하기를 바랐다. 고대사회에서나 현대사회에서나 사용하는 커뮤니케이션 도구가 제한된 곳에서는 인간이 덜 자유롭다.
* 변화는 기존의 것보다 더 많은 나눔과 지식의 전문화를 향한 변화의 분산작용에 의해 이루어졌다. 또한 변화는 과잉정보와 오보의 증가를 초래했다.
* 각 정보혁명은 커뮤니케이션 도구의 폭넓은 사용을 기초로 혁명이 이루어지면서 내용도 풍부해졌다. 더 많은 정보의 생산자들이 훨씬 다양한 주제에 대해 더 많은 정보를 더 많은 채널을 통해 점점 더 많은 수용자들에게 보냈다.
* 독립적 사고의 다양성으로부터 나온 매체제작의 확산은 역사, 경험, 참조의 틀, 관점의 표현 등을 확대하고 포스트모더니즘에서 정의한 분열효과와 파열효과의 증가를 불러왔다. 모더니즘에 뒤이은 포스트모더니즘의 정의에 따르더라도, 변별적 패턴의 요소들은 모든 정보혁명의 특징이다.
* 새로운 모든 커뮤니케이션 기술은 그것이 나오기 전에 만족스럽게 사용됐던 다른 커뮤니케이션 수단들이나 행동들을 대체해왔다. 어떤 것이 얻어졌을 때, 다른 어떤 것의 가치는 사라진다.
* 모든 커뮤니케이션 도구는 하나 이상의 하드웨어와 적어도 한 개의 소프트웨어로 구성되는데, 물리적 도구와 방법 혹은 체제가 그것이다. 도구가 많은 사람들에게 보급될수록 하드웨어와 소프트웨어는 더욱 복잡하게 되지만, 사용법은 더욱 편리해진다. 도구의 가격은 떨어지고 크기는 작아졌으며 데이터 송신속도는 더 빨라졌다.
* 커뮤니케이션 도구들이 메시지의 운송을 대신함에 따라 정보전달을 위해 사람들이 직접 이동할 필요성이 줄어들었다.
* 커뮤니케이션 도구는 그것이 전래된 사회마다 확산, 보급되었고 적어도 각 사회에서 먼저 전래 받은 곳이 전체 사회에 방향을 제시했거나 제시하고 있다. 즉 커뮤니케이션 도구는 각 사회를 움직이는 혹은 흔드는 사람들의 손에 있었다. 완전 개방된 민주사회에서는, 원하는 사람은 많은 장비를 사용할 수 있다.
* 커뮤니케이션의 변화는 정치적 혹은 재정적인 이유로 변화를 싫어하는 사람들의 반대에 부딪혔다. 반작용은 영향력과 힘을 포기해야만 하는 사람들에게는 불가피한 것이었다. 그들은 자신들의 매체를 사용하거나 타인이 자신들의 매체 사용을 제한하는 노력으로 대항했다. 그럼에도 불구하고 매체 사용이 확산되는 데 시간은 충분했다.
* 새로운 커뮤니케이션 기술—최초의 정보혁명인 표음 알파벳에서부터 최근의 컴퓨터 신호체계에 이르기까지—에 적응하기 위해 새로운 식자층들이 등장했다. 새로운 커뮤니케이션 언어가 생겨날 때마다, 그들만이 알고 있는 지식에서 비롯되는 이익을 충분히 자각하고 있는 새로운 전문가집단이 등장했다.
* 미디어를 지배하고 사상의 자유를 억누르는 정치적, 경제적 폭군들의 발뒤꿈치 아래 보통 사람들은 점점 더 무력해졌다는 믿음에 대해, 역사는

그 반대의 이야기를 증언하고 있다. 대중매체 장비의 보급이 사회적 저항의 잠재력을 증가시켰고, 그만큼 인간은 더 자유로워졌지 덜 자유로워지지는 않았다. 폭군들의 제한은 반대의 결과를 가져왔다.

* 커뮤니케이션 도구들은 소비자들의 주머니 사정에 영향을 받았다. 이용가능한 기술과 과학적 가능성의 범위 내에서, 커뮤니케이션 도구는 궁극적으로 이용자가 원하는 모습이 되었다.
* 기술은 눈에 띄게 변했지만 사람들의 취향과 관심은 변하지 않았다. 오래된 포도주를 새 병에 붓는 것이다.
* 매체들의 결합으로 효과가 배가된 커뮤니케이션 매체들의 사용은 필연적으로 사용자들을 분리시킨다. 여기에 딜레마가 있다. 커뮤니케이션 도구들은 인간이 운송수단 없이 커뮤니케이션을 가능하게 해오나 여전히 우리는 얼굴을 마주 보고 접촉하는 인간적 필요성에 사로잡혀 있다.
* 개인의 과도한 커뮤니케이션 도구사용은 사회적 활동의 감소를 동반했다. 대중매체와 더 많은 시간을 보낼수록, 얼굴을 마주하는 커뮤니케이션과 그룹활동 시간이 감소하였다. 극단적인 경우에는 사회적 기능장애를 일으키게 된다.
* 정치적 혁명과 달리, 정보혁명을 포함한 사회적 혁명의 날짜는 정확하게 집어낼 수 없다. 모든 정보혁명은 어느 정도 구별이 가능한 시작은 있으나, 실제로 끝난 것은 아무것도 없다.

정보의 힘

커뮤니케이션 매체는 우리 대다수가 실감하는 것 이상으로 우리 삶 속에 침투해 있다. 매체들은 우리의 일상적인 활동에 영향을 미치고 있다. 우리는 그것들을 무시하거나 버릴 수 없다. 그것들을 주의 깊게 사용할 때 그 힘을 우리 삶의 동력으로 활용할 수 있다.

국가적 차원에서 미디어는 정부를 전복하는 데 일익을 담당해왔다. 커뮤니케이션 도구들은 민주정부에서 파시즘, 공산주의에서 신정주의에 이르기까지 알려진 모든 형태의 정부구조에 우리를 팔려는 사람들의 손아귀에서 매우 효과적인 역할을 해왔다. 페인의 소책자 『상식(Common Sense)』에서 모택동의 붉은 소책자들 그리고 아야톨라 호메이니의 녹음테이프들에 이르기까지, 미디어는 혁명의 도구로 사용되어 왔다. 레닌이 밀수한 책들이 볼셰비키 혁명을 촉진시켰고, 공산체제에서 지하에서 활동한 작가들의 '사미즈다트(samizdat)'는 소련공산당의 종말을 앞당겼다.

현재 인쇄장비와 결합된 전자장비는 혁명의 열정에 여유를 더해주고 있다. 또한 우리 시대는 사회적 풍요나 영향력을 키워가는 이상의 명백한 이데올로기나 다른 정치적 목적이 없는 사람들이 미디어를 훌륭하게 사용하고 있음을 목격하고 있다.

정보통제가 항상 책임을 포함하고 있지는 않다 하더라도, 정보통제는 저널리스트들과 대중매체의 다른 작가들의 영향을 받게 되는데 리프친스키는 이들을 "정보 넝마주이"라고 보았다.

아직도 소문이나 풍문 등 간접경험은 어느 정도까지는 개인적 접촉에 의존하지만, 대부분 사람들의 가장 크고 유일한 간접경험의 출처는 대화나 교육이 아니고 신문, 잡지, 영화, 라디오, 텔레비전 등의 매체들이다. 커뮤니케이션의 기술을 인식하고 있는 대중들에게는 정보 넝마주이들이 가장 강하게 느껴진다.

고속도로와 마을

이 책에서는 소위 정보고속도로라는 것에 대해 많은 논의를 하게 될 것이다. 지나친 은유의 남발을 방지하기 위해, 고속도로는 방향을 가지고 있으며 그 고속도로를 여행하는 여행자들은 출발지점과 목적지를 갖고 있다는 것을 이해해야 한다. 이 새로운 정보고속도로가 영화나 백화점과 비디오 대여점처럼 대중들에게 직접적으로 정보를 배급함에도 불구하고, 전화회사와 케이블회사 그리고 방송사들이 시멘트를 부어대듯이 정보고속도로에 수많은 정보들을 쏟아내고 있는데, 이러한 정보들이 공공도서관이나 새로운 정보를 전달하는 곳에서 비롯된 것이 아니라는 점은 시사하는 바가 크다. 관객인 우리가 원하는 것은 주로 꿈과 같은 환상적인 것들이다.

그러면 이 정보고속도로는 어디로 가고 있는가? 그것은 '지구촌'을 향해 가고 있지 않다. 마셜 맥루한(Marshall McLuhan)은 대다수의 사람들이 정보를 공유하는 '지구촌'을 향한 기술적 잠재력을 정확하게 예견했다. 그러나 맥루한이 말하는 마을이란 일반적으로 사람들이 얼굴을 마주하고 대화를 나누는 곳으로 라디오와 텔레비전이 우리를 다시 구술문화의 시대로 돌려놓은 것으로 가정한 것이다. 예를 들어, "……현재 폭발적으로 증가하고 있는 전기를 이용하는 매체의 사용은 서구 문자사회에 구술과 부족 단위의 대화문화를 가져왔다." 비록 방송이 귀를 울리기는 하지만, 그리고 그것은 인간적인 차원에서 정보의 제한된 범위이기는 하지만, 양방향성을 기초로 하는 구술문화의 시대로 우리를 되돌려놓지는 못했다. 대신에 일방통행 방식인 라디오와 텔레비전은 녹음자료들과 영화를 포함한 것으로, 어느 한 개인으로서는 그 전체를 흡수할 수 없는 문자문화시대를 규정짓는 무한한 정보의 구술판(口述板, oral version)이다.

더욱이 현실적으로는 달 착륙, 올림픽경기, 혹은 걸프전 같은 매우 드문 경우에만 해당하는 것으로 우리가 함께 공유하고 있는 지구촌의 공간을 탐험하는 것인지 의문스럽다. 요즘 사람들 대부분은 '커뮤니케이션 도구창고'라고 부를 수 있게 된 집안에 틀어박혀 커뮤니케이션 매체들과 함께 수많은 시간을 보내는 것을 좋아하는데, 이것이 이 책의 또 하나의 초점이다. 정보고속도로와 직접 연결될 곳은 바로 이들 개인 소유의 커뮤니케이션 도구창고들이다.

정보가격은 더 싸지고, 더 많은 부류의 인구가 그 고속도로 위를 달리며, 커뮤니케이션 도구창고에서 거주할 수 있게 될 것이다. 금세기 초 전화 한 대 세놓는 비용은 보통 근로자의 2주일분의 임금이었다. 최초로 시장에서 팔린 텔레비전은 새 차 가격의 반이었다. 불과 몇십 년 전만 해도 미메오그라프를 제외하고는 스스로 출판한다는 생각은 미국의 중산층에게는 불가능한 일이었다. 오늘날의 중산층들은 영화제작도 할 수 있게 되었다.

내용에 의한 매체의 분류

왜 우리는 우리가 믿는 것을 믿는가? 우리의 견해와 태도의 근원은 무엇인가? 그렇게 폭넓은 질문의 대답이 복잡할지라도, 명백한 것은 현존하는 일들에 대해 우리가 아는 것들과 우리의 제한된 지식 저 너머에 있는 거의 모든 것들을 미디어로부터 배운다는 것이다. 이런 점에서 우리는 거의 모든 것을 직접 경험에서 배운 조상들과는 다르다. 현재의 사건들이 신문, 라디오 그리고 텔레비전과 같은 매체들로부터 얻어지지 않는다면 정보는 인류의 기억창고인 책에서 나올 것이다. 때때로 정보는 커뮤니케이션 매체에서 정보를 얻어내서 이를 유통과정에서 왜곡시킬 수도 있는 사람들을 통해 중개된다.

그것은 대단한 논쟁거리이지만 사회적 산물이라는 상대적 관점에서 보면, 우리가 보는 것, 즉 그 내용은 주위의 매체에 의해 모양 지어지는 우리의 삶보다 중요한 것은 아니다. 마셜 맥루한은 매체가 메시지라고 말한다. 내용의 효과는 그것을 전달하는 매체의 효과와는 독립적이다. 예를 들어, 토요일 아침에 폭력만화와 형편없는 식품(junkfood)광고를 시청하는 어린이들에 대한 효과와, 어떤 프로그램이든 상관없이 토요일 오전 내내 텔레비전을 보고 난 뒤의 효과는 별개이다.

지금까지 논쟁이 되어온, 정당화될 수 있는 자극물의 초점으로서 텔레비전의 문제는 그 사회, 특히 제작자들과 교육자들이 텔레비전이라는 매체를 현명하게 사용하기 위해서, 혹은 실제로 책을 재정적 이윤 이상의 존재로 간주하는 것과 같이 텔레비전이라는 매체를 유용하게 사용하기 위해서 고려와 방법을 강구하지 않았다는 것이다. 그러나 약국의 선반에 놓인 페이퍼백(paperback)의 책들은 책이 항상 지식 습득을 위해서만 사용되는 것이 아니라는 점을 깨닫게 해준다. 내용과 그것의 전달자인 매체를 구별하는 것이 유익하다.

운송의 대체

선사시대 이후 역사의 시대에는 대부분의 커뮤니케이션이 운송수단에 의존해왔다. 정보는 육성

(肉聲)과 목적지에 도달하기 위해 걸리는 시간 즉 걸어갔는가, 말을 타고 갔는가 아니면 배를 이용했는가 하는 인간능력의 한계에 종속되어 있었다. 통신기술이 그것을 바꾸었다. 인간의 한계가 사라진 것이다.

인터넷과 그밖의 정보고속도로들은 단순한 운송수단의 대체 이상의 것을 약속하고 있다. 전자 카탈로그로 쇼핑하기, 컴퓨터 모뎀과 팩시밀리를 통한 재택근무와 학습, 비즈니스 여행 대신 비디오 화상회의하기, 전문화 교육받기, 그리고 컴퓨터로 의료처방 받기와 같은 것들이 모두 성공을 거두고 있다.

만약 인간생활의 중요한 부분들인 장보기, 교육, 오락 그리고 복지가 집을 떠나지 않고 이루어질 수 있다면, 더 많은 사람들이 도시나 교외보다 시골을 거주지로 선택하지 않을까? 사람들이 샌프란시스코를 선택하고, 오마하에 살지 않으면서 그곳까지 전자통신을 통해 출퇴근을 할 수 있지 않은가? 그러한 생활형태는 앞으로 도시의 쇠퇴를 선도할 수도 있다.

기술로 인한 인구이동은 이제 새로운 사실이 아니다. 산업혁명은 사람들을 시골에서 도시로 대량으로 이주하게 했다. 2차 세계대전 후 중산층이 도시에서 교외로 옮겨간 것은 자동차기술과 고속도로기술에 힘입어 미국인들의 생활이 바뀌었기 때문이다. 머지않아 도래할 통신기술에 근거한 새로운 인구이동은 과거의 대량 인구이동만큼이나 인간의 생활을 완전히 흔들어놓을 것이 분명하다.

모양잡기와 정립된 모양

인간이 통신장비와 시간을 보내는 만큼 서로서로 같이 지내는 시간은 줄어든다. 마을회의나 학교모임에 참석하는 미국인들이 점점 줄어들고 있다. 투표율도 떨어지고 있다. 동시에 정부에 대한 불신이 커지고 있다. 사회적 불신이 커지고 있는 와중에 사친회(PTA)와 여성투표협회(the League of Women Voters) 그리고 노동조합의 회원수가 줄고 있다. 보이스카웃, 적십자, 라이온스클럽, 슈라이너(Shriners) 그리고 청년상공회의소(Jaycees)의 자원봉사자가 예전보다도 줄어들었다. 미국인들은 시민단체를 결성하는 경향이 있다고 한 19세기 초 드 토크빌(De Tocqueville)의 관찰대로 표류하고 있다. 씨에라클럽(the Sierra Club), 전국여성협회(the National Organization of Women), 그리고 퇴역미국인협회(the American Association of Retired Persons) 같이 회원이 증가한 조직에 속하는 사람들도 보통 모임에는 잘 참석하지 않는다.

맥루한은 매체들만이 적응하고 형성되는 것이 아니고, 기술이 사용자들을 위해, 사용자들에 의해 만들어지는 것처럼 기술도 사용자들을 형성하고 적응시킨다고 말했다. 커뮤니케이션 기술이 우리의 삶과 관점을 새롭게 만든다. 충분한 사람들이 새로운 커뮤니케이션 수단을 채택하면 결국 그들의 일상생활 방식이 변하고 사회도 그만큼 바뀌게 된다.

> ……운용과 실질적인 면에서, 매체는 메시지이다. 이것이 의미하는 바는 단지 우리 신체의 확장으로서 어떤 매체의 개인적, 사회적 결과가 어떤 새로운 기술이나 각 개인 자신들의 확장에 의해 삶의 구석구석에 도입된 새로운 척도에서 비롯된 것이다.
> ……어떤 매체나 기술의 '메시지'는 인간들의 삶에 도입된 척도, 속도 혹은 패턴의 변화를 말한다.

예를 들어 우리가 컴퓨터를 사용하는 방법은 기술이 바뀜에 따라 바뀌었다. 왜냐하면 그것은 과거에 비해 비행기 안에서나 도로를 누비고 다니는 택시 안에서 업무를 보는 데 더욱 효과적이 되었기 때문이다. 요즘 사람들은 여행 중에 과거처럼 업무와 관련 없는 잡지를 읽거나 창 밖을 내다보며 생각에 잠기거나 옆자리에 앉은 사람과 이야기를 나누며 편안한 시간을 보내지 않고 일을 한다. 이제 여행객들도 일을 한다. 우리는 미디어를 바꾸었고, 그 다음에는 미디어가 우리 인간을 바꾸었다.

어려운 출발

많은 커뮤니케이션 도구들이 처음 생겨났을 때는 극히 제한된 사람들만이 소유할 수 있었다. 수세기 동안, 수도승들이나 서적판매상들에 의해 수공으로 책이 만들어질 때 대부분의 사람들의 삶 속에는 책이 존재하지도 않았고 책은 구경도 못해보고 살았다. 최초의 카메라가 발명된 후 반 세기 동안, 진지한 취미생활자들과 프로들에게도 카메라는 매우 복잡한 장비였다. 보통 사람들은 사진을 갖기를 바랐지만, 카메라를 소유한다는 것은 생각조차 못했다. 비디오테이프 녹화기와 비디오카메라도 애초에는 미숙련자들을 위해 만들어진 것이 아니었다. 최초의 컴퓨터는 과학자들만의 것이었다. 1943년에 IBM 사장 토머스 왓슨(Thomas Watson)은 "내 생각에 이 컴퓨터는 전세계를 상대로 아마 다섯 대 정도 팔 수 있을 것이다"라고 말했다.

친숙한 몇몇 개인용 커뮤니케이션 도구들은 정부나 사업상의 용도로 사용되기 시작했지만 개인용으로의 전환에 성공을 거두었다. 현실적인 커뮤니케이션 기술인 전세계의 우편체계는 이러한 예에 해당한다. 19세기의 마지막 4반세기 동안, 타자기, 전화, 축음기 그리고 라디오가 처음으로 커뮤니케이션의 조력자로 세상의 빛을 보았다. 20세기에 들어서, 수백 만의 보통 사람들이 자기 집안에 오디오테이프와 비디오테이프 그리고 컴퓨터를 소유하리라고는 생각지도 못했지만 그것들을 발전시켰다. 팩시밀리와 복사기처럼 정부나 회사에서 친숙한 도구들이 가정으로 도입되는 과정에 있다.

모든 기술들이 즉시 장래의 희망을 약속해주지는 않았다. 전보와 컴퓨터가 정부의 보조와 소수 대중적 기반을 얻는 데는 시간이 필요했다. 그리고 얼마 후 그것들은 우리의 세상을 바꾸어놓았다.

새로운 기술들은 기존의 기술보다 특정한 분야에서 사용상의 우월성이 인정될 때 받아들여지지만, 보급의 문제는 발명의 차원을 훨씬 넘어서 사업성과 자금 그리고 공학적 노력, 정부 규제 등의 요소들이 모두 갖추어진 사회적 바탕을 필요로 했다. 회사들과 개인들은 우편과 전보에 의한 통신보다 더 매력적인 대체효과를 주었기 때문에 전화를 놓았다. 결국 이제는 그 기술을 지원하기 위한 조직들이 성장했다. 금세기에 들어서기 전, 1876년에 전화를 발명한 후 설립한 벨의 전화회사는 AT&T사가 되었다. 1920년까지 거미줄 같은 전화선이 전국 대부분의 지역을 위한 장거리 서비스를 제공했고, 전화를 통한 사업은 미국형 사업에 하나의 표준이 되었다.

몇몇 일반적인 커뮤니케이션 도구들은 대부분의 사람들에게는 일상생활에 어떤 의미를 가질 수 있는 것으로 이해되기보다는 신기한 대상으로만 존재했겠지만 그것들이 사회에 파급되었을 때 대중들은 그 의미를 발견했다. 대중의 반응이 커뮤니케이션 도구들의 세련됨을 촉진시켰고, 훨씬 더 많은 사람들의 사용을 촉진했다. 예를 들어 사진은, 꾸준히 개선되어 일반인들의 가족사진 촬영 욕구에 부응하고, 후에는 많은 사람들이 버튼 하나만 누르면 되는 자동카메라를 소유할 수 있게 될 때까지 진지하게 사진을 취미로 하는 사람들을 제외하면 그 누구에게도 가치가 없었다. 시장을 강타한 사진은 예술과 저널리즘으로 흘러들어갔다. 그것은 인쇄매체와 영화 등으로 확산되었고, 그 자신보다도 틀림없이 훨씬 더 충격적인 새로운 매체들을 양산할 것이다.

커뮤니케이션 도구들은 그 질이 개선되어가고 이 점이 알려지면서, 잠재적 시장을 통해 확산되었다. 그것들의 가격은 전자산업을 강타했던 '계산기 신드롬'과 같은 패턴으로 하락했다. 또한 엔지니어들은 디자인을 개선해 작동을 더욱 용이하게 만들었다. '버튼'은 안으로 들어가 버렸다. 한때 텔레비전 방송사와 방송제작업계에 국한되었던 비디오카메라와 녹화기들은 캠코더로 변형되어 가장 잘 팔리는 가정용품이 되었다. 결국 더욱 많은 가정에서, 말과 영상이 종이 위의 글을 대신했다. 멀리 있는 사랑하는 사람에게 보내는 편지도 비디오 형식으로 전달된다. 고등학교에서 나오는 비디오 졸업앨범은 보통 장정본으로 나온다.

생활의 변화

사용자에게 커뮤니케이션의 의미의 결과가 분명해질 때, 우리들로 하여금 그것들이 개인과 사회에 주는 공통적인 영향을 살펴볼 수 있게 하는 의도하지 않은 효과를 가져왔다.

예를 들어 우리가 일상생활에서 텔레비전 시청에 바치는 시간의 비율을 생각해보자. 보통 미국 가정은 하루 일곱 시간 이상 텔레비전을 시청한다. 우리의 일반적인 느낌으로—더 편안하고 혹은 더 위험하고, 더 많은 것들이 인간의 통제하에 있기도 했고 그 너머에 존재하기도 했던— 불과 몇 년 전보다 삶이 달라졌다고 생각하는 것은, 우리의 삶이 달라졌다고 간주하는 이유들 중에 텔레비전에서 나오는 빛을 바라보는 데 소비한 시간이 우리가 현명한 고찰을 할 수 없도록 할 수도 있다. 삶을 다르다고 간주하는 것과 삶을 이상한 것으로 간주하는 것의 차이는 불과 한 발자국이다. 그것은 우리를 둘러싸고 있는 세계에 대한 우리의 태도에 영향을 줄 수 있는 몇 가지 관심과 불편함을 일으킨다. 예를 들어 과도하게 텔레비전을 시청하는 사람은 그렇지 않은 사람들보다 공포심이 더 많은 사람이 될 가능성이 높다. 관심의 결과로 우리는 밤에 외출하기를 꺼리게 되고, 아주 확실한 빗장 열쇠나 큰 개를 사게 되고, 법과 질서를 부르짖는 시장 후보에게 투표를 하고, 우리가 가정이라고 부르는 커뮤니케이션 도구창고에 있는 도구들 중 하나에 의해 우리의 태도가 추적당할 수 있다는 부차적인 사실을 인식하지도 못한 채 우리 모두가 그렇게 행동한다.

휴대전화와 팩시밀리 같은 최근의 전화기술은 부동산업과 몇몇 도시에서 하는 점심판매 같은 직업에 영향을 주고 있다. 1980년대와 1990년대 초에 휴대전화와 팩스는 뉴스의 중요한 이야깃거리이며 신문의 전면광고로 많은 주목을 받았지만 단순 기술에 기초한 전화 응답기술은 별 흥미를 느끼게 하지 못했다. 그러나 우리는 매일 저녁 집에 도착했을 때, 시간추이적 편리성 때문에 문을 연후 응답기 앞에 가장 먼저 멈출 것이다. 중요한 전화를 기다리는 경우에도, 그것은 물리적으로 전화 옆에 있어야 할 필요성으로부터 우리를 자유롭게 했다. 응답기는 전화가 축소되어 지갑처럼 손쉽게 들고 다닐 수 있는 휴대전화가 나올 때까지 중요한 커뮤니케이션 도구로 남아 있을 것이며, 우리는 항상 '집에 있는' 것이다.

이 장에서 다루는 것은 커뮤니케이션 도구들이 도입된 사회에서 그것의 사회적 효과와 도구의 내용 그 자체이다. 우리가 집어드는 커뮤니케이션 도구들은 마치 토요일에 입는 스웨터(Saturday sweater)와 같이 편안한 것들이다.

정치적 도구와 무기 Political Tools and Weapons

러시아 텔레비전은 굶주린 개들이 그로즈니에서 시체의 주위를 빙빙 또는 또는 공포스러운 장면을 체첸으로부터 방영한다. 수십 년간 이러한 장면들은 크렘린의 엄격한 통제로 촬영도 전송도 되지 않았지만 더 이상은 그럴 수 없다. 현재 러시아와 다른 나라들은 엄청나게 달라져서, 텔레비전 카메라는 촬영을 하고, 비디오는 녹화를 하며, 거실에서는 텔레비전을 본다. 비록 한때 크렘린궁에서 러시아 미디어 방송을 차단하는 힘을 가지고 있었다 하더라도, CNN은 핀란드에서 블라디보스토크에 이르기까지 국경에서 전파를 발사하고 있다. 인공위성에서 발사하는 TV신호를 방해하는 것은 라디오 전파를 방해하는 일보다 훨씬 더 어려운 일이다. 지구촌 뉴스를 판매하는 통신사들의 24시간 재정적 거래와 침투로 인해 우리는 국경이 없어져가는 세계에 살고 있다.

베트남전이 진행되는 동안, 매스커뮤니케이션 도구들의 힘이 처음에는 국가의 정책을 뒤흔들고 결국은 국가의 정책을 결정하도록 하는 것이 미국에서 분명하게 드러났다. 또한 그 힘은 몇 년 전 소비에트 연방에서 더욱 뚜렷이 증명되었다.

> ……한때 뉴미디어는 정부의 힘을 강화하는 것처럼 보였으나(예를 들어 조지 오웰의 소설 『1984』처럼), 최근에는 정반대의 결과가 나왔다. 정부의 정보독점을 파괴하고, 국가간 경계를 침투하고, 사람들에게 다른 사람들이 다른 방식으로 일을 처리하는 방법을 보고 듣게 한다. 그것은 더 부유한 나라와 더 가난한 나라 사이의 차이를 반세기 전보다 더

욱 자각하게 했다. 그리고 적법, 불법적인 이민을 부추겼다.

고르바초프 체포하기

1991년 원로 공산주의 지도자들은 자유주의적인 미하일 고르바초프(Mikhail Gorbachev) 정부를 전복할 음모를 꾸몄다. 소련연방의 대통령과 그의 가족, 그리고 수행원들이 모스크바에서 남쪽 수백 마일 떨어진 크리미아 반도의 한 빌라에 가택 연금되었다. 음모자들은 전화, 라디오 그리고 텔레비전 방송을 차단하기 위해 최선의 노력을 하였다. 그러나 뭔가가 잘못되었다. 음모자들은 인터넷과 전세계를 띠처럼 두르고 있는 컴퓨터 네트워크를 몰랐고 전혀 걱정하지도 않았다. 그들은 걱정했어야만 했다. 보리스 옐친은 그 엄청난 네트워크에 대해서 알았고, NATO의 전문가들과 함께 반대전략을 세우기 위해 그것들을 이용했다. 몇몇 그의 연설들이 미국의 소리(VOA)방송을 통해 소련으로 다시 중계되었고, 대중의 지지를 불러일으켰다. 같은 시각 외부와 격리되어 있는 고르바초프와 그의 수행원들은 지하실 주위를 샅샅이 뒤져 낡았으나 작동은 되는 몇 개의 라디오 세트를 가지고 올라왔다. 그들은 영국의 BBC방송과 미국의 소리 그리고 '자유 라디오' 방송을 잡을 수 있었다. 쿠데타와 그 실패에 대한 소식들이 고르바초프로 하여금 빨리 권력을 재장악하는 것을 쉽게 만들어주었다.

쿠데타는 실패했고, 며칠 뒤 세계는 소비에트제국이 분리된다는 소식을 듣고 깜짝 놀랐다. 지방 라디오를 신뢰하지 않았던 소연방 국민들을 포함한 전세계 사람들이 놀랐다.

"그들은 신문을 폐간했습니다. 그러나 그것은 그렇게 중요하지 않습니다"라고 기자 블라디미르 슬루체코프(Vladimir Sluzhekov)는 밀려드는 데모 군중들 옆에 서서 말했다. "라디오—바로 그것이 해가 된다. 그것이 없었다면 바로 여기 있는 사람들을 제외하면 아무도 무슨 일이 어떻게 되어가고 있는지 알지 못한다."

그러나 개방정책 '글라스노스트(glasnost)'를 통해 사람들은 전세계의 라디오와 텔레비전으로 흘러나오는 모스크바 거리거리의 소식을 접하게 되었다.

이 믿을 수 없는 3일 동안의 역사는 보리스 옐친(Boris Yeltsin)의 연설을 러시아 국민들에게 중계방송한 라디오 자유유럽방송(Radio Free Europe)과 미국의 소리(VOA) 그리고 BBC 방송에 초점이 맞추어질 것이라고 생각된다.

모스크바와 헬싱키 사이에 한 데이터 네트워크에만도 1만3천 개의 메시지들이 교환되었다. 팩스와 휴대전화들이 제국의 먼 구석까지 소식을 전달하여 쿠데타에 반대했던 사람들을 격려했다. 직접 인쇄하던 잡지 ≪사미즈다트(samizdat)≫는 전자잡지 ≪마그니티즈다트(magnitizdat)≫로 증보되었다. 결국 과거 폭정시대로 회귀하려던 음모자들은 실패했고, 적어도 일부분은 정보시대의 도구에 의해서 실패했다. 정보가 독재통치와 충돌한 곳보다 더 20세기의 정보혁명의 효과가 명백히 잘 드러난 곳은 없다.

"만일 텔레비전과 라디오가 없었더라면, 이런 일들은 전혀 일어나지 않았을 것이다."
그것은 러시아와 러시아 사람들에 대해 오랜 경험을 가진 사람의 말이었다. 우리는 붉은 광장에서 탱크가 물러가고 환호하는 군중들의 모습을 뉴스를 통하여 보았다. 뉴스는 불과 몇 년 전만 하더라도, 쿠데타와 같은 모든 더러운 일들이 비밀리에 진행되어왔다고 보도했다. 그러나 이제는, "텔레비전 때문에 아무것도 숨길 수가 없다." 같은 말을 국무부의 한 관료가 ≪워싱턴 포스트≫지에 언급했다. "근본적으로 당신들은 더 이상 국민들에게 거짓말을 할 수 없다. 당신들은 곧 체포될 것이다."

천안문광장

한 차례 커뮤니케이션의 마법이, 수백 년 전부터 종이, 인쇄술 등 커뮤니케이션 기술의 제공자였지만 이제는 수혜자가 되어버린 중국인들에게 널리 주목의 대상이 되었다. 천안문광장 사건은 커뮤니케이션 도구들을 통해, 정부가 침묵과 암흑으로 남아 있기를 바라는 곳에 문서와 사진들을 보냄으로써 대부분의 결정권을 가진 독재자의 삶에 괴로움을 선사할 수 있다는 사실을 매우 분명하게 증거하고 있다.

1989년 초여름에 소연방 서기장 미하일 고르바초프의 중국 방문을 취재하기 위해 입국한 외국기자들을 이용하여 1천여 명의 대학생들이 천안문광장을 점령하고 경직된 중국 정부에 대항하여 단식투쟁을 하였다. 약 30만 명의 반정부인사들이 중국의 전도시에서 시위를 일으켜 베이징에 있는 학생들을 지지하였다. 천안문광장에 있던 몇몇 학생들은 그들 자신의 자유의 여신상을 조각하여 "자유와 민주주의의 여신"이라 명명하였다. 세계는 텔레비전 뉴스와 영상들을 보고 놀랐으며, 날마다 위성을 통해 중계방송했다.

처음, 등소평 정부는 충격을 받은 것처럼 보였다. 그후 중국 정부는 강한 정보통제를 전개하여 인공위성의 접속을 끊으면서까지 서방기자들의 취재에 종지부를 찍으려 했지만, 서방기자들은 검열을 피해가기 위해 이송해긴 김비들과 일부에서는 일반전화선을 통해 전송할 수 있는 비트로 바꾸기 위해 각 개의 비디오 프레임을 분해해주는 전자장비인 픽실레이터를 사용하기도 했다. 카메라로 촬영하는 것을 제한하려는 정부의 노력은, 임기응변의 재치가 뛰어난 한 사진기자에 의해 좌절되었는데, 그는 손 안에 들어갈 만큼 조그마하고, 낮은 조명 아래서도 잘 찍히는 8mm 카메라를 자전거에 달려 있는 신발상자 안에 숨겨 촬영했다.

인공위성으로 송신하는 휴대용 송신기가 북경에서 효과적으로 사용되었다. 고르바초프의 중국 방문 동안 과부하가 걸릴 중국의 위성용 송신기들을 보충하기 위해 CNN 방송팀이 가지고 들어간 휴대용 송신기는 학생들의 데모가 시작되었을 때 텔레비전 뉴스를 담은 비디오 영상을 전송하고 있었다. 이 경우에는 자신들의 플러그가 아니기 때문에 중국 정부는 플러그를 뽑을 수 없었다. CNN의 전송신호는 복잡한 경로를 거쳐 전달되었다. 전송되는 전파는 북경에서 위성으로 전송될 때 Ku-밴드에서 C-밴드로 변환되어 캘리포니아의 중계국으로, 다시 다른 위성으로 그리고 애틀랜타에 있는 CNN 뉴스 센터로 전송되고 20만 마일의 여정을 마치고 약 2초 후에 인공위성 뉴스의 일부분으로 북경에 다시 전송되었다. 영상은 선명하고 드라마틱하여 중국 정부에 큰 타격을 주었고 결국 그 CNN 방송요원은 전송중단 명령을 받았다. 도시가 계엄령하에 있을 때, 저널리스트들은 선택의 여지없이 순응해야만 했다. 그럼에도 불구하고 그들은 전세계가 저항자들의 증인이었기 때문에 많은 일들을 해냈다.

중국 국영텔레비전 방송이 도시에서 도시로 급속히 번져가는 시위의 진실을 은폐했을 때, 전중국인민들은 해외 라디오 방송으로 채널을 돌렸다. 그 동안 시위학생들은 최신의 뉴스를 얻기 위해 휴대전화, 팩시밀리, 녹음테이프, 우편 그리고 비트넷 텔레커뮤니케이션 네트워크 등을 널리 이용했다.

어떤 면에서 팩시밀리는 중국혁명의 연료였다. 전송된 팩스자료가 젊은 중국혁명가들에게 정보를 제공하고 그들을 고무, 격려하였다. 그것들은 이 세대의 벽보가 되었다. 그곳에 이보다 나은 것은 아무 것도 없었다.

《뉴스위크》는 다음과 같이 보도했다.

> 학생들은 정통한 사람으로부터 중국 내의 약 1,500개의 팩스번호를 수집했다. 그들은 그 번호를 컴퓨터 게시판에 공고하고 그들의 메시지를 누가 받든지 상관하지 않고 무조건 전송했다. ─그것은 옛날 병 속에 쪽지를 넣어 보내는 통신수단을 전자적(電子的)으로 실행한 것이다. 중국에서 학생, 호텔 웨이터 혹은 사무직원들이 메시지를 받았고 그들은 수백 장의 복사물을 만들어 공공 게시판에 붙였다.

그들은 자신들이 있는 수도에서 무슨 일이 일어나고 있는지를 북경 밖의 도시들에 전달했다. 팩스 문서는 복사기에 의해 배가되었고, 때로는 단순하면서 효과적인 뉴스 전달체제인 벽보로 끝을 맺었다. 남경에서는 대규모 군중들이 대형 라디오를 크게 틀어놓고 주위에 모여 '미국의 소리' 방송을 들었다. 그밖의 다른 곳은 전화와 복사기가 뉴스를 전파했다.

> 지금 중국에서 들어온 뉴스에 의하면 경찰이 팩스를 감시하고 있습니다. 다음엔 어떤 일이 벌어질까요? 가정용 전화사용 정지? 개인 휴대용 컴퓨터와

모뎀의 검문? 우리는 쇠고랑을 찬 휴대전화를 보게 될지도 모르겠습니다.

팩스를 회수하려는 중국 정부의 기도는 끔찍하게도 적절한 조치이다. 그것은 단지 이번 저항사태의 책임을 지고 체포될 학생 주동자들도 아니고, 소식을 전한다는 죄목으로 추방당한 기자들도 아니다. 그것은 바로 커뮤니케이션 기술이라고 하는 악령이다.

중국에서 연일 계속된 저항과 억압은 정보와 자유, 기술과 민주주의의 상관관계를 보여주었다. 팩스와 진실의 사이(Between fax and facts).

《월스트리트 저널》은 다음과 같이 추가했다.

중국 정부가 중국으로 되돌아오는 뉴스 보도를 계속해서 막을 수 있을까? 저항이 시작된 후 이 나라의 팩스들은 태평양 건너로부터 빠른 속도로 사진과 뉴스를 전송해오고 있다. 국제 전화선이 계속 윙윙거리고 미국에 있는 4만 명의 중국 유학생들이 집으로 편지를 쓰고 있다. 홍콩 텔레비전은 광동지방에서도 수신된다. '미국의 소리' 방송은 전파방해를 받지 않는 필리핀의 한 장소에서 전파를 보낼 준비를 하고 있다고 전해지고 있다. 고립된 제국으로서 중국의 운명은 단연코 끝났다.

중국인들은 자신의 나라를 중화(中華)라고 부를지 모르지만, 사실은 맥루한이 말한 지구촌 외곽에 사는 10억 시민에 불과하다.

결국 중국 정부는 저항에 종지부를 찍기 위해 밤에 무자비한 방법으로 진압을 했고, 그 시간에 카메라의 시야는 어렴풋할 수밖에 없었으며 이후 다른 실체를 만들어내기 위해 이용가능한 모든 매스컴을 동원하여 인민들과의 관계개선을 위한 캠페인을 벌였다. 동시에 정부요원들은 서방에서 송신된 인공위성 영상들을 검색해서 체포해야 할 시위참가자들을 확인하였다. 그 영상들 중 몇 개는 중국 텔레비전에 방영하여 체포하지 않으면 은신하여 지하운동조직을 결성하였을 시위참가자들의 소재 파악에 인민들의 도움을 빌었다.

시작부터, 중국의 5월과 6월 항쟁은 커뮤니케이션 도구들에 의해 보도되었을 뿐 아니라, 그것들에 의해 변화되었다. 역사의 행로를 바꾸기까지 하는 커뮤니케이션 기술의 힘을 이보다 더 극적으로 증거하는 것은 결코 없었다.

매스컴의 전염

자유로운 매스컴의 접촉에 의한 오염을 막기 위해, 정부는 할 수 있는 모든 조치를 강구하여 거리에서 일어나는 폭동을 없애려 한다. 미국 ABC방송의 테드 커플(Ted Koppel)은 얼마나 쉽게 전염이 퍼져나갔는가를 맨 먼저 알았던 사람이다.

내가 작년 이맘 때 중국에 있을 때, 중국 학생들은 참으로 많은 일을 했다. 왜냐하면 그들은 텔레비전에서 연대노조가 폴란드에서 했던 일들을 보았기 때문이다. 내가 루마니아 있을 때 알게 된 것은 혁명은 티마소아라라고 하는 작은 도시에서 시작되었다는 사실이다. 왜냐하면 티마소아라는 유고슬라비아와 헝가리의 국경지역이기 때문이다. 그리고 그들은 다른 루마니아인들과 달랐고 그 나라의 다른 지역 사람들과도 달랐다. 그들은 새벽 1시에 루마니아 텔레비전에서 방영되는 CNN방송—지금 헝가리사태에 대해 설명하는 뉴스—을 보았다.

다시 말해서 상호작용은 오늘날 세계에 혁명을 가져오는 바로 그런 수준 위에서 존재한다. 그것은 변화를 낳으며 그러한 본질이 있음을 절대로 의심할 수 없다.

미디어의 도움을 받은 몇 가지 형태의 봉기를 칠레에서부터 발트해 연안의 국가들에서까지 찾을 수 있다. 칠레에서는 영화와 다큐멘터리 제작을 금지했다. 저항음악이 비디오로 제작·유통되었고, 발트해 국가들에서는 저항하는 시위장면들이 촬영되었다. 필리핀에서는 대통령 마르코스(Ferdinand Marcos)의 정적인 아키노(Benigno Aquino)의 새로운 암살소식을 담은 '거실 비디오(living room video)'를 널리 복제된 다른 비디오들과 함께 거실에 모인 사람들이 보았다. 함께 겹쳐 이은 뉴스 영화는 비디오 대여로 이용가능했다. 오려낸 뉴스 기사로 된 대량의 우편물들이 분노의 불에 기름을 부었고, 그것이 결국 마르코스를 넘어뜨리고 아키노의 미망인 코라손 아키노(Corazon Aquino)를 권좌에 앉혔다.

정부는 나름대로 굳어진 미디어의 지하유통을 막을 힘이 없음이 입증되었다. 많은 개발도상국가들에서, 정부가 승인한 자료를 보급하기 위해 마을마다 설치해놓은 텔레비전 세트와 비디오 녹화기들은 그 마을사람들이 재미있어 하는 비디오카세트를 보는 데 이용되고 있다. 몇몇 정부관료들은 마을사람들의 인기를 끌 목적으로 오락적인 테이프를 공급하고 광고한다. 그들은 자신들의 테이프가 그 마을에서 오래 간직되기를 바라고 있다. 사람들은 선택의 폭이 넓은 카세트를 보기 위해 국영 텔레비전 채널을 외면한다.

만약 VCR과 비디오카세트가 억압적 검열을 완화시키는 일 이외의 다른 일을 할 수 있었다면, 역사에서 중요한 자리를 차지했을 것이다. 그것들의 힘은 거기서 멈추지 않고, 수없이 많은 방향으로 확장되어 나갔을 것이다. 비디오로 녹화된 출판물의 임대, 집단 테러리스트들에 의해 대중매체에 전달된 인질들에 관한 비디오테이프들 그리고 특별히 준비된 비디오를 보기 위한 인공위성의 개인적인 구입과 케이블 텔레비전의 방송시간 구입 등은 이런 매체를 통해 가능해진 개인의 새로운 정치적 수단들이다.

테러리즘과 미디어

우리가 정보혁명의 중간에 살고 있는 것 그 자체는 축하할 일이 아니다. 만약 사람들에게 알리는 것이 혁명의 한 구성요소라면, 그것은 정부를 전복하지 않고도 이룰 수 있다. 현대의 테러리스트들은 동승한 비행기 혹은 배의 승객이 누구인지 모르며, 알기를 원하지도 않은 사람들을 통해 전세계 시청자들에게 전달되는 위세 등등한 경험을 성취할 수 있다는 사실을 가장 잘 알고 있다.

자유로운 사회에서 활동하는 테러리스트는 테러 행위가 즉시 텔레비전과 라디오와 신문 등으로 나온다는 사실을 안다. 그리고 정말로 세상을 들끓게 할 만한 습격과 난폭한 행위들을 찍은 사진이 TV위성을 통해 전세계에 중계방송될 수 있음을 안다.

이 주제에 대한 다른 언급을 보자.

테러리스트들과 TV방송사의 간부들은 시청률을 높이는 데 테러와 공조하고 있다. TV가 없어도 테러는 있을 것이다. 그러나 그것은 우리들에게 그렇게 큰 충격을 주지 않는다.

베이루트와 이란의 인질범들은 산발적으로 미국과 유럽 인질들의 사진과 비디오테이프를 공개했다. 미국과 유럽의 저널리스트들은 이것을 앞다투어 신문 일면에 게재했고 텔레비전은 방영하고 또 방영하고 했다. 예상대로 인질 친척들의 절규에 자극을 받은 여론이 들고 일어나 그들의 정부가 어떤 조치를 취하도록 한다. 이와 같이 힘있는 정치적 도구로서의 매체는 민주주의에서 외교정책의 변화 기반을 근본적으로 강화시키는 국민 감정을 형성하는 데 쓰이고 있다. 그것들이 가진 지속적인 효과가 무엇인가에 대해서는 논란의 여지가 있으나, 지미 카터가 비효율적인 대통령이라는 일반적 인상을 확대시켰다. 테헤란에서 인질들을 구출하기 위해 처절하게 노력하는 헬리콥터를 영상으로 본 후 정부가 무언가 조치를 취해야 한다는 대중적 요구가 엄청나게 커졌다.

저널리스트들이 보도하는 이 모든 깃들이 서널리스트들과 테러리스트들에게 소위 마가렛 대처 수상이 "홍보의 산소"라고 불렀던 평행한 길을 추구하면서도 분명히 다른 동기에서 행동하지만, 인질잡기라는 최고의 드라마를 찾아내려는 공통된 목표를 가지고 있다.

비밀 라디오

허가받지 않은 비밀 라디오 방송국들이 목표국의 국경 바로 밖에서 그 정부가 차단해버릴 수 없는 송신장치로 지난 수십 년 간 방송을 해오고 있다. 종종 적대국가의 정부가 비밀 방송을 지원하는 것은 "자유와……(……나라)의 소리"라고 주장하는 방송에서는 무시되는 것이 사실이다. 내란이든 국가간의 전투이든, 충돌이 있는 곳에서는 비밀 방송이 무기가 된다. 냉전 동안 그런 라디오 방송국들이 유럽, 아시아, 아프리카 전역에 흩어져 있었다.

냉전의 종식이 수많은 비밀 방송국들의 증가를 가져왔다는 것은 전혀 놀라운 사실이 아니다. 비록 방송을 끝낼 때가 된 것 같았으나, 미합중국과 소연방 사이의 적대관계 때문에 존재했던 많은 방송국들이 방송을 중단하지는 않았다. 그들이 방송을 계속하는 이유는 새로운 자유와 민주주의의 실현을 저지하려는 움직임이 국민주의적 열정과 변화의 요구를 폭발시켰기 때문이었다. 매체의 프로듀서는 영향력 있는 인물이라는 점에서 그 수가 증가하였다.

경쟁관계에 있는 텔레비전도 뒤떨어질 수 없다. 뉴스방송은 직접위성방송을 통해 만찬용 냅킨 크기의 수신기를 가진 사람들에게도 수신이 가능하게 해준다.

검열은 과거처럼 뉴스 전파를 차단하지 못하고 있다. 양치기들도 현재 국가 지도자들만큼이나 빨리 소식을 접하고 있다. 시베리아 부락들의 염소떼 몰이들도 그들의 공화국 소식을 매일 밤 시청하고 그것에 대해 토론을 한다. 낙타를 타고 다니는 베두인들은 사하라사막을 횡단하면서 라디오를 듣는다.

중동에서 드러난 미디어의 힘

중동지역에서 트랜지스터 라디오의 빠른 보급은 아랍의 민족주의 부활에 공헌했다고 믿어졌다. 이라크의 사담 후세인은 수 년 동안 타자기 사용을 금지했는데, 아마 자기 자신이 권력을 장악하려고 음모를 꾸몄을 때 사용한 타자기와 등사기를 회상한 모양이다. 파키스탄의 깊은 산악지역에 위치한 오지인 발로키스탄에서도 라디오는 변화를 가져왔다.

> ……이곳의 문맹률은 95%에 이르지만 거의 모두가 라디오를 가지고 있는 것 같으며 가장 고립된 부족 마을사람들도 기민하게 세계정세를 토론한다. 발로키스탄은 분명 미개발지역이다. 그러나 분명 그들은 뒤처지지 않았다.

한편 이스라엘과 요르단 사람들은 계속 서로 상대의 텔레비전 프로그램을 시청했다. 파키스탄 사람들은 그들의 군대가 인도 군대와 총을 겨누어 쏘고 있는 동안 인도 영화를 본다.

1970년대 이란에서 통신의 힘의 잘못된 예들이 있었음을 안다면 흥미로울 것이다. 당시 팔레비 정부는 절대군주로서 광범위하게 커뮤니케이션 도구들을 사용했지만, 그 결과는 의도한 바에 어긋나는 것이었다. 팔레비 정부는 빠른 속도로 엄청난 방송장비와 정보의 저장, 검색을 위한 컴퓨터를 비축해 나갔다. 책과 영화가 검열을 받았고 혹은 출판이 금지되었다. 셰익스피어의 비극 『맥베드』와 『햄릿』은 왕을 살해하는 장면이 있어 금지되었다.

> 동시에, 분명치는 않지만 현실적인 효과로, 중·상류계층의 생활을 묘사한 TV 프로그램은 가난하고 성실한 사람들에게 불평등과 질투와 분노의 감정을 증폭시켰음이 틀림없다.

텔레비전과 다른 '큰 미디어' 그리고 '작은 미디어' 네트워크에 대한 정부의 통제에 대항하여 이란 전역이 일어났다. 9만 개의 회교 사원 중심의 강의실 모임과 개인 가정 모임이 가세했고, 여기서 종교적 메시지를 전달하는 녹음테이프를 재생하거나 복사된 전단을 읽었다. 추방당한 아야톨라 호메이니는 파리에서 격렬한 연설 테이프를 보냈고, 그것은 전사되고, 복사 혹은 등사되었다. 테헤란 대학의 한 교수는 "우리는 전제주의자에게 복사주의를 수단으로 민주주의를 요구하며 투쟁하고 있다"라고 논평했다. 이란의 밖에 위치한 비밀 방송국들이 더 많은 메시지를 이란 사회에 주입시켰다. 혁명의 외침이 일자 대중들은 응답했다. 투쟁과 시위의 반체제운동이 1978년 거리에서 느껴졌을 때 3백만 명이라는 대규모의 잘 조직된 시위는 지켜보는 사람들을 놀라게 했다.

> 수 세기의 전쟁 역사에서 전투 계획은 대체적으로 비슷했다. 주요 요새나 궁전을 안전하게 지키는 것이다. 그리고 새로운 깃발이 올라갔을 때 모든 것은 끝이 난다. 현대적인 전쟁에서 점령해야 할 고지는 송신탑이고, 새 깃발은 새로 바뀐 뉴스 앵커의 얼굴이다.

자칭 혁명가들에게, 커뮤니케이션 도구들은 메시지를 확산시키는 데 있어 대중집회보다도 개인적이고 확실한 이점을 가지고 있다. 증오와 혁명의 외침은 더 이상 낯선 사람이 침입하지 못하고, 실질적으로 경찰의 곤봉이 존재할 위험이 전혀 없는 각 개인의 가정에서 메시지 수신이 가능하다.

새로운 세계정보 질서

UN은 정부마다 국경을 건너오는 달갑지 않은 정보에 대해 찬반 격론을 벌이는 중심이었다.

유엔교육과학문화기구(UNESCO: United Nations Educational, Scientific, and Cultural Organization)는 전세계의 정보 흐름에 대해 혹독한 논쟁을 벌이는 토론의 장이었다. 많은 제3세계 국가들의 주장은 산업화가 이루어진 서구의 통제를 받는 주요 통신사들이 자연적이거나 인간이 만들어낸 재앙들, 독재, 정부의 타락 그리고 시대에 뒤떨어진 것들을 강조함으로써 개도국에서 일어나고 있는 일들을 왜곡시켰다는 것이다. 전세계에 그런 기사의 유포는 논쟁점이었고, 개발도상국들의 자존심을 상하게 하여 그들의 개선의 노력에 상처를 줄 뿐이었다.

농부들의 헛간 안에까지 보급된 값싼 휴대용 단파 라디오 같은 통신장비의 보급은 서구문화와 그런 편향성을 가진 서구에 기반을 둔 매체의 힘이 지나치게 강해져서, 이러한 매체들을 검사하고 그 힘을 약화시키려는 국가들을 꼬치꼬치 간섭한다는 또 다른 논쟁을 불러왔다. 제1세계 국가들과 제3세계 국가들 사이의 정보 흐름의 불균형은 심각하다. 직접위성방송은 텔레비전으로 오락물들과 해당 국가 정부의 방어능력을 넘어선 정보와 문화를 많은 나라에 쏟아부어 훨씬 더 큰 위협을 준다.

검열과 방해전파가 국경을 무시하는 통신 흐름을 멈추게 할 수 없다. 제3세계 국가들이 제안하는 것은 통신에 대한 국제적 협약의 새로운 정보세계와 통신질서였다. 만약 서구 저널리스트들이 대중저널리즘의 기본적인 신조—저널리즘은 사회개선에 이바지해야 한다는 것—를 무시하려 한다면, 그들은 압력을 받아야만 한다.

말할 필요 없이 정보의 자유를 지지하는 사람들은 새로운 정보세계와 통신질서에 크게 반대했다. 확신컨대 대다수 반대자들의 의견은 이들 체제에 의해 매체가 그들이 옹립해놓은 독재정권을 엿보는 지렛대가 될 수 있다는 두려움에서 나온 것이다. 반대자들의 논점은 무엇보다도 그 제안이 부패한 정부를 영속시키고, 대다수 사람들의 불행과 기아를 숨기고자 하는 목적으로 국가적 차원의 검열을 국제적 차원의 검열로 확대하자는 희망에 불과하다는 것이다. 신세계정보통신질서(NWICO: New World Information and Communication Order)의 반대자들은 그처럼 화려한 수사들은 이미 자국의 언론들과 방송들을 지배하고 있는 독재자의 손에 있는 권위를 유지하려는 겉 다르고 속 다른 말이라고 비판했다. 살해된 저널리스트들, 혹은 가족들에 대한 죽음의 협박으로 침묵을 지키고 있거나, 혹은 단순히 생계를 위한 많은 재산을 빼앗아가겠다는 위협에 침묵하고 있는 저널리스트들이 기록해놓은 것을 보라고 그들은 말했다.

그 논쟁은 결코 끝이 없을지도 모른다. 현재는 과거보다 논쟁의 열기가 식었고 신세계정보통신질서는 아직 구축되지 않았지만 문제가 사라진 것은 아니다. 결과에 상관없이 그 논쟁은 가장 외떨어진 마을들의 생활에까지도 현대 매스커뮤니케이션 도구가 영향을 미친다는 것을 보여주었다.

문화제국주의

오락물은 다른 형태의 정보를 제공한다. 그러므로 지구 전역에 있는 작은 정부들은 소위 그들이 서구의 "문화제국주의"라고 부르는, 특히 미국적이고 허구적인 텔레비전 프로그램에 경종을 울렸다. 미국의 태도, 적어도 할리우드와 텔레비전 네트워크들에 비친 가족 구조와 행정부, 경찰, 성 그리고 종교적 가치관들에 대한 태도들은 결코 전세계가 일괄적으로 공유할 수 있는 것들이 아니다. 게다가 미국의 관람객들을 순진한 웃음으로 사로잡는 내용이 몇몇 저개발국가의 정치지도자들에게는 경계의 대상이다. 왜냐하면 시트콤들과 연속극 그리고 모험극들을 보고서는, 잠재적으로 자기 나라 국민들이 얻을 수 없는 자유와 부(富)를 보고 자신들의 운명에 불만을 가질 수 있기 때문이다. 사회변화의 요인으로서의 대중매체의 잠재력은 우리 시대의 미개척 분야 이상의 주목을 받지 못했다. 예를 들어 로이터통신의 특파원은 다음과 같이 말한다.

중국의 텔레비전 장관은 목요일을 엄격한 프로그램 통제의 날이라고 불렀다. ≪인민일보≫에 기고

한 글에서 라디오와 영화 그리고 텔레비전 장관, 아이 찌쉥(Ai Zhisheng)은 방송관계자들을 독려해 번창하는 위성TV 시장을 장악하라고 촉구했다. 실질적으로 그것은 2년 이상 정부의 통제를 벗어나 있었다…….

"여론 방향을 확고히 장악하는 것은 정부와 정당의 대변인으로서 중요한 책임이다."라고 긴 논평을 썼다.

때때로 "코카콜라 — 식민주의화"라고도 불리는 매체 문화제국주의는 국제포럼에서 자주 등장하는 논쟁의 주제이다.

"실로 우리 중 많은 사람들은 미국의 삶의 방식에 경탄한다. 좋은 집과 양질의 교육. 나는 CNN을 원한다." 홍해에 있는 항구 지다의 상공회의소 관료인 무하마드 이쉬키는 말했다. 그러나 당신이 미국 문화라고 부르는 것이 우리에게 위험할 수가 있다. 왜냐하면 그들이 우리에게 사물을 바라보는 다른 방법을 가르치기 때문이다. 그들은 우리에게 우리가 일들을 다르게 처리할 수도 있음을 말해준다. 당신은 교육이 무기체계라는 것을 알아야만 한다. 그것은 어느 쪽으로도 향할 수 있다.

베를린 장벽이 무너지고 두 개의 독일이 하나로 합쳐지기 전의 조사에 의하면, 드레스덴 지역의 주민들은 다른 동독지역의 주민들보다 다섯 배나 많은 거주이전 허가를 원했는데 그 이유는 서독 텔레비전의 위안이 없는 공산치하의 삶이 견딜 수 없는 고통이었기 때문이다. 그 도시는 서독과 너무 멀리 떨어져 있어서 텔레비전 전파를 수신할 수가 없었다. 토론을 거쳐 동독의 지방도시 드레스덴 당국은 케이블로 서독의 전파를 끌어왔다. 이와 같이 중국 광동 지방의 공산당관료들은 주민들이 지붕 위의 안테나들을 홍콩으로 향해 놓고 중국어로 더빙된 미국의 경찰드라마와 멕시코 연속극을 보는 것을 허용했다. 이와 같은 일화들은 텔레비전 방송이 엄격하게 통제 받는 다른 지역에서도 찾아볼 수 있다.

정치적 통제하의 경제적 자유

정치적 독재체제를 유지하면서 경제적 발전을 이룩하기를 원하는 국가들이 직면해 있는 근본적인 문제는 정보시대를 살아가면서 자신들이 이 두 가지를 다 취할 수 있는가 하는 것이다. 국가를 경영하는 독재자들과 소수 지배계층들은 오늘날 지구촌 시장에서 경쟁하기 위한 최신 전자커뮤니케이션 도구들을 원하지만 그것들을 통해 쏟아져 들어오는 사상은 거부한다. 서구 민주주의체제의 안전하고 천국 같은 곳에서 추방당한 반대세력들은 할 수 있는 모든 매체를 사용하여 모든 체제전복 자료들을 가정으로 전송하고 있으며, 특히 오늘날에는 인터넷을 이용하고 있다.

체제전복적 수단을 사용하여 권력을 획득한 독재자들은 서방이 지원하는 체제전복 기도에 대해 불평하고 있다. 그들은 또한 문화적 제국주의를 비난하며, 자국의 일반대중들이 텔레비전과 라디오, 컴퓨터 그리고 전화기들을 통해 정보를 입수하여 피폐해져간다고 초조해하고 있지만, 그들은 진보의 속도를 늦추려고 노력할 뿐 이러한 진행을 멈추게 할 수는 없다. 그러나 그것은 이란정부가 1994년 서방의 영향을 차단할 목적으로 약 25만 개의 위성 수신기의 사용과 소유를 제한했던 것처럼 소수 지배계층들로 하여금 제한하지 못하게 한다. 몇 명의 위성수신기 소유주들은 무거운 세금을 각오하면서 지붕 위의 위성수신장치를 냉방장치(air conditioner)처럼 위장했다.

어느 신문의 사설은 이렇게 표현했다, "팩스와 비디오카메라 같은 자유언론에 필요한 고급기술을 갖고 있는 나라에서는 폭정이 존재할 수 없다." 또 다른 논평에 의하면,

장기적인 안목으로 볼 때, 한 국가는 메가바이트와 모뎀, 전화기와 팩스 없이 근대적 경제, 혹은 사회를 이룩할 수 없다. 쉽고, 직접적이고, 개인적인 통신능력 없이는 연구나 사업을 수행할 수 없다.

≪이코노미스트(The Economist)≫지에 의하면,

전화기, 계산기 그리고 개인용 컴퓨터는 점차

경찰을 앞지르고 있다. 이들 장비를 갖출 능력이 안되는 곳과, 아직도 일상생활의 모든 부분을 엄격히 통제하고 있는 북한과 알바니아 같은 곳들은 이런 자가생성 지식의 새로운 흐름의 영향에 제외되어 있다.

미디어를 통제하는 몇몇 국가 목록에 한때 유고슬라비아에 속했던 여러 지방들이 추가될 수 있다. 슬로베니아, 크로아티아 그리고 특히 세르비아는 텔레비전과 라디오와 출판에 엄격한 통제를 가했다. 다소 고립된 그 국민들은 그들의 이웃들에게 직접적으로 쏟아붓는 증오와 거짓으로 가득 찬 선전들을 들었다. 이른바 다른 사람의 희망에 따라 제지되지도, 누그러뜨려지지도 않는 '미디어 갱스터'라고 불리는 상호비방 상호험담의 가속화를 가져왔다.

"우리는 항상 타자기를 먼저 보호하고, 그 다음은 인쇄 출판을 보호하고 그리고 난 다음에 우리 자신을 보호한다"라고 말한 폴란드의 지하 주간신문 편집장의 말이 생각난다. 자유화 이후 폴란드 국민들은 계속 미디어를 사용하지만, 매우 다르게 사용한다.

금요일 밤 손에 리모콘을 들고 TV 앞에 줄을 지어 앉은 폴란드 가족을 상상해보라. 컬러텔레비전 세트 위에는 케이블 박스 그리고 창 밖에는 위성방송 수신기가 있다.

그들은 저질 프로그램과 고급 프로그램, 새로운 미국방송 혹은 고전적인 프로그램, MTV 혹은 심슨 가족 등을 마음대로 선택할 수 있다. 그들은 뉴스나 정치토론을 시청하기 위하여 CNN이나 유럽 혹은 폴란드방송에 채널을 맞출 수 있는데, 그중에는 대중의 인기를 폭넓게 모으고 있는 <폴란드 동물원>이라는 프로도 있다.

폴란드에 있는 약 1천만 대의 텔레비전 세트는 40년 이상의 공산주의 통치하에서 충실하게 선전기관에 채널을 맞추고 있었지만, 오늘날에는 거의 모든 채널을 마음대로 시청할 수 있다.

동유럽 공산주의의 몰락을 가져온 것이 무엇이었느냐는 질문에 대해 폴란드 대통령 바웬사(Lech Walesa)는 TV세트를 가리키면서 "그 모든 것은 저기서부터 나왔소"라고 대답했다. 그는 또 "특히 우리나라에서는 금지된 정보를 제공했던 라디오 때문이오. 그것이 우리의 정신을 깨웠고, 믿음과 희망을 강하게 했소. 그것은 단합과 자유인민의 국제적 단결의 감정을 느끼도록 만들었소"라고 말했다.

미국정치의 변화

매스커뮤니케이션이 정부를 변화시키는 것은 미국 밖의 일만은 아니다. 뉴스와 논평은 신뢰와 비난을 통해, 상원의원 조셉 매카시(Joseph McCarthy)와 리처드 닉슨(Richard Nixon) 대통령을 퇴진시키는 데 큰 영향을 주었다.

1995년 테네시 주의 알렉산더(Lamar Alexander)는 공화당 대통령 지명 선거운동을 인터넷을 통해 시작했다. 그의 미디어담당 조언자 머피(Mike Murphy)는 "깃발도 없고, 프레첼(매주 안주의 일종)도 없고, 매주도 없다"라고 말했다. 부통령 앨 고어(Al Gore)와 하원의장 깅리치(Newt Gingrich)는 사이버 공간에서 정책을 실행하는 선두그룹에 있었다. 거기에서 그들은 모든 종류의 문제점들에 대해, 매우 조직화된 그룹들로부터 화난 독불장군들에 이르기까지 모든 사람들과 만났다.

미국의 모든 새로운 커뮤니케이션 매체는 그것을 사용할 줄 아는 지도자들의 이미지를 격상시켰다. 루스벨트(FDR : Franklin Delano Roosevelt)는 라디오 그 자체였다. 케네디(JFK : John Fitzgerald Kennedy)와 레이건(Reagan)은 텔레비전 방송을 통해 성장했다. 그러나 네트워크가 세 개밖에 없던 그 시절에는 이들 매체들은 국민통합적 매체들이었다. 문자 그대로 온 나라가 그 앞에 모여 앉아서 실황연극을 듣고 보고 있는 것과 같았다. 그러나 중앙무대가 없는 시간변환 세계에서 누가 사이버족들로 가득 찬 나라를 이끌고 나갈 수 있는가?

만일 주류 정치가들이 매체를 이용할 수 있다면, 정치적 극단주의자들도 이용할 수 있다. 자신의 의견을 확산시키기 위해 반드시 정치지도자가 될 필요는 없다. 겨우 한 개의 나치 지지자들의 컴퓨터 게시판이 놀랄 만큼 네트워크의 화면을 장식할 수 있다. 인종차별주의자들의 토크쇼인 <인종과 이성>은 녹화 가능한 케이블 텔레비전의 공공채널을 통해 미국 전역에서 도덕적 불쾌감을 주었다. 이 쇼의 프로듀서 탐 메츠거는 자신의 불쾌한 의견을 멀리 그리고 널리 확대해나갈 수 있었다. 그는 미국헌법 수정조항 제1조에 대한 가시적인 증거뿐 아니라 커뮤니케이션 도구의 민주주의적 효과에 대한 가시적인 증언을 하고 있다.

걸프전

걸프전의 특징은 하이테크 무기에 있었다. 사람들은 CNN신드롬이라고 이름 붙여진 텔레비전에서 떨어지지 않았다. 매체를 조작하는 비전문가가 아니라, 연합군의 책임자인 장군은 사람들이 실제로 피를 흘리게 될 것을 모든 사람들에게 환기시키려고 노력했다. 슈와르츠코프(Norman Schwarzkopf) 장군은 "전쟁은 닌텐도 게임이 아니다"라고 말했다.

하지만 그것은 게임처럼 보였다. 다리와 빌딩들이 폭파되는 것을 지켜본 지구상의 수억의 사람들에게 그 전쟁은 가상의 전쟁으로 보였을 수 있다. 그것은 목표물을 명중시키는 바로 그 미사일의 카메라 렌즈를 통해 생생하게 보였다. 걸프전에는 공상과학소설의 비현실성이 함께했다. 그것은 스텔스기, 미사일을 잡는 패트리어트 미사일, 혹은 스마트 폭탄뿐만 아니라, 벅 로저스 전쟁(Buck Rogers war)의 청결함까지도 있었다. 물론 우리 모두가 알다시피 다른 모든 전쟁과 마찬가지로, 이 전쟁도 깨끗하기보다는 고통과 불행 그리고 죽음으로 가득 차 있었다. 걸프전에 대해 알고 있음에도 불구하고 우리들 대부분은 그것을 보지 못하고 듣지 못해서 전장에서 실제로 느끼는 것처럼 걸프전쟁을 느끼지는 못했다. 대신에, 적어도 서방측 관점에서 우리는 지금까지 가장 그럴싸한 전쟁에 대한 보고서를 받아 보았다.

매스커뮤니케이션 기술의 마법은 손쉽게 청중들에게 땅에 떨어지는 미사일 비디오테이프에서 사우디아라비아로 날아 들어오는 미사일의 생생한 실제 화면까지, 워싱턴 관료들의 발언에서 암만에서의 인터뷰까지, 몇 분 동안 비치는 이스라엘의 폐허가 된 집의 광경에서 폐허가 된 바그다드의 동네 길을 산책하는 모습까지 왔다갔다하면서 자세하게 보여주었다.

이들 즉석 화면들과 사건현장 보도는 현대적인 매스커뮤니케이션에 의한 정보 이외에는 그 사건에 대해 아무것도 알지 못하는 사람들의 머릿속에 불타고 있으며 전세계 수십 개 도시의 시민들은 어느 한쪽 혹은 다른 쪽의 정치적 노선을 지지하기 위해서 거리로 나섰다. 이를 들은 정부지도자들은 많은 경우에, 똑같은 대중매체의 보도를 보거나 들은 후 자신들의 의견을 덧붙였다. 매스컴에 의해 알려지고 고무된 이 모든 대중적 행동의 결과들은 수 년 동안 알려지지 않았을 수도 있지만, 아마 그 결과들이 마치 한 세대 전의 베트남전쟁에 대한 보도들에 뒤따랐던 결과들처럼, 매스컴을 통해 온 것임이 틀림없다. 슈위츠코프 장군은 군사 브리핑에서 냉소적으로, 완전히 드러난 쿠웨이트 해상침투 계획을 바보처럼 믿은 기자들에게 감사했다. 그것은 이라크의 총구를 엉뚱한 방향으로 돌리게 하려는 오보(誤報)전략이었다.

걸프전 동안 취재의 톱 10 기술로 불린 것을 살펴보는 것은 현재의 통신기술의 흐름에 대한 증거로써 유익한 것이라고 본다.

1. 혼란에도 불구하고, 전자우편이 뉴스현장에 있는 기자들과 뉴스 보급센터에 있는 프로듀서들 사이를 연결시켰다.
2. 여전히 신문과 잡지용의 양질의 사진들이 아날로그든 디지털이든 라디오와 일반 전화선을 통해서 전송이 가능했다.
3. 사건현장에서 온 사진들을 변환하는 기술능력이 수천 마일 밖에서 그것들을 수신하는 보도국에 있는 프레임 캡쳐(frame capture) 장비와 잘 맞았다.
4. 휴대용 팩스를 통해 기자들의 기사와 서류가 어떤 전화선을 통해서도 빨리 전송되었다.
5. 폭탄이 바그다드의 전화교환소를 폭파했을 때에도 이라크 정부에 의해 케이블 뉴스 네트워크에만 특별히 허가된 위성 송신기가 보도를 위한 장거리용 인터컴 장치 역할을 했

다. 외국 특파원들 중에서 특히 피터 아넷 (Peter Arnett)은 "나는 그 일로 충격을 받았다"라고 결론지어 말했다.

6. 장거리 감지기술이 ABC 뉴스로 하여금 쿠웨이트의 유전이 불타는 장면들을 위성으로 받아 방영이 가능하게 했다(프랑스 상업위성은 체르노빌 재앙을 전세계에 중계하여 경종을 울렸다).

7. 기자들이 휴대하고 다니는 노트북 컴퓨터는 모뎀으로 중앙의 보도국과 연결되었다. 그것이 뉴스의 처리를 빠르고 간편하게 해주었다.

8. 소형 위성 송신기는 다른 것에 비해 휴대와 전송이 쉬워서 텔레비전 특파원들은 생생한 비디오를 원거리에서 전송했다.

9. 특파원들은 또한 국제 데이터 전송 네트워크를 사용했다. 이것은 인공위성과 위성으로 보내는 송신기, 수신기 그리고 변환장치들이 필요한 복잡한 네드워크로 세계의 수복을 사막에 있는 한 특파원에게 돌리게 할 수 있는 장치이다. 통신사 기자들은 휴대용 위성전화기를 통해 기사를 보도했다.

10. 컴퓨터 그래픽 기술이 하이테크 전쟁의 보도에 더욱 빛나는 하이테크를 제공했다.

텔레비전을 통해 걸프전 혹은 더욱 최근에 일어난 러시아 궁전 탱크 포격을 시청하는 우리는 이미 '상상의 세계'에 살고 있는 것이다. 커뮤니케이션 기술 덕택에 우리는 마치 전자오락 안에서 깨어 있었던 것처럼 보인다. 조금 놀라운 사실은 일찍이 20여 년 전의 베트남전쟁은 거리에 폭동을 불러왔던 반면 대부분의 미국인들은 가정에서 걸프전을 지지하며 박수를 보냈다는 것이다.

베트남에서 저널리스트들은 부러울 정도로 자유로웠다. 많은 장비들을 이용해야 하는 텔레비전 방송은 비교적 제약이 있었다. 16밀리 흑백필름이 트럭, 자동차 그리고 비행기를 통해 서부해안 필름현상소로 수송되었다. 그런 후 편집된 필름은 임대한 광역의 전화회선을 통해 엄청난 가격을 지불하고 뉴욕으로 전송되어 촬영된 후 2~3일 만에 미국 대중들에게 방영되었다. 이런 경우를 바그다드에서 테헤란으로, 다시 텔아비브로, 다시 런던으로, 뉴욕으로, 계속 전송 변환되어가는 생방송과 비교해 보라. 이것들은 때때로 바로 전에 촬영된 비디오테이프와 목표물에 접근한 폭탄에 의해 전송된 사진들도 포함하고 있다. 그리 오래되지 않은 제2차 세계대전과 한국전쟁 당시의 흑백필름은 사건이 발생한 후 여러 날만에 극장에서 상영되었다. 오늘날 통신장비들은 그 자체가 유도탄이다. 하지만 그것들의 사정거리는 실제 유도탄보다 훨씬 더 크다.

이제 초기 인류의 커뮤니케이션 수단 개발이야기로 돌아가보자. 최초의 정보혁명은 문자였다.

1 쓰기 : 첫 번째 혁명

The First Revolution
Writing

문자의 발명 The Invention of Writing

곡식경작, 동물사육과 더불어 사냥하는 부족들과 고기잡는 부족들 그리고 채집생활을 하는 부족들은 한곳에 뿌리를 내리고 안정된 공동체를 형성하여 해마다 양식을 기대할 수 있게 되었다. 비옥한 땅이 있는 계곡과 삼각주에는 유목민들이 더욱 확실한 삶을 위해 농부로 정착하였다. 인도의 북서지방 인더스 강변과 중국의 황하 그리고 지금의 이라크지역— 한때 수메르인들이 거주했던 곳이다— 인 메소포타미아 일부 지역에 있던 티그리스와 유프라테스 강과 함께 이집트의 나일 강의 삼각주가 바로 그곳이었다. 공동체가 성장했고, 정복자들이 통일하고, 정부가 들어서고, 상업이 번창했다. 사제들이 신들에 대한 공물을 요구했고, 세금 거두는 자들이 남은 것 중 많은 분량을 요구했다. 이 모든 주고받기가 문자와 기록의 보존을 요구했다.

이 모든 기록과 일정, 계약서 그리고 이들 지역의 모든 행위와 계산은 어떤 매체로 이루어졌는가? 그 매체가 실용적인 것이 되기 위해서는 운송가능하고, 저장가능하고, 내구성이 강하며, 사용하기 쉬워야 하고, 값이 싸야만 했다. 계약서류와 정부서류, 혹은 종교적 포고문 등을 마음대로 고칠 수 없도록 확립된 문자가 있어야만 했다. 서류 작성자들은 이 역사의 초기단계에도, 사용자들의 선행조건으로 쓰기 기술을 연마해야 그들에게 필요한 것을 얻을 수 있었다. 문자가 발전의 근본이 되었다. 도구 그 자체는 평범하고 초라한 것이었다. 고대인들이 그 도구를 가지고 한 일은 결국 아무것도 없다.

원시시대 중국의 쿠완(ku-wan)— 제스처 그림들— 은 서아시아에서 처음 등장한 상형문자를 앞선 것이었다. 아메리카 원주민들은 나무 막대기에 금을 긋거나 페인트칠 표시를 하여 메시지를 전달했다. 남아메리카의 잉카족은 채색을 한 퀴푸(quipu) 끈을 매듭지어 복잡한 기록을 했다. 그러나 이들 미디어들은 휴대가 불편하여 사용이 제한되었다.

점토 위의 문자

최근에 프랑스에서 발견된 쇼베 동굴벽화는 3만년이 되었으며, 라스코와 알타미라 동굴벽화는 아마 1만5천 년이 된 것 같다. 그러나 우리는 기원전

8천 년경 수메르 지역에서 시작된 구어(口語)의 재생산과 저장이라는 긴 여정을 살펴보기 위해 비옥한 초승달 지역(Fertile Crescent), 특히 메소포타미아 지방을 살펴보아야 한다. 양의 숫자, 곡식 측정, 기름 항아리와 기타 물품들을 표시하기 위해 작은 삼각형, 사각형, 원추형 등 다양한 모양의 대용화폐(token)들이 진흙으로 만들어졌다.

이러한 대용화폐들은 한 공동체 내에서 공동체의 자산을 공동출자하거나 재분배할 목적으로 물품의 경로를 확인하는 역할을 했다. 그것은 공동체 내의 엘리트들의 위상을 나타내는 상징으로 쓰이고, 때때로 장례식에서도 사용되었다. 또한 그 징표들은 신에게 바쳐진 선물, 또는 통치자에게 바쳐진 공물, 혹은 세금 거두는 자에게 기꺼이 바쳐진 공물임을 암시했다.

토큰의 모양이 의미를 나타냈다. 십여 가지의 다른 모양의 점토판이 5천 년 이상의 기간 동안 계산에 도움을 주었다는 것은 놀라운 사실이다. 기원전 약 3700년경부터 그 토큰들을 보관하기 위해, 일종의 봉투인, 속이 텅 빈 점토 공 속에 넣어두기 시작했다. 일단 토큰들을 공 안에 넣고 봉하고 나면, 그 공을 깨고 열어보지 않고는 무엇이 들었는지 알 방법이 없다는 점이 곤란한 일이었을 것이다. 수메르의 회계사들은 진흙 공을 만드는 과정에서 진흙이 굳어지기 전에 토큰을 공 위에 붙이거나 각각의 토큰을 진흙 위에 눌러 표시를 남기는 방법으로 공 속의 내용물을 구분할 수 있는 방법을 생각해냈다. 문자를 향한 다음 단계는 점토에 실제 모양을 눌러 만들기보다는 토큰을 상징할 수 있는 모양을 긁어서 새겨두는 것이었다. 전세계 박물관들에 보관되어 있는 유물들을 보면, 표상의 모양은 토큰들과 일치하지 않는데 이것은 추상적 사고로의 진일보를 의미하는 중요한 것이다. 밖에 있는 표시들이 의미를 전달하기 때문에, 속이 빈 공 안에 진짜 토큰을 집어넣을 필요가 없었을 뿐만 아니라 사실상 공 그 자체도 필요가 없게 되었다. 토큰이 없는 공은 명판 모양으로 평평하게 눌러 필요로 하는 모든 정보를 담는 데 사용되었다.

수메르인들은 또한 돌 조각이나 금속에 문양을 새겨 진흙으로 빚은 포도주 항아리의 위에 눌러 그 주인을 표시하는 문장(紋章)을 만들었다. 스탬프형 문장은 젖은 점토 위를 굴러가는 원통(cylinder)형 문장으로 발전했다. 점토를 따라 굴러갔을 때 하나의 문양이 생기는데, 이것이 현대의 실린더형 출판의 선구자였다.

지식의 진보

기원전 약 3100년경 수메르인들은 양(羊)의 상징과 양의 수를 구별하는 수(數)를 발명했다. 그래서 어떤 연구가들은 문자와 수학은 함께 발전했다고 믿는다. 최초의 수메르 문자는 대상을 단순하게 그린 상형문자였다. 우루크 지역에서 고고학자들이 발굴한 유물 중에는 수메르인들이 표의문자로까지 진보했음을 보여주고 있다. 표의문자의 상 혹은 상징은 하나 또는 그 이상의 대상을 나타낸다. 또한 하나의 상징은 하나의 개념을 나타낼 수 있다 문자가 아이디어를 교환할 수 있는 도구로 발전한 것이다. 수메르인들이 수를 발명했을 무렵, 하나의 자음과 하나의 모음이 상징을 의미하는 표음문자로 발전되어 문자언어와 소리언어가 합쳐졌다. 수메르인들은 알파벳은 아니지만, 현대 일본의 가나(Kana)문자와 유사한 음절문자를 발명했다.

바빌론은 그 선조 수메르인들과 아카디아인들의 문명을 새로운 차원으로 높여놓았다. 수메르인들과 아카디아인들이 점토판 위에 표의문자를 손으로 썼던 것에 더해서, 음절문자표(각 기호가 한 음절, 즉 한 개의 자음과 모음을 나타낸다)를 배치하는 방법으

그림 1-1 점토판에 새겨진 상형문자들은 고대 근동(近東)인들로 하여금 기록을 보관할 수 있게 했다.

로 바빌론사람들은 추상적인 종교적, 철학적 사상을 기록했다. 그들은 식물과 동물, 금속과 바위를 분류했다. 그들은 수학, 천문학 그리고 공학적 지식을 발달시켰다. 그러나 후대의 분석적 사고를 가진 그리스사람들과는 달리, 바빌론사람들은 미신과 신화를 논리학과 혼합시켰다.

메소포타미아 역사상 모든 문서 중 가장 유명한 것은 기원전 18세기경 셈족 계열의 바빌론어로 쓰여진 함무라비법전인데, 이것은 비석에 새겨져 신전에 안치되어 있었다. 여기 있는 약 3백 개의 법조문 중 "세계의 사방을 다스리는 강한 왕"이라는 조항은 그가 정복한 땅—오늘날 시리아에서부터 이란에 이르기까지 확장해온—을 위하여 문자체계를 개혁하고 표준화해야 한다는 내용이다.

수메르에서 시작된 문자는 후에 이집트에 수용되었다. 어떻게 건너갔는지 그 경로는 알려지지 않았다. 아마 그것은 선사시대부터 존재했던 무역경로를 통해서 건너갔을 것이다. 대부분 종교적 기록에 사용된 상형문자가 이집트인 무덤 벽과 도자기에 새겨져 있었다. 이 상형문자는 또한 각 통치자들의 역사를 기록하는 데 사용되었다. 이것은 서로 의사소통하기 위해 일반사람들을 위한 기록 방식이 아니었다. 이집트의 사제들은 2차 문자인 신관서체(hieratic)를 만들어 종교문서를 작성하는 데 사용하였다. 이 신관서체의 세속적 형태인 민용문자(民用文字 : demotic)가 기록보관이나 서신교환과 같은 일상적 사용을 위하여 고안되었다. 그것은 그림문자와 음성문자를 혼합한 것이지만 아직 알파벳은 아니었다. 이집트 사람들은 민용문자를 가지고 문자체계를 발전시켜 기록에 의한 의사소통을 사회의 좀더 넓은 부분으로 확대했지만, 여전히 복잡했고 익히기 어려워서 결코 매스커뮤니케이션 수단이라고 할 수는 없었다.

―――――

상징적인 표의문자를 넘어선 문자라는 진보의 사다리의 다음 단계는 문어와 구어 모두를 위한 통합 심벌체계가 될 것이다. 한마디로 그것은 알파벳이다. 수메르인들도 중국인들도 이집트인들도 모두 문자 사용에 대한 온갖 혁신들에도 불구하고, 하나의 문자기호가 하나의 구어적 소리를 나타내는 체계, 즉 가시적 상징의 조합이 큰소리로 발화된 것을 표상하는 단순하고 실제적인 체계를 만들어내지 못했다. 다음 단계는 음성 알파벳이 될 것이다.

가죽, 뼈 그리고 파피루스 Skin and Bones and Papyrus

동물가죽과 뼈, 야자나무 잎사귀 그리고 떡갈나무 껍질, 나무와 밀랍(蜜蠟), 금속과 돌, 바닷조개와 도자기, 비단과 면화, 코끼리 엄니에서 나오는 상아와 비취(玉), 이 모든 것들이 인류의 기억을 보관하기 위해 사용되어왔다.

다른 문자매체들은 놋쇠 명판들과 얇은 가죽들을 포함한다. 호머의 『일리아드』는 목판에 새겨진 메시지들이다. 로마시대에는 나무에 밀랍을 입혔다. 밀랍이 데워져서 전체가 부드럽게 펴지면 다시 사용되었다. 이것이 초기의 재활용 프로그램이다. 편지의 답장은 전달자가 기다리는 동안에 똑같은 편지 위에 쓰여졌다. 줄리어스 시저 정부의 관료들은 그와 같은 밀랍판을 사용하여 광장에 게시하는 일간 회보를 만들었다. 이 '악타 디우르나(Acta Diurna)'는 신문의 선구자였다.

문어에 자주 쓰이는 어휘의 구체적인 모양이 잡혀가기 시작했다. 플리니(pliny)는 초기에 잎과 나무 껍질 위에 쓴 문자를 말하는 것으로 후에 로마의 저술가들을 가리키는 말이 되었다. 야자나무 잎사귀들에 글쓰기를 한 것에서부터 오늘날 'leaf'가 책의 'page'를 뜻하는 용어가 되었다. 라틴어 'liber'는 나무의 껍질 안쪽을 의미하는 단어로 오늘날 'library'가 되었다. 또한 나무껍질을 의미하는 앵글로 색슨어 'boc'에서 'book'이 나왔다. 'volume'이라는 단어

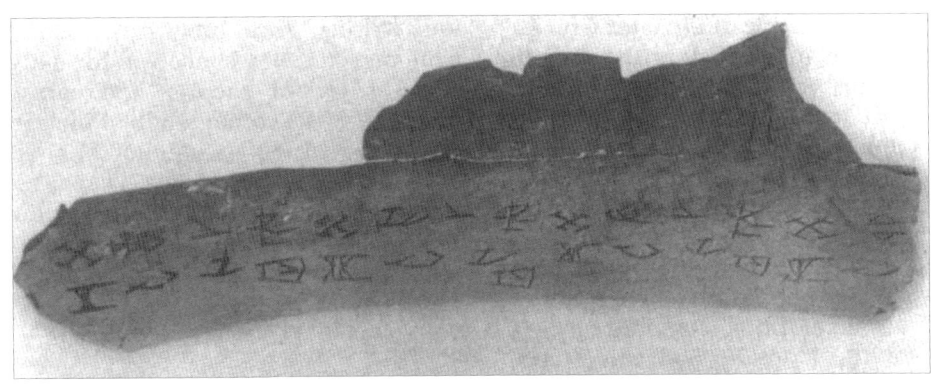

그림 1-2 질문과 대답을 기록한 뼈들이 기원전 1760~1122년 중국의 상왕조시대에 미래를 점치는 수단으로 사용되었다.

는 라틴어 'revolve'('축 둘레를 회전하다'는 뜻 ― 역자주)에서 도출되었다. 파피루스 두루마리는 펼쳐가며 읽었다. 'paper'라는 단어 그 자체는 'papyrus'라는 단어에서 나왔다. 파피루스에 해당하는 그리스어는 '비블로스(byblos)'이나. 페니키아의 사람들은 도시 비블로스를 중심으로 해상무역의 본거지를 만든 후, 파피루스를 선적하여 그리스의 도시들로 운송하였다. 'byblos'에서 '책 중의 책(book of books)'을 의미하는 단어 'bible'이 나왔다.

수메르에서 이집트에 이르는 고대 근동(近東)지역에서는 일반적으로 친숙한 점토가 글쓰기 매체로 사용된 것으로 알려지고 있다. 점토판은 때때로 평평한 명판 모양이기도 했고, 팔각형의 실린더 모양이기도 했다. 모세는 '돌판'에 새겨진 십계명을 받았다고 하는데, 몇몇 학자들은 실제로는 그것이 태양에 말려진 점토판이었을 것으로 추측하고 있다. 역사적 기록들은 일련의 명판으로 이루어진 책들의 형태로 보존된 것으로 크기는 사방 1인치에서 12인치로 다양하다.

잉크와 잉크를 먹이는 도구제작 기술이 수천 년 동안 발달되어 왔다. 솥 밑에서 채취한 것 같은 흔히 보는 검댕을 물과 몇몇 식물의 수액과 같은 채소 수지와 혼합하여 실용적인 잉크를 만들었다. 갈대를 뾰족하게 자르거나 동물의 털을 솔처럼 만들어 펜으로 사용했다.

체계적인 문자는 점토판 위를 갈대로 긁어 표시했던 수메르인들로부터 시작되었다. 젖은 점토 판을 갈대로 긁으면 점토가 밀리면서 찐득찐득한 흙이 묻어나오는 문제를 해결하기 위하여, 끝이 쐐기 모양으로 된 필기도구를 만들었다. 그래서 그것이 설형, 즉 쐐기문자로 알려졌다. 불이나 태양열로 딱딱하게 굳어진 수천 개의 점토판들은 종이보다 훨씬 더 내구성이 좋아 오늘날까지 보존되어 있다.

점토판이라는 매체가 문자와 기록의 항구적인 보관과 폭넓은 가용성을 제공했지만, 사용하기에 불편하고 무겁다는 단점 때문에 가치가 제한되었다. 기록을 하는 사람과 보관하는 사람들에게 필요한 이상적인 매체는 풍부하고 값싸고 가볍고 일정 기간 보관해도 무리가 없을 만큼 내구성을 가진 것이었다.

이집트의 파피루스

고대 이집트사람들은 나일 강 삼각주에서 파피

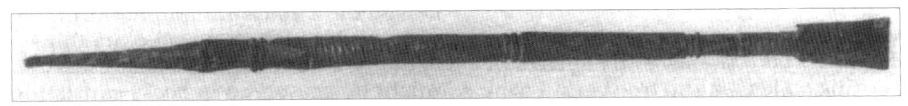

그림 1-3 고대 근동지방에서 부드러운 점토 위에 글을 쓰기 위해 사용한 철필(stylus).

루스라 불리는 갈대를 발견했다. 강둑을 따라 자라는 파피루스는 키가 약 3미터 정도였다. 농부들은 이것으로 배를 만들기도 하고 오두막을 짓기도 했다. 이것이 바로 듀랑(Durant)이 기발하게 이름지은 문명을 일으켰던 (다름아닌) 바로 그 재료임이 밝혀졌다. 수공업자들은 갈대를 얇고 길다란 가는 조각으로 잘라 한층한층 서로 엇갈리게 포개어 눈이 촘촘한 줄을 만들었다. 그런 다음 그것들을 망치로 부드럽게 두 시간 정도 두들기고 나서 햇볕에 말린다. 바닷조개와 상아 조각이 이렇게 만들어진 종이를 부드럽게 하는 데 사용되었다. 이런 노력의 산물은 무게가 가볍고, 수 년 동안의 내구성이 있었다. 아교로 종이의 끝과 끝을 붙여 두루마리를 만들었다. 이것은 완전히 말 수 있어서 운송과 보관에 편리했다. 필사자(筆寫者)들은 파피루스를 묶어 한 개의 길이를 30피트 혹은 그 이상으로 만들었다. 그들은 파피루스를 나무, 금속, 혹은 상아로 된 둥근 실린더 틀 주위에 감았다. 필사자들은 또한 한쪽 가장자리에 있는 구멍에 실을 꿰어 더 작은 종이를 함께 묶었는데 이것이 책 제본의 초기 형식이다.

컴퓨터에 의존하는 오늘날의 사회에서는 컴퓨터 프로그래밍언어와 같은 기호를 이해할 수 있는 사람들이 이롭다는 사실을 인식한다면, 이집트에서 문자가 제사장의 관장하에서 폭넓게 대중적으로 사용되기 시작했을 때 무슨 일이 일어났겠는가를 쉽게 이해할 수 있다. 기원전 2000년경 파라오 통치하의 이집트는 절대군주제에서 더욱 평등한 조직체계로 사회변혁을 겪었는데 이러한 변화는 커뮤니케이션 매체가 파피루스로 전환된 것과 같은 시기에 일어났다. 파라오계급과 테반신전의 제사장들로 긴밀하게 조직화된 계급에서 빠져나온 권력의 흐름은 통치의 지방분산화로 이어졌다. 파라오 통치와 같이 절대적이고 중앙집권화된 통치에 의존해온 정부는 테베 시로부터 멀리 떨어진 곳에 있는 하급관리들이 서로간의 커뮤니케이션의 용이함을 알게 된 후부터 약화되었다.

돌에 의존하던 시대에서 파피루스에 의존하는 시대로의 변환과 정치적, 종교적 제도의 변화는 이집트문명에 엄청난 변화를 강요했다. 이집트는 새로운 공격장비를 갖춘 민족들의 침략에 굴복했다.

그 침략자들은 힉소스 왕조(the Hyksos)였다. '목동의 왕들'이라 불리기도 했던 이 왕조는 그후 1세기 동안 나일 강 삼각주지대를 계속 다스렸다. 이 왕조가 고대 히브리인들의 조상들이라고 생각되는데, 이들은 그후 몇 세기 후에 의미 있는 히브리문자를 남겼다.

파피루스의 행정적인 편리함을 인식했던 것은 이집트인들만이 아니었다. 뿐만 아니라 점점 더 늘어나는 문자의 사용은 문자의 세속화를 가져왔고, 또한 늘어나는 사상과 활동의 세속화까지도 초래했다. 파피루스 위에 글쓰기는 딱딱하고 형식적으로 돌에 끌로 새기는 것과 비교하여 더 빠르고 편했으며 심지어 즉석에서 쓸 수도 있었다. 사상이 세상에 빛을 보게 되었다. 동시에 파라오 악크나톤의 유일신론을 비롯한 새로운 종교가 이집트에 등장했다. 인류는 기록되는 역사의 시작점에 있었고, 이는 커뮤니케이션이 그것을 사용할 줄 아는 사람을 힘있게 만들고 있었다는 증거가 이미 보였다.

시간과 공간이라는 개념은 문명화를 위한 매체의 중요성을 반영하고 있다. 시간을 강조하는 매체의 특징은 양피지와 점토판 그리고 돌과 같이 내구성이 있는 것들이었다. 무거운 재료들은 건축과 조각의 발달에 적합했다. 파피루스와 종이처럼 공간을 강조하는 매체는 본질적으로 내구성이 떨어지고 가벼운 경향이 있다. 후자는 넓은 행정구역과 무역처럼 광역의 업무에 적합하다. 로마의 이집트 정복은 파피루스 공급을 가능하게 했고, 이것이 대규모 행정제국의 기초가 되었다.

수메르인들처럼 점토를 사용하는 문명권은 그 지역이 제한되어 있었으며, 거의 변하지 않는 종교와 도덕과 관련되어 있었다. 한편 로마처럼 파피루스를 사용하는 문명권은 거대 제국 건설의 꿈을 고무받았고 법률, 행정 그리고 정치적 가치가 변화하는 사회와 좀더 관련을 맺고 있었다. 문자의 도입은 언어의 마법과 장로들의 권위와 전통을 쇠퇴시켰고 과학화와 세속화로 이어졌다.

나일 강 둑을 따라 무리지어 자라던 갈대는 이집트에 종이 제조공장을 만들게 했으며, 여기서 약 3천 년이라는 놀랍게 긴 세월 동안 다른 문명권에 종이를 제공했다. 파피루스를 선적하고 알렉산드리아 항구를 출발한 배들은 아테네, 로마 그리고 문자 그대로 수백 개의 도시로 운송되었다.

그리스의 파피루스

그리스는 지중해 세계의 가르침의 원산지였다. 그래서 파피루스는 그리스의 영향력을 확대시켰다. 이집트를 통치하고 파피루스산업을 지배했던 프톨레미 왕조는 그리스 혈통이었다. 이집트 여왕 클레오파트라는 알렉산더의 장수들 중 한 사람의 자손이다. 파피루스는 고대 그리스 사회에서 그 사용이 증가하였다. 그리스의 영향력이 프톨레미 왕조의 이집트를 지배했을 때, 그리스가 지배한 이집트의 항구도시 알렉산드리아는 책 출판을 선도하는 본산지였다. 사상의 전달매체로서 파피루스와 음성 알파벳은 지식과 사상의 그리스 전국여행을 가능하게 했고, 결국 그것들을 더욱 살찌웠다.

이집트와 메소포타미아에서는 글쓰기가 복잡하고 배울 것이 많았기 때문에, 고대 세계의 프로그래머들인 서기(필사자)들은 높은 사회적 지위를 누렸다. 서기들의 기술은 심지어 특권계층의 스카우트 대상이 되기까지 했다. 노예와 자유인에게 읽고 쓰는 능력은 보다 나은 삶을 위해 습득할 만한 가치가 있는 기술이었다. 계약서를 작성하고 읽을 줄 아는 문명인들은 상업적 거래를 내다보고 외교문서 교환 등에 관여하여 일정한 영향력을 행사했다. 문맹인들은 문서를 필요로 하는 사업을 해야 할 경우 서기를 고용했다.

그리스와 로마 사람들 중에서 노예들은 필경사나 책 읽는 사람으로 훈련받았고, 로마에서는 도서관의 사서로 훈련을 받았는데, 이것은 표음문자의 단순함이 글쓰기 기술의 신비함을 없앴기 때문으로 보인다. 글을 아는 노예들은 집안에서 필경사 역할을 하였다. 그들의 생활은 밭에서 일하는 노예들의 삶보다 훨씬 더 좋은 것이었다. 필경사는 가족의 회계일을 맡아보았다. 산 것과 판 것들을 적었고, 이것저것에 얼마를 지불했고 받았는지 기록했다. 그들은 곡식의 단과 시장에 가는 양의 수를 세고, 세금 거두는 사람들과 제사장들에게 보낸 공물을 기록했다. 읽고 쓰는 능력을 직업으로 삼아온 이집트의 필경사들은 자기 자신들을 다른 사람들보다 우월하다고 생각했다. 이것은 교양 있는 사람들이 갖는 집요한 망상이다. 루브르박물관에 있는 이집트 필경사의 누드상을 관찰하면서 윌 듀랑(Will Durant)은 다음과 같이 추측했다.

> 그는 꾸준한 주의력과 기계적인 근면성을 가지고 있다. 그는 위험하지 않을 정도의 지식을 갖고 있다. 그의 삶은 단순하지만, 수공노동자의 삶의 고뇌와 종이를 음식 삼고 잉크를 피로 삼는 사람들의 고귀한 존엄성에 대한 에세이를 씀으로써 자신을 위로한다.

양피지

파피루스는 한계가 있었다. 나일 강 둑을 따라 자라는 갈대로 만든 원고는 결국 망가지기 쉬웠고, 부서지기 쉬웠다. 몇 개의 파피루스들만이 도서관에 여전히 남아 조심스럽게 보관되고 있을 뿐이다. 파피루스가 가진 또 다른 한계점은 이집트 한 군데에서만 생산된다는 것이다. 좀더 내구적이고 좀더 보편적인 어떤 것이 만들어졌다.

그것은 양, 소, 혹은 염소의 가죽으로 만들어진 양피지였다. 가죽은 깨끗하게 긁어 털을 다 제거하고 돌(浮石)로 문질러 부드럽게 만들고, 그 다음에 백악(白堊 : chalk)과 석회로 무두질을 했다. 고대 필경사들은 어린 새끼나 태어나지도 않은 양과 염소의 얇고 부드러운 가죽으로 된 고급피지에 글을 썼다.

파피루스와 같이 양피지도 그 가장자리를 면 뒤에 면이 나오게 묶고 말아 책을 만들었다. 때로는 접고, 때로는 넘기기 좋게 페이지를 자르거나 묶어 책을 엮었다. 파피루스와 양피지는 모두 수집과 공문서 기록에 사용되었다. 이 둘은 비교적 값이 싸고 운송이 용이했다. 양피지는 몇몇 이점을 가지고 있었다. 그것은 양면에 다 기록이 가능했다. 그것은 튼튼하고 내구적이어서 학생들과 여행객들은 선호했지만, 필경사들은 육체적 노력을 요구하므로 덜 선호했다. 그것은 잉크를 지울 수 있고 양피지 위에 다시 쓸 수 있어서 사실상 재활용이 가능했다. 아마 양피지의 최고의 장점은 양이 있는 곳이면 어디서나 만들 수 있다는 점일 것이다. 파피루스는 오직 나일 강 유역에서만 자랐다. 게다가 양피지는 파피루스보다 더 오래 보관할 수 있었다. 오래된 양피지들은 지금도 여전히 존재하지만, 고대인들이 사용했던 파피루스는 거의 남아 있지 않다.

이것들은 수 세기 동안 상호 교환가능한 문자 미디어로 계속 사용되었다. 어떤 것을 사용하느냐는 정치, 경제 그리고 문화적 조건에 따라 결정되었다. 양피지 사본의 사용은 기독교가 전파되던 시대에 널리 확산되던 것으로, 양면 모두에 글을 적어 자르고 접고 하여 책을 만들 수 있었다. 2세기경 기독교는 양피지 필사본으로 네 권의 복음서를 당시 전세계에 잘 알려진 언어로 접근이 가능하도록 하기 위해 그리스어(헬라어)로 출판하면서 강한 기록의 전통을 발달시켰다.

기록의 전통은 3세기에 히브리의 종교적 믿음들 사이의 합(合)을 찾으려는 학자들의 노력과 함께 강화되었는데, 이것은 로마제국의 지적인 삶의 기반이었던 그리스 철학과 기독교 교리에 기초하고 있다.

이 시기에 새로운 받아적기를 함으로써 히브리와 그리스 사람들의 계속되는 구어적 전통을 극복했다.

최초의 정보혁명의 근본적인 요소인 그리스의 음성 알파벳에서 로마 알파벳이 나왔고, 여기에서 다시 영어를 포함한 서구의 다른 문명의 알파벳들이 나왔다.

기타 다른 필기매체들

파피루스는 그리스와 로마 문명을 통해 전래된 알파벳보다 오래가지 못했다. 멀리 세계의 다른 반쪽을 차지하고 있으며 그리스보다 오래되고 튼튼한 문화적 기반을 갖고 있던 다른 문명은, 오래 전에 알파벳이 아닌 다른 문자의 사용법을 알았고, 언젠가 파피루스, 양피지 그리고 기타 다른 모든 기록매체로 사용된 것들을 역사 속으로 사라져버리게 한 생산가격이 훨씬 싼 종이를 사용할 줄 알았다. 하지만 종이와 활자 인쇄술을 발명한 중국에서는 결코 정보혁명이 일어나지 않았다.

종이를 사용한 지 거의 2천 년이 지날 때까지 중국과 일본의 종이제조업자들은 종이를 나무로 만든 것이 아니라, 자신들의 방법으로 실험을 거듭하여 뽕나무 껍질을 사용하여 종이를 만들었는데, 이것은 오늘날까지 완벽한 상태로 보존되어 있다.

멕시코에서 남아메리카에 이르는 인디언 문명들은 특정 나무의 내피를 사용하였다. 이것으로 만든 책들은 악천후는 이겨냈지만, 선교사들은 이겨내지 못했다. 16세기, 유카탄 반도의 스페인 선교사는 "우리는 그들의 문자로 기록된 엄청나게 많은 책들을 발견했다. 그리고 그 내용이 미신과 악마에 대한 거짓말들 외에는 없었으므로 모두 불태웠다"라고 기록하고 있다.

7세기에 근동과 북아프리카에 걸쳐 극심한 이슬람의 세금 부과로 이집트에서 유럽으로 가는 파피루스의 수출이 급격히 감소했다. 마셜 맥루한은 바로 이것이 관료주의와 방법의 통일과 도시의 쇠퇴로 이어졌다고 주장했다.

유럽에서는 이때부터 수 세기 동안 지식과 정보에 대한 책임을 수도원이 맡았다. 서구문명의 암흑기 동안 수도원들이 유럽에 지어졌을 때, 수도승들과 베네딕트 수도사들은 전문 필경사로 일했다. 그들의 일 중에는, 도서관 안에 있는 산산이 부서져가는 오래된 파피루스 필사본들을 수도원 안팎에 준비되어 있는 신선한 양피지에 베껴쓰는 것이 있었다. 필경사는 이제 더 이상 보잘것없는 천직이 아니었다. 그것은 하나님의 사역을 하는 것이었다.

그리스 사람들 The Greeks

그리스 사람들은 동쪽에 있는 이웃나라로부터 알파벳이라는 건축용 벽돌을 받아들여, 이것들로 하늘을 찌를 듯한 저택을 건축했다. 그리스 역사가 헤로도토스는 페니키아 사람들이 문자를 헬라(그리스) 세계에 들여왔다고 말했다. 그 시기는 대략 기원전 1100년과 800년 사이였다. 여기에 그리스인들이 모음을 덧붙여서 페니키아 알파벳(본래 히브리어는 모음의 음가를 문자로 표시하지 않고, 자음만 문자로 표기했다—역주)을 확장과 축약을 한 후 자신들의 독특한 그리스어 알파벳을 만들었다.

그리스인들은 소리를 개별요소들로 쪼개어 분해했다. 한 공동체가 분해할 수 있는 것은, 다른 공동

알파벳 The Alphabet

기원전 약 1700년경 알파벳의 발명은 시나이 반도와 현재 이스라엘의 가나안 지방—십중팔구는 성경에 나오는 미디안 족속들(모세의 장인이 속한 족속, 모세는 미디안 광야에서 40년을 살았다—역주)과 게(크나이 사막의 유목민들) 족속들—에 거주했던 비교적 읽고 쓰기를 못했던 셈족에 의해 이루어졌다. 그들이 자신들의 구어에 맞추어 사용한 어려운 이집트 문자를 단순화시킨 표현법은 구어를 글로 표현하기에 매우 효과적이어서 한 부족, 한 부족이 이것을 채택하였고 각 부족들은 모국어의 소리에 알맞게 수정하면서 받아들였다.

가나안 족속의 알파벳은 지금의 시리아, 레바논 그리고 이스라엘 등이 있는 해안선을 따라 살았던 페니키아인들에 의해 받아들여졌다. 원양항해무역업으로 유명한 그들의 배는 지중해를 정기적으로 왕복하면서 그리스와 북아프리카 해안의 카르타고(Carthago)에 식민지들을 건설하였다. 이렇게 광범위하고 상업적으로 활동적인 민족이 통합된 언어체계를 형식화한 사실이 전혀 이상하게 보이지는 않는 것은 알파벳 무역의 요구들을 충족시켜 주었기 때문이다. 그러한 진보가 통제되고 중앙집권화되어 있는 페르시아 제국이나 나일 강 강둑을 따라 산재해 있는 똑같이 통제된 제국이 아니라, 지중해 연안에 위치한 이 비교적 자유로운 사회에서 이룩되었다는 점은 놀라운 것이 아니다.

말 그 자체가 알파벳으로 저장될 수 있었다. 인간의 커뮤니케이션은 이제 더 이상 일시적인 순간의 목소리로 제한되지 않았을 뿐만 아니라 알파벳은 간결해서 더욱 많은 서민들이 그 사용법을 익힐 수 있었다.

기록된 경전들 위에 세워진 조직화된 종교는 그것을 받아들인 사회에서는 가치를 지니고 있지만, 밑에 있는 많은 종교들은 구전문화를 호흡하고 있다. 신약과 구약의 이야기들은 누군가 헌신하여 근로 저기 건 까지는, 수 세기 동안 대를 이어 말로 전해졌다. 또한 누군가 이 전쟁의 호머(Homer)판을 파피루스에 적기 전까지 5백 년을 싸웠다는 신들의 이야기로 가득 찬 트로이 전쟁 이야기들도 마찬가지이다.

알파벳이 널리 사용되면서 모방되고 변경이 불가피해졌다. 페니키아 알파벳에서 유래된 히브리 알파벳은 그 시작이 '알렙(aleph)'과 '벳(bet)'이고, 그리스 알파벳의 시작은 '알파(alpha)'와 '베타(beta)'이다. 페니키아에서 '알렙(aleph)'과 '벳(bet)'은 각각 '소(ox)'와 '집(house)'을 의미한다. 대문자 'A'를 거꾸로 뒤집으면 소 얼굴을 연상할 수 있을 것이다. 원래 'bet'은 정방형 모양의 전형적인 집을 의미한다.

로버트 로건(Robert Logan)은 "음성 알파벳과 유일신 사상 그리고 법전화된 법률은 모세가 시나이 산에서 십계명을 받음으로써 최초로 이스라엘에 도입된 것이다"라고 주장했다. 이 가설은 놀라우리만치 넓은 폭을 가지고 있는데, 정보혁명이 성공하려면 본질적인 변화의 한가운데 서 있는 사람들의 손에 닿을 수 있는 새로운 커뮤니케이션 기술이 반드시 있어야만 한다는 이 책의 기본 논의와 그 맥락을 같이한다. 이집트에서 탈출하여 모세를 따랐던 노예들은 문맹이었다. 이런 조건은 '하나님의 손가락으로' 쓴 법들로 충족되었다. 그리고 그들의 역사와 신화들과 유일신 신앙은 기록되고, 또 계속 책으로 만들어져 성경책이 되었다. 이러한 사실은 분명히 성공한 정보혁명의 어떤 기준을 충족시키고 있다.

체 또한 그렇게 할 수 있는 것이다. 알파벳이 정착된 곳마다 똑같이 복사되지 않고 부분적으로 변경되어 독특한 형태를 이루었다. 알파벳은 모든 언어, 모든 방언의 요구를 충족시킬 수 있었다. 기원전 5세기 말까지, 거의 모든 헬라국가들은 자신의 알파벳을 가지고 있었다. 먼저, 그리스인들은 자신의 문자를 다듬어 페니키아의 문자처럼 만들었다. 헤로도투스에 따르면 알파벳의 창시자라고 전해지고 있는 카드무스(Cardmus) 왕은 페니키아 이민이었다는 것이다.

그들은 문자의 사용을 가나안 목동들과 페니키아 선원들이 전해준 것을 훨씬 넘어 철학, 형이상학, 역사, 과학, 수학, 의학, 정치학 그리고 희극과 비극을 포함한 문학까지 받아들이기 위해 확대했다. 그리스인들은 순수한 진리, 순수한 아름다움 같은 추상적인 꿈을 추구했다. 추상적 사고, 논리, 분석, 이성 그리고 평범한 상식에 대한 그리스인들의 천재성이 서구문명을 빛나게 했다. 인간과 인간의 일들을 그 주변세계와 분리시킴으로써, 본질을 분리된 무엇, 즉 연구의 가치가 있는 개체로서 생각했다. 그리고 구전을 통한 의사소통뿐 아니라 파피루스에 계속적으로 의미를 부여하였다.

암흑시대를 벗어나서

정보혁명의 특징 중의 하나라고 볼 수 있는 지식의 수집단계가 기원전 8세기 동안 헬라(라틴) 세계에서 어렴풋이 시작되었는데, 이때는 페니키아 알파벳이 에게해 땅에 정착한 시기이며, 암흑시대를 벗어나 그리스가 출현한 다음 시기이다. 알파벳 문자와 파피루스를 사용할 수 있게 된 덕택에 지난 4세기 동안 이야기 전달자들에 의해서 회상되고 구전으로 반복되어온 호머의 서사시 『일리아드와 오디세이』가 드디어 기록으로 남게 되었다.

다음 세기 내내 힘을 모은 정보혁명은 드디어 최초의 독서인들을 출현시켰다. 다음 3세기 동안은 세계가 이전에 전혀 경험해보지 못했고, 이후 거의 알려지지 않은 지적, 예술적, 정치적 사상들이 봇물처럼 쏟아져 나왔다.

기원전 7세기경, 그리스인들은 틀림없이 파피루스를 소유하고 있었다. 지중해 세계를 통해 파피루스에 쓰여진 글들의 두루마리가 멀리 고립된 학자들에게 전해지면서 지식의 폭발로 이어졌다. 아리스토텔레스는 영원히 저장가능한 기록매체를 만드는 수단이 없었다면 알려진 지식체계를 집대성할 수 없었을 것이다. 과학과 의학은 사상과 결론 그리고 운송가능한 매체에 기록된 실험보고서 없이는 진보할 수 없었을 것이다. 기원전 4세기 아리스토텔레스(Aristotle) 시대에 그리스, 특히 아테네에는 글을 읽을 수 있는 대중들과 장서들 그리고 도서관이 있었다.

그리스에 서정시인들이 갑작스럽게 많이 출현한 것은 값싼 파피루스 때문이다. 파피루스 공급의 증가로 책들이 필사되었고 최초의 개인문고가 등장했다. 기원전 5세기에는 그리스에 책시장이 있었다. 도시에 사는 자유민들은 읽고 쓸 수 있었다. 아테네에는 아리스토텔레스가 살아 있을 때인 기원전 330년경 공공 책 보관소가 있었다. 그리스 역사가 스트라보(Strabo)에 따르면, 아리스토텔레스가 최초의 책 수집가였다. 단순한 책 수집 대신에 고유한 도서관을 설립하라고 이집트 왕들에게 가르친 사람이 아리스토텔레스였으며 바로 그가 수집한 문고에서 '박물관(museum)'이라는 말이 나왔다.

아리스토텔레스 때문에 그리스는 구전에 의한 가르침에서 독서하는 습관으로 옮겨갔다. 아리스토텔레스는 그가 습득할 수 있는 세계의 많은 지식을 분류했다(그는 또한 문자가 돈을 벌고 가정을 관리해 나가는 데 유용하다는 사실을 깨달았다). 다른 사람들은 수학, 의학, 천문학, 지리학 그리고 생물학 분야에서 장족의 발전을 이룩했다. 스타일이 문어와 구어 등의 커뮤니케이션에 도입되었다. 아리스토텔레스 이후 헬라세계는 구어문화와 함께하는 기록문화라는 새로운 실체를 갖게 되었다. 삶은 더 이상 똑같은 것이 아니었다. 어떤 의미에서는 이미 최초의 정보혁명이 성공적으로 끝났고, 정의를 내린다면 성공한 혁명은 결코 끝나지 않는다.

그리스인들이 했던 모든 것들이 반드시 완벽했던 것은 아니다. 그리스 사고의 본질적인 약점은 관찰과 실험 그리고 귀납적 사고에 앞서 연역적으로 추론된 논리적 결론에 의존하는 것이다. 이런 성향이 변함 없는 하늘 아래 있는 안정된 세계를 설명하고자 노력하게 만들었다. 잘못된 가정에 기반을 둔 순수연역은 서구의 과학이 중세시대를 지나가는 것을 방해했다.

그리고 소리를 객관화하고 정보를 집대성하기 위한 문자 상징들은 그리스인들과 결국 다른 민족들을 도와 그들 스스로가 통치하고 교역하고 종교적 신앙을 표현하도록 했다. 말로 표현된 단어를 정해진 문자로 고정시켜 두는 것은 인간의 생활상태를 바꾸어놓았다. 문자는 인간에게 추상적 사고의 능력을 더해주었다.

발명된 문자언어는 수 세기 동안 발전하면서 근대 알파벳체계의 방향으로 여러 지역에서 산발적으로 발전해 나갔다. 실제적인 필요에 의해 탄생한 문자는 실험도 제대로 거치지 않고 새로운 커뮤니케이션 형태를 창조했다.

커뮤니케이션 기술들을 살펴보면 그것들은 대부분 느리게 진보하지만, 때때로 갑작스런 진보로 빛을 보게 되는 경우가 있다. 초기 그리스문명도 유사한 방식으로 진보했는데, 힘들게 기어가듯이 진보하던 정치, 사회, 경제 그리고 삶의 모든 분야들이 서로 연결되어 혁명적 변화를 일으키는 과정에서 정보혁명은 작지만 없어서는 안될 부분이었다.

정보를 교환하고 보관하는 올바른 방법이었기 때문에 문자가 사회에 급격히 보급되었다는 가설은 적절한 것이다. 어떤 노예는 통치자가 지방관료에게 보내는 명령서를 몸에 지니고 갔다. 어떤 남자 노예는 전장에 있는 장군과 그의 애인 사이의 영원한 애정의 메시지를 전달했으며 어떤 한 노예는 주문서를 꽉 움켜쥐고 두 상인들 사이를 뛰어다니며 적정가격에 물건을 팔고, 주고받은 매매기록이 쓰여진 지시사항을 남겼다. 마을 단위 이상의 상업활동은 주로 문자의 보급에 의존했다. 그리고 정부관료들은 일찍이 기록문서들을 사랑하도록 교육받았다. 그것은 수 세기 동안의 부식을 견뎌온 사랑이다.

도시국가 그리스는 수 세기에 걸쳐 아테네처럼 제한된 민주주의 국가로 발전되어갔다. 분명 제한적 민주주의였다. 왜냐하면 아테네 시 거주민들 중 일부분만이 시민이 될 수 있었기 때문이다.

문자의 자유와 정치적 자유는, 이른바 헤겔이 정부와 구별된 영역으로서의 '시민사회'라고 불렀던 엄청난 성장의 근원이었다. 민주주의의 확산은 그토록 빨랐던 글(文)의 보급에 힘입은 바가 있다.

만일 6천 명의 남자들이 동시에 각기 자기 이름을 오스트라카(도자기 파편)에 적는다면, 아테네에서 원치 않는 사람을 10년 동안 추방시키는 것도 가능했다. 특별히 훈련받은 엘리트가 했던 비밀스런 기예(技藝)와 전혀 성격이 다른 글쓰기는 그리스 민주주의의 본질적인 한 요소였다.

지구의 작은 귀퉁이에서 살았던 소크라테스(Socrates)를 인용한 플라톤(Plato)은 "파시스 강과 헤라클레스(Heracles) 기둥 사이에서 사는 우리는 개미떼처럼 바다 주위에 살고, 개구리떼처럼 늪 주위에서 살고 있다"라고 기록하고 있다. 그리스인들은 대부분 소아시아의 동쪽 끝에서부터 대서양과 만나는 지중해 서쪽 해안가에 이르는 해안공동체에서 살았다. 아테네는 문화의 리더였지만 단지 중심이기만 한 것은 결코 아니었다. 헬라문명을 구성하고 있는 아테네에서 멀리 떨어져 있는 수천 개의 식민지들이 그리스의 시, 산문, 역사, 철학, 수학 그리고 웅변을 낳았다.

중요한 점은 그리스인들은 구어와 문어 모두를 공유함으로써 1천 년의 안정을 누렸다는 사실이다. 이 의미를 이해하기 위해서, 초서(Chaucer)시대와 현재라는 6세기의 세월 동안 혹은 셰익스피어 이후 4세기 동안에도 영어가 얼마나 많이 변했는가를 생각해보라. 그리스는 이집트, 페르시아, 또는 로마와 같은 제국이 아니었어도 뛰어난 그리스인의 전용 고속도로인 지중해를 배로 건너 멀리 헬라세계를 구축했을 것이다. 파피루스를 실어 나르던 길이라는 것을 안다면 여행객들은 지중해를 세계 최초의 정보고속도로로 인식할 만한 가치가 있다.

아테네와 다른 도시들의 아카데미에서 수학한 후, 학생들은 더 넓은 헬라세계의 구석구석으로 돌아갔다. 그들 사이에 있었던 정보유통의 양은 그저 추측할 수밖에 없다. 대부분의 그리스 학자들은 독립적으로 혼자 연구했다. 그들은 꾸준히 몇몇 문서로 접촉했고, 각기 타인의 책을 읽었음에 틀림없다. 왜냐하면 알파벳이 전해졌고 파피루스를 사용할 수 있었기 때문이다. 그들은 자연스럽게 편지를 주고받은 것으로 보인다. 그리스 학자들은 엄청난 저작을 했는데, 그 글들은 당대 사람들이 읽거나 대중에게 큰 소리로 낭독하도록 의도된 것이었다.

헬라사회의 민주주의 덕택에, 자유신분으로 태어난 소년 소녀들을 위한 학교가 성장했다. 고스란히 암기하는 교육이었지만 기초적인 문자교육의 확대를 가져왔다. 그것은 정보를 얻고자 하는 더 큰 가용량으로 변했고, 커뮤니케이션을 가진 평등주의로의 피할 수 없는 추진력으로 변했다.

혼란의 시대

모든 혁명과 마찬가지로, 정보혁명의 씨앗이 혼란스러운 땅에 흩뿌려졌을 때, 가장 뿌리가 깊은 식물이 자신의 꽃과 잎을 피운다. 그리스 최초의 도시국가인 아테네도 마찬가지다. 왜냐하면 그리스의 정치와 경제는 그리스문명이 최고점에 도달하기 전에 고대 아티카(아테네 주변 지역으로 이루어진 국가, 수도는 아테네)시대의 토양을 알맞게 흔들어놓았기 때문이다.

귀족적 유파트리드(Eupatrids)는 지주들인데, 자신들의 손에 권력을 이동시키고 왕을 명목상의 우두머리로 축소시킨 시민들이었다. 이 소수 독재(과두)정치가들은 도시에서 호화생활을 했으며, 해방된 노예들(자유민)과 노예들을 자신의 밭으로 보냈다. 다음으로, 부유한 중산층에 속하는 전문직업가, 장인, 무역업자 그리고 다른 자유민들이 귀족들에게 굴복했고, 그 다음으로는 가난한 자유노동자들이 굴복했다. 가장 밑바닥에는 노예계급이 있었다.

이런 싸움에 의한 봉건적 혼합에, 돌이 많은 그리스 토양의 격심한 수확 쟁탈전이 겹쳤다. 화폐가 도입되어 많은 사람들에게 실제로 큰 재난거리였던 물물교환을 대체하였다. 그것은 경제혁명을 필요 이상으로 촉진시켰다. 돈은 에게해 세계 전체를 뒤흔들었다. 사업이 봉건적 사회를 어지럽힐 효과적인 수단을 제공했다. 이것은 거의 2천 년 후의 유럽 봉건사회에서도 대단히 효과적인 방법이었다.

한 사람이 무역으로 얻은 빵은 항상 수고로 얻은 빵보다 더 기름진 맛이다. 무역업이 귀족의 토지에 의존하는 사람들을 자유롭게 하여 목축과 농업에 종사하게 했다. 문화와 시대를 넘어서, 인간은 보다 나은 삶을 위하여 미지의 땅으로 모험을 해왔다. 운에 상관없이 살아남은 사람들은 집으로 돌아와 더욱 명리(名利)를 추구하였다. 만약 그들이 실제로 민주주의 방향으로 활동하지 않았다면, 그들은 적어도 귀족의 이익을 무너뜨리는 방향으로 나아갔을 것이다.

원거리 해상·육상교역은 문자사용을 촉진시켰다. 모든 부유한 상인들이 먼 항구에서 교역한 모든 상품들을 가지고 다닐 수는 없었다.

불가피하게 동료의식이 생겼으며, 상품이 인도되고, 서류들이 작성되어 교역자들을 비교적 정직하게 만들었다.

남자들을 전쟁터로 내보내는 것은 경제적 혼란을 가중시켰고, 도시국가들 사이에 산발적인 전쟁이 분출하였다. 동쪽에 있는 막강한 페르시아제국과도 전쟁을 하였다. 7세기 후반부터 6세기 후반까지 다섯 개의 큰 제국, 곧 아시리아, 메디아(메데), 바빌로니아, 리디아 그리고 이집트제국이 붕괴했고, 그리스의 몇몇 군주들이 무너졌다. 가정에는 잔인한 드라코 법전이 적용되었고, 엄격한 혹은 가혹한이라는 의미의 '드라코니안(draconian)'이라는 단어가 생겨났다. 민주정치를 지향한 솔론의 개혁은 기원전 507년에 아테네에서 클레이스테네스에 의해 이룩되었다. 그리고 그 후에 다른 도시들에도 민주정이 시행되었다. 사건을 처리하는 데 글[文]이 개입했다는 단서를 1세기 후 행정관들이 "기록되지 않는 법을 적용할 수 없다"라고 한 아테네 법률조항에서 찾아볼 수 있다.

스파르타는 기록에 의한 의사소통을 아테네처럼 열정적으로 수용하지 않았고, 오히려 글 그 자체가 문화적 우월성을 보장하지 않는다고 주장하였다. 스파르타제도의 설립자로 유명한 리쿠르구스는 자신의 개혁 사항들 중에 실제로 글쓰기를 금지하고 있다. 그는 자신의 논리를 가지고 있었다.

서구 전통에 흐르는 오랜 찬양의 역사는 글쓰는 사람 자신의 관심의 산물이다. 그러나 그 본질적 신조에 귀를 덜 기울이고 글쓰기를 반대해온 무리가 항상 있었다. 스파르타인은 시민이 행한 기록되지 않은 내용의 선행은 그것이 비록 역사 속으로 잊혀질지라도, 실현되지 않는 사상들로 가득한 한 권의 책의 가치에 해당한다고 믿었다.

구전문화의 보완

문자 이전 사회에서는 소위 에릭 하베락이 "젊고 늙고 그 다음에는 죽고 하는, 대를 이어 산 사람들의 살아 있는 기억들"이라 하는 것에 역사를 보존했다. 이것은 구전문학을 통해서 이루어졌으며, 그들의 삶을 풍요롭게 했고, 서사시, 이야기 그리고 노래와 같이 말로 표현되는 운율적 형식으로 기억력을 강화시켰다.

그들은 글쓰기와 같은 기술을 요구하지 않았기 때문에 많은 구전문화들이 그것을 채택하지 않았다. 듀란은 다음과 같이 지적하였다.

> 대부분의 경우 비교적 고립 지역에 사는 단순한 부족들이 역사 부재(不在)의 행복을 알면 글쓸 필요를 느끼지 못한다. 그들의 기억들은 문자가 주는 도움보다 훨씬 힘이 있는 것이었다. 그들은 역사적 기록과 문화적 전승에서 필요해 보이는 것은 무엇이든지 반복적인 암송으로 배우고, 간직하고 그리고 자녀들에게 전수해주었다.

보완적 역할을 한 글쓰기가 우세했던 그리스의 구전문화를 대체하지는 못했다. 새로운 그리스 알파벳을 사용한 초기의 글은 읽힐 목적이 아니라, 들려줄 목적으로, 즉 작은 수금이나 다른 악기의 반주에 맞추어 노래부르거나 구두전갈(口頭傳喝)용으로 기록되었다. 정치적 사건에 매우 중요했던 수사학은 구기학(口技學)으로 교육되었다. 공공행사에서 암송하는 것은 흔한 일이었다. 플라톤이 『대화(Dialogues)』를 썼지만, 결국 그 책들은 대화를 따라 그대로 기록된 게 사실이다. 그리스인들이 구전으로 얼마나 많이 배웠고, 기록된 자료로부터는 얼마나 배웠는지는 명확히 모른다. 오늘날 우리가 확신하는 것은 사상 처음으로 많은 지식이 기록되었고, 따라서 동시대인들에게 읽힐 목적이 있었다는 점이다. 글쓰기는 시의 리듬의 도움을 받는 기억하기와는 달리 반성과 비평적 사고를 도왔다. 암송은 시에 적합했고, 글쓰기는 산문에 적합했다.

그리스 사가(史家)들 사이에서도 구전사가에서 기록사가로의 변화를 찾아 볼 수 있다. 헤로도투스, 투키디데스 그리고 크세노폰은 서류에 대해 말로 표현하고 눈으로 확인, 증거하는 방식을 선호하여 기록된 원자료는 단 몇 개만 사용하였다. 그러나 그들은 자신들의 설명을 글로 적었다. 투키디데스는 몇몇 편지와 비문 그리고 조약서를 모사할 능력이 있었지만, 헤로도투스 같은 역사가는 기록된 증거물보다는 구전을 선호했다.

소크라테스의 경고

전설에 의하면 아이비스(따오기 종류로 물가에 사는 새)의 머리를 가진 마법의 신 토드가 이집트의 파라오 타모스에게 토드문자를 발명하라고 말했을 때, 타모스는 그것을 나무랐다. 왜냐하면 학생들 때문이었다. "만일 그들이 어려움 없이 지식을 저장하는 수단을 소유한다면, 그들은 자신을 경주(傾注)하기를 그치고, 기억력을 훈련하는 데 소홀히 할 것이기 때문이다." 이 존경할 만한 이야기를 회상하는 나이 지긋한 보수주의자 소크라테스는 비탄에 잠겨 이렇게 썼다.

> 당신의 발명품이 그것을 배운 사람들의 영혼 속에 망각을 만들어낸다면, 비록 인간의 기억을 사용하는 데 실제적인 어려움이 있더라도, 글쓰기에 대한 철저한 신뢰로 인하여, 그들 자신들에 의한 자신들, 즉 내부로부터 기억되지 않고 전혀 다른 표기를 사용해서 외적으로 기억되는 것이다. 당신은 기억이 아니라 회상의 비약(秘藥)을 발견한 것이다. 학생들에게 당신은 지혜의 모습을 전해주지만, 그것은 지혜의 실체가 아니다. 많이 들어도 가르침이 없다. 대부분의 경우 그들이 아무것도 알지 못할 때 그들은 많이 아는 것처럼 보인다. 그들은 지혜 그 자체보다도 지혜의 겉모습을 습득했기 때문에 어렵게 일을 진행해 나간다.

소크라테스는 인간이 글쓰기에 의존하면 기억력이 약해지리라는 사실을 올바로 예견했다. 과거와 현재의 많은 구술-청각사회에서는 오늘날 기술문화 저 건너편에 있는 기억술을 육성하고 있다. 그리스인들에게 기억술의 상실뿐 아니라 구전전통 자체의 약화현상이 일어났다. 헬라세계의 교육받은 일반대중들 사이에 널리 보급되어 있는 글쓰기는 점차로 모든 것에 영향을 끼쳐온, 심지어 이야기하는 사람과 수사학 학교에까지도 영향을 끼쳐온 구전전통을 사양화시켰다. 그럼에도 불구하고 그리스인들이 글과 근대적 사고로서의 글의 기초를 발명했다고 생각되지만, 그들의 전통은 주로 구전으로 남아 있다.

그리스에서 로마로

말로 된 사상들은 화자들 사이를 돌아다녔다. 말은 결코 그 근원지를 멀리 벗어나지 않는다. 한편 글은 글쓴이로부터 떨어져 존재한다. 글을 통하여 그리스인들은 객관적 사상을 형성했지만, 알려진 내용과 그것을 아는 사람의 구별이 있었다. 그것이 객관적 사고, 과학적 방법론의 시작이었다.

그리스어는 그 다음 1천 년 동안에도 지중해 동쪽 지역에서 교육, 정치, 문학 그리고 과학의 언어였다. 로마가 그리스 도시국가들을 정복했지만, 그들의 문화를 받아들였다. 로마인은 힘과 고위(高位)에서 그리스인을 대신했고, 대규모 상비군과 거대 관료주의를 만들었다. 그들은 어떤 그리스 도시국가의 상상할 수 있는 폭군 이상으로 지배했다. 시저의 이집트 정복은 그들의 제국통치의 행정에 필요한 파피루스의 꾸준한 공급을 확보했다. 로마인들은 사물을 기록하고, 그것을 보관했다.

......로마의 교역법과 행정법의 토대가 되는 것은 무엇인가? 종이, 즉 더 정확히 말해서 파피루스일 것이다. 제사장들은 돌에 글을 새긴다. 그들은 모든 시대를 걸쳐 친화력을 가지고 있다. 그러나 군인들은 실용본위의 관리자들이다. 그들은 지금 현재를 다루어야 한다. 알파벳과 종이는 군대를 만들거나 군대를 관리하는 관료들을 만들었다. 종이는 먼 곳에 독립적인 왕국을 만들었다.

예를 들어 인구가 일정 수준에 이른 후에는, 정부는 문서 없이는 그 영향력을 뻗칠 수 없었다. 기억력에만 의존하는 전달자들은 국가권력에 심각한 제약을 주었다. 그렇게 많은 자원이 커뮤니케이션에 할당된 후에 군사, 경제적 분야가 고통을 받기 시작한다.

최초의 도서관

고대 이집트 신전에서는 주로 종교와 규정된 전례 그리고 예식들에 관한 글들을 수집했다. 신전의 도서관들은 '삶의 집들'이라고 불렸다. 그 당시 소장품들에 대해 우리가 거의 모르는 이유는 주로 그리스 작가들로부터만 배웠기 때문이다. 이것들은 공문서 보관소였지 실제로 도서관이 아니었다. 이집트인들은 글을 일반교육 과정 중 하나로 생각하지 않았다. 오히려 정부관료나 신전 관료주의를 위한 전문화된 훈련으로 간주하였다. 신전 제사장들은 파피루스에 대한 독점권이 있었지만, 일부 종교적 글은 양피지에 썼다. 그러나 남아 있는 것이 아무것도 없다.

우리는 아시리아와 바빌론의 도서관에 대해서 더 잘 알고 있다. 왜냐하면 그들의 책은 점토판들로 되어 있어 오늘날까지 수 세기 동안 보존되어왔기 때문이다. 현존하는 가장 오래된 책에 대한 카탈로그는 수메르인이 62개의 글 제목을 나열해놓은 카탈로그이다. 의미 깊은 최초의 도서관은 기원전 8~7세기 왕들에 의해 니네바(Ninevah, 고대 아시리아의 도시—역주)에 세워졌다. 사르곤 왕에서 시작하여 세나체리브 왕으로 이어지고, 그의 손자 앗수르바니팔에 의해 확장되었다. 앗수르바니팔은 아시리아와 바빌로니아의 문서를 체계적으로 수집하여, 명확히 분류하고 그 소재지에 따라 각 책에 번호를 붙였다. 이것이 세계 최초의 책을 모아놓은 도서관으로 2만에서 2만5천 판의 책을 소장했던 것으로 추정된다. 바빌론을 정복한 아시리아인은 그 책 콜렉션을 상당히 발전시켰다. 왜냐하면 정복한 바빌론 영토를 샅샅이 뒤져 문법, 시, 역사, 과학 그리고 종교에 관한 점토책들을 수집했기 때문이다. 도서관은 교회와 국가에 대한 봉사, 과학적 지식의 진보 그리고 왕의 명성을 드높이기 위해 계획되었다. 앗수르바니팔 왕의 도서관에는 필사자들과, 도서관 직원 그리고 종교, 과학 그리고 역사 문서에 맞게 각각 등록하는 카탈로그를 만드는 체계를 갖추고 있었다. 일반인의 이용가능성에 대해서는 명확하지 않다. 왜냐하면 왕 개인의 참고 도서관이었기 때문이다. 궁중의 높은 곳에 위치한 도서관들을 왕 이외의 사람들이 출입할 기회가 있었겠지만, 그런 특권이 학자들에게까지 확대되지는 않았을 것이다.

우리는 이 엄청난 모험을 뛰어넘어 그리스인들을 관찰해야 한다. 오늘날 터키 서부지역에 해당하는 그리스의 예술에 전념하는 도시국가 페르가몬에 있는 거대한 도서관은 클레오파트라의 조상인 파라오 프톨레미(Ptolemy)와 관련된 흥미 있는 이야기를 소장하고 있다. 프톨레미 왕은 유메네스 2세 왕이 모은 도서관을 시샘했다. 그래서 프톨레미 왕은 그에게 가는 파피루스 선적을 막았다. 그래서 유메네스 왕은 가공한 동물가죽의 대량생산을 장려했다. 그리고 그렇게 하여 양피지가 파피루스와 경쟁하게 되고 그리고 후에는 종이와 경쟁했다는 이야기이다.

헬라세계의 가장 큰 도서관은 기원전 3세기 초에 프톨레미 왕이 설립한 알렉산드리아도서관으로 대학, 연구센터 그리고 노예 필사자들을 근간으로 하는 출판사의 역할을 하였다. 프톨레미 왕은 그 도서관에 없는 필사본을 찾기 위해 알렉산드리아 항구에 정박해 있는 배들을 수색했다. 1세기에 절정에 달한 그 도서관은 전세계 모든 책, 즉 대대로 물려내려오는 사전류들과 알파벳 순서로 된 용어 색인 사전류들 그리고 백과사전류들의 필사본 두루마리를 한 개씩 소장하겠다는 야망을 가지고 있었다.

4세기경 로마는 각기 2만 개 이상의 두루마리를 소장하고 있는 적어도 28개의 도서관을 자랑할 수 있었다. 각 도서관들은 그리스와 로마 두 부분으로 나누어져 있었다. 로마 전역의 시도서관들과 부자들의 개인도서관 장서가 늘어났다.

알렉산드리아도서관은 줄리어스 시저가 이 도시를 점령한 후 기원전 48년경 폭동으로 인한 시가전투 때 부분적으로 파손되었다. 잃어버린 박물관 도서 두루마리의 보상으로, 안토니우스(Antony)는 약 20만 두루마리에 달하는 장서를 로마시 소유였던 페르가몬도서관에서 알렉산드리아도서관에 기증했다. 안토니우스를 고발한 사람들은 그가 클레오파트라(Cleopatra)에 대한 애정의 또다른 표현으로 로마 시 재산을 불법적으로 주어버렸다고 책임을 물었다.

알렉산드리아도서관이 궁극적으로 어떻게 파괴되었는가에 대한 전모는 지금도 논쟁이 되고 있다. 한 이야기에 의하면, 그 유명한 도서관이 5세기에 격분한 기독교 군중들에 의해 파괴되었다고 한다. 이 도서관이 12세기에 이슬람교도들에 의해 파괴되었다는 이야기도 있다.

이성의 등불

암흑의 세상에서 그리스가 이성의 등불을 밝혔다. 글쓰기는 모든 새로운 세대를 위해 빛나는 등불이 되었다. 1차 정보혁명인 기록의 혁명은 서서히 헬라세계— 결과적으로 서구문명을 —의 배타적인 구전문화에서 기록의 수단으로 자취를 남기는 문화로 움직여 갔다. 기원전 8세기에서 4세기에 걸친 이 기간 동안, 세계 최초의 민주주의가 그리스 도시국가들에서 형성되었다. 기원전 3세기경 헬레니즘세계의 교육받은 일부사람들이 문자를 학습과 의사소통의 한 수단으로 받아들였다. 학교에서는 읽기를 교육했다. 그것은 결국 대부분의 그리스사회에 영향을 미쳤다. 파피루스 책들이 도서관에 모

그림 1-4 주로 노예들이었던 이집트의 필사자들은 가정 살림살이를 기록하고 주인을 위해 편지를 썼으며 책을 필사하기도 했다.

아졌고 최초의 정보혁명이 성공했다.

문자의 발명이 정보의 축약을 가능하게 했고, 시공간을 가로질러 전달하도록 만들었다. 그 정보는 다른 장소와 다른 시대에 사는 다른 사람들에 의해 읽혀졌고 오늘날 우리들에게도 도움을 주고 있다. 정치적이고 커뮤니케이션적인 변화는 시대와 장소에 상관없이 서로 얽혀 있다.

지식 저장을 위해 사용한 문자 덕택으로 인류는 더 이상 한정된 기억의 구속을 받지 않게 되었다. 이제 지식은 한계가 없어졌다. 세속적 커뮤니케이션을 넘어 과학, 철학 그리고 종교분야를 다루었던 그리스 저술가들은 그들의 사상과 말로 표현되지는 않았던 것을 충족시키고, 존재하고 사람들이 기억해야 할 필요가 있는 것들을 자신들이 살아 있을 때 유산으로 자세하게 남김으로써 벽에 그려진 단순한 그림문자보다 더 분명하게 그들의 삶이 오래 남도록 했다.

메시지 전달하기 Carrying the Message

대부분의 통신기술처럼, 우편 체계는 어느 개인에 의해 발명된 것이 아니라 암흑의 시대 동안 시간을 두고 서서히 변화되어온 것이다. 일찍이 아시리아 상인이 약 4천 년 전에 그러했던 것처럼, 1,400년대의 유럽상인들은 우편특파원을 신뢰하는 것이 안전하지 않다고 느꼈을 것이다. 우편제도의 역사는 정보혁명이 아니라, 문자만큼이나 오래된 느리고 변덕스러운 정보혁명을 기술하는 것이다.

그러나 우편제도는 확대되어온 대중의 사용가능성이라는 개선의 역사를 보여준다. 이것은 평등한 정보의 접근이라는 뚜렷한 하나의 흐름이었다. 좌절스러운 상황들에도 불구하고 배달속도도 개선되었다. 오늘날 정부가 관장하는 서비스가 아닌 팩스와 전자우편을 통한 우편배달이 실질적인 즉석 서비스이다. 오늘날, 모든 국가에서 관장하는 우체국제도는 달팽이 우편(e-mail)으로 사라지고 있다.

기록된 시간의 대부분, 즉 커뮤니케이션의 역사는 일반 글[文] 운송기의 역할을 하는 우편제도와 같은 수송의 역사이다. 전보 발명 이전에 커뮤니케이션 내용이 기록된 용지를 물리적으로 운반해야만 했을 때에 커뮤니케이션의 질은 이용가능한 운송기술에 달려 있었다. 배달될 것이 신문, 잡지, 혹은 책일 경우에 그 우편물들은 마치 배달되는 소포가 새로운 이야기, 필사본, 혹은 출판 목적의 사진들이었을 때처럼, 대중 커뮤니케이션의 형식을 전송하는 것이었다. 운송의 개선에 의해서만 정보가 더 빨리, 더 멀리 있는 더 많은 사람들에게 그리고 더 싼 가격으로 전달되었다.

역사적으로 우편배달부는 정부의 길과 개인, 시민의 길이라는 두 길을 따랐다. 지난 몇 세기만에 그 두 길은 단편적인 우편의 역사를 통합했다.

우편에 의한 초기 커뮤니케이션은 고유물(古遺物)이라는 안개 속으로 사라졌다. "누가 최초로 편지를 썼는가?"라는 질문은 무의미하다. 언어와 같이 우편제도는 발명된 것이 아니다. 그것은 자라났다. 고대 이집트 문자로 쓰인 편지들이 아직 잔존해 있다. 거기에는 정규 우편제도에 대한 언급이 있다. 고대 파피루스 편지로 누군가 충고를 하고 있다. "편지 운반자를 통해 나에게 편지하라." 이집트에는 릴레이체계가 되어 있어서 제국의 중앙집권을 도왔다. 또한 박물관에는 바빌론왕국과 니네베(아시리아의 수도)에서 온 편지도 있다. 신약과 구약성서에는 밧세바의 불운한 남편의 운명을 확정한 다윗 왕이 전장에 보낸 편지나 로마인에게 보내는 바울의 편지와 같이, 편지에 대한 방대한 언급들이 있다.

중국에는 기원전 10세기에 조직화된 우편제도가 있었다. 비록 상업용 서신들과 애정편지가 함께 오고가고 했지만, 근대까지 그러한 우편제도는 정부를 위해서만 사용했다. 일본의 우편제도도 7세기 개인 급사제도가 시행되기 전까지는 정부에서만 이용가능했다.

말이 부족했던 신대륙의 잉카와 마야사람들은 달리는 자들의 릴레이역을 운영했다. 같은 시기 구대륙의 아시리아에서는 정부우편으로 상인들이 편지를 보내는 것을 허용했다. 이 편지들은 작은 점토판들이 주소를 적은 점토봉투에 들어 있었다.

사이루스(Cyrus) 왕과 다리우스(Darius) 왕, 크세르세스(Xerxes) 왕들은 페르시아 제국 전역에 릴레이 역마를 세웠다. 대중이 이 제도를 사용하는 것이 금지되어 있어서 일반화될 수 없었지만 역마 근처의 공동체들은 말과 음식과 노동력을 공급해야만 했다. 흔히 말하기를 큰 역을 지원하는 부담이 너무 커서 역 근처 농장과 마을에 사는 사람들이 도망을 갔다고 한다. 헤로도투스가 "눈도 비도 폭염도 밤의 어둠도 이 급사(急使)들을 그들의 정해진 순환 구역의 빠른 왕복을 막지는 못한다"라고 쓴 것이 바로 페르시아의 우편제도를 두고 적은 글이었다.

고대 그리스는 뛰는 자들을 고용했다. 우리에게 가장 잘 알려진 젊은 청년은 마라톤에서의 승리 소식을 전하려고 열심히 달려와서 "나이키!(Nike!)" 즉, '승리(victory)'라는 한 마디 메시지를 전하고 쓰러져 죽은 소식 전달자이다. 그의 업적은 근대 마라톤 경주로 잘 알려져 있다. 사설 전달자제도 또한 그리스 도시국가들에 있었다. 전서구(傳書鳩)를 이용하여 메시지를 전하는 방법이 그리스 혹은 중국에서 이용되기 시작했다. 두 나라의 문헌들이 이것을 언급하고 있다. 남으로는 아프리카와 북으로는 영국의 섬들에 이르는 지중해 세계의 지배자인 로마인들은 파피루스와 양피지 편지를 취급하는 훨씬 더 큰 '쿠르수스 푸블리쿠스(cursus publicus)'라는 우편체계를 운영했다. 저 유명한 로마의 길들이 우편제도 개선이라는 소원에 믿음을 주었다. 로마의 황제들은 빨리 정보를 수집하고 명령을 내리기를 원했다. 쉽게 운송할 수 있는 파피루스와 양피지 위에 적은 단순한 알파벳은 커뮤니케이션을 강화시켰다. 후에 성벽을 둘러친 마을들과 로마가 멸망하면서 생긴 도시국가들에 의해 커뮤니케이션이 방해를 받았다. 성벽을 둘러친 마을들은 읽기, 쓰기가 밑바닥 수준이었던 암흑시기 동안 융성했다.

4세기경 로마의 우편제도는 '쿠리오씨(curiosi)'라고 불리는 관리를 두었다. 이들의 임무는 우편과 관련된 사기행각, 정부 스파이를 감시하는 것으로 편지를 열람하는 일을 하였다. '필리픽스'에서, 키케로는 개인 편지를 몰래 감시하는 것을 금지시켰다. 마찬가지로 1천5백 년 후에 마틴 루터는 "편지를 가로채는 사람보다 더 큰 편지 날조자는 없다"라고 썼다.

정부의 쿠르수스 푸블리쿠스 우편제도 사용이 금지되었던 로마제국의 보통시민들은 그들 자신들의 커뮤니케이션 수단을 고안해냈다. 긴 여행동안 글쓰는 사람은 상인들과 배의 선장들에게 의지해야 했다. 짧은 거리는 개인 매신저들 혹은 종들—보통 노예들—이 편지를 전달했다. 그것은 위험한 임무였다. 왜냐하면 노예는 주인의 적들에게 붙잡히면 사지를 잃거나 죽음을 각오해야 했기 때문이다. 그러나 만일 그가 편지를 즉시 전달하지 못했다면, 주인에게 목숨을 잃었을 것이기 때문이다.

2 인쇄 : 두 번째 혁명

The second Revolution
Printing

뒤숭숭한 유럽 Turbulent Europe

절망은 부흥의 어머니이다. 유럽 시민사회의 암흑기는 거의 천 년을 지속했지만 14세기 중반에 뚜렷한 변화가 생겼다. 14세기 초에 짧은 빙하기가 있었다. 수확이 줄었고 사람들은 기아와 질병에 희생되었다. 사람들 사이에는 목을 맨 시체의 인육을 먹었다는 사람들, 심지어 자식을 잡아먹는 사람들에 대한 소문까지 널리 퍼졌다.

인도나 중국에서 시작한 서혜선종(鼠蹊腺腫 : 사타구니에 생기는 종양) 페스트가 아시아를 휩쓸고 유럽으로 전염되었다. 검게 부풀어오른 계란 크기의 종기가 겨드랑이와 사타구니에 먼저 생기고, 거기서 피와 고름이 흘렀다. 뒤이어 화농성 종기와 검은 얼룩이 온몸에 퍼졌고, 열병, 큰 고통을 동반했다. 그러고 나서 5일 이내에 사람들이 죽어갔다. 1348년과 1350년 사이에, 이 흑사병은 세 명 중 한 명의 목숨을 빼앗아갔다. 추정컨대 유럽에서만 2천만 명이 죽었다. 그러나 아무도 정확히 알 수는 없다. 죽음의 수레가 돌아다니면, 도시는 텅 비었다. 파리, 플로렌스 그리고 비엔나가 대표적인 희생지역이었다. 흑사병이 온 마을 전체를 싹 쓸어갔다. 거의 모든 사람들이 죽음을 기다리고 있었다.

실신했던 생존자들은 사회, 경제적 혼란에 봉착했다. 그들은 게으름, 탐욕 그리고 주색잡기가 만들어낼 수 있는 온갖 죽음 같은 죄들로 괴로웠다. 서혜선종 페스트는 어디에나 있는 쥐와 벼룩들이 원인이었다. 그러나 이런 사실을 몰랐던 생존자들은 다른 결론에 도달했다. 악마를 비난했고, 늘 그랬듯이 유태인들을 비난했다. 흑사병으로 모두가 다 죽어가고 있다는 사실을 지적했던 몇 사람들의 의견에 귀기울이지 않고 그들을 대량 학살했다. 그 다음에는 마치 이전의 십자가 학살과 흑사병의 황폐화가 불충분하다는 듯이 유럽은 백년전쟁을 시작했고, 또 다른 십자군전쟁은 실패했다.

상황은 더욱 심각했다. 식량이 떨어졌다. 채굴이 쉬웠던 광산에서 수집하고 축적한 원광 또한 떨어졌다. 화폐경제가 옛날의 장원제도 협정들을 대신했고 이것이 많은 사람들의 경제 사정을 더욱 어렵게 만들었다. 프랑스와 이탈리아를 횡단하며, 기사들로 이루어진 무법집단들이 테러를 했다. 1차 흑사병의 파도가 잠잠해진 후 10년 만에 2차 흑사병이 찾아왔다. 비교적 덜 치명적이었지만, 공포는 예전과 같았다. 그것은 깊은 파멸감으로 전유럽을 뒤덮었다. 3차 흑사병의 파도는 1373년에 시작되었다.

아비뇽과 로마의 라이벌 관계에 있는 교황들이 갈라졌다. 위로는 교황에서부터 아래로는 수도원들에 이르기까지 남녀의 난교에 대한 소문과 함께 타락한 바티칸은 약화되었다. 제사장들과 수녀들의 음란한 행동은 영국에서는 수도원의 폐쇄로 이어졌고, 그밖의 지역에서는 추문들이 있었다.

또한 광신적인 채찍질, 고행자들과 영국의 농민 폭동 그리고 괴짜 댄싱광들 라인 강 중류 서쪽 연안지방과 네델란드 그리고 플렌더즈 지역(지금의 벨기에 서부의 동플랑드르와 프랑스 북부지역을 포함)에서 사람들로 하여금 지치도록 춤추며, 뛰고 소리 지르고, 종교적 꿈을 동반한 모든 것이 산산이 부서지는 것 같았다.

14세기의 질병과 무질서는 결과가 없을 수 없었다. 세월은 그 다음 50여 년 동안 지각할 수 없는 순간에 몇몇 신비스런 화학작용에 의해, 에너지가 충전되고 사상이 중세들을 깨고 새로운 영역들을 향할 때까지 그리고 인간성이 스스로 새로운 방향을 잡을 때까지 더욱 악화되었다.

14세기 영국의 존 위클리프(John Wyclif)는 인간과 하나님의 직접적인 커뮤니케이션을 설파했다. 그의 롤라드(Lollard) 제자들은 이교도들에게 주는 극형을 받게 될 것임을 알면서도 열심히 성서의 영어번역판을 베끼고, 또 베꼈다. 15세기에 들어서 잔 다르크는 하나님의 음성을 들었다. 이 농부의 딸은 옛 종교적 열정과, 새로운 힘, 즉 애국심과 프랑스를 뒤흔든 전장에서의 강인함을 결합했다. 신성로마제국은 기울고 있었으며, 결국 국민 국가들로 대체되었다.

교황 보니파스(Boniface) 8세는 "로마교황에게 복종하는 모든 사람은 반드시 구원받는다"라는 교황대칙서(大勅書)를 발표했다. 작은 영지 내에서 많은 귀족들은 성직자나 귀족이 아닌 모든 사람들로 구성된 제3계급에 대한 자신들의 수위권(首位權)을 주장하는 데 있어서 교황 못지않게 오만했다.

그러나 상업이 주목을 끌기 시작했고 마을과 도시와 대학들을 설립하는 고무적인 활동들이 있었다. 은행과 발명 그리고 미지의 바다로 모험을 하는 용감한 배들로 술렁거렸다. 유럽의 동쪽 출입문에까지 밀려온 몽고 유목민족은, 항상 교역의 대가를 취해왔던 아랍과 페르시아의 중계상인들이 가로막고 있었던 중국으로 향하는 창을 연 민족이다.

가정에서 귀족들은 그들 스스로 새로운 모양으로 집을 지어 연기가 나가는 지붕 위의 단순한 구멍을 바꾸었다. 벽을 따라 있는 굴뚝들이 각 개인 방에 있는 화로와 연결되도록 지었다. 귀족들은 처음 그들의 종들과 난방을 같이하는 공동홀을 분리해서 사용하였다. 그것은 개인 프라이버시를 보장하기 위한 작고, 기초적인 조치에 불과했다. 대부분의 사람들은 프라이버시가 무엇인지 몰랐다.

정보의 원처

멀리서 오는 뉴스는 순회 수도승, 군인들, 도보자들, 급사들 그리고 이 마을 저 마을을 여행하면서 면죄부를 파는 사람들의 손을 서너 차례 거쳐 전달된다. 대부분의 경우 사람들은 다른 세계의 사람들이 어떻게 지내는지 몰랐고 관심도 없었다. 문자를 충분히 습득하는 행운을 잡은 몇몇 서민들에게 독서는 상당히 제한되어 있었으며, 그나마 알고 있는 문자에 대한 지식조차 천대를 받았다. 대부분의 귀족들, 심지어 왕조차도 읽고 쓸 줄 몰랐다. 중세 교회의 감독들(최고위 성직자들—역주)은 시민의 문맹을 장려했다. 성경은 각국 언어로 번역되지 않았고, 오직 성직자들만이 라틴어로 된 복사본을 소유했다. 그러나 적정 수준의 교육을 받은 사람들의 계층이 확대되었다.

대부분의 정보는 이야기를 통한 도덕극, 설교, 이야기 형식의 서정시들과 얘기를 통해 사람들에게 전달되었지만 여기에도 역시 기술이 변화를 가져왔다. 값싸고 지방에서 생산된 종이가 파피루스 대신 사용되었다. 안경의 발명이 노화되고 피로한 눈을 도와 더 많은 독서를 가능케 했다.

15세기 말이 되어 비로소 글을 아는 것이 지성의 척도로 간주되었다. 비록 한정되어 있었으나, 글이 대량으로 폭증했다. 학자들에게는 성경뿐 아니라 애정 서적들과 기타 기분전환을 위한 주제를 다룬 책들을 포함하여 다양한 예술, 과학서적들이 있었다. 수도원의 소식지, 대학의 급사들, 상인들의 메시지 전달업 그리고 새로운 타쏘(이탈리아의 서사시인) 가족우편제도가 유럽의 우편제도의 뿌리를 심었다.

수 세기에 걸친 기독교와 모슬렘의 전쟁은 지식의 확산에 지대한 영향을 미쳤다. 그 전쟁들이 모든 면에서 부정적인 것만은 아니었다. 무어인과 유태인문화의 중심지 톨레도가 11세기에 엘 시드에 의해 함락되면서 그곳의 도서관들이 서유럽에 공개되었다.

14세기에 오스만투르크는 로마제국의 흔적이 있는 갈리폴리(Gallipoli)에서 비잔틴문화의 통치를 압도했다. 그들은 구텐베르크가 42줄 성경을 인쇄한 시기와 거의 같은 때에 콘스탄티노플(동로마제국의 수도 지금의 이스탄불)을 함락했다. 로마제국의 통치 이상으로 무서운 오스만투르크 지배로, 비잔틴의 학자들은 그리스 고전과 서부유럽 학자들에게 거의 알려지지 않은 로마시대의 필사본들을 출판했다. 이것이 필사본들과 조각상 그리고 다른 고대문화의 예술품들을 찾기 위해 비잔틴문화에 속하는 지역의 수색의 시작이었다. 고대 보물 수색을 도운 교회는 고전학습에 대한 모든 보고서가 일반인들에게는 의미가 없었던 라틴어 혹은 그리스어로 작성되도록 지원했다.

14세기에 단테는 『신곡(The Divine Comedy)』을 썼다. 이탈리아의 시인 페트라르카(Petrarch)는 새시대에 라틴과 그리스의 고전들을 내놓았다. 휴머니즘시대는 페트라르카가 그 당시까지 알려지지 않았던 키케로가 쓴 편지를 발견한 1348년에 태동했다고 한다. 보카치오의 이야기는 근대문학의 기초를 놓았다.

종교개혁과 르네상스

변화와 교회개혁인 종교개혁과, 그리스와 로마의 고전 필사본들의 발견으로 붙은 불이 르네상스의 부흥을 위한 기름진 토양이 되었다. 이것들이 함께 협력하여 일어났다는 의미가 아니다. 사실은 그렇지 않았다. 마틴 루터(Martin Luther)는 당대 가장 뛰어난 인문주의자 데시데리우스 에라스무스(Desiderius Erasmus)를 몽상가라고 비난했다. 인문주의자(고전문학연구가)들은 교회개혁을 지지했음에도 불구하고 개혁주의자들의 지옥에 대한 견해를 듣고 프로테스탄트들을 중세적 신앙으로의 회귀에 굴복한 반동사상가로 간주했다.

그들의 싸움은 여러 세기 동안 여러 이름으로 계속되었다. 오늘날까지도 세속적 휴머니즘과 종교적 근본주의자들 사이에서 이 싸움은 계속되고 있다. 이 모든 것과 또 다른 이유로, 중세는 허물어졌다. 로마가 멸망했기 때문에 그토록 깊고 철저한 변화가 일어났던 것은 아니다. 인문주의자들을 그들의 측근으로 끌어들이고 싶어했던 왕자들은 버려진 수도원들과 모든 도서관에서 발견할 수 있는 귀중한 필사본들을 긁어모았다. 모든 사람들의 관심이 의사표현과 전파의 목적으로 구텐베르크의 발명품에 쏠렸다.

인쇄는 거대한 단일 중국제국을 어지럽히지는 못했다. 15세기 중반 유럽에 인쇄가 도입되었지만, 유럽이 변화를 위한 분위기가 무르익지 않았더라면 어떤 일도 진척시키지 못했을 것이다. 15세기 유럽은 이미 논술한 바와 같기 때문에, 독일의 금세공사에 의해 개발된 정교한 시스템은 세계를 깜짝 놀라게 했던 힘을 위한 촉매제 역할을 했다. 세계의 두 번째 정보혁명은 인쇄술이었다.

중국에서 온 선물 A Gift from China

종이는 컴퓨터, 디지털 컴팩트 디스크 그리고 궤도상에 있는 인공위성과 나란히 비교하여 언급할 가치가 없는, 가정에서 흔히 볼 수 있는 가장 흔한 물건이다. 그러나 인간이 지배하는 이 모든 놀라운 전기제품들에도 불구하고, 갑자기 종이 없는 세상을 상상하는 것은 우리 자신을 암흑시대의 한가운데로 던져버리는 것이다. 암흑시대에 신성로마제국의 수장 샤를마뉴(Charlemagne : 서로마제국의 황제, 찰스 대제를 말함)은 글쓰기를 결코 배우지 않았고, 분명히 종이라는 이름을 들어보지도 못했다. 다만 그는 제국을 보호하는 차원에서 문자를 표준화했다.

종이가 유럽 전역으로 르네상스를 퍼뜨렸다. 그 후 종이는 종교개혁과 반종교개혁 그리고 모든 종교적, 정치적 그리고 사회적 대변동의 불꽃에 기름을 붓는 것과 같은 역할을 했다.

종이의 충격을 이해하는 것은 커뮤니케이션 기술이 인간의 삶에 발휘하는 힘을 깨닫는 것이다. 그것은 오늘날의 교육, 과학, 혹은 의학이 어떻게 될 것인가는 말할 것도 없이, 종이가 없는 경제, 종교 혹은 개인의 삶이 무엇과 같을 것인가를 이해하는 노력이다.

종이는 조심스럽게 문자교육의 시녀 역할을 해왔다. 글을 아는 것과 인쇄는 상부상조하는 입장이었고, 종이는 오늘날에도 계속 사고의 자유를 위한 토대 역할을 하고 있고 민주주의국가에서 가장 쉽게 이용할 수 있고, 억압적인 전제국가 내에서는 이용하기 어렵기 때문이다. 몇몇 정부들이 출판의 자유를 포고하면서도 신문용지 공급을 엄격히 제한하고 있는 것도 우연은 아니다.

종이가 인간의 삶에 얼마나 중요한가를 인식하기 위해, 또한 그것이 얼마나 시야를 밝게 하는가를 인식하기 위해서는, 종이 위에 쓰인 글자들과 페이지를 자세히 조사하고 주위를 훑어볼 필요가 있다. 종이의 사용은 거의 무한대이다. 20세기 말 기술의 목표는 '종이 없는 사무실'이다. 그러나 목표 그 자체는 종이 위에 쓰여 있다. 비록 최근에 문서 보관과 데이터베이스를 구축하는 데 있어서 그런 방향으로 작업해 왔지만, 그렇게 되기까지 수십 년이 걸렸던 것처럼, 그것은 아직도 '10년은 지나야' 될 일이다.

종이의 기원

고대 중국인은 메시지를 동물 뼈와 거북이 껍질에 새겼다. 그리고 때때로 그것을 점치는 도구로 사용했다. 초기 중국의 황제들은 메시지를 옥으로 만든 서자판(書字板)에 기록했다. 한편, 귀족들과 정부 고위관료들은 상아로 된 서자판 위에 기록했다. 그러나 분명한 것은 그 어느 것도 경제적 측면에서 볼 때 지속적이고 폭넓은 커뮤니케이션을 위해 실용적이지 못했다. 중국이 필요로 했던 것은 즉석에서 이용가능한 것으로 윤이 나도록 문질러 얻은 옥이나 상아보다 획득이 쉬운 것이었다. 중국인들은 대나무 껍질에 글이 더 잘 써지는 것을 발견했다. 대나무로 서자판을 만들어 뾰족한 대나무 혹은 검은 니스에 담근 나무 철필로 글자를 썼다. 그러나 대나무 역시 한계가 있었다. 많은 기록물은 정부관리가 가지고 다니기에는 부피가 컸다.

중국인들 역시 낙타털 붓을 발명했는데, 이것은 비단과 일종의 비단 종이 위에 부드럽게 쓸 수 있었다. 이 기록매체들은 비싸기는 했지만 말아서 운반과 저장을 할 수 있어서 편리했다. 지금도 사용되는 가장 오래된 기록문자인 중국문자는 상형문자이고 표의문자이며 각 문자는 수식하는 하나 혹은 그 이상의 그림들로부터 파생된 독립된 단어이다. 중국인들은 오늘날까지도 문자를 음성 알파벳으로 발전시키지 못했다. 그들의 기록문자가 출현한 것은 종이가 발명되기 약 3천 년 전인 기원전 약 2700년까지 거슬러 올라간다.

중국에서 종이의 발명은 105년에 황제 대신 공사(公事)를 맡은 다른 사람의 발명품이었을 수도 있지만, 환관(宦官) 채륜(Ts'ai Lun)의 업적으로 기록되어 있다. 그가 중요한 위치에 있었다는 것을 고려할 때 분명한 수요가 있는 종이를 발명한 것에 대해 환영했을 것이다. 정보를 기록하고 명령을 전달할 더 많은 물건을 바라지 않은 정부는 지금까지 없었을 것이다.

그 영리한 발명가는 식물을 씹어 축축한 펄프로 만들고, 그것을 다시 눌러 둥지를 만들 얇은 겹층을 만드는 말벌(나나니벌)을 관찰했을 것이다. 채륜은 헝겊 누더기를 갈기갈기 찢어 섬유로 만들고, 그것을 물에 적시고 그리고 그것을 쳐서 펄프를 만들고, 그런 다음 그 펄프를 체로 눌렀다. 그리고 그 얇은 펄프판을 말렸다. 최종적으로 나온 종이는 서로 긴밀히 붙어 있었고, 어떤 크기로든 잘라서 글을 쓸 수 있었다. 더 많은 실험으로 린넨(亞麻布), 대마(大麻), 심지어 물고기 그물 그리고 나무 껍질로도 종이를 만들 수 있음이 증명되었다. 붓은 램프 검댕이로 만든 잉크와 함께 필기도구로 사용되었다.

중국의 '종이'라는 발명품이 마침내 유럽에 도달했다는 사실에는 의심의 여지가 없다. 세계의 다른 지역에서 중국의 인쇄술에 얼마나 많은 도움을 받았는가 하는 것은 뒤에서 다루겠다. 값싸고, 풍부하고 그리고 융통성 있게 사용할 수 있는 종이는 중국의 종교적 엘리트들과 관료들 그리고 학자들에게 필수 불가결한 요소가 되었다. 종이는 고전문헌으로 유교를 세우는 데 조력했다. 승려들은 기독교인들이 포교의 목적으로 양피지를 발견했던 것처럼 종이에 포교를 돕는 가치가 있음을 발견했다. 중국인들은 그들의 문자를 나무판에 새기고 잉크칠을 하고 종이 조각에 프린트를 하여 신부(神符)로 팔았다.

또한 종이는 신발, 모자, 허리띠, 포장지, 벽지, 내프킨, 커튼, 화장지 그리고 심지어 적의 화살을 막는 군용 갑옷으로도 사용되었다. 중국인들은 종이로 돈을 만드는 데 따르는 기쁨을 알았다. 이것은 마르코 폴로(Marco Polo)를 매혹시켰는데, 중국에서 목격했던 모든 것들에 대한 그의 평소 호기심도 인쇄방법에까지는 미치지 못했다. 그는 단지 지폐에 대한 기록만 남겼다. 불행하게도 뒤를 이은 중국정부들도 지폐에 대한 지대한 관심을 보였다. 지폐는 여러 차례의 인플레이션의 파고(波高) 후인 1425년에 사용이 중단됐고 19세기 중반에 가서야 비로소 다시 사용되었다.

정보혁명은 없다

또한 창의적인 중국사람들은 많은 것들 중에서도 주철과 강철, 기계적으로 작동하는 시계, 우산, 자기, 나침반, 외바퀴 손수레, 물레, 낙하산, 연, 카드놀이, 환등기, 사슬 펌프, 낚시용 릴, 현수교(懸垂橋), 위스키, 화약 그리고 인쇄술을 발명한 것으로 알려져 있다. 이들 중 몇 개의 발명품들은 유럽을 뒤흔들었다. 예를 들어 화약은 봉건주의를 산산이 폭파하고 시민군대를 일으키는 데 일조했다. 왜냐하면 말을 탄 기사는 대포와 소총에 대항할 수 없기 때문이다. 그리고 나침반은 신대륙으로 가는 길을 가리켜주었고 중국은 또한 이탈리아에 국수를 전해주었다.

거의 같은 기간 동안, 고대 그리스는 몇몇 분야에서의 지식의 팽창과 더불어 정치적 사상들로 씨름하고 있었고, 중국 또한 의학이론과 수학, 철학 그리고 기술분야에서 대체적으로 서구의 그 어떤 나라보다 훨씬 앞서 있었다. 그럼에도 불구하고 중국에는 근본적인 변화의 가능성이라고는 전혀 없었다. 개방사회에서 볼 수 있는 자유토론이 존재하지 않았다. 왕조는 바뀌었을지라도 황제 통치는 여전했다.

발명 후 5백 년 동안, 종이는 중국에서만 생산되었다. 이 기간에 승려들이 종이와 잉크 만드는 비법을 한국과 일본에 전했고 그곳에서는 독특한 종이 생산방법이 발전했다. 오늘날 전세계에서 가장 세련된 수공 종이 중 몇 개는 수백 년 묵은 방법으로 만들어진 일본 종이이다. 일반인들은 중국문자 역시 받아들였지만, 세계에서 가장 복잡한 문자 체계로 널리 알려져 있는 음절문자를 만들기 위해 음절에 기초를 둔 두 세트의 문자들을 추가해서 기록문자로 확대했다. 같은 문장 내에 세 가지 구별된 표기형식이 다 사용되는 경우도 종종 나타난다.

종이, 서방세계로 가다

종이 만드는 기술이 서쪽으로 긴 여행을 시작했

다. 아랍인들은 751년에 사마르칸드를 점령했을 때, 죄수들 중 몇몇이 중국인 종이 수공업자들임을 발견했다. 기록에 의하면 그 남자들은 자발적으로 종이 만드는 비법을 알려주었다고 하고, 또다른 기록에 의하면 고문을 받고 비법을 털어놓았다고 한다. 그들로부터 아랍인들은 종이 만드는 비법을 배웠다. 종이 만드는 큰 공장이 사마르칸드에 세워졌고, 그 다음에 종이는 비단길을 통해 바그다드와 다마스커스로 전해졌다. 이 두 도시가 수 세기 동안 유럽에 종이를 공급했던 곳이다. 이제 이슬람문화는 절정에 달했다. 널리 알려진 이슬람의 학문에 대한 사랑 역시 이 새로운 기술의 도움을 받았다. 이집트에서조차도 종이는 파피루스를 대신했다.

9세기에 정중한 감사 편지의 맺음말은 "파피루스에 써서 죄송합니다(Pardon the papyrus)"라는 표현이었다. 그 표현은 마치 글쓴이가 새롭고 보다 더 현대적인 종이를 사용하지 않은 것을 사과하고 있는 표현인 듯하다. 종이의 역사에 무시무시한 이야기 한 가지를 더 소개하자면, 미라의 시신을 감은 종이 때문에 무덤을 파헤쳤다고 한다.

12세기에 무어인들이 종이 제조법을 스페인에 전달했을 때, 그들은 물레방아축에 자동압인기(押印機)를 붙여 작동하는 기계를 예견했다. 풍부한 풍력을 선호했던 네덜란드를 제외하고, 물레방아는 19세기 증기력이 도입될 때까지 종이제조를 하는 데 절대적인 부분이었다.

보고서에 따르면, 유럽 기독교사회의 최초의 종이공장은 12세기 프랑스의 몽골피어(Jean Montgolfier)에 의해 설립되었다. 그는 십자군으로 사라센의 포로가 되어 다마스커스에서 종이 만드는 공장에서 포로생활을 했다. 종이 제조기술은 이탈리아 파브리아노 근처의 방앗간들 사이에 정착되었고, 마침내 유럽 전역으로 퍼져 나갔다. 중세의 종이는 비록 양피지보다 약하고 거칠었지만, 잉크를 더 잘 먹었다. 현대적 기준으로 볼 때 종이나 양피지의 질은 매우 떨어지는 것이었다. 그보다 훨씬 더 중요한 문제는 이용가능한 양과 소가죽에 비교되는 넝마의 양이었다.

양피지와 송아지 피지(고급 피지였다)는 호화 출판물과 수도원의 미사 전서(典書)와 성무(聖務) 일과용 종이로 계속 사용되었다.

13세기 말 유럽에는 아랍의 수(數) 그리고 계약, 보험, 화물적재 증서, 환어음용 종이 덕택으로 상업이 확대되었다.

> 종이생산은 상인들, 관료들, 설교자들 그리고 지식인들의 요구를 충족시켜주었고 편지교환 속도를 한층 더 빠르게 했으며 더욱 많은 문학가들로 하여금 스스로 자신의 글을 쓸 수 있게 했다.

좀더 보수적인 사람에게 종이는 이교도문화에서 온 요주의 물건이었다. 이것은 결코 획일적인 모두의 태도는 아니었고, 교회의 대다수 사람들이 인쇄용 종이를 환영하였다. 그러나 황제 프레데릭 2세(Frederick II)는 1221년에 칙령을 내려 종이 위에 기록된 문서가 법적 효력을 갖지 못하도록 했다. 그 때 양피지는 이미 수 세기 동안 잘 정착되어 있었다. 양피지가 교회와 국가의 필요를 충족시켜 주었고, 대부분의 경우 그들의 권위하에, 특히 수도원에 대규모 양피지 애용자들이 있었다.

아무튼 종이는 인쇄술이 발명될 때까지 유럽에서 널리 사용되지 못했다. 높은 문맹률로 수요는 적었다. 비록 종이가 인쇄를 효과적으로 만들었다고 할지라도, 대부분의 유럽사람들에게 종이를 소개한 것은 바로 인쇄였다. 궁극적으로 말해서, 인쇄술이 종이에 승리를 가져다 주었다. 양피지는 대량으로 생산하기에는 너무 비쌌고 인쇄 잉크를 잘 흡수할 정도로 충분한 침투성이 없었다.

한 권의 성서와 3백 마리 양가죽

구텐베르크 성경 최초의 인쇄본 210권 중, 30권은 양피지본이고, 180권은 종이로 인쇄한 것이었다. 양피지본은 권당 300마리의 양가죽을 필요로 했던 것으로 추정된다. 양피지 책 인쇄가 1,500년 이후에 계속되지 않았던 점은 놀라운 사실이 아니다. 종이에 인쇄한 180권의 경우 종이의 질이 표백하고 약품 가공한 오늘날의 종이보다 매우 좋아서 1455년에 제작된 구텐베르크 성경책이 1997년에 제조된 오늘날의 성경책보다 지금부터 500년 후에는 더 나아 보일 것이다.

> 식자층들에 대한 가장 큰 압박감은 갑작스런 종이의 가용성으로부터 왔다. ……종이 제조공장이 늘어나면서 종교개혁의식이 확산되어 나갔다. ……종이가격이 계속 하락할 때, 안경의 발달은 식자층들의 압박감을 강화했다. 안경은 14세기 초에 처음 등장했고, 그 후 100년 뒤에는 널리 사용되었다. 안경의 사용으로 필경사의 작업시간이 길어졌고, 독서자도 마찬가지였다. 책에 대한 수요가 증가한 것이다.

그림 2-1 14세기 뉘른베르크에 세워진 독일 최초의 슈트뢰머 제지공장

14세기 독일 뉘른베르크에서, 최초로 제지공장을 세운 울만 슈트뢰머(Ulman Stroemer)는 스스로 독과점을 확보하기 위해서 종업원들로부터 비밀을 지키겠다는 서약서와 자기 자신과 주인 외에 어떤 사람을 위해서도 일하지 않는다는 서약을 요구했다. 그 결과는 역사에 최초로 기록된 노동파업이었다. 슈트뢰머는 노동자들이 항복할 때까지 투옥시킴으로써 파업을 저지했다. 오늘날 우리가 이 사건에 대해 알게 된 것도 누군가 이 사건을 종이 위에 기록해두었기 때문일 것이다.

책과 대학 Books and Universities

로마제국 당시에는 불과 몇몇 사람만이 책이 무엇인지를 알았다. 그러나 제국 내에 널리 퍼져 있는 라틴어와 그리스어로 교육받은 자들 중 불과 몇 퍼센트에 해당하는 사람들만이 풍부한 고전 운문과 산문 등의 책을 이용할 수 있었고, 필사본을 구할 수 있었다. 그들은 호머와 버질의 서사시, 비극과 풍자극, 정치 연설문, 철학적 질문, 종교 사상 그리고 과학적 지식 모음집을 읽을 수 있었다.

중세의 깊은 암흑시대에 이 책들은 사라지고 숨겨지거나, 혹은 영원히 없어졌다. 수도승들이 성경과 주석책 그리고 어느 정도까지는 그리스와 로마의 고전작품의 양피지 사본을 부지런히 읽을 때에 산발적으로 계시들이 떠오르면, 그들은 여러 수도원들의 사본실 속에서 빛을 보지 못한 유럽 문학 작품들에 산발적인 빛줄기를 비추었다.

수도원의 책들은 교계 학자들과 수도원이 신참자들과 때때로 수도승이 되지 않을 소년들의 교육을 위해 유지했던 학교들 외에는 거의 배타적으로 제한되어 있었다. 로마의 멸망에서 인쇄술의 도입까지 약 1천 년 동안 수도원은 지식의 불꽃을 유지하였다.

필사실 책상머리 앞에 등을 구부리고 앉은 수도승들은 도서관과 성당을 위해 수고를 아끼지 않고 필기를 하고, 그 사본에 호화로운 칠을 하여 '인큐나뷸라(incunabula : 초기 간행물)'라는 책을 재생산했다. 수도승들은 관습적으로 중얼거리거나 큰 소리로 책을 읽었고 묵독을 하지 않았다. 수도원의 사본실에는 양피지 위를 긁는 펜 소리와 함께 뒤섞인 대화 소리가 계속 울려퍼졌다.

최초의 대학들

12세기부터 시작된 유럽 대학들의 설립은 중세 7백 년간의 수도원 시대를 마감하고 크게 발전했다. 뒤이어 더 세속화된 시대에는 교양을 갖춘 중간계급이 등장했고 모든 종류의 책 수요가 증가했다. 귀족들은 큰 소리로 읽어주는 것을 들음으로써 문학을 알았지만, 읽고 쓰기에 훨씬 능숙했던 새로운 중간계급은 책을 원했다. 사본과 재사본에 서서히 오류가 생기는 것은 불가피했다. 권에서 권으로 이어지는 구텐베르크의 책들에서는 그런 오류가 없었다.

1158년에 볼로냐(Bologna)에서 시작된 대학의 설립은 책의 생산과 분배, 지식 그리고 정보에 대한 수도원의 독점체제를 뒤흔들었다. 그 독점은 개인 책 판매인들과 '스크라이브너즈(scriveners)'로 알려진 일반 카피스트들이 있었던 대학타운들을 통해서 불어오는 변화의 바람에 크게 약화되었다.

지적 생활의 중심이 수도원에서 대학으로 옮겨가면서, 선생들과 학생들에게 고무된 개인 책 상인과 필사자들은 장사를 도모했다. 대학의 책 상인은 허가를 받아야 했고, 대학의 직원으로 인정되었다. 그들은 대학의 엄격한 통제를 수용한다는 교환조건으로 대학 구내에서 책을 팔고 세금의 일부를 면제받는 특권을 누렸다. 그들은 또한 외부인들이 판매경쟁을 할 수 없었기 때문에 특허권에 해당하는 권리를 가지고 있었다. 대학당국이 많은 학생들이 사서 보기에 충분히 싼 가격으로 책값을 정했다. 책 상인들은 소매인이라기보다 선생과 학생들을 대상으로 하는 책 관리인이었다. 그들은 책을 빌려주면 더 큰 이윤을 얻었다. 가난한 학생들은 책을 공유하거나 직접 손으로 베꼈다. 엘리자베스 아이젠스타인(Elizabeth Eisenstein)은 초기 인쇄와 근대적 인쇄를 다음과 같이 비교했다.

……근대 초 인쇄혁명에는 뒤집을 수 없는 양상들이 있다. 15세기 중반에 축적된 진보의 움직임이 있었고, 컴퓨터 출력과 텔레비전 가이드 …… 등의 시대에도 쉬지 않고 진보의 특성을 결집하고 있다. 예를 들어 중세대학 주변에 있던 문구점처럼 상업적 복사센터들은 근대 대학 구내에 등장하기 시작했다.

초창기 대학생들은 신학과 법률서적 외에는 거의 읽지 않았다. 이 시기는 신앙을 이성으로 증명하고자 노력했던 스콜라주의시대였다. 대다수의 수도원들이 신학서적 외에는 거의 출판하지 않았다. 비록 많은 수도원에서 후세 사람들이 감사할 정도로 로마작가가 쓴 세속적인 글들을 꽤 복사했던 것으로 생각되지만, 실제로는 수도승들이 다른 종류의 책을 출판하는 것이 금지되어 있었을 것이다.

과거 그렇게 귀했던 학문연구용 교재도 넘쳐나므로 학자들도 다양한 서적들을 참조할 목적으로 집을 떠나 돌아다닐 필요가 거의 없어졌을 뿐만 아니라 한 작품을 그렇게 오랫동안 숙독할 필요성을 발견하지 못했고 마침내 서적들간의 상호참조의 기회를 가졌다.

중세 수도원에서의 '독서'가 오늘날의 의미와 늘 같은 것은 아니었다. '독서', 즉 '렉치오(lectio)'의 보

그림 2-2 수도원의 필사실에서 양이나 염소가죽으로 만들어진 양피지에 수사들이 책을 필사했다.

통 의미는 선생님이 학생들에게 책을 읽어준다는 뜻이었다. 그 시대의 책은 큰 소리로 읽히는 것으로 생각되었다. 책값과 한정된 독자 때문에 다른 선택의 여지가 없었다. 후기(後期)의 학교 편람에 그것을 다음과 같이 요약해놓고 있다.

"당신이 학자입니까? 당신은 무엇을 읽습니까?"
"나는 읽지 않고, 다만 귀기울여 듣기만 합니다."
"당신은 무엇을 듣습니까?"
"도나투스 혹은 알렉산더, 혹은 논리학 아니면 음악."

책 출판의 증가로, 사람들이 문학을 듣기 위해 청중들 가운데 앉아 있기보다 각자의 개인생활 속에서 문학을 흡수했다. 이것은 매스커뮤니케이션의 한 유형으로 책이 사람들을 흩어놓는 모습을 보여주는 실례이다.

새로운 책 문화

종교서적들 외에, 인쇄업자들은 학교 어린이용 교재와 다양한 주제의 성인용 책들도 출판했다. 이것들 중, 질서 있는 가정생활에 대한 가이드북과 편람들이 인기가 있었던 것 같다. 큰 소리로 읽혀지든 개인적으로 읽든 간에, 그 결과는 인쇄업자들의 가게에서부터 나온 집단을 위한 도덕성이었다.

수요는 점차로 다양한 종류의 책, 특히 고전문학과 과학에 관련된 책들을 원했다. 이것들은 대부분 인도와 아랍문화의 중심지로부터 나온 것이었다.

14세기 프랑스 주교는 76권의 책을 소장한 도서관을 소유하고 있었는데, 당시 이것은 큰 도서관이었다. 여러 작가들이 폭넓은 주제를 다루었다. 영국 최초의 인쇄업자 윌리엄 캑스턴(William Caxton)은 라틴어가 아닌 영어로 상류층을 겨냥한 연애소설을 출판했다. 이 책들은 매우 잘 팔렸다.

대체로 13세기부터 나온 보편적 지식을 담고 있는 책들과 프랑스어나 평민들이 사용하는 다른 언어로 번역되거나 쓰인 책들은 수 세기 동안 모든 나라의 글을 아는 사람이 읽고 베껴 적고 해야 할 친숙한 필독서였다. 14세기 사람은 성경이야기, 연애소설, 동물 우화집, 풍자소설과 천문학, 지리학, 일반역사, 교회사, 수사학, 법률, 의학, 연금술, 매사냥법, 사냥술, 전투, 음악 그리고 기타 주제들에 관한 책들을 썼다.

구텐베르크 훨씬 전에, 종이의 가용성은 새로운 상인계급에 읽고 쓰기를 보급하는 데 도움이 되었다. 이들은 음란서적에서 종교서적까지 읽을 준비가 되어 있었다. 새겨진 판목(版木)으로 한 페이지를 한 번에 눌러 찍는 목판인쇄가 활판(活版)인쇄보다 앞섰다. 천이나 송아지 피지 혹은 종이의 한쪽 면에 인쇄를 하고 완전히 접거나 연이어 묶어 모아 '목판본(block books)'을 만든다. 최초의 목판본들은 대부분 성화였다. 후에 그 텍스트가 제작되었다.

책을 살 능력이 있는 사람들은 책을 유동자산으로 취급했다. 왜냐하면 다른 사적인 물건보다 책은 그 가치가 떨어지지 않아 현금이 필요할 때 팔 수 있었다. 성경은 가보로 대물림되었다. 공공도서관이 없으므로 글을 아는 사람들은 서로 책을 빌려주었다.

귀족 태생이 아닌 저술가들은 가난했다. 판권에 관한 법률이 없어서 로열티 받는 것은 생각조차 못했고, 필사본을 책 상인에게 현금을 받고 팔 때까지는 부유한 후원자의 지원과 보호에 의존했다. 밀턴은 책이 다 팔리면 이익을 나눈다는 약속을 받고, 『실락원』의 원고를 5파운드에 넘겼다. 저술가에 대한 인식이 서서히 달라지는 중세는 구전에서 기록의 전통으로 변화하는 시기이다.

중세에 저자들은 작품에 자신들의 이름을 표시하는 데에 거의 관심이 없었다. 인쇄업자들은 인쇄한 작품의 저자의 진짜 신원을 확인해야 했다. 즉 인쇄소에서 저자의 이름을 만들어내지는 않았다. ……그러나 기준이 곧 바뀌었다. 수백, 수천 권의 사본에 자신의 이름이 찍혀 있는 현대작가들은 작가 개인의 명성을 의식하게 되었다.

르네상스 동안의 독서는 학문을 좋아하는 것만큼이나 투쟁과 관련이 깊다. 옛 중세시대의 질서가 사라지고, 귀족들이 뛰어난 면모를 보였던 군사적 전문지식의 필요성이 감소하였고, 논리적 사고, 행정기술 그리고 법률 지식이 선호되었다. 몇몇 신사들에게 그러한 변화는 참기 어려운 것이었다. 한 16세기 영국 신사는 다음과 같이 기록하고 있다.

> 나는 내 아들이 글자 공부하느니 차라리 목을 매는 게 낫다고 하나님을 두고 맹세한다. 왜냐하면 신사계급의 자제들은 나팔을 잘 불고, 기술적이면서 우아하게 사냥을 하고, 매를 데리고 훈련을 시키게 되어 있기 때문이다. 그러나 글공부는 농부 아들들의 몫으로 남겨두어야 한다.

변화는 가혹했지만, 찾아오고 말았다.

시대는 변했고, 변화의 뚜렷한 표지는 프랑스정부의 지원으로 1665년에 최초의 정기간행물 ≪학자들의 학술지(Journal des savants)≫의 창간이었다.

검열제도

유럽에서는 책의 인쇄와 함께 그 내용에 대한 엄격한 검열이 있었다. 출판은 전적으로 정부의 통제하에 있었다. 출판업자는 저자의 창의력을 두려워했다. 왜냐하면 그것이 교회와 국가가 마련해놓은 무서운 제도 때문에 출판업자의 목숨을 빼앗을 수 있었기 때문이다. 개별방언으로 쓰인 새 책은 때때로 외면당했다.

인쇄술 발명 이전의 유럽에는 학자들 외에 글을 아는 사람들이 드물었다. 그래서 교회는 학자들의 작업 도구로 간주된 책에 대해 특별한 관심을 두지 않았다. 그러나 새로운 사상이 위험한 이유는 기존의 권위에 대한 생각 자체를 흔들어놓을 수 있기 때문이다.

> 이상하게도, 당국의 입장에서 선동적이고 위협적인 출판물은 대중이 지칠 줄 모르고 읽는 독자들이 된다는 점이 아니라, 그들이 습관적으로 의견을 취하는 정부당국과 성서 주석가들 스스로가 새로운 사상에 물들게 된다는 점이다.

교회 지도자들은 서민들이 사용하는 언어로 대중 앞에나 서는 설교자들의 입에서 무슨 메시지가 나가는가에 대해 훨씬 더 우려했다. 손으로 그린 삽화가 있는 독일어 성경이 1478년 출판되면서 상황은 변했다. 그것은 하나님 말씀의 유일한 해석자로서의 교권에 대한 직접적인 도전이었다.

로마 교황청은 이에 대해 이설(異說)을 출판하는 자와 사보는 자 그리고 읽는 자들을 모조리 징벌하라는 명령을 내렸다. 인쇄술의 본고장 마인츠에서는 대주교가 모든 책의 출판 허가를 관장하는 위원회를 만들었다.

정부는 인쇄가 언론보다 더 제재하기가 쉽다는 것을 알았다. 왜냐하면 출판사에는 세금을 매길 수 있고, 강제 압수할 수도 있고, 종이를 할당량만큼만 공급할 수도 있고, 신문은 검열할 수 있고, 책들은 불태워버릴 수 있기 때문이다. 이미 구전으로 이설이 전해진 곳에 인쇄술이 들어왔고, 그래서 정부관료들은 그들 앞에 놓여 있는 종이 위의 이설들에 대해 준비하고 있었다.

교회는 라틴어 이외의 언어로 된 출판물을 특히 수상하게 생각했다. 교회는 인쇄술 그 자체에 대해서는 반대하지 않았다. 사실 잠재적 불행이 예견되는 몇몇 작은 지역들을 제외하면, 일반적으로 인쇄는 장려되었다. 지역 방언(라틴어 외의 개별언어)으로 된 인쇄물은 더 큰 관심을 끌었다. 왜냐하면 그것이 성직자의 기록 커뮤니케이션의 권위라는 배타적인 영역에 끼여들었기 때문이다. 인쇄업자들 스스로가 민간 이야기와 이와 유사한 오락물을 절제하면 아무 문제가 없었다. 그러나 종교와 시민의 권위 이 두 가지는 권위에 도전했던 지역 방언으로 된 출판물에 대해 단호한 조처를 취했다. 다른 학자들을 위한 라틴어나 그리스어로 쓰여진 학술저작에 대해서는 평민들에게 해가 되지 않는 한 상대적으로 불평이 없었다.

출판물에 대한 징벌

책을 불태우는 일은 오래되었다. 그것이 항상 효과가 있었던 것은 아니지만, 통제의 수단으로 20세기까지 계속 사용되었다. 기록행위는 그 영향력이 너무나 커서 기득권 계층이 무시할 수 없었다. 기록이 확산되면서 그림자처럼 따라다니는 통제 역시 확산되었다. 수 세기에 걸쳐 많은 문화권에서 기록행위는 제재를 받았고 동시에 엄청난 힘을 부여받아왔으며, 불과 소수의 사람들에게만 허용되었다. 그 같은 조치는 불가피하게 혼란으로 이어졌다. 그중 가장 유명한 반동은 종교개혁에 불을 붙인 사건으로 성서 읽기에 제한을 둔 것과 라틴어 이외의 성서 인쇄를 금지한 사건이다. 적지 않은 책들이 불탔고, 금서목록이 인쇄되어 뿌려졌다. 1502년 교황청 법안은 교회의 권위에 대해 의문을 제기하는 모든 책을 다 불태워버리라고 명령했다. 1516년 5차 라테란(성당명)회의에서는 교회의 승인을 받지 않은 어떠한 출판도 금지한다는 'De impressione liborum'법을 공포했다.

인쇄술이 발명되기 전, 14세기 영국의 한 교파였던 롤라드 교단은 하나님이 직접 사람들에게 모국어를 허락하셨으며 누구나 하나님의 메시지를 해석할 수 있다는 이론에 입각하여 성서를 영어로 번역하였다. 이 반교권적인 이설(異說)은 위계조직의 찬성 논의의 기초를 잘라버리는 것으로 교회와 국가의 반대에 부딪혔다. 교회는 그 성서를 불태웠고 국가는 그들을 교수형에 처했다.

교회와 국가는 출판과 처벌이라는 정책의 고삐를 늦추지 않았다. 인문주의자 윌리엄 틴데일(William Tyndale)이 영어로 번역된 신약성경을 출판한 것은 분노를 불러일으켰다. 그는 체포당해 투옥되고, 이단재판을 받아 교수형을 당했다. 그런 후 그의 시체는 말뚝에 묶여 불태워졌다. 셰익스피어의 작품에 등장하는 폴스타프라는 인물의 모델로 알려진 존 올드캐슬 경(Sir John Oldcastle)은 교회에 의해 먼저 교수형을 당하고, 그런 후 국가에 의해 화형당했다. 교회와 국가는 다시 한번 각각 제 역할을 한 것이다.

스페인에서 콜럼버스가 대서양을 건너 인도로 떠날 준비를 할 때, 교회의 이단심문소는 책들을 불태웠다. 유럽 전역에서 교회와 국가권력의 단호한 조치는 인쇄업자들을 압박하여 허가되지 않은 소책자와 책의 배포를 확실하게 막았다. 불복하는 업자들에게는 벌금형, 투옥, 채찍 체벌 그리고 사형이 내려졌다. 프랑스혁명으로 바스티유감옥이 무너질 때, 그곳에는 800명 이상의 출판업자, 작가 그리고 책 상인들이 갇혀 있었다.

17세기 스페인으로부터 독립한 네덜란드에는 검열의 먹구름이 없었다. 책 상인들과 지식인들은 네덜란드 도시의 좀더 자유로운 분위기를 찾아 각국을 도망쳐 나왔다. 그곳에서 그들은 번영했고, 금서를 출판하여 금지하는 나라로 밀반입했다.

중세의 우편제도 Mail in the Middle ages

암흑시대와 초기 중세의 유럽에서 지식과 읽고 쓰는 능력은 교회의 소유였고, 우편제도는 없는 것과 마찬가지였다. 읽을 수 있는 사람이 드물어서 귀족들은 그들의 문맹을 자랑스러워했으며, 문자기록에 많이 의존하면 인간의 강한 기억력이 약화된다고 믿었다. 태어난 곳을 떠나 아주 먼 거리를 여행한 농부는 거의 없었다. 만약 그랬더라면 그들은 그곳으로 돌아갈 수 없었을 것이다. 왜냐하면 이 이름 없는 촌락에 사는 사람들은 다음 언덕 혹은 수레바퀴 자국난 길을 돌아가면 무엇이 있는가에 대한 의식이 없었다. 그들에게 그들의 영역 너머의 땅은 적어도 실체만큼이나 많은 환상으로 이루어져 있었다. 그것은 하늘에는 천국이 있고 땅 아래에는 지옥이 있는 평평한 세계였다. 괴물 그리폰과 난쟁이 피그미족들과 함께 공유하는 세상의 가장자리에는 용들이 순찰하고 있었다.

주인이 그들을 십자군전쟁에 데리고 가지 않는 한 농부들은 결혼하여 자녀를 길렀고, 태어난 곳에서 죽었다. 왜냐하면 그들은 그 땅에 속해 있었기 때문이다. 그들은 오늘날 우리들만큼이나 잡담을 즐겼지만 좀처럼 먼 곳의 소식을 전해 듣지는 못했다. 그들은 그들이 어느 나라에 살고 있는지, 혹은 몇 년도인지, 혹은 심지어 몇 세기인지 확인할 수도 없었다. 인생은 씨 뿌리고 수확하고 종교 축제와 연속되는 계절들의 순환일 뿐이었다. 거의 모든 사람들이 독자적인 생각을 가지고 있지 않았다. 정부를 선택할 수 있다는 자유의 개념은 자유롭게 종교를 선택한다는 것만큼 당혹스러운 개념이었다. 그들은 그저 존재하는 사람일 뿐이었다.

로마제국이 붕괴할 때, 효율적이던 로마의 우편제도도 붕괴했다. 분명 농부들은 우편제도를 필요로 하지 않았다. 그 외의 다른 사람들도 마찬가지였다.

> 지배자들과 많은 성직자들이 부도덕하고 더럽고 무지했던 때에 대학이나 공공학교가 존재하지 않았다는 것을 이해해야만 한다. 귀족들과 기사들은 문맹이었고, 그것을 자랑스럽게 여겼다. 읽고 쓰는 일은 성직자와 서기들(다소 천시받는 직업임)과 아마 교양과 취미가 고상한 여성들의 몫이었다. 고귀한 사람들은 그런 일들을 업신여겼다.

12세기경에 이르면, 수도원들은 서로서로 커뮤니케이션을 했다. 잡담과 정보를 주고받는 주된 수단은 '로툴라(rotula)'로 양피지 두루마리에 쓴 연속 회람형식의 뉴스레터였다. 대수도원장은 다음 수도원으로 전해지는 두루마리 편지에 몇 가지 뉴스를 알렸고, 다음 수도원장은 여기에 코멘트를 달았다. 비록 읽는 사람이 "공동보고에 의하면 적그리스도는 바빌론에서 태어났다."와 같은 기재사항을 발견한다 할지라도 실제 사건들에 대한 새로운 이야기를 한두 개 추가했다. 로툴라가 순회할수록 그 길이가 길어졌다.

시민과 대학관계자들을 위한 우편서비스

대학의 설립과 도시와 상업주의의 성장은 문자에 의한 커뮤니케이션을 확대했다. 상인, 행상인, 순례자 그리고 십자군들은 유럽과 근동 전역에 걸친 대체적으로 정해진 길을 여행할 때 뉴스와 개인 메시지를 전달했다. 파리의 대학에서 13세기에 일어난 한 시스템이 국가적 우편제도의 기초를 놓는 데 도움을 주었다. 모든 대학의 선생들과 학생들은 성직자로 대접받는 행운을 누렸다. 여행할 때 안전조치를 포함해 그들이 국왕의 보호를 누렸던 것으로는 군복무의 면제, 시민이면 져야 하는 납세의무의 면제가 있다. 그러나 국왕의 총애도 집으로 돈을 요구하는 편지를 쓰는 학생들을 보호해주지는 못했다. 이것은 수 세기 동안 지속되었던 하나의 중세적 전통이었다. 지역 정의가 아니라 오로지 왕의 법에만 복종했던 학생들은 그들의 도적질과 강간과 방탕함을 비난하는 많은 마을 주민들에게 골치아프고 시끄럽고 인색한 존재였다.

학생과 부모 사이에서 편지와 돈을 배달하기 위해 파리대학은 배달원제도를 세우기로 결정했다. 이들은 교수들과 학생들이 누렸던 국왕의 보호와 특권들을 동일하게 적용받았다.

이런 관대한 조치의 결과로 중요하지 않은 배달원 직업이 박봉에도 불구하고 희망직이 되었다. 더 간단하게 말해서 배달원을 고용하는 특권이 대단한 갈망의 대상이었다. 그 직책을 얻기 위해 배달원들과 관리인들은 직책에 대한 맹세를 하고 서약서를 제출했다. 해가 지나면서 그들은 수입을 보충하기 위해 외부인들의 속달을 배달했다. 몇몇 배달원들은 제한조건을 무시한 채 이윤이 남는 요구를 충족시키기 위해 행로를 확장했다. 대학의 행정관들은 대학이 우편배달로부터 상당한 수입을 얻을 수 있게 하기 위해서 상아탑에서 기어 내려왔다.

확대되는 도시와 마을의 상업적 관심은 외부세계와 교역을 보호하기 위해 협정을 맺게 되었다. 특히 무법자들과 봉토를 지나는 물건에 세금을 거두고 빼앗기까지 하는 봉건영주들에 대한 협정을 맺었다. 협정내용에는 마을 사이의 우편제도도 포함되었다. 또한 번영하는 마을들은 법정제도를 만들어 따로 배달원제도를 두고 그들의 결정사항들을 조정했다. 장인들과 상인들의 많은 강력한 길드들은 스스로 속달배달의 교역을 하기를 원했다. 요약하면 문맹이던 유럽 장원시대에는 생각지도 못했던 것이 뒤이은 중상주의시대에는 필수적인 것이 되었다.

> 여행하는 안전한 길, 오직 한 길은 그룹을 짓는 것이다. 중세에 홀로 가는 여행자는 매우 드물었다. 있었다면 그는 보통 긴 메시지를 암송하는 훈련을 받은 왕의 특사였다. 그러한 전갈은 위조되지도 없

어저버리지도 않았다.

사업으로서의 우편서비스

다른 곳에 살고 있는 일반시민에게 편지를 빨리 보내기를 원하는 일반시민, 예를 들어 사랑하는 사람에게 자신의 마음을 전하려는 사람은, 로툴라를 소지한 수도승에서부터 푸줏간 길드를 위해 일하는 배달원에 이르기까지 은전 한 닢으로 향내나는 편지를 배달하기 위해 누구라도 찾았을 것이다.

정규급사는 자신이 속한 조직의 우편을 배달하기 위해 임명되었다. 그들은 처음에는 비밀스럽게 외부 편지를 취급했고, 나중에는 공개적으로 조직의 허가를 받아 다루었다. 결국 이들 과외업이 그들의 의무 중 하나가 되었고 그들이 일했던 그 조직들은 급사들의 우편업무로부터 이윤을 남겼다. 14세기 동안 상업적인 편지는 한자동맹(the Hanseatic League)의 항구도시들 사이에 넘쳤다. 1500년경 편지 다니는 길은 유럽의 모든 사람들에게 열렸고 사방으로 뻗어나갔다.

종종 서비스의 질은 운이었다. 몇몇 배달구역 서비스가 지나치게 많았지만 대륙의 많은 부분들이 무시되었다. 우편료는 급상승했고, 때때로 개인적인 희생을 치러야 할 정도였으며 대부분의 요금은 수신자가 부담했다. 만약 멀리 떨어져 있는 사랑하는 사람에게 보내는 글이 수신자를 빚지게 만든다면, 그 애인은 무심코 편지를 쓸 수 없을 것이다.

> 페이션스 브레튼의 편지가 도착했을 때, 만약 실제로 도착했다면, 그녀의 오빠는 틀림없이 그것을 받고 행복해했을 것이다. 그러나 그는 그가 지불해야 할 요금에 놀랐을 것이다. 왜 다양한 우편제도가 그에게 서비스하기를 갈망하는지 그가 이해하는 데 도움이 될 것이다.

경쟁적인 우편제도가 등장했다. 때때로 그곳엔 너무 많은 우체부가 있었고 경쟁은 추악스러웠다. 음모와 노상폭력으로 발전한 경쟁이 법원으로까지 이어졌다.

14세기에 타쏘(Tasso)라 불리는 이탈리아의 대가족은 사설 급사제도를 발전시켜 수년 동안 유럽을 부채꼴 모양으로 누비고 다녔다. '따씨(Tassi)'는 이탈리아말로 '오소리(badgers)'라는 뜻이다. 급사가 자기 말 이마에 오소리 모피를 달아 권위를 상징했기 때문이다. 후에 급사는 푸른 은빛 제복을 입었다. 사업이 번창하면서, 그 가족은 독일이름 '탁시스(Taxis)'와 '손 앤 탁시스(Thurn and Taxis)'라는 카드놀이를 통하여 더 잘 알려졌다. 신성로마제국의 칙령하에 운영된 그 회사는 빠르고 신뢰할 만한 우편제도를 중부유럽 전역에 구축했다. 이것은 일종의 역참(포니 익스프레스 : 망아지 급행 우편배달)제도로 황제들과, 군 장교들 그리고 상인들의 편지를 취급했다.

우편제도가 지배자가 허락한 나라에서만 실시되었기 때문에 오늘날 시에서 케이블 텔레비전 회사에 권한을 주는 것과 같이 우편국장을 선임하는 것은 왕의 관행이었다.

영국에서 그 특권은 'farm'이라 했고 경영권을 소유한 사람을 'farmer'라 했다. 이 새로운 사설 서비스 외에 정부 우편제도도 여전히 존속했다. 결국은 이들 대부분이 하나의 국가우체국(State Post)으로 합병되었고, 1627년 프랑스에서 처음으로 실시되었다. 그러나 몇 개의 사설 우편서비스는 존속했다. UPS(United Parcel Service)와 Federal Express의 역사적 시조는 까마득하다.

1627년에는 등기우편으로 돈을 부치는 것이 가능했다. 이것이 최초로 마련된 등기우편제도였다. 얼마 후, 소포배달이 시행되었다. 개인이 경영하는 도시 우편제도는 1653년에 파리에서 허가되었다. 우표의 초기 형태인 우편료가 지불된 봉투에 편지를 집어넣었고 도시 곳곳에는 수집함이 있었다. 그러나 그 제도는 실패로 끝나고 말았다.

1682년 런던에서 윌리엄 도크우라(William Dockwra)는 배달료로 1페니를 받는 개인 우편서비스를 시작했다. 500개의 수집함을 시간마다 모아서 하루에 6~10회 배달을 했다. 발끈 화가 난 정부는 그를 재판에 회부하여 유죄선고를 내리고 그의 사업을 인수하여 경영했다. 이 제도의 효과와 낮은 요금은 막을 내렸다. 1세대 후에 또 다른 런던 사람이 비슷한 우편서비스를 시도했다가 정부로부터 유사한 처벌을 받았다. 그 서비스 활동은 즉시 진압되었다.

그런 후, 2세기 동안 유럽에서는 그 누구도 정부 서비스와 경쟁하려는 사람이 없었다. 초기 미국의 역사에 몇몇 사설 배달서비스가 도시 내에서 편지 하나에 1페니를 받고 배달을 했다. 그리고 그들은 보스턴과 필라델피아 사이에 정부 우편을 이길 자신이 있다고 광고했다. 1851년 연방 최고법원은 사설 급사들이 우편료에서 정부 수입을 탈취했다는 명목으로 그 제도가 위법이라는 판정을 내렸다. 의회는 모든 도로가 우편도로가 될 수 있다고 선언함으로써 독과점을 강력히 주장했다. 효율성은 문제가 되지 않았다.

시간이 변화를 가져왔다. 경쟁을 떼어놓기 위한 노력에서 우편서비스는 항상 그렇게 운 좋은 것은 아니었다.

모슬렘국가에서는, 뉴스를 전하는 데 전서구(傳書鳩)가 폭넓게 사용되었다. 십자군전쟁 당시에는 수천 마리를 사용했다. 유럽 역시 20세기까지 전서구가 서신, 특히 사업 편지를 배달했다. 소문에 의하면 은행가(家)의 런던 지점을 이끌었던 나단 로스차일드(Nathan Rothschild)는 전서구로부터 나폴레옹의 워털루 패전 소식을 처음 접하고 증권시장에서 큰 돈을 벌었다고 한다. 다른 사람들은 경마에서 어느 말이 이길 것인가에 대한 정보를 얻기 위해 전서구를 이용했다. 줄리어스 로이터는 자신의 이름을 딴 국제뉴스 서비스를 시작했다. 그는 베를린과 파리 사이의 전보선 부족을 메우기 위해 전서구를 사용했다.

여기도 신문, 저기노 신문 Here a New, There a New

처음에 그 누구도 대중이 알권리가 있음을 고려하지 않았지만 명백히 그들은 알기를 원했다. 줄리어스 시저는 공식적인 정부 뉴스와 공고를 로마 전역에 게시하여 알릴 것을 명령했다. 이것이 바로 '악타 디우르나(Acta Diurna : 일일회보)'로, 원로원에서 있었던 일과 기타 정부가 대중이 알아야 한다고 생각했던 것들을 알리는 관보였다. 악타에서 나온 기사들을 포함한 소식지를 노예들이 손으로 복사하여 방대한 로마제국 전체에 개인적으로 돌렸다. 로마의 전성기 때는 이 소식지가 위로는 스코틀랜드에서 아래로는 이집트까지 전달되었다. 이것은 천 년 동안 필적할 수 없는 수준의 신문(관보)의 배포였다.

수 세기 후에 중국에서는 '티파오(tipao : 궁중 소식)'라는 유사한 관보가 등장했다. 문맹이었던 대부분의 보통사람들이 아니라 아래로는 먼 원방에서 위로는 관료들에 이르는 독자층을 가진 이 신문은 공식적인 공고와 뉴스를 전달했다. 티파오의 출판은 처음에 손으로 쓰거나 목판인쇄를 했으며 이것은 만주제국 말엽인 1911년까지 계속되었다. 비록 티파오가 자주 그리고 폭넓게 출판되지는 않았어도, 약 12세기 동안 이런저런 형태로 존속했다.

신문의 선구자들

유럽에서 중상주의가 중세의 장원제도를 대체했을 때, 글을 아는 상인과 정부관료들은 교역, 정치적 사건, 혹은 전쟁 결과 등과 관련된 믿을 수 있고 즉각적인 먼 도시의 소식을 알고 싶어했다. 15세기 중반경 요하네스 구텐베르크가 성경책을 출판할 때쯤 로마제국 이후 사라졌던 손으로 쓴 소식지들이 또 한 차례 유럽에 등장했다. 처음에 이 소식지들은 불규칙하게 나왔지만, 그후 규칙적으로 나왔다. 가끔씩은 주간 우편배달과 때를 맞추어 나왔다.

때때로 인쇄되어 나온 소책자들과 전단은 누군가 어떤 뉴스와 공고를 널리 알릴 필요성을 원했을 때 출간되었다. 구텐베르크의 인쇄발명 50년 후 정치 소식지들은 어떤 것은 담시(ballad) 형식으로 인쇄되거나 어떤 이유로 인쇄를 할 수 없는 곳에서는 새로운 정보의 욕구를 충족시키기 위해 필사본으로 배포되었다. 가끔씩 전단들은 이 마을에서 저 마을로 옮겨다니며 운율에 맞춘 뉴스 노래를 부르며 돈을 버는 발라디나의 전통을 좇아 라이밍 발라드 형식으로 소식을 전했다. 인쇄된 소책자 덕분에 대규모로 흩어져 있는 대중들에게 최초로 초본에 있는 정보와 정확히 똑같은 일련의 복사본들로 빨리 소식을 전달하는 수단이 생겼다. 불어로 '카나르드(canards)'라 불린 몇몇 소책자는 마귀적인 행동과 기적, 괴물들, 이변들 그리고 혜성의 도착 사건들을 보도했다.

후에 교양 있는 사람들은 여러 페이지를 하나로 묶어 인쇄한 '뉴스북(newsbooks)'을 읽을 수 있었다. 이것은 보통 한 주제만을 다루었으며 때때로 목판 삽화를 곁들였고 그리고 텍스트도 포함하고 있었다. 아마도 뉴스북의 주제는 권력 있는 누군가가 대중의 시선을 끌기 위한 승전보나 혹은 계획된 왕가의 결혼식 같은 상황이나 사건이었을 것이다.

베니스에서는 더욱 현대적인 소식지 'newssheets'가 나왔다. 이것은 베니스를 제외한 유럽 각지에서 오는 짧은 정치 군사적인 기사와 더불어 포고를 알리는 관원과 커피집의 잡담을 보충했다. 초기의 뉴스시트는 한 장짜리로 현재 공식적으로 정해진 반장 크기 8과 1/2×11인치보다 조금 더 작았고 보통 한 면에만 인쇄되었다. 이탈리아에서 '가제타(gazetta)'라고 불린 작은 동전이 한 부 가격이었다. 이와 박자를 맞추어 초기의 신문들이 '가제츠(gazettes)'로 알려지게 되었다.

드문드문 발간된 이 뉴스시트―때론 정부의 감시하에 혹은 경찰에 앞서는 조치로서 바뀌는 이름으로 익명으로 발간되기도 했던―의 호평으로 '신문(newspaper)'이라는 개념이 도입되었다. 이것은 똑같은 제하에 규칙적인 스케줄을 가지고 발간되는 출판물로, 최신 뉴스와 다양한 뉴스의 정보원을 의미한다. 개인기업은 정보를 정부나 다른 조직에 의존하지 않는다. 그것은 비록 전적으로 안전하지는 않았다 하더라도 놀라운 생각이었다. 17세기경 뉴스시트는 신문으로 확대되었다.

최초의 신문들

어느 것이 최초의 신문인가에 대해 학자들간에 일치된 견해는 없다. 그것은 아마 1594년에 콜로네에서 인쇄된 라틴어 정기소식지 ≪메르쿠리우스 갈로-벨지쿠스(Mercurius Gallo-Belgicus)≫일 것이다. 네덜란드와 스위스는 둘 다 자기네가 세계 최초의 신문이 탄생한 곳이라고 한다. 학자들이 동의하는 점은 신문이라는 개념이 곧 서부유럽에 걸쳐 확산되었다는 사실이다. 그것은 1690년에 미국 식민지에 들어왔다. 그 당시 벤저민 해리스(Benjamin Harris)는 식민지 당국이 폐간하기 전까지 한 장짜리 ≪대중사건(Publick Occurrences)≫을 보스턴에서 발간했다. 해리스는 위협에 익숙해 있었다. 왜냐하면 그는 이미 정치적이고 선동적인 자신의 출판물들을 규제했던 런던에서 보스턴으로 도망쳐온 사람이기 때문이다.

18세기 미국의 인쇄업자들은 수입원으로서의 신문을 발견하기 전까지는 생존하기가 어려웠다. 사업을 시작한 한 인쇄업자는 비록 기사 기고자가 그 자신뿐이었지만 신문이 그의 생산의 일부임을 확신했다. 다른 신문에서 기사를 차용하는 일은 흔한 일이었다. 그것이 수고를 덜어주었다.

일간지의 출현으로 새로운 정보에 대한 대중의 취향이 확대되었다.

여기서 새로운 것, 저기서 새로운 것을 다 더해 '뉴스'를 만들었다.

의도하지 않은 결과들

사업적 광고뿐 아니라 광고도 싣고 있는 상업적 신문들은 늘어나는 정치 신문과 잘 어울렸다. 인쇄를 가능하게 했던 글 교육의 확대는 17, 18세기 동안 공공사건을 뉴스로 다루게 했으며 정부가 위기 상황에서 무시했던 여론의 초석을 놓았다. 유럽국가들은 개혁과 통치에 대한 발언권을 요구하는 민중의 외침 앞에 줄지어 왕권신수설이 무너지는 것을 보았고 그들이 원하는 것을 얻기 위해 바리케이드가 쳐진 곳으로 달려가려 했다. 식민지 미국에서 1765년에 뉴스물에 대해 무거운 의무를 부과하는 인지조례(印紙條例 : the Stamp Act)는 미국혁명 이전의 동요를 한층 악화시켰다.

만약 그것이 프랑스와 미국과 영국의 혁명들을 1455년 마인츠에서 인쇄되어 나온 42줄의 성서와 연결하는 것이 억지처럼 보인다면, 그것들을 뉴스시트, 신문 그리고 정치선전 소책자들과 연관짓는 것은 자연스러울 것이다.

뉴스 인쇄의 의도하지 않은 결과는 —그것이 뉴스북에 의해서든, 뉴스레터, 뉴스시트, 혹은 신문에 의해서든 간에— 권위를 갉아먹는 것이었다. 뉴스 인쇄물은 왕권신수설의 개념적 기초를 흔드는 데 일조했다. 세상사가 종종 반복되는 것처럼 커뮤니케이션 수단의 보급은 역시 권력의 분산을 가져왔다. 심지어 크게 읽는 소리에 귀기울였던 문맹인 서민들까지도 뉴스의 인쇄를 열정적으로 기다렸다. 결국 힘을 가진 자들은 스스로 지지를 확보하기 위해서 출판을 하지 않을 수 없음을 깨달았다. 비록 '나 자신의 수준이 떨어지는 것'을 극도로 싫어했음에도 불구하고 그 필요성을 느낀 사람이 제임스 1세(James I)였다. 그는 의회 해산 결정을 인쇄했다. 적어도 그의 발언만은 홀로 장엄하게 우뚝 서 있었다. 반대 견해는 인쇄용 잉크를 먹지 못했다.

새로운 통신수단은 유용한 것이나 즐거운 것을 대체할 수도 있다. 새로운 커뮤니케이션 도구인 신문은 어느 정도의 구어 커뮤니케이션을 대신했다. 기회가 주어진다면 사람들은 정보를 듣는 것보다 읽는 것을 더 선호했다. 교회에 가서 한담을 듣기 보다는 집에서 신문을 읽으면서 한담을 할 수 있었다. 사생활이 공동체 활동만큼 확대되어갔고, 이웃 간의 교제는 줄어들었다.

17세기 커피집에 앉아 있곤 하던 신문 구독자들의 '무뚝뚝한 침묵'에 대한 불평은 일부 사교적이라고 포장된 인쇄매체의 사생활침해 효과에 대한 것이었다.

인쇄와 지식층 Printing and Literacy

인쇄된 글을 읽고 쓰는 사람들이 늘어남에 따라 인쇄가 널리 보급되었다. 이 둘이 함께 근대세계를 창조했다. 유럽에서는 1천 년 이상 라틴어가 국제언어요 외교언어였다. 마치 극동에서 중국어가 그랬고 오늘날 영어가 전세계 언어인 것처럼 말이다. 라틴어는 학자들과 학생들, 책 그리고 하나님과 커뮤니케이션을 할 때 통용되는 언어였다. 그것은 불변하는 중세의 한 기둥이었다. 그후 인쇄술이 등장했고, 유럽의 거리에서 사용되는 몇 개의 언어, 즉 자국어 인쇄가 시작되었다.

자국어 인쇄

구텐베르크가 인쇄체계를 소개한 지 50년이 못 되어 유럽에서는 수천만 권의 책이 출간되었는데, 이것은 글을 읽고 쓰는 사람들이 제한되어 있었던 점을 고려한다면 놀랄 만한 숫자이다. 책은 다음 세기 말에는 1억5천만에서 2억 권 사이로 증가했다. 유럽 각지의 방언으로 된 책들은 그들의 언어를 정리했다. 다른 언어에 비해 인쇄에 소홀했던 게일어(Gaelic)와 프로방스어(Provensal)는 주로 구어로 사용되었고 기록으로는 거의 사용되지 않았다.

라틴어만을 사용하던 기나긴 세월을 지나, 방언을 사용한 인쇄로의 전환과 함께 다른 고전언어의 지식을 가진 사람을 학자로 구별되게 했던 그리스어와 히브리어는 공식 기도를 제외하고는 사용하지 않게 되었다.

자국어 인쇄는 철자와 통사 규칙의 기준이라는 문제를 야기했다. 단어가 철자화될 때 처음에는 소리나는 대로 나타난다. 철자가 명확한 라틴어와 달리 청각에 의한 시각적 대응물을 찾기 위해 노력했던 인쇄업자들의 귀의 모양만큼이나 다를 수 있었다. 얼마 후 영어와 다른 방언들이 그 이후 지금까지 학교교육을 받은 세대들에게 절망감을 느끼게 한 철자법과 통사구조를 발전시켰다.

책을 사용할 수 있게 됨에 따라 글을 아는 능력이 신장되었다. 이것이 확대되면 될수록 책에 대한 요구가 훨씬 더 많아졌다. 여기 역사적으로 전해 내려오는 한 이야기가 있다.

이전에 고위층에게도 제한되어 있었던 새로운 인쇄물들은 신분이 천한 사람들에게 갑작스럽게 가용되게 되었을 것이다. 대신에 널리 사회에 영향을 끼친 인쇄물들을 접하면서 지적인 습관과 태도의 변화가 형성되었다. 예를 들어 15세기 영국에서 필사본 책장사에 종사했던 직물 상인들과 필사자들은 이미 법률가와 참사회원 그리고 기사들뿐 아니라 천박한 빵장수와 상인들의 수요를 공급하고 있었다.

책으로 공부에 몰두했던 영국의 하원의원들은 지금 정부 최고의회에 자리하고 있다. 읽고 쓰는 능력이 권위의 척도를 부여했을 때, 그것에 대해 경멸을 표시했던 군주들은 책과 배움을 훨씬 더 존귀하게 다루기 시작했고, 그 결과 그들은 하나님이 주신 그들의 정당한 권좌를 다시 찾을 수 있었다. 독서 양식으로의 변화와 더불어 때때로 독서가 즐길 만한 것이라는 놀라운 발견이 있었다. 참으로 지식의 습득은 즐거움이었다.

자국어 인쇄는 프랑스 독자들로 하여금 그들 스스로를 프랑스의 일부로 간주하게 이끌었고, 영국 독자들에게는 자신들이 영국의 일부임을 인식하도록 만들었다. 이런 국민주의 의식은, 교양 있는 사람들이 라틴어로만 읽고 말을 할 때 사용하는 옹알이 언어처럼 구분하기 어려운 방언을 사용하던 시절에는 존재하지 않았다.

왜 읽어야만 하는가?

인쇄와 이것이 수반한 글을 읽고 쓰는 것이 설사 인류역사상 가장 위대한 분수령은 아니라 할지라도 인간 역사에서 가장 위대한 것 중 하나이다. 중세에는 대부분의 사람들이 문맹이었다. 낯선 가게를 찾을 필요가 있는 사람들은 문 위에 걸려 있는 그림을 살펴보았다. 모자 만드는 사람은 간판으로 모자 그림을 내걸었다. 왜 성가시게 읽기를 배우겠는가? 읽을거리가 없으니 어려운 기예를 배울 이유가 없는 것이었다.

500년 이상 (읽고 쓸 수 있는) 능력을 가진 사람이 서유럽에 드물었다. 이 기간 동안 위로는 왕과 황제들에서부터 아래로는 평민에 이르기까지 읽고 쓸 줄 아는 사람이 없었음을 안다면 충격일 것이다. 샤를마뉴(Charlemagne: 찰스 대제라고 한다) 대제는 읽기는 배웠으나 쓸 줄은 몰랐다. 그는 침대 옆에 왁스 테이블을 놓고 쓰기 연습을 했으나, 요령을 터득할 수 없었다고 말했다.

읽고 쓸 수 있는 능력은 주로 남자들을 위해 존재했다. 여성들이 교육을 받는다는 것은 기대할 수 없었고 그다지 많지 않은 여성들만이 읽을 줄 알았다. 더 가난한 여성들 사이에는 아마 읽고 쓸 줄 아는 사람이 존재하지 않았을 것이다. 그러나 남녀 모두를 위한 출판물은 그 책을 누군가가 큰소리로 읽을 때에 귀기울여 듣는 용도로 나왔다.

성서 자체는 물론이거니와 라틴어가 아닌 방언으로 기록된 종교와 정치 소책자들의 페이지 위에 써진 글자들을 해독하는 영웅적인 노력들이 사람들에게는 가치 있는 것이었다. 인쇄물의 놀라운 분포는 읽고 쓸 수 있는 능력의 확산과 어울려 이번에는 책시장과 다른 기록물을 훨씬 넓은 범위로 증가시켰다. 읽고 쓸 수 있는 능력은 또한 그 능력의 소유자에게 독자적인 사고의 척도를 가져다주었고 심지어 오랜 봉건주의가 개인의 진출을 가로막고 있었던 권력과 부의 세계로 가는 수단까지도 가져다주었다. 몇몇 경우에 있어서, 인쇄술을 이용하여 다른 사람에게 무엇을 주장하기 위한 욕망이 생겨난 것 같다.

농부들 또한 복음이 진실로 가난한 자들과 압박받는 자들에 대해 무엇이라고 말하고 있는지를 알았다.

교회의 성서와 라틴어의 독점은 인쇄술로 무너졌고, 그 자리에 자국어로 기록된 폭넓은 성경책 시장과 성경의 문자 해석에 대한 관심이 싹텄다. 인쇄술 발견의 여파는 16, 17세기의 야만스러운 종교전쟁들에서 명백히 드러났다.

인쇄와 지식의 원동력

인쇄와 읽고 쓸 수 있는 능력은 종교개혁, 현세적 르네상스, 민족주의 정신 그리고 중상주의 성장의 원동력이었다. 복음주의적인 충동이 초기 인쇄물에 힘을 실어 빠르고 눈에 띄는 결과들을 가져왔다. 성서와 소책자들 그리고 설교집들이 세련되지 않은 손에 들어갔다. 수 세기에 걸쳐 출판물은 봉건 왕들과 호족들의 체제를 무너뜨렸다. 사제들은 성경을 해석하는 배타적인 특권을 잃어버렸다. 나면서부터 인간의 운명을 결정했던 엄격한 사회제도는 읽고 쓸 수 있는 능력으로 무장한 사람들이 용기있게 새로운 방향으로 도전했을 때 산산이 무너져 내렸다. 마치 오늘날 텔레비전이 우주공간을 탐험하고자 하는 인간의 상상에 불을 지피듯 인쇄는 대양을 탐험하는 대중의 흥분을 더 부추겼다.

인쇄소가 새로운 인쇄물을 토해낼 때마다 지식에 대한 욕구가 열병처럼 번져나갔다. 수백만의 유럽인들이 자녀를 학교에 보냈고, 그들도 배우려고 했다.

송이와 활판과 인쇄된 책의 영향을 받아 영원보다 삶 자체에 초점을 두는 휴머니즘 사상과 고대 그리스 로마 학문의 재발견에 사로잡힌 학자들과 학생들이 새로운 대학에 모였다. 42줄 성경이 나온 지 60년이 못 되어, 12개 이상의 대학이 더 설립되었다. 1496년부터 1516년까지 단 20년 사이에 5개의 대학이 옥스퍼드와 케임브리지에 설립되었다.

이 모든 흥분은 가장 드문 문화적 현상들, 즉 배우고 문명화되는 두 가지의 과정을 뒤바꾸는 지적인 운동으로 이어졌다. 예수 탄생 400년 전에 피타고라스학파는 그것을 시도했으나 실패했다. 3~4세기에 마니교도들과 스토아학파 그리고 에피쿠로스학파도 역시 그러했다. 그러나 16세기 인문주의자들은 눈부실 정도로 성공을 거두었다—그들의 승리는 특별했고 컸다. 그들의 뒤를 이어 미래를 결정지은 다른 사상들이 나타났는데 17세기의 이성주의와 18세기의 계몽주의, 19세기의 마르크스주의 그리고 20세기의 실용주의와, 결정론 그리고 경험주의가 그것이다. 이들은 각각 역사의 흐름을 바꾸어놓는 데 큰 영향을 주었지만 어느 것도 르네상스시대의 인문주의자들의 업적과는 비길 수 없다.

기묘하기도 하고 어쩌면 우연일 수도 있는데, 유럽에 인쇄가 등장한 직후 근대적 서체가 나오자 필사의 관습이 사라졌다. 사람들은 이탤릭체를 발명한 베니스의 인쇄업자 마니티우스(Aldus Manitius)를 신뢰했고, 지금까지도 그 기술을 가진 사람은 '이탤릭 명필가(a fine Italian hand)'라 일컬어진다. 유려한 필체로 매력적인 글자를 쓰는 기술은 교양있는 사람들 사이에 존경받는 업적으로 자라나게 되었다.

지식과 평등권

중세가 끝날 무렵 인쇄가 널리 보급되면서(더 정확히 말해서, 인쇄의 보급으로 중세가 막을 내렸다) 기록에 의한 커뮤니케이션도 확대되어갔다. 그러나 정보가 울려 퍼지게 하는 원천 역할을 하는 구어 커뮤니케이션이 사라진 것은 아니었다. 설교가 계속된 것처럼, 순회 연극과 순회 음유시인들의 뉴스를 곁들인 담시(발라드) 낭송 역시 계속되었다. 다시 말해서 구어적인 문화와 기록적인 문화는 지금까지 나란히 존속해오고 있다.

전세계로의 인쇄의 파급은, 힘을 가진 엘리트계층들의 제재가 없는 지역에서 다른 많은 커뮤니케이션 도구들의 보급과 같이 확대되는 많은 사용자들에게 훨씬 더 다양한 정보를 전달하고 많은 정보 전달자들을 평등하게 하는 효과를 가져왔다. 간략히 말해서 인쇄의 보급은 권위와 영향력의 탈중앙화를 가져왔다. 제한되고 경직된 세계관에 학자들과 다른 저자들이 다양한 배경들과 관점들을 도입하고, 기존의 관점들에 도전하는 것은 20세기 후반에 포스트모더니즘이라고 불리는 것의 초기 모습이었다. 지식과 인쇄는 서로를 살찌웠으며 읽고 쓰는 것 자체는 커뮤니케이션의 한 도구로서 역할을 했다.

구텐베르크는 중국을 알았을까? Did Gutenberg Know About China

프랜시스 베이컨(Francis Bacon)은 인쇄, 나침반 그리고 화약이 세계를 변화시킨 3대 발명품이라고 말했다. 이 모두가 중국의 발명품이었다.

우리는 인쇄를 식자인쇄의 관점에서만 생각하는 경향이 있다. 이것은 한 글자를 구성하는 활판을 가지고 글자를 인쇄하는 것이다. 실제로 인쇄는 식자가 나오기 전에도 오랫동안 번성했다. 중국은 보통 책을 목판에 새겨 찍었다. 판 인쇄기술, 즉 목판인쇄술을 개발한 펭 따오(Feng Tao)는 서양역사의 구텐베르크와 같이 중국역사에서 동일하게 다루어진다. 한 페이지 가득 찰 문자와 그림을 잉크를 묻힐 수 있는 하나의 목판에 새긴 것이 목판의 초판이었다. 이것은 중국에서 활판이 나오기 전까지 수세기 동안 이용된 방법이다. 비록 중국이 활판을 발명하기는 했어도, 그들은 그것을 거의 사용하지 않았다.

기원전 4000년 알렉산더(Alexander) 대왕이 침략전쟁으로 인도에 전해주었던 고대 지중해문명에서는 잉크를 묻힌 도장이 사용되었다. 인도와 동양 사이를 왕래했던 상인들이 그것을 중국에 전해주었을 것이다. 당시 중국은 서방 사람들이 더 많은 독자들을 찾는 노력과는 달리 인쇄한 책의 복사본을 제한했다.

기원전 1세기 로마는 인쇄틀이 서자판과 텍스트를 효과적으로 생산하는 데 병행하여 사용될 수 있음을 발견했다. 그러나 그 아이디어는 사라졌다. 적절히 사용할 수 있는 잉크가 없었고, 파피루스와 양피지는 비싸서 인쇄에 적합지 않았다. 또한 책과 문서서류의 많은 사본을 요구하는 수요가 거의 없었다. 사람들이 글을 읽고 쓸 줄 몰랐고 필사본이라는 것은 필요한 기록문서 전체를 손으로 다시 써서 만들어내는 작업이었다.

유럽과 중국을 비교하는 것은 유익하다. 중국은 거의 알려져 있지 않았지만 강력한 중앙집권 정부가 있었고, 종이공장과 인쇄술이 태동한 곳이었다. 그러나 인쇄가 활기를 띠지 않았던 곳이다. 단일정부 통제가 고려되어야만 한다. 중국에서는 초창기부터 인쇄가 종교나 정부와 연결되어 있었다. 중국의 많은 표의문자들은 대나무 껍질 틀과 세편(細片)으로 찍혀졌다. 그들은 이것들을 호랑이와 늑대들을 쫓아내고 병을 치료하기 위해 부적으로 걸치고 다녔다. 대나무 껍질 또한 여행자들의 이름과 나이 그리고 생김새와 같은 신상기록을 찍는 데 사용되었다.

압인기와 잉크는 공식적으로 허가를 받았기 때문에 정부에서는 이들을 일찍이 도시 정문을 통과할 때의 허가증과 같은 이동을 통제하기 위한 여권으로 사용하였다.

유럽인들의 흥분

유럽대륙이 빠르게 인쇄술을 흡수하는 데 몇 가지 기본적인 요소들이 추가되었다. 이미 언급했듯이 유럽은 동요하고 있었다. 황혼기에 접어든 종교와 세속화로의 변화, 십자군전쟁에서의 기사들의 귀향, 새로운 사상들로 고동치는 도시들이 유럽의 상황이었다. 황제와 같은 경직성의 수렁에 빠져 있던 중국과 달리, 유럽은 변화와 씨름하고 있었다. 12세기 이후 줄곧, 책을 필요로 하는 학자들이 있는 대학들이 있었다.

종교적 혼란도 존재했다. 성서를 독일어로 번역함으로써, 아우구스티니안 수도승 마틴 루터는 사람들로 하여금 놀랄 만한 일을 하게 했다. 즉 하나님의 말씀을 일상생활에서 사용하는 언어로 읽게 했고 개인적으로 응답하게 했다. 라틴어를 전혀 몰랐던 귀족들을 포함하여 더 많은 독자들을 끌어들이기 위하여, 그는 주위의 많은 사람들이 유년시절부터 사용해온 독일어로 글을 썼다. 인쇄매체는 이 자국어 성서를 대중의 손에 쥐어주었다. 유럽은 또한 엘리트계층 사이에 교양인구 수를 더 늘려갔다. 루터가 포스터, 소책자 그리고 삽화 그림들로 캠페인을 하기보다 교회 문 앞에 면죄부에 대한 자신의 명제들을 못박자마자 제일 먼저 독일 전역에 알려졌고 그런 다음 그 나머지 유럽 전체에 알려졌다.

당시 사용할 수 있는 인쇄기로는 소책자들과 책들을 빨리 인쇄할 수 없었다.

종교개혁의 거의 만족할 줄 모르는 종교서적에 대한 욕망과 밀접한 관계가 있는 인쇄소들은 또한 새로 발견된 그리스 고전들의 복사본과 참으로 모든 종류의 학문을 몹시 바랐던 르네상스와도 연결되어 있었다. 이것을 갈망하는 사람들은 수도원의 느린 필사자들의 펜과 책 상인들의 작업으로는 만족할 수 없었다.

종교개혁의 종교적인 충동들 그리고 르네상스의 인문주의와 인쇄의 합치는 수 세기 동안 계속되어 온 중세구조를 분쇄했다. 중세의 태도와 연금술에서 새로 발견되는 문학, 도덕 그리고 고대 그리스 정치로의 관심의 변화가 르네상스와 중세를 구분짓고 있다.

구텐베르크는 무엇을 알았을까?

그 유명한 42줄 성서를 생산할 수 있는 체계를 조합하기 전에 인쇄술의 어떤 부분이 구텐베르크에게 알려져 있었을까? 특히 중국인들이 발명한 것 중 얼마나 많은 부분이, 비록 조금이라 할지라도, 세계에서 가장 중요한 발명품들 중 하나라는 믿음을 가진 독일인 금세공사에게 알려졌는가? 구텐베르크가 인쇄술을 발명했을 때 중국에 대해 전혀 들어보지 못했을 수도 있다. 진짜 질문은 그가 수 세기 동안 존재했던 인쇄에 대해 알고 있었는가 하는 것이다. 그 대답은 아마 결코 몰랐다는 것이다. 그러나 역사의 큰 미스터리 중의 하나는 그런 단서를 감질나게 보여주어 우리를 애타게 만든다.

동방의 기술과 생산물들이 중국에서 사마르칸트, 바그다드 그리고 다마스커스와 같은 전설적인 도시들을 거쳐 비단길을 따라 여행하는 상인들 편에 서쪽으로 건너왔다. 활판과 주조한 활자를 사용하는 식자가 동양에서 유럽으로 건너갔다. 그러나 목판인쇄 책은 구텐베르크가 최초로 15세기에 찍어내기 전에 유럽으로 건너갈 수 있었다. 왜냐하면 중국에서 굉장히 많은 책들이 인쇄되었기 때문이다. 유럽에서도 약간의 목판인쇄가 있었다.

사실, 현존하는 최고의 책은 868년의 종교서적으로 『금강경(Diamond Sutra)』인데, 16피트 길이의 두루마리로 된 불교 경전의 중국판이다. 두 개의 사본이 발견되었는데 하나는 석판인쇄이고 또 하나는 목판인쇄이다. 중국의 서부 사막지역에 있는 지하 방에 고이 저장되어 있던 수천 권의 불교 경전들 가운데서 발견되었다. 사막의 건조한 기후가 부패를 최소화시켰다.

10세기까지 중국제국에서 책은 비단이나 종이로 된 두루마리 필사본이었다. 10세기에 바늘로 꿰맨 책의 시조인 접은 책이 최초로 나왔다. 한 권이 종이 한 장을 접은 것이지만 목판인쇄 책과 같이 종이의 한쪽 면에만 인쇄되어 있었다. 접은 면은 함께 풀로 붙여 그 책의 책장은 이미 넘어갈 수 있도록 되어 있었다.

모든 책의 내용은 정부관료들에게 알려야만 했다. 왜냐하면 중국학자들 사이에 검열은 이미 알려진 삶의 일부였기 때문이다. 진시왕세에 의해 수백 명의 학자들이 생매장당했고 발견된 모든 책들이 불탔기 때문이다.

비단길을 따라 서방으로 건너간 다른 인쇄물에 대해서 우리는 추측만 할 뿐이다. 활발한 교역과 더불어 카드놀이하는 목판 데크와 목판 성화 데크가 유럽과 극동 사이를 자유롭게 왕래했음직하다. 어쩌면 몇몇 상인들은 자신이 길을 갈 때 위안을 얻고자 종교화를 소지하고 다녔을 것이다. 가장 오래된 것으로 알려진 유럽의 목판은 성화이다. 분명히 어떤 상인들은 집에서 멀리 떨어진 캠프에서 소일하기 위해 카드놀이하는 데크를 짐 사이에 끼워 넣었을 것이다. 카드놀이는 이미 14세기에 유럽에도 있었던 것으로 알려졌다. 왜냐하면 그 당시 도덕가들이 신성한 축제기간 동안 카드놀이하는 것과 교회에서 음란한 그림을 팔기 위해 가지고 다니는 것을 불평했기 때문이다.

목판이 비록 극동 전역에서 활기를 띤 인쇄술이었다고는 하지만, 수도승들이 인내를 가지고 필사본을 베끼던 유럽의 암흑시대에는 알려지지 않았다. 중국과 유럽 사이에는 이슬람세계가 자리하고 있었다. 이슬람은 종교적 이유로 문학작품 인쇄를 꺼렸다. 유럽의 문헌에서 중국이 인쇄술을 발명했다는 언급이 처음 발견되는 것은 구텐베르크가 42

줄 성서를 발간한 1세기 후인 1546년으로, 포르투갈 여행객들이 중국에서 가지고 온 책들을 검사했고 유럽의 인쇄가 중국에서 들어왔다고 결론지었던 이탈리아 역사학자 요비우스(Jovius)에 의해서였다.

종이의 역사를 살펴보면 인쇄술이 전래된 방법에 대해 암시를 주고 있다. 선교사들과 다른 여행자들은 중국이 종이를 발명했고 인쇄된 카드놀이를 하고, 인쇄된 지폐를 사용하며 그리고 인쇄된 종교화를 소중히 여긴다는 소식을 릴레이방식으로 전달했다. 선교사들 역시 굉장히 많은 책이 중국에서 인쇄되었다는 것을 알고 있었다고 결론을 내리는 것이 합리적일 것이다. 구텐베르크에 앞서 바로 8명의 유럽인 여행자들 중의 한 명인 마르코 폴로는 인쇄된 지폐에 대해 기록을 남겼다. 13세기 중엽에 교황 이노센트 6세(Innocent VI)는 플라노 카르피니 요한(John of Plano Carpini)을 대칸(the Grand Khan)에게 대사로 보냈다. 그는 중국 문양이 종이 위에 잉크로 인쇄된 편지 한 통을 들고 돌아왔다. 이것은 구텐베르크의 것보다 2세기를 앞서는 것이다. 동시에 유럽의 여러 남녀 죄수들이 몽고제국의 수도에 살고 있었다. 그러나 그 흔적은 희미하다.

유럽의 목판술이 전적으로 극동에서 전래되었다는 것을 보여주는 명확한 증거가 아직 발견되지 않았다. 그러나 강한 정황적인 증거는 러시아를 통하거나 중국에 있던 유럽인들을 통해서, 페르시아를 통해서 혹은 이집트를 통해서—아마 이 중 몇 개의 루트, 혹은 전 루트를 다 경유해서—중국의 목판인쇄술의 영향력이 몽고제국 시대와 바로 뒤이은 몇 해 동안에 유럽세계에 유입되었고, 그것이 유럽에서 인쇄활동이 점점 더 발달해 결국 구텐베르크가 인쇄술을 발명하는 데 길을 닦아주었다는 확신을 갖게 해준다.

13세기에 징기스칸과 그의 몽고 군대는 이슬람의 방어벽을 부수고 몽고제국이 무너질 때까지 1세기 동안 유럽으로 하여금 동양의 문호를 접하게 했다. 유럽이 깨닫지 못한 공포는 몽고 제국이 동쪽의 높은 문명국 중국과 직접 커뮤니케이션 하는 장애물을 말끔히 제거했다는 점이다.

몽고인들은 그들이 넓은 왕국으로 퍼져나갈 때에도 일자무식한 민족이었다. 그들이 서쪽으로 강력하게 질주해 갔을 때, 이야기 텍스트와 주문을 포함한 종교 필사본 '경(sūtras)'을 복사하는 기술만을 주로 사용한 불교 승려를 포함하여 인쇄를 사용했던 민족들을 정복해갔다. 몽고인들은 원하는 문명을 피정복자들로부터 받아들였다. 동쪽의 중국 문헌을 장려하고 서쪽으로는 아랍의 문헌을 장려하는 데 만족했던 그들은 심지어 중국의 문헌을 자신들의 언어로 인쇄하기도 했다.

중국과 한국의 활자

공문서와 책과 같은 자료를 만들기에 동아시아의 기록언어들은 서방언어들과 비교할 때 인쇄하기가 분명히 불리했다. 중국문자와 대부분의 일본문자들은 하나하나가 한 단어를 의미하며 그런 문자가 수만 개가 있었다. 서방의 언어들은 24개 안팎의 문자가 결합하여 단어를 이루는 알파벳에 기초하고 있다. 중국의 인쇄업자는 또 다른 불리한 조건하에서 일했다. 그는 압인기를 사용하지 않았다. 대신에, 한 번에 한 목판씩 잉크가 묻은 목판 위에 종이를 대고 솔로 문질러 인쇄했다.

11세기에 대장장이면서 연금술사인 필승(畢昇)이라는 사람이 활판을 발명했다. 이것은 구운 진흙으로 주조한 문자를 철제 틀 속에 짜넣는 도자기식 활자였다. 그는 각각의 문자 하나하나를 여러 개 복사해 만들었고, 자주 쓰는 문자는 20여 개 이상 만들어 한 번에 한 페이지 전체를 인쇄할 수 있었다. 불행히도 필승(畢昇)은 성공하지 못했다. 도자기식 활자에 잘 맞는 잉크가 없었고 엄청난 중국문자의 양이 그의 아이디어를 좌절시켰다. 그래서 목판에 새기는 것이 더 쉬웠던 것이다. 그는 독창적인 생각을 발명으로 옮겨 놓았다. 그러나 인쇄체계를 완성할 수 없었고, 사용처를 찾을 수 있는 혁신적인 단계까지 끌어올리지 못했다. 필승은 시대를 앞서는 아이디어를 가진 사람이었다. 그러나 그의 발명은 완전히 잊혀지지는 않았다. 마르코 폴로가 베니스로 돌아온 지 20년 후인 1313년에 중국사가 왕 첸(Wang Chen)은 활판의 상세한 설명을 적어놓았다. 그래서 그것은 커뮤니케이션 역사의 한 부분으로 자리매김되고 있다.

비록 중국에서 활자 세팅을 다루는 데 실패했지만, 그것은 목판인쇄와 결합되었고, 구텐베르크가 독일 성서를 인쇄하기 수십 년 전에 한국에서 사용되었다. 한국의 지정학적 위치 때문에 한국 출판물이 세계에 미친 영향은 그다지 크지 않았다. 하지만 그것을 무시할 수는 없다. 15세기 초 세계의 먼 구석에 있었던 세종대왕은 "이성을 만족시키고 사람의 악한 본성을 개혁하고자" 책 출판을 독려했다. 한국정부는 서적포를 신설하기까지 했다.

먼 안목을 가진 왕은 또한 학자들에게 백성을 위한 쉬운 알파벳을 창제할 것을 명했다. 그들은 '한글(hangul : Korean letters)'을 만들었다. 이것은 18개의 자음과 10개의 모음을 가진 산스크리트어에 기반을 둔 음성문자 체계이다. 세종의 계몽적인 태도는 속박하고 의심하는 당시 중국 황제의 정책과 상당히 불화했다. 그것은 더 나아가 문헌과 교육에도 사용되었다.

훨씬 더 간편한 한국의 음성 알파벳 대신에 중국의 약 8천 단어 문자들을 활자로 사용했다. 왜냐하면 마치 라틴어가 그 당시에 유럽에서 사용되었던 것처럼, 중국어가 읽고 쓰는 언어였기 때문이다. 세종대왕의 활자 주조창에서는 동(銅)활자를 주조해 만들었다. 이 활자들은 구텐베르크가 반 세기 후에 발명한 것보다 못한 것이었다. 활자 주조법으로 한국의 인쇄공들은 작고 평평한 정방형 속에서 똑같은 활문자를 계속 만들어낼 수 있었지만 조판을 하기는 매우 힘들었다. 1434년에 활판으로 책 한 권이 인쇄되었는데 중국의 상형문자와 그것에 해당하는 한국의 음성기호가 같은 주형으로 만든 활자처럼 보인다.

이상한 사실은 중국, 한국 그리고 일본의 언어들은 인쇄 프린터에 가장 어려움이 있는 언어인데도 불구하고 인쇄술을 발명하고 발달시킨 최초의 국가들이었다는 점이다.

구텐베르크의 업적

구텐베르크가 아시아에 없는 것을 만들어낸 것이 바로 인쇄'체계'이다. 그 요소들 중 가장 눈에 띄는 것은 강철로 만든 금속 각인기(刻印機)들로부터 주조하는 알파벳 활자의 치수를 정확히 조절하는 것이다. 이것은 유럽의 가죽 노동자들과 대장장이 그리고 백랍 세공사들(pewter makers)에게 알려진 금형, 압인기 그리고 천공기와 다르다. 구텐베르크는 활자틀을 발명했다. 구텐베르크가 만든 개별 알파벳의 주조는 그 높이가 같았고 줄을 지어 조판할 수 있었다. 목판틀은 손으로 누르는 대신에 활자 페이지를 굳게 잡고 있었다.

이 방식은 15세기 유럽에 옷의 주름을 제거하는 린넨 압인기와 포도주를 만드는 포도주틀로 이미 친숙하게 알려져 있었다. 어쩌면 페인트의 기초로 기름을 사용하는 예술가들로부터 기술을 차용한 구텐베르크는 아마씨 기름-니스 잉크를 추가해서 종이 위의 금속활자로 판독 가능한 인쇄를 하기에 적합하게 만들었다.

목판으로 책을 만들어내는 데는 많은 노력을 들였으나, 페이지마다 그런 크기의 목판을 새기는 일

그림 2-3　구텐베르크의 활판인쇄 작업장을 재구성한 그림.

그림 2-4 활자를 식자용 케이스에서 꺼내어 손으로 판을 짰다.

그림 2-5 3세기 이상이 지나도 인쇄술은 거의 변화하지 않았다.

은 분명 만족스럽지 못했다. 구텐베르크는 반복해서 사용할 수 있는 개별 문자를 주조함으로써 더 좋은 해결책을 발견하였다. 그 아이디어는 마인츠 주변에 있는 금세공사들과 은세공사들로부터 차용한 것으로 보인다. 그들은 독특한 천공기를 사용하여 부드럽고 비싼 금속 위에 품질 증명을 새겼다.

  우리는 요한 구텐베르크의 공헌에 대해 거의 모른다. 발명가인 그의 이름은 활판인쇄의 성공자로 알려져 있다. 역사에서 그를 언급하는 많은 인용들이 위조이고, 그의 이름은 그가 인쇄했다고 알려진 책 어디에서도 찾아볼 수 없다. 그가 활판인쇄술을 발명했다는 증거는 매우 적고, 그나마 대부분이 그를 상대로 법정 소송을 한 문헌들로 그의 독일 마인츠의 사업장에서 하는 인쇄의 특징을 기술하는 내용들이다.

  1444년의 법정소송은 두 개의 강철 알파벳들을 조사한 것으로 구텐베르크가 약 1450년경 그 활자판으로 한 페이지가 36줄로 된 36줄 성서를 인쇄했다고 알려져 있다. 그후 그는 자신의 인쇄법을 개량해 1457~1458년경 더 유명한 2단으로 구성된 1,282페이지 42줄 성서를 인쇄하는데 아직도 48권이 남아 있다. 빅토르 위고(Victor Hugo)는 말하기를

"마인츠의 거대한 인쇄소 너머로 중세의 태양은 저문다"라고 했다. 그것은 역사의 전환점이었다.

  한 페이지를 인쇄하기 위해, 습기 있는 종이 한 장이 잉크 묻은 활자 아래에서 눌려져야 한다. 그런 후 그 종이는 말리기 위해 걸어놓고, 그후 다시 다른 면 인쇄를 위해 축축하게 만든다. 인쇄는 즉각 인기를 누렸다. 견습생들이 주인의 비법을 배웠고, 자기 자신의 작업소를 만들어 나갔다.

  약 3세기 전에는 사촌격인 종이 만드는 기술 역시 똑같은 방식으로 유럽의 도시 전역으로 퍼졌다. 1462년에 낫소의 아돌포스 군대에 의해 마인츠가 약탈당했을 때, 인쇄가 이탈리아로 건너갔다. 그곳에서는 부유한 귀족들이 교양 있는 성직자들을 후원하여 학문을 장려했다. 영국에서는 옥스퍼드와 케임브리지에 인쇄소가 설립되었다. 로마에는 1464년에, 파리에는 1460년에, 네덜란드에는 1471년에, 스위스에는 1472년에, 스페인에는 1474년에, 영국에는 1476년에, 덴마크에는 1482년에, 콘스탄티노플에는 1490년에 인쇄소가 건립되었다.

  유럽 전역에서 작업 중이던 수천 권의 필사본이 밤새 자취를 감추어버렸다. 손으로 하는 복사는 그후, 수십 년간 계속되었지만 오늘날처럼 수공예품

이 훨씬 더 비쌌다. 1470년 파리에서 필사본 성서가 인쇄본 성서의 5배 값으로 팔렸다. 양피지가 만들어지는 방법과 깃펜으로 그 위에 글을 쓰는 방법을 기술해놓은 어떤 책에 중세 영어로 다음과 같은 재미있는 수수께끼가 있다.

> 적이 나의 생명을 빼앗고, 내 육체의 힘을 제거한다. 그후 나를 촉촉히 적시고, 물에 담그고, 다시 끄집어낸다. 그리고 나를 태양 아래에 두고 내가 가진 모든 털을 빨리 제거한다. 그후 단단한 칼날이 나를 베고, 모든 불순물을 땅에 버린다. 손가락으로 나를 접고, 새들이 즐겁게 물장난하는 것처럼 물방울을 전신에 뿌린다. ……만일 인간의 자제들이 나를 사용한다면, 그들은 더 안전하게 될 것이고, 더욱 승리를 맛볼 것이며, 마음이 더 용감해지고 생각이 더 쾌활해지고, 마음이 더 지혜롭게 될 것이다.
> 내 이름이 무엇인지 나에게 묻는 것이 유용할 것이다. 내 이름은 유명하고 인간의 봉사자요 홀로 신성하다.

때때로 다 팔려나간 초판이 몇 부만 필요할 경우 손으로 필사했다. 손으로 쓰는 것이 모든 활자를 다시 조판하는 것보다 훨씬 더 쌌기 때문이다. 그러나 존경받는 전문 필사자들에게 노을이 지고 있었다. 당시 필사자들이 1년 생산하는 책 분량을 한 인쇄소에서 평균 이틀에 생산할 수 있었던 것으로 추정된다.

활자의 양이 제한되어 있었고 연판(鉛版)인쇄술이 발명되지 않았기 때문에 인쇄업자들은 한 번에 수십 페이지 정도밖에 조판할 수 없었다. 결과적으로 저술가들은 인쇄과정에만 그들의 글을 수정할 수 있었기 때문에 한 판의 책이 다른 종류의 활자들로 이루어지는 경우가 많았다.

대문자를 의미하는 '대문자 케이스(upper case)'와 소문자를 의미하는 '소문자 케이스(low case)'라는 숙어가 이 당시 생겨났다. 인쇄업자들이 초기에 사용했던 활자 케이스는 수평으로 나뉘어져 위에는 대문자가 밑에는 소문자 활자가 놓여 있었다. 포인트(point) 단위로 결정되는 활자 치수를 아는 사람은 또한 한 포인트(1/72 피트)가 단두대에서 죽은 프랑스의 루이 16세의 발 크기를 144등분한 사이즈임을 알면 흥미로울 것이다.

로마 카톨릭 교회에 의해 설립된 많은 인쇄소들 역시 수십 년 내에 필사본에서 대부분 인쇄본 책 공급으로 바뀌게 한 원인 중 일부분이었으며, 절대 부족했던 책이 과잉공급된 한 원인이 되었다. 서부 유럽의 각국에는 적어도 하나의 주된 출판센터가 있었다. 강력한 중앙집권 대신에 존재했던 여러 작은 나라들, 마을들 그리고 주교들은 유럽국가들의 정치적 권력을 분산시키는 역할을 했다. 그 결과 정치적 경쟁과 활발한 복음주의 운동이 다양하고 경쟁적인 권력의 고립지대를 구축하였다. 이 점이 인쇄를 촉진시켰다. 왜냐하면 시대를 막론하고 다른 사람과 경쟁하는 사람은 자신의 뜻대로 커뮤니케이션 수단을 이용할 것이기 때문이다.

마인츠에 있던 구텐베르크의 인쇄소는 역사의 연못 속으로 던져진 작은 조약돌이 되었고, 그 끝없는 물결은 한없는 원을 그려나갔다. 2천 년 전에 파피루스 위의 음성 알파벳이 지식을 널리 보급시켰던 것과 같이, 이제 인쇄가 그 역할을 감당하고 있었다. 16세기에 이르러, 인쇄는 전문화를 확대시켰고 정보와 사상을 훨씬 더 널리 보급시켰다.

인쇄술을 발명할 때, 구텐베르크는 또한 산업적 복제를 발명했다. 15세기에 그가 시작한 정보의 혁명은 19세기 산업혁명으로 꽃을 피웠다. 그 시대는 머지않아 윌리엄 팍스 탈보트(William Fox Talbot)의 화상 복제기와 토머스 에디슨(Thomas Edison)의 소리 복제기로 대표되는 또 다른 정보혁명을 불러왔다.

3 대량전달 매체 : 세 번째 혁명

The Third Revolution
Mass Media

새로운 시대의 혼돈 The Turmoil of a New Age

미국혁명과 프랑스혁명 그리고 이성을 신앙 위에 올려놓았던 계몽주의시대쯤에 시작된 산업혁명은 대중사회를 만들었다. 그것은 삶을 크게 개선했다. 옷감에 쓸 값싼 면화, 값싼 생활 도자기 접시, 대량생산된 가구, 값싼 공업용 석탄, 값싼 승객과 화물용 운송수단들로 삶은 크게 좋아졌다. 산업혁명은 결국 대부분의 사람들에게 예전에 소수만이 누렸던 삶의 기회를 가져다주었다. 오랫동안 수공예품에 의존하던 생활과 혹은 그나마도 없이 살림을 꾸려나가던 세월이 빠르게 사라져가고 있었다.

산업혁명은 지금껏 비독자층이었던 사람들에게까지 인쇄물을 보급하였다. 그것은 도시의 도서관 선반 위에 놓일 책과 잡지를 만들어냈고, 인간을 훈련시켜 독서하도록 했다. 산업혁명으로 모든 사람들이 읽을 수 있고 뉴스와 대중적 광고로 가득찬 신문이 나왔다. 사람의 마음을 열기 위한 모든 것들과 마찬가지로 그것 역시 사람 사이에 지적 괴리현상을 초래했다. 왜냐하면 독서는 가족 단위 혹은 고독하고 침묵이 흐르는 문학모임의 흔한 집단활동이 아니기 때문이다.

도시로의 이동

증기력의 발명과 함께, 유럽과 미국은 농업경제에서 산업경제로 옮겨갔다. 질병, 영양실조 그리고 술주정으로 찌든 마을들은 남자, 여자 그리고 아이들이 빈 배를 움켜쥐고 터벅터벅 도시로 떠나고 텅 비었다. 도시에서는 공장들이 대량으로 물건을 생산하고 있었다. 사람들은 누추한 도시로 몰려들었다. 고향에서 예전에 마을사람들끼리 이루었던 공동체는 집과 고향을 포기하고 미국으로 이민온 사람들이 이룬 공동체만큼이나 많이 파괴되었다. 그러나 도시빈민가의 생활이 형편없는 것이기는 했지만 비참한 음식과 주거지 그리고 종종 있는 주인과 땅주인의 채찍질보다는 나은 것이었다. 마르크스와 엥겔스의 주장과는 달리 노동자들은 산업혁명을 자유를 얻는 기회요, 부모의 기대 이상으로 부를 얻고 사회적 진출을 할 수 있는 기회라고 보았다.

대영제국에서 시작되어 전 서부유럽과 미국 식민지로 퍼져나간 산업혁명이 창조한 것은 시꺼먼 공장과 석탄 검댕이로 질식할 정도의 공기 그 이상이었다. 그것은 땅에 쟁기질하고 농작물을 거둬들이는 농업용 기계를 만들어 풍부하고 다양한 음식을 공장에서 조립한 식탁 위에 올려놓게 했다. 그것은 이전 세대에 결코 맛도 보지 못한 냉장고기와 생선을 운송했고 다른 공장에서 만든 칼과 포크로 식사하게 했다. 그리고 예전에 민간요법만 받았던 아이들에게 약을 공급했다. 지금 그들은 더 나은 생존 기회를 누리고 있었다. 아이들은 어른이 되도록 살았고 부모보다 키가 더 컸다.

산업혁명은 예전에 최소한의 옷을 걸쳤던 아이들에게 다양한 옷을 제공했다. 시트와 구두와 총, 핀과 수도, 봉투와 엔진, 가구와 축음기 그리고 잡지와 영화를 가져다 주었다.

그것은 삶의 선택의 폭을 넓혔고 화폐경제를 확대시켰으며, 인간의 수명을 연장시켰고, 식자층을 넓히는 보편적인 의무교육을 하는 조립공장 같은 학교를 만들었다. 독서는 19세기 미국의 호레이스 만(Horace Man)이 주창한 자유 대중 교육운동과 산업혁명 이전에 필라델피아에서 벤저민 프랭클린(Benjamin Franklin)에 의해 시작된 회원제 대출 도서관에 기원을 둔 무료 공립도서관제도와 함께 확대되었다. 노동자들이 교육받지 않고 그 자리에 그대로 있기를 바라는 세습 땅 주인들과는 달리, 실용본위의 사고를 가진 면화농장 주인들은 오히려 피고용인들이 읽고 쓸 줄 알기를 바랐다. 그 점이 당시 공장주들에 대해 좋게 얘기할 수 있는 몇 가지 중 하나였다.

산업혁명은 그 부산물로 정보혁명을 낳았는데, 이것은 산업혁명 이전 시대에는 꿈도 꾸지 못했던 지식과 대중 오락물을 생산했다. 그리고 이 모든 것들은 대중매체 기술로 구축된 것이다.

그것은 고통도 불러왔다

산업혁명은 그 이전 시대보다 종종 더 오랫동안 일을 해야만 했고 노동자들에게 가정의 파괴, 기계사고, 불안정한 일자리, 노동자들보다 기계를 더 걱정하는 고용주들, 식료품의 갑작스런 상승 그리고 질병과 노화에 대한 완충물 부재라는 고통스러운 고난들을 겪게 했다. 도시는 처리되지 않은 하수를 강으로 쏟아냈고 이것은 공장에서 쏟아져나온 화학물과 같이 흘러갔다. 몇몇 도시에서는 연기가 너무 자욱해 한낮에도 땅거미가 지는 것 같았다. 피츠버그에서는 매연이 실제로는 유익하다는 소문까지 나돌았다. 왜냐하면 그것이 병원균을 억제했기 때문이다.

마을에서는 남자와 여자가 문자 그대로 '자기 자리'를 알았지만, 도시에서 산업혁명은 인간을 비인격적이고 덧없이 만들었다. 그나마 있던 짧은 휴식 시간에도 사람들은 선술집으로 몰려들었고, 거기서 노동자들은 급료를 술을 마셔 날렸다. 가게주인과 기업가들처럼 성장하는 부르주아들은 주주와 노동자계급을 흡수했다. 그러나 전통적인 상류, 하류의 두 계층과 달리 일상에서 서로 접촉이 거의 없었지만 삶에 대한 생각을 나누었다. 중류층의 출현은 노동자들과 잦은 접촉—잦은 충돌—의 결과였다.

계급을 통틀어, 산업사회의 사회적 타락은 구혼 양식을 바꾸어놓았다. 왜냐하면 가족들이 더 이상 같이 살지 않아서, 중매로 이루어지는 결혼이 거의 불가능했고 그것을 바라는 사람들도 거의 없었다. 그러나 19세기 동안 서부유럽에서는 결혼율이 상승했다. 왜냐하면 생활이 어려운 만큼 가족 부양을 희망하는 사람들이 많았기 때문이다. 아버지, 어머니 그리고 두세 명의 자녀로 구성된 핵가족이 이전 시대에 전통적이었던 대가족을 대신했다. 또한 이 당시 여성들은 공장에 다녔고, 나중에는 사무실로 출근하였다.

전기의 발명으로, 밤이 일과 놀이를 할 수 있는 낮으로 변했고, 더 나아가 생활패턴의 흐름을 깨뜨려놓기까지 했다.

세 가지 혁명

영국을 중심으로 한 산업혁명은 우연히 정치적인 프랑스혁명과 그리고 근세사에 새로운 힘의 출현, 곧 자유를 찾아 식민지를 부수고 국가를 형성한 미국혁명과 시기를 같이했다. 이 혁명들은 모두 계층의식이라는 요소를 갖고 있었다. 프랑스혁명의 손끝은 전유럽의 모든 계층들에 속속들이 닿았다. 이런 일은 역사상 드문 사건이었다.

그러나 입법부의 입안가들이 의도하지 않은 방향으로, 길드를 폐지하는 법과 노동조합을 금지하는 법으로, 노동자들의 조직화 능력을 줄여 산업화를 더 쉽게 만들었다. 벨기에, 독일 그리고 영국은 비슷한 법을 인정했다. 영국의 시골에서는 농부들은 가축을 먹이고 땔감을 얻었던 공유지가 폐쇄되어 이미 넘쳐나는 도시빈민촌과 공장 그리고 석탄 갱으로 몰려갔다. 19세기 작가 토머스 카알라일(Thomas Carlyle)은 철공소와 탄광 노동자들을 그린 『절반은 공포스러운 장면』을 썼다.

> 북쪽으로 30평방마일에 있는 공간은 용광로, 압연공장, 증기엔진 그리고 검댕을 묻히고 다니는 사람들로 바글바글했다. 고약한 냄새를 풍기는 검은 연기 구름은 언제나 그 위에 걸려 있어, 그 땅에서 자라는 곡식까지도 검게 만들고 있다. 밤은 그 온 땅이 화산에서 뿜어 나오는 불꽃같이 1천여 개의 벽돌관에서 불이 타고 있다. 그러나 불쌍한 15만 명이 그들의 목숨을 그곳에서 맷돌로 빻았구나! 탄광에서는 대부분의 사람들이 겨우 바지만 걸치고 거의 나체로 일했다. 까마귀처럼 까맣고, 물이 떨어지는 동굴 가운데 여기저기 철벅철벅 소리나고, 혹은 부서진 광물질 더미 사이에서 아귀다툼하고, 맥주를 마시고 싶은 억누를 수 없는 갈증…… 그럼에도 불구하고 대체적으로 나는 그들이 매우 행복하다는 생각이 들었다. 그들은 1주일에 40실링 남짓 벌었다. 그리고 월요일마다 일하는 사람은 드물었다.

어린이 노동력

어린이들은 응석을 부리거나 낭만적이기보다는 오히려 어린 시절부터 불완전한 어른으로 간주되었다. 어린이들이 일하는 것은 산업혁명 이전에 더 흔했지만, 새 시대는 그들을 공장과 광산으로 끌어들였다. 왜냐하면 아버지들보다 심지어 어머니들보다 그들의 인건비가 더 저렴했고 소비적이었기 때문이다. 아이들은 늘 그랬던 것처럼 농사와 공예품 제조공장에서도 일했다. 아동 노동력과 여성 노동력은 셀 수 없이 오래 전부터 존재했고 그에 의존해왔다. 1543년 독일 유권자는 세들어 사는 부모는 아이를 9살 넘어까지 양육할 수 없고, 그들을 일터로 보내거나 혹은 그 부모가 처벌받아야 한다는 법에 찬성했다.

비록 산업혁명 이전에 어린이들의 삶이 혹독하긴 했지만, 산업혁명은 고아원, 극빈자 수용시설, 도시의 빈민가 출신의 아이들을 공장으로 내몰아 상황을 악화시켰다. 그들의 손은 작고 민첩했기 때문에, 어린 소녀들은 면화 짜는 방적공장을 찾았고, 좁은 탄광 갱도 속으로 기어 들어가는 일을 했다. 때때로 그들은 하루 12~14시간 생산에 박차를 가하느라고 매를 맞기도 했다. 디킨스식의 영국에서 1833년 공장규칙시행령은 9세 미만의 어린아이 고용을 금지했고, 9~12세 아이의 노동시간을 하루 최고 9시간으로 규정했다. 또한 고용자들은 하루 2시간의 학교 교육시간에도 임금을 지불해야 했다. 정부가 아동노동법과 공장의 여건을 규정할 때까지 희망 없는 세상에서 절망하여 아이들이 자살했다는 보고들이 있었다.

직장생활이 불편했던 근로여성들에게 있어서 그것은 지루한 가사일과 산업혁명 전의 저임금에 장시간 중노동을 했던 것보다는 나은 것이었다. 몇몇 평론가들은 공장여성의 독립이 증가하고 있음을 경고했다.

여자들은 자신이 낳은 자녀의 수로 가치가 평가되었다. 인구는 폭발해서 1750년과 1780년 사이에 영국은 인구가 두 배로 늘었고, 같은 시기에 프랑스는 50%의 인구증가를 보였다. 그러나 출생률의 증가는 인구증가의 작은 요소였고, 유럽의 젊은층 사망률이 급격히 감소했다. 전쟁, 사고 그리고 폭력이 그들의 목숨을 앗아가는 것은 동일했지만 옛날에는 더 많은 생명들이 질병과 기근이라는 다른 재앙으로 죽어갔다. 산업혁명은 더욱 싼 비누, 철기 요리기구, 식기용 도자기, 더 많은 음식 그리고 생활수준이 향상된 사람들에게는 훨씬 더 다양한 음식을 제공했다. 도시로의 엄청난 밀집과 더 심각한 위생시설 문제에도 불구하고, 더 잘 먹고, 더 잘 입고 그리고 실제적으로 더 좋은 집에서 사는 사람들은 질병에 대항할 새로운 수단을 가졌다.

산업혁명 초기에 영국에서 수많은 하층민들이 약간의 빵과 감자로 생활을 영위했다.

한 편지 작가는 하루 비용을 "아침에는 귀리빵, 약간의 우유 혹은 차, 점심엔 감자 그리고 간혹 약간의 육류 그리고 저녁에는 감자"라고 기술했다.

산업혁명이 무르익을수록 식단이 개선되었다. 프리드리히 엥겔스가 주목한 점은 더 나은 급료를 받은 노동자들 중에는 매일 저녁 베이컨과 치즈를 곁들인 고기를 먹을 수 있는 사람들이 있었다는 사실이다. 비록 신대륙에서 온 감자는 오랫동안 배척받았으나, 더 적은 양으로 더 많은 칼로리를 만들고 비교적 척박한 땅에서도 잘 자란다는 이유로 18세기 말까지 유럽의 농부들이 밀과 귀리 대신에 주식으로 재배했다. 흑수병(黑穗病: 깜부깃병)이 수확물을 싹 쓸어버릴 때까지, 감자는 늘어만 가는 입을 먹여 살리기 위한 이상적인 작물이었다.

사회적 변화

가족 한 명이 먼 도시로 이주했을 때, 이따금씩 글을 아는 집안 식구에게 편지로 알리는 것을 제외하고는 그 사람의 모든 것이 함께 영원히 떠나는 것이었다. 그래서 젊은 여자는 결혼을 해서 멀리 이사를 하고, 혹은 젊은 남자가 미래를 찾아 집을 떠나는 것은 기쁜 일일 뿐만 아니라 개인적 역경의 길이었다. 대부분의 마을사람들은 멀리 떠나가지 않았다. 대다수가 태어난 곳에서 50마일 이내에서 살다가 죽었다. 산업혁명은 다른 것과 마찬가지로 사람들의 거주형태도 바꾸어놓았다.

산업혁명의 결과 간헐적으로 폭력이 일어났다. 공장 노동자들이 일으킨 음식폭동으로 빵 값을 올린 빵가게들이 습격을 당했다. 아일랜드에서 온 이주민들을 상대로 한 필라델피아 직공들의 폭동처럼 노동자들이 경쟁관계에 있는 노동자들을 떼지어 습격하기도 했다. 1810년과 1820년 사이에 영국의 직물공장 노동자들은 그들의 일자리를 위협하는 새공장을 습격해 새로운 기계를 부수었다. 이들 영국의 기계화 반대자(Luddites)를 뒤이어 10년 후 프랑스에도 기계화 반대운동이 일어났다. 때로 폭동으로 이어진 산업적 파업은 경제 슬럼프를 초래하여 고용자들이 임금을 삭감해야만 했다. 노동조합을 결성하려는 노력들은 신속하고 지독한 경찰의 대응에 부딪혔다. 미국의 남북전쟁 그 자체는 단지 국가의 권리, 국가적 연합 그리고 노예문제와 같이 친숙한 이슈를 위한 투쟁일 뿐만 아니라 제조화된 상품의 관세율 그리고 면화를 짜서 옷을 만들 장소와 같은 경제현안들을 위한 투쟁이었다.

가장 큰 폭력인 전쟁은 시민들을 끌어다 시민군대를 만드는 뚜렷한 변화를 보였다. 전쟁은 더 이상 직업군인의 몫이 아니었다. 프랑스혁명은 국가적 애국주의를 낳았고, 프랑스시민들이 징집병이 되었을 때 전쟁의 규모를 바꾸어놓았다. 나폴레옹이 모스크바로 가는 도중 보로디노(Borodino) 전투에서 7만7천 명이 전사했다. 산업혁명 공장들은 살상력이 큰 소총을 생산해냈다. 강선이 있는 머스킷 총신으로 정확도가 높아졌다. 맥심 기관총은 1분에 600발을 쏠 수 있었다. 20세기에 들어서면서 평시이 징병은 국가 자원의 농원이 되었다. 대중 커뮤니케이션 수단이 국민감정을 일으키는 데 도움을 주었다. 제1차 세계대전은 미리 계획된 협정을 군인들이 쉬지 않고 싸울 수 있는 참호전으로 대체했다. 도시에서 전방으로 꾸준히 유입되는 군수품 덕택에 시민들이 새로운 전면전쟁의 자연스러운 목표가 되었다.

"빈틈없이 감시하라"는 어구는 중세 때 생겨난 것이지만 근대적 도시 경찰력은 산업혁명의 또다른 산물이었다. 왜냐하면 도시의 혼잡은 당연히 범죄수준을 향상시켰기 때문이다. 런던에서 로버트 필 경의 "부하들(bobbies)"은 대도시 경찰관으로, 언제나 그 결과가 그만큼 바람직하지는 않았지만, 어디에나 있는 정복차림을 한 도시경찰의 전형이 되었다.

대중 의존성

산업분야뿐 아니라 팽창하는 도시를 먹여 살리기 위해 농업분야에서도 노동력 수요가 점점 더 늘어났다. 근면한 농촌가족들은 가구와 옷 그리고 연장을 자급하기 위해 농사철이 지나서도 제조할 수 있는 일을 같이 했고, 지역사회에서 물물교환할 여분의 물건도 만들어냈을 것이다. 자신의 농장을 소유하지 못한 가난한 농가에서는 벌 수 있는 적은 급료의 일은 무엇이든지 하면서 생계를 유지했다. 시골사람들은 때때로 농부나 목수와 같은 직업을 가지지 못할 때도 있었다. 대신에 그들은 생활을 꾸려나가기 위해 잡다한 일들을 했다.

산업혁명 이전에 농가에서는 가축을 기르거나 한두 가지 작물을 경작하는 효과적인 영농보다는 혼합영농을 했다. 사람들은 자신에게 필요한 물건을 스스로 만들거나 주거지 근처에서 만들어진 것을 샀다. 현금이 빈약한 물물교환 경제형태였던 당시에 상품은 종종 노동력과 교환되었다.

산업혁명은 이 자족경제체계를 연쇄적인 대중의존성으로 대치했다. 대규모 원자재가 조직화된 수송기관에 의해 배에 선적되어 석탄, 기름 혹은 가스와 같은 화석연료의 공급에 의존하여 불때는 공장으로 운송되었다. 대량생산체계로 동일하게 끝마무리된 제품은 조직화된 수송기관에 의해 도시 중심으로 배분되고 매스미디어 즉, 대중 커뮤니케이션 수단의 힘을 빌어 장사를 했다. 얼마 후 똑같은 상품들 — 전구, 자동차 그리고 콘프레이크 같은 — 이 더 이상 자급자족할 수도 없고 하지도 않는 소비자들에게 팔렸다. 이제 사회는 각 요소가 제 기능을 하게 됨에 따라 상호의존적인 체계가 가동되었고, 계속 그렇게 굴러갔다.

영국의 산업화된 도시 맨체스터를 방문한 예리한 관찰가 드 토크빌(Alexis Tocqueville)은 "문명화된 인간이 거의 야만인으로 되돌아갔다"라고 기록했다.

커뮤니케이션 기술이 교묘히 그들의 삶을 더 어렵게 만든 것은 바로 서부유럽과 미국에 사는 사람들 사이에서다. 때로 이들은 자신의 근본 뿌리를 잃고 상실과 선택만이 존재하는 세계로 찢겨 들어갔고, 때로는 피로 떨었다. 이 커뮤니케이션 기술은 산업혁명에 의해 크게 고무된 '모더니즘' 시대에 영향을 미쳤을 뿐 아니라 뒤이은 포스트모더니즘 역시 특징지었다. 세계의 3차 정보혁명은 대중매체이다.

모든 사람들을 위한 인쇄 Printing for Everyone

인쇄된 전단에 의존했던 프랑스혁명은 자유, 평등 그리고 박애라는 메시지를 유포했다. 권력을 장악하기 위해 혁명가들은 수 세기 동안 고통에 시달렸던 하층민들을 고무해야만 했다. 대다수 농부는 일자무식이었으나, 포스터를 볼 수 있었고 남이 읽는 소리를 들을 수 있었다.

유럽과 북미의 많은 사람들이 쓰는 것은 말할 것도 없고 읽을 줄도 몰랐다. 교육받은 소수 이외에 대부분의 숙련공들은 문자를 알지만 미숙련공과 여자들과 농부들은 문자도 몰랐다.

인쇄방법은 변하지 않았다. 서부유럽과 그후 전 세계에 알려진 인쇄기술의 폭발이 발명과 혁신을 거듭하여 흥분한 수요자들을 충족시켜준 것은 당연한 것으로 보인다. 그러나 1450년과 1800년 사이에는 놀랍게도 인쇄산업에 거의 변화가 없었다. 인쇄업자들은 계속 손으로 조판했다. 전형적인 스크루인쇄는 한 시간에 100~150장밖에 인쇄하지 못했다. 산업혁명 초기에는 구텐베르크 시대와 같은 형태의 인쇄가 많았다.

인쇄와 사회의 변화

1800년 이후, 인쇄산업의 빠른 변화는 전사회의 조직을 바꾸어놓았다. 대서양 양쪽에서 종교는 남자를 교육하고 몇몇 여자에게 읽기 교육을 시키는 주요 동기였으나, 인쇄는 글 교육과 지식의 확장을 더욱 고무했고, 보통사람들이 예전에 더 복잡한 세계에서 적절히 삶을 경험하고자 노력했던 때보다 더 엄청나게 그들을 공적인 일에 연루시켰.

인쇄의 효과는 창조 활동의 증가와 그럴싸하게 연관되어 있다. 이와 같이 우리는 어떤 종류의 '인간

유전자 풀(pool)의 돌연변이'를 내세워 '천재의 세기' 전체를 설명할 필요는 없다. ……우리는 또한 지혜의 양식을 더욱 풍부하게 해주고 지적 에너지를 더욱 효과적으로 사용하게 하는 새로운 인쇄기술에 여유를 제공해야 할 것이다.

산업혁명으로 인쇄업에도 대량생산의 이점이 도입되어 훨씬 더 많은 인쇄물이 매우 저렴한 가격으로 생산되었다. 최초로 연속 두루마리 용지를 만들 수 있는 기계는 푸르드리니에(Fourdrinier)기계로 종이 생산능력을 열 배 증가시켰다. 그러나 종이 공급은 여전히 넝마에 의존해 있었으므로 앞으로 수십 년간 더 문제가 되었다.

철 인쇄기는 작동이 더 쉽고 압인(押印)도 더 잘 되었다. 이것은 19세기에 들어설 무렵 나무인쇄기를 대체했다. 레바인쇄기는 스크루를 비틀면서 면을 누르는 고전적인 방식을 대신했다. 증기인쇄기는 1810년에 사용되었다. 리차드 호(Richard Hoe)의 로터리 실린더 인쇄기는 푸르드리니에기계에서 만들어진 신문용지 두루마리를 이용하는 것으로 평판인쇄기를 대신하여 여러 겹의 신문을 대량생산하여 부수를 늘렸다. 면들은 시간당 단면인쇄로 1천 1백 장이 나왔다. 프리드리히 쾨니히(Friedrich Koenig)는 두 대의 인쇄기를 앞뒤로 연결하여 한번에 양면을 인쇄했다. 가장 근대적 인쇄기는 1827년, 시간당 7천 장을 뽑아냈지만 이 기술은 천천히 전파되었고 평판 신문인쇄기는 여전히 힘과 인내를 요구했다.

사회도 변화했다. 모든 사람들을 위한 기초교육으로 유럽과 미국의 많은 일반인들에게 글 교육이 역사상 처음으로 강조되었다. 영국의회는 1870년 의무교육령을 통과시켰다. 다른 유럽국가들과 미국도 뒤이어 의무교육을 실시했다. 이제 인쇄업은 대량 생산능력에 걸맞은 대규모 시장을 갖게 되었다. 19세기 말경, 거대한 호(Hoe) 인쇄소는 시간당 7만 2천 장을 인쇄해냈다.

종이만 물량이 달리는 품목은 아니었다. 인쇄업자는 언제나 납활자가 부족했다. 소규모 인쇄업자들은 전판에 필요한 모든 활자를 갖출 능력이 부족했다. 즉 그들은 한번에 몇 식자판만을 인쇄하고 난 후, 조판한 식자를 떼어내고 다른 면들을 다시 조판했다. 더 심한 경우 반복되는 인쇄과정의 압력을 견디지 못해 납활자가 부러지기도 했다.

연판인쇄

연판인쇄법은 활자 문제들을 많이 해결했다. 활자면 인쇄란 마분지같이 유연한 종이 마세(mâche) 매트 위에 찍는 방법이다. 매트에서 한 개 이상의 납 주조물로 된 식자를 눌러 인쇄했다. 식자를 구성하는 납활자는 단 한번밖에 사용되지 못했다. 그 밖에 다른 곳에 사용하려면 재활용하거나 재주조해서 써야 했다.

19세기 후반 연판인쇄의 도입으로 또한 주조한 페이지(식자)를 여러 번 인쇄할 수 있었다. 결국 인쇄속도와 능력이 증가한 것이다. 그것은 수직 한 칼럼의 괘(罫)들이 인쇄 중에 활자를 붙잡는 방식으로 식자 구성의 '묘비(tombstone)' 스타일이 갖고 있는 제약을 제거하였다. 요즘 사용하는 여러 단의 제목들, 나무조판 혹은 금속각판 그리고 후에는 사진술이 식자모양을 더 좋게 했다. 1854년에는 발달한 연판이 널리 사용되었고, 페이지 조판은 주조하여 원통 주위에 쌍으로 식자가 위치해 있어서 윤전기방식으로 인쇄하였다.

1880년대에 전자활자라는 새로운 인쇄방식이 인쇄, 특히 사진의 질을 향상시켰다. 사진을 섬세한 그물 스크린을 통과시켜 감광동판에 재투사하여 산으로 식각(蝕刻)하였다. 그것은 반조부(半調部 : halftone)로 알려진 다트(dot)패턴을 만들었다. 이렇게 신문과 잡지에 사진을 넣는 문제가 해결되었고 시간이 지남에 따라 더욱 좋아졌다. 대중들은 뉴스와 함께 사진을 보게 되어 좋아했다. 사진과 선화(線畵)는 광고에도 이용되어 광고주들이 다 함께 행복의 찬가를 불렀다.

활자 조판하기

자동화기계의 증가와 인쇄속도가 빨라짐에 따라, 이제 인쇄의 가장 느린 부분은 활자 케이스에서 문자 하나하나 끄집어내는 조판부분이다. 많은 발명가들이 조판기계를 설계하고자 노력했다. 마크 트웨인(Mark Twain)은 한 발명가의 설계에 투자하는 행운을 놓쳤다. 1886년 독일에서 이주해온 한 시계 제조업자, 오트마 메간탈러(Ottmar Merganthaler)에 의해 최초로 기계적으로 작동하는 식자기계를 성공적으로 만들었다. 그 기계는 한 번에 뜨거운 납활자 한 줄씩을 밀어냈기 때문에 '자동 주조 식자기(Linotype)'라 불렸다.

그 활자 열에 있는 각 문자의 황동(黃銅) 모판은 자동으로 제자리로 돌아갔다.

두 개의 원통이 동시에 종이의 다른 면을 인쇄하고 칼로 두루마리를 잘라 신문을 만드는 새로운 방법이 개발되었다. 기계적으로 분류하고 종이를 접었으며 그리고 효과적인 배달을 위하여 다 나온 신문 다발을 바인더가 줄로 묶었다.

이런 고전적인 인쇄방법을 활판인쇄(letterpress)라 한다. 들려진 문자들에 잉크가 묻혀지고 나서 종이 위에 눌려져 잉크 묻은 모양을 남긴다.

옵셋 석판인쇄술

특별히 준비된 돌판을 사용하는 또 다른 인쇄술이 시작되었다. 석판인쇄는 오늘날 모든 원서가 활판으로 대체될 때까지 인기가 높아갔다. 기름과 물이 서로 섞이지 않는다는 사실에 입각하여 사진상이 금속판에 만들어졌다. ─ 이것이 식자 조판된 사진이다. 그 판은 활자나 그래픽 선들이 잉크를 먹을 수 있도록 덮여졌다. 배경부분(일반적으로 그 페이지의 흰 부분)은 잉크를 흡수하지 못했다. 가장 일반적인 형식은 '옵셋 석판인쇄(offset lithography)'로 잉크 묻은 상이 고무 롤러로 옮겨져 그 상을 종이 위에 굴려 눌러 찍는 방법이다. 이 사진 기반 인쇄체계가 사진 식자기가 리노타이프를 대신했다.

───────────

산업혁명, 프랑스혁명 그리고 미국혁명이 발발한 1세기 동안, 서구세계는 엄청난 탈바꿈을 했다. 인쇄가 이들 세 혁명에 중요한 역할을 했으며 그 자체가 정보혁명의 일부분이었다. 앞으로 살펴보겠지만, 인쇄는 산업혁명으로 생산된 상품의 판매를 도왔다. 톰 페인(Tom Paine)의 『상식(Common Sense)』과 같은 소책자들이 반항정신을 전파시켜 결국 미국혁명이 일어났다. 게다가 인쇄는 프랑스를 깨웠고 「인권선언(Declaration of the Rights of Man)」으로 유럽 전체를 뒤흔들었다.

모든 사람들을 위한 종이 Paper for Everyone

17세기 말 종이제조업자의 주급이 2~3실링이었을 때, 한 연(連)으로 된 글 쓰는 종이는 ─ 지금은 500매 ─ 약 2개월 월급에 해당하는 20실링에 팔렸다. 바로 이 점이 인쇄를 비싸게 했다. 글을 보급시키기 위해서는 종이값을 내려야만 했다.

식민지시절 대부분의 미국신문들은 유럽에서 제지 원료를 가져왔다.

식민지 공장들은 작고 비효율적이었다. 세 사람이 하루 종일 일해서 질 나쁜 작은 종이 3천 매를 만들었다. 감당하기 어려운 필라델피아의 인쇄업자 벤저민 프랭클린은 더 좋은 종이공장을 만드는 기술을 가졌다고 믿어진다. 미국혁명으로 야기된 신문지 배달의 차질로 수많은 신문사들이 출판을 중지하게 되었지만 말이다.

두루마리 종이

1798년 프랑스의 종이관리인 로베르(Nickolas Robert)가 한 개의 두루마리 인쇄용지를 사용하여 젖은 펄프를 뽑아내는 기계 한 대에서 종이를 두루마리 連枚 로 만들어내는 생각을 할 때까지 어디에서나 종이는 조그만 묶음으로 나뉘어 만들어졌다.

그는 푸르드리니에(Fourdrinier) 형제들로부터 영국에서 재정적인 후원을 받았다. 푸르드리니에기계로 알려진 그 발명품은 3개월 분량의 수공일을 단 이틀에 완성했다. 20년간의 개선 끝에 푸르드리니

사진 3-1 1798년 니콜라 로베르가 발명한 최초의 종이 제작기계

에 종이 만드는 기계는 연속매수로 된 신문을 만들었다. 손으로 만든 작은 종이 다발에 의존하던 신문의 시대가 막을 내렸다. 분리된 종이 만드는 공정이 합쳐져 한 기계에서 다 처리되었다. 증기력을 이용한 인쇄기 덕택에 많은 부수의 신문을 발행할 수 있게 되었다. 또 10년이 지나 페니신문(penny press) 시대에는 신문과 같은 정보에 익숙하지 않은 사람들의 손에까지 신문을 쥐어주었다.

유럽과 미국 식민지에서, 책과 신문을 인쇄할 종이의 필요성은 넝마의 공급량을 앞질렀다. 재미있게도 예기치 않은 곳에서 도움이 찾아왔다. 서부유럽의 엄청난 인구증가는 옷의 수요를 증폭시켰다. 이 수요는 산업혁명 동안 새로운 직조기술로 충족되고 미국에서는 일라이 휘트니(Eli Whitney)의 면화씨아에 의해 충족되었다. 이번에는 찢어진 옷 공급이 늘어났다. 넝마는 여전히 종이의 원료원이었고, 이렇게 연계된 일들로 인해 19세기에 접어들면서 종이 공급이 조금씩 나아지게 되었다.

이 새로이 폭발한 인구에게 옷을 입히기란 불가능했을 것이다. ……영국의 맨체스터 지역에서 면화를 잣고 짜는 기계가 완벽하지 않았더라면 그리고 곧 이은 1790년대에 미국의 씨아 발명이 완벽하지 않았더라면…… 면화생산의 다른 결과는 찢어진 옷, 즉 넝마의 엄청난 증가이다. 넝마가 종이제조의 원료였다. 1839년경 출판업에 혁명이 일어났다. 인쇄물의 가격이 역사상 처음으로 싸졌고 읽고 쓰는 일이 모든 계층으로 확대되었다.

하지만 수요가 늘어났다. 그러나 종이는 어디에서 오는가? 종이수요가 넝마의 공급을 앞질렀다. 신문업자들의 압력을 받은 미국의 종이제조업자들은 유럽을 샅샅이 뒤지고 다녔다. 러시아와 로마는 프랑스에 뒤이어 넝마 수출을 금지했다. 값이 치솟아 올랐고, 미국인들은 넝마를 찾아 아시아로 와서 중국, 일본 그리고 인도에서 넝마를 수입해갔다. 그러나 그 문제는 계속 출판업자들을 괴롭혔다.

책을 인쇄하기 시작한 것 외에도 많은 분야에서 종이를 필요로 했다. 교육이 확대되고, 상거래가 더욱 복잡해지고 저작이 배로 늘었으며, 무역업자들, 잡화상인들, 식료품업자들, 양초제조업자들이 글과 상관없는 용도로 종이를 필요로 해 수요가 점점 더 늘어났다. 종이에 의존하여 교역을 하는 전혀 새로운 분야가 창조된 것이다. 운반자, 박스 제조업자, 놀이카드 제조업자, 뼈라 붙이는 사람 그리고 라이벌 관계에 있는 길드와 끊임없는 소송사건에도 불구하고 명확한 의무의 경계선이 그어져 있지 않은 무역분야도 종이 의존도가 높았다.

말벌의 교훈

염소처리 표백법은 종이공장으로 하여금 로프와 다른 직조 조각들과 함께 컬러 넝마를 사용할 수 있게 했다. 그러나 원료가 여전히 부족했다. 뭔가 새로운 것이 요구되었다. 그 새로운 것은 실제로 1세기 훨씬 전에 발견되었다. 1719년 프랑스 과학자 르네 드 로뮈르(Rene de Reaumur)는 제지업자에게 풀을 만들려고 자신의 침을 섞어 마른나무로 집을 짓는 나나니벌의 특징을 배우라고 조언했다. 나나니벌은 그렇게 만든 풀을 문질러 얇게 만들었다. 종이 같은 세편(細片)을 여러 겹으로 만들었다. 독일 종이제조업자들이 이 개념을 터득할 때까지 종이 펄프 만드는 생각은 활용되지 않았다. 최초의 종이펄프 제조기계는 1840년대에 만들어졌고, 19세기 말경 나무 섬유조직을 분리하여 화학물을 섞은 펄프를 '삶는(cook)' 공정으로 발전된 후 나무펄프가 종이제조의 근간을 이루었다. 이제 종이가격이 뚝 떨어졌다. 1875년에 파운드당 8.5센트 하던 나무펄프를 1897년에는 1.5센트에 살 수 있었다.

드디어 인류는 값싸고, 재생 가능한 종이 원료를 소유하게 되었다. 기계를 통한 생산의 진보와 풍부한 원료 공급은 역사상 최초의 대중매체인 페니신문(penny press)의 탄생을 자극했다.

정보 펌프 The Information Pump

가정에서의 정치적, 종교적 민감성 때문에 초기의 많은 신문들이 다른 나라에서 벌어지고 있는 뉴스보도를 제한했다. 새로운 정부가 권력을 장악했을 때 잘못된 의도를 가진 부주의한 출판업자는 투옥되었다. 뉴스 출판은 항상 위험스러웠다. 프랑스혁명 기간 동안 파리에는 350개의 신문이 있었으나 제국 말기에는 단 4개만이 존속했다. 그러나 변화가 찾아오고 있었다.

당쟁으로 갈기갈기 찢어진 영국에 신문이 들어온지 얼마 안되어 찰스 1세(Charles I)가 참수형을 당할 즈음 신문은 영국 내의 정치문제를 보도하기 시작했다. 영국 신문사들은 사무실에 편집인뿐 아니라 적어도 1명의 여성을 포함한 기자들을 두고 있음을 자랑스러워했다. 이들은 질문을 하고 정보를 수집하러 다녔다. 17~18세기의 신문은 또한 기사를 목판 삽화로 게재했고 일면에 기사제목들을 다 수록하였다. 런던신문은 주로 커피가게에서 팔렸다. 그곳이 정치적 논쟁을 하기에 비교적 안전한 곳이었기 때문이다. 거리에는 소리치는 신문팔이 소년, 소녀들이 있었다.

진보된 역마차, 개선된 도로 사정 그리고 철도가 인쇄물 보급선의 확대를 촉진했고 크롬웰시대 이후 주요 보급수단이었던 커피가게에만 의존하던 상태를 벗어나게 했다.

1766년 스웨덴에서는 출판의 자유를 법으로 통과시켰다. 그후 미국에서는 1차 수정헌법에서 출판의 자유를 보장했다. 다른 나라들은 19세기에 정도의 차이는 있지만 정부의 분노로부터 출판의 독립을 약속했다.

벤저민 프랭클린과 같은 인쇄업자들은 왕정반대를 선동했고, 종종 군대가 들이닥치기 전에 다른 식민지로 몰래 도망갔다. 인쇄업자 젠거(John Peter Zenger)는 그가 식민지 통치자를 비판한 후 치안방해 문서라는 호칭을 얻으려고 노력했다. 젠거의 변호사 앤드류 해밀턴에 의해 마음이 움직인 배심원은 출판물이 반역적인지 그리고 젠거가 무죄인지를 오로지 판사만이 판결할 수 있다는 교훈을 무시했다. 오늘날 신문은 그 어느 때보다도 자유를 위한 힘이다. 정부로부터 해방된 출판의 개념이 권리장전(the Bill of Right)을 이끈 점이나 만약 선택을 강요받게 된다면 정부보다 신문을 선택하겠다고 했던 토머스 제퍼슨이 결국 신문의 선동에 철저하게 신물냈던 것은 놀라운 사실이 아니다.

신문사업

인쇄업자는 신문, 책 그리고 정기간행물을 내놓음으로써 노동자와 장비를 완벽하게 고용하는 수단으로 삼았다. 19세기 중엽, 대형인쇄로의 전환과 전보뉴스의 등장으로 신문생산으로의 자본의 유입이 더 커졌고 이윤도 더 커졌다. 신세계에서 신문 출판은 인쇄업자들이 사업을 계속하는 데 큰 도움이 되었다.

인쇄업자들이 그들의 새로운 수입원으로서의 신문을 발견할 때까지 18세기 미국에서 실제로 인쇄는 발달하지 않았다. 고향 땅에서 멀리 떠나 인적이 드문 곳에 사는 개척자들은 다른 세계와 단절감을 느꼈다. 아마 이 점이 다른 곳보다 미국에서 신문이 더 빨리 발달한 이유일 것이다.

대도시에서 신문은 일반 인쇄소에서 그들 자신을 분리할 수 있었고, 그 어느 때보다도 뉴스는 사실을 원자재로 하여 제조한 생필품 중 하나로 이윤이 남는 장사였다.

문자의 보급으로 인쇄기술과 근대적 신문이 발달했고, 그 다음에는 근대적 의미의 '뉴스' 개념이 발달할 수 있었다. 실제로 1780년과 1830년 사이에 유럽에서 저널, 소식지 그리고 신문의 성장은 대단했으며 근본적으로는 뉴스의 사회화 현상이 생겨났다고 하겠다. 즉, '뉴스'를 읽는 대중이 탄생한 것이다.

19세기 초 몇십 년 동안은 두 가지 유형의 신문이 살아남았다. 상업적 신문은 교역에 관한 내용을 다루었다. 정당신문은 소속당의 후보와 관련된 정견을 조장하는 내용이었다. 신문 한 부 가격이 6센트였고 1년 구독료는 10달러쯤 했다. 이렇듯 비싼 가격 때문에 서민들은 신문 한 조각 구경 못했고, 신문의 존재를 알지도 못했을 것이다.

페니신문

페니신문은 제3의 형태로 노동자를 위한 신문이다. 1페니짜리 인기 있는 신문은 기존의 신문과 경쟁하기보다는 길거리에서 1페니에 팔리고 있는 작은 과자나 사과 등과 경쟁했다. 뉴욕의 《선(Sun)》신문은 일찍이 1833년에 거리에서 팔기 위해 들고 다녔다. 신문구독의 효과는 즉각적이었고 놀라웠다. 1830년과 1840년 사이에 일간신문의 수는 두 배 이상 늘었고, 주간신문도 거의 두 배 늘었다. 그래서 일간신문의 총부수는 네 배 늘었다. 인구 역시 증가하였으나 그렇게 빨리 늘지는 않았다.

1페니 혹은 2페니에 낯선 환경에 사는 사람들에 대한 소식이 상업과 정당정치에 대한 깊은 관심이 부족한 일반대중에게 전해졌다. 그들은 신문을 읽고 호기심을 충족시킬 수 있었다. 대중잡지들은 스캔들, 범죄 그리고 다른 인간적 관심사를 '뉴스'로 취급했다.

기본적인 수입은 신문 판매대금과 광고수익이었고, 정당의 보조나 기존 정당신문을 유지한 기부금은 아니었다. 페니신문은 학교에서 읽기 교육을 받은 사람들이 구독했으나 지식에 대한 타는 갈증을 채워주지는 못했다. 도시지역의 신사들은 이 인기 있는 신문을 경멸했다. 이 신문은 오늘날 슈퍼마켓의 타블로이드 신문(반쪽 크기의 신문)과 같이 가족을 즐겁게 해줄 목적으로 읽었다.

《선》 신문이 뉴욕의 거리에 등장했을 때, 뉴욕의 11개 신문사의 총발행부수는 2만6천5백 부였다. 1835년에는 《선》은 하루에 1만5천 부가 1페니에 팔렸다. 이것은 새로나온 고속인쇄기 덕분이었다. 라이벌 2페니 신문인 *Evening Transcript*와 *Herald*가 빠르게 추격하고 있었고 이 세 신문의 하루 판매부수는 4만4천 부였다.

독자를 잡기 위해 신문들은 새로운 정보를 게재했다. 이런 기사는 중요하지는 않지만 재미있는 것들이었다. 업자들은 저속하고 선정적이라는 비난에도 주눅들지 않았다. 뉴스 기사 아래에 다른 종류의 새로운 정보가 게재되었다. 그 자체로는 역시 보잘것없지만, 전체적인 관점에서 볼 때는 동일한 중요성을 가지고 있는 이 정보기사는 대중에게 전달되는 광고였다. 대중 커뮤니케이션이 대량소비 욕구를 조장하는 대중광고를 가능케 했고 대량소비는 다시 대량생산의 구실을 주었다.

> (페니신문은) 판매뿐 아니라 광고에 있어서도 더욱 민주적인 시도를 하였다. ……기성 신문의 광고는 지금까지 해운업과 대중판매에 관심 있는 사람, 혹은 법률 고지에 관심 있는 변호사에게만 광고를 전달했지만 페니신문은 끊임없이 필요한 것이 있는 독자에게 광고했다.

근대적 의미의 신문에는 세 가지 유형이 있다. 상업적 신문, 정당신문 그리고 대중신문이 그것들

보도

철도가 놓이고 다른 교통수단의 개선으로 발행부수가 확대되었다. 교통이 좋아지면서 새로운 마을들이 생겨났고, 더불어 지역신문이 생겨났다. 철길을 따라 전보선이 놓였고 매일같이 원거리에서 마을로 오고가는 신선한 보도로 전선이 활기를 띠었다.

대부분의 경우, 앞서 출판된 외부정보원으로부터 받은 정보로 신문지면을 가득 메웠다.

신문들은 오래된 이야기와 벤저민 프랭클린에 의해 신문 편집자들간의 자유로운 기사교환을 목적으로 세워진 타신문의 의견난도 우편으로 받아 실었다. 19세기 후반 이전에는 기자들의 뉴스 취재활동은 거의 없었다. 그후 전신이 들어서면서 먼 거리에서도 생생한 보도를 할 수 있게 되었다. 이런 보도들은 뉴스에 대한 대중들의 구미를 더욱더 많이 돋구었다.

뉴스 그 자체는 단지 약간의 정치적 당파심의 기반이 될 것들을 제공하기보다 점점 더 하나의 생필품의 가치를 지니게 되었다. 1부셸(bushel : 양을 측정하는 단위로 약 36ℓ 정도의 양의 귀리 혹은 1야드의 비단과 같이, 뉴스는 하나의 생산품이었고 신문지 위의 잉크는 그것을 포장하는 도구역할을 했다.

그후 보도는 지금과 같이 현장에서 각 드라마의 중요인물들, 즉 전장에 있는 장군이나 외국법정에 서 있는 외교관에 대한 개인적인 관찰과 질문에 대한 대답을 근거로 한 특종을 보낼 때 그 가치가 더욱 컸다. 곧 줄지어 활발한 조사활동을 벌였으며, 그러한 신문의 판매부수가 늘어갔다. 경찰에서부터 정부, 개인사업을 하는 기관에 이르기까지 자기방어 차원에서 기자들의 질문에 대처하는 수만 가지 방법을 터득했다. 건설적인 대중관계를 설정하는 방법에서부터 조직의 업무를 실제적으로 개선하기 위한 방법들에 이르기까지 다양했다.

협력적인 뉴스 취재 방법은 전신이 출현하기 전에 시작되었으나 이런 모험에는 배삯을 공동부담하는 것과 같은 간략한 합의서가 요구되었다. 뉴스를 전달하는 시간장벽이 무너지면서, 전신은 신문보급을 전신이 놓여진 곳까지 확대했다. 그러나 그 비율은 적었다. 뉴스를 수집하는 민감한 수단만 공유하였다. 전신이 보급된 후, 수십 년 동안 독자적인 '전신기자'들은 확고한 지위를 확립하고자 노력하였으나 미국의 연합통신과 영국의 로이터통신 그리고 프랑스의 하바스 통신과 같은 뉴스 대행사에 압도당하기만 했다.

객관성의 탄생

협력 뉴스 통신사가 고객인 신문사에 뉴스를 제공하고 더 많은 고객을 얻어서 존속했기 때문에, 통신사는 모든 고객신문들 혹은 가능한 한 많은 신문을 만족시키려고 노력했다. 신문들은 상상할 수 있는 모든 문제들에 대한 정치적 기사들을 가득 게재했다. 가능한 한 많은 고객을 만족시킨다는 것은 뉴스 리포터 자신의 인간적인 관점을 최소화한 사실 그대로를 고객신문들에게 전달한다는 것을 의미했다. 다소 생소한 개념인 '객관적인 보도(Objective reporting)'라는 개념이 새롭게 생겨났다. 빛나는 에세이에 자부심을 가졌던 전문기자들은 사실을 높이 평가하고 견해를 낮게 평가하려는 약간의 의지적인 노력을 하였다. 전기에 의한 뉴스 속보로 큰 이득을 취했다 하더라도 그렇게 해야만 했다.

> 페니신문은 모든 사람의 관심에 다 호소하고자 했다. 논리적으로, 다시 말해 그 신문은 무관심 정책으로 표현된 그 자신의 관심을 제외한 모든 사람의 '특별한' 관심거리를 다루었다.

근대 신문 잡지 학계의 객관성이 가능한가에 대한 논쟁의 원류는 통신사와 전신의 산물인 소망스러운 목표가 등장한 때로 거슬러 올라갈 수 있다. 신문의 정보원은, 진실은 거짓을 이기므로 모든 관점이 자유롭게 표현될 수 있게 허용되어야 한다는 존 밀턴의 주장에 담겨 있는 객관성을 얻기 위해 노력한다.

> 나에게 알 자유, 말할 자유 그리고 양심에 따라 자유롭게 논쟁할 자유를 주시오 ……진실의 힘을

의심하도록 허락하고 금지함으로써 우리에게 상처를 주고 진실을 싸움터에 남겨둔다. 거짓에 붙잡혀 있는 진실을 놓아주라. 자유롭고 열린 만남에서 진실이 꺾일지는 아무도 알 수 없다.

몇 달이 아니라 수십 년간의 평가기간이 지나서 대부분의 신문들은 스스로 연합통신의 객관적이고 중립적인 보도 양식을 따랐고 의견은 논설란에 실었다.

오늘날에도 객관이 존재할 수 있는가, 아니면 그것은 단지 희망사항인가에 대해 상당한 찬반론이 계속되고 있다.

식자실의 개선

기술은 산업 전반에 걸쳐 고르게 발달하지 않았다. 뉴욕신문사에서 윤전기에 기름을 채우고, 거대한 누부마리 신문지 인쇄용지를 집어넣고 입체적인 지형(紙型)을 짜내고 있을 때, 미국에 있는 작은 마을의 발행인들은 아직도 한 번에 한 면을 잉크로 바르고 습한 종이를 그 위에 대고 인자판(印字版) 아래에 놓인 조판과 종이에 핸드 크랭크를 가져갔다. 이렇게 몇 시간 동안 작업하고 나면 발행인이자 편집자이자 인쇄공인 그는 지쳐서 팔에 힘이 없겠지만 배포하기 위한 4면 또는 8면의 신문을 넉넉히 생산하게 된다.

19세기 초, 십여 년간 기계적인 한계 때문에 대부분의 신문들은 4면으로 그치게 되었다. 편집자의 논설은 수직선으로 구분되는 좁은 행간에 끼워졌다. 광고는 애거트 활자로 엄지손톱 만한 크기의 목판화로 인쇄된 사원모집 광고 같은 형태의 것이었다. 전단지에는 더 큰 목판화가 담겨 있었지만 신문은 거의 그렇게 큰 목판화를 인쇄하지 않았다. 1820년에 런던의 *Observer*는 특별한 노력을 기울여 전면사진 지면을 발행하였다. 문제는 품질이 떨어지는 종이와 잉크가 볼품 없는 그림을 만들어낸다는 것이었다. 신문은 결국 그림을 실은 광고, 큰 규모의 광고 또는 다중 행간의 광고를 인쇄술과 제판술의 발전이 현대화를 이루기 전까지 거절하였다. 결국 광고수입에 대한 욕구가 다소 핵심을 벗어난 전통을 극복했다.

페니신문은 시작부터 최신 인쇄기술의 산물이었다. 그것은 계속되는 두루마리의 신문 인쇄용지나 빠르고 싸게 그 종이 위에 글자를 인쇄하게 해주는 호(Hoe)의 회전식 인쇄기를 뽑아낸 푸르드리니에(Fourdrinier)기계 없이는 탄생할 수 없었다. 더욱 빠른 생산을 위해 여러 장을 한꺼번에 인쇄하고 납활자를 자유롭게 해주는 연판모형이 없이는 페니신문이 그만큼 성장한다는 것은 상상도 할 수 없는 일이다.

1870년까지 신문은 공통기사와 기존의 기사를 신디케이션 서비스를 통해 구매하였다. 전자는 개인적인 기사, 칼럼, 또는 그림의(인쇄할 수 있게 전송 준비된 활자) 입체지형이었고 후자는 전면지형이었다. 둘 다 발행인이 지역 내의 소식으로 채워야될 공간을 삭감하였다. 그것들은 또한 독특하고 구별되는 작은 개별 신문사의 개성 있는 모습을 제거하고 여전히 다른 신문들과 동일한 모습을 창조하였다.

1880년대에 헝가리 이민자 조셉 퓰리처(Joseph Pulitzer)는 ≪뉴욕 월드≫에 최초의 신문 미술부서를 세웠다. 그의 풍부한 사진은 판매부수를 급격히 상승시켰다. 에칭된 선의 제판과 망판의 실사진은 기사와 광고에서 목판화를 대체하였다. 잡지는 보다 고급스러운 종이를 사용하여 사진 재생이 신문보다 수월하여 현대 사진기법을 신문보다 일찍 이용하기 시작하였다. 영국은 그림으로 예시되는 신문을 사진만큼이나 오래 전부터 가지고 있었으나 그 지면은 신문에 사진을 재생할 방법이 없었기 때문에 수십 년 동안 목판화로 채워졌다.

신문 속의 사진

그 문제는 사진 그 자체가 이번에는 세밀한 그물코로 걸러진 유리를 통해 아연판 위에 찍혀 나오던 망판처리로 인해 19세기 말에 해결되었다. 그 판은 산으로 에칭되어 어두운 부분과 밝은 부분으로 구분되게 되었다. 밝은 영역은 산이 먹어서 잉크가 묻지 않았다. 사진술과 인쇄술은 이제 융합되었다. 뉴스보도 사진기술이 뒤이어 나왔다.

몇 년이 지나 신문은 완전히 바뀌었다. 새로운 세기에 타이프라이터가 전면에서 기자의 펜을 대체하는 동안 대도시 신문사의 후면 작업장인 식자실에서는 리노타이프기계(자동식자주조기)가 수작업 식자를 대체하였다.

기자들의 책상에는 타자기 옆에 전화기가 자리를 잡았다. 가까운 선반에는 카메라가 놓였다. 4반세기 후에 그들의 방 뒤쪽에는 텔레타이프가 있어서 원거리의 소식을 주고받았다.

19세기 후반에는 신문체인점이 확장되었다. 가족이 경영하던 신문판매점은 대형신문사에 매입되었고 이러한 매입은 때때로 미디어제국의 일부가 되어 다양한 인쇄 및 전자형식의 통신물을 포함하여 정보고속도로에 진입하기 위한 과정 속에 들어가게 되었다.

제2차 세계대전 후 십여 년의 시간이 지나 신문은 철판인쇄에서 옵셋 석판인쇄로 전환되었다. 오늘날은 주요 신문사나 작은 신문사을 막론하고 뜨거운 납을 사용하지 않는다. 단순성, 편리성 그리고 사진조판(식자)의 저렴함 등 이 모든 것이 너무나 확실하다.

처음에 텔레타이프섹터에서 나오는 종이 테이프는 전선서비스와 지역 리포터들이 작성한 전문을 전송하는 데 사용되었다. 이것들은 또한 신문더미에도 사용되었다. 지금은 컴퓨터가 전문을 다른 컴퓨터에 전송한다.

19세기 동안 이루어진 인쇄, 연판인쇄, 활자조판, 사진술 그리고 석판인쇄의 기술적 진보들이 어우러져 일간지를 구텐베르크조차 이상하다고 여기지 않았을 생산물에서 매일 아침 현관 계단에 놓이는 오늘날의 그것과 별로 다르지 않은 모습으로 변혁시켰다. 중요하게는 신문보도를 전송한 전보와 전화와 사진을 전송한 초기의 팩스, 신문 자체를 운송한 기차, 자동차 그리고 비행기, 정보를 이전시켜주는 타이프라이터, 컴퓨터, 신문사 직원들이 밤을 새며 작업할 수 있게 해줄 뿐만 아니라 독자들에게도 하루 일과를 마치고 신문을 읽을 수 있게 해주는 편리한 수단인 전구 등과 같은 여러 가지 개발들은 현대의 신문 형성에 기여하였다.

자유신문

기술 이상의 것들이 19세기 중반을 대중매체 혁명의 정신으로 규정하는 페니신문의 개화에 관여하고 있다. 새롭게 확장하는 국가는 새로운 저널리즘 기업이 바탕으로 삼고 있는 정신을 제공하는 자유시장 자본주의와 잭슨주의 민주주의의 결과 개인주의와 정치적 독립의 신선한 사고를 불어넣었다. 신문의 성장을 방해할 수 있는 정치적인 공포감의 분위기는 미국에는 대부분 존재하지 않았다.

19세기 후반에 무료 의무교육의 확대로 무료도서관이 성장하였고 그와 더불어 문맹률이 떨어져서, 독자들은 값싼 것은 선호하였지만 신문과 잡지의 판매가 촉진되었다. 값싸고 복잡하지 않은 신문이 문맹률을 하락시켰다고 말하는 것이 정확할 것이다.

> 페니신문은…… 신문을 빌리거나 클럽이나 도서관에서 읽을 수 있었던 것에서 사서 집으로 가져갈 수 있는 것으로 변화시켰다.

1870년에서 1900년 사이의 30년간 매일 판매된 신문부수는 여섯 배 증가했다. 미국의 일간지 신문의 수효는 두 배가 되었고 다시 두 배가 되었다.

정치적인 문제와 개인의 기준에 대한 태도를 형성한 것은 단지 노련하고 원숙한 칼럼의 신문보도 내용이 아니었다. 정치적인 칼럼니스트에서 'Dear Abby'에 이르는 필자명을 명시한 의견들이 대중의 사고에 영향을 주었다. 선별된 사진과 사설란의 만화도 그러한 영양을 미쳤다. 보수적인 'Orphan Annie'에서 자유적인 'Doonesbury'에 이르는 코믹물도 실제로 그러한 영향을 미쳤다.

조종당하는 신문

신문은 세상에 정보를 제공하였다. 남아메리카와 아시아에서 신문은 18세기에 등장하였고 아프리카에는 19세기 말에 등장하였다. 이러한 많은 신문들은 강력하고 중요한 목소리가 되어 뉴스를 점점 더 얻고자 하는 더욱 교육받은 대중들에게 정보를 제

추문 폭로자

19세기 초기와 중기에 페니신문이 신문사가 예상했던 것보다 훨씬 폭넓은 독자들에게 도달하였듯이 새로운 종류의 대중잡지는 대량생산되는 상품을 전국적으로 광고하여 미국이 시골의 농업적 사회에서 산업적 국가로 확대되던 19세기 후기의 전통을 깨뜨렸다. 잡지는 지면에 새로운 것들을 담았다. 오늘날 그것들은 조사 중심의 신문잡지라는 이름으로 통한다. 그리고 그것은 추문을 들춰내는 갈퀴라고 불렸다.

추문 폭로자가 작성한 기사들은 정규적으로 대중잡지에 등장하여 정부의 부패, 산업주의자들의 탐욕 그리고 음식물보호법과 아동노동법의 필요성을 대중에게 깨우쳤다. 지면이 제한되고 공동체와 광고주들의 압력에 약한 신문은 새로운 정치가들과 기업주들이 살찌는 동안 어린아이들을 포함하여 많은 사람들이 비참한 상태로 살아가고 노동하고 있다는 추문 폭로자들의 사회를 흔들어놓을 만한 메시지를 담는 매체로서는 잠시보다 얼등하였다. 인공적인 불의, 사동공장에서 나오는 오염된 고기 그리고 전국적인 규모의 보험사기들이 폭로되었다. 아일랜드인 이민자 맥클루어(S. S. McClure)는 19세기 초기 10년간 그의 ≪맥클루어(McClure's Magazine)≫지를 이용하여 아이다 타벨(Ida Tarbell), 링컨 스테펜스(Lincoln Steffens), 레이 스태나드 베이커(Ray Stannard Baker) 그리고 다른 추문 폭로자가 쓴 기사들을 실어 출판하였다. 대중들이 잡지를 열심히 사서 보게 되자 여러 잡지들이 ≪맥클루어≫지를 본받았다.

록펠러(D. Rockefeller)의 스탠더드 오일(Standard Oil)에 대한 타벨(Tarbell)의 연재기사물은 연방조사를 받게 하여, 결국 미연방대법원에서 석유 독과점을 깨뜨리게 하였다. 고기검사, 철도 그리고 점두판매되는 약품을 규제하는 법제정 작업이 잡지와 신문 그리고 책을 통한 추문기사 폭로로 인해 시작되었다. ≪맥클루어(McClure's Magazine)≫지의 한 기사 "가난한 자의 딸들(Daughters of the Poor)"에 따라 의회는 부도덕한 목적으로 주(州) 경계선을 넘어 여성을 이송하는 것을 연합법에 저촉되게 하는 Mann Act법을 통과시켰다.

의회는 저비용의 요금별납 우편을 1879년 잡지에까지 확대하여 기업들이 기존의 정기간행물을 앞질러 대중에게 도달하게 하기 위하여 잡지를 대거 창간하거나 개정하도록 하였다. 놀라운 지난 십여 년간에 강안 기소가 뇌는 천국적인 잡지가 등장하였다. 1890년대에는 전국적인 광고와 대중신문이 또한 확고하게 미국에 들어섰고 연합통신이 그렇게 하였다. 그들은 그들이 누구인지 또는 그들의 조상이 어디서 왔는지 상관하지 않고 사람들에게 말하였다. 그들은 모두 미국인이라고 말하였다. 때때로 용감한 출판이 계속하여 폭로기사를 썼다.

공할 뿐만 아니라 재정과 정부를 담당하는 지도자들에게도 영향을 미쳤고, 역사의 흐름에도 영향을 미쳤다. 기술은 항상 평등화의 일부를 담당하였다.

> 예를 들어 신문이 제작되고 배포되는 방법은 항상 저널리즘의 도덕적 조건이라고 불릴 수 있는 것에 심각하게 관계하고 있다.
> ……정보매체는 사회의 실제 모습을 형성하며, 그것들은 정부의 발전과 상호 영향을 주고받으며, 심지어는(아마도 특별히) 전체주의적인 사회에서의 지배자와 피지배자 간의 관계를 나타내는 용어들을 제공하였다.

좌익이건 우익이건 또는 유례없이 독재적인 정부를 가진 국가에서는 다른 종류의 신문들이 발전하였다. 이러한 신문들은 정부의 의견만을 표명하는 과거나 현재에도 지나치게 정치적이다. 통제되는 사회에서 신문은 라디오, 텔레비전, 잡지 그리고 책과 함께 발행인, 편집자 그리고 작가가 선택한 것이 무엇이건 그것에 대한 보도를 허용하는 것은 너무나 중요하고 너무나 잠재적으로 위험한 것으로 간주되었다. 통신의 수단은 교육시스템 또는 그 일에 있어서는 농수산부와도 같은 정부의 오른팔로 간주되었다.

민주주의사회에서 소중히 생각하는 언론사와 정부 간의 적대적 관계는 대중을 인도하는 수단으로 언론을 바라보는 정부에게는 파문이었다. 뉴스 그 자체는 특히 통제된 언론에게 중요하지 않다. 뉴스가 어떻게 이해되는가 하는 문제는 항상 의혹이 많은 지배자들에게는 치명적인 중요성을 지녀왔다.

여자들도 타자를 칠 수 있다 Women Can Type

수많은 세월 동안 그렇게 시끄럽게 두들겨대던 타이프라이터는 이제 사무실 창고나 집 다락방에 쌓여 있을 것이다. 한때 그것이 있었던 자리에는 익숙한 자판을 제외하면 전혀 다른 모습의 가장 현대적인 컴퓨터가 자리하게 되었다. 구식 타이프라이터를 사회변화의 일부로 보는 것은 어려울 것이나, 그것은 우리가 살아가는 방식에 여러 가지 중요한 변혁을 일으켰다. 타이프라이터는 사무실을 재구축하였다. 그것이 현대사업 통신의 시작이었다고 말할 수 있다. 그것은 스펠링과 문법을 중요하게 하였고 사전을 팔리게 하였다.

여성들을 일터로

더욱 중요한 것은 타이프라이터가 여성들이 가정에서 남자들, 아버지, 형제, 남편, 삼촌 그리고 형부에게 재정적으로 의존하게 하던 것에서 자유롭게 하였다. 그것은 더욱 가정에서 사무실로 여성들을 끌어냈다. 다른 요소들도 작용하였을 것이다. 타이프라이터가 아니라 점원직 수요가 여성을 사무실로 끌어냈다고 말할 수 있다. 여자들이 저녁 수업을 들을 수 있도록 거리를 안전하게 만든 가스등도 여성의 독립에 일조하였다. 그 어느 것이 더욱 중요한 원인이 되었든지 점원 노동의 여성화는 후기 19세기의 물을 휘저었고 그것은 아직도 인류가 21세기에 들어서려 하는 과정에서도 물을 휘젓고 있다. 냉장고와 세탁기와 같은 노동력 절감 가재도구의 발명과 확산은 타이프라이터가 시작한 것을 계속 이어갔다. 타이프라이터는 인구의 반에게 진보의 문을 열어놓는 여성운동의 시작단계였다. 그 문은 미국에서도 완전히 개방되지 않았으나 자물쇠는 부숴졌다.

처음에는 타자수로 알려진 운용자들의 요구에 의해 시작된 상업세계로의 타이프라이터의 확산은 그 결과를 상상할 수 없는 사회적 혁명으로 이어졌다. 지난 19세기의 후반 25년에서 현재까지 타이프된 것이 타이프라이터 앞에 여성이 앉아 있다는 사실보다 중요한 것은 아무것도 없었다. 매체는 과거에도 지금도 메시지인 것이다.

구식 사무실

1870년대의 사무실은 오늘날의 그것과는 상당히 달라 보였다. 전기가 없었던 그 당시에는 적절한 조명이 없어 어두운 색깔의 나무는 등유에서 나온 먼지와 얼룩의 축적을 감추어주었다. 접는 뚜껑이 달린 책상은 표준이었다. 남자들이 가래나 침을 뱉는 그릇인 타구(唾具)는 사무실 구석에 자리잡았다. 보이지 않게 밤중에 일하는 잡역부 외에는, 사무기기나 여성은 사무실에서는 찾아볼 수 없었다. 사업가들과 남성 점원들은 편지를 쓰고 잉크를 찍은 펜으로 장부를 채워갔다. 카본지가 널리 이용되기 전에는 편지를 젖은 천으로 습하게 하여 빈 종이 위에 대고 눌러 복사하였다. 사무실 소년들은 그 편지를 다른 사무실이나 우체국에 배달하였다.

어느 날 타자기는 손으로 모든 것을 쓰던 따분한 작업에서 해방시켜주었다. 그것은 또한 판독하기 어려운 필사체를 대체하였다. 그러나 저임금의 타이핑 직업을 기꺼이 선택하려는 남성을 찾는 데 실패하였기 때문에 젊은 여성이 결국 사무실 내의 여성에 대한 장벽을 허물게 되었다. 여성 사무근로자의 도래는 그 나머지를 변혁시키게 하였다. 타구는 밖으로 나갔다. 얼룩을 가리던 짙은 나무판자도 사라졌다.

여성 타이피스트의 첫 번째 물결이 1890년대 사무실을 강타하였을 때, 타구 제작사들은 불길한 징조를 읽었다. 그들이 옳았다. 더욱 중요한 것은 패셔너블한 여성 타이피스트들의 일정한 지위가 의류업계의 혁명을 가능하게 하였다. 타이피스트는 진취적 기상과 기술을 갖춘 유행하는 인물상이었기 때문에 그녀가 입는 것은 모든 농부의 딸들도 입고 싶어하였다.

그녀는 스타일을 열심히 따라가는 스타일 메이커였다. 타이프라이터만큼 타이피스트는 사업에 새로운 차원의 일체성, 동질성 그리고 타이프라이터를 모든 양상의 기계산업에서 제거할 수 없게 만든 지속성을 생산하였다.

필기기계의 발명

1714년에 영국의 기술자 헨리 밀은 비록 그가 그 기계를 제작하였다는 어떤 기록도 없지만 종이 위에 차례로 글자를 찍어내는 기계로 최초의 특허등록증을 받았다. 반세기 후에 여러 사람들이 실제로 조잡한 문서작성기계를 제작하였다. 그 가운데는 오스트리아인, 스위스인, 프랑스인 그리고 이탈리아인이 있었다.

고상한 힘이 이러한 초기 기계를 제작하는 배경에 있었다. 종이 위에 철자를 새겨 앞을 못 보는 사람들이 손가락을 통해 읽을 수 있게 하려는 것이었다. 문서작성 속도나 조작의 편리함과 같은 사업세계에 유용한 기능의 개발은 약 1세기 동안 무시되었다. 그 기계가 사업도구로 사용된 것은 그것이 1페니 하던 펜을 능가할 수 있게 되어 완전히 그 효율성을 느끼게 된 이후였다.

더 효율적인 문서작성기를 제작하게 하는 압력은 부분적으로는 산업혁명의 속도의 상징인 전보회선의 급속한 확장에서 나왔다. 좋은 전보가 메시지를 빠른 속도로 전송할 수 있고 전달되는 모스 부호로 된 메시지를 빠르게 이해할 수 있지만 그는 그렇게 빨리 받아쓰지는 못하였다. 개발자들이 개량되는 통신 네트워크를 통해 종이 위에 직접 글자를 찍을 수 있는 기계를 제작하려는 시도에 대해 읽고 들으면서 달리 생각하는 가운데서 아이디어가 나왔다. 많은 개발자들은 자신의 손을 시험하였으나 디자인이 나쁘거나 솜씨가 나빴다. 그들의 발명품 중 그 어느 것도 잘 작동하지 않았다.

1833년 프랑스인이 기계가 움직이는 동안 종이는 정지해 있는 문서작성기를 특허등록하였는데 그 당시의 사고를 앞지르는 생각이었다. 이것을 IBM이 type ball을 가지고 1세기 후에 재활용하게 된다. 수 년 후 다른 프랑스인이 피아노를 닮은 문서작성기를 개발하였고 머리를 파마한 손님들의 머리를 말리기 위해 머리에 씌운 구식 드라이어처럼 생긴 러시아인의 발명품이 뒤를 이었다.

숄스의 기계

52번째 특허등록을 한 기계는 달랐다. 밀워키의 인쇄공이자 편집자인 발명자 숄스(Christopher Sholes)는 비록 여러 친구들의 도움으로 최초로 상용화된 타이프라이터를 1867년 제작하게 되었는데, 현대 타이프라이터의 아버지로 불린다. 그들의 생각은 현을 때리는 피아노 해머처럼 종이를 때리는 짧은 막대의 한쪽에 타입 면을 만드는 것이었다. 종이가 유리판에 대고 눌러지면 카본지는 그 뒤에 놓이고 각각의 활자는 밑에서 위로 자국을 남기며 때린다. 시계 태엽장치를 응용한 기계는 종이를 밀어낸다. 숄스는 그의 기계를 타이프라이터라고 불렀다. 그것이 이루어지기 전에 그와 그의 친구들은 약 오십 가지 종류의 타이프라이터를 제작하였다.

1873년에 숄스 그룹이 계속 개량해온 기계는 현대의 타이프라이터의 모양을 갖추기 시작하였다. 그것은 4개 행의 자판이 있고 오늘날 존재하는 것과 거의 동일한 배열의 구두점을 갖추고 있었다. 얇은 검정상자는 기계를 덮고 있었다. 앞뒤로 움직이는 원통형의 캐리지에는 종이가 감겨 있었다. 현대 타이프라이터와의 주요한 차이는 활자막대가 기계 안에 있는 롤러의 밑을 향해 위쪽으로 타자되었다는 점이다. 이렇게 타자수는 타점을 볼 수 없었고 셋 또는 네 개의 행이 지날 때까지 무엇이 찍히는지 확인할 수 없었다.

그림 3-2 1857년에 만들어진 이 타자기는 글쓰는 피아노라고 불렀다.

웨스턴 유니언은 많은 기계를 주문하였고 그래서 숄스와 그의 지지자들은 정교한 제작을 요구하는 총기, 바느질기계 그리고 농장도구, 모든 상품들을 제조하는 레밍턴 회사로 갔다. 레밍턴기계는 숄스 디자인을 개선하여 바느질기계 위에 타자기를 설치하여 캐리지 리턴을 위해 발판을 이용하였다. 타자기에 매료되었던 사람 가운데는 마크 트웨인이 있는데 그의 『톰 소여의 모험』은 타자기로 친 최초의 소설이 되었다.

이후 25년 동안 타자수들은 자신을 그 기계와 동일한 명칭으로 타이프라이터라고 불렀다. 타자기의 미래가 어두웠고 타자수의 임금이 대체로 적었기 때문에 많은 젊은 남성들은 이러한 직종에 머무는 데 관심이 없었다.

여자는 사업을 뜻한다?

1881년에 뉴욕에 있는 YWCA의 한 지사는 여덟 명의 여자에게 취직을 목적으로 타자치는 법을 가르칠 새로운 생각을 하게 되었다. 그러한 과감한 도전에 대해 일부 비판적인 말이 나왔지만 그것은 여자들이 전혀 상관없는 남자들 근처에서 하루 종일 근무해야 된다는 생각 때문이었다. 여덟 명의 여자들은 아무도 6개월의 혹독한 타이핑 훈련과정에서 물러서지 않았다. 그들 모두는 즉각 사무실에서 근무하게 되었다.

이 새로운 기술, 문서작성기계는 고용의 문을 개방하였다. 그것은 여자들과 근로조건에 만족하는 사람들에게 열려 있는 다른 일자리보다 더 높은 임금을 제공하였다. 그것은 지식을 요구하는 여성을 위한 적은 유형의 고용 중 하나였다. 여성들은 전국에서 사무실로 쏟아져 들어갔다. 그들은 타이피스트가 되었을 뿐만 아니라 남자들에게 제한되어 있던 속기사와 비서 두 가지 직업도 맡게 되었다. 일부 여성은 그들의 새로 발견된 타이핑 기술을 가지고 기업가로서 돈을 벌 수 있다는 것을 알고 대중 타이피스트 겸 속기사로서 사업에 뛰어들었다. 그들의 존재는 사무실에서 두 가지 개념인 여성과 기계를 장려하였다.

이제 타자기 판매는 붐을 이루었다. 1880년대의 타이프라이팅은 처음으로 유럽에 도달하였고 그 다음 세계 나머지 국가에 전달되었다. 중국과 일본은 그들 언어에 적절한 1만 글자를 가지고 타자기를 제작하는 데 어려움이 있어 뒤처졌다.

타자기는 계속 점진적으로 개량되었다. 레밍턴은 대문자와 소문자를 위해 쉬프트 키를 고안하였다. 언더우드(John T. Underwood)는 전면 인쇄디자인을 고안하여 타이피스트가 인쇄점을 볼 수 있게 했다. 1906년에 로얄 타이프라이터 회사는 시장에 있던 어느 것보다 우수한 최초의 타자기를 제작하였다. 그것의 인쇄타점은 완전히 눈에 보이는 것이었다. 제1차 세계대전 시기에 약 1백 개의 타자기 회사가 개점하였다.

사업에 필요한 다른 도구와 기계들이 타자기를 따라 사무실에 들어왔다. 카본지, 잉크 리본, 스텐실, 받아쓰기 기계, 등사기, 덧셈기계, 계산기, 봉투에 주소 적는 기계, 오류 수정 기계 그리고 우편요금 계산기. 다소 기이하지만 타이프를 통해 종이로 분명하게 커뮤니케이션 할 수 있는 능력은 사업의 표준이 되었다. 타이핑을 가르치는 학교가 열렸고 국립 고등학교는 타이핑 수업을 제공하였고 가장 빠르게 치는 타이피스트를 뽑는 시합이 열렸다. 1941년까지 표준 수동타자기의 머신건 기록은 1분에 142단어였다.

타자기의 다재다능함이 먼 곳에 메시지를 속달로 보내는 데 전보의 속도와 결합되는 것은 피할 수 없는 일이었다. 1920년대의 실용화된 것이 텔레타이프라이터였는데 저널리스트 세대에게는 매우 친숙하였다. 비록 폭넓은 자료회선이나 모뎀에 연결된 팩스와 컴퓨터 프린터가 새로운 표준이 되었지만 텔레타이프는 여전히 신문사뿐만 아니라 정부 사무소, 경찰서, 은행, 브로커의 집, 선적 대리점 그리고 기상대에서도 발견할 수 있다.

쿼티-타자기의 문자 배열

타자기에 대해 이야기할 때 비능률적인 자판의 친숙한 배열을 언급하지 않을 수 없다.

왼쪽 셋째 열의 키의 글자를 따서 붙인 이름인 'QWERTY'라고 불리는 글자와 숫자의 정렬법을 따라 타자기와 컴퓨터 키보드가 제작되었다. 초기의 많은 키보드는 알파벳 순서로 설정되어 학습을 용이하게 하였다. 시프트키가 개발되기 전에는 대문자를 위해서는 독립된 키가 필요하였다.

발명가 크리스토퍼 숄스와 그의 형제는 자주 사용되는 철자쌍이 인쇄점에 늦게 도착하도록 키보드를 고안하였다. 1873년에는 활자막대가 위쪽으로 축이 되어 있어 쉽게 얽혔다. 'QWERTY' 키보드는 그렇게 배열되어 종종(ie, ti, th와 같은) 조합 또는(the, of, or, and와 같은) 조합을 가진 철자들을 칠 때 활자막대가 반대방향에서 인쇄점에 도달하여 엉킬때가 있었다. 더 나아가 이 키보드 배열법은 대부분의 사람들이 오른손잡이지만 왼손잡이식을 좋아하였다. 예를 들어 자주 사용되는 a는 가장 약한 왼손 새끼손가락으로 쳐야 되는 반면 거의 사용이 되지 않는 j는 오른손 검지 바로 밑에 놓인다.

오늘날 고속 전자타이프라이터와 전자컴퓨터 키보드는 타이핑 속도를 느리게 하는 어떤 배열도 회피한다. 유명한 드보락(Dvorak) 키보드와 같이 더욱 현명한 조직이 제안되었지만 기존의 배치에 익숙한 대중은 그것에 집착하였다.

중요한 커뮤니케이션 도구로서의 타자기의 위치는 사라져가겠지만 몇 가지 의미 있는 방식으로 그 유산을 남길 것이다.

"만약 누군가 원한다면… If Any One desires…"

만일 다수의 사람들이 제한된 수의 메시지를 다양한 도구로 더 많은 다수의 다른 사람들에게 전달하는 통신도구가 존재한다면, 그것은 바로 광고일 것이다. 그러한 메시지 가운데는 정치적인 후보자의 질을 증진시키는 광고들과 사회에 논쟁적인 문제의 즐거움이나 위해를 광고하는 광고가 있을 것이다. 평등주의자의 혹평을 의심하는 사람은 자유롭고 개방된 사회에 존재하는 반대 것을 상상해야 한다. 극히 적은 사람들이 선택된 매우 규제된 수의 상품과 서비스에 대한, 분명히 경쟁 후보자나 그날의 정치적인 문제를 포함하지 않는 광고를 할 수 있도록 허가를 받는 사회를 상상해보라.

수요의 창출

산업혁명은 상상하지 못한 다양한 상품을 노동계층에게 가져왔는데, 더 많은 대량생산과 대량분배가 필요하였다. 연쇄점의 다음 단계인 대량시장은 상품의 구입이 가능할 뿐만 아니라 예상되는 고객이 그들의 돈을 쓸 수 있도록 확신을 주기 위해 광고가 필요했다. 광고는 수요를 창출하여야 했다.

대부분 대량생산된 상품을 이동시키는 도구였던 광고는 이전에는 독특한 상품이 구별된 판매지점으로 나든 여인이 동일한 모자를 쓰고 있는 것을 발견한 여자의 모습을 그린 만화에 예시되었다. 이제 여러 세대가 지나서 그녀의 증손녀와 증손자들은 그들의 친구들이 입는 상표를 달고 있지 않은 청바지나 운동화에는 관심을 보이지 않는다. 광고자들은 상표 로열티에 대해 말한다.

광고는 판매대리인을 대체하였으나 광고는 조력자 이상의 역할을 하고 있다.

> 판매상인들의 주된 논점은 개인적이고 사적이다. 이 모자는 당신에게 완벽하게 어울린다. ……광고의 주요 논점은 대중적이고 일반적이다. 이 모자는 당신들에게 완벽하게 어울린다. ……광고는 새로운 소비대상층을 발견하고 정의하고 설득할 때 성공한다.

손상된 케이스의 상품을 가진 외판원은 원심력적인 광고와 함께 용해되어 있는 구매자와 판매자의 관계에 있는 인간적인 요소를 대변하였다. 19세기 초 광고는 인간의 얼굴이 부족하였다.

대신에 애거트 활자로 인쇄된 단일 칼럼 유형이 예상고객들이 알고 싶어하는 것이 무엇인지를 설명하였다. 연판인쇄 처리과정은 진열식 광고를 가능하게 하여, 일부 광고들은 행복한 고객들 또는 친근한 베티 크로커(Betty Crocker)와 제미마 아줌마

(Aunt Jemima)의 모습을 그려 인간적인 모습을 보완하였다. 라디오는 음성을 추가하였고 텔레비전은 음성과 움직임과 얼굴을 추가하여 고객들의 직접적인 대화는 없어졌으나 얼마나 멀리 떨어져 있고 가상적인 인물이건 상관없이 준거집단을 텔레비전에서 찾았다.

광고의 원형들

옛 속담에 있듯이 많이 변하게 될수록 그것들은 더욱 똑같은 곳에 머물게 된다. 최초의 광고는 말로 하는 것으로, 고대에는 시장에서 물건을 사라고 소리 높여 외치는 상인들에 의해 전달되었다. 최근의 일부 광고는 이와 유사하게 말로 하는 것이다. 밤중에 자동차 딜러의 가격을 외치는 사람의 말을 듣고 지켜보며 텔레비전에 빠져보라.

야외광고는 고대 이집트에서 도망한 노예에 대한 파피루스에 쓰인 선포문까지 거슬러 올라갈 수 있다. 판매물 대신 보상을 제공하기로 한 도망한 노예와 하인들에 대한 공고물이 최초의 문자광고가 될 수 있을 것이다. 그러한 공고물은 이러한 가치 있는 재산이 그들의 삶의 조건을 즐기지 못하고 그것에 대해 무엇인가 할 수 있는 뇌와 다리를 지녔다는 논리적인 이유로 노예제도가 존속하는 동안 내내 붙여졌다.

광고에 대한 고대의 증인은 고대 그리스에서 그의 상품을 구어시대에 문자를 모르는 대중에게 소리치던 대중 외침자였고 아마도 카르타고에서 처음 발명된 것으로 보이는 그의 그림 메시지를 그의 셔츠의 앞이나 뒤에 붙이고 다니던 샌드위치맨이었을 것이다. 고고학자들은 폼페이의 유적에서 초기 형태의 광고대행사가 통제하였을 극장 공연, 스포츠 행사 그리고 검투사들의 콘테스트를 공고하는 내용으로 가득한 벽을 발굴하였다.

글을 읽을 수 있는 능력이 별로 가치가 없던 암흑기 동안에는 광고에 대한 어떤 언급도 존재하지 않는다. 사실 생산품을 광고하는 것은 현관으로 고객들뿐 아니라 도적들도 불러들일 수 있었다. 중세 동안의 중상주의의 성장은 그러한 태도를 바꾸었다. 'siquis'라 불리는 공고는 대중장소에 붙여졌는데, 너무 많은 내용들이 "만일 누군가 안다면……" 또는 "만일 누군가 원한다면……"으로 시작되었기 때문에 라틴어 'si quis('만일 누군가')'에서 용어가 나왔다.

15세기 중반 유럽에서 활자가 발명된 직후에 인쇄된 광고물이 등장하기 시작하였다. 16세기의 뉴스는 때때로 광고를 실었는데 그러한 광고는 신비한 약초의 의학적 효능을 격찬하는 책을 위한 것이었다. 17세기까지 상인들은 인쇄된 글의 전단지뿐만 아니라 목판화, 자필물 그리고 아름다운 장식도 배포하였다.

프랑스의 *Journal of Public Notices* 모집광고를 위한 매체는 1612년에 발행되었다. 지금은 *Les Petites Affiches*(작은 공고문)라고 불리며 여전히 모집광고와 법조문 공고문의 전달체로서 발행된다. 그것은 세계에서 가장 오래된, 지속적인 정기간행물이라는 특징을 유지하고 있다. 영국에서는 *City Mercury*라고 불리는 일련의 광고신문들이 무료로 배포되었다.

이 시기에 인쇄된 광고는 종종 책 판매(인쇄업자들은 결국 광고뿐만 아니라 책도 인쇄하였다), 경매, 집 월세, 양념판매 그리고 방금 배에서 하역한 다른 상품들 및 달아난 말이나 달아난 견습공을 찾아주는 데 대한 보상금 등을 광고하였다. 소매단계의 식료품, 의복, 또는 가구들은 비록 거의 기적적인 경우를 제외하고 일반적으로 인쇄물로 광고되는 것들이 아니었다. 잃어버린 물건을 되찾아 줄 것을 요구하는 글이 지금처럼 그때도 실렸다.

'광고'라는 말의 유래

광고(advertisement)라는 말은 17세기 후반에 등장하여 옛 표현인 'siquis'를 'advices'로 대신하였다. 광고는 성경과 셰익스피어의 희곡에 등장하여 경고(warning)나 공고(notification)를 의미하였다.

로마의 표지판에서부터 18세기 영국의 벽보붙이기에 이르기까지 야외표지는 필요한 것, 제공하는 것 그리고 사업의 확인된 장소를 공포하는 내용을 담았다.

런던에 호딩(hoarding)으로 알려진 최초의 상업적 광고판은(Billboard : 만일 그것이 적당한 표현이라면)

1740년 런던의 의류상인에게 그 공이 돌아간다.

19세기의 산업혁명은 제조업자들이 공장에서 생산한 상품의 판로를 찾으면서 광고의 급격한 증가로 이어졌다. 마을의 외치는 사람은 활동이 적어지게 되었으나 광고는 모든 곳에 붙여졌고 경찰이나 사유지 소유자들이 그들을 막을 수 없는 한밤중에 붙여졌다. 어느 가로수 기둥도 안전하지 못하였다. 샌드위치맨은 등에, 보도는 스텐실로 뒤덮이고 빌보드가 세워졌는데 그것은 공장에서 출하되는 상품의 시장을 형성하기 위해 커뮤니케이션 도구를 사용하는 것이 중요하기 때문이다.

> 하지만 경제의 제3의 영역을 통제하지 않고는 대량생산과 분배는 완전히 통제될 수는 없다. 수요와 소비……정보를 전국적인 소비자 고객들에게 전달하는 메커니즘은 최초의 진정한 대중매체와 함께 발전하였다. 다중 교차 인쇄되는 대중우편물이 기차에 의해 힘을 받은 것이다.

남북전쟁이 광고를 전면에 싣던 미국 신문사의 관행을 종결지었다. 전쟁소식은 너무나 중요하여 안쪽 지면에 할당될 수 없었다. 전후에도 뉴스를 채운 1면은 여러 줄의 헤드라인으로 선도되어 남아 있다. 그것은 손쉽게 판매실적을 증가시켰다. 잠시 동안 하나 또는 두 개의 전면 칼럼이 계속 광고를 포함하였으나 대부분의 신문에서는 이러한 것들이 결국 안쪽 지면으로 옮겨지게 되었다. 세계 다른 곳에서는 전면에 광고가 아직도 계속 나오지만 미국의 관행은 완전히 사라졌다.

19세기 중반까지 광고자들은 그들의 새로운 배포방법으로 우표에 의한 새로운 수입 구조에 지원을 해 도움을 받는 것을 발견하였다. 이러한 직접적인 우편은 광고자가 거대한 디스플레이식과 목판으로 된 도안의 사용을 가능하게 했지만 대부분의 신문은 19세기 말까지도 도입되지 않았다. 회람 인쇄인들은 그들의 기회를 잡는데 주저하지 않았다.

19세기 종반에 잡지광고는 전국적으로 표준화된 상품의 배포를 위한 중요한 도구가 되었다. 자전거를 이상적인 운송수단으로 대중에게 판매한 것은 최초의 전국적인 광고 캠페인이었다. 그 성공은 새로운 운송도구인 자동차로 이어졌다. 잡지발행인들은 이제 편집 내용만큼이나 고객 그룹에게 관심을 갖게 되었다.

광고대행사

19세기 후반 광고의 새로운 국면은 유럽으로 그리고 세계로 퍼져나간 미국 내의 특이한 현상인 광고대리인이었다. 그 대리인 개념은 19세기 전에 신문발행인이 광고주로부터의 직접적인 광고 수용이 자신들의 위신을 깎는 것으로 간주한 프랑스에서 시작되었다. 한편 그들은 지면을 대량으로 계약자에게 팔았으며 계약자들은 그 지면을 팔 물건을 광고하려는 사람들에게 소매하였다. 이러한 개념의 일부는 후에 미국의 대리인들에게 적용되었다. 미국에서 최초의 광고대리인은 신문의 광고를 사이드라인으로서 용납한 독립적인 기업 또는 뉴스딜러였다. 지면을 중개하는 것말고는 최초의 대리인들은 아무런 서비스를 제공하지 않았다.

이런 지면 중개대리인들이 밟은 다음 단계는 각 광고를 위해 수십 부 또는 수백 부의 신문 지면을 사기로 동의한 전국 판매상품을 광고하는 사람들에게 보다 저렴한 요금을 받고 제공하는 것이었다. 대리인은 단 한번 광고지면을 설정하므로 절약된 돈이 광고주에게 넘어갈 수 있다는 점을 지적하였다. 광고대행사 주인은 그들이 다루는 미디어에 대한 자신만의 지식을 강조하였고, 특히 실제 판매실적, 신문발행인의 과장된 숫자와 일치하지 않는 숫자를 강조하였다.

일부 잡지발행인들은 광고를 거절하였고 다른 발행인들은 마지못해 수용하였다. 대부분은 그들의 판매실적 수치에 대한 질문의 강요에 불평을 하였다. 어느 한 광고대리인 조지 로웰(George Rowell)은 *Haper's Weekly*의 경영자들에게 그들의 판매실적에 대해 물었을 때, 그들은 그의 광고를 거절하는 것으로 반응하였다.

시간이 지나자 대리인들은 오늘날 잘 알려진 광고의 전과정을 대행하는 대행사들이 자리하기 전까지 카피라이팅과 캠페인 계획 같은 다른 활동을 제공하였다. 로드 앤 토머스(Lord & Thomas), 아이어 앤 선(N. W. Ayer & Son) 그리고 월터 톰슨(J. Walter Thompson) 회사들은 광고자가 요구하는 것 이상의 것을 제공했던 선구적인 대행사들 가운데 손꼽히는 것들이다. 이 기간에 가장 거대한 광고주 가운데는 시어즈 로벅, 퀘이커 오츠, 이스트만 코닥, 하인즈 그리고 내셔널 비스킷 회사 등 모두 오늘날의 대기업들이 있다.

잡지의 수치와 판매실적의 급격한 상승은 19세기 후반과 20세기 초반 동안 광고의 경이적인 성장을 도왔다. 사진판의 도안물은 광고주들에게는 고마운 혜택이었다. 대중의 마음속에 상표로 확인된 많은 제품들은 사진이 생명을 불어넣을 때까지 윤곽선만 있는 형태였다.

> 광고는 19세기 말에서야 사진제판술의 개발과 함께 순조롭게 되어가기 시작하였다. 광고와 사진은 그때부터 동의어로 이해될 수 있었고 계속 그렇게 되었다. ……사진광고나 사진기사는 대량의 즉각적인 정보와 즉각적인 인물사진을 제공하여 그렇게 우리 시대의 문화와 뒤떨어지지 않았다.

카탈로그와 매약(賣藥)

직접 배달된 카탈로그는 상품광고의 또다른 수단을 제공하였다. 몽고메리 사(Montgomery Ward & Co.)는 1872년 전단보다 큰 최초의 우편주문 카탈로그를 발행하였다. 시어즈 로벅 사(Roebuck & Co.)의 카탈로그와 잇따라 나온 다른 것들을 충분히 갖추지 못한 삶을 살다가 문명과 안락함을 조금 맛보았던 시골 촌락과 골짜기에 사는 사람들은 열심히 기다렸다. 그것들은 미국 역사의 중요한 일부가 되었다.

복권 당첨기회와 의약품들은 판매하기로 된 항목 가운데 있었는데 그것은 광고가 사기라는 인식을 심어주었으나 약간의 좋은 역할도 해냈다. 예를 들어 예일과 하버드는 일부 건물의 건축에 널리 광고된 복권의 수입에 의존했다.

의약품의 경우 머리카락을 자라게 하거나 인류에게 알려진 어떤 그리고 모든 질병을 치료한다고 약속한 엄청난 수의 엉터리 약 광고가 업자들의 부와 새로운 정기간행물의 경제적 안정 이상의 유익한 것이었는지 의심의 여지가 있다. 그런 주장은 연방정부기관이 권한을 위임받아 광고에 진실을 요구하게 될 때까지 도전받지 않았다. 일부 신문들은 자체적으로 나쁜 돌팔이 의약품은 금지하였다. 그러한 광고를 금지하려는 주요 노력은 더 이상 어느 종류의 의료광고도 인쇄하지 않기로 한 1892년 The Ladies' Home Journal에 실은 결의 내용을 따랐다. 그 잡지의 편집자 에드워드 보크(Edward W. Bok)는 널리 광고된 조제품의 화학적 성분을 분석하여 기사로 실었다. 대중은 많은 치료제들에 알코올, 코카인, 또는 몰핀이 섞여 있음을 알게 되어 충격을 받았다. 수십만 명의 어머니들은 널리 광고된 몰핀을 포함하고 있는 시럽을 가지고 이가 나려고 보채는 아기들을 달래고 있었다. 1906년에 통과된 연방 식품과 약품법이 엉터리 광고에 대한 치료제가 되었다.

상표명

몇몇 상품들이 포장되지 않은 채 나왔던 시절을 기억할 수 있는 사람들이 있을 것이다. 피클과 비누 조각은 통에 담겨 나왔다. 약사는 큰 병으로 나온 소프트 드링크 시럽과 향수를 다른 용기에 옮겨 담았다. 만일 존재하였다 하더라도 상표명은 대량의 전국적인 광고 판촉활동을 통해 금메달(Gold Medal) 밀가루, 필스베리(Pillsbury) 밀가루, 켈로그 콘플레이크(Kellogg's cornflakes), 아메리칸 토바코(American Tobacco), 다이아몬드 성냥(Diamond Matches), 보든 앤 카네이션(Borden and Carnation) 농축우유, 캠벨 수프(Campbell Soup), 하인즈(Heinz 57 foods), 퀘이커 귀리, 리글리 껌(Wrigley's gum), 프록터 앤 갬블 비누(Proctor and Gamble soap) 그리고 코닥(Kodak) 필름과 같이 집에서 사용하는 용어를 만들어내기 전까지는 거의 신경을 쓰지 않았다. 캠벨 수프 사가 최초의 대규모의 광고 판촉활동비를 지불하였을 때 그 회사 비서는 회계담당자에게 다음과 같이 말하였다고 한다. "이제, 우리는 저 돈에게 굿바이 키스를 했습니다!"

1898년 광고를 시작한 내셔널 비스킷 회사(The National Biscuit Company)는 광고를 통해 마분지 상자 안에 납지로 포장된 크래커의 청결함, 신선함 그리고 편리함을 강조하여 음식물 포장에 작은 혁명을 일으켰다.

단기간의 판촉활동으로 미국 전설에 따르면 작은 마을 사람들이 모여들었던 친숙하던 식료품점 크래커통이 제거되었다. 개방된 통과 나무상자는 캔과 마분지상자에 의해 대체되었다. 식료품점은 통에 넣은 상표가 붙지 않은 버터로 이익금을 벌어들이던 것을 그만두었다. 심지어는 농장의 식구들마저 포장되고 도장이 찍힌 음식을 구하러 시내에 들어갔다. 잡지들은 이런 모든 일을 잘해냈다.

필라델피아의 건조식품 상인 존 워너메이커(John Wanamaker)는 상점 주인들이 손님이 지불해야 한다고 생각하는 무작위식 가격을 요구하던 때에 그의 버튼과 린넨의 고정가격을 광고하였다. 그는 최초의 유명한 카피라이터인 존 파워즈(John Powers)를 고용하여 광고문을 작성하게 하였다. 수익이 두 배가 되자 다른 가게들이 주목하였다.

더 많은 광고 도구들

옥외광고는 번창하였다. 전차, 버스 그리고 지하철의 창문 위에 놓인 광고카드 행렬은 승객들의 시선을 사로잡았다. 어떤 산업도시도 광고판에서 벗어날 수 없었고 그러한 광고에서 벗어나고 싶어하는 도시가 있다는 증거도 없었다. 1891년에 최초의 전기간판이 브로드웨이에 등장하였고 그 거리는 곧 'The Great White Way'로 알려졌으며 그때 거대한 타임 스퀘어(Times Square)의 광고 간판의 섬광은 뉴욕뿐 아니라 미국을 상징하게 되었다. 네온관은 1923년 등장하여 여러 색의 빛으로 메시지를 표시하였다.

광고사업은 이미 20세기 초기의 새로운 행동심리과학에 적응하였다. 판매기술이 심리학과 통계학과 결합하여 마케팅 리서치로서 영업업무를 과학적으로 만들자 대단한 호소력을 얻어 성공하였다.

광고주의 수는 국가가 성장하는 만큼 증가했다. 광고의 양과 총 광고예산도 그렇게 증가했다. 1939년과 1956년 사이에 전국의 광고주의 수는 세 배가 되었고 그들이 광고를 통해 판매한 상표의 수는 거의 네 배가 되었다.

기억될 만한 광고는 코닥사의 "버튼만 누르세요"와 같은 슬로건과 1세기 전에 영국의 정기간행물에 나타났던 전통적인 광고선전의 배경으로 흐르던 라디오 음악이었다.

라디오 광고

라디오는 1922년 광고매체가 되었다. 그 자체만으로도 라디오산업은 폭발적인 성장을 이룩하였으나 광고를 방송으로 내보내자는 생각은 판매실적을 조금 더 거두게 하였다. 방송사들은 그들에게 사업허가를 내주는 정부의 그 당시 상공부 차관인 허버트 후버(Herbert Hoover)가 "광고 잡담 속에 익사한다"고 표현한 것에 대해 어떻게 반응할지 걱정하였다. 방송사들과 광고주들은 또한 아무도 누가 그 메시지를 받게 될지 그리고 무슨 효과를 발생시킬지 또는 누가 주의를 기울이기나 할 지에 대해 아무런 대안도 없는 상태로 공중파(또는 '에테르')를 타고 나가는 광고에 대해 걱정하였다. 미네라라바(Mineralava) 화장품광고가 "내가 영화를 찍기 위해 화장하는 방법"에 대해 말하였던 여배우 메리언 데이비즈의 사진을 무료로 제공하였을 때 안심이 될 만한 대답이 나왔다. 수백 명의 청취자들의 주문이 쇄도하였다.

20세기의 전반부 광고산업에서 중요한 인물인 알버트 라스커(Albert Lasker)는 그의 대행사인 로드 앤 토머스(Lord & Thomas)를 주로 라디오로 끌어들였다. 그의 대행사는 가장 유명한 에이모스 앤 앤디(Amos 'n' Andy)를 포함하여 많은 초기 라디오 쇼를 제작하였다. 1920년대에는 라디오가 무료 가족오락 도구로서 급속한 성장을 이루었고 오직 유료방송은—초기 라디오 세트 구입 후에 따르는—노래로 만든 광고를 들어야만 했다. 대공황 경기침체를 겪고 있는 대중에게 그것은 돈을 지불하는 것으로 전혀 생각되지 않았다. 1932년까지 광고에서는 가격이 언급되지 않았다. "Pepsi Cola hits the spot, twelve full ounces, that's a lot……"과 같은 외우기 쉬운 노래가 '히트 퍼레이드(Hit Parade)'의 어느 가사처럼 종종 사람들 머릿속에서 맴돌았다. 광고음악은 운전자들이 미국 고속도로를 달리며 줄지어 읽게 되는 유명한 미얀마 면도(Burma Shave) 광고판과 같은 옥외광고에도 등장하였다.

텔레비전 광고

광고음악은 창조적이고, 광고가 상품을 판매한다는 단순한 공고 이상의 것으로 만들려는 노력을 특징으로 한다.

대부분의 사람들이 깨닫기 전에 광고주들은 대중이 즐거운 것을 쉽게 기억한다는 사실을 깨달았다. 그러한 사실은 왜 동일한 광고를 스무 번이나 보았던 사람들이 그 광고를 스물한번째 매료되어 지켜보고 앉아 있는지를 설명해준다. 그것은 뛰어나갔던 아이가 그 프로그램이 시작되자 다시 그 광고를 보려고 달려오는 까닭이기도 하다. 더욱 많은 생각, 에너지, 노력 그리고 현금이 오늘날 텔레비전 프로그램보다 텔레비전 광고에 더 투자되고 있다.

표준화

광고업계 자체 내에서 윤리적인 기준을 설정하려고 자주 노력하였다. 19세기 후반에 ≪더 네이션(The Nation)≫의 발행인이 된 존 파워즈(John E. Powers)는 광고 문구를 개선하기 위해 캠페인을 벌였다. 그는 "광고에서의 좋은 거래, 즉 저비용은 수용할 만한 방식으로 적정 사람에게 적정 물건에 대해 말하는 것보다 비용이 항상 적게 든다"고 말했다.

1894년에 시카고에서 조직된 애거트클럽(The Agate Club)은 일반적인 관심사를 논의하기 위해 광고산업에 종사하는 사람을 규합하였다. 유사한 클럽이 다른 도시에서도 모집되어 결국 전국적인 그리고 국제적인 조직으로 발전하였다. 뉴욕 주는 최초로 부정직한 광고를 금지하는 법안을 통과시켰다.

광고에 대한 비평은 그것이 사회를 물질주의적으로 그리고 탐욕스럽게 만들어 물건의 소유를 행복과 동일시하게 하고 사람들을 그들이 소유하고 있는 것에 오래도록 만족하지 못하게 하며 항상 무엇인가 더 소유하고 싶도록 만들어 삶을 파괴하였다고 했다. 조사자들은 보통 미국인들이 깨어 있는 동안 하루에 500개의 광고를 3분마다 듣거나 보게 된다고 말한다.

규제되지 않은 광고의 의도하지 않은 결과는 광고주가 우리가 알기에 최고의 관심거리에 들지도 않았던 것을 우리가 사거나 행해야 한다고, 또는 이제까지 알지 못하였던 것을 우리가 정말 필요로 하는 것처럼 우리에게 확신을 심어주려고 할 때 느끼는 불쾌한 메시지가 되었다. 인쇄물과 방송으로 소나기처럼 쏟아지는 광고가 노후를 위해 저축하거나 사회보장의 노후보험과 연금기금으로 쓰였을 돈을 어리석게 소비하게 만들었다고 주장한다.

만일 이런 모든 주제에 대한 평론가들의 한 가지 일치를 볼 수 있는 것이 있다면 그것은 광고가 사회에 미치는 영향력을 무시할 수 없는 커뮤니케이션의 도구가 되었다는 것이지 미국에서의 모든 미디어의 광고주들이 1년에 1천억 달러 이상의 돈을 소비하는 시대가 되었다는 것은 아니다.

우편문제의 해결 Solving Postal Problems

영국과 식민지 간의 우편요금이 너무 높아 통신이 제한되었다. 식민지 거주자들은 그것을 또 다른 형태의 세금으로 간주하여 할 수 있다면 지불을 기피하였고, "대표권 없는 과세는 거부한다"라고 야유하며 외쳤을 때 거기에는 우편요금도 포함되어 있었다. 혁명과 새로운 나라가 그 뒤를 이었다.

식민시대 뉴스의 시기적절성은 바다를 가로지르는 선박의 속도에 종종 의존하였다. 북미 최초의 신문편집자는 영국으로부터 뉴스를 얻으려면 보통 두 달 정도는 기다려야 했다. 가장 빠른 선박은 일부 승객들과 가벼운 짐도 운송할 수 있었던 우편물을 배달하도록 건조된 우편선이었다. 도로가 적고 육상로는 횡단하기 어려웠기 때문에 한 식민지의 소식이 다른 곳에 도달하기 위해서 런던 신문사와 영국에서 출항한 선박을 거쳐야 하는 것은 특이한 일이 아니었다.

이 기간에는 특히 외국에서 온 우편으로 보낸 뉴스의 정기적인 배달을 담당하는 지역 마을에 위치한 신문사는 우편으로 보낸 뉴스에 그렇게 직접 접근할 수 없었던 신문사보다 높은 평판을 얻었다. 보통 신문사는 오늘날의 기준으로 보면 초라한 것이었다. 전면기사는 유럽에서 건너온 정치와 전쟁에 대한 소식으로 영국에서 도착한 신문을 베낀 것이었다. 남은 신문 칼럼은 다른 식민지의 신문에서 베낀 항목 및 독자들이 받고 편집자에게 재발행을 위해 제공한 일부 편지의 내용과 순수한 지역뉴스로서의 한두 가지 가십기사로 채워졌다.

만일 그러한 것이 모자라게 되면 시(詩)와 가능하면 광고로 그 공간을 채웠다. 혁명전쟁 이전 정치가 뜨겁게 달구어졌을 때 발행된 편지들은 점차 정치적인 내용이 되면서 카토(Cato), 키케로(Cicero), 또는 브루투스(Brutus)와 같은 로마의 정치학으로부터 따온 필명으로 서명되었다.

인쇄가이자 발행자인 벤저민 프랭클린은 또한 식민지의 우편서비스에 최초의 잉여금을 생산해낸 변화를 이룩한 우체국장이기도 했다. 그는 우체국에 단순한 요금시스템을 설정하고 우편배달부가 행하는 남용을 조사하였고, 그들이 갈 수 있는 행로를 단축시켰고, 가능한 곳은 나룻배로 우편물을 우송하는 것을 제거하였고, 무료로 운송된 곳에는 신문에 요금을 설정하였다. 그리고 유료체계로 우편시스템을 늘리기 위해 할 수 있는 모든 일을 하였다. 왕은 1774년 혁명적인 활동을 이유로 그를 해임하였다. 1년 후에 대륙의회는 프랭클린에게 독립을 원하는 식민지인들에게 소식을 전해줄 수 있는 최선책인 독립적인 우편시스템을 설립하도록 요구하였다. 미국 최초의 중요한 과학자, 최초의 중요한 발명가, 최초의 중요한 문학자, 최초의 순회 도서관, 최초의 병원 그리고 최초의 자원봉사 소방소의 건립자, 펜실베이니아 대학이 된 학교의 설립자 그리고 미국정치 시스템의 건축자인 벤저민 프랭클린은 또한 미국의 최초의 체신부 장관이 되었다. 조지 워싱턴(George Washington)은 프랑스에 파견된 최초의 미 대사와 관련하여 "올해 파리에 있는 벤저민 프랭클린에게서 아무 소식도 듣지 못했다. 그에게 편지를 보내야겠다"라고 말했다고 한다.

우체국장과 발행인

우편서비스는 신문이 아니라 편지를 운송하도록 세워졌다. 법에는 신문을 우편으로 보내는 것에 관한 규정이 없어 요금이 고정되지 않았다. 우체국장은 그가 원하면 얼마든지 신문에 대해 요금을 부과할 수 있었다. 심지어 우체국장은 실제로 우편물을 배달하는 기수들에 의존해야 했다. 발행인들은 원거리의 구독자들로부터는 요금을 징수할 수 없거나, 구독자가 죽거나 이사하여 언제 신문배달을 중단해야 할지를 알 수도 없었다. 신문을 배달하면서 구독자들에게 터무니없는 요금을 요구하고 그 돈을 주머니에 슬쩍하는 우편기수들도 있었다. 우편기수들은 정부가 주는 봉급을 받지 않았다. 그들의 수입은 수신자가 편지나 신문을 받아보기 위해 지불하는 비용에서 나왔는데, 이 시스템은 우표가 등장하여 보내는 사람에게 편지에 드는 비용을 지불하게 만든 후에도 계속되었다. 1863년까지 우편배달에 요금을 징수하지 않았고 도시배달에는 어떤 요금도 징수하지 않았다. 그때부터 그들의 우편물에 돈을 내고 싶지 않았던 사람들이 우체국장에게 그것을 우체국에서 보관하고 있으라고 요구하였다. 만일 송신자가 그들의 편지의 비용을 지불하였다면 그 비용은 우체국까지만의 배달을 포함할 뿐 어느 개인의 집에까지의 비용은 포함되지 않았다.

프랭클린의 정책은 편집자간에 신문의 무료교환을 제공하고 우체국장에게 신문 구독료를 수거하도록 지시하면서 대부분의 이러한 문제를 제거하였다. 이러한 정책으로 미국의 식민지 우체국은 영국의 우편정책을 앞서 나갔다.

만일 발행인이 뇌물을 제공하였다면 그의 신문이 배달되게 하였을 것이나 더 나은 계획이 제시되었다. 우체국장이 되지 말라는 법이 있나요? 발행인들은 자신의 신문은 배달시키고 상대 발행인들은 어렵게 만드는 확실한 길을 제시할 수 있는 직위인 우체국장으로 임명되기 위해 전력을 다하였다. 일부 우체국장은 그들 자신의 신문은 우편요금 없이 배달을 시켰다. 다른 우체국장들은 상대 발행인들의 사업이 망하도록 그 직위를 사용하였다.

발행인들이 우체국장이 되는 이점 가운데는 그들 자신의 우편물을 요금별납할 수 있다는 것이다. 즉 그들이 서명을 하여 무료로 보냈다. 우편법은 세부적으로 신문을 요금별납식 배달의 문제를 다루지 않았으나 그것은 우체국장이 공적인 우편물을 요금별납으로 처리할 수 있게 허용하였는데, 이 것을 그들은 종종 말 그대로 그들의 신문과 관련된 우편물도 포함하는 것으로 해석하고 실제 그들 자신의 신문을 포함시켰다. 그들은 또한 그들의 경쟁사가 하기 전에 속달로 배달된 신문을 받아보았다. 우체국장으로 임명이 되면 발행인들은 비록 작은 마을이 그 우체국장의 전체 봉급을 댈 수 있을 만큼 충분한 우편 수익금을 제공하지는 못하지만 요금을 수거할 수 있는 기회를 확보하여 주었고 정부의 관료가 될 수 있는 지위도 제공하였다.

거꾸로 정권을 장악한 정부는 어떤 정부이건 그들이 임명한 우체국장을 격려하여 신문사를 개업하도록 하였다. 안될 것도 없지 않은가? 우체국장직은 정치적으로 가장 수익성이 좋은 자리여서 정부는 우체국장의 이해관계가 어디에 있는지 알았다. 우편서비스는 정부 당국이 증진시키고자 하는 출판물에는 우편의 혜택을 제공하고 눈 밖에 난 출판물의 배달은 훼방을 놓아 뉴스를 조정하였다. 우체국장은 그들의 직위를 이용하여 그들 자신의 그리고 그들이 소속한 정당의 신문 판매실적을 높였다.

미국이 국가로 태어난 후에도 정치화된 관계는 계속되었다. 대통령들은 그들의 정치적 정당에 속한 사람으로 우체부 장관을 임명하였고 이 사람들은 반대로 동일한 정당의 발행인들을 지역 우체국장에 임명하여 내 등을 긁어주면 너의 등을 긁어주는 식으로 거대한 정치적 게임의 모든 부분이 이루어졌다.

신문을 위한 우편업무

두 개의 기관, 신문사와 우체국은 서로 자극을 주고 모습을 형성시키며 나란히 성장하였다. 그때 설정된 정책은 오늘날까지 영향을 미친다. 예를 들어 1820년에 우체부 장관은 지역 우체국장에게 먼 거리에 있는 도시의 신문 대신에 지방 출판물을 보도록 구독자들에게 권하라고 지시하였다. 그것으로 편집자들이 멀리 떨어진 거대 도시신문사가 당해낼 수 없는 지역 뉴스의 양을 증가시키게 되었다. 이러한 변화가 있기 전까지는 대부분의 지방신문사들이 지방소식은 무시하고 전국적인, 국제적인 그리고 수도권의 뉴스만을 강조하며 도시 신문사를 모방하였다. 오늘날은 지역소식이 모든 신문 특히 작은 공동체에 속한 신문들의 주요 상품으로 남아 있다.

우체국은 신문사를 위한 많은 서비스를 제공하였다. 속달 뉴스의 신속한 운송, 신문배달, 편지 운송을 통한 구독판매, 값싼 우편료, 지방 내에서의 무료배달, 편집자간 신문의 무료교환 그리고 심지어는 외국 발행인과의 교환조정들이 있다. 편집자간 이러한 신문의 무료교환은 특히 19세기 전반기에 유용하였다. 의회는 1875년 신문사에 대한 요금별납 예산을 중단하였으나 값싼 2등급 우편요금은 계속되었다.

연합통신과 같은 뉴스 서비스가 만들어지기 전에는 신문의 교환은 정보를 작은 신문사가 있는 시골 구석까지 아주 멀리 이동시키는 유일한 정규적인 수단이었다. 대부분의 신문의 주요 상품이 도시소식이 되고 많은 신문이 당파적 성격을 지니게 되자 그들의 편집자들은 기사와 해설을 특히 그들의 당을 지지하는 워싱턴에서 찾았다. 동시에 워싱턴과 뉴욕 정당신문사는 그들의 관점을 지지하는 시골신문사에서 기삿거리를 얻었다. 연합통신이 19세기 후반에 성장하자 이러한 관행은 사라졌다.

우편물의 운송

18세기 후반에 소식이 배포되는 데 시간이 얼마나 걸렸는지 알려면 독립선언문이 여러 도시에서 신문에 인쇄되는 데 걸린 시간으로 판단해볼 수 있을 것이다. 필라델피아에서 1776년 6월 4일 승인받아 사흘 후 필라델피아의 신문에 보도되었다. 닷새 뒤에 볼티모어 신문에 발표되었고 엿새 뒤에 뉴욕에 보도되었고 11일이 지나서 하트포트 신문에, 14일이 지나 보스턴 신문에, 18일이 지나 메사추세츠 워터타운에 보도되었다. 선언문 전문은 의심할 것 없이 이런 도시들에 며칠 전에 도착하였으나 편집자들은 그것을 보도하기 위해 다음 예약된 발행 때까지 기다려야 했다.

1812년의 전쟁 종결 조약이 승인된 후에도 뉴올리언스의 전투는 6주 동안 계속되었다. 평화조약이 어떤 영향력도 발휘하지 못하는 동안 뉴올리언스 전투는 앤드류 잭슨(Andrew Jackson) 장군의 명성을 상당히 높여주었다. 만일 평화조약소식이 즉각 전달되었다면 역사의 수레바퀴가 어디로 굴러갔을지는 상상해볼 수밖에 없는 일이다.

건달의 매체는 분명히 신문이 우편배달부의 등에 가하는 무게 때문에 신문의 배포가 제한되었다. 도로를 이용할 수 있게 되었을 때 사륜마차나 역마차는 우편물을 실어 날랐다. 우편배달부는 증가된 신문의 무게를 감당하지 못했고, 그래서 그들은 하역 지점에 쌓아놓았다.

때때로 승객들과 짐을 실을 공간을 확보하기 위해 포대에 든 신문들을 역에 떨구어놓았다. 잡지의 경우 우체국장은 시설이 부적절할 경우는 배달을 거부할 수 있는 권한이 있었다.

편집자들과 독자들은 의회가 우체국이 신속하게 그 서비스를 확장하도록 고무한 1785년 후에 우편을 위해 일반적으로 사용하게 된 운송수단인 역마차를 더 많이 제공하도록 압력을 가했다. 황무지를 통과하는 우편도로가 건설되자 신문을 실어나르는 역마차들이 다니게 되었다. 최초의 우편도로는 동쪽 해안선과 평행으로 북남방향의 축을 따라 달렸다. 그 다음 우편도로는 동쪽 해안도시에서 서쪽 해안에 건설되는 도시로 확장되었다. 우편도로는 서부지역의 도시와 마을을 직접 연결하며 더욱 성장하였다. 우편도로의 건설이 지연되었을 때는 신문이 드물었다.

1817년 존 칼하운(John Calhoun) 의원은 의회에서 "완벽한 도로와 수로를 통해 국가를 결집시켜야 한다. ……이렇게 하여 서부지역의 시민은 신문사에서 잉크도 마르지 않은 보스턴의 뉴스를 읽어보게 될 것이다. 우편물과 신문은 정치라는 몸체의 신경이 된다"고 강조했다.

미국 우편서비스의 시작과 발전에 대한 설명은 항상 로맨스 소설을 읽는 것처럼 읽힐 것이다. 그 누구도 황무지를 통과하고 산과 평지를 가로질러 갔던 외로운 우편배달부나 우편마차 기수에 대해, '포니 익스프레스(Pony Express)'에 대해, 또는 널리 퍼진 정착민들에게 전달된 육로우편에 대해 알게 될 때는 그 견디기 어려운 시대의 남자와 여자에 대한 지속적인 존경과 선구자 정신에 감동하지 않을 수 없다.

18개월 밖에 지속되지 못했던 유명한 서부 포니 익스프레스는 농축된 양의 소시을 양병향으로 선 달하였다. 반 온스당 1달러에서 5달러에 이르는 비용 때문에 개인편지는 거의 운송되지 않았다. 반대로 사업상의 편지와 뉴스 속달은 기수의 행낭에 가득 찼다. 비록 몇 명의 기수들이 심하게 부상을 입었으나 오직 한 명의 포니 익스프레스 기수만이 근무중에 살해되었다. 기수 모집광고문은 다음과 같았다.

> WANTED : YOUNG, SKINNY, WIRY
> FELLOWS NOT OVER 18,
> MUST BE EXPERT RIDERS
> WILLING TO RISK DEATH DAILY.
> ORPHANS PREFERRED.
> WAGES $25.00 PER WEEK.

남북전쟁이 시작된 지 1년 후 전보가 국토 전역으로 퍼졌고 포니 익스프레스는 사라졌다. 전보는 과중한 요금을 기꺼이 지불하려는 사람들에게 내부지역과 샌프란시스코 간의 시간에 민감한 우편물의 도관(導管)으로서 그것을 대체하였다. '정보'는 이제 몇 분 만에 캘리포니아에서 미주리와 동쪽 지점으로 이동할 수 있게 되었다. 그러나 사랑하는 사람들이 보낸 편지는 여전히 해안에서 해안으로 니카라과 또는 파나마를 거쳐 그리고 역을 거쳐 이동하는 데 몇 주일이 걸렸다.

신문과 잡지의 경우 서부로의 철도 확장은 불규칙적이고 불확실하던 신문의 배포 문제를 대부분 해결하였다. 기차는 엄청난 양의 출판물을 대단한 속도로 운송할 수 있었다.

사색가들은 초기 정보를 섭렵하였다. 목화 값의 등락으로 이어지는 뉴스를 가지고 처음에 도착한 메신저는 똑똑한 경영자에게 많은 이익을 약속하였다. 우체국이 이익을 가져다주는 방식으로 정보를 전달하는 데 실패할 때, 사설 우편회사가 나타났다. 오늘날의 연방우체국과 같은 공공우체국과 경쟁적인 이러한 회사들은 전보가 도착하기 전까지 정보전달에 있어 중요한 요소가 되었다. 이러한 서비스들을 따라 신문사는 뉴스속달을 수집하고 전송하기 위해 그룹의 발행인들로 연합되었다. 미국의 멕시코전쟁 동안 여러 주요 북동지역의 일간지는 국가우편을 물리치기 위해 기수, 빠른 선박, 철도 그리고 전보의 비용을 공동부담하였다.

국제협약

만일 각 나라의 우편 규정이 혼동된다면, 문제는 국가들 사이에서 더욱 복잡해질 것이다. 비록 나라 간에 자발적인 협동이 이루어지기는 하지만 각 나라에는 그 국가만의 규칙, 가격 그리고 중량 단위, 심지어는 다른 나라에서 보내오는 우편물에 대한 의심도 있다.

(미국에서) 영국으로 온 편지는 만일 그 무게가 반 온스 이상이 아니면 24센트였고 반 온스에서 1온스 사이면 48센트였다. 그리스에 도착한 편지는 만일 그 무게가 반 온스 아래면 57센트로 사우스햄프턴을 거쳐 영국 선박으로 전달되었다. 그리고 총비용을 미리 지불할 수도 있었다. 그러나 만일 편지가 미국 선박으로 브레멘과 내륙 안으로 더 전달될 경우에는 보내는 사람이 20센트를 미국 우체국에 미리 지불하고 나머지는 받는 사람에게서 받았다. 만일 편지의 무게가 1/4온스 이상 나갈 경우엔 총비용은 57센트 이상에 달했다.

국가들은 양측의 우편조약에 서명하였다. 강한 국가들은 우편 수익금뿐만 아니라 정치적인 압력을 행사할 수 있는 잠재성 때문에 이동지점이 되려고 하였는데 그 나라의 우편물이 운송 중에 다른 나라에 의해 다루어지면 그 국가는 의존적인 입장에 놓이게 되었기 때문이다. 강하건 약하건 모든 국가는 통과세를 환영하였다.

1874년 스위스의 베른에서 가진 국제회의에서 만국우편연합(Univesal Postal Union)이 탄생하였다. 외국 우편에 대한 단일요금이 확정되었고, 각 국가는 우표판매시에 그 돈을 포함시켜 외국 우편을 무료로 배달할 것이며 국가는 더 이상 임의적으로 행동할 수 없게 되자 임의적인 처우에 따른 불만사항을 해소하게 되었다. 그 조약의 결과 비용이 절감되고, 서비스가 향상되고 우편물 조작은 권력의 국제적 책동과는 관련이 없게 되었다. 만국우편연합(UPU)의 국제사무소는 베른에 세워졌고 그곳에 남아 있다.

우표와 같이 국제적인 우편 합의는 대중매체 혁명의 일부가 되었다. 만국우편연합은 또한 세상에 그들이 평화적인 목적을 위해 조화를 이루어 행동하게 되면 어떻게 이익을 얻게 되는지에 대한 교훈을 남겨주었다.

사진 Photography

사진은 가장 시각적이고 현 정보시대의 아마도 가장 지배적인 요소이다. 2세기도 채 되지 않아서 그것은 일상의 대부분 속에 들어와 사진 없는 사회를 상상하기가 어렵게 되었다.

고대의 기원

사진기술은 고대에 뿌리를 두고 있다. 옛 도시의 햇볕이 빛나는 길거리를 상상해보라. 캄캄한 방이

그림 3-3 이집트인들은 그림자를 잘라내기 위해 가위를 사용했다. 사람들은 항상 측면으로만 그려졌다.

달린 집을 상상해보라. 길을 마주하고 있는 벽에 난 작은 구멍을 상상해보라. 사람들이 그 구멍을 지나 걸어갈 것이다. 만일 당신이 그 방안에 앉아 구멍 반대편의 벽을 바라본다면 그 사람들의 영상이 거꾸로 뒤집혀 있는 것을 보게 될 것이다. 세상이 벽에 구멍이 난 암실로 가득하기 때문에 이 현상은 수 세기 동안 알려졌다. 아리스토텔레스는 기원전 4세기에 그것을 언급하였다. 아랍의 학자 알하젠은 11세기에 그것을 장황하게 설명하였다. 후대에는 레오나르도 다 빈치가 그렇게 하였다. 사진의 시작은 라틴어의 'camera(방)'와 'obscura(암흑)'에서 나온 카메라 옵스큐라(camera obscura)였다.

16세기 동안 이탈리아에서는 카메라 옵스큐라 —여전히 방인— 는 제도와 그림을 보조하였다. 영상을 밝게 하고 선명하게 하려고 예술가들은 작은 구멍에 렌즈를 설치하였고 그 상을 보존하기 위해 종이 위에 그것을 대고 투사하였다.

집에 있는 방이 지닌 문제는 그 방의 반대편의 모습만을 볼 수 있다는 것이다.

만일 그 방을 휴대할 수 있다면 당신은 어느 장소에나 그것을 가지고 갈 수 있을 것이다. 17세기까지 휴대가능한 방이 지어졌는데 보통 일종의 텐트였다. 사용자들—대부분 화가와 건축가들—이 실제로 그 방안에 서 있을 필요가 없다는 것을 생각하였을 때, 카메라 옵스큐라는 우리가 지금 지니고 있는 사진기의 원조가 되는 팔로 들고 다닐 수 있는 크기의 상자로 축소되었다. 그것은 들여다보는 구멍, 렌즈 그리고 때로는 거울 및 얇은 종이가 영상을 투사하기 위해 놓일 수 있는 평면유리를 갖추고 있었다.

심지어 더욱 작은 휴대용 장치인 카메라 루시다(camera lucida)는 종이 위로 놋막대에 유리 프리즘이 매달려 있었다. 프리즘을 통해 바라보면서 예술가는 한 장면의 영상이나 얼굴을 종이 위에 투사하였다. 그런 투사작업은 아직도 많은 수작업을 필요로 하지만 예술가들의 각인작업을 떠나서는 영상을 재생산할 도리가 달리 없었다.

사진의 화학적 바탕

화학적 발견은 결국 실재를 존재하는 모습 그대로 보통 연필로 그리지 않고 '자연의 연필'로 불리게 될 것으로 담고자 하는 희망을 만족시킬 방법을 제공하였다. 수천 년 동안 사람들은 컬러가 바깥 세상을 변화시킬 수 있음을 보아왔다. 식물은 녹색이 되었다. 셔츠의 색은 햇빛에서 바랬다. 일부 은염(銀鹽)이 밖에서는 검게 되는 것으로 알려졌다. 일부 사람들은 이러한 현상의 원인이 공기나 태양의 열과 관련이 있다고 믿었다. 그들은 틀렸다. 그것은 공기도 열도 아니었다. 그 변화의 원인은 빛이었다. 독일 과학자 요한 슐츠(Johann Schulze)는 어떤 은복합물이 들어 있는 병의 햇볕에 노출된 부분이 검은 제비꽃색으로 변하는 것에 주목하였다. 그

그림 3-4 카메라 옵스큐라는 상(像)을 정확히 기록하는 수단이었다. 사용자는 그것을 종이 위에 투사해 베꼈다.

변화의 원인이 열이 아니라 빛이라는 그의 이론을 시험하기 위해 그는 어두운 종이에서 일부 철자의 형태를 잘라내었다. 슐츠는 은복합물의 병을 그 종이로 덮고 햇볕에 놓아두었다. 잘려나간 철자부분을 제외하고는 어떤 온도 빛에 노출되지 않았다. 잠시 후에 잘려나간 철자의 검어진 영상이 은에서 나타났다.

유명한 도기를 제조한 가문의 토머스 웨지우드(Thomas Wedgewood)는 그가 빛에 노출시킨 화학적으로 처리된 종이에 대고 유리 위에 나뭇잎을 놓아두어 사진의 접촉 인쇄를 시도하였다. 사진을 방문객들에게 보여주기 위해 그는 흐릿한 촛불로 잠깐 동안만 그것들을 전시하는 것과 같은 전략을 자주 사용해야 했다. 이러한 처리 절차마저도 전체 사진이 검게 변하기 전까지 제한된 시간 동안에만 사용될 수 있었다.

1827년 정확히 슐츠가 그의 발견을 출판한 지 1세기 후에 그리고 다양한 화학품을 실험한 10여 년이 지나 프랑스 발명가 요셉 니엡스(Jeseph Niepce)는 카메라 옵스큐라를 사용하여 창문 밖의 정원을 담은 세계 최초의 진정한 사진을 생산하는 데 사용하였다. 백랍판 위에 에칭되었다. 노출시간은 여덟 시간이어서 사진에 담긴 해가 옥상의 양면에 비추고 있는 듯하였다.

다게르와 탈보트

파리를 여행하던 중 니엡스는 카메라 영상을 포착하려고 시도하고 있던 화가이자 연극제작자인 루이 다게르(Louis Daguerre)를 만났다. 그들은 결국 동업자가 되었다. 니엡스의 사후에 다게르는 그 처리과정을 계속 향상시켰고 1837년에 놀라운 품질의 빛과 그림자로 이루어진 정물사진을 생산해냈다. 은도금된 구리판 위에 놓인 사진은 옥소 연기에 노출되어 한 겹의 빛에 민감한 은(銀)은 옥화물을 생산하였다.

다게르는 그의 결과물에 자신의 이름을 붙여서 다게르타입(daguerreotype)이라고 하였다. 노출된 판은 최종 사진이었다. 음화원판은 없었다.

다게르가 프랑스에서 실험하는 동안 카메라 루

시다로 그리는 어려움 때문에 좌절한 아마추어 영국인 과학자 윌리엄 폭스 탈보트(William Fox Talbot)는 잎, 깃털 그리고 레이스 조각과 같은 객체를 염화물로 처리된 반투명종이 위에 직접 놓고 사진을 촬영하는 데 어느 정도 성공하였다. 이 방법은 암흑 부분과 빛 부분이 반전된 원판영상을 만들어내는 것이었다. 반투명지는 폭스 탈보트와 다게르가 할 수 없었던 어떤 것, 어느 정도의 양화를 만들어낼 수 있게 하였다. 폭스 탈보트는 곧 엄청난 양의 빛을 필요로 하기 때문에 건물을 선택하여 사진을

그림 3-5 1839년 탈보트가 제작한 나뭇잎사진 '발광성 그림'. 반투명종이가 복사를 가능하게 했다(자료제공 : 조지 이스트만 하우스의 국제사진박물관).

찍었다. 사진술의 화학적 그리고 광학적 향상이 이루어진 몇 년의 세월이 지나자 그는 사람들을 사진에 담을 수 있게 되었는데, 그의 사진은 오랜 노출 시간을 필요로 하였기 때문에 사람들은 움직이지 말라는 지시에 딱딱한 자세를 취하였다.

프랑스 예술가 다게르와 부유한 영국 식물학자 폭스 탈보트는 독립적으로 작업하였고 서로 모르고 있었으나 그들은 유사한 사진을 유사한 화학물과 장비를 사용하여 생산하였다. 한 가지 차이점은 다게르의 작품의 품질이 훨씬 우수하였다는 것이다. 다른 점은 폭스 탈보트는 그의 음화에서 양화 영상을 복사할 수 있었다.

빛이 비추는 방에서 보게 되면 매번 영상이 어두워지는 문제는 1839년 소듐 티오황산염[여전히 오늘날에도 사용되며, 하이포(hypo)라고 보통 불린다]으로 노출된, 인화된 영상을 처리하고 물로 세척하여 해결하였다. 그 개발자는 잘 알려진 영국 과학자이자 폭스 탈보트의 친구인 존 허셀 경(Sir John Herschel)은 폭스 탈보트의 '발광성 그림(photogenic drawing)'이란 말을 대체할 '사진(photography)'이란 말과 '역전복사(reversed copy)'와 '재역전복사(rereversed copy)'라는 용어를 대체할 양화(positive)와 음화(negative)라는 용어를 고안했다.

향상된 기술은 증가하는 아마추어 사진작가들에게 신속하게 확산되었다. 1847년 파리에서만 약 50만 개의 사진판이 사용되었다. 더욱 작은 사진기가 제작되자 사진판의 크기도 축소되었다. 새로운 화학물이 그 판을 더욱 빛에 민감하게 하여 노출시간을 단축시켰다. 오스트리아에서 조셉 펫즈발(Josef Petzval)이 고안한 초상 렌즈는 노출에 필요한 시간을 30초로 단축시켰다. 초기 미국 실험가들 중 한 사람은 화가인 사무엘 모스(Samuel Morse)였는데, 그는 곧 다른 종류의 통신 수단, 전보로 유명하게 되었다.

사진은 햇볕이 비치는 야외에서 찍을 수 있을 뿐만 아니라 어디에나 개점을 한 새로운 초상 스튜디오 안에서도 찍을 수 있었다. 다게르타이피스트(daguerreotypists)로 알려진 사진작가들은 활기찬 사업을 하였고 그들의 사업은 화가로부터 벗어났다.

1850년대까지 사진을 찍는 비용은 보통 사람들이 이용할 수 있을 만큼 하락하였다. 가족사진이 유행하였고 특히 아이들 사진이 부분적으로는 높은 사망률 때문에 인기가 있었다. 많은 아이들이 오늘날은 보통 통제할 수 있는 홍역과 같은 유행병으로 사망하였다. 한 광고문구는 다음과 같았다. "본체가 사라져버리기 전에 그림자를 확보하라." 19세기 중반에 사진사들은 관에 누운 시체를 사진으로 찍을 준비가 되었다고 광고하였다.

> 하류층에 속하는 가족이 지닌 애정의 가치가 무엇인지 아는 사람은 그리고 노동자들의 벽난로 위에 붙어있는 작은 초상…… '캐나다에 간' 소년, '근무상 외지에 나간' 소녀, 국화꽃 밑에 잠들어 있는 금빛 머리의 작은 아이들, 시골에 있는 늙은 할아버지 — 사진의 행렬을 본 사람은 아마도 6페니 사진이 세상의 모든 박애주의자보다 가난한 사람을 위해 더 많은 것을 하고 있다는 것에 동감하게 될 것이다.

그림 3-6 습판사진사들은 화학물질을 급히 사용해야 했으므로 어디를 가든지 암실을 끌고 다녀야만 했다.

습판사진

1851년 프레드릭 아처(Frederick Archer)의 소개로 등장한 습판사진 처리과정은 은판사진법과 폭스 탈보트의 '탈보타이프(talbotype)'를 대체하였다. 그것은 이전에 이용한 어느 것보다도 훨씬 많은 감도와 짧은 노출시간을 제공하였다. 그것은 은판사진법으로는 할 수 없었던 한 판으로 다중인쇄를 가능하게 하였다. 한편으로는 그 처리과정이 복잡해지고 정돈되지 못하였다. 사진은 습판에서 노출되어야 했고 즉각 인화되어야 했거나 감광유제가 말라서 사진이 보이지 않게 되었다. 화학처리는 상당히 신속하게 암실에서 일련의 처리과정을 거쳐야 했다.

그것은 길 위의 사진사들이 암실을 수반하고 있어야 한다는 뜻이었다. 습판처리법으로 사진을 찍기 위해서는 사진작가가 유리판을 수술 드레싱에 사용되는 것과 같은 맑고 진하고 끈적한 용액 콜로디온으로 덧칠해야 했다. 다음은 사진판이 한 겹의 빛에 민감한 은은 옥화물로 덧칠된다. 그 다음 사진판은 즉각 카메라에 끼워져서 사진을 찍을 수 있게 된다. 노출 후에는 아직 습기 있는 유리판이 인화되고 고정되고 얼룩이 세척되었다.

세상찍기

자신의 손에 역사를 기록할 수 있는 새로운 방법을 쥐고 있다는 사실을 깨닫고 여행자들은 세계 먼 곳으로 무거운 카메라와 암실장비를 끌고 가고 싶어 참지 못하였다. 1854년에 고대 이집트 유적물의 사진첩이 출간되어 사람들은 최초로 그러한 영상을 소유하게 되었다. 종이로 결합되고 책으로 묶인 실제 사진이었다. 정규 책 페이지 위에 글과 함께 사진을 인쇄하기 위해서는 19세기 말에 사진제판술이 충분히 진보할 때까지 기다려야 했으며 그 후에 신문과 잡지는 사진을 담아 꽃을 피웠다.

그 동안 대중은 사진이 인쇄된 페이지에 함께 제본되어 책으로 나오는 것을 보았다. 여행사진들은 유명한 환등기 슬라이드(lantern slide) 쇼에서 특집작품으로 상연되었다.

그것은 아직도 복잡하고, 성가시고 그리고 혼잡한 사업이었다. 사진작가들은 무거운 카메라, 렌즈 그리고 삼각대는 말할 것도 없이 수백 파운드의 화학약품 및 유리판, 접시, 계량기, 깔때기 그리고 양동이를 운반할 마차가 필요했다.

그들은 식민지시대, 먼 곳에서 벌어지는 전쟁 그리고 바다 건너 각지로 여행하는 것에 대한 본토 사람들의 궁금증을 담아오기 위해 여행을 하였다. 로저 페턴(Roger Feuton)은 영국인 제임스 로버트슨(James Robertson)과 함께 포장마차에 암실을 싣고 1855년 크림 전쟁터로 떠났다. 이탈리아인 펠리체 베아토(Felice Beato)와 로버트슨은 인도에서 발생한 영국에 대항한 반란의 결과를 기록하였다. 베아토는 중국으로 가서 아편전쟁을 사진에 담고 다시 새

사진 3-7 사진작가들은 일종의 저널리즘을 제공하였다. 펠리스 베아토는 1860년 아편전쟁 당시 영국과 프랑스의 침공을 촬영했다.

롭게 바깥 세상에 개방하고 외부인들에 대한 굉장한 환상을 가지고 있던 일본으로 갔다. 1858년 최초의 항공 사진이 열기구에서 촬영되었다.

역사상 최초로 집에서 안전하게 있는 사람들이 전쟁 중에 벌어지는 실상을 어느 정도 볼 수 있게 되었다. 그들은 곧 미국 남북전쟁에서 벌어진 전투의 결과를 담은 잔인한 사진들을 더 많이 보게 되었다. 잘 알려진 뉴욕의 초상 사진작가 매튜 브래디(Mathew Brady)는 다른 사진작가를 고용하여 생명의 위협을 어느 정도 무릅쓰고 그들의 습판장치를 담은 모양새가 어색하고 덜커덕거리는 마차를 타고 전장을 여행했다. 남북전쟁이 끝났을 때, 그들은 전장과 야영지, 살아 있는 군인, 죽은 군인, 장교 그리고 남자, 무기 그리고 장비들을 담은 7천장 이상의 사진을 찍었다. 그들의 사진은 전쟁이 지닌 영광을 벗겨내버렸다. — 사납고 비참하여 그 목적이 얼마나 고상한가는 중요하지 않았다. 브래디 자신도 불런(Bull Run) 전투에서 거의 죽을 뻔하였다. 다른 사진작가들은 전쟁의 상처를 기록하기 위해 브래디를 따랐다.

전쟁 후에 일단의 사진작가들이 서부로 가서 몇 년 후에 시각적인 기록(Visual documentary) 서류의 전통이 된 일을 계속해나갔다. 3백에서 4백 파운드의 습판장비와 화학물을 노새 등에 싣고 그들은 아메리카 인디언, 인간의 거주 흔적이 없는 위대한 전경, 철도의 도래, 탄광, 정착민들 그리고 카우보이를 담은 영구적인 기록을 후세에 남기려고 떠났다. 1871년에 찍었던 윌리엄 헨리 잭슨(William Henry Jackson)의 사진은 최초의 국립공원으로 옐로스톤을 설정하려는 정치적인 노력에 도움이 되었다. 이것은 사진이 사회적 변화에 영향을 끼친 최초의 사건이었다. 그것은 마지막이 되지 않을 것이다.

추문 폭로자의 사진

저널리스트들은 사진이 정보를 제시하는 도구로서 뿐만 아니라 감정을 자극할 수 있는 도구로 인식하게 되었다. 뉴욕시경 리포터로 고용된 덴마크 이민자 제이콥 리이스(Jacob Riis)는 상류층이 무시하고 있는 가난한 사람들의 인간성을 드러내기로 결심하였다. 리이스는 슬럼가의 상태를 드러내기 위해 글과 사진을 모두 사용하였다. 그는 사진이 사회적인 변화를 일으킬 수 있다는 사실을 인식한 최초의 사람들 중 한 사람이었다. 리이스는 개인적인 사명감으로 그의 원시적인 섬광장비가 한 방 가득히 잠자는 사람들을 놀래거나 실제로 집에 불을 내었을 때조차 계속 나아갔다. 한때는 사진이 이제까지 어두움에 감추어졌던 것을 최초로 찍을 수 있게 만들어준 최근의 고안품인 그의 섬광분으로 인해 그 자신이 불에 붙기도 하였다. 섬광전구는 1925년 전까지는 개발되지 않았으나 접시 위에 놓인 섬광분이 방안을 환하게 밝혀줄 수 있었다. 때로로 그것은 한 가지 이상의 여러 방식으로 그렇게 하였다!

리이스의 책, 『다른 반쪽은 어떻게 사는가(How the Other Half Lives)』와 『가난한 아이들(Children of the Poor)』은 추문 폭로라는 이름으로 알려진 끔찍한 상황을 캐내어 대중에게 알리는 노력의 중요한 일부가 되었다. 추문 폭로자라 불리는 모욕은 개혁가들이 자랑스럽게 달았던 진흙투성이의 배지였다.

리이스의 계승자 가운데 사회학자 루이스 하인(Lewis Hine)은 유럽에서 엘리스 섬으로 쏟아져 들어온 이민자들의 비참한 삶을 기록하였다. 그 섬에서 그들은 고약한 냄새가 나는 집과 빵을 사기에 충분한 돈을 벌어들이지 못하는 노동자를 착취하는 공장으로 이동하였다. 1908년에 하인은 국립 어린이 노동위원회의 조사자로 고용되었다. 하인은 "나는 고쳐져야 될 것을 보여주고 싶었다"고 말하였다. 그는 특히 식품처리농장, 공장 그리고 탄광에 보내진 아이들에게 초점을 맞추었다. 그는 매번 그들을 드러내 보여주었다. 그의 사진은 잡지, 책, 강의에 이용되는 슬라이드 쇼 그리고 여행사진 전시회에도 등장하였다. 그의 사진출판은 아이들을 탄광과 공장에서 빼내 학교로 되돌려 보내게 만든 아동노동법을 통과시키는 역할을 하였다.

리이스와 하인은 초기 사회적 다큐멘터리 사진작가에 든다. 1930년대의 대공황시기에 도로시어 랭(Dorothea Lange), 워커 에반스(Walker Evans) 그리고 벤 샨(Ben Shahn)은 그 전통을 이어갔다. 짓밟힌 사람들에 대한 연민과 사회부정에 대한 분노의 감정에서 사회적 다큐멘터리 활동사진이 주로 영국과

그림 3-8 사회학자 루이스 하인은 학교에 갈 기회를 박탈당하고 아침부터 저녁까지 일해야만 하는 아이들을 촬영했다. 아이들은 여기에서 완두콩을 까고 있다.

미국에서 솟아났으나 점점 전세계에서 가치 있는 표현이 나타났다.

사진조판

일부 다큐멘터리 사진작가들은 사진잡지를 만드는 길을 발견하였다. 이런 잡지 가운데 가장 두드러진 것은 *Life*로 1936년 최초로 발간되었으나 사진인쇄 자체는 그보다 훨씬 이전에 이루어졌다. 사실 그것은 사진 자체만큼이나 오래된 것이었다. 주간지 *Illustrated London News*는 1842년 보통 예술가의 스케치를 나무판에 조각된 목판조판으로 출판하기 시작하였다. 신문은 영상을 재생산할 수 없었다.

사진제판은 현대의 사진제판가들보다 목공예가들에게 더 가까웠다. 초기에 그들은 그림과 은판사진법의 사진을 나무제판으로 제작하였다. 이미 살펴보았듯이 다게르타입의 은판식 사진법은 단일 영상이었다. 사진의 진정한 출판은 보통 사진을 찍어 그것을 반음영, 또는 회색톤의 사진으로 그리고 동일한 페이지에 활자처럼 인쇄할 수 있는 사진으로 변조시키는 기술의 발전 없이는 불가능하였을 것이다. 사진제판술은 영국에서 시작하였으나 코넬 대학의 프레드릭 아이브스(Frederick Ives)가 사진을 작은 점으로 분리하여 잉크를 묻혀서 밝음에서 어둠으로 일련의 톤을 가진 영상을 만들어내는 반음영의 처리과정을 창안한 1878년까지는 그 결과가 형편없었다. 반음영법은 대중매체의 역사에서 위대한 발전의 하나인 포토저널리즘을 이룩하면서 글자와 사진을 합쳐놓았다.

사진은 이제 인쇄될 수 있었으나 그것들은 신문인쇄의 질 — 종이 자체 — 이 19세기 말에 향상될 때까지는 신문에 일반적으로 사용되지는 못하였다. 그러나 사진은 주간지 저널과 잡지에서는 볼 수 있었다.

불량주택지역(Shanty-Town)이라는 제목을 단 최초의 신문사진은 1880년 3월 4일 뉴욕의 *Daily Graphic*에 등장하였다. 19세기 말에 사진은 정규적으로 신

그림 3-9 발명가 체스터 칼슨이 제록스 복사기의 원형을 실험하고 있다. 그는 복사기를 판매하기 전에 15년 동안 지로그라피를 연구했다.

문과 잡지에 인쇄되었다.

기술이 과학사진의 가능성을 넓혀놓자 개혁은 계속되었다. 빌헬름 뢴트겐(Wilhelm Roentgen)은 X-레이를 1895년에 발견하였다. X-레이사진은 1년 후에 나왔다.

복사기

비록 20세기 중반에야 대중에게 도착하였지만 사무실 복사기는 이 정보 개혁물의 목록에 속하는 또 하나의 통신도구로서 다니엘 J. 부어스틴(Daniel J. Boorstin)이 "경험의 반복성"이라 불렀던, 사회를 민주화하는 데 중요한 요소를 제공한다.

고대 그리스는 호박과 실크를 마찰시켜 머리카락을 끌어당기는 정전기를 만들어내는 실험을 하였다. 전기의 화학적 성분에 대한 체계적인 관찰이 19세기에 시작되었다. 20세기에 과학자들은 그들의 연구를 확장하여 광전도율(photoconductivity)로 알려진 것을 빛의 구성요소에 포함하였다. 관련 연구는 텔레비전에서 실행되었다.

물리학자와 특히 대리인으로 훈련받은 체스터 칼슨(Chester Carlson)은 문서를 복사하기 위해 카본지보다 더 좋은 수단을 발견하려는 특정한 목적을 가지고 실험을 계속하였다. 대공황기 동안 독일 피난 과학자의 보조를 받아 뉴욕 퀸즈 자신의 아파트 부엌에서 대부분 작업을 하며 실험을 시작한 지 3년 후에야 최초의 고정된 영상을 생산하였다. 그는 자신의 발견물을 그리스어로 마른 글쓰기라는 뜻의 지로그라피(xerography)라 불렀다. 그가 이루어낸 업적은 인디아 잉크, 손수건, 납지, 형광, 유황, 이끼 가루, 현미경의 유리슬라이드판 그리고 작은 금속판 등의 결합이다. 칼슨은 하나의 주요 기업과 다른 기업으로 자신의 발명품을 가져갔으나 각각 그가 '관심의 열성적 부족'이라고 불렀던 모습을 보여주었다.

결국 제록스를 제조한 작은 회사는 1950년 그 첫 모델인 보통 종이를 사용한 복사기를 판매하였다. Xerox 914(9×14인치로 복사해내는 것을 의미함)의 성공은 세상을 깜짝 놀라게 했다. 6년 동안 6천5백 대의 복사기가 판매되었다. 오늘날 세계적인 규모의 약 20개의 회사가 5백억 달러 이상의 복사기들과 보급품들을 매년 판매하고 있다.

레이저 프린터, 팩시밀리 그리고 빛의 광선으로 정보를 전달하는 광펜은 동일한 광전의 원리에 기초하고 있다.

그림 3-10 주간지 ≪하퍼스 위클리(Harper's Weekly)≫는 1870년 초상 스튜디오의 사진을 인쇄했다. 반음영 처리방법이 발명될 때까지 목판 혹은 금속판에 각판해야 했다.

미래보기

19세기 말에 사진은 일부 호기심으로 시작한 실험들에서 사건들을 기록하는 중요한 수단으로 바뀌었다. 사진은 신문과 잡지에 등장하였다. 예술로서 사진은 대중에게 다가서기 시작하였다. 사랑하는 사람의 사진은 책상 위와 지갑 그리고 주머니에 두었다. 여러 분야의 과학자들은 신비를 드러내기 위해 사진기를 사용하였다.

중요한 새로운 단계에 접어들었는데 아마도 대부분의 사람들에게 가장 중요한 단계가 될 것이다. 그것은 저렴하고 사용하기 쉬운 사진기의 소유였다. 20세기가 다가서자 보통 사람들이 자기 손에 사진기를 잡을 수 있는 즐거움을 누릴 수 있었다.

오늘의 뉴스 *Current* News

전보는 정보가 사회 속으로 전달되는 방식을 변화시켰다. 이전에는 원거리의 소식을 조금이라도 들으려면 사람의 목소리, 빠른 말의 속도, 또는 태양을 반사한 거울의 섬광에 한정되었지만, 전깃줄을 타고 전달되는 복잡한 메시지는 이제 말 안장을 올리는 데 소요되는 시간보다 짧은 시간에 수천 마일의 거리를 통과하였다. 전보는 비록 19세기 초기의 가장 학식 있는 사람들조차 전기가 무엇이고 어떻게 작동되는지를 완전히 이해하지 못했으나 새로운 과학적 통신 매체였다. 전기를 최초로 실용적으로 사용한 전보는 통신을 직접적인 이동과 운송에서 분리시켰다. 통신하는 것은 더 이상 메시지를 직접 들고 이동할 필요가 없다.

신문의 변화

전깃줄을 타고 흐르는 점과 선으로 이루어진 전신을 통한 보도는 뉴스의 모습을 결정 짓는 요소로서 거리의 장애를 제거하기 시작하였다. 이 발명품의 결과 신문들은 결코 예전과 동일할 수 없게 되었다. 경제적인 요인으로 신문 칼럼에서 배제된 의견들이 사설란에 들어섰다. 전국적인 규모의 정보를 가지고, 기상예보는 농부를 위한 책력(The Farmer's Almanac)이 결코 제공하지 못한 장점을 제공하였다. 고객에게 정보를 제공하는 능력에 있어서 작은 마을의 신문사는 대도시 신문사에 근접할 수 있게 되었다. 오늘날 통신위성이 텔레비전에 도움을 주는 것처럼 전보는 신문에 도움을 주었고 그 격동의 모습은 아직 완성되지 않았다.

전보는 국가적인 경제에 충격을 주었다. 기다란 전신주가 전국에 퍼진 단선철로를 따라 평행으로 세워지기 전에 기차는 엔지니어들이 언제 '8시 45분' 기차가 실제로 지나갈지 확신하지 못하였기 때문에 측선에서 기다려야 했다. 전보가 그 정보를 통신해주게 되었을 때, 더 많은 기차들이 운영될 수 있었다. 그렇게 되자 더 많은 상품을 실어오고 운임료는 낮아지고, 사업은 싹을 틔웠다. 기업들은 이제 널리 퍼져 있는 현장사무실에서 주문을 받을 수 있고 매일 그들과 접촉을 가질 수 있게 되었다.

이 신기술은 또한 뉴스를 수집하고 배포하는 방법도 변화시켰다. 말을 기반으로 하는 이동과는 달리 기차는 많은 신문, 잡지, 카탈로그 그리고 책을 독자들이 원하는 만큼 전달하였다. 전보는 새로운 체계의 핵심부가 되었고 뉴스 수집은 협동적이 되어 뉴스의 모습과 19세기 동안 등장한 페니신문을 통해 대중에게 전달되는 방식에 변화를 촉진하게 되었다. 전보는 신문의 강조 부분을 열정적인 의견 표출에서 냉정한 사건 보도로 바꾸었고 작은 마을 신문사에 거대한 일간지들과 경쟁할 수 있는 보다 나은 기회를 제공하였다. 또한 전보는 이러한 작은 신문사들이 거대 도시 신문사들에 의존하지 않아도 되게 하였으며, 기사가 작성되는 방식을 변화시켰다. 작은 마을 신문사들에게 거대 도시 경쟁자들과 동일한 뉴스를 수집할 수 있는 능력은 고무적이었고 협동적인 신문을 지향하게 되었다. 보다 작은 신문의 성장과 강세에 의해 전보는 어떻게 통신도구의 확산이 더욱 많은 정보의 생산자를 창조하였는지 분명한 모범을 보여주었는데, 그것은 공동체 너머의 신선한 소식들을 얻기 위해 더 이상 대도시 신문을 읽어야 할 필요가 없게 되었기 때문이다.

전보가 그들의 약탈사업을 너무 위태롭게 하였기 때문에 부치 캐시디(Butch Cassidy)와 선댄스 키드(Sundance Kid : 영화 <내일을 향해 쏴라>의 주인공 이름—역주)가 한 세기의 전환기에 남미로 달아났다는 소문마저 나돌았다.

고대의 신호

전보(telegraph)라는 말은 먼 거리에서 글씨를 쓴다는 뜻의 그리스어에서 왔다. 직접적인 이동 없이 정보를 먼 거리로 전달하려는 인간의 노력은 적어도 봉화를 이용하여 배가 오는 사실을 전달한 호머의 일리아드시대까지 거슬러 올라간다. 아테네인들은 불신호를 이용하여 스파르타의 공격을 경계하였다. 로마의 불은 해적선을 경계하였다. 줄리어스 시저는 페르시아인들을 모방하여 가죽으로 된 확성기를 들고 메시지를 앞뒤로 소리치게 하였다. 로마인들과 나중에는 무어인들도 태양에 번쩍이는 빛나는 금속으로 된 거울을 이용한 일광반사신호를 사용하였다.

16세기에 봉화는 영국함대에 스페인의 무적함대가 접근하였다는 메시지를 전달하였다. 미국 인디언들은 연기신호를 사용했다. 잉카는 약 1마일을 최고속도로 다음 메신저에게 달려가는 메신저 시스템을 갖추었다. 이 연락시스템은 메시지를 잉카 제국을 지나 하루에 약 150마일을 이동시켰다. 아무도 잉카시스템을 물리칠 방도를 19세기 전에는 생각할 수 없었다.

이런 장치들이 지닌 문제점은 그것들이 "적군이 온다"와 같은 가장 단순한 종류의 미리 선정된 메시지에 제한된다는 것이었다. 더욱 복잡한 방식의 신호 또는 복잡한 정보를 지점간에 전달하려면 더욱 복잡한 장치들이 필요하였다. 시각적인 전보인 수기신호는 여러 가지 메시지나 개인의 편지를 표현하기 위한 불꽃이나 깃발의 서로 약속된 위치선정이 필요했다. 19세기에 정보는 수기신호탑으로 연결된 프랑스 도시간에 놀라운 속도로 전달되었다. 수기신호시스템이 메인에서 뉴올리언즈까지 계획되었다.

최초의 전보

두 명의 영국인 찰스 휘트스턴(Charles Wheatstone)과 윌리엄 쿡(William Cooke)은 1843년 영국의 대서부철도(Great Western Railway)에 사용가능한 전보를 건설하였으나 최고의 영예와 크레디트는 사무엘 모스(Samuel F. B. Morse)에게 돌아갔다. 예일대 학생 모스는 전기의 속성에 대해 배웠다. 전보에 대한 그의 관심은 1832년 선상에서 시작되었다. 모스는 예술가로서의 삶을 살려고 유럽에서 3년을 보내고 미국으로 돌아가는 중이었다. 다른 승객들과 식사 중 전자기에 대한 담화를 나누다가 모스는 전류가 전보의 기초로 사용될 수 있음을 깨달았다. 그는 다른 승객들에게 "나는 왜 정보가 멀리 떨어진 곳으로 전기로 즉각 전송되지 못하는지 이유를 모르겠다"라고 언급하였다.

세상은 확실히 준비되었고 끝이 없는 언덕과 평원이 곧 실타래 같은 철로망으로 연결될 미국은 특히 그러했다.

뉴욕대학의 미술교수로 자리잡기 전에 모스는 전보를 보낼 수 있는 전신기계의 진정한 개발자로 인정되는 알프레드 베일(Alfred Vail)의 도움을 받아

자신의 실험을 시작하였다.

1838년 모스는 메시지를 뉴저지에서 2마일 가량의 전선을 통해 전송했으며 필라델피아에서 연구와 실험을 반복하였고 워싱턴 D.C.에서 마틴 밴 뷰렌 대통령, 내각과 의회 의원들 앞에서 다시 한번 선보였다. 여러 고관들이 관심을 보였으나 모스가 볼티모어와 워싱턴 간에 시범라인을 건설하도록 재정지원을 해줄 것을 정부에 요구하였기 때문에 다른 사람들은 의혹과 조소를 보냈고 모스는 좌절하였다. 5년의 세월이 더 흘러서야 모스는 간절히 바라던 정부의 지원을 받게 되었다.

모스의 고안물은 비웃음을 받을 만큼 기이하였다. 그가 제작한 원래의 수신장비는 선회축대의 한쪽 끝에는 펜이 붙어 있고 그 축대에는 철조각을 끌어모으는 자석이 붙어 있다. 시계태엽장치(windup clockwork) 같은 모터는 종이 테이프를 펜 밑으로 지나게 하고 펜은 전자기를 통과하며 흐르는 전류에 따라서 테이프에 기호를 기록하였다.

모스와 베일은 장치를 계속 개선하였다. 결국 베일은 트랜스미터에 클릭키를 사용하고 움직이는 종이테이프 위에 점과 선의 형식으로 기록하는 수신기를 이용한 시스템을 개발하였다. 그 기계가 충분히 소리를 내게 제작되어 운용자들이 메시지를 들을 수 있게 되자 종이 테이프는 폐기되었다.

'신의 창조물?'

1843년 의회는 볼티모어와 워싱턴 간에 실험적인 전선을 설치하는 데 3만 달러의 지출을 승인하였다. 다음 해 볼티모어의 집회인 휘그당 전당대회가 대통령 후보를 선출하였을 때, 베일은 기차를 타고 그 정보를 아나폴리스 연락역의 전보선 끝으로 가져가서 수도의 다른 터미널에 모스 부호로 전송하였다. 워싱턴 거주자들이 기차를 타고 도착한 리포터가 그 소식을 확증해주기 한 시간 전에 후보자를 안 사실에 깜짝 놀랐다. 그것이 최초로 대중에게 전보가 선보인 사건이었고 최초로 전기적으로 전송된 뉴스 속보였다. 워싱턴과 볼티모어의 신문사들은 처음에는 주의를 기울이지 않았으나 부통령 후보자가 임명을 거절하기 위해 전보를 사용하였을 때 그들은 곧 생각을 바꾸었다. 메시지를 전달하는 비둘기가 적수를 만난 것이다.

볼티모어로 이어지는 선은 1844년 5월 24일 완성되었다. 구약성서 「민수기」에서 인용한 "신의 창조물"이라는 새로운 발명품에 대한 홍보용 말이 유명해졌다. 매우 경건한 모스는 하나님이 자신을 선택하여 지상의 통신을 개선하도록 하였다는 신비적인 믿음을 지녔다.

모스와 그의 지지자는 의회가 특허권을 매입하지 않기로 결정하자 실망하였다. 대부분의 다른 국가와는 달리 미국에서의 전보의 발전은 사기업에 의해 이루어져 결국 엄청난 부를 축적하였다. 그러나 베일은 가난하게 죽었다. 모스는 정부의 재정지원을 확보하려고 빈곤한 수년의 세월을 보냈지만 베일처럼 되지는 않았다.

새로운 회사가 빠르게 만들어져 전보사업에 뛰어들었다. 그들의 전보선의 확장은 조직적이지 못하고 아무렇게나 이루어졌다. 1847년까지 전선은 신시내티, 루이스빌 그리고 세인트루이스에 도달하였다. 전선이 연결되기 전까지 동해안에서 보낸 메시지가 세인트루이스에 도달하려면 특별 메신저,

그림 3-11 그림 액자를 이용해 제작된 실험적인 전보 기계는 몇 개의 시계 톱니 바퀴 같은 것들과 쇠, 나무 조각들로 이루어졌다.

증기선 그리고 역마차를 이용해 달려도 엿새는 걸렸다. 1861년 10월 샌프란시스코까지 전선이 완공되자 미주리 세인트조셉과 샌프란시스코 간의 육상 포니 익스프레스의 사업은 하룻밤 사이에 문을 닫게 되었는데 그것은 세인트조셉과 캘리포니아 새크라멘토 간에 여름에는 여드레, 겨울에는 열흘의 시간이 걸리는 것을 더 이상 단축할 수 없었기 때문이다.

웨스턴 유니온 선두에 서다

전보회사간의 경쟁은 치열하였다. 남북전쟁이 시작될 무렵 미국 각 지역에서 지배적인 위치를 가지고 있던 여섯 개의 회사는 보다 작은 경쟁사를 압박하기 위해 기업연합을 형성하였다. 전쟁은 전선(電線)을 남과 북으로 달리게 한 회사에게는 치명적이었다. 전후 3개 회사가 남았으며 1866년 그들 중 한 회사인 웨스턴 유니언이 두 경쟁사를 기업인수하면서 미국 최초의 독점회사가 되었다.

북군과 남군 모두 전보를 광범위하게 사용하였으나 남부지역은 전선과 공급품이 부족하여 상황이 좋지 않았다. 그랜트의 마지막 전투에서 전선은 그의 본부에서 모든 참호로 사방으로 뻗어나가 전선(戰線)에서 부대의 움직임을 조정할 수 있게 하였다.

에이브러햄 링컨(Abraham Lincoln)의 암살소식은 즉각 전보를 통해 전국으로 전송되었으나 케이블이 없어 대서양을 건너는 데는 12일이 걸렸다.

전보선과 철도는 서로 유익하게 하는 공생관계로 조화를 이루며 전국으로 퍼졌다. 철도는 전보 이용료를 내릴 수 있을 만큼 충분한 사업성을 제공했다. 전보는 철도의 척추를 따라 신경의 역할을 하며 철도운행에 중요한 정보를 즉각 제공하였다. 길게 뻗은 단선철도에서 엔지니어들은 반대방향에서 전속력으로 달려오는 기차에 대해 거의 경계를 할 수 없었다. 충돌사고는 전보를 통해 신뢰할 만한 교차통제시스템을 갖추기 전까지 끊임없는 위협이 되었다.

전보와 철도의 동시 성장은 신뢰할 만한 운송수단을 필요로 하는 다른 통신도구인 우편시스템에 도움이 되었다. 미국 우표는 모스 회사가 전선을 달기 시작한 지 3년 뒤인 1847년에 판매되었다. 그것은 또한 대변인이 그 장치가 운영자의 실수를 제거하게 되리라고 약속하였던 최초의 실용적인 인쇄전보가 작동되기 시작한 해이기도 했다. 어떤 전갈은 "즉시 재판관을 찾아가 양해를 구하라(get excused). 나는 당신이 있는 곳에 사람을 보낼 수 없다"라는 메시지가 "즉시 재판관을 찾아가 처형하도록 하라(get executed). 나는 당신이 있는 곳에 사람을 보낼 수 있다"라고 전송되기도 했다.

이제 도시에서 도시로 번개 같은 속도로 이동하는 정보로 인해 상품의 가격은 더욱 일관되어 지역적인 상황 대신에 전국적인 공급과 수요의 기능을 하였다. 철도와 전보 덕분에 가격이 하락하였다.

1851년에 유럽에서는 영국해협 밑으로 케이블이 놓여 영국과 프랑스를 묶어주었다. 다른 사람들은 곧 영국과 아일랜드, 덴마크와 스웨덴을 연결하는 작업을 하였다. 유럽과 아프리카는 지중해를 건너는 케이블에 의해 연결되었다. 1866년 여러 번의 실패를 거친 후에 최초의 대서양 횡단 케이블이 보통 다른 선박의 다섯 배 크기의 세계에서 가장 큰 선박 그레이트 이스턴(Great Eastern)에 의해 영국과 캐나다 사이에 놓였다. 케이블은 1902년 오스트레일리아에도 닿았고 1906년에는 중국 상하이에 도달하였다. 이제 무역과 정치를 위해 특별히 세계에서 가장 강력한 국가들이 즉각적인 정보를 교환할 수 있는 정보망으로 연결되었다. 그 정보망은 추가된 전선으로 아무리 두꺼워진다 하여도 오해나 전쟁을 없애주지는 못할 것이나 이러한 최초의 해저 케이블은 사람들이 서로를 대하는 방법에 있어 대단한 변화를 창조하였다고 말할 수 있다.

뉴스 전달에서 전보의 역할

전보는 사업정보를 전송하는 것 외에도 다른 사용법을 발견하였다. 뉴스 속보를 전송할 수 있는 능력은 모든 신문사를 변화시켰다. 19세기 초 25년 동안 신문은—그리고 그것들이 대표하는 대중매체—내용과 배포에 있어 제한을 받았다. 뉴스 보도 내용은 입수하기 어려웠다. 신문은 종종 출판업자들이 출판하였는데, 그들은 자신이 뉴스를 모아서 다른 발행인이 출판한 신문에서 복사한 기사들로 칼럼을 채웠다.

멀리 떨어진 지역에서 뉴스를 수집하는 것은 느린 형태의 운송수단에 연결되어 있어 시간을 소비하였다. 다른 어느 메시지처럼 뉴스는 글쓰기가 먼저 이루어져야 했다. 그 다음 써진 보고서는 증기선, 역마차, 말, 또는 기차, 도보로 운반되거나 보통은 인쇄소에 도달하기까지 이러한 운송수단을 여러 단계 거쳐야 했다. 유럽대륙에서 보내온 소식이나 미국의 내지에서 보내온 소식은 활자로 나오기까지 몇 주가 걸릴 수도 있었다.

전보로 인해 뉴욕에서 나온 뉴스가 뉴올리언즈에서 보도되는 데 열흘 이상 걸리던 것이 하루면 되었다. 《뉴욕 헤럴드(New York Herald)》 기자는 공간 자체가 "대량학살 당한" 것처럼 보였다고 말하였다. 대도시 신문들만 뉴스를 더욱 빠르게 보도하게 된 것이 아니라 더욱 작은 규모의 지방신문들도 전국의 뉴스를 도시의 신문들이 우편으로 도달하기 전에 처음으로 독자들에게 전달할 수 있게 되었다. 큰 도시의 편집자들은 전보가 제공하는 평준화된 현장을 지지하거나 즐거워하지 않았다. 《런던 타임즈》의 경영자는 그것이 개발되지 않았으면 하고 바랬다.

전보 뉴스가 널리 이용할 수 있게 되자 국가의 내지에 있는 도시들도 동등한 입장에서 동부의 도시들과 경쟁할 수 있게 되었다. 뉴스에 똑같이 접근할 수 있는 힘이 수십 개의 새로 생긴 지방일간지들의 성장을 고무하였다.

곧바로 뉴스 수집에 변화가 뒤따랐다. 전보가 있기 전에는 작은 규모의 일시적이고 협동적인 조정을 통해 두 주요 도시간의 역마차 운송 또는 도착한 선박으로 가서 항구로 정보를 전달해주는 작은 보트와 같은 특정 운송시스템의 혜택을 누렸다. 또는 전서구가 갈매기보다 빠르게 날아 최신 목화 가격을 전달해 주었다.

대부분의 전국적이고 국제적인 뉴스는 편집자간에 우편요금을 지불하지 않고 신문을 교환하는 우편을 통해 발행인에게 도착하였다.

전보가 도래하자 일부 기사들은 현장에서 전선을 통해 지역신문사로 바로 전달되었다. 그리고 이 신문은 다른 신문사와 우편으로 교환되어 아직 전보서비스를 받지 못하는 여러 마을의 편집자들이 그 정보를 인쇄할 수 있게 되었다.

정보 자체가 기술에 의해 변화되었다. 전보회사는 낱말 단위로 뉴욕에서 보스턴간에 10단어당 50센트 정도를 요금으로 부과하였고, 그래서 뉴스 작성은 불완전한 간략한 문장으로 구성되었다. 모스가 전보를 개발한 지 2년 후에 《뉴욕 트리뷴(New York Tribune)》은 전보 속보의 칼럼을 시작하였다. 그 당시의 경쟁 신문사들은 단일 연락통을 공유하기로 하였다. 뉴스의 수집 속도가 더욱 중요하게 되었으나 증가하는 비용을 절감하기 위해 자세한 기사내용을 희생하며 속도를 얻어냈다. 경제적으로 하기 위하여 기자들은 속보를 암호처럼 만들어 그들의 기사를 단축하려고 하였다. 이것은 전문적인 암호문과 해독문을 생산하였으나, 또한 큰 실수를 낳기도 하였고 모든 세 철자를 한 단어로 셈하는 것과 같은 전보회사의 보복적인 조치로 이어졌다. 편집자들은 통신원에게 뉴스는 전선으로 요약하여 보내고 자세한 내용은 우편으로 보내라고 하였다.

전보의 개발과 확산이 중요한 변혁을 이루고 정규적인 협조 뉴스 수집의 수단을 제공한 반면 그것은 현대 신문사의 기술적인 밑받침을 제공하였다. 즉, 그것은 신문을 개인적인 저널과 당의 기관지에서 주로 뉴스의 유포자로 변형시켰다.

전보의 딸깍 소리내는 키로 전송하면서 사건의 보도는 표준화되었고 기자의 의견이 덜 포함되자 폭넓은 정치색을 가진 독자들은 더욱 흥미를 갖게 되었다. 뉴스 기사는 보다 빠르게 도착하였고 폭넓은 독자들을 확보하였으나 격렬한 언사를 제거함으로써 신랄함을 잃어버렸다. 객관적인 보도를 생산하기 위한 뉴스 서비스의 노력이 시작되었다. 새로운 대중일간지, 페니신문은 이제 의견이나 에세이를 판매하지 않고 독자가 근거해서 판단내릴 수 있는 신뢰할 만하고 상대적으로 객관적인 사실들을 판매한다.

통신사

찰즈 하바스(Charles Havas)는 1833년 파리에 본사를 두고 우편과 전서구를 이용하여 유럽 뉴스 서비스를 시작하였다. 다른 국가의 수도에 거주하는 그의 통신원들은 하바스가 프랑스 신문에 제공하게 될 기사내용을 찾아서 지방신문사들을 찾아 다녔다. 신문의 광고지면을 위해 그의 뉴스 서비스와 구독료를 교환했다. 하바스의 직원인 독일인 버나드 볼프(Bernard Wolff)는 경쟁 통신사를 형성하였다. 또 다른 독일인 직원 폴 로이터(Paul Reuter)도 그렇게 하였는데 그는 시작부터 전보에 대한 흥미를 발전시켰다. 로이터는 독일과 프랑스가 건설한 전국적인 전보선 사이에 존재하는 공백을 깨달았다. 그는 그 공백을 가로지르는 뉴스 서비스의 가능성을 감지하였다. 로이터는 1849년 전서구를 이용하여 그 공백을 채웠다. 전보의 연결이 완성되었을 때 로이터는 영국으로 이주하였고 거기서 낙담의 세월을 몇 년 보낸 후에 전보, 전서구 그리고 기차를 이용한 뉴스와 사업 정보서비스를 조직할 수 있었다. 이렇게 하여 세계에서 큰 새로운 사업체 중 하나인 로이터의 기반을 놓았다. 1869년 세 개의 사업체가 프랑스, 독일 그리고 영국에 근거하여 서로 치열하게 경쟁하기보다는 세계 뉴스 보도를 분할하며 제3제국이 등장하기 전까지 존속한 기업연합을 형성하였다.

제2차 세계대전 후에 비시(Vichy) 정부의 지지자인 하바스 에이전시는 붕괴하였다. 프랑스 통신사(Agence France Presse)와 현재의 프랑스 뉴스 서비스는 파산상태에서 일어났다. 볼프 통신사(Wolff Agency)는 제3제국과 함께 붕괴하기 전까지 번창하였다. 셋 중에서 로이터(Reuter)만이 존속하였다.

1846~1848년간의 멕시코전쟁은 뉴스에 대한 미국대중의 식욕을 증가시켰다. 전쟁이 발발하였을 때 단지 130마일의 전보선이 존재하여 버지니아 리치몬드까지만 남쪽으로 도달하였다. 포니 익스프레스와 초창기의 전보시스템이 결합하여 뉴올리언즈와 뉴욕 간의 정규적인 정부 우편시스템을 물리쳤다. 이러한 운송시스템은 효율적이어서 제임스 폴크(James Polk) 대통령은 《볼티모어 선(Baltimore Sun)》의 발행인을 통해 베라 크루즈에서의 미국의 승리소식을 알게 되었다.

페니신문이 신문판매를 확산하며 이전에는 신문에 매료되지 않았던 새로운 거대 고객들에게도 판매되자 뉴스 수요는 전선의 확산을 더욱 긴급하게 만들었다. 전보는 정기적으로 협력적인 뉴스 수집을 가능하게 하였으나 기존의 신문사와 전보회사 사이에는 종종 폭풍이 불었다. 1848년에 뉴스를 보내는 전보의 속도에 동기를 부여받아 그것이 발명된 지 4년 만에 치열한 경쟁을 벌이던 여섯 개의 뉴욕 일간지들이 소위 연합통신(the Associated Press)을 형성하였다. 전보에 더하여 그들은 전서구(傳書鳩)도 이용하였다. 새 모이가 낱말 단위로 지불하는 전보보다 가격이 쌌다.

다양한 정치적 관점으로 성장하는 고객들에 봉사하면서 연합통신은 편견을 보이지 않는 형태로 기사 작성을 하는 것에 고객들이 만족하도록 노력하였다. 중립적이며 감정적이지 않은 사건보도는 미국 저널리즘에는 새로운 것이었으나 공정한 보도를 하려는 연합통신의 노력은 계속되었다. 결국 객관성은 대부분의 뉴스 보도의 경향으로 자리잡았다. 옛것의 교체가 그러하듯이 연대기적인 이야기 전개식의 보도는 보다 새로운 역피라미드로 바뀌어 가장 중요한 사실을 먼저 보도하고 중요성이 떨어지는 순서대로 다른 사실들이 배치되었다. 이러한 변화가 중도에 통신이 끊어지는 전보선의 불안정성 때문인지 아니면 전보 속보를 검열한 에이브러햄 링컨의 국방장관 에드윈 스탠턴(Edwin Stanton)이 도입한 지속적인 글쓰기 스타일 때문인지는 확실하지 않다. 그 스타일은 남북전쟁에서 살아남아 오늘날도 계속되고 있다.

뉴스를 전달하는 데 시간은 더 이상 거리의 척도가 아니었다. 정보를 운송에서 떼어놓으면서 전보는 정보가 조직되는 방식을 바꾸었고 그것은 사람들이 정보를 인식하고 사용하는 방식을 바꾸었다. 전보는 또한 사업을 하는 새로운 방식으로 그리고 새로운 사업을 통해 사회에 변화를 촉진하였다. 대중에게 전보는 역사상 최초의 진정한 대중

통신매체인 페니신문이 만들어지는 변혁을 도왔다.

역사적인 의미에서 컴퓨터는 막대한 양의 메모리를 가진 즉각적인 전보나 다름없으며 그간의 모든 통신 수단의 발명품들은 단순히 전보의 원형에 변형을 가한 것이었다.

서비스의 변화

전보기술은 단계적으로 변화하였다. 토머스 에디슨은 메시지가 단선을 따라 동시에 반대방향으로 흐를 수 있는 복식장치를 개발하였다. 이어 두 가지 메시지가 다른 두 개의 메시지가 반대방향으로 흐르는 동안 동시에 한 방향으로 흐를 수 있게 하는 4복식장치를 만들었다. 그는 전보를 개선하던 중 축음기를 개발하였다. 동일한 방식으로 알렉산더 그래이엄 벨(Alexander Graham Bell)이 전화를 개발하였다.

사업이 성장하자 메시지 전송과정에서 가장 느린 부분은 마을을 자전거를 타고 돌아다니면 전보를 전송하였던 웨스턴 유니언(Western Unio)의 배달 소년임이 분명해졌다. 연결선이라 불린 개인 전선은 사업소와 웨스턴 유니언 사무실 사이에 설치되었다. 전신 인쇄기가 설치되어 신문사, 기업 그리고 정부에 이용되자 타자 기술이 반 인치 폭의 종이 위에 찍혀 나오는 메시지를 전송하는 데 필요한 전부였다.

몇 년이 지나자 기사를 초당 10자의 비율로 부채폭만큼의 종이 위에 기사를 찍을 수 있는 전보, 키보드 프린터 텔레타이프가 나왔다. 오늘날 컴퓨터 프린터는 엄청난 양의 기사를 전기적으로 전송하여 신문사의 컴퓨터에 저장되어 종이는 완전히 필요 없게 되었다. 브로커의 책상에 놓인 텔레쿼트(Telequote)와 쿼트론(Quotron) 기계는 증권시장 가격 동향을 즉각 알아볼 수 있게 해준다. 전자우편, 팩스 그리고 전화는 전보와 경쟁하지만 시대에 뒤떨어진 것은 아니다. 박물관에 들어가기에는 아직 이른 전보는 150년 후에도 기금을 이송하는 편리한 수단으로 남아 있을 것이다. 한때 그것은 군대가 사망자를 발표하는 수단이었다. 오늘날 그것은 어머니날의 인사말을 보내거나 생일 축하메시지를

그림 3-12 1959년에 사용되었던 웨스턴 유니언의 텔레타이프. 신문사들은 직접 혹은 종이테이프로 정보제공기관에 기사를 제공하기 위해 텔레타이프를 사용했다.

보내는 데 사용된다.

그 전성기는 지나갔지만 역사상 전보의 위치는 확고하다. 전보가 새로운 발명품이었을 때 산업의 진보를 마땅치 않게 여긴 헨리 데이비드 소로(Henry David Thoreau)는 "우리는 메인에서 텍사스로 전보선을 빨리도 건축하였지만 메인과 텍사스는 아마도 통신할 만한 중요한 내용이 없는 것 같다"고 썼다. 상황이 바뀌어 메인과 텍사스는 서로 할말이 많고 다른 모든 곳도 그렇게 되었다. 통신을 통해 시장의 수요를 확인하게 되자 부패하기 쉬운 음식물의 거래가 더욱 확실하게 이루어졌다. 전보는 또한 도시간의 상품의 다양한 가격들을 일정하게 하였고 표준시간대를 산출하였다. 전보는 미국을 연합시켰다.

전선을 통한 목소리 Voice on a Wire

전화가 개발되기 전에 사람들은 그들이 볼 수 없으면 다른 사람에게 말할 수가 없었다. 나이든 사람과 환자 그리고 장애가 있는 사람들에게 방문은 항상 가능한 것은 아니지만 친구와 통화하려면 방문하거나 편지를 보내는 것이 적절한 선택이었다. 편지의 경우 성인이 1년에 평균 17통의 편지를 썼다고 추정되었다.

침입자와 구조자

소방서를 호출하려면 사람들은 말을 타거나 달려서 가야 했다. 아무도 의사나 병원 또는 경찰서를 호출하지 않았다. 사업상의 통신은 편지, 메신저 또는 개인적인 방문으로 이루어졌다. 홀로 사는 것은 특히 시골지역에서는 특정한 위험이 따르게 되었다. 그리고 한창 번창하던 때에도 불확실하던 탄광은 지하에서 무슨 일이 잘못되어가도 지상과 통신할 쉬운 방법이 없었다. 지상으로의 건축시에도 또한 통신의 부족으로 제한받았다. 고층빌딩은 전화가 발명되기를 기다려야 했다.

요약하자면 특히 시골지역에 인구가 적을 경우는 사는 것이 좀 외롭기는 하겠지만 항상 나쁜 상태인 것은 아니지만 전화가 없는 삶은 폭이 더욱 좁고 느리고 제한되었다. 안정된 중산계층의 빅토리안 가정에 전화는 질서정연한 가정의 침입자였으나 농부의 아내에게 전화는 신의 선물이 될 수 있었다.

일부 가입자들은 전화를 하층민들과는 공유할 수 없는 지위의 상징으로 간주하여 일반대중이 이용할 수 있는 전화번호부나 동전 투입식 공중전화 같은 장치를 만들어 벨시스템이 널리 접근가능하게 되는 것에 반대하였다. 전화는 초대받지 않은 누가 누구에게 말하는가의 제한을 확대하여 완고한 빅토리아의 계급구조를 위협하였다.

구원자이자 침입자인 전화는 항상 두 가지 역할을 하였다. 그것은 다른 사람들을 가까이 못 오게 하고 통제된 방식으로 그들에게 연결하였다.

알렉산더 그래이엄 벨이 직접 이 모든 것을 바꾸어놓은 것은 아니다. 다른 통신기술들처럼 전화도 한 개인의 새로운 생각은 아니었다. 만일 두 명의 아이들이 두 개의 양철 캔을 실로 연결하여 서로의 말을 대충 알아들을 수 있다면 성인은 그보다 더 잘 할 수 있을 것이다. 팽팽하게 연결된 전선으로 연결된 상자나 캔을 이용한 연인들의 전화(Lover's telephones)는 사람의 목소리를 100야드, 축구장 길이 만한 거리로 전달할 수 있었다.

서비스를 판매하기 위해 벨시스템은 사람들에게 그들이 사업상 전화가 필요하다는 사실을 확신시켜야 했다.

의사와 사업가들은 집에도 전화기를 가지고 있었다. 일반인들을 대상으로 사업을 확장하기로 결정하고, 벨은 전화의 효율성, 긴급상항시의 도움 그리고 사회성을 담은 이미지를 창조하여 널리 광고하였다. 새로운 슬로건 "손을 뻗어서 다른 사람을 만져요"는 그 이전에는 "주민들에게 지금 전화해요!", "우정의 길은 종종 전화선을 따릅니다." 그리고 "어느 여인도 벽에 그려진 꽃이 되고 싶어하지는 않는다"였다. 전화는 구애의 방식을 바꾸었고 로맨스에 대한 희망을 높였다.

워싱턴에서 전보용 일부 장비의 개발자 엘리샤 그레이(Elisha Gray)는 특허사무소를 찾아가 그가 발명품을 개발 중이며 다른 어떤 사람이 동일한 장치에 대해 특허를 요구한다면 알권리가 있음을 통고하는 전화에 대한 절차정지통고를 신청하였다. 그레이의 절차정지통고는 그가 "목소리 또는 대화를 전보적으로 전류를 통해 전송하는 기술"을 개발하였음을 말해주었다. 그 날짜는 1876년 2월 14일로 성발렌타인데이였다. 우연의 일치로 그날은 29세의 스코틀랜드 태생으로 청각장애자의 교사들을 훈련시키는 학교를 운영했던 보스턴대학의 음성 생리학 교수인 벨의 변호사가 '전신(Telegraphy)의 개선사항'을 특허 신청한 날이었다. 벨의 특허 신청은 벨이 아직 성공하지 못한 소리 전송방법을 기술한 것이었다. 많은 전기적 특허품을 개발한 41세의 그레이와 벨은 독립적으로 '화성적 전보(harmonic telegraph)'에 대해 연구 중이었는데 다른 톤 또는 주파수를 이용하여 동일한 전선으로 동시에 여러 전보 메시지를 송신하는 방법이었다. 벨은 오랜 법정 싸움에서 이겼고 많은 통신 개발품을 발명하였다. 그렇게 해서 벨 전화회사(Bell Telephone Company)가 되었고 그레이 회사가 되지 못하였다.

"미스터 왓슨, 이리 와보세요"

전보 메시지의 경우 전류는 흐르다가 자주 끊긴다. 음성을 전송하려면 지속적으로 전류가 조정되어야 했다. 젊은 토머스 왓슨(Thomas Watson)의 보조를 받아 벨은 그가 만일 말할 때 생기는 기압이 변하는 것과 똑같이 전류를 변하게 할 수 있다면 사람의 목소리를 '전보적으로' 전선을 통해 전송할 수 있으리라는 옛 생각을 증명할 수 있었다. 스피치 교수인 벨은 공기의 밀도가 소리의 이동으로 변한다는 사실을 알았다. 그의 목적은 전류에 변화를 줄 수 있는 장치를 제조하는 것이었다. 그의 어머니와 그의 장래의 아내가 귀머거리인 벨은 사람의 귀를 본따서 전화를 도안하였다.

1876년 3월 10일 벨은 그의 조수에게 옆 방에서 "왓슨 씨, 이리로 오세요. 당신이 필요합니다"라고 말하였다. 그리고 전화가 탄생하였다.

1876년 필라델피아는 독립선언 100주년을 기념하는 박람회를 개최하였다. 벨은 그의 전화를 거기서 선보였으나 방문객인 브라질 국왕 돔 페드로 2세(Dom Pedro II)가 보스턴의 강연회에서 청각장애자들의 교사였던 벨을 알아보기 전까지 무시되었다. 벨은 그 장치를 놀라워하는 돔 페드로에게 시범을 보였는데 페드로는 반복해서 "이런 세상에 저것이 말을 한다!"라고 외쳤다.

그의 흥분이 벨의 '장난감'을 — 일부 사람들은 그것을 부정하였으나 — 그 박람회의 가장 놀라운 전시품으로 만들었다.

여러 발명가들과 과학자들이 개선했고 벨과 그의 보조자 왓슨도 그렇게 하였다. 말할 때와 들을 때 모두 사용되던 마이크가 달린 본래의 상자전화는 독립된 송신기와 수신기가 달린 손전화기로 대체되어 사용자들은 말하고 들으면서 고개를 흔들

그림 3-13 벨이 최초로 만든 전화기는 송신기이자 수신기였다.

필요가 없게 되었다. 종 모양의 주둥이는 소리를 집중시키고 금속 디스크는 가죽진동판을 대체하였다. 구리전선이 철전선으로 대체되어 사용자들은 더 이상 그렇게 크게 소리칠 필요가 없어졌다.

영국으로 신혼여행을 하던 중에 벨은 몇 대의 전화장비를 가지고 갔다. 그가 빅토리아여왕에게 증정한 한 쌍의 전화는 웨일즈 여왕의 아파트와 그녀의 아이들 보육원 사이에 설치되었다. 미국에서처럼 사람 목소리를 전달하는 벨의 장비시범은 즐거운 일이었으나 그것에 대고 나와서 말해보라고 초청 받은 성인에게는 그것이 단지 놀이로 인식되어 성인이 관여할 만한 어떤 것이 아니라는, 결코 통신의 도구는 아니라고 생각되었기 때문에 당황스런 일이었다. 그러나 벨은 런던에서 다음과 같은 예견을 하였다.

전화 케이블이 지하로 깔리거나 지상으로 매달려 가지치듯이 뻗은 전선을 따라 개인 거주지, 시골

저택, 가게, 공장 등으로 연결하여 바라는 대로 전선이 연결되는 중앙사무소의 메인 케이블을 통해 결속시켜 도시의 어느 두 지점간에 직접적인 통화를 할 수 있다는 것은 상상할 수 있다. 그렇게 할 수 있을 뿐 아니라 나는 장래에 전선이 다른 도시의 전화회사의 사무실들을 연결시키고 나라의 어떤 지역에 거주하는 사람을 먼 지역의 다른 사람과 입에서 나오는 말로 통화할 수 있게 되리라고 믿는다.

영국 우체부의 주임 기술자인 윌리엄 프리스 경(Sir William Preece)은 그렇게 열렬히 반응하지 않았다. 그는 하원 위원회에서 다음과 같이 말하였다.

> 미국에서 사용되고 있는 것에 대한 묘사는 비록 그러한 도구를 여기보다 훨씬 더 필요로 하는 미국 내의 상황이 있긴 하지만 약간 과장되었다고 생각한다. 여기 우리는 메신저, 심부름 소년 그리고 그러한 종류의 것들이 너무나 많다.

그의 보이지 않는 파장이론이 결국 라디오의 발명으로 이어지기는 했지만 스코틀랜드 물리학자 제임스 클러크 맥스웰(James Clerk Maxwell)은 벨의 장비를 부인하며 그것은 "아마추어들에 의해 조립될" 수 있다고 말했다. 벨은 그의 발명품을 웨스턴 유니언에게 팔려고 하였으나 거절당했다.

각 도시에서 전화사업은 전보전선이 대륙에 퍼져있을 때 지역적이었으나 전선을 이용한 음성통신이 숙련된 전보 운용자를 능가하리라는 것은 분명하였다. 수천 마일의 전보전선을 이미 전신주를 따라 설치한 훨씬 거대한 전보회사가 엘리샤 그레이의 특허품과 벨이 개발한 어떤 것보다 좋은 소리를 생산한 토머스 에디슨이 개발한 탄소 마이크 전송기에 기초하여 곧 경쟁자로 등장하였다. 들릴 수 있도록 소리치는 것에 지친 벨전화사의 임차인들은 에디슨의 것처럼 좋은 송신기를 요구하였다. 벨은 아마도 축음기 장비를 개발한 에밀 베를리너(Emile Berliner)가 민감한 트랜스미터를 개발하지 못하였다면 파산하였을 것이다. 결국 새로 재정비된 내셔널 벨전화사는 웨스턴 유니언을 고소해서 전화사업에서 손을 떼게 만드는 역사적인 협약을 이루었다.

1878년에 코네티컷 뉴 헤이븐은 여덟 개 회선과 21대의 전화기로 상업적인 전화교환대를 갖춘 최초의 도시가 되었다. 벨이 특허권을 따낸 지 2년 동안 1만 대의 벨 전화기가 사용되었다. 정보이론, 영화의 소리, 트랜지스터, 레이저 광선, 광섬유, 통신위성 그리고 컴퓨터와 텔레비전의 진보를 포함한 많은 통신기술의 발전을 이룩한 벨연구소의 전신인 연구 및 개발부서가 조직되었다.

서민들도 사용할 수 있는가?

초기 전화광고는 전화가 어떻게 작동하는지를 설명하려고 하였다.

> 오! 아닙니다. 전화선은 텅 비어 있지 않습니다. 전류의 파장을 타고 목소리가 전달됩니다. 전화는 좋고 세련된 교육을 받은 사람들에게만 대여됩니다. 일반인들은 그 가족구성원들의 올바른 사용에 도덕적으로 책임을 지게 됩니다. 당신의 대화가 바깥으로 들릴까 봐 두려워할 것이 없습니다. 우리 가입자들은 또한 잘 교육받아서 다른 사람의 일에 귀를 기울입니다.

처음에는 전화번호나 전화번호부는 없고 소수의 가입자들이, 보통 그들이 판매하는 상품에 의해 또는 그들의 직업에 의해 무리를 지었다. 가입자들의 수가 감당하지 못할 만큼 증가하자 전화번호를 기록한 책이 출판되었다. 전화를 거는 사람들은 그들이 통화하고 싶은 사람을 전화교환수에게 말하기보다는 숫자를 찾아보아야 하는 것에 대해 불평하였다.

대중시설로서 전화의 개념은 워싱턴 D.C. 호텔 주인이 호텔 로비에서 손님들이 전화를 사용하도록 하였기 때문에 법정에 나가 지방전화사가 서비스를 중단하는 것을 금지하기까지 여전히 많은 세월이 흘러야 했다. 영국의 레스터에서 전화사 관료는 한 가입자가 그의 영토에 화재가 나지도 않았는데 소방요원을 호출한 것을 꾸짖었다. 우편부장관에게 호소하여 화재나 폭동시에 전화를 사용하는 것이 수용할 만하다는 판결을 이끌었다.

전화가 발명된 후 10년이 지나지 않아 미국전화

전보회사(AT&T : American Telephone and Telegraph)는 미국, 캐나다 그리고 멕시코의 모든 도시를 케이블로 전세계와 연결할 목적으로 특허를 받았다. 알프레드 베일의 먼 친척이자 모스가 전신기를 발명할 때 조수였던 시어도어 베일(Theodore Vail)이 AT&T를 작은 회사에서 거대한 통신회사로 성장하게 만들었다. 베일은 회계처리법에서 모든 가정에서 사용되는 검은 전화기에 이르는 표준화 작업을 하였다. 그는 AT&T가 가능한 모든 작은 전화사를 사들였다. AT&T가 그 그림자를 늘어뜨리자 단일표준이 전국에 정착되었다. 정부의 명령에 의한 분할과 기술이 만들어낸 다양성이 있기까지 그것은 바뀌지 않았다.

초기 라디오로서의 전화

라디오 오락의 징후가 보이자, 전화는 음악연주의 생중계의 트랜스미터로서 여러 유럽국가에서 이용되었다. 부유한 후원자들은 이어폰에 연결된 전화선을 따라 극장에 설치된 마이크에 의해 전달되는 오페라, 연극, 음악 공연을 듣기 위해 돈을 지불하였다. 그녀의 집무실에서 빅토리아 여왕은 코벤트 가든(Covent Garden)이나 드루리 레인(Drury Lane)의 국립극장에서 전송되는 오페라 소리를 들을 수 있었다. 런던에서 부유한 병원 환자들은 전화로 들려오는 연주와 설교를 들을 수 있었다. 일부 가정도 서비스를 집에서 받을 수 있었다. 파리에서는 테아트로 폰(Theatro-phone) 회사가 동전 투입식 헤드세트를 휴양지에 설치하였다. 곧 유사한 오락거리를 여러 미국 도시에서 이용할 수 있게 되었다. 전화를 통해 교회예배와 정치연설을 들을 수 있다. 캐나다 선술집 주인은 대중에게 공개된 살인사건을 담당한 재판관 옆에 마이크를 둘 수 있도록 허가받았다. 전선은 시간당 25센트에 20개의 이어폰 중 하나로 손님들이 들을 수 있도록 선술집으로 증언을 전달하였다.

전화가 대중전달 매체로서 가장 혁신적으로 사용된 사례는 토마스 에디슨을 위해 일한 헝가리 기술자가 고안한 헝가리 부다페스트의 텔레폰 히르몬도(Telefon Hirmondo)였다. 1893년부터 라디오 방송이 그것을 대체할 때까지, 이 서비스는 이어폰을 사용하여 듣는 수천 명의 가입자들에게 매일 계획대로 프로그램을 제공하였다. 이 전선 라디오는 또한 호텔, 병원, 음식점 그리고 치과의 대기실과 같은 공공장소에서도 들을 수 있었다. 하루의 프로그램은 다양한 종류의 뉴스 보도, 음악, 부다페스트 주변의 행사들, 목요일 저녁의 아이들 콘서트 그리고 여기저기서 쑤셔넣은 상업광고들이, 라디오 방송에 시도되기 전에 모든 것들을 제공하였다.

비록 텔레폰 히르몬도에 대한 기사가 널리 보도되었지만 그 개념은 부다페스트 너머 확산되는 데는 실패하였으며 뉴저지의 뉴와크에서의 잠깐 동안의 벤처사업은 몇 달 만에 망하는 기이한 사례를 남겼다.

텔레폰 히르몬도에 대해 중요한 점은 전선전화의 이용가능한 기술을 사용하여 적은 숫자이긴 하지만 그들의 집과 공공장소에 정규적으로 정보와 오락을 보내서 대중의 잠재적 욕구를 두드렸다는 점이다. 숨어있던 그 욕구를 완전히 만족시키는 데는 다른 기술이 개발되어 무선전보가 방송 가능하게 되어야 했다.

전화교환수

전화기기에서 기술자들은 초기 확성기의 기초가 된 귀에 대는 수화기를 고안하였다. 그들은 지점간 통신을 이용하는 인구의 증가로 발생하는 많은 다른 문제들을 해결하였다. 수동으로 통화를 다루던 중앙교환대의 과중한 수요문제는 여러 대의 전화기를 사용하는 회사가 개인지선 교환기(Private Branch Exchange), 즉 PBX라 불렸던 개인교환대를 추가하여 완화되었다. 그것은 아직도 많이 사용되고 있다. 거대한 현대 회사들은 지금은 국지 연결망(local area network), 즉 LAN으로 교환하여 그들의 전화시스템이나 컴퓨터에 연결하지만 그 원리는 변하지 않았다.

최초의 전화교환수는 전보시스템에서 이전한 십대 소년들이었다. 하지만 전화선상으로 들리는 소란스러움에 대한 불평이 있은 후에 뉴 잉글랜드 전화회사와 뉴욕 전화회사 경영자들은 젊은 여자들을 고용할 생각을 가지게 되었다.

그것이 결혼 기회를 위협하고 급료도 적고 더욱이 초기 헤드세트는 무게가 6파운드 이상이나 되었지만 매일 집에서 벗어날 수 있는 기회와 원하는 대로 소비할 수 있는 돈을 벌 기회가 더 큰 유혹이었기 때문에, 집밖에서 젊은 여자가 직장을 다닌다는 것이 부끄럽지 않은 일인지에 대해서 당시에는 의문의 여지가 있었다. 요구하는 고객들에게 잠을 깨워주는 서비스는 이러한 여자교환수(hello girls)의 임무 중에 포함되었는데 이들의 불확실한 사회적 지위는 대략 집안의 하인들의 그것과 비슷하였다. 당시의 한 관찰자는 다음과 같이 말하였다.

> 그 거대한 교환대 앞에서 소녀들은 어떤 놀라운 직물을 만들어내듯 수많은 코드가 가로지르고 또 가로지르고 있는 어떤 거대한 직기에서 일하는 직공들 같았다. 실제로 말의 놀라운 직물이 여기서 짜져 매일의 기록을 남겼다.

젊은 여인들은 이전까지 가게 점원 같은 일을 하였고 거기서 일반대중과 접촉을 갖게 되었다. 여성 간호사는 플로렌스 나이팅게일(Florence Nightingale)과 클라라 바턴(Clara Barton)에 대한 이야기 덕분에야 비로소 존경받는 직업이 되었다.

중앙교환대는 다른 모든 전화와 전화를 접속시켜야 하는 직접적인 초기 문제를 해결하였으나 중앙교환대는 전화교환수를 필요로 하게 되었는데, 이들은 항상 주의를 기울여 듣고 있지는 않았다. 캔자스 시의 기업가 아몬 스트라우거(Almon Strowger)는 다른 기업가들이 전화교환수에게 뇌물을 주어 스트라우거의 회선은 통화중이라고 말하게 하였다고 확신하고 나중에 다이얼 전화기와 자동 전화교환기가 된 것을 개발하였다.

그것들은 처음에 인디애나 라포트(LaPorte)에서 1892년에 사용되었다.

본래의 벨 특허권이 1893년에 기간이 만료되었을 때 25만 대 이상의 전화가 미국에 연결되었고, 1천 명당 네 대의 전화기가 있었다. 많은 마을에서 최초의 전화는 철도역이나 약국에 설치된 공공전화였다.

일부 잘 설치된 곳에서는 점원이 전화를 걸어주고 요금을 회수하고 통화자를 전화 있는 곳으로 안내하였다. 현대 호텔과 같은 우아한 장소에서는 전화부스가 실크 커튼이 달린 창문이 있어 똑같이 우아하게 치장된 최근에 발명된 엘리베이터와 혼동되었다.

윌리엄 그레이는 최초의 동전 투입식 전화기를 1888년에 제조하였다. 그것은 코네티컷, 하트포드의 은행에 들어왔다. 초기 자동 유료 전화부스는 그것을 사용하는 방식이 달랐다. 만일 통화가 완결되지 않으면 동전을 되돌려 받을 방법이 거의 없었다. 동전이 투여되어 문을 열어주기 전까지는 통화자를 안에 가두는 부스도 있었으나 그 개념은 단명하였다.

20세기로

세기의 전환 이전에 원거리 통화는 거의 없었다. 원거리상의 왜곡 현상이 1900년 푸팽(M. I. Pupin)이

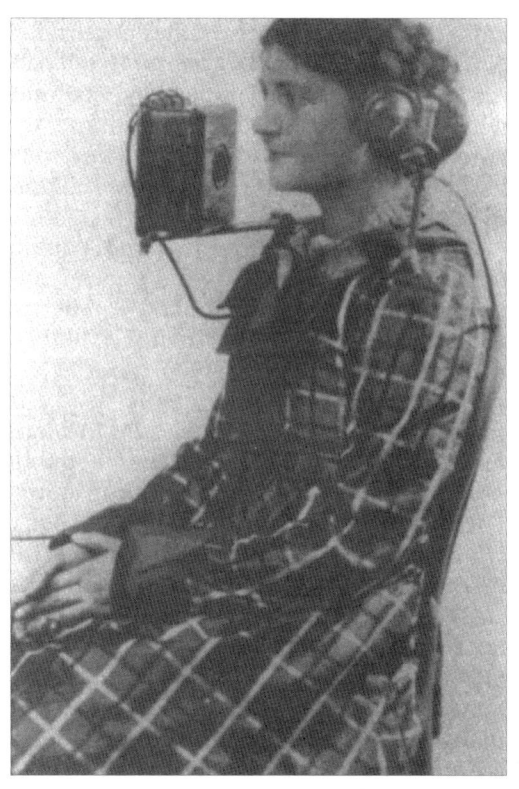

그림 3-14 전화교환수가 착용한 초기 헤드세트는 무게가 6파운드가 넘었다.

그림 3-15 1880년대의 전형적인 전신주의 모습. 최대 250가 닥의 전화선이 전신주에 걸렸고 겨울에는 얼음이 얼어 활처럼 휘었다.

개발한 로딩 코일, 1906년에 리 드 포리스트(Lee de Forest)가 개발한 삼극진공관 그리고 H. D. 아놀드가 1914년에 개발한 진공관 증폭기에 의해 향상되었다. 진공관은 1947년 벨 전화사 연구소에서 개발한 트랜지스터에 의해 대체되었다. 몇십 년 뒤에는 트랜지스터가 마이크로칩의 일부가 되었다.

1915년의 성공적인 시험을 거친 후 무선전화는 제1차 세계대전 때 미국 해군을 돕는 서비스를 시작하였다. 미국의 제1차 세계대전의 참전으로 통신을 개선해야 할 갑작스런 대량의 요구가 생겨났다. 워싱턴 D.C.는 더 이상 침체된 도시가 아니었다. 1918년 단기간에 미국정부는 모든 전화서비스를 통제하게 되었다. 전화서비스의 확장은 계속해서 줄어들지 않았다. 정규 전화선을 통해 고속으로 컴퓨터 자료를 전송할 수 있는 자료 전화사업이 1958년에 시작하였다.

과연 사람들이 3분 통화에 75달러를 지불할 것인가 하는 의심에도 불구하고 뉴욕과 런던에 재정적 붐이 일어난 1927년 두 개의 거대한 재정센터간의 정규 무선전화서비스가 시작되었다. 그 서비스는 대단히 인기가 높아 더 많은 회선이 필요하게 되었다. 무선전화는 빠르게 유럽의 다른 도시들과 그리고 유럽과 부에노스아이레스 간으로 확장되었다. 동시에 케이블은 산맥을 너머 바다 밑바닥을 지나 설치되었다. 최초의 대서양횡단 전화케이블이 1956년에 설치되었다. 1989년에 태평양 연결 광섬유 케이블이 캘리포니아와 일본 간에 서비스를 개시하였다. 정원에 물주는 데 사용하는 호스 크기인 케이블은 그 당시 서비스 중이던 두 개의 구리케이블이 1천 통화를 소화해냈던 것과 비교하여 한 번에 4만 통화를 전달할 수 있었다. 오늘날 통신위성은 수 천 통화를 전송할 수 있다. 바다를 건너는 통화의 분명한 감도는 놀랍게 향상되어 사용자들은 종종 다른 사람에게 "옆에서 들리는 소리" 같다고 말하였다. 그 통화가 위성 트랜스폰더를 통한 것인지 바다를 건너 여행하는 것인지 아무도 알 수가 없다.

전선으로 음성을 전달하는 것에 더하여 전화선은 인쇄된 글과 사진을 전송하였다. 전선을 통해 인쇄하는 것은 본래 인쇄전보(printing telegraph)로 알려졌고 다음은 텔레타이프라이터(teletypewriter)로, 그 다음은 텔레타이프(teletype)로 알려지며 향상되었다. 그 주된 사용은 뉴스를 연합통신과 로이터와 같은 통신사를 통해 전송하는 것이었다. 기술은 점과 선 대신에 전기적 진동이 글자, 숫자 그리고 상징을 나타낸다는 것을 제외하고는 전보의 그것과 유사하다.

전화사는 때로는 텔렉스(telex) 또는 트윅스(twix)로 알려진 텔레타이프 교환서비스(teletypewriter exchange service), 즉 TWX를 단기간 시작하였다. 사무실에 전보기계를 가지고 있던 가입자들은 독립된 주소록에 기록되었다. 비록 텔렉스가 팩스와 전자우편과 같은 새로운 기술에 의해 대체되고 있지만, 텔렉스 네트워크는 아직도 세상에 존재하고 있다. 일부 국가에서는 그것들은 메시지를 결국 한 지점이 될 장소를 통과하게 하는 가장 확실한 방법으로 남아 있다. 어떤 식으로든지 세상은 벨(Bell)의 '장난감'에 의존하게 되었다.

공중의 전파신호 Signals in the Air

거의 1세기 동안의 전형적인 라디오 사용자들을 상상해보라. 1905년에 해안송수신소의 운영자 마르코니(Marconi)는 바다에 나간 선박으로부터 점과 선의 신호를 수집하였다. 10년 후에 취미애호가가 손으로 제작한 '광석라디오(crystal-and-catswhisker)' 세트를 통해 멀리 떨어져 있는 송신소의 호출부호를 들으려고 노력한다. 20년 후에 가족은 경기침체 중반기의 저녁에 거실의 콘솔 주위로 모여 앉아 잭 베니가 그의 포도주 저장실에 내려가는 소리를 들으면서 오렌지 빛 다이얼을 지켜보았다(그것은 텔레비전처럼 재미있지는 않았다). 더 많은 세월이 지나서 동일한 가족이 부엌에서 단파 라디오 곁에 서서 전쟁에 대해 말하는 시끄러운 목소리를 이해하려고 하였다. 한 세대 후에 자동차를 운전하는 사람들은 새로운 고속도로를 달리면서 정시 뉴스를 듣는다. 오늘날 조깅하는 사람은 그녀 주변의 세상에서 물러나 워크맨에서 나오는 컨트리 음악에 빠져 들어간다.

이것들은 라디오 신호를 수신하는 다른 방법들을 나타낸다. 각각 라디오가 창출한 사회적 혁명의 일부를 형성하였다.

> 라디오의 효과는 분명 그 프로그램과는 독립적인 것이다. 미디어를 전혀 공부하지 않은 사람에게 이 사실은 글을 아는 사람과 "왜 글을 쓰니? 외울 수 없어?"라고 말하는 문맹인과의 관계처럼 당혹스러운 것이다.

라디오의 역사는 사회적인 사용, 지점간의 통신과 방송이라는 두 개의 구별된 기간을 거쳤다. 지점간의 통신은 무선전보로서 시작하였고 무선전화기가 되었다. 각 기간은 다음 기간으로 이어졌다. 각 시기는 그 시기의 기술, 목적, 경제적 지지자, 소리를 가지고 있었다. 전보와 같이 무선전보는 전부 점과 선으로 이루진 메시지를 한 지점에서 다른 지점으로 전달하였다. 무선전화기는 전화처럼 음성으로 이루어진 메시지를 한 지점에서 다른 지점으로 전달하였다. 그것들은 주로 선박과 해안 간의 통신과 같은 사업상 통신에 사용되었고 지금도 그렇다. 목적이 정보와 오락인 방송은 음성, 음악 그리고 모든 다른 소리를 한 지점에서 다른 여러 지점으로 송신한다.

라디오의 몇 가지 사회적 효과

모든 국가에서 방송은 밀고 당기는 힘, 구심력과 원심력을 시민들에게 행사하였다. 국가를 결집시키는 구심력은 정부의 지도력을 행사하고 국가의 문화를 확산하고 정보를 공유하려는 의식적인 노력의 결과였다. 지방언어 대신에 공통된 언어와 전국적인 악센트의 사용은 사람들을 단결시켜주었다. 반대로 라디오는 다양한 방송사들의 난립과 다른 모든 미디어가 행하는 것처럼 중립적인 의사전달을 함으로써 사람들의 의견을 분산시켰다. 아나운서의 대화 톤은 시청자들을 마치 한 사람으로 여기고 그 또는 그녀의 개인적인 세상에서 각자 따로 대화하는 것처럼 말하였다.

아나운서는 때때로 대화란 전혀 존재하지 않는 일방적인 전달매체라는 진실을 무시한 채 친근한 대화를 나누는 듯한 묘한 분위기를 창조하였다. 청취자들은 그러한 사실에는 신경 쓰지 않았다.

정보의 공급자로서 라디오는 아직도 많은 국가에서 정부의 엄격한 통제를 받고 있지만 전세계적으로 강력하였다. 정부가 그 시민에게 방송하는 것이 법으로 규제되어 있는(방송사가 자원하여 대통령 연설을 방송하고 있다) 미국과는 달리, 많은 국가의 정부는 그들 시민에게 정부의 의사를 전달하기 위한 목적으로 방송을 사용한다. 그러나 미국은 다른 많은 나라들과 마찬가지로 국경을 너머 무선 선전방송을 내보내고 있다. 미국의 소리(VOA, The Voice of America)는 10여 개의 언어로 방송되고 있다.

자유라디오(Radio Liberty), 자유유럽라디오(Radio Free Europe) 그리고 라디오마티(Radio Marti)는 각각 이전의 소련연방, 소련의 동부유럽 위성국가 그리고 쿠

바를 목표로 삼고 있다.

라디오의 원형

19세기 초 전기의 본질에 대한 위대한 발견이 쏟아지던 시기 영국인 과학자 마이클 패러데이(Michael Faraday)와 미국인 과학자 조셉 헨리(Joseph Henry)는 전기와 자기의 결합에 대한 연구를 출판하였다. 문제를 해결하려고 노력하면서 전보기사들은 정보를 더해갔다. 스코틀랜드의 물리학자 제임스 클러크 맥스웰은 보이지 않는 파장에 대한 놀라운 이론으로 전자기학에 관해 기존의 지식을 뛰어넘는 업적을 이루었다. 그는 자신의 전자기영역에 대한 이론을 증명하려고 하지 않았지만 다른 사람들이 그것을 하였다. 1887년 독일 물리학자 하인리히 헤르츠(Heinrich Hertz)는 전류를 파장의 형태로 공중으로 전송하는 실험을 통해 맥스웰의 이론을 입증하였다. 헤르츠가 그의 발견을 보고하기 전에도 토머스 에디슨은 간략하게 전보전선과 약간 떨어져 있는 자력을 띠는 철막대에서 모든 방향으로 퍼지는 '누출현상'을 실험하였다. 그는 이러한 전류의 '누출현상'을 이동하는 기차에서의 무선통신 수단으로 이용하려고 하였으나 무작위적인 혼잡한 신호를 생산하는 것 이상은 해내지 못하였다.

프랑스에서 에두아르드 브랜리(Édouard Branly)는 작은 쇳조각으로 채워진 유리관인 집적회로(coherer)를 고안하였다. 공중으로 전송된 전류가 작은 쇳조각에 붙게 하거나 관의 끝에 놓인 철막대 주위로 응집하게 한다. 이것이 회로를 이루어 전기가 유리관을 통과하였다. 영국의 물리학자 올리버 로지(Oliver Lodge)는 어떻게 트랜스미터와 수신기를 동일한 주파수로 조절하는지를 밝혀내 집적회로를 개선하였다. 1894년 로지는 모스 부호 메시지를 공기중으로 축구경기장 반 이상의 거리만큼 전달하는 시범을 보이는 발전을 이룩하였으나 집적회로(coherer)는 여전히 어느 것도 인식할 수 없고 짧고 긴 에너지의 터짐만 있는 거친 장치였다.

마르코니

맥스웰, 헤르츠, 브랜리 그리고 로지는 과학자였지 사업가는 아니었으나 발표된 실험결과들로부터 실용적인 어떤 것을 만들어내려는 실험이 여러 국가에서 시작되었다. 유복한 이탈리아 영주의 아들이었던 마르코니(Guglielmo Marconi)와 제임슨 위스키(Jameson Whiskey) 가족의 한 사람인 그의 아일랜드인 아내는 매우 뛰어난 사업가여서 그는 헤르츠의 뒤를 따라갔다. 십대의 마르코니는 라디오실험이 실험실에서 나와 돈을 찍어내는 사업을 이룰 수 있다는 생각에 매료되었다. 운이 좋게도 유명한 물리학 교수 아우구스트 리기(Auguste Righi)는 마르코니가의 이웃이었고 그 소년에게 지도를 해주기로 동의하였다.

가산으로 공부하고 실험하면서 마르코니는 몇 야드 거리에서 헤르츠의 전송실험을 반복하기 시작하였다. 1894년 로지가 시범을 보인 바로 그 해에 마르코니는 30피트 떨어진 곳의 버저를 울릴 목적으로 집적회로를 통해 전류를 전달하기 위해 계전기(繼電器)를 열고 닫고 할 수 있었다. 그는 집밖으로 나가서 신호를 높여 범위를 확대할 수 있다고 생각하였다. 안테나를 제작한 후에 마르코니는 언덕 저편으로 2마일 이상 떨어진 곳의 버저 소리를 수신할 수 있었다. 전해오는 말에 따르면 하루는 우연히 그가 안테나의 일부를 들고 있으며 지상위에 안테나 일부를 남겨두었다. 마르코니는 놀랍게도 신호가 상당히 향상된 것을 발견하였다. 마르코니는 계속해서 시행착오를 거치면서 새로운 안테나를 고안하였다.

그는 곧 모스 부호의 점과 선을 자신의 집 주변의 언덕 너머 몇 마일 거리까지 전송할 수 있었다. 그때는 즉각적인 통신이 어디에 전보와 전화선이 연결되어 있는가에 의해 제한받던 시기로, 바다의 선박들이 바깥 세상으로 연락할 길이 없어 재난시에 도움을 구하는 신호를 보낼 방법이 없었다. 마르코니의 어머니는 전보 메시지를 전선 없이 송신할 수 있는, 특히 선박간 그리고 선박과 해안 간의 통신에 잠재된 사업성을 깨달았다. 그녀는 이탈리아 우편전보부 장관에게 지원을 신청하였으나 그 발명은 거절당하였다. 그들은 거기서 어떤 가치도 발견하지 못하였다.

애니 제임스 마르코니는 이제 그녀의 부유하고 정치적으로 좋은 인맥을 형성하고 있던 친척들을 찾아갔다. 그녀와 그녀의 아들은 그의 장비를 들고 영국으로 여행을 갔는데 거기서 마르코니는 9마일의 거리에서 영국 우편부의 전화와 전보관료들에게 시범을 보였다. 이번에는 세계에서 가장 강력한 해군국가에게 무선 사용을 시범해 보이면서 해상의 선박에 설치될 수 있는 새로운 통신시스템에 대한 흥미를 갖고 있음을 발견하였다. 알렉산더 그레이엄 벨의 전화를 비웃었던 영국관료, 이제는 영국의 우편부 주임 기술자인 윌리엄 프리스는 마르코니의 발명품을 정부를 대신하여 구입하려고 하였으나 견고한 후원자와 제임슨 친척들의 후원을 받고 있는 젊은 발명가는 거절하였다. 대신에 1897년에 그들은 무선전보와 신호(Wireless Telegraph and Signal) 회사를 설립하고 영국 육군과 해군에게 무선장비를 판매하기 시작하였다. 상업선의 경우 회사는 장비만 제공한 것이 아니라 승선하는 무선 운용자와 해안소의 무선 운용자를 제공하였다. 마르코니는 무선통신을 연구실에서 빼내 세상으로 내어놓았다.

1901년 마르코니와 그의 조력자들은 그들이 세 개의 점으로 된 모스 코드 철자인 "S"를 희미하게나마 대서양을 건너 영국의 콘월에서 캐나다의 뉴펀드랜드로 전송하였다고 보고하였다. 모두가 그를 믿은 것은 아니지만 신문사는 그것을 무시해버렸다. 그후 곧장 그는 미국에 미국 마르코니 무선전보 회사(Marconi Wireless Telegraph Company of America)라는 지사를 구축하였다. 결국 그것은 RCA(Radio Corporation of America)가 되었다. 1년 뒤에 의심할 것 없이 마르코니는 바다를 건너 메시지를 전송할 수 있었다.

경쟁

회사는 해안 연락소와 선박의 운용자들에게 마르코니 운용자가 아닌 경우, 긴급상황이 아니면 통신을 거절하라고 지시하여 무선전보를 독점하려고 하였는데 이러한 사업활동으로 무선통신에 내재한 힘과 무선의 독점이 제시한 위험들을 국제사회가 깨닫게 되었다. 해군을 자체 개발한 시스템으로 무장시키고 있던 독일은 마르코니 사의 심한 통제에 분개하여 강대국들을 소집하여 1903년 베를린에서 회의를 하고 무선기에 대한 세계 최초의 국제적 협약을 이루었다. 1908년이 되어서야 국제적인 해안 초소가 모든 통신에 개방되었다.

다른 발명가와 과학자들은 돈을 벌어들이는 잠재성을 발견하고 바쁘게 그들 자신의 시스템을 개발하여 개선된 장비를 고안할 때마다 특허를 신청하였다. 독일인 외에도 발명은 다른 사람들, 영국의 올리버 로지, 미국의 리지날드 페센덴(Reginald Fessenden), 리 드 포리스트(Lee de Forest), 존 스턴(John Stone) 그리고 하워드 암스트롱(E. Howard Armstrong)에 의해서 이루어졌다. 수년에 걸쳐, 그들은 시장에서 그리고 법정에서 서로 싸워 시간, 돈 그리고 에너지를 소모했다.

1904년 라디오는 전장에 들어갔다. 러일전쟁시에 양측은 모두 무선장비를 사용하였으나 동일한 품질도 아니었고 분명히 동등한 경쟁상대도 아니었다. 무선전보는 일본 해군이 러시아제국 함대를 대부분 격침시키는 데 공헌하였다. 일본 함대는 무선장비를 갖추었다. 러시아 함대는 분명히 전투전에 무선송신기를 꺼놓았다. 러시아의 '위대한 백색 함대'가 세계의 반을 돌아 목적지에 도달하고 있을 때 일본 함대는 무선으로 경계를 보고 받고 덫을 놓고 기다렸다. 쓰시마해협의 해전에서 일본은 거의 전 러시아 함대를 침몰시키면서도 일본군의 희

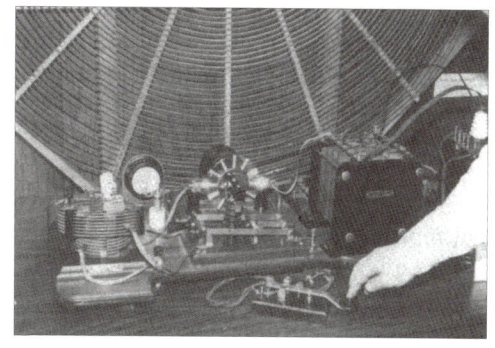

그림 3-16 1912년의 스파크 송신장치 무선통신은 선박 사이와 해안 무선 송신소 사이에 모스부호를 사용하여 통신했다.

생은 거의 없었다. 아마도 역사상 가장 일방적인 해전이었을 것이다. 결국 전쟁은 끝났다.

세계의 주요 강대국들의 해군은 함대와 해안시설에 무선전보장비를 갖추었다. 1911년 미국에서 무선의 군사적 이용가능성이 확대되어 최초로 공중에서 지상으로 전송하는 데 쓰였다. 제1차 세계대전시에는 무선장비를 갖춘 비행기가 포격 지점을 모스 부호 신호로 알려주는 임무에 이용되었다. 해군은 분명한 이유 때문에 시작부터 무선 통신장비에 관심이 있었으나 일부 미해군 함선 사령관들은 해상에서의 함장이 지닌 절대적인 통제권이 약화되었기 때문에 무선기술을 받아들이는 데 민감하지 못하였다.

타이타닉 호

두 대의 충돌한 상선에 탑승한 무선 운용자들이 동료 선원들의 생명을 구하려고 노력한 후에 의회는 1910년 대부분의 여객선이 무선장비를 갖출 것을 요구하는 법을 통과시켰으나 그 법에는 운용자들이 24시간 계속 근무를 서도록 규정하지 않았다. 2년 후에 '침몰하지 않는' 해양 정기선 타이타닉 호는 처녀 출항을 하던 중 빙산과 충돌하고 1,522명의 탑승자와 선원들과 함께 침몰하였다(마르코니는 그 항해를 예약하였으나 다른 계획이 생겨 취소하였다). 다른 배의 무선 통신기사는 겨우 19마일 떨어진 지점에 있어 모두 구출할 만큼 가까이 있었지만 장비를 꺼둔 채 잠을 잤다. 그 대형사고로 인해 의회는 1910년에 제정한 법을 개정하여 사람이 승선한 배에 대한 강력한 통제를 요구하게 하였다. 몇 주 후에 의회는 1912년의 무선법을 통과시켜 재난 신호에 우선순위를 두고 무선소는 송신을 하기 전에 허가를 받을 것을 요구하였다. 그러나 상공부는 만일 지원자가 자격시험을 통과하였다면 허가증 발행을 거절할 수 없었다. 무선사용에 질서를 부여하려는 이러한 초기 시도는 십여 년의 혼란을 겪게 되었는데 아무도 상업방송이 무선에 일으킬 폭발적인 성장을 예측하지 못했기 때문이다. 그 전쟁은 의회가 1927년의 무선법을 통과시킬 때까지 계속되었다.

1912년의 무선법은 아마추어 방송가들의 수를 제한하지 않았다. 1913년 322개의 허가받은 아마추어 방송소가 있었다. 1917년에는 허가 없이 방송하던 수천 명의 아마추어들 외에도 13,581개가 있었다. 상업 운용자들보다 아마추어 방송이 훨씬 많았다. 그들은 스파크 송신기를 이용하여 모스 부호를 송신하였다.

반면에 다른 국가들은 전보와 전화서비스와 함께 무선을 엄격하게 정부의 통제하에 두었다. 주요 국가 중에 오직 미국은 최소한의 정부규제를 받는 사기업으로서 세 가지 모든 통신의 개발을 허용하였다.

목소리

만일 제1차 세계대전 무렵의 무선이 주로 상업적으로 사용되어 해운업에 도움을 주는 것이었다면, 라디오 사업은 대량의 무선장비를 선박, 해안 초소, 군사통신, 해운 그리고 정부에 통신서비스를 임대하는 것이었다.

이 기간 중에 몇 과학자들은 그것을 붙들고 있는 전화선에서 목소리를 자유롭게 하는 일을 시작하였다. 존 암브로즈 플레밍(John Ambrose Fleming)은 전보 송신을 개선하기 위해 노력하던 중 토머스 에디슨이 발견한 소위 '에디슨 효과'에 대해 궁금해 하였다. 에디슨이 그것을 보고한 지 20년 후에 플레밍은 그 뒤를 따라가보기로 결정하고 두 요소의 진공관, 즉 2극 진공관(diode)를 고안하였는데 작은 유리전구 안의 철판 위에 전선 필라멘트를 넣은 것이었다.

필라멘트가 가열되자 전류는 음극과 양극을 교차하면서 필라멘트로 흘러들어갔지만 음극전자의 흐름만 필라멘트에서 극으로 흘러갔다. 이것이 최초의 전자적 장치였다. 교차하는 무선파장의 전류는 수신기가 직접 감지할 수 있는 직접적인 전류로 변하였다. 플레밍 값은 말이 무선 파장을 타고 전달되어 들릴 수 있게, 즉 이어폰으로 감지될 수 있게 만들었다.

미국의 개발자 리 드 포리스트(Lee De Forest)는 필라멘트와 극 사이의 셋째 요소, 필라멘트에서 극으로 전류가 흐르는 동안 가능한 많은 전자를 잡아내기 위해 지그재그 모양으로 구부러진 전선조각을 더하였다. 그의 3극 진공관은 무선파장을 감지하였을 뿐 아니라 전자의 흐름을 조절하고 그것을 증폭하였다. 이제 소리의 양을 조절할 수 있게 되었다. 또다른 미국 발명가 하워드 암스트롱(E. Howard Armstrong)은 3극진공관이 무선파장을 수신할 뿐 아니라 전송할 수 있는 진동자 기능을 하게 할 수 있는 방법을 생각해냈다.

특허신청은 모든 발견과 동시에 이루어졌는데 그 경주는 공기 중으로 목소리를 송신하는 첫 발명품이 되는 것이었다. 한때 토머스 에디슨의 연구소에서 일한 캐나다 출신 리지날드 페센덴(Reginald Fessenden)은 마르코니의 단속적인 송신방법이 공기 중으로 연설과 음악을 전달하는 지속적인 파장 송신기와 수신기에 의해 대체될 수 있다고 확신하였다. 페센덴은 그가 제너럴 일렉트릭 기술자인 스웨덴 이주민, 알렉샌더슨(E. F. W. Alexanderson)과 함께 연구실에서 고안한 고주파 변조기를 가지고 경주에서 승리하였다. 전원 생산기처럼 보이는 그 거대한 변조기는 마르코니의 스파크 트랜스미터보다 더 훌륭하게 대륙과 바다를 건너 신호를 보냈다.

매사추세츠, 브랜트 록에 있는 연구실에서 페센덴은 공개적으로 라디오 주파수상으로 사람의 목소리를 송신한 최초의 인물이 되었다. 때는 1906년 크리스마스 이브였다. 일부 기자들과 아마추어를 제외하고는 그의 청취자들은 선박과 해안초소에서 제자리를 지켰고 근무 중 이것을 듣고 당황한 마르코니 운용자들이었다. 페센덴은 그들에게 무선전보 메시지로 며칠 전에 통보하였으나 아직도 성경 구절을 암송하는 목소리를 크리스마스에 듣게 된 그들을 놀라게 하였다. 페센덴은 또한 노래하고 바이올린을 연주하고 축음기 음악을 방송하였다.

이것이 농부가 한 손에 쥔 씨를 땅에 뿌리는 모습을 기술한 낱말, '방송(Broadcasting)'이었다. 곧 무선(wireless)이라는 낱말은 전자기파가 트랜스미터에 의해 퍼져나가는 것이라는 생각에서 라디오(radio)로 대체되었다. 1908년에 드 포리스트는 파리의 에펠 탑 꼭대기에서 오페라음악을 방송하였는데 희미하게 550마일 떨어진 곳까지 전달되었다. 버지니아의 트랜스미터에서는 AT&T가 1915년 무선전화 신호를 송신하였고 그것이 동시에 파리와 진주만에서 들을 수 있었다.

드 포리스트는 음악과 연설을 가정으로 전달하는 데 무선전화기(telephony)를 이용하기로 결정하였다. 그는 《뉴욕 타임스》 기자에게 "나는 오페라가 모든 가정으로 전달되는 날을 기대합니다. 어느 날 뉴스와 광고마저 무선전화를 통해 전송될 것입니다"라고 말하였다. 1915년 상업방송이 시작되기 오래 전에 드 포리스트는 음악과 뉴스 또는 스포츠 보도를 방송하였고 이러한 방송에 맞는 장비를 제작하였다. 그는 자신의 장비를 광고하는 데 방송을 이용하였다.

애호가들 다이얼을 맞추다

신호를 보내는 것이 한 가지 문제라면 신호를 듣는 것은 또 다른 문제였다. 처음에 라디오 신호를 감지하는 유일한 방법은 소리를 듣고 싶은 일반 사람들은 이용할 수 없는 연구소 장비인 직접회로였다. 진공관이 개선된 장비였지만 보통 사람들이 구입할 수 있는 가격이 아니었다. 한 개의 진공관은 보통 1주일치의 임금에 해당하였다.

독일 과학자 페르디난트 브라운(Ferdinand Braun)이 어떤 결정체는 전기를 한 방향으로만 전송한다는 사실을 발견한 후에, 발명가들은 때로는 광석라디오(crystal-and-catwhisker detector)라고 알려진 새로운 종류의 라디오 수신기를 개발하였다. 전기를 한 방향으로만 흐르게 하는 석영이나 방연광 결정체는 결정체가 어떤 지점에서 예민한 전선에 닿게 되면 공중으로 전송되는 라디오 파장을 감지할 수 있었다.

애호가들은 원통형의 퀘이커 귀리 상자 주위를 감싸고 있는 구리선으로 만들어진 튜닝 코일로 신호를 잡아서 이어폰으로 들었다. 제작하기 쉽고 값이 싼 까닭에 수천 개의 광석수신기가 무선 아마추어에 의해 제작되었다.

단점은 약한 수정체 감지기가 무선 신호를 증폭할 수 없다는 것이었다. 애호가들은 멀리 떨어진 곳의 무선방송소에서 전달되는 신호를 붙잡기 위해 이어폰을 꽉 끼워야 했다. 그들의 기쁨은 1920

년대까지 프로그램이 거의 존재하지 않았기 때문에 라디오 프로그램에서 오는 것이 아니었고 멀리 떨어진 도시에서 들려오는 호출부호를 듣게 되는 데서 왔다. 애호가들은 무선으로 만나는 클럽을 형성하였다. 대부분의 회원들은 십대 소년과 젊은이였다. 동일한 파장을 이용하여 신호를 보내려고 한 미국해군과 상업소 운용자는 아이들이 하늘(ether)을 차지하고 길을 터주지 않아 메시지를 전달할 수 없다고 불평하였다. 정부가 아마추어들을 금지할 것을 요구한 탄원서는 애호가들의 단호한 저항을 받았다.

최초의 라디오 방송을 하는 곳은 혼잡한 전선으로 연결된 전기장치로 가득한 방이었다. 그들은 음성과 음악을 전송할 수 있었지만 음질은 만족스럽지 못했다. 신호를 끌어올리기 위해서는 증폭기의 개발을 기다려야 했는데 그것은 여전히 다른 개발, 특히 1912년 암스트롱이 컬럼비아 대학의 대학원생 시절 개발한 피드백 회로에 기초하고 있었다. 그는 3극 진공관을 재설계하여 극에서 흘러나온 전자를 잡아 지그재그 모양의 그리드로 되돌려보냈다. 신호는 매번 힘을 모으며 초당 수천 번을 돌았다. 피드백 회로는 원거리의 신호가 이어폰으로 증폭되게 만들어졌다. 마르코니가 사용한 스파크 트랜스미터와 페센덴과 알렉샌더슨이 설계한 변조기는 즉각 박물관에나 알맞는 신세가 되었다. 라디오 청취가 취미에서 오락의 도구로 변화하면서 진공관이 달린 라디오 수신기가 판매되자 광석 라디오는 시대에 뒤떨어진 것이 되었다.

제1차 세계대전 말에는 어떤 라디오가 존재하였는가?

1. 모두 사업과 군사적 목적으로 사용된 선박간 그리고 선박과 해안 간의 무선전보와 무선전화 통신.
2. 이러한 통신을 위한 장비의 제조.
3. 아마추어 방송을 위한 스파크 트랜스미터.
4. 취미 애호가들이 원거리의 신호를 듣는 데 사용한 종종 집에서 제작된 단순한 수신기.
5. 일부 개발가들과 기술자들에 의한 수선작업.

초기 라디오 수신기는 친근하지 않았다. 그것들은 거대하고 성미가 까다로운 많은 손잡이, 튜브, 전선 그리고 거대하고 혼잡하고 냄새나는 산(酸)으로 채워진 자동차에 사용되는 충전지와 다를 것이 없는 충전지가 들어 있는 금속상자였다. 거실이나 융단 위나 탁자 위에 두기에는 적당하지 않아서 라디오 세트가 놓이는 장소는 지하실이나 주차장이 되었다. 위험한 충전지가 1920년대 후반 벽에서 이용할 수 있는 110볼트 교류 전류를 이용하게 된 라디오 세트로 대체되기까지 라디오는 차고에 있었다. 수신기는 네 개의 독립된 조정단계가 있어 희미한 신호를 이어폰으로 잡아오려면 잘 조정되어야 했고 한 주파수에서 다른 주파수로 이동하는 신호 때문에 오랫동안 신호를 붙들고 있을 수 없어 비싸고 조작하기 까다로웠다.

이어폰으로는 한 번에 한 사람만 들을 수 있었다. 최초의 확성기가 이어폰보다 약간 크게 제작되어 나팔모양의 작은 끝부분에 고정되었다. 들을 만한 프로그램은 없었다.

라디오는 보통 사람들의 일상생활의 일부가 아니었다. 대부분의 사람들은 그것을 거의 듣지 않았다. 누가 라디오에 방대한 시장이 존재하고 있다고 상상할 수 있었겠는가? 그때까지 축음기는 가구처럼 보이게 되었고 피아노는 수 세기 동안 가구가 되었으나 라디오 수신기, 전선과 금속의 응집체처럼 보인 잡동사니는 보통 사람들의 가정에는 적합하지 않았다. 라디오가 과거에 어떤 모습이었는지 미래에는 어떤 모습일지 상상하려면 비전이 있어

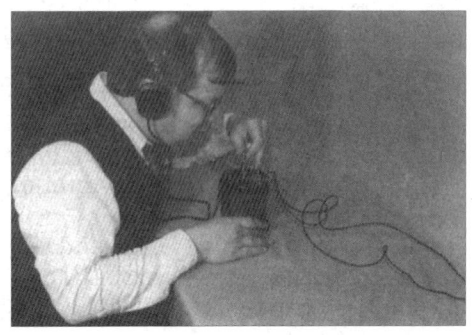

그림 3-17 1922년의 광석라디오. 라디오를 듣기 위해 작은 전선이 방연광의 중심에 접촉되었다.

야 했다.

미국이 1917년 제1차 세계대전에 참전하였을 때, 해군은 전보, 전화 그리고 해양 케이블 시스템과 함께 무선사업을 이양받았다. 그 이유는 해군이 수시로 여러 함선에 동시에 메시지를 보낼 필요가 있었기 때문이다. 이 메시지를 수신하는 함선은 자신들의 위치를 노출시킬 가능성 때문에 응답을 하지 않도록 되어 있었다. 응답을 요구하지 않는 수신자들에게 날아가는 메시지를 묘사하여 어떤 사람이 '방송(Broadcast)'이라는 단어를 생각해냈다. 그것은 아마도 20세기 미디어의 가장 중요한 요소, 일방적인 통신의 폭발적으로 성장하는 조용한 시작이었을 것이다.

영화의 탄생 Movies are Born

스티븐 스필버그는 영화를 "세상에서 가장 강력한 무기"라고 불렀다. 전세계에서 영화는 많은 사람들에게 다른 사람들이 그들보다 더 나은 삶을 누린다는 느낌을 남겨주었고 그러한 깨달음은 그렇게 하기 위해 어떤 대가를 치르든 자신들의 삶을 개선시키려는 마음이 생기도록 하였다.

활동사진, 음악을 담은 사진은 20세기의 가장 중요한 문화적 현상인데 정치적인 영향과 문화적인 영향에서 원자폭탄을 능가하는 발명이다. 만일 세상에 활동사진이 없다면 대부분의 사람들의 삶은 지식이 덜 공급되며 덜 유쾌한 것이 되었을 것이다.

미국의 언론은 영어가 읽히는 곳에서만 읽혔다. 미국의 라디오는 영어를 이해하는 곳에서만 들렸다. 그러나 미국영화는 연령이나 언어, 국적이나 문화의 차이를 넘어 전세계에 전달되는 매체이다. 스펠링을 모르는 수마트라섬 사람들도 움직이는 영상의 의미를 이해하고 사랑하고, 미워하고, 또는 등장한 사람들과 동일시하고……

커뮤니케이션 매체로서의 영화

영화의 역사에 대한 몇 가지 중요한 사실들은 다음과 같다.

- 대부분의 커뮤니케이션 도구들처럼 한 개인이 영화를 만들지 않았다. 영화의 기술은 일련의 작은 단계들을 거치며 발전하였다. 토머스 에디슨이 자주 영화의 발명가로 간주되지만 그는 다른 사람들에 비해 기여한 것이 적다.
- 초기 성장시에 관여한 어느 누구도 그것이 얼마나 중요한지에 대해 어떤 생각 — 재미있고, 매력적이어서 전세계의 수십억 인구를 사로잡을 이야기 전달의 도구로서 — 을 지녔는지 보여주는 단서가 발견되지 않았다.
- 영화는 예술이며 산업이기 때문에 영화의 형성 모습에서 대중은 중요한 역할을 하였다. 표의 구입으로 대중은 그 성장의 행로에 영향을 끼쳤다.
- 모든 매체처럼 영화는 다른 사람과의 직접적인 접촉을 대체하였다. 필름을 보면서 소비하는 시간은 가족이나 친구들과 함께 할 수 있는 활동을 포함하여 다른 추구활동으로부터 떨어진 시간이다.
- 영화는 정보이며 정보시대의 한 구성요소이다.
- 세월이 흐르자 더욱 더 많은 사람들이 모든 차원에서 영화를 제작하였다. 제작과 배급사업이 이전과는 달리 분업화되었다. 영화는 오늘날 민주화를 향한 세계의 경향에 그 내용으로 공헌하였을 뿐 아니라 많은 사람들이 영화를 제작한다는 그 사실로도 공헌하였다.
- 영화는 종족, 종교 그리고 국적간의 장벽을 허무는 힘이었다. 그것은 우리가 초점을 지역적이고 소교구적인 문제에서 폭넓은 시야로 옮기는 것을 도왔다.
- 영화는 따로 독립시켜 고려될 수 없다. 사회에 미친 그 영향은 대단한 것이었다.

커다란 힘을 행사한 문화는 반대 없이 정착되지

는 않는다. 시작부터 영화제작자들은 적을 만났다. 노동자계층의 음주문화를 공격한 중산계층 개혁가들은 오센트극장을 찾았다. 성직자 대표들은 일부 영화관을 폐쇄하려고 하였다. 여러 도시, 주 그리고 국가의 검열단이 생겨났다. 오늘날의 등급 시스템은 외부의 검열을 물리치려는 지속적인 희망에 의해 할리우드 자체에서 생성된 검열이다.

영화는 어떻게 탄생했나

활동사진 기술은 수 세기를 거슬러 올라가는 세 가지 뿌리를 가졌다. 필름의 화학물은 정지사진에 뿌리를 두고 있다. 다른 두 가지 뿌리는 그 기원이 마술 랜턴에 있는 투사와 시각잔상효과(persistence of vision)라 불리던 것에 의존한 장난감으로 시작된 활동 속의 정지모습이다. 여기서 눈과 뇌가 수십분의 1초 동안 상을 잃어버린 이어지는 정지영상이 하나의 움직이는 영상으로 보이게 한다.

이전 캘리포니아의 지배자이며 스탠퍼드 대학의 창설자인 철도왕 리랜드 스탠퍼드(Leland Stanford)는 친구와 달리던 말이 동시에 지상에서 네 개의 발굽을 떨어지게 할 수 있는지 내기를 하려고 하였다. 그는 전문적인 사진작가 에드워드 마이브리지(Edward Muybridge)를 고용하였는데 그는 여러 번의 시도 후에 연결된 24장의 사진으로 구성된 경주트랙을 찍었다. 카메라 셔터를 누를 선이 트랙을 따라 뻗어 있었다. 1878년의 결과는 일련의 정지사진으로 빠른 속도의 연속동작을 담아 말의 움직임을 보여주었다(스탠퍼드는 내기에서 승리하였다. 네 발이 모두 지면에서 떨어졌기 때문이다).

마이브리지는 실험을 계속하여 다양한 동물의 움직임을 사진으로 찍었다. 그는 자신의 작품을 1881년 파리에서 전시하면서 물리학자 머레이(Etienne Jules Marey)를 만났는데, 머레이는 새의 날개의 퍼덕임과 같은 동물의 이동력을 연구하고 있었다. 그 만남으로 머레이는 활동사진의 발명을 향한 중요한 발전을 이루게 되었다. 마이브리지가 한 것처럼 많은 사진기를 사용하는 대신 머레이는 빠르게 일련의 사진을 단일 사진판 위에 담을 수 있는, 그래서 퍼덕이는 날갯짓으로 구분될 수 있는 연속적인 나열을 필요로 하지 않는 하나의 카메라를 제작하였다.

발명을 명령한 에디슨

곧 여러 국가에서 발명가들이 그 기술적 어려움을 해결하며 활동사진의 길로 들어섰다. 그들 가운데는 영국의 윌리엄 프리스 그린(William Friese-Greene)과 프랑스의 루이스와 오귀스트 뤼미에르(Louis, Auguste Lumire) 형제들이 있었다. 미국에서는 토머스 에디슨이 조수 딕슨(W. K. L. Dickson)으로 하여금 머레이가 제작한 프랑스의 회전식 사진촬영기(photographic revolver)에 기초하여 활동사진 시스템을 제작하도록 하였다.

그림 3-18 사진가 에드워드 마이브리지는 연속적인 사진을 책장을 후루룩 넘기듯이 하면 연속적인 움직임의 효과가 생긴다는 것을 발견하였다.

에디슨은 본래 활동사진을 축음기에서 나오는 소리를 수반하는 어떤 것으로 생각하였다. 뉴저지의 에디슨의 연구실에서 조지 이스트먼(George Eastman)이 자신의 코닥 사진기를 위해 제조한 길고 가느다란 셀룰로이드 필름으로 작업하면서 딕슨은 1891년과 1892년에 키네토그라프(Kinetograph) 사진기를 개발하였고 모터 작동식의 키네토스코프(Kinetoscope)를 개발하였는데, 그것은 약 30초 동안 50피트의 필름이 돌아갔다. 째깍거리는 시계의 초바늘처럼 단속적인 동작으로 톱니가 필름의 구멍 뚫린 가장자리를 인도하여 렌즈 위로 지나가게 하였다. 이것은 한 번에 한 사람만이 볼 수 있는 쇼였다.

딕슨은 개방된 지붕으로 들어오는 햇빛을 이용할 수 있게 된 스튜디오 건물을 세웠다. 그는 대부분 훈련된 동물의 활동, 서커스 오락 등등을 영화로 제작하기 시작하였는데 각각 스튜디오에서 짧은 공연을 하였다. 근무자들은 그 스튜디오 건물을 "블랙 마리아(Black Maria)"라고 불렀다. 건물을 넓고 있던 타르지가 그런 별명을 지닌 경찰 순찰차의 모양을 지녔기 때문이었다.

단기간에 키네토스코프는 에디슨의 제조공장에서 나오는 즉시 전국으로 선적되었다. 그것들은 에디슨의 성공적인 축음기 응접실을 모델로 키네토스코프(Kinetoscope) 응접실로 넘어갔는데 차이점은 입장료가 무료가 아니었다는 것이다. 고객들은 입장시에 25센트를 지불하고 다섯 개의 기계 속을 들여다볼 수 있었다. 전기모터를 켜고 구멍으로 들여다보면 마술이다! 관객들은 깜박이는 프레임을 보려고 박스 속을 지켜보았다.

영화의 상영

그것은 아직도 활동사진 상영이 아니었다. 영화 상영은 곧 시작되었지만 미국이 처음은 아니었다. 딕슨은 또 수동으로 넘어가는 일련의 카드로 구성된 뮤토스코프(Mutoscope peephole)—들여다보는 구멍이 있는—라는 기계를 제작하였는데, 작은 이집트 여인이 배꼽춤을 추는 동작을 정지한 것처럼 느리게 할 수 있어 소년들에게 인기가 있었다. 딕슨은 뮤토스코프를 이전의 키네토스코프와 다르게 제작하여 에디슨의 특허권을 빠져나갔다. 뮤토스코프는 경우에 따라 옛 형식의 페니 아케이드에서 볼 수 있었다.

프랑스에서 사진 관련 물품제작사업을 하고 있던 뤼미에르 형제는, 파리에서 전시된 키네토스코프를 보았고 그것을 개선하기 시작하였다. 이러한 작업을 필름 프린터와 영사기가 결합된 사진기인, 자신들의 영사기(Cinematographe)로 하였다. 뤼미에르는 에디슨의 전기모터를 수동기계로 대체하여 기계의 무게를 감소시켜 필름에 담고 싶은 곳은 어디나 가지고 갈 수 있었다. 에디슨의 거대한 키네토그라프는 공연을 할 사람이 스튜디오에 나와야 했다. 에디슨의 필름이 무대의 모습이었다면 뤼미에르 필름은 창 밖으로 바라본 풍경과 같았다. 한편 뤼미에르는 그 필름을 관객을 위해 스크린에 영사할 수 있었는데 에디슨의 키네토스코프는 한 번에 한 사람만 들여다볼 수 있었다.

그들의 최초의 필름은 그들의 공장을 떠나는 일꾼들을 담은 것으로 1895년 3월에 찍어서 특별한 전시회에서 상영되었다. 1895년 12월 28일 뤼미에르는 최초의 영화를 파리의 한 카페 지하실에 모인 유료관객들 앞에 상영하였다. 1프랑에 관객들은 10개의 필름으로 구성된, 뤼미에르 아버지가 피아노를 연주하고 해설을 약간 가미한 20분의 프로그램을 보았다. 유일한 다른 소리는 관객들이 놀라서 지르는 탄성이었다. 곧 쇼를 보기 위해 카페 밖으로는 길게 줄지어 섰다. 영화가 탄생한 것이다!

흥분한 파리의 한 신문사는 "이 새로운 발명품에서는 죽음이란 더 이상 절대적이지도, 최종적인 것도 아니다. 우리가 스크린에서 본 사람들은 우리와 함께 있을 것이며 그들이 죽은 뒤에도 살아서 움직일 것이다"라고 환호하였다.

두 달 후에 영사된 필름이 런던에서 상영되었다. 그리고 다시 두 달 뒤에 그것들은 뉴욕에 나타났다.

영화, 미국에 가다

관객들은 주로 부유층이나 중간계층이 아닌 대부분 가난한 대중들이 주를 이루었다. 보통 보더빌을 공연하던 음악홀은 주로 중산층들이 드나드는 곳이었지만 모든 중산층들이 오락을 얻기 위해 극장을 찾는 것은 아니었다. 빅토리아 여왕시대에 형성된 종교적 믿음과 양심에 근거한 중산층 도덕관(middle class morality)이라 불린 강한 의미의 도덕관은 많은 미국인들이 모든 극장에 발을 들이지 못하도록 하였다.

가난한 사람들은 배우들, 가수들, 무희들, 마술사들 그리고 훈련된 개들이 나와서 펼치는 보더빌 쇼의 입장권을 살 여력이 없었다. 저녁의 오락거리로 가난한 사람들은 특별한 경우를 제외하고는 산책하는 것 이상을 할 여력이 없었다.

세기적 전환기에 영화는 유아기를 살아 남았고 참신한 단계까지 급격히 성장했다. 영화는 더 이상 단순한 놀이도 한 번 보고 버릴 값싼 것도 아니었다. ……영화는 그들만의 관객을 아직 확보하지 못하였으나 다른 모든 종류의 오락관객들을 끌어들이기 시작하였고 뒤죽박죽으로 분리된 사회적 그룹들의 혼합을 촉진하여 20세기 초의 상업적 오락의 특성을 갖게 되었다.

보더빌 극장, 영사기 그리고 축음기가게 소유자들은 그렇게 열심히 번 돈을 가지고 박스 안에 든 활동사진을 보려고 떠난 관객들이 만일 그 영화가 거대한 스크린에 영사되기만 하면 기꺼이 그들의 돈을 소비하는 것을 보았다. 슬라이드를 사용하여 그들의 대화를 설명한 변사들은 활동사진이 엄청난 매혹거리가 될 수 있음을 알아차렸다. 여러 가지 다른 방식으로 흥행주들은 영사기를 구입하거나 유사품을 조립했다. 도시에서는 사람들이 상점, 음식점 그리고 댄스홀을 보더빌 건물처럼 보이도록 개조하거나 가게 일부 또는 오락센터를 테두리를 둘러 하얀 벽이나 침대 시트로 되었을 스크린 앞에 나무 의자를 배치하였다. 농민들의 축제에서는 텐트가 그 역할을 했을 것이다. 워너브라더스(Warner Brothers)들은 근처의 장의사집에서 의자를 빌렸다. 장의사가 의자를 필요로 하게 되면 영화관객들은 서서 보았다.

영사기가 고장나면 돈을 내고 들어온 관객들이 휘파람을 불고 야유를 보냈지만 더 큰 문제는 형편없는 필름의 질이었다. 관객들은 곧 무희들과 아마추어 권투선수들의 긁힌 영상에 질렸다.

최초의 영화

영화의 역사는 실제 생활과 함께 시작하였다. 처음으로 알려진 가상의 영역으로 들어온 슬라이드는 한 세기가 전환하기 전에 도래한 프랑스인 프란시스 두블리에(Francis Doublier)의 작품이었다. 그는 일련의 활동적인 장면들을 조합하였다. ― 군인들, 전투, 프랑스의 법원 그리고 키 크고 흰머리의 사람 ― 그리고 그것을 프랑스를 뒤흔들었던 유명한 정치적 그리고 군사적 스캔들인 드레퓌스 사건의 필름이라고 불렸다.

1.98달러의 재료로 미국과 스페인전쟁의 절정기에 두 명의 전기 사진작가는 마분지 버전의 산티아고만의 전투를 창조하였다. 실을 이용하여 그들은 1인치 깊이의 물 위로 배를 끌어당기며 카메라 앞으로 지나가게 하였으며 소량의 화약을 터뜨리고 자원봉사자가 카메라 바로 밖에서 담배 연기를 불었다.

뤼미에르와 에디슨의 최초의 필름은 실제 삶의 모습과 장면들이었다. 공원의 사람들, 공장을 떠나는 근로자들, 바이올린을 연주하는 사람, 모유를 먹는 아기, 행진. 시간이 지나자 관중들은 이런 것에 질리게 되었다. 영화는 다른 새로운 발명품처럼 끝났을지도 모른다. 다른 발명품과 다른 것은 가공의 이야기였다. 다큐멘터리는 그것을 지켜보는 것보다 존경받을 수 있다. 영화제작자 사무엘 골드윈(Samuel Goldwyn)은 "만일 당신이 메시지가 있다면 웨스턴 유니언(전보)으로 보내시오"라고 말하였다고 한다. 할리우드가 "꿈의 공장"으로 알려지게 된 것은 놀랍지 않다.

4 오락산업 : 네 번째 혁명

The Fourth Revolution
Entertainment

대중의 오락 Public Recreation

정말 행운이 따랐던 극소수의 경우를 제외하고는, 예전에 좋았던 시절이 결코 그렇게 좋은 것은 아니었다. 실제로 존재했던 것으로부터 향수의 베일을 들어 올리는 것은 대부분 거칠고 불확실한 생활을 드러냈을 뿐 아니라, 공중의 도덕심은 관용의 한계에서 우리 자신을 제외하는 것과 별로 다를 바 없었다. 빅토리아시대 미국의 페니신문들은 추문으로 가득찼다. 노동자계급은 극장에서 값싸고 외설스러운 오락과 훨씬 더 시끄러운 연주홀을 즐겨 찾았다. 부유한 사람들의 부도덕한 방종은 때때로 오늘날 부자들의 행위와 유사하기도 했지만, 다른 한편으로 부자들은 오늘날의 부유층이 다시 재현하고 있는 것처럼 오페라, 연극, 무도회 그리고 개인적인 저녁식사에 참석함으로써 자신들의 기질을 드러냈다.

19세기 미국의 산업혁명은 인구를 촌락과 작은 도시에서 유급 일자리가 있는 큰 도시로 이주시켰다. 그들에게 비참한 일은, 실제로 생활비가 줄어든 지난 4반세기 동안 비농업인의 임금이 상승한 점이다. 평균 노동시간은 조금씩 줄어들었다. 노동자들은 일요일 하루 종일뿐 아니라 토요일 오후에 쉬는 일이 일반적인 현상이 되었다. 여름휴가를 갖고자 하는 생각은 부유한 가족들의 범위를 넘어 확립되어가고 있었다.

빈민가와 주택가에 넘쳐나는 대중들의 빈곤은 문서로 잘 기록되어 왔다. 대중의 레크리에이션에 대해 말하는 사람은 거의 없었다. 평범한 도시 거리에 줄지어 늘어서 있는 주택에 밀집하여 사는 사람들에게는 어디론가 외출을 한다는 사실은 삶을 견딜 수 있게 해주었다. 20세기 초 전등은 거리 구석구석을 밤새 환하게 밝혔고, 다양한 색상의 불빛을 비추는 가게와 카페는 어둠침침한 가스 등불에 의해 늘 그림자가 드리워져 있던 거리를 밝게 만들어 안전하게 하는 데 일조했다. 저녁 외출의 즐거움은 이제 더 이상 미국의 중·상류계층 사람들임을 나타내는 뚜렷한 증거가 아니었다. 그것은 도시빈민 구역과 심지어 평범한 미국 가정에서 누리는 문화 생활조차 결핍되어 있고, 대문 밖에서만 평범한 생활과 초만원 밀집 거주, 혹은 외로움을 벗어날 길을 찾을 수밖에 없던 제3세계 도시들에서도 목격되는 생활 속의 증거가 되었다.

전등 불빛들은 노동의 시간이 지나가고 놀이의 시간이 가까웠음을 알리고 있었다.

전기는 밤의 외출을 예전보다 더 안전하고 흥미롭게 했을 뿐만 아니라, 더 쉽고 더 값싼 밤의 외출을 제공했다. 가로등불을 밝히는 동력기와 발전기는 도시와 도시 그리고 이웃과 이웃을 함께 묶어주는 전차에도 동력을 공급했다. 도심지 거리에는 백화점이라 불리는 새로운 형태의 건물이 세워졌다.

도시의 경제구역과 주택가를 연결하는 문제에 있어서 전차는 도시의 성장과, '도심'의 중심 상업·오락지구로의 탈바꿈을 촉진시켰다.

수 세기 동안, 지역 장날과 종교축제는 사람들을 한자리에 모아 함께 나누는 즐거움을 누리게 했다. 오늘날 전국 규모의 엑스포와 1876년 필라델피아 100주년 기념박람회로 시작된 일련의 세계박람회들은 사업의 번영을 누리게 했다. 그 행사들은 신대륙의 산업에 대한 정보센터 역할을 위해 시작되었고, 이내 오락의 중심지가 되었다. 당시 처음으로 소개된 야구게임과 뉴욕 코니(New York Coney) 섬과 같은 위락센터로서 야구장이 지어졌다. 겨우 5센트에 수백만의 뉴욕시민들을 BMT(Brooklyn-Manhattan Transit) 지하철로 운송했다.

빈민들의 돈

비록 전국적으로 중류와 몇몇 상류계층 단골들을 위해 오락을 제공하던 음악극장들이 영화상영으로 가극을 바꾸기 시작했다 할지라도, 초기에 제작된 필름 수입은 음악공연장에서 걷힌 것이 아니었다. 돈은 도시빈민들의 주머니에서 나왔다. 이들 대다수가 빈민가에 밀집해 살았으며, 박봉을 위해 난방이 되지 않고, 조명이 흐리고, 환기도 잘 되지 않는 그리고 종종 위험하기까지 한 공장에서 오랜 시간 일하는 사람들이었다. 혹은 더욱 박한 임금이라도 벌기 위해 집에서 하청받은 일거리를 하는 사람들이었다.

그들은 분명 여가를 위해 쓸 돈이 없었고, 극장에 갈 수 있는 옷을 입을 수 있는 형편도 되지 못했다. 그러나 만약 당신이 하루에 1달러를 번다면, 토요일 밤에 불타는 전등과 들떠 있는 군중들 사이에 끼여 5센트나 10센트 정도는 기꺼이 쓸 것이다. 1페니로 당신의 기량과 힘을 시험하는 기계를 접할 수 있다. 당신은 1페니 어치의 축음기 음악에 귀 기울일 수 있다. 당신은 1페니를 넣고 요지경 속 활동사진 영사기를 돌려 활동사진을 볼 수 있고, 더 운이 좋은 경우에는, 5센트로 당신 친구, 이웃들과 한 방 안에 앉아 벽에 비쳐진 영화를 함께 볼 수도 있다. 로이드 모리스(Lloyd Morris)는 <머지않은 옛날에(Not So Long Ago)>에서 다음과 같은 기록을 남기고 있다.

거대한 동부와 중서부 도시의 빈민가에는 이민자들이 큰 무리를 이루어 살고 있었다. 대부분 영어가 익숙지 않은 그들은 신문, 잡지 또는 책을 읽을 수 없었다. 그러나 거기에 실린 생생한 사진들은 직접적이면서도 웅변적으로 그 의미를 전달했다. 그들이 그 의미를 즐기는 데는 새로운 언어의 숙달이 필수적이지는 않았다. 그들은 문맹이었고 미국인의 관습에 무지했으나, 부끄러워하지 않았다. 그들은 사회적 고립과 배척이라는 고통을 깼다. 주택가에 사는 거주자들과 착취공장(저임금, 장시간 노동)의 노동자들은 잠시 동안이라도 자신들이 지불할 수 있는 적절한 가격으로 단조로운 환경에서 탈출할 수 있었다. 활동사진은 페니 아케이드(Penny Arcades)에서 정보대행자로서 그리고 대중을 위해 값싸게 제공되는 오락형태로서 깊이 뿌리를 내렸다. 흥행사들이 여행하는 조그만 시골에서도, 그들은 똑같이 반응하는 청중을 만났다. 어마어마한 사회적 힘의 도구일 뿐 아니라, 주요 산업의 기저에 폭넓은 대중적 기반이 자리하게 되었다.

산업혁명이 힘을 얻게 되면서, 대중정보뿐만 아니라 대중오락이 생겨나게 되었다. 공장의 조립라인과 새로운 기술 덕분에 사람들은 사진기를 사서 휴가지에서 사진을 서로 찍을 수 있게 되었다. 사람들은 응접실에 빅터 회사가 만든 축음기를 놓았다. 그들은 소설과 잡지를 샀다. 새시대에 사는 그들은 매주 영화구경을 갔다. 많은 사람들이 5센트 극장에서 5센트 극장으로 옮겨다녔다. 오락산업은 패키지 오락물에 굶주린 대중을 발견하면서 커져 갔다. 이것이 세계 정보혁명 역사의 네 번째 혁명이다.

오락신문들 Entertaining Newspapers

정보가 영원히 우리 주변에 그대로 머물러 있지 않고 발전해간다는 사실을 인정한다면, 신문을 정보를 전달하는 매체로 보는 것이 더 좋다. 증조 할아버지는 조간신문을 거의 이해하지 못할 것이다. 신문 독자들을 텔레비전에 빼앗긴 것을 한탄하는 이는 신문 역시 같은 이유로 개탄의 소리를 들은 바 있음을 상기해야 한다. 1910년에 사회학자 막스 베버(Max Weber)는 물었다.

> 신문이 현대인들의 독서 습관에 끼친 효과는 무엇인가? 이 문제에 있어서 많은 종류의 이론이 제기되어 왔다. 책이 신문으로 대체되었다는 논점도 있었다.

신문 독자 모두가 그리고 텔레비전 시청자 모두가 때로 '진정한 뉴스'인 우리 생활에 주요한 사건의 보도에 관심을 갖고 있는 것은 아니다. 신문은 텔레비전과 '진짜 뉴스'를 많이 접하지 못한 청중을 공유한다. 이 신문 독자들은 일면의 헤드라인을 거의 살펴보지도 않고, 오락물에 관심을 쏟는다. 그들의 이런 배타적인 관심은 코믹 연재만화, 별점, 수수께끼, 디어 애비(Dear Abby) 그리고 그 오락물난에 프로 혹은 대학간 스포츠시합 점수를 싣는다면, 이런 내용들로 가득찬 면을 읽으면서 행복을 느낀다. 방송순서, 영화리스트, 식료잡화점 쿠폰 그리고 상가에서 할인판매한다는 내용의 전단지 한 부를 끼워 넣으면 금상첨화이다. 이런 구독자들을 대상으로 신문 값을 내리고, 현관 앞까지 배달해 주었다. '진짜 뉴스'를 전달할 목적으로, 대부분의 지역신문들은 심각한 문제들을 관대한 험담, 추문 기사를 경찰사건 기록부에서 발췌한 기사들과 나란히 게재했다. 심각한 사건을 철저히 가려 싣는 지역신문은 살아 남지 못했다. 오늘날과 같이 오락을 원하는 대중들이 내용을 결정했던 것이다.

색깔넣기

19세기 후반, 색깔을 나타내는 점들이 흑백으로 된 신문칼럼 중앙에 가끔 나타났다. 1896년에는 컬러인쇄기술의 개선에 따라 현대신문의 중요 상품인 일요일의 재미있는 이야기들에 허스트(William Randolph Hearst)는 연작만화 부록을 추가시켰다. 컬러 연작만화는 <호간의 골목길(Hogan's Alley)>이라는 한 연재만화에 등장하는 작은 소년이 입고 있는 이국풍의 스커트에 노란 잉크를 규칙적으로 더하기로 결정함으로써 시작되었다. 이것은 즉각 인기를 얻었고, 그 소년은 '노란 꼬마(The Yellow Kid)'로 알려지게 되었다. 이뿐만 아니라, 선풍적 인기를 누리는 뉴스가 특징인 허스트(Hearst)와 퓰리처(Pulitzer)가 소유한 신문은 "황색 저널리즘(Yellow journalism)"이라는 명칭이 붙었다. 코믹 연재물의 뒤를 오랫동안 따라 다니던 불쾌한 욕설의 문구가 더 이상 나돌지 않게 되었다. 컬러 연재물을 위해서 때때로 모든 일요일 연재만화들이 뚜렷한 색상으로 다양하게 인쇄되기도 했다.

2센트에 파는 퓰리처의 신문인 ≪뉴욕 월드(New York World)≫지는 매일 150만 부를 찍어 미국 최초로 대량의 부수를 발행하는 신문이 되었다. 당시 대부분의 신문과는 달리 ≪월드≫지는 정치적으로 그리고 사회적으로 자유로웠다. 이 신문의 머릿기사는 "소녀 로타의 연인들(Little Lotta's Lovers)" 혹은 "피로 침례를 받다(Baptized in Blood)"와 같은 짜릿한 기사, 스포츠 기사로 가득했다. 또한 무시무시한 병원 환경을 폭로하기 위해 환자로 가장하여 제정신이 아닌 수용소 안으로 파견된 기자 "넬리 블라이(Nellie Bly)"(그녀의 본명은 Elizabeth Cochrane)와 같이 발행부수를 올리는 특종란들로 가득찼다. 1889년에 그녀는 피니스 포그(Phineas Fogg)의 소설 『80일간의 세계일주(Around the World in Eighty Days)』를 이기기 위해 배편, 열차, 말 그리고 증기기차를 이용한 80일간의 세계일주여행에 파견되었다. 100만 명에 가까운 독자들이 그녀가 며칠 만에 세계일주를 해낼지를 알아맞히는 시합에 참가했다. 넬리 블라이는 72일 만에 해냈다.

선풍적인 인기의 타블로이드판 신문은(작고 삼키기 쉬운 약이라는 말에서 유래) 20세기 초 런던에서 등장했다. 보통사람을 위한 이 신문은 시내전차 안에서 편안하게 읽을 수 있는 형식으로 묶여 있었다. 뉴욕의 ≪데일리 뉴스(Daily News)≫와 같이 타블로이드는 말이 끄는 버스에서부터 전차와 지하철로의 도시의 변화를 이용했다. 손잡이를 잡고 선 사람들은 한쪽 손에 든 신문을 읽을 수 있었다.

사람들이 흔들리는 차량에 적응하게 하기 위해 출판업자들은 넓은 지면을 타블로이드판으로 줄이고, 머릿기사와 본문의 활자를 더 키우고 사진을 더 많이 첨부했다. 뉴스 또한 좀더 흥미 위주였고, 어떤 경우에는 매우 선정적이었다. 타블로이드판 신문은 신문의 내용과 크기를 규정지었다. 지금도 이것을 따르고 있다.

일부 계층을 위한 잡지 Magazines for the Fragmented Public

잡지는 VCR, 전후의 라디오와 케이블 TV에게 잡지가 그들의 독자들에게 어떻게 해왔는지의 모범을 보여주었다. 잡지는 독자들이 원하는 것을 과거보다 더 정확하게 전달했다. 이렇게 함으로써 잡지는 독자들을 세분화시켰다. 아직도 몇 안되는 대중적인 인기를 누리는 잡지들은 1백만 명의 독자들에게 전달되고 있지만, 그러나 수천 개의 전문잡지들은 각각 겨우 수천 명의 독자에게만 전달되었다. 예를 들면, 무역잡지 ≪피자와 파스타(Pizza and Pasta)≫와 소비자잡지 ≪십대와 함께 살기(Living with Teenagers)≫가 그렇다. 길모퉁이의 비디오가게 또한 전혀 선택권을 제공하지 못하는 이미 문을 닫은 중심가 비디오가게에 한번 들른 적이 있는 고객들이 원하는 것을 토요일 밤에 대여해줌으로써 또한 그들을 세분화시킨다. 라디오 방송국과 케이블 방송 채널은 더욱 더 많은 선택의 폭을 제공해준다. 대체로 정보수용자들은 더 많은 대중매체를 사용하지만, 아는 사람과 매체 경험을 나누는 경우는 더 작아지고 있다. '지구촌'은 더욱 바벨탑처럼 보인다. 정규적으로 전달되는 대중매체들 가운데 잡지만큼 세분화, 전문화된 것은 없다.

영국과 식민지의 시작

18세기 초, 영국에서 최초의 신문이 1세기 전에 소식지와 팜플렛에서 태어났던 것처럼 잡지는 신문에서 태어났다. 최초의 주간지인 ≪더 리뷰(The Review)≫에서 거침없이 의견을 피력하던 출판업자는 아직도 뉴게이트(Newgate) 교도소 안에 있거나 아니면 문 앞에 있었다. 그는 다니엘 디포(Daniel Defoe)로 아직 『로빈슨 크루소』를 쓰기 전이었다. ≪더 리뷰≫를 뒤이어 화려한 에세이로 가득 메운 ≪더 태틀러(The Tatler)≫와 ≪더 스펙테이터(The Spectator)≫가 나왔으며 이들은 오늘날에도 읽히고 있다.

영국 잡지의 모델을 따라서 만든 최초의 미국 잡지는 벤저민 프랭클린과 경쟁자인 필라델피아의 인쇄업자 앤드류 브래드포드(Andrew Bradford)에 의해 1741년에 등장했다. 부족한 자금난으로 인해 이들 초기 잡지들 대부분은 당시의 열악한 배포시설과 인쇄기계 등의 여건 때문에 불과 몇 호만을 찍어냈을 뿐이다. 신문과는 달리, 우편서비스가 준비되지 못했다. 이것은 높은 비용을 의미할 뿐 아니라, 몇몇 경우 더 중요한 것으로 간주된 화물 때문에 잡지가 배달되지 않았다는 의미이다.

하다 못해, 절망에 빠진 매사추세츠의 한 잡지 발행인은 구독료로 나무, 치즈, 돼지고기, 옥수수 혹은 여타 물품을 받겠다고 제안했다.

편집자는 신문과 잡지대금을 빚진 모든 사람들에게 요금을 지불하라고 요구했다. 만일 수일 내에 가져올 수 있다면, 적은 금액에 대해서는 버터도 받을 것이라고 했다.

잡지 발행자가 당면한 문제들 중에는 적은 광고와 그 결과 부수 요금 회수의 의존도가 높다는 데 있었다. 또 다른 문제는 1년 예약 구독료였다. 이 금액은 미국혁명 수년 전에는 농장노동자의 4~5일치 삯이었지만, 혁명 후에는 더 비쌌다. 잡지는 가난한 사람들을 위한 것이 아니었다.

미국의 신문은 노동자, 곧 땀내고 바쁜 서민들을 위한 것이었지만 미국잡지는 신사, 곧 진지하고 감성적이고 차분한 사람들의 것이었다.

초창기 주간, 월간, 연 4회로 발행되던 미국 잡지들은, 오늘날 항목별 광고의 활자크기로 대개 뻣뻣하고 서신 재생송이에 인쇄된 약 64페이지의 《리더스 다이제스트(The Readers Digest)》 크기만 했다.

몇 개 안 되는 삽화들은 목판과 유사한 것이었다. 하지만 부유한 잡지들은 이따금 철판 또는 동판화를 실을 여유가 있었다. 특별히 발행자가 조판공일 경우에 그랬다. 하나의 조각판화를 넣으려면 발행자는 잡지 한 권에 글을 싣는 데 드는 비용 전부를 지불해야 했다. 미국 잡지들이 유럽 잡지와 부분적으로는 영국의 잡지를 모방했다 하더라도, 미국은 양질의 잡지를 출판하는 데 필요한 요소, 즉 탁월하고 유능한 예술가, 신뢰할 수 있는 인쇄술이 부족했다. 결과적으로, 출판업자의 대문을 나간 것은 종종 조야하게 만들어진 것이었다.

일반화된 표절행위

창작품 또한 대단히 모자랐다. 초기 미국 잡지는 누군가의 글보다도 편집자의 가위에 더 의존하고 있었다. 팸플릿 내용 전부, 책의 일부분, 신문기사, 시, 수필, 다른 잡지, 특히 영어잡지에 실린 소설 내용이 적절히 사용되었다. 2세기 전에는 표절이 일반적이고 합법적이었을 뿐만 아니라, 어떤 책을 인용하거나 발췌하는 것은 정보를 퍼뜨리는 한 방법이었기 때문에 표절이 당연히 기대되었다. 당대의 중요한 수필 작품은 곧 미국 잡지 페이지를 장식했다. 이러한 역사를 많이 되풀이함으로써, 잡지는 비싼 책값을 지불할 수 없는 독자들에게 문학작품을 전달해 주었다. 실제로, 책을 만드는 출판업자는 이미 잡지를 통해서 대중적인 인지도를 얻지 못한 작가의 책 출판을 주저했다. 기사의 저작권이 보호되지 않았고, 대개의 경우 원저자도 표시되지 않았다. 그러나 19세기경, 잡지기고가(magazinists)로 알려진 작가들의 작품이 정기간행물로 출판되었다. 이들은 주로 잡지에 걸맞은 글을 썼다.

19세기 초 새로 태어난 미국의 확장은 미국 내 모든 정기간행물의 부수 증가와 발맞추어나갔다. 페니 출판물이 등장할 무렵에 미국 내에는 일반적으로 월간잡지, 주간문학, 쿼터리뷰, 여성잡지, 종교 정기간행물 그리고 특정지역 잡지가 있었다. 많은 일요일자 신문은 진정한 의미에서 일간신문의 일요일 판이 아니라, 근본적으로 분리된 잡지였다. 근대적 대도시의 일간지들의 일요 부록판은 그러한 전통을 계속 이어갔다. 특히 《뉴욕 타임스》의 부록판이 유명했다.

최초의 대중잡지는 최초로 목판 삽화를 폭넓게 사용한 잡지였다. 유용한 사회지식 확산을 위해 《페니 잡지(The Penny Magazine)》는 영국에서 1832~45년에 출판되었다. 이것은 글을 아는 기능공과 노동자를 위해 쓰였는데, 그 목표는 그들의 생각과 행동을 개선하기 위한 것이었다.

가장 유명한 여성지 《고디의 여성들의 책(Godey's Lady's Book)》은 루이스 고디(Louis A. Godey)라는 남자에 의해 미국에서 출간되었다. 고디의 여성에 대한 입장은 당시 '공평한 성'의 평등이라 불리며 시작된 사회운동에서도 언급되지 않은 용감한 행동 중 하나였다. 사라 조슬린 헤일(Sara Jocelyn Hale)은 41년 동안 그 잡지의 편집자였다. 판매부수는 15만 부로 당시 정기간행물로는 보기드문 부수였다. 단편소설, 시, 기사 그리고 중요한 화제의 충고 등이 실린 《여성들의 책(Lady's Book)》의 혼합성은 천박하고 외설적인 출판을 피하기 위해 주도면밀하게 편집된 것이었다. 그럼에도 불구하고 바람에 날려 쌓인 눈만큼이나 순수했던 내용은 여성들의 문학적 재능을 글로 실을 수 있는 기회를 제공했다. 그 여성들 중 한 사람인 해리엇 비처 스토(Harriet Beecher Stowe)는 후에 『톰 아저씨의 오두막』을 썼다. 남성기고자에는 미국의 유수한 작가들인 에머슨(Emerson), 롱펠로(Longfellow), 홈즈(Holmes), 호손(Hawthorne) 그리고 포(Poe)가 포함되었다. 결국 인기가 없던 ≪여성들의 책≫은 다른 잡지에 흡수되어, 삼류잡지 ≪아고시(Argosy)≫로 합병되었다. 이런 실패와 합병 패턴은 대단히 빈번했던 미국 잡지 역사의 일부분이었다.

1900년경, 적어도 50여 개의 전국적인 잡지들 — Century와 Harper's와 같이 비교적 비싸고 양질의 좋은 교육을 받은 독자들에게 우송된 월간지에서부터 감상적인 로맨스 소설과 새로운 기술을 소개한다는 이유로 많은 사진을 가득 실은 싸구려 주간지에 이르기까지 — 은 10만 부 이상의 부수를 자랑했다.

5센트짜리 잡지들

출판업자 프랭크 먼세이(Frank Munsey)는 권당 제품 생산비보다 적은 5~10센트 정도의 싼 가격으로 자신의 인기 있는 잡지를 팔아서 판매부수를 늘렸다. 그는 그만큼 증가한 광고에서 이윤을 남겼다. 이렇게 함으로써 그는 대개 무시되었던 훨씬 더 폭넓은 독자시장의 문을 열었다.

값싼 잡지는 출판업자의 초점을 변화시켰다. 원래 그들의 첫 번째 관심사는 사설이었다. 넉넉한 광고수입이 들어오면서 특정한 소비자 그룹을 포함해서 부수가 확장된 것만큼 초점의 변화는 없었다. 생산비가 상승하면서 많은 발행부수, 즉 특별히 광고주에게 호소력 있는 특정한 독자들로부터 이윤이 생겼다.

20세기에도 똑같은 경우가 있다. 광고한 것보다

소설 The Novel

18세기에 새로운 문학형태가 영국에서 출현하여 유럽과 미국으로 퍼져갔다. 중산층의 다정다감한 감성과 도덕성의 산물인 소설은 인정할 만한 사회적 배경과 복잡한 사건 전반에 가상의 인물들을 설정하는 문학형식이었다. 영어소설의 중요한 요소는 마음속으로 중산층 독자들이 바라는 화제, 곧 사회적 지위의 득실이었다. 초창기부터 20세기에 이르기까지, 전형적으로 계급의식이 소설을 지배했다. 사회적 문제 또는 개인의 약점을 부각시킨 주제는 독자들의 이야깃거리가 되었다.

찰스 디킨스(Charles Dickens)와 같이 인기 있는 소설 작가는 하드커버로 소설을 출간하기 전에 주간신문과 잡지에 연재했다. 독자가 계속 잡지를 사게 하기 위해, 작가는 단락을 미완결지었다. 가정에서는 가족들이 연재소설을 소리내어 읽는 것이 오락의 한 형태였다.

그런 식으로 읽기 쉽고 머리를 혹사시키지 않는 액션, 모험 그리고 로맨스로 가득한 소설에 대한 대중들의 갈망이 발견되었다. 절대적으로 악하거나 순수하게 선한 인물들은 책마다 비슷비슷했다. 결과는 예측가능하였다. 이야기의 예측가능성이 가장 요구되는 특징 중 하나였다. 순수주의자들은 그들이 쓰레기라고 부르는 그런 소설들을 비웃겠지만 그것들은 분명히 팔린다.

계속되는 두루마리식 종이제작 기계와 거대한 실린더 인쇄기 및 저품질의 종이는 주간신문이 1840년대 값싸게 소설을 인쇄할 수 있게 하여 처음으로 그것들을 연재하여 신문형식으로 전소설을 인쇄하였다. 인쇄기술과 새로운 제본방법이 가죽을 대신하게 된 천덮개와 함께 또한 하드커버 책값을 인하시켰다. 이러한 변화들을 통해 책은 그렇지 않았으면 살 여유가 없었던 사람들의 손에 들어가게 되었다.

1875년에 10센트짜리 소설(dime novel)은 시카고 인쇄소, 도넬리-로이드 사(Donnelley, Lloyd & Co.)에서 탄생하였다. 다른 출판가들이 신속하게 뒤를 따랐다. 반짝이는 그림이 그려진 커버에 거친 종이 위에 인쇄된 10센트짜리 싸구려 소설은 하루에 한 권의 비율로 생산되었고 곧바로 팔려나갔다. 보다 긴 소설들은 15센트에서 20센트에 판매되었으나 대부분의 소설들은 10센트에 구입할 수 있었다. 소설들은 10센트 소설을 직접 계승하고 있는 종이커버(paperback) 서부극, 탐정소설들 그리고 오늘날의 로맨스 소설들처럼 시리즈나 문고판 형태로 발간되었다.

항상 그랬듯이 기술은 바뀌었다지만 좋아하는 것은 바뀌지 않았다.

적게 소비한다고 판단되어, 잡지사는 오래된 예약 구독자들을 부수 명단에서 일소했다. 몇몇 잡지는 읽는 재미를 부여할 수 없었다.

정말 재미있는 점은 바로 이 매체가 다른 어떤 매체보다도 의사소통 선택의 의미를 잘 규정짓고, 불특정 선택의 개념을 부정했다.

판 위의 오락 Entertainment on a Plate

모든 국가, 모든 종족은 그 고유의 음악이 있다. 그들의 선율, 그들의 노래, 그들의 악기는 그들 문화의 뿌리에 자리하고 있다. 음악이 사람들의 영혼에서 나온다는 사실이 뛰어난 연주보다 중요하였다. 친구들, 가족 그리고 이웃은 귀에 거슬리는 노랫소리와 불명확한 손짓은 상관하지 않고 서로 즐겼다.

오늘날 모차르트의 천재적인 작품과 최신 유행하는 대중음악을 귀로 들을 수 있게 만든 기술은 우리 자신이 만든 음악을 연주하는 보편적 성격을 왜곡시켰다. 우리의 선조 시대와는 달리 서로 노래하고 읽는 관습은 흔치 않은 예외적인 일이 되었다. 그 최고의 작품들이 그렇게 조화를 잘 이루게 되었고 우리가 그렇게 분명하게 들을 수 있게 되었는데 왜 어우러져 하나가 되려고 하지 않는가? 우리들의 누이 대신에 바브라 스트라이샌드(Barbra Streisand)의 노래를 듣는 것은 가족간의 친밀성을 상실하는 의도하지 않은 결과를 가져오게 된다는 것은 잠시도 생각해보려 하지 않는다. 1세기 전에 어떤 사람은 다음과 같이 말하였다.

> 가정은 사라져버릴 모습을 지니고 있다. 대중의 오락은 화려함과 빈도수에서 증가하지만 개인적인 즐거움은 드물고 어려워져서 그것들을 할 수 있는 능력마저 시들어버리는 것 같다.

그럼에도 우리가 1세기 전에는 상상도 못했던 음질의 음악을 접할 수 있게 된 시대에 그러한 과거의 삶의 방식을 선택하지는 않을 것이다. 구식의 즐거움들이 완전히 버려진 것은 아니라고 인정된다. 충전식 피아노와 기타는 여전히 주위에 널려 있다. 가라오케와 전자 키보드는 파티에 등장한다.

그외의 발명품들과 함께—인간이 말을 하기 시작한 이후 최초로—전화, 전보는 목소리를 사람이 소리칠 수 있는 거리 너머로 전달하였다. 이제 유명한 사람의 사고를 문자로 기록할 수 있을 뿐만 아니라 말하는 스타일과 뉘앙스까지 개인의 특성을 보존할 수 있게 되었다. 20세기의 역사에서 중요한 목소리와 행동은 디스크와 테이프에 기록되었다. 녹음된 소리는 물론 영화와 텔레비전 뉴스 보도에서 듣는 것이기도 하다.

맥루한의 말을 빌자면 1세기 전에 축음기는 음악 홀의 벽을 부숴버렸다. 축음기는 문자로 인쇄되지 않은 전문적인 오락을 집으로 전달하는 최초의 도구였는데 피아노와 같이 하나의 가구로 포장되어 응접실의 품격을 높이게 된 오락기계였다. 1세대 후에 다른 오락기계, 라디오가 뒤이어 나와 가구로서 모양을 갖추었다. 다른 세대는 여전히 다른 도구, 텔레비전 세트를 소개하였다. 이 강철, 플라스틱 그리고 유리로 된 기계는 다른 장소에서 만들어진 오락을 가정으로 전달하였다. 입체음향이 절정의 인기를 누리게 되었을 때 가장 비싼 그 물건을 구입할 수 있었던 사람들은 그들의 기계가 이전의 기계와 같은 모습을 지니기를 선호하였다. 저렴한 입체음향 시스템이 가구 항목에 포함되었다.

녹음된 음악의 시작

1807년에 영국인 토머스 영(Thomas Young)은 연기로 검게 된 실린더의 진폭을 따라 철필을 가지고 소리 진동을 잡아냈다. 프랑스인 스콧(Leon Scott)은 1857년에 한걸음 나아가 동일한 종류의 철필장치를 가지고 목소리를 녹음하는 기음기(phonautograph)

를 제작하였다. 프랑스의 시인이자 개발가인 샤를 르 크로(Charles Cros)는 음성 재생장치를 고안하였으나 제작하지는 않았다. 크로는 대화 내용을 청각장애인도 읽을 수 있게 시각적으로 재생할 수 있는 장치를 생각하였다. 특허권을 얻기에는 너무나 가난한 크로가 자신의 생각을 두 장의 서류에 기록하여 봉인된 봉투에 담아 파리의 과학아카데미에 두고 떠났던 그 해 미국인 토머스 에디슨은 1877년 실제로 한 기계를 제작하였다. 두 발명가 크로와 에디슨이 두 명의 다른 발명가 알렉산더 그레이엄 벨과 엘리샤 그레이가 음성전송기계를 고안한지(그리고 같은 날 특허등록 신청한지) 1년 후에 음성녹음장치를 고안했다는 사실은 아무튼 흥미로운 사실이다.

전보 메시지 정보의 전송 속도를 높이는 데 관심을 두었던 에디슨은 고속으로 회전하는 전보판의 불규칙적인 소음을 들으며 소리를 녹음할 생각을 하게 되었다. 그는 점과 선을 녹음하려고 개발한 장치를 이용하였는데, 그것은 파라핀 왁스로 덮인 종이 위에 회전하는 디스크를 포함시켰다. 어느 날 그는 디스크가 일정한 속도로 회전할 때 음악적인 소리를 낸다는 사실에 주목하였다. 실험으로 그는 깨끗한 종이를 기계에 넣었고 그것이 작동하는 동안 "Whooooo"라고 소리쳤다. 그가 종이를 되돌려 놓았을 때 그는 희미하게 그 자신의 목소리를 듣게 되었다. 에디슨은 다음에 일어난 사건을 직접 아래와 같이 묘사하였다.

> 나는 통풍통(그리고 진동판)을 포함한 장난감을 제작하였다.…… 하나의 줄……은 나무를 톱질하는 사람의 모습을 닮은 작은 마분지에 연결되었다. 어느 사람이 "Mary had a little lamb"이라고 통풍통으로 노래하면 작은 사람은 톱질을 하였다. 나는 만일 이렇게 내가 진동판의 운동을 기록할 수 있는 길을 발견하게 된다면 사람이 노래할 때 성대 떨림의 본래의 운동을 재생할 수 있을 것이고 사람 목소리를 재생할 수 있으리라는 결론에 이르렀다.

에디슨은 계속 연구하였다. 그의 첫 시험은 "매리에게는 작은 양이 있다. 그 양털은 눈처럼 희다"라는 말이었다. 이것이 최초로 녹음된 말이었다.

이전에 없던 것

에디슨은 축음기를 개량하여 시범을 보였으나 들을 수 없게 만드는 긁히는 소리와 소음이 나는 얇은 주석판을 이용한 녹음에 상업적 한계를 깨닫고는, 그 일을 제쳐두고 2년 뒤에 개발하게 되는 전등이라는 다른 개발작업에 들어갔다. 말하는 기계의 특허권을 1877년 에디슨에게 부여하면서 미국 특허청은 특허 역사에서는 이례적인 상황인 그의 발명과 유사한 어떠한 이전 기록도 발견하지 못하였다.

단단한 왁스가 덮인 실린더의 개발은 10년 후에 에디슨의 관심을 다시 불러일으켰다. 시장을 조사하고 나서 그는 말하는 기계가 받아쓰기 작업에 유용할 것이라는 결론을 내렸다. 동전 투입식 축음기가 있을 수 있었다. 그는 말하는 인형, 장난감 그리고 뮤직박스를 생각하였다. 축음기는 죽어가는 가족의 마지막 유언을 보존할 수 있었다. 또한 알렉산더 그레이엄 벨의 새로운 전화기를 소유하지 못한 사람들은 메시지를 목소리로 녹음하여 전화 전송회사에 부칠 수 있었다. 더욱 정확하게는 그것을 말의 보존체로서, 그리고 자신이 비록 나이가 들어 귀가 잘 안 들리게 되면서 처음에는 사람들이 그렇게 많이 녹음된 음악에 관심을 보이리라고는 생각하지 못했지만 음악의 공급체가 될 것으로 예견하였다.

이 시기에 알렉산더 그레이엄 벨과 그의 동업자들은 그들이 그라포폰(Graphophone)이라고 불렀던 더 나은 대화기계를 제작하였다. 경쟁은 치열하여 에디슨은 1887년과 1888년 동안 축음기를 개량하기 위해 33개의 특허품을 내놓았다.

에디슨은 또한 공기의 진동을 전기적 진동으로 바꾸어주는 새로운 마이크를 개발하였다. 실린더 축음기는 진동을 영구적인 기록물인 긁힌 자국으로 바꾸었는데 이때에는 축음기가 상업적으로 연구할 만한 가치가 있는 기술이었다.

다음 해인 1878년 대법원의 두 명의 속기사는 축음기가 받아쓰기 도구로서 사용될 수 있다는 데 동의하였다. 그들은 에디슨에게서 메릴랜드와 콜럼비아 지역에서 그 장치를 판매할 수 있는 허가를 받아냈다. 그러나 50초 가량의 긁힘 소리의 단점이 사업도구로서는 쓸모 없게 만들었다. 학회에 축음기를 가져갔던 강사들도 새로움에 대한 청중들의 태도가 시간이 지나면서 사라지자 마찬가지로 실망하였다. 속기사들은 그들의 새로운 회사명칭을 콜롬비아 축음기회사(Columbia Phonograph Company)라고 하였다. 결국 그것은 콜럼비아 방송국인 CBS가 되었다.

더욱 흥분되는 사건이 축음기를 기다리고 있었는데 프랑스혁명 백주년 기념식이 파리에서 거대한 전시회와 함께 열렸다. 구스타프 에펠(Gustav Eiffel)의 탑은 진보와 기술의 상징이었다. 에디슨은 전기와 전화를 포함하여 엄청난 노력을 들인 그의 최고의 발명품을 가지고 대서양을 건너갔다.

축음기를 위해 그는 청음방을 설치하였다. 그것은 센세이션을 일으켰다.

> 대중은 열광하며 청음방에 줄을 섰다. 축음기는 탁자 위에 있었고 보조자는 실린더와 고무관을 각각의 탁자 주위에 있는 청음방으로 연결된 이어피스로 바꾸었다. 차례를 기다리는 사람들은 열중한 표정과 갑자기 터져나오는 황홀함을 설명할 수 없는 수화자의 얼굴에 나타난 놀라는 표정을 바라보았다.

축음기가게

최초의 중요한 현금보상이 전국 각지의 상점에 솟아난 5센트 혹은 1센트짜리 동전 투입식의 자동축음기점(automatic phonograph parlors)에서 이루어졌다. 그것은 축음기 녹음의 최초의 요구를 이루어냈다. 시가 행진하는 밴드음악은 가장 대중적인 것이었다. 후원자들은 또한 가수의 노래, 휘파람 부는 사람, 독주자의 연주, 방언 유머를 포함하여 녹음된 대화를 들으려고 돈을 가지고 갔다. 최초의 축음기 가게는 조명을 잘하고 화분에 심은 종려나무로 치장을 하고 바닥은 융단을 깔고 무료로 지나가는 사람들을 초대하였다. 유행하는 선곡들이 목록에 기재되어 있었다. 전가족이나 젊은 여인들은 축음기점을 방문하는 데 당황함이 없었다. 커플들은 청음관을 함께 사용했다.

사용처를 발견하자 기술의 발전이 가속화되었다. 주석판은 형편없는 소리를 생산하였다. 벨과 그의 동업자들은 비록 오늘날의 하이파이 애호가들이 기대하는 고품질과는 아직도 거리가 멀지만 더 나은 음질을 생산하는 왁스를 덧칠한 실린더를 개발하였다. 벨은 또한 기계에 속도조절기를 추가하여 변덕스런 속도에 상관없이 일정한 속도로 회전하게 했다. 청음관은 나팔 모양으로 대체되었는데 강의 홀을 위하여 그 입구의 직경은 몇 피트에 달하였다. 에디슨은 수백 가지 개량품을 개발하였고 그와 조수들이 소개한 것은 모두 특허등록을 하였고 늘 하던 것처럼 어떠한 특허권 침해에도 고소할 준비를 하고 있었다.

벨의 아메리칸 그라포폰 회사(American Graphophone Company)는 10달러짜리 간단한 실린더 축음기를 가지고 가정시장에서 번창하였다. 세기의 전환기에 에디슨은 약 20달러에 실린더 플레이어를 판매하였으나 그의 가장 큰 시장은 여전히 축음기점이었고 콜럼비아는 "아기의 목소리가 콜럼비아 레코드에 들어 있다"라는 슬로건으로 가정녹음기를 광고하였다. 오늘날의 오디오테이프와 비디오테이프처럼 가정녹음 요소는 매력적이었으나 축음기점용 전문연주가들이 녹음연주를 할 수 있는 기회만큼 기회가 많은 것은 아니었다. 집에서 제작된 것보다 녹음된 음악에 대한 선호의 관례가 시작되었다.

마이크를 개발하고 벨의 전화장치에 공헌한 에밀 베를리너는 세 가지 새로운 방식을 추가하였다. 더 나은 녹음매체를 위해 그는 왁스 대신 기름 코팅을 사용하였고 상하 움직임(up and down 'hill and dale')의 트래킹 대신에 측면 움직임 방식의 트래킹을 사용하였는데, 무엇보다 중요한 것은 실린더 대신 디스크에 녹음하였다는 것이다. 그러나 그가 제작한 평평한 아연 디스크는 대중에게 판매되지 않았다. 대신 그것은 와플 굽는 틀처럼 평평한 원형에 레코드를 찍어내는 데 사용되었다. 제작하기가 간편해지면서 레코드는 가격이 싸졌다. 독일인 이민자이며 유대교 탈무드 학자인 베를리너는 에디슨의 뛰어난 발명품을 모든 사람이 사용할 수 있게 만드는 길을 발견하였다.

그림 4-1 20세기 초에 생산된 빅터 축음기

가구로서의 축음기

삐걱거리는 손으로 돌리는 기계를 개량하기 위하여 베를리너는 빅터 말하는 기계회사(Victor Talking Machine Company)를 차리고 축음기에 매료되어 직접 사업에 뛰어들 생각을 갖고 있었던 엘드리지 존슨(Eldridge Johnson)이 소유하고 있는 뉴저지 기계제작소로 가져갔다. 존슨은 어떻게 그가 사업에 뛰어들었는지 다음과 같이 기술하였다.

> 모형제작 사업을 할 때 아주 초기 형태의 말하는 기계가 개량되기 위해 상점에 들어왔다. 그 작은 도구는 아주 조악하게 고안되었다. 그것은 목에 통증이 있고 머리는 감기에 걸린 부분적으로 훈련받은 앵무새같은 소리를 냈으나 그 작은 숨가쁜 소리를 내는 도구는 나의 마음을 사로잡았고 그것은 확고하였다. 나는 이전에는 어느 것에도 관심 없었으나 그것에 관심을 갖게 되었다.

이들은 특허권 침해사례에 대해 수년 동안 법적 투쟁을 벌여 존슨이 승소하였다. 그는 매우 빠르게 그 기계의 소리 발생 능력을 개선하였다. 이제 그의 회사는 그 메커니즘을 상자 속에 넣기 시작하였다. 1906년에 소개되면서 빅트롤라(축음기)는 녹음을 더 이상 신기한 것이 아닌 것으로 만들었고 사회적으로 많이 사용되는 도구가 되게 만들었다. 이때 일부 사람은 레코드의 양면에 음악을 녹음하려는 생각을 하게 되었다.

런던에서 초라한 화가 그라모폰(Gramophone)이 회사 사무실에 나타났다. 그는 에디슨 회사의 축음기를 듣고 그의 사냥개 '니퍼(Nipper)'의 그림을 그렸던 것 같으나 아무도 그 그림을 사려 하지 않았다. 화가 바로드(Francis Barraud)는 실제로 4년 전에 죽은 그의 개 니퍼의 사진을 보고 그림을 그렸다. 바로드는 그 사진을 그라모폰 회사에 제공하였다. 그 회사 경영자는 그것을 좋아하였고 거래가 이루어졌다. 그 화가는 에디슨의 실린더 축음기를 지우고 평평한 레코드 그라모폰 기계를 그려넣었다. 결과는 "그의 주인의 목소리(His Master's Voice)"가 아마도 가장 많이 재생된 광고 사진일 것이다. 화가는 그의 본래의 사진에서 생생한 그림을 얻었다. 평생 레코드를 들어본 적도 없이 죽은 개를 위해 그 마을에 동상이 세워졌다.

춤과 재즈

제1차 세계대전 시기에 녹음은 특별히 빅터와 콜럼비아에서 제작된 음반이 새로운 사회적 현상인 댄스 열풍을 일으켰다. 원스텝, 터키 트로트 그리고 탱고의 전성기였다. 또한 재즈의 시작이었다. 동시에 작은 관심이 전국적이고 문화적인 발전을 가속화시켰다. 일부 사람들한테는 상황이 너무나 빠르게 변하고 있었다.

그러는 동안 에디슨은 1930년대의 대공항까지 수백만 개의 실린더를 제작하고 판매하였다. 대중의 요구에 굴복하여 그의 회사는 평평한 레코드도 제작 생산하였다. 대체로 그는 오페라와 고전 음악과는 거리가 있었다. 에디슨은 '잡스러운 음악(cracker barrel music)'이라고 불리던 것을 일반 사람들의 즐거움을 위해 판매하였다. 하지만 그의 레코딩은 부분적으로 그의 실린더가 제작되는 원료인 플라스틱과 디스크에 사용된 철과 나무로 된 레코드 핀보다 좋은 다이아몬드로 된 레코드 핀 덕분에 우수한 품질을 자랑하게 되었다. 스피커의 볼륨은 물리적으로 수동으로 스피커의 목부분에 무명 볼을 밀어넣거나 스피커의 입구문을 닫아서 제어가 가능하였다. 에디슨은 듣지 못하게 되었음에도 불구하고 84세로 죽기 바로 직전까지도 말하는 기계에 계속 관심을 가지고 있었다.

고도로 이윤이 되는 녹음된 음악산업은 많은 경쟁자를 유럽과 미국으로 끌어들였다. 파테(Pathe) 형제, 샤를르와 에밀은 돈을 낳는 축음기와 레코드를 제작하였으나 그것들은 영화기술에 기여한 것으로 더욱 유명하다. 이탈리아의 지아니 베티니(Gianni Bettini)와 프랑스의 앙리 리오레(Henri Lioret)는 기계와 음반을 모두 제작하였다. 리오레는 에디슨이 예전에 생각했던 것처럼 안아주면 소리를 내는 최초의 꼬마소년 인형 채티 캐시에 소리나는 장치를 넣었다. 상상력은 말하는 인형의 참신함을 넘어 주크박스의 선두주자인 동전으로 작동하는 축음기와 마이크로 칩으로까지 부풀어올랐다. 저렴한 장난감 축음기는 엄청난 인기를 누렸다.

축음기는 가짜 시간기, 신민의 색블, 램프 차양, 모자상자 그리고 심지어는 배에 축음기를 감추고 있는 부처상 등 모든 숨기는 기계 속에 숨겨져 있었다.

그라포폰, 로네폰 그리고 에디폰은 초기의 받아쓰는 기계였다. 포노포스탈(Phonopostal)은 우편엽서같이 우편으로 보낼 레코드를 제작하였다. 파테그라프(Pathegraphe)는 외국어 학습용 오디오-비주얼 장치였다. 템포폰(Tempophon)과 피터팬 시계(Peter Pan Clock)는 오디오 알람 시계의 선구자격이었다. 런던에 사는 독일인 아우구스투스 슈트로(Augustus Stroh)는 축음기 진동판과 나팔을 나무로 된 케이스 대신 바이올린에 부착하여 사람들이 포노바이올린(phono-fiddle)이라고 불렀던 증폭된 전자기타의 획기적인 기기를 생산하였다.

하이파이

1920년까지 진공관은 대중연설 시스템에서 목소리를 증폭시켰고 녹음산업에서 이용가능성을 발견하기 시작했다. 전기의 사운드 시스템에 대한 증폭은 사운드 기술을 기계적인 긁히는 소리에서 고음질로 변화시켰다. AT&T의 벨 연구소와 제너럴 일

그림 4-2 1943년 우릴처 주크박스는 11장의 판을 선택할 수 있었다.

렉트릭스 사의 전기기술자들은 관심을 마이크와 스피커, 축음기 바늘, 프리앰프 그리고 증폭기의 제작으로 돌렸다.

소리를 만들어내기 위해 진동판 위를 조금씩 움직이던 축음기 바늘이 이제는 그 움직임이 분명하고 깨끗하게 증폭될 수 있는 약한 전류를 생산했다. 강한 전류는 확성기의 진동판을 움직여 주인의 음성이 니퍼의 청음기능에 해를 가할 수 있을 정도로 강하고 크게 들리게 재생할 수 있었다. 1933년 벨 연구소에서 개발한 스테레오는 1940년에 월트 디즈니의 만화영화 <판타지아(Fantasia)>의 사운드 트랙을 통해 대중에게 소개되었다.

'자동축음기점(Automatic Phonograph Parlor)'은 1930년대에 주크박스와 함께 다시 살아났다. 1940년까지 25만 개의 네온으로 불을 밝힌 주크박스가 바와 음식점에 설치되어 있었다. 사람들은 여전히 음악을 듣기 위해 기꺼이 동전을 넣었지만, 음악은 관심의 초점이 아니었던 새로운 역할을 수행하게 되었다. 주크박스 음악은 술자리 동료로, 대화 중의 배경음악이고 춤을 추기 위한 리듬이었다.

무작(Muzak)의 달콤한 음악은 쇼핑하고, 엘리베이터를 타고, 일을 할 때 우리를 따라다녔다. 그것은 감상되었고, 무시되었고, 또는 억지로 듣게 한다고 느끼는 사람들에 의해 황폐하게 되었다. 무작 실무진들은 유행가를 재배열하여 적대적이고 위협적인 것으로 간주될 수 있는 침묵보다 달콤하고 중립적이며 부드러운 환경을 남겨두고 관심을 끌 어떤 방해요소도 제거하였다. 보고에 의하면 음악으

로 진정시킨 소들은 우유를 더욱 많이 생산하였고 닭은 더 많은 알을 낳았다. 물론 크레디트 카드는 지갑 밖에서 춤을 추었다.

비록 우리는 더 이상 우리 자신의 음악을 예전처럼 듣지는 못하지만 음악은 우리 자신이 선택하는 것이다. 수백 년 동안 인류는 음성을 붙잡고 다시 놓아주는 것을 꿈꾸었으나 그렇게 할 수 있는 기술이 존재하지 않았다. 19세기에 이르러서야 그 꿈이 현실로 실현되었다. 더 이상 음악의 방향은 예술을 지원해주는 부유한 후원자의 선택에 제한받지 않았다. 대중은 좋아하는 레코드를 사서 음악의 방향을 결정할 것이다. 축음기 레코드가 없었다면 재즈는 미국과 다른 세상으로 음악을 보내지 못했을 것이다. 스윙, 로큰롤, 컨트리 또는 랩도 그렇게 하지 못하였을 것이다. 축음기는 음악에 민주주의를 가져왔다. 그것은 진정한 의미의 황금 또는 백금이 되었다.

휴대용 녹음 Portable Recording

사람들은 개인적으로 듣는 것보다는 크게 자동차 스테레오를 틀어놓거나 시끄러운 소리를 내는 상자를 가지고 다니는 행인과 그들의 음악적 기호를 공유할 것을 주장하는 동료 시민들을 고통스럽게 인식하게 되었다. 그렇게 함으로써 라디오 소유자는 타인을 공격하며 그의 (항상 '그의' 것으로 보이는) 소음을 무기로 가진 잘못된 기사가 된다. 그 소유자는 그 가문의 문장이 아닌 그가 선택하는 음악으로 식별된다. 그의 의도는 이러한 특정 음악 애호가들에 대한 단순한 도전이 아니고 감상할 줄 모르는 사람들을 괴롭히는 것이 그의 음악적 기호를 공유하는 사람들로부터 우호적인 반응을 불러일으켰다.

만일 우리가 우리 자신을 포함하여 다른 사람과 커뮤니케이션하기보다는 음악을 듣고 싶어하는 사람과 커뮤니케이션하려고 한다면 들리지 않는 그 사람의 워크맨에서 나는 음악이 또한 우리를 방해할 것이다. 우리 모두는 워크맨을 차고 세상에서 차단된 채 거리를 조깅하고 산책하거나 스케이트를 타고 내려가는 사람들을 볼 수 있다.

워크맨 사용자는 '괴물 상자'의 주인보다 더 이해심이 많은가? 휴대용 청각 거품 속에서 움직이는 모든 것과 소형화된 단위의 효과가 그 상자보다 덜 정치적인 반면(확실히 중요한 구별점) 사용자들 각자는 어느 정도 그 또는 그녀 자신만의 이동가능한 길을 보여준다.

길을 걸어가다 보면 이어폰을 귀에 끼고 있는 사람들이 공동체의 소리와는 차단되어 있는 것을 볼 수 있다. 휴대용 녹음기가 있는 한 다른 사람과 접촉할 필요가 조금도 없다.

비디오 세상은 얼굴을 대면하는 상호 접촉을 싫어한다. 그것은 다만 기계와 상호 접촉할 것을 요구한다. 중심가로 걸어가 보라. 주변의 세상에는 무관심한 채 이어폰으로 음악을 듣고 있는 수많은 사람들을 바라보라. 소니 워크맨과 유사한 사운드 기계들의 흥행은 대단히 상징적이다. 저 얼굴들을 보아라. 그들은 공허하다. 이어폰으로 듣고 있는 개인들은 모든 외부의 자극을 차단하였다. 그는 그 스스로 사로잡힌 청취자인 것이다.

녹음테이프 이야기

소리를 녹음하는 가장 일반적으로 사용되는 두 가지 기술—축음기와 오디오테이프—은 소리를 녹음하고 재생하는 근본적으로 유사한 속성을 지녔다. 그러나 각각 상업적으로 이용되도록 개발되어 온 방식은 가정의 사용자들에게 상당히 다른 호소력을 주었다. 축음기 레코드와 CD는 소리의 저장에만 사용되도록 시장에 배포되었다. 오디오테이프의 녹음능력은 녹음장치의 휴대성에 더하여 더욱 다양한 도구가 되게 하였다.

오디오테이프의 이야기는 오벌린 스미스(Oberlin Smith)가 정보가 전자기화된 쇳가루로 저장될 수 있

오락산업 : 네 번째 혁명

그림 4-3 요즘 레코딩된 음악을 들으면서 조깅하는 사람을 보는 것은 익숙한 풍경이다.

다는 이론을 출판한 1888년에 시작되었다. 그는 자기가 종이 조각 위로 흩어진 쇳가루들 아래로 자석을 이동하여 쇳가루들을 아치 모양으로 재배치하였다는 사실에 주목하였다. 스미스는 동일한 결과가 보다 작은 조각들에서도 일어날 수 있으며 그 철조각들을 확고하게 고정시킬 방법도 있으리라고 생각했고 그들 속으로 들어가는 전자기 진동이 추출될 수 있다고 주장하였다.

10년 후에 덴마크인 발명가 발데마 폴센(Valdemar Poulsen)은 드럼 위에 감긴 철선을 이용하여 저장된 자기 정보를 어떻게 추출할 수 있는지 생각하였다. 폴센은 그의 텔레그라폰(Telegraphone)을 전화 응답기나 사무실 받아쓰기 장치, 집에서 음악을 녹음하고 재생할 수 있는 장치 같은 것에 사용될 수 있는 음성녹음장치로 생각하였다. 그 텔레그라폰은 1900년의 파리박람회에서 그랑프리를 수상하였으나 풀센의 회사는 오락의 문을 여는 데 필요한 자금이 부족하여 결국 파산하였다.

자기 녹음분야에서는 1928년 독일인 프리츠 플뢰머(Fritz Pfleumer)가 성공적인 테이프 레코더의 전형을 제작하기 전까지는 거의 아무런 일도 일어나지 않았다. 화학회사 I. G. 파벤(Farben)의 바스프(BASF) 부서는 플라스틱 기반의 오디오테이프를 제조하였다. 그것은 아직도 그렇게 만든다.

독일, 앞서다

제2차 세계대전 말까지 마그네토 폰 오디오테이프 레코더는 많은 축음기 레코더보다 훨씬 나은 음질을 생산하였다. 오디오테이프에 녹음되어 고음질 전화선을 통해 배포된 그리고 독일의 각기 다른 지역에 있는 라디오 방송국에서 재생된 아돌프 히틀러의 연설은 총통이 어떻게 그렇게 빠르게 돌아다닐 수 있는지 연합국 단파방송을 듣는 시청자들을 혼동케 하였다. 후에 우수한 음질로 베를린 필하모닉의 음악과 한밤중에 다른 오케스트라의 연주를 듣게 되었을 때 그들은 독일이 녹음기술에서 훨씬 앞서가고 있다는 사실을 깨달았다.

연합군측에서 강철밴드와 강철전선이 이용가능한 전자기 녹음매체였다. 강철밴드를 편집하는 것은 납 땜질과 함께 수행되었다. 현장에 사용된 강철전선은 네모난 매듭으로 묶였고 끝을 녹이기 위해 담뱃불을 사용했다. 1943년까지 휴대용 전선 녹음기는 라디오 기자들의 손에 들렸으나 그들의 오디오 품질은 많이 개선되어야 했다.

독일로 진군하는 군인들은 라디오 방송국이 연합군측에서는 아무도 알지 못하는 어떤 것들, 강철 대신 전자기 테이프를 이용한 녹음기 같은 장비를 갖추고 있음을 발견하였다. 그 오디오 음질은 훨씬 좋은 것이었다. 편집작업은 가위로 자르고 접착 테이프로 붙이는 것처럼 간단하였다.

프랑크푸르트 라디오 방송국에서 마그네토폰을 발견한 미군 통신대 기술자인 존 멀린(John Mullin) 소령은 녹음된 오디오테이프를 미국으로 보냈다. 생방송을 하고 싶어하지 않던 가수 빙 크로즈비(Bing Crosby)는 멀린에게 나중에 재생할 수 있게 크로즈비의 라디오쇼를 녹음해줄 것을 요청하였다. 멀린은 나중에 텔레비전 프로그램을 저장하고 시간이동하는 도구로서 비디오테이프 레코딩을 개발한 기술자들 가운데 한 사람이 되었다. 비디오테이프와 오디오테이프는 방송을 바꾸어놓았다. 그것은 더 이상 똑같지 않았다.

기자들의 도구

라디오 기자는 오디오테이프를 좋아했다. 그것은 그들이 뉴스 보도에 넣을 수 있는 것을 확대하였다. 청취자들은 이제 기자들이 듣는 것—포격소리에서 크리켓 소리까지, 정치인의 목소리에서 아기의 울음소리까지 들을 수 있게 되었다. 휴대가 가능한 녹음기와 마이크는 기자가 가는 곳이면 어디에나 갔다.

음악은 축음기 레코드에 녹음되었으나 월등한 음질의 오디오테이프는 그것을 바꾸었다. 라디오 방송사에서 시작된 것은 곧 가정으로 확산되었다. 그것을 구입할 여유가 있는 사람들은 테이프 플레이어와 테이프에 녹음된 음악들을 소장하고 싶어 했다. 처음에는 플레이어가 모두 릴에서 릴로 이어지는 방식이었으나 휴대용 라디오 같이 편리한 휴대용 녹음 재생기를 요구하는 시장이 존재하였다.

끝없는 반복의 카트리지 플레이어, 처음은 4채널, 나중은 8채널이던 그것은 수요에 맞았다. 코일의 중심에서 풀리는 테이프는 오디오 헤드를 지나 코일 바깥쪽으로 이동하였다. 더욱 단순해진 카세트가 곧 시장을 장악하였다.

소니 워크맨, 최초로 널리 사용된 개인용 스테레오는 1981년에 등장하였는데 가벼웠고 휴대가 가능하였고 충전식으로 작동되며 헤드폰이 있었다. 휴대용 생산라인은 카세트 테이프 플레이어뿐만 아니라 라디오, 콤팩트 디스크 플레이어 그리고 심지어는 텔레비전까지 확대되었다. 개인적인 공간, 그들 주변의 소리를 차단하고 심지어 시야를 차단한 청각적 환경을 창조하며 사용자들은 개인간의 커뮤니케이션을 거부하고 때때로 안전성도 희생할 듯이 보였다. 약 1억 개의 개인용 스테레오가 판매되었다.

한편 수년 동안 오디오테이프로 제작된 책들이 맹인들을 위한 기구들을 통해 도서관 책처럼 대여되어 이용됐다. 운전자들을 위한 테이프가 비디오 가게, 식료품점, 주유소, 편의점 등에서 판매되어 책시장을 잠식하며 커졌다.

새로운 형식

1990년대 중반까지 여러 가지 디지털 형식의 오디오테이프와 콤팩트 디스크가 대중의 지지를 얻기 위해 경쟁하였다.

DAT, 즉 'digital audio tape'는 오디오의 음질을 떨어뜨리지 않고 콤팩트 디스크에 복사할 수 있다. 이 사업은 음반사를 격분시키고 위협했는데 음반사는 음반의 대량 불법복제 행위를 두려워 하였다. 음반사 대변인은 일본의 디지털 오디오테이프 재생기 제조회사가 불법복제를 방지할 수 있게 기계들을 변경하도록 강제할 수 있는 연방법 제정을 위하여 워싱턴에서 로비를 벌였다. 제조사들은 저항하였다. 복제라는 특징이 결국 사람들이 그러한 기계를 구입하는 한 이유가 되었기 때문이다. 대신에 로열티 합의안이 협약되었다.

디지털 콤팩트 카세트(DCC)와 미니디스크(MD)는 후에 하드웨어/소프트웨어 오디오 장비에 추가되었다. DCC 재생기는 아날로그와 디지털 카세트를 둘 다 사용하고 텔레비전에 연결시키면 노래 가사를 표시해줄 수 있었다. 미니디스크 재생기는 신호를 녹음하고 지울 수 있는 장점을 지녔다. 가장 깨끗한 음질을 제공할 수 있는 시스템에는 검인증서가 주어졌다. 분명히 이런 모든 새로운 형식들이 생존할 수 있었던 것은 아니었다.

그림 4-4 멀린이 미국으로 가져온 두 대의 마그네트폰 중의 하나.

휴대용 워크맨과 그 계열의 제품들은 대중매체와는 대립되는 것처럼 보일지라도 그것은 사실이 아니며, 대중매체의 확실한 증거는 원거리 출처에서 개인에로의 일방향 정보전송이다. 시골의 길 위에서 혼자 조깅을 하며 헤드폰으로 음악을 듣는 사람은 대중의 일부분이다.

방송 Broadcasting

제1차 세계대전이 끝났다. 미국 해군은 아직도 기지간 통신수단인 라디오를 통제하였다. 그러나 시민 아마추어 무선사들은 다른 것에 관심이 있었다. 방송(broadcasting)이라는 말은 해군에서 유래하였다. 아마추어들은 정부가 무선에 대한 규제를 풀고 일반인이 소유할 수 있도록, 해군이 방송사를 반환하도록 정치적 압력을 가하였다. 수천 명의 아마추어들은 육군과 해군을 위해 무선 운용자로서 그들의 기술을 이용하려는 국가의 부름에 응답하였다. 이제 그들은 새로운 방송사를 시작하고 싶어했고 목소리와 음악을 방송하려고, 끊임없는 새로운 전파기술을 이용하려고 열심이었다.

무선 경험을 가진 사람들 가운데는 통신부대를 위해 휴대용 장비를 제조한 웨스팅하우스 기술자인 프랭크 콘라드(Frank Conrad)가 있었다. 피츠버그에 있는 그의 집 차고에서 그는 다른 아마추어 무선가들과 통화하였고 그의 마이크를 빅트롤라(축음기) 가까이에 대고 음악을 방송하였다. 콘라드는 그의 방송을 들은 사람은 아무나 엽서를 보내달라고 요청하였다. 놀랍게도 청취자들은 음악을 신청하는 글을 보내왔다. 많은 사람들이 그렇게 요청하자 실제로 콘라드는 계획표에 따라서 방송을 보내 보답하려고 하였다. 그는 스포츠 경기 점수와 노래 그리고 그의 자녀들의 악기 연주를 덧붙였다. 피츠버그신문은 그의 음악회에 대한 기사를 보도하였고 그의 청취자들은 증가하였다.

레코드가게 주인은 방송으로 그 가게 이름을 언급할 것을 대가로 요구하며 레코드판을 대여하기로 동의하였다. 그 주인은 곧 콘라드가 연주했던 레코드가 다른 것보다 훨씬 주문이 많다는 것을 발견하였다. 일부 다른 지역에서는 실험적인 방송이 진행되었으나 피츠버그에서는 독특한 어떤 일이 일어났다. 혼(Horne) 씨의 백화점이 무선 세트 판매를 광고한 후에 사람들이 콘라드의 방송을 들을 수 있게 되자 그의 고용주인 웨스팅하우스는 저렴한 무선 수신기를 제작하기로 결정하였다. 주요 기업은 마침내 라디오 시장이 기지간 전송 이상의 영역도 있음을 깨달았다.

청취자들을 확보하기 위해, 웨스팅하우스는 정규 프로그램을 제공하며 콘라드의 모범을 따라갔다. 웨스팅하우스는 또한 공장에 송신기를 세워 1920년 11월 2일 호출부호 KDKA로 방송을 시작하

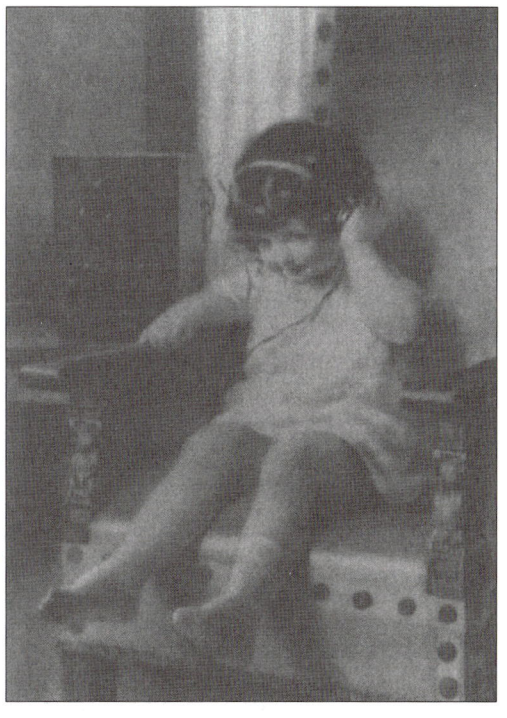

그림 4-5 1922년 스피커도 없고 증폭기도 없는 RCA진공관 라디오의 홍보용 사진 제목은 "잠자리 이야기(The Bedtime Story)".

였다. 날짜는 첫 방송이 하딩-콕스(Harding-Cox)의 대통령 선거 재격돌을 보도할 수 있게 선택되었다. 수천 명의 사람들이 방송을 들었다.

1923년까지 500개 이상의 방송사가 2백만 명 이상의 청취자를 보유하였다. 1923년에는 50만 대의 세트가, 이어서 1925년에는 200만 대의 세트가 판매되었다. 1926년까지 여섯 중에 한 가구가 라디오를 소유하였다.

고립된 청취자들

청취자들은 또한 열심히 라디오를 구입하여 다른 사람들로부터 떨어져 라디오를 소유한 가정을 이루었다. 라디오 방송사에 보낸 식견이 있는 작가들의 편지와 잡지기사는 음악이나 대담방송을 듣기 위해 집에 혼자 또는 가족들과 함께 편안하게 앉아 있는 즐거움에 대해 말하였다. 확성기(스피커)가 이어폰을 대신하게 되자 라디오의 사회구조가 원거리 정보와 오락의 청취를, 저녁식사 중의 가족간의 대화처럼 일상적이고 자연스럽게 만들며 진일보했다. 1923년 한 작가는 다음과 같이 기뻐했다.

> 눈을 감고 조그만 뒷방, 부엌, 식당, 거실, 다락, 차고, 사무실, 오두막, 기관실, 방갈로, 별장, 맨션, 호텔, 아파트에 있는 다른 청취자들을 상상하는 일이란 얼마나 쉬운가. ……하나는 여기, 둘은 저기에, 저쪽에 떨어져 있는 식탁에 둘러앉은 몇 명의 사람들…….

기업은 이제 라디오를 돈을 찍어내는 기계로 보았지만 아무도 필요한 모든 발명품을 통제하지 않았다. 제너럴 일렉트릭, 웨스팅하우스, RCA 그리고 미국 통신회사는 서로 방송권, 라디오 세트 제작권, 방송 그리고 신호장비 제작권을 놓고 다투었다. 기업들이 각기 다른 회사의 특허품을 이용할 수 있게 하는 교차인가(cross-licensing) 합의가 이루어졌다.

라디오가 엄격하게 통제되고 있고 허가된 유일한 방송사가 정부 방송인 세계 대부분의 국가에서는 발전이 질서 있고 현명하지만 엄격했다. 라디오 방송사가 버섯처럼 자라난 미국의 상황은 그렇지 않았다.

고등학교 학생들은 그들 자신의 방송국을 중심으로 라디오 클럽을 조직하였다. 대학의 기술학과는 실험적인 방송국을 설립하고 교수들은 그들에게 강의하였다. 설교자들은 송신기를 세웠다. 복음전도자 에이미 셈플 맥퍼슨(Aimee Semple McPherson)은 충실한, 심지어는 광신적인 추종자들을 얻게 되었다. 신문 발행인은 매일 신문의 기사를 큰 소리로 읽어주어 가입자들을 끌어들이려고 방송국을 설립하였을 것이다. 백화점 주인은 방송을 들은 농부가 다음에 그가 도시에 왔을 때 셔츠를 구입하게 되리라 기대하였다. 그 셔츠는 광고되지 않았다. 아무것

그림 4-6 1920년대 수백 개의 라디오 수신기 제작회사 중 하나의 광고.

도 광고되지 않았다.

대부분의 방송국들은 작은 출력에 방송영역이 좁은 '커피 주전자(coffee pots)'였다. 아무도 AM, FM 그리고 TV 허가로 이어지는 몇 년 동안 무선과 진공관에 대한 호기심이 전 백화점이나 신문사 이상의 가치를 지니게 되리라고는 꿈도 꿀 수 없었다.

미국의 1927년 라디오 법령

제1차 세계대전 후 몇 년이 지나자 모든 방송사는 동일한 주파수대를 공유하였고 2차 주파수는 농작물과 기상에 대한 보고, 선박에 대한 작업조정을 위해 사용하되 송신자와 수신자가 단시간 동안만 대화를 나누고 침묵하는 곳에 이용되었다. 하지만 방송사는 결코 침묵을 지킬 수는 없었다. 1922년까지 각각 서로의 목소리가 들리지 않게 만들려고 하면서 좀더 나은 어떤 것이 필요하다는 것이 분명해졌다. 미국 정부는 더 많은 주파수대를 이용할 수 있게 하였으나 새로운 방송사들은 더욱 빠르게 등장하였다. 일부 방송가들이 그들의 전원 출력을 증가시키자 불쾌한 재잘거림이 심해졌다. 다른 방송가들은 새로운 주파수대 또는 새로운 트랜스미터로 이동하였으나 열악한 장비들은 신호를 허공에 맴돌게 하였다.

미국 정부는 네 번의 회의를 소집하여 라디오 방송사 주인들이 요청한 제재에 대한 청원에 응답하였으나 이것들은 매우 어려운 문제여서 방송사 주인들은 경쟁을 제한하려 했고, 작은 방송사는 거대기업 방송사를 신뢰할 수 없었다. 무선 아마추어들은 그들의 자유에 대한 어떤 제약에도 반대하였으나 아무도 라디오 사업의 재정을 어떻게 확보할지 확신하지 못했다.

미국 정부와 기업은 마지못해 정부가 규제하려고 할 때 누구나 생각할 수 있듯이, 그것을 제한하거나 검열하려는 것이 아니라 방송을 확장하려는 의도로 규제법안을 설정하기 위해 조금씩 나아갔다. 마침내 의회는 1927년 라디오법을 통과시켰고, 그것을 1996년 원거리통신 수정법안에 의해 고쳐질 때까지 기본 방송법이 된 통신법(1934년)에서 확대하였다. 하지만 그 기본원리들은 이어졌다.

그림 4-7 3단계 주파수 조정장치를 가진 1925년형 홈스 조단 (Holmes-Jordan) 라디오. 납산 차량형 건전지를 포함한 3가지 전지가 필요했다. 산이 카페트를 태우는 일이 흔히 발생했다.

그 중심에는 방송파가 대중의 것이라는 믿음이 있다. 라이선스는 공공이익을 생각하고 운영하기로 동의한 자격을 갖춘 사람에게만 주어졌다. 정부는 방송을 규제할 힘을 가지고 있으나 검열의 기능은 적어도 이론상으로는 금지되었다. 하지만 허가증을 발부하는 힘 — 1934년부터 연방통신위원회를 통해 — 은 사실상 누가 큰 목소리를 얻게 될지를 결정하는 것이고 정부 당국이 그런 목적을 위해 사용하였다는 규탄의 목소리가 끊이지 않았다.

광고들

1920년대 중반에 모든 라디오 방송에 요금을 지불하려는 사람들의 대답이 분명하고 크게 들려왔다. 다른 사람들과 통화하고 싶은 사람들에게 장비를 빌려주는 사업을 하는 AT&T는 라디오 스튜디오를 일종의 전화박스로 보았다. 1922년에 뉴욕 방송사 WEAF는 유료방송(toll broadcasting)이라 불리는 모든 사람에게 단번에 전화통화를 하려는 전화박스처럼, 그 방송사를 어느 회원에게나 사용할 수 있게 하는 실험적인 일에 이용할 수 있게 되었다. AT&T는 일부 시간대를 판매하기 위해 퀸즈보로 부동산회사와 계약하여 10분 방송에 50달러를 받았다. 그들이 판매하기로 한 롱아일랜드 시골의 아파트에 거주하는 즐거움에 대해 방송한 그 50달러 투자는 12만7천 달러의 주문을 얻어냈다. 라디오 광고가 태어났다.

광고는 조심스럽게 시작되었다. 전화회사 간부들은 정부의 인가에 의존하는 라디오 방송을 상품을 파는 데 이용하는 것에 대해 정부가 화를 내지 않을까 걱정했다. 그들은 처음에 치약이 너무 친근하여 광고하기에는 부적절한 상품일지도 모른다고 근심했다. 가격은 언급되지 않았다. 많은 사람들이 라디오를 이용하여 상품을 판매하는 것에 반대하였고 상품의 광고를 금지하는 법안을 통과시켜야 한다는 얘기도 있었다. 다른 어떤 국가도 허용하지 않았다. AT&T는 재빨리 광고를 유치했다. 곧 다른 광고주들이 계약을 하였다. AT&T는 이 서비스를 제공하는 독자적인 권리를 가지고 있다고 주장했지만 다른 라디오 방송사들도 돈 냄새를 맡고 달려들었다. 전국적으로 조금씩 늘어난 광고들이 결국 홍수처럼 불어났다. 라디오는 이제 돈이 어디서 나오는가 하는 물음에 대한 답이 되었다.

> 대중행동을 통제하고 싶어하는 사람들을 위한 미디어로서 라디오는 인쇄매체보다 수많은 이점을 지니고 있다. 그림과 같이 그러나 인쇄물과는 달리 라디오는 문맹인(1920년 미국 성인의 6%)과 글을 읽지 못하는 단계의 아이들에게 영향을 줄 수 있었다. 예를 들어 '이파나' 치약은 "빨갛고 노란 튜브에 든 것"이라는 라디오 목소리를 높일 수 있었다. 신문과 잡지광고와는 달리 라디오광고는 읽지 않고 건너뛸 수가 없다―그 광고들은 듣고 싶은 프로그램 중간에 끼어들었고 방에서 방으로 청취자들을 따라왔다. ……독서를 포함하여 다른 활동을 하면서도 라디오를 들을 수 있을 뿐만 아니라, 다른 일을 할 수 없을 만큼 많이 지친 후에도 계속해서 라디오는 들을 수 있어 방송은 하루 깨어 있는 동안의 모든 시간을 채울 것을 약속(또는 위협)하였다.

AT&T가 라디오 방송을 일종의 일방향 전화서비스로 보는 반면에 RCA(Radio Corporation of America), GE(General Electric) 그리고 웨스팅하우스(Westinghouse)는 방송을 그들이 제작한 라디오에 대한 대중의 요구를 창조하는 서비스로 보았다. 다른 말로 하여 전화그룹(telephone group)으로 알려진 AT&T와 웨스턴 일렉트릭은 나중에 광고주들로 불리게 된 메시지의 전송자에 집중하였다. 라디오그룹(radio group)으로 알려진 다른 회사들은 메시지의 수신자, 청취자들에게 집중하였다. 마침내 나타난 것은 두 접근법의 병합으로 하나는 광고로 다른 하나는 프로그램으로 이어졌다. 우리가 라디오와 텔레비전으로 듣고 보는 것이 그 결과이다.

다른 나라의 방송정책

미국에서 방송은 거대한 잠재 청취자들을 확보하기 위해 경쟁하는 시장의 원리를 따랐다. 교육방송은 시작부터 상업방송의 가난한 친척이 되어 생존 여부가 후원자에 달려 있었다. 1939년까지 그것은 상업성에 의해 모두 살아남은 것이었다. 반대로 영국은 국영인 영국방송사(BBC)를 세워 담당자가 믿기에 시청자들이 들을 필요가 있고 들어야 된다고 생각하는 내용을 프로그램으로 보냈다. 그것은 재정적으로 텔레비전 세트에 부과된 라이선스 요금에 의해 지원받았고 지금도 지원받는다. 1950년대 중반에 시작하여 BBC는 독립적인 광고 서비스, ITV를 허용하여 엄격한 규제하에 운영하였다. 많은 나라들이 영국의 모델을 따랐다.

광고와 라이선스 요금 외에도 전국적인 방송시스템을 지원할 제3의 방법이 발달하였다. 정부의 직접적인 재정 지원이었다. 독재적인 국가에서 라디오와 텔레비전 방송국은 방송인들을 확고하게 정부 지도자들의 손 안에 든 돈줄을 붙잡고 있게 만든 직접적인 보조금으로 재정을 지원받는다.

네트워크

처음에 미국의 각 라디오 방송사는 자신의 프로그램만을 전송하였으나 여러 방송사를 통해 동일한 프로그램을 방송하는 이점들이 1922년까지 분명해졌다. 네트워킹은 방송인들에게 보다 저렴한 운용비를 제공하였고, 광고주들에게는 더 큰 규모의 청취자들을 제공하였고, 대도시에서 멀리 떨어져 사는 시청자들에게는 더 좋은 프로그램을 제공하였고, 효과적인 경쟁을 제한하였다. 미국의 대통령 연설의 보도는 가능한 대규모의 청취자들을 요구하였다. 1922년 통신사 기술자들은 방송사를 연결하여 동일한 프로그램을 전송하는 실험을 하였다. 이것이 처음으로 비공식적이고 일시적인 네트워크로 이어졌으나 1926년 RCA가 두 개의 영구적인 네트워크, 오늘날 NBC 라디오국인 레드(Red)와 결국 ABC가 된 블루(Blue)를 창설하였다. 1년 후에 CBS 네트워크가 합류하였다. 1934년 시작된 '상호방송시스템(MBS : Mutual Broadcasting System)'이 전국적인 네트워크가 되었고 지방 네트워크는 뉴잉글랜드, 중서부 그리고 서부에 조직되었다.

네트워크의 가장 큰 이점은 다른 어느 방송사가 다룰 수 있는 것보다 훨씬 좋은 품질의 프로그램이다. 전국적인 광고방송에서 얻어지는 돈은 작가, 배우, 음악가, 아나운서, 저널리스트, 프로듀서, 기술자들 그리고 라디오를 거실의 가족들이 저녁을 함께 보내기 위해 선호하는 장소로 만든 드라마, 코미디, 버라이어티 쇼, 어린이프로그램 그리고 뉴스 프로그램을 함께 만들어가는 사람들의 급료로 지불되었다. 1920년내에 광고주들은 그들의 생산품을 프로그램 자체의 이름으로 동일하게 만들었고 신문에 충전지 광고인 "에버레디 시간(The Eveready Hour)"과 식료품 체인점 광고인 "에이 앤 피 집시들(The A&P Gypsies)"과 같은 프로그램을 나열해놓자 별도의 대중성을 확보하였다.

가정에서 라디오는 1926년까지 충전지로 전기공급을 받았다. 라디오가 또한 자동차에 한 부품처럼 들어가게 된 것은 피할 수 없는 사실이었다. 자동차용 배터리 일리미네이터가 1930년에 개발되었다. 그후로 자동차와 라디오는 항상 함께 있었다. 자동차 소유자는 수제작된 AC-전원공급식 라디오를 장착하였다.

기술은 라디오를 거실로 가져왔다. 광고는 경제의 기반을 제공하였다. 네트워크는 편성의 토대를 추가하였다. 후에 연방통신위원회가 된 연방라디오위원회는 통제를 추가하였다. 대략 1930년에서 1950년에 수백만 명의 사람들이 집밖으로 나가는 대신에 집안에 머물게 했던 라디오 황금시기의 시작에 한 가지 추가 요소가 제공되었다. 그것이 대공황이었다.

카메라의 소유 Owning camera

전세계 수천만 명의 사람들이 사진기를 소유하고 있으며 그것으로 추억을 만들었다. 변화하는 기술은 끊임없이 더 많은 사람들이 더 좋은 품질의 사진을 제작하여 얻게 되는 과정에 참여할 수 있는 여건을 형성했다. 그것이 개발된 시절부터 사진은 정보 도구 이상의 것이었다. 그것은 개인적으로 커다란 즐거움의 근원이었다.

기술적 진보

그것은 또한 예술적 표현의 매체가 되었다. 알프레드 스티글리츠(Alfred Stieglitz)와 에드워드 스티첸(Edward Steichen)은 붓과 파레트를 사용하는 화가들의 경쟁자로 명성을 얻었다. 앙리 카르티에-브레송(Henri Cartier-Bresson), 안셀 아담스(Ansel Adams) 그리고 에드워드 웨스턴(Edward Weston)이 그들을 따랐다. 스티글리츠는 예술형식과 개인의 표현의 도구로서 사진술을 생각하는 데 헌신하는 포토 세세션(Photo Secession)이라 불린 운동을 선도하였다. 그는 자신의 뉴욕 화랑에서 사진작품들을 전시하였고 좋은 사진예술을 위한 잡지인 ≪카메라 워크(Camera Work)≫를 창간하였다. 그 누구보다도 그는 사진술을 예술형식으로 보았고 그것을 새로운 차원으로 끌어올렸다.

렌즈들이 인간의 눈처럼 떨어져 공간을 차지하고 있는 스테레오 카메라는 입체경으로 바라본 3차원의 시야를 제공하며 한 쌍의 사진, 입체사진을 생산하였다. 옛날의 입체경과 사진들은 아직도 골동품 상점에서 발견될 수 있다. 입체경이 보여주는 멀리 떨어진 장소에 대한 전망은 사실적이어서 피라미드나 타지마할에 있는 자신을 상상할 수 있었으며, 수십 년 동안 즐거움, 정보 그리고 일상에서

그림 4-8 한국전쟁 중 3명의 미군 병사. 이러한 종류의 사진들은 먼 곳에서 일어난 사건에 대한 태도를 결정하는 데 많은 영향을 주었다.

의 탈출을 제공해주었다.

시작부터 사진작가들은 사진을 노출시키는 데 걸리는 시간의 문제로 고민하였다. 처음에 사람들을 촬영하는 것은 불가능했다. 노출시간이 단축되자 대상들은 정지해 있어야 했고 기술이 발전하자 정지해 있어야 하는 시간이 감소되었다. 초기의 사진기들은 셔터가 없었기 때문에 사진기사들은 필름판을 노출하는 데 요구되는 초만큼 렌즈 뚜껑을 열어놓았다. 필름이 좋아지자, 개발자들은 보다 짧은 시간 동안의 필름 노출에 대한 훨씬 좋은 생각들을 공식화했다. 정지-활동사진에 대한 요구가 광학과 화학장비 그리고 사진 화학품의 개발자들을 재촉하여 렌즈와 필름 사이에 위치하고 있는 초점평면 셔터와 같은 새로운 상품을 시장에 내놓게 하였다.

유리판이 기록매체의 바탕 역할을 하는 한 사진기는 조작하기 까다로운 존재였을 것이다. 습판조작법은 1878년 훨씬 좋은 감도를 제공해주는 젤라틴은 취화물 건판조작법으로 대체되었다. 그것은 사진사가 어디에 가든지 암실을 가져가야만 했던 번거로움에서 해방시켜주었다. 사진기들은 손으로 쥘 수 있을 만큼 작아져서 삼각대를 필요로 하지 않았다.

그러나 유리판은 자체가 한계가 있었다. 그것은 무겁고 깨지기 쉬웠다. 유리판은 특수한 화학처리와 특수한 조작이 필요하였다. 이러한 어려움 때문에 아주 가볍지만 필름감개에 감길 수 있을 정도로 유연하고 질긴 또한 투명한 대체물질을 찾게 되었다. 발명가들은 유리판 사진술에서 중요한 화학품인 콜로디온의 원료인 질산 섬유소(nitrocellulose)에 의존했다. 간단히 말해 그들은 유리를 던져버리고 필름의 바탕으로 유리에 붙은 끈적한 재료를 취했다.

코닥

조지 이스트먼(George Eastman)은 우리가 오늘날 구입하는 종류와 유사한 감광 셀룰로이드—필름—를 시장에 내놓았다. 필름이라는 말은 이제 사진과 관련해서 쉽게 나오는 용어이다. 이스트먼은 그가 코닥(Kodak)이라고 부르는 기본 사진기에 새로운 필름을 사용하였다. 이름에는 아무 의미도 없다. 이스트먼은 듣기에 단순하지만 흉내내기는 쉽지 않기 때문에 다섯 글자로 된 그 낱말을 선택하였다.

19세기 말에 약 50가지 다른 종류의 사진기들이 제작되었다. 코닥은 사진기 소유자에게 빛에 노출되기까지 필요한 보통의 열 가지 또는 그 이상의 조작단계를 단지 세 단계로 축소하는 단순성을 제공하였다. 코드를 당기고, 키를 돌리고, 버튼을 누른다.

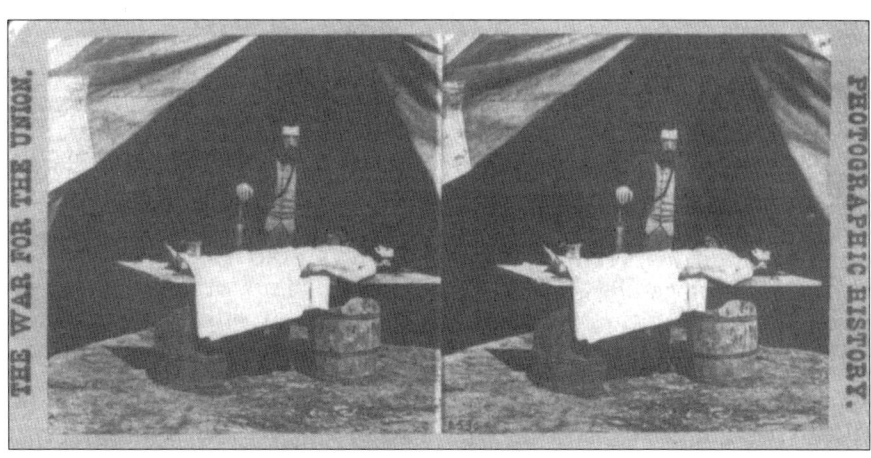

그림 4-9 스테레오그래프는 입체감을 주었다. 병사의 시체 앞에 서 있는 북군의 외과의사.

필름을 갈아끼우지 않고 일련의 사진들을 찍을 수 있던 최초의 코닥 사진기들은 한 가지 셔터 스피드의 고정 초점렌즈와 하나의 고정된 노출을 특징으로 삼았다. 소유자들은 필름을 담은 채로 사진기를 회사로 가져왔다. 그 사진기는 필름을 갈아끼워 다시 촬영가능한 상태로 우편으로 반송되었고 그들이 찍은 사진도 동봉되었다. 전형적인 코닥 모델의 가격은 100개의 사진을 찍을 수 있는 필름을 포함하여 25달러이고 촬영한 필름을 인화하고 새로 필름을 갈아끼우는 데 10달러가 추가된다. 이스트먼의 슬로건은 "버튼만 누르세요. 나머지는 우리가 알아서 하겠습니다"였다. 사진기사들은 화학적인 것에 대해 이해할 필요가 없었다. 처음으로 아무나 사진을 찍을 수 있게 되었다. 수백만 명의 사람들이 곧 그렇게 하였다. 사진동호회가 여기저기서 생겼다.

단지 하나의 사진가격이 아니라, 취미로서의 사진기술이 비록 그 당시에 25달러란 큰 돈이었지만 보통 사람들에게 이용가능하게 되었다. 이스트먼은 곧 1달러 정도의 낮은 가격으로 판매될 모델들을 제조하였다. 이스트먼은 그의 사진기가 "본 것을 기록으로 보존하고 싶어하는 모든 인간이 접근할 수 있는 영역으로" 사진술을 가져왔다고 말했다. 이스트먼의 브라우니(Brownie) 사진기가 15센트의 6회 노출용 필름을 장착하여 1달러에 판매되었을 때, 사진술은 진실로 '길거리의 사람'들도 이용할 수 있었다. 이스트먼은 아이들용 브라우니를 고안했으나 성인들도 그것을 사용하였다. 쉽게 찍을 수 있는 사진들은 사냥꾼들이 조준하지 않고 최신식으로 사격하는 모습을 묘사한 스냅사진(snapshot)으로 알려지게 되었다.

더욱 발달한 것들

한 세기가 바뀔 무렵, 컬러필름과 컬러필터에 대한 실험이 계속 진행되었다. 이스트먼-코닥(Eastman-

그림 4-10 브라우니(Brownie)는 어린이들을 위해 만들어진 것이었지만 값이 싸고 사용하기에 간편하여 어른들도 좋아했다.

그림 4-11 1996년 사진 완성장비의 사용설명서를 가지고 있는 진보된 사진시스템을 위한 코닥사진기가 소개되었다.

Kodak) 사는 코닥 컬러필름을 1935년에 개발했다. 1947년에는 또 하나의 대단한 발명이 성취되었는데, 사진기 속에서 필름을 바로 현상하고 인화해주는 에드윈 랜드(Edwin Land)의 폴라로이드(Polaroid) 카메라(즉석 현상 사진기)였다. 사진기 뒤에는 음화와 양화 필름 롤이 따로 부착되어 있다. 필름이 밖으로 나오는 과정은 두 개의 롤 사이로 필름이 전송되면 그 롤이 현상액이 담긴 작은 주머니를 터뜨려 액을 골고루 필름 표면에 분사시킨다. 1분 후면 양화인화지를 벗겨낼 수 있다. 즉석 인쇄 방법이 컬러필름에 사용된 것은 1963년이었다. 이어서 1972년에 나온 폴라로이드 SX-70은 14개의 분리 부착된 도료 덕에 음화와 양화 물질을 한 개로 결합시킬 수 있었다.

일본에서 방향만 잡고 찍기만 하면 모든 것을 자동으로 해주는 사진기가 나왔다. 렌즈 앞에 있는 것은 무엇이든지 즉시 초점을 맞추었다. 많은 발명품처럼 사진기도 그 작동을 단순하게 하려고 그 구조가 더욱 복잡하게 되었다. 은판사진과 습판사진을 쓰던 옛날 사진기는 렌즈가 달린 상자에 불과했으며 사진을 찍으려면 훈련과 연습 그리고 기술이 필요했다. 반면 일본의 사진기는 미세회로와 복잡하게 얽힌 기계들, 광학부품들로 가득 차 있지만 아무나 버튼을 누를 수 있다. 이스트먼의 옛 선전문구, "버튼만 누르세요, 나머지는 저희가 맡겠습니다"는 컴퓨터 칩과 적외선 감지기로 작동되는 자동식 1안 반사 사진기에 가장 적절한 표현이었다.

1980년 초 무(無)필름 사진기가 세상에 나왔다. 소니 마비카(Sony Mavica) CCD 사진기는 영상을 작은 디지털 디스크에 기록했다. 화학적인 처리 없이도 일반 전화선이나 인공위성을 통해 전송될 수 있었다. 다른 기계장치인 사진 CD 재생기는 컴팩트 디스크에 디지털로 저장된 사진을 사용했다. 사진은 컬러로 가정용 텔레비전에 재생될 수 있었고, 원하기만 하면 상하좌우 이동, 확대축소, 취사선택, 음성 설명 또는 음악, 문자 그리고 그래픽과 같은 부가기능도 사용할 수 있었다.

코닥사와 일본의 사진기와 필름 제작자들은 1996년 진보된 사진시스템을 소개하려고 모였다. 내부에 더 많은 버튼을 부착시킨 사진기는 삽입식, 장전이 필요없는 필름통이 특징이었다. 사용자들은 촬영시 표준 또는 확대 프레임을 선택할 수 있고, 인쇄할 때 사진 뒤쪽에 날짜, 장소 그리고 주제를 적어 넣을 수 있게 되었다. 필름에는 조명 조건이 좋지 않을 때 보완해주는 장치에 대한 지시사항도 담겨 있다.

거짓말하는 사진

디지털방식의 영상기법은 영상을 옮기거나 지울 수 있는 점(點)으로 전환시켰다. 전자적 수정작업은 조작한 흔적마저 없애버렸다. 고객들은 아름다운 시절을 담고 있는 정든 오래된 사진들을 들고 디지털 영상전문가의 스튜디오를 찾아갔다. 전문가는 그 사진을 스캔하여 컴퓨터로 받아들이고 손상입은 부분을 복구시켜 사진으로 출력해줬다. 다른 요구사항들에는 사진 속에서 신원불명의 사람을 꺼내 확인하기, 빠진 친척들을 사진 속에 합성하여 가족상봉 이루기 등이 있다.

할머니, 어머니 그리고 딸을 함께 모아 삼대(三代) 인물사진 만들기, 사진 속 친척간에 두고 있는 거리를 좁혀 화목하게 보이기, 치과의사의 손을 거치지 않고 치열교정기 미리 제거하기 등이 있다. 이혼한 여자는 그녀의 전남편 형상을 가족사진에서 빼냈다. 브라이언이라 불리는 소년은 몬티 파이턴(Monty Python) 영화 <브라이언의 생애>를 선전

그림 4-12 사진 저널리즘은 강력한 감동을 전달할 수 있지만 루스 주드(Ruth Judd)의 사형집행을 찍은 이 장면처럼 대중의 저항을 불러오기도 했다. 사진사는 소형 카메라를 그의 발목에 묶고 촬영했다.

그림 4-13 1960년경에 위스콘신의 상원의원 알렉산더 와인리(Alexander Wiley)는 3개의 다른 사진을 합성하여 만든 이 사진을 크리스마스 카드로 보냈다.

하는 영화선전물 위에 앉은 자신을 찍은 포스터를 갖게 됐다.

사진기는 결코 거짓말을 하지 않는다는 옛 말에 동조할 사람은 이제 없다. 현대의 사진은 확실히 거짓말을 할 수 있다. 1920년대 일부 신문편집자가 여러 사진을 결합시켜 각기 다른 사진 속의 인물의 영상들을 근사치로 함께 붙여놓은 합성사진(composographs)을 만들었다. 그 사진들은 완전한 날조며, 영상의 거짓말이었다. 발행인들은 신문을 팔았기 때문에 합성사진의 사용이 정당하다고 변호했다. 그 당시, 이러한 왜곡은 정치에도 이용되었다. 1950년대 매카시(McCarthy) 시절에는 공산당 지도자 얼 브라우더(Earl Browder) 곁에 밀러드 타이딩즈(Millard Tydings)가 서 있는 모습을 공개했는데, 그것은 사실이 아니었지만 유권자들은 속아서 그를 재선에서 낙선시켰다.

그러나 정지된 사진의 구식 조작기술은 디지털 방식의 영상기법에 비하면 조잡하다. 디지털방식의 조작을 가능하게 해주는 컴퓨터 소프트웨어는 1982년도 《내셔널 지오그래픽(National Geographic)》 표지의 모양을 보기 좋게 하려고 기자(Giza) 시에 있는 피라미드를 옮겨다 놓았다. 한 전문가는 이렇게 설명한다.

신기술과 더불어 우리는 색상의 질을 높이거나 변경할 수 있고, 세부사항을 없앨 수 있고, 인물을 넣거나 지울 수 있고, 구성과 조명효과를 변경할 수 있고, 어떤 영상도 조합할 수 있고, 말 그대로 산을 옮길 수 있고, 한 잡지사가 표지 도안을 개선하려고 그랬듯이 적어도 에펠탑(Eiffel Tower)을 옮길 수 있게 되었다. 《TV 가이드(TV Guide)》는 앤 마가렛(Ann Margaret)의 몸 위에 오프라 윈프리(Oprah Winfrey)의 머리를 올려놓았다.

홀로그램

2차원 사진시스템에 레이저 광선을 이용하여 3차원의 사진을 만드는 실용적이고 구입 가능한 홀로그래피에 대한 연구가 계속되었다.

홀로그램은 사진이 비쳐지는 벽 속 깊이까지 확장되어 나타날 수 있고 외부에서 방 안쪽의 모습까지 확장된 듯이 보일 수 있어 관찰자들은 실제로 존재하지 않은 것도 마치 있는 것 같아 조심스럽게 돌아서 가게 된다. 홀로그램은 과학에도 많이 이용된다. 그것은 잡지 표지와 박물관 벽 위에서도 발견할 수 있다. <스타워즈> 1편에는 우주선으로 '부쳐진' 메시지를 배달했던 여주인공, '레이아 공주'가 나타나는 홀로그램 장면이 있다. 어느 날 활동 레이저 사진을 텔레비전 영상처럼 집에서 받아 볼 수 있게 된다면 그 수용성을 걱정할 필요는 없다. 홀로그램 비디오를 보는 것은 TV를 보는 것과는 차원이 달라서 거리를 창 밖으로 직접 쳐다보고 있는 것처럼 느끼게 될 것이다.

발명되었을 때부터 사진은 사람들에게 정보, 즐거움 그리고 미학적 기쁨을 제공했다.

언론의 도구로서 사진은 문자만으로는 전달할 수 없는 정보를 전달했다. 기아로 굶주리는, 파리가 그 주위를 맴도는 아프리카 아이들의 눈은 구제물자 수송기를 이륙시키도록 도왔다. 학대받는 보스니아 여인들의 고통스런 눈은 서방국가들로 하여금 조치를 취하도록 했다. 모피 사냥꾼의 곤봉에 맞아죽기 직전의 새끼 바다표범들의 눈은 도살을 중단시켰다. 사진은 과학의 도구로는 알려지지 않은 것을 알려지게 했다.

동시에 우리는 대중매체와 유명 잡지 속에 있는 사진과 영화에서 즐거움을 느꼈다. 우리가 지니고 있는 사진기가 우리가 구입하는 값비싼 커뮤니케이션 수단 중 첫째가는 것이 아니라면, 그것은 둘째나 셋째는 될 것이다. 사진은 또한 우리에게 가족 사진첩을 들추며 추억을 함께 나눌 수 있게 해주기도 하며 바쁜 시간에도 지갑 속에 든 사진 한 장을 통해 혼자 잠시 생각에 잠길 수 있게도 해준다. "웃어요!"라는 외침은 많은 의미를 전해준다.

이야기하는 영화들 Movies Tell Stories

영화관객은 이야기를 좋아한다. 마술공연을 했던 프랑스의 조지 멜리에(George Melíes)는 처음으로 가상영화를 제작했다. 현대 관객들은 <달나라 여행(A Trip to the Moon)>을 우주비행의 역사에 대한 기묘한 입문서로서 감상한다. 멜리에는 상영시간이 1분도 안 되는 필름을 10~15분까지 되도록 감개를 확장시킨 최초의 인물이다.

5센트 극장(Nickelodeons)

개봉관은 이런 짧은 필름들을 여러 개 무작위로 엮어서 한 개의 프로그램을 만들었다. 이런 식으로 그 입장료를 이름에 내세운 5센트 극장이 시작됐다. 최초의 5센트 극장은 1904년 피츠버그에서 개업했다. 1907년까지 한 해에 2,500개의 극장이 운영되었고 하루에 20만 장의 표가 팔렸다.

5센트 극장은 나라 안 곳곳에서 생겨났는데, 겉은 번지르하게 꾸미고 조명을 밝게 하고 때로는 확성기를 든 바람잡이가 사람을 끌어들이려고 밖으로 나왔다.

5센트 극장은 시장에 돌아다니다 다리가 아픈 사람들, 점심시간인 사무원들, 홀로 나온 여인들을 매료시켰는데 그들에게 영화관은 안전하고 가볼 만한 장소로 인정되었다. 빅토리아시대 중산층의 도덕관념은 여자들이 즐기는 것을 억제시켰다. 여자들에게 영화는 특별한 매력을 지녔다.

> 다른 어느 오락보다 영화는 여자들의 삶에서 — 인식과 경험의 지평뿐 아니라 사회적 영역까지 — 공간을 개방시켰다. 결혼한 여인들은 상품구경을 끝내고 귀가하다 극장에 들렀는데, 부유한 계층의 여인들이 빠져들 만큼 영화는 한 가지 즐거움이었다. 여학생들은 오후 시간에 극장을 메웠다가 가족들에게 돌아갔다. 젊은 여성근로자들은 극장에서 남자들을 만나는 기회뿐만 아니라 업무 후의 여가시간을 즐길 수 있었다.

그림 4-14 1920년대 영화관들이 그들의 볼거리를 광고하고 있다.

5센트 극장은 '얼룩투성이 개구장이들'과 데이트를 하려고 어두운 곳을 찾는 연인들 그리고 노동자계층의 가족들이 시끄럽게 울어대는 아기를 데리고 무더기로 찾아왔다. 극장은 수중에 돈도 많지 않고 다른 오락을 즐길 만한 시간도 없는 가난한 사람들에게, 하지만 흑인들은 보통 극장출입이 금지되었기 때문에 가난한 백인들에게만 많은 즐거움을 주었다.

대부분의 초기 코미디물은 희가극(vaudeville)에서 그 구성을 빌려오거나, 그 인물성격을 빌려왔다. 희가극에서처럼 민족 또는 인종에 대한 풍자가 유행이었는데, 머리가 둔한 아일랜드 하인이 화덕에 불을 지피려고 자신을 폭파시킨다거나 샐러드를 '드레싱은 빼고(undressed)' 해달라는 주문에 옷을 벗고, 무성한 수염에 긴 검정 외투를 걸친 파렴치한 유태인 상인이 고객을 숙인다거나, 흑인 걸음 시합, 빙긋 웃기, 주사위 던지기, 닭 훔치기, 수박 먹기 등 아이들처럼 행동하는 흑인들의 이야기들이었다.

때때로 고객들은 아침부터 저녁까지, 한 상영이 끝나면 다음 상영시간에, 한 주일 내내 모여들기도 했다. 사람들은 한 극장에서 다른 극장으로 바람잡이와 번쩍이는 불빛 그리고 밖에 붙어 있는 화려한 색의 벽보에 현혹되어 인내심이 바닥나거나 주머니가 텅 빌 때까지 헤매곤 했다. 5센트 극장 주인은 상영 중간에 그의 친척을 보내 극장계단을 오르락내리락하며 과자와 탄산수를 팔게 했다. 일부 극장에서는 도시 감독관이 걱정했던 악성 병균과는 상관이 없는 악취나는 공기를 숨기려고 점원들은 용해물질을 공중에 뿌렸다. 새로운 영화에 대한 요구를 따라가려고 상영관들은 매일 포스터를 바꾸었고, 심지어는 하루에 두 번도 바꿨다.

노무자들이 가족과 함께 극장 매표소로 몰려들어 길거리에 길고 긴 참을성 많은 행렬을 이루기 시작할 때면 극장은 5센트짜리 동전 떨어지는 소리가 우박이 떨어지듯 요란했다. 안에서는 상영이 20분에서 1시간까지 지속되었는데 내용은 단편 애정드라마 또는 형사영화, 코미디, 뉴스 또는 여행영화, 무희 또는 곡예사의 영상이었다. 각 영화 사이에는 영상기사가 직접 만든 대중가요 슬라이드를 삽입시켰고 피아니스트가 그 곡조를 연주하면 모든 관객이 노래했다. ……"한 번 더 돌아봐요, 윌리(Waltz Me Around Again, Willie)." …… 상연 도중에 영상기사는 자주 "잠시만 기다리세요!"라고 적힌 슬라이드를 삽입해 틀었다. 이것은 필름이 끊겼거나 영사기에 문제가 생겼음을 뜻했다. 모두 하나같이 발을 구르기 시작했다. 수리하는 데 시간이 좀 걸리게 되면 마을 상인의 가게를 선전하는 슬라이드나 다음 예정 상영물을 공고하는 슬라이드를 틀어 보냈다. 영화를 빨리 보고 싶어 참을 수 없는 관객들은 휘파람을 불고 소리쳤다. 땅콩, 사탕, 팝콘 그리고 탄산 음료수 병을 넣은 판매대를 든 아이들은 상품 이름을 외치며 상영관 복도를 오르락내리락 뛰어다녔다. 곧 영사기가 소리를 내기 시작했고 화면이 다시 살아났다. 박수 물결이 한 바탕 일고 안도의 한숨이 들려왔다. 그후에는 팝콘과 땅콩껍질을 까는 소리와 놀란 아이들의 훌쩍임만이 침묵을 깼다. 악취나는 어둠 속에서도 피로한 사람들은 가난의 시름을 잊었다. 이것이 행복했기 때문이었고 이것이 약속의 땅이었기 때문이었다.

그 당시의 한 작가는 이렇게 보았다.

메마른 학교 운동장 맞은편에는 지붕이 덮인 입구가 있는 5센트 극장 출입구가 보였고, 흰색 건물에 빨간색, 하얀색 그리고 파란색 전구로 장식한 코끼리 모양이 그려진 마차 위에 왕처럼 앉아 있는 매표원이 있었다. …… 여기서 많은 여성근로자 — 한창 젊은 나이의 여성들 — 가 공장의 더럽고, 추하고, 우울한 것들을 떠나서 좋아하는 일을 하며 활기를 찾고 재충전을 하였다.

혁명적인 생각에 대한 두려움

부유한 계층은 5센트 극장을 별로 찾지 않았으나 그들의 입에서 교육받지 못한 노동자들과 여성들이 혁명적인 생각을 공급받고 있다는 우려의 목소리가 나왔다. 5센트 극장의 상영물을 규제하고 검열하고 심지어는 상영금지해야 한다는 제안이 나왔다. 이러한 제안 가운데 일부는 손님을 잃은 술집 주인, 가극단 단장 그리고 성도들이 갑자기 줄어든 교회에서 나왔다. 때 맞춰 5센트 극장은 질좋은 극장과 우수한 영화가 없으면 실제로 사업이 되지 않았다.

5센트 극장을 대체할 만한 것이 없는 한, 관객들은 어둡고 환기도 안 되는 영화관 속으로 들어가 7분에서 8분 길이의 단편들로 이루어진 15분에서 20분 하는 쇼를 보는 것으로 만족했다.

10여 년 후에는 활동사진의 호소력이 빈민층을 넘어서 중류계층의 미국인에게 열광적으로 수용되자 5센트 극장, 가게 뒤 골방, 아케이드 후면 그리고 곡예단 천막은 영화관람을 위해 건축된 극장으로 대체됐고, 후에는 상당히 큰 건축물인 호화로운 영화관으로 대체됐다. 여름에는 냉방시설이 손님들을 끌어들였다.

장편영화가 등장하여 세력을 잡자 5센트 극장이나 소규모 영화관은 더 이상 단편영화를 엮어놓은 것을 찾는 관객들에게 의존할 수 없게 되었음이 분명했다. 관객들은 장편영화를 좋아했다.

해결책은 수백 명 또는 수천 명의 관객들을 수용할 수 있는 대규모 극장이었다. 최초의 대형 영화관인 브로드웨이의 스트랜드 극장(the Strand Theater)은 1914년에 개봉했는데, 곧바로 성공을 거두었다. 한번에 거의 3천명을 수용했다. 다시 한번, 대중은 대중매체가 나아갈 방향을 결정했다. 2년 안에 대략 2만 1천개의 극장이 신축되었거나 광범위하게 재건축되었다. 대도시의 도심지는 무척 화려하게 꾸민 영화 상영장소가 오케스트라석, 파이프 오르간 그리고 석고로 된 비잔틴양식의 구조물을 갖추었다. 이러한 영화관은 영화를 보기 시작했으나 초라하고 사람이 밀집해 있는 5센트 극장에는 가지 않으려는 중산층 고객들의 관심을 사도록 고안되었다.

필름을 상영자에게 판매하는 대신에 그들에게 빌려주는 필름교환소가 있었다. 영화산업이 성장했다면 때맞춰 필름 유통업체와 연쇄점 주인은 영화 상영과 관련해서 부부만으로도 운영할 수 있는 소매업을 장악했을 것이다. 수백 개의 대리점을 가진 극장 연쇄점은 스튜디오와 계약을 했거나 동일한 법인 소유권을 갖고 지속적인 제작과 신뢰할 수 있는 배급을 보장했다. 워너브라더스(Warner Bros.) 영

그림 4-15 〈대열차강도〉는 이야기를 발전시키는 편집방법을 소개했다. 영화제작자들은 관객들이 이야기를 좋아한다는 것을 발견했다.

화는 모든 대도시의 워너브라더스 극장에서 상영됐고 패러마운트(Paramount) 영화는 패러마운트극장에서, MGM(Metro-Goldwyn-Mayer영화사) 영화는 Loew의 극장에서 개봉되었다.

간단한 이야기를 위한 시장

영화를 좋아하는 대중은 그들만의 문제가 있었다. 그들은 환상 속으로 탈출하고 싶었다. 사실적인 형식의 영화 속에 담긴 현실은 그들이 어두운 극장에 들어가서 보고자 했던 것이 아니었다. 결국 대중은 색과 소리의 표현에 관심을 나타냈는데 이러한 요소들이 영화를 보러 밖에 나온 저녁시간을 더 즐겁게 해주었기 때문이다. 그리고 배우들을 보는 것은 항상 즐거운 일이었다.

> 역사 속에서 대중은…… 포즈를 취해 돈을 번 그 어떤 사람들에 대한 정보에 그렇게 열광스러웠던 적이 없었다. 엄청난 수의 사람들이 지닌 이러한 흠모는 경외심마저 불러일으켰다. 매일 수백만 명의 남자, 여자 그리고 아이들이 창이 없는 영화의 신전에 앉아 친구이자 애인인 그들과 교제한다.

1903년, 촬영감독 에드윈 포터(Edwin Porter)는 첫째로 기념할 만한 이야기 영화인 〈대열차강도(The Great Train Robbery)〉를 제작했는데 이것은 서로 다른 장면들이 상관관계를 보여줄 수 있도록 편집된 최초의 영화였다. 8분 동안 강도가 우편물 열차를 정지시키고, 민병대가 조직되고, 강도를 추적하고, 총격전이 벌어지고, 강도들이 소탕됐다. 처음으로 카메라가 실내 그리고 밖의 장면의 이동과 함께 움직였다. 흥분한 관객들이 줄지어 들어왔고 그러한 영화를 더 만들어줄 것을 요구했다. 영화제작자들은 그들의 말에 귀기울였다.

표를 구입하는 많은 사람들은 가난했고 정규교육을 받지 못했다. 많은 이주민들이 영어 문맹이었다. 당연히 그들은 이해할 수 있는 것을 보고 싶어했다. 특히 실수 연발 코미디물인 소극(笑劇)이 멋지게 상영시간을 채웠다. 모두가 즐길 수 있는 모험과 로맨스의 단순한 이야기들이 그러했다. 관객 중에 글을 읽을 수 있는 사람들은 근처에 앉은 사람들에게 자막을 읽어주었다. 사람들은 어렵게 벌어들인 돈을 기꺼이 코미디물과 이야기를 담은 영상물에 지불했다.

때로는 관객들이 흥미와 로맨스 이상의 것을 원했다. 그들은 웃을 기회를 원했다. 프레드 오트(Fred Ott)의 〈재채기(Sneeze)〉(1893)는 활동사진영사기(Kinetoscopes)를 위해 제작된 초기 에디슨 영화로서 코미디영화의 오랜 전통을 개시했다. 키스톤 캅스

그림 4-16 이민자들은 키스톤 캅스(키스톤영화사에서 만든 우스꽝스러운 경찰이 등장하는 코미디 -역주)를 보는 것을 매우 좋아했다. 대부분 이민자의 출신국에서는 경찰이 웃음거리가 아니었다.

(Keystone Kops')의 어리석은 표정과 무능력함을 통해 관객들은 공무원을 비웃을 수 있었다. 여러 나라에서 이민온 사람들에게는 경찰을 우스운 인물로 여긴다는 것은 정말로 기이하게 보였을 것이다. 엎치락뒤치락하는 코미디에서 위험한 일은 흔히 있는 일이고 아슬아슬한 탈출 묘기 같은 것도 보통 있었지만 사람이 죽거나 심하게 다치는 경우는 없었다. 무대장치는 현실적이었으나 현실감이 과장되고, 빠른 활동사진, 엉뚱한 소도구, 절묘한 타이밍 그리고 앞뒤가 안 맞는 필름편집 등으로 불합리하기도 했다. 화면의 코미디 남자주인공의 자동차가 기관차를 가까스로 피하는 장면에서 관객들은 믿기지 않아 웃었다. 세넷(Sennett) 감독은 코미디 예술을 대단한 경지로 끌어올려 놓았던 무성영화 배우들이 곁에 있었다. 해럴드 로이드(Harold Lloyd), 버스터 키턴(Buster Keaton) 그리고 누구보다도 찰리 채플린(Charlie Chaplin)이 코미디를 연민의 감정과 혼합시켰다. 채플린의 기쁨, 로맨스 그리고 슬픔의 혼합은 <아이(The Kid)>, <황금광의 시대(The Gold Rush)> 그리고 <도시불빛(City Lights)>과 같은 영화에서 어떤 연령이나 문화에도 모두 속하는 고전적인 인물들 가운데 하나인 방랑자를 창조했다.

배우들

보통 그렇지만 고객들은 돈을 내고 보는 작품에 대해 할 말이 있었다. 관객들은 표를 구매함으로써 일정한 남자배우들과 여자배우들에 대한 집착을 보여주었다. 그 결과 활동사진의 역사 초기에 스타 시스템이 구축됐다. 영화팬들은 스크린에 크게 나타나는 인물과 자신을 동일시하는 것으로 밝혀졌다.

최초의 영화배우들은 카메라 뒤에서는 별로 바쁘지 않다는 이유만으로 카메라 앞에 서게 된 사람들이었다. 아내들, 친구들, 손님들이 기회를 잡았다. 무대배우들이 새로운 영화 스튜디오에 일을 구하러 왔지만 대중성을 기대하지는 않았다. 이는 영화사 주인들이 이러한 대중성으로 인해 배우들이 더 많은 급여를 요구하게 될까 두려워했기 때문이다.

이러한 상황은 곧 바뀌었다. 극장주들이 제작자들에게 관객들은 친근한 얼굴을 보기 원한다고 보고했다. 이런저런 역할을 맡았던 남자주인공이나 여자주인공이 새 영화에서 주인공으로 다시 나오게 되었다는 말이 마을을 돌았다. 그 말은 곧 표가 잘 팔린다는 것을 뜻했다.

1914년 찰리 채플린은 1주에 125달러를 받았다. 1915년에는 1주에 1만 달러와 계약금 15만 달러를 받았다. 1916년 매리 픽포드(Mary Pickford)는 1주에 1

만 달러 및 그녀가 출연한 영화의 수익금 절반을 받았다. 그들은 사업 성공에 대한 대가를 지불받았다. 어두운 영화관에서 팬들은 클로즈업에서 바라다보았던 유명배우들에게 친밀감을 느낄 수 있었다. 비록 잠깐 동안이지만 영화팬들은 자신들의 실제 삶은 잊어버리고 대리 기쁨을 맛보았다. 그러한 경험은 우리 삶에서 없어지지 않았다.

영화팬들은 코미디는 다음 편 코미디와 서부극은 다음 편 서부극과 아주 다르지 않은 일정한 틀을 갖추기를 원했다. 무엇보다 그들은 행복한 결말을 원했다. 인기 있는 멜로드라마는 무대에서 쉽게 영화로 이식되었다. 마지막 순간에 남자주인공이 달려 올라가 결박되어 있는 여주인공을 달려오는 기관차로부터 구해내고 다시 돌아와서 악당을 무찔렀다. 영화장면들은 속도와 분위기를 유지했고 화면을 페이드 아웃 혹은 페이드 인 해서 신과 신을 구분했다. 그것은 무대의 막을 올리고 내리는 것보다 확실히 나았다. 연극무대의 마분지로 된 모소품보다 실제 기관차와 원형 회전톱을 사용하여 현실감을 높였다. 멜로드라마의 야외촬영이 서로 잘 어울렸고 점점 많아졌다.

아돌프 주커(Adolph Zukor)는 프랑스에서 제작된, 새러 번하트(Sarah Bernhardt)가 만든 <엘리자베스 여왕의 초상>을 1912년 미국에 들여오면서 3만5천 달러를 지불했다. 그는 그때까지는 상상도 못했던 표 한 장당 1달러를 받았으며 대형극장을 임대했다. 패러마운트 영화사를 세웠던 주커는 장편영화의 아버지로 불린다. 그는 한때 "대중은 틀린 적이 없다"라고 말했다.

조립라인 같은 제작

멜로드라마는 3시간 길이의 장편영화인 <국가의 탄생(The Birth of a Nation)>(1915)과 함께 로맨틱드라마(romantic drama)로 발전했다. 그리피스(D. W. Griffith) 감독의 장소 선정과 배우들의 움직임에 대한 관심뿐 아니라 원거리, 중거리 그리고 근접거리 촬영(클로즈업), 상하좌우 이동 그리고 시각효과 같은 운용법은 영화의 새로운 기준이 되었다. 영화사 경영자들이 관객들은 배우의 전신 모습을 보기 원하고 '반쪽짜리 배우'는 용납하지 않을 것이라고 반대했으나 근접촬영을 고집했다. <국가의 탄생>을 시작으로 영화는 관객들이 이해하고 반응할 수 있는 시각언어를 지니게 되었다. 무성영화였지만 국가의 탄생은 70가지 악기로 구성된 심포니 오케스트라를 동원하거나 한 대의 피아노만을 연주하더라도 그 영화를 위해 작곡된 곡을 연주하는 실황연주가 수반되었다.

새로운 영화 카메라(특히 무성시대의)의 가능성을 탐지한 영화제작자들은 연극무대에서는 물리적으로 표현될 수 없었던 것을 묘사하기 위해 영화의 특수한 능력을 탐구하기 시작했다. 첫 번째 박스 오피스 기록은 광대한 전투장면, 급류처럼 쏟아지는 액션 그리고 곁눈질하는 악당과 죽은 병사들의 얼굴을 클로즈업하여 수백만 명의 관객을 매혹시켰던 그리피스의 <국가의 탄생>이었다. 이 영화는 백악관에서 상영된 최초의 영화였다. 관람 후 윌슨(Wilson) 대통령은 "번갯불로 역사를 쓰는 것 같다"고 말했다고 한다.

<국가의 탄생>은 인종에 대한 편견이 실린 영화여서 흑인들은 풍자만화같이 악하고 열등하게 나타났고 반면에 흰 옷을 입은 KKK(Ku Klux Klan; 백인우월주의단체) 단원은 품위있게 나타났다. 영화는 항의시위 행진과 저명한 시민들의 비난과 같은 대중의 분노를 샀으나 이것도 박스 오피스의 기록에 도움을 주었다. 아마도 최초의 '관람 필수' 영화가 되었다. 흑인 영화관객의 경우는 영화관에서 환영을 받지 못했기 때문에 별 관심이 없었다. 남부지역에서 흑인들은 노골적으로 출입금지됐거나 그들을 위해 예약된 발코니에 관람석이 제한되었다. 북부지역에서는 발코니나 양측 벽 쪽의 관람석에 앉을 수 있도록 안내원에게 무성의하게 인도되었다.

다른 나라의 영화

얼마 지나지 않아 세계의 모든 큰 나라와 많은 작은 나라들이 영화를 유행시켰다. 항공사와 함께 영화사의 소유가 국가의 자랑거리가 되었다.

미국의 영화사가 할리우드로 이동하여 남부 캘

리포니아 지역에 공동체를 형성하는 동안 다른 나라는 그들의 영화산업을 형성시켰다. 독일과 덴마크는 각각 첫 번째 영화 촬영 스튜디오를 설립했다. 제1차 세계대전은 유럽 대부분의 영화사들이 문을 닫게 해서 할리우드의 성장에 큰 도움을 주었다. 전시에는 필름의 기본재료이며 또한 폭탄을 제조하는 데 쓰이는 셀룰로오스 섬유가 부족했다. 그러한 까닭에 유럽인들은 미국 필름을 수입하였다. 전후 그들의 국가적인 영화 제작사업이 재개되었다.

초기에 선도자였던 프랑스는 튼튼한 전후 영화산업을 일구는 데 뒤처졌으나 실험가들을 특수한 표현형식에 관심을 갖게 하여 시, 그림 그리고 음악에서 뿐만 아니라 영화에서도 그 전위형식을 선도하도록 했다. 아방가르드(Avant-grade) 예술은 세상을 새롭고 상징적인 방식으로 바라보았다. 충격을 줄 만한 것을 담은 예술의 표현은 '데카당스(퇴폐주의)'로 대접받지 못하였다. 제2차 세계대전 후 새로운 전통이 부흥하는 프랑스 영화산업을 휩쓸었다. 새물결이라 불리는 이것은 사회에서 용인되고 있는 도덕성과 행동규범에 반기를 들었다. 그와 더불어 작가 전통이 성장하였는데, 이것은 영화를 작가, 배우 그리고 수많은 사람들의 협력작품으로 보지 않고 한 개인의 정신의 소산 즉, 감독의 작품으로 보았다.

러시아에서는 1917년의 볼셰비키혁명 후 소련 영화산업과 세계의 첫 번째 영화학교가 마르크시스트 이데올로기를 촉진시켰다. 대중매체의 정치적 영향력을 인식했던 레닌은 "우리에게 영화는 가장 중요한 예술이다"라고 말했다. 지지를 얻기 위해 소위 선전선동단(agitprop)이 공산주의의 이상을 외치며 선전문구를 들고 국경을 넘어 부챗살처럼 퍼져나갔다. 영화산업은 세르게이 에이젠슈테인(Sergei Eisenstein)과 같은 뛰어난 감독이 이끌었으며 그의 몽타주기법 — 한 장면과 다른 장면과의 연결 — 은 많은 영화제작자에게 영향을 끼쳤다. 그의 <전함 포템킨(Battleship Potemkin)>은 리듬과 시각영상의 연결에 근거한 영화편집의 폭넓은 가능성을 보여주어 이제까지 제작된 영화 중에서 가장 중요한 작품으로 인정받았다. 그동안 라디오는 새 소련의 국경을 넘어 공산주의사상을 전파했다. 라디오가 없는 시골지역에서는 확성기가 마을광장의 기둥에 설치되었다.

독일에서는 불굴의 영화산업이 제1차 세계대전 후 15년 동안 성장했는데 가벼운 미국의 영화보다는 좀 무거운 심리학적인 영화를 제작했다. 그들은 한때는 자랑스러웠던 나라의 절망을 한 상자 가득한 돈 뭉치로 고작 빵 한 덩어리를 샀던 시절의 혹독하고 완패된 모습으로 나타내며, 영혼의 어두운 모습을 탐구했다. 국가 최악의 상태가 무성영화 최

그림 4-17 〈국가의 탄생〉은 제작기법으로 관객들을 감동시켰을 뿐만 아니라 편협함으로 인해 소동을 불러일으키기도 했다.

고의 상태였다고 한다. 여기서 카메라 이동기술이 발전했다. 나치당이 정권을 장악했을 때, 일부 독일의 위대한 감독, 배우 그리고 기술자들은 할리우드로 탈출했다. 나치의 정권장악은 독일영화를 국가의 선전도구로 전락시켰다. 제2차 세계대전 후 부활한 독일영화산업은 강하고 특수한 드라마적인 주제를 강조했다.

영국에서는 경기침체와 제2차 세계대전의 사회를 바라보며 많은 문제점들을 제기하고 정부차원의 해결책을 제시하는 사회 다큐멘터리의 전통이 성장했다. 영국은 또한 자기의 모습을 보고 웃을 수 있었다. <핌리코 통행증(Passport to Pimlico)>이나 <견고한 작은 섬(Tight Little Island)> 같은 전후 영국의 영화는 온건하고 자조적인 유머를 다루었다. 그러한 영화들은 미국과 영국의 공동 변영이라는 주제로 지각 있는 관객들을 끌어모았다. 몬티 파이턴(Monty Python)식 유머는 초기 영국의 빈정대는 재치에서 발전했다.

제2차 세계대전 후 이탈리아는 할리우드의 화려함과는 정반대인 신사실주의(neorealism) 양식을 발원시켰다. <열린 도시(Open City)>, <구두닦이(Shoeshine)> 그리고 <자전거 도둑(The Bicycle Thief)> 같은 영화들은 시련 속에 살아가는 가난한 사람들의 가혹한 삶을 시대순으로 기록하는 다큐멘터리 같은 용기 있는 시각을 갖고 있었다.

일본의 영화산업은 감독들로 인해 빛을 발했다. 쿠로자와 아키라는 서양관객에게 가장 많이 알려진 감독이다. 그의 작품 <라쇼몽>(1950)은 일본의 오랜 봉건시대에 설정된 시대극으로 같은 사건을 경험했던 사람들이 각기 다른 기억을 지니고 있다는 점을 평범한 대화체로 언급하려 한 고전작품이다. 라쇼몽에서 남편, 아내 그리고(그들을 공격했던) 강도는 일어났던 일을 나중에 회상하게 된다. 화자는 다른 두 사람을 희생시키며 자신의 이야기를 한다. 숲 속에 우연히 있었던 나무꾼은 앞의 세 사람의 이야기보다 객관적이고 정확하게 사건의 전모를 밝히는데, 세 사람 모두 악한 모습으로 보여준다. 비평가들은 라쇼몽을 시대를 통틀어서 가장 위대한 작품들 중 하나로 꼽는다.

인도와 중국도 주목할 만큼 영화산업을 발전시켰다. 인도는 할리우드보다 많은 영화를 제작한다. 최근 중국에서는 상당히 감성적인 감수성을 시사시석인 액션과 조화시킨 수상작 영화들이 쏟아져 나왔다.

소리의 출현

무성영화관은 그야말로 조용했다. 관객들은 흥에 겨워 야단법석이다. 슬라이드는 "발을 구르지 마시오. 바닥이 꺼집니다"라는 안내문을 실어 보냈다. 어떤 영화관은 오케스트라나 오르간, 또는 건반을 누르면 유리잔이 깨지거나 말이 질주하는 소리를 내는 소음기계(Noiseograph), 또는 드라마기계(Dramagraph), 또는 소리기계(Soundograph) 같은 음악효과 기계를 자랑했다. 전문 변사들이 화면 뒤에서 대사를 읊었다.

> 영화 상영 중에…… 생음악 연주나 변사의 등장은 적어도 1897년 초부터 조직적으로 사용되기 시작했고…… 그리고 20세기 초 10년 동안 여러 전문 출연자를 공급하는 회사들이 극장에 그러한 서비스를 정규적으로 제공하기 위해 설립되었다. ……사실 그 당시에 무성영화는 하나의 신화였다. 존재한 적도 없었다. 더 나아가 그 용어는 1926년 이전에는 거의 사용되지 않았고 그 이후에 사용되었다.

그림 4-18 1927년 <재즈 싱어>를 촬영한 바이타폰(Vitaphone) 카메라는 에어컨도 없는 방음상자 안에 넣어졌다.

유성영화에 대한 진정한 관심은 파산 직전의 절망적인 상태에 있던 워너 브라더스로부터 구체화되었다. 해리 워너(Harry M. Warner)는 "도대체 누가 배우의 목소리를 듣고 싶어한다는 거야?" 하고 물었다고 한다. 후에 밝혀졌지만 대중은 듣고 싶어했다. 영화필름과 함께 음성 디스크 기록을 동시에 내보내는 발성영사기(Vitaphone)를 사용하여 워너브라더스는 1926년 유성영화 단편과 스튜디오에서 악보 및 결투시의 칼싸움 소리를 첨부한 무성영화 <돈 주앙(Don Juan)>을 제공했으나 입맞추기(lip-sync words)에는 별다른 노력을 하지 않았다. 1년 후 워너 브라더스(Warner Bros.)는 음악반주와 네 개의 노래 또는 대사 행을 갖춘 무성 장편영화를 시도했다.

<재즈싱어(The Jazz Singer)>는 앨 졸슨(Al Jolson)이 주연을 맡았는데, 그는 'Mammy(흑인유모)'를 큰소리로 불렀고 두 번째 영화에서는 "잠깐만! 잠깐만! 할 말이 있어! 넌 아직 아무 말도 듣지 못했어!"라는 예언적인 대사를 말했다.

할리우드 영화사 간부들은 변화를 원치 않았고 무성영화를 계속하고 싶어했다.

(대부분의 제작자들은) 영화산업을 뒤흔들고 있던 워너 때문에 골치를 앓았다. 박스 오피스는 다소 하락했는데 새로운 유성오락 매체인 라디오와의 경쟁이 그 원인 중 하나였던 것 같았으나 영화에 녹음된 음성을 덧붙이는 것이 극장에 대규모 관객을 끌어들일 수 있을지는 결코 확신할 수 없었다.

실제로 매표율은 급격히 상승했고 곧바로 발성영화(talkies)는 할리우드 영화제작 스튜디오에서 쏟아져나왔다. 1929년 <브로드웨이 멜로디(Broadway Melody)>는 아카데미 작품상을 수상하였다.

대부분의 영화제작 스튜디오와 스타들은, 특히 채플린은 대사를 말하고 난 다음에 대사를 카드 위에 적어 보여주는 무성영화를 선호했으나 대중은 그들의 매표행위를 통해 다시 한번 소리가 나는 영화를 선택하였다. 그렇게 하여, 대중은 영화가 나아갈 방향을 결정지었다. 박스 오피스 앞에 모여든 관객들에 의해 발성영화는 교양 없는 사람을 대상으로 하고, 지각 있고 지적인 관객들은 무성영화를 원한다는 주장을 지워버렸다. 할리우드 영화사 간부들은 사람들이 방송을 듣기 위해 능력만 되면 라디오를 사는 유행이 급격히 확산되기 시작한 직후에 발성영화가 나왔다는 사실을 잘 알았어야만 했다.

색의 출현

처음 몇 편의 영화 필름은 손으로 프레임마다 색칠했는데 참으로 비실용적이었다. 다른 현상방법은 신들이 착색되었다. 흑백필름의 일부분을 단순

그림 4-19 <재즈 싱어>의 개봉 축하 군중들을 통해 영화업계는 사운드가 있어야 한다는 것을 확신했다.

히 염료에 물들여서 하늘을 많이 보여주는 장면은 파랗게, 불타는 건물을 보여주는 장면은 빨갛게 물들였다. 화학적으로 향상된 방법은 밝은 부분은 선명하게 두고 어두운 부분과 그림자진 부분을 희미하게 했다. 이러한 시도들은 현실감을 더해 주기보다는 영화의 분위기를 강조해주었다.

컬러현상에 대한 최초의 특허권 신청은 영화가 시작된 지 얼마 안 된 1897년에 있었다. 여러 가지 광학적 컬러처리는 컬러필터나 염료를 사용했지만 볼만한 품질은 되지 못했다. 허버트 칼무스(Herbert Kalmus)가 개발한 테크니컬러(Technicolor)만이 성공적이었다. 두 가지 톤의 처리방식이 수년의 시간을 거치며 훨씬 나은 세 가지 톤의 처리방식으로 바뀌었다. 컬러를 처리하는 복잡한 방법으로는 영상을 감광유제를 사용한 특수 필름 위에 인화하는 것에 서부터 빛을 분리시키는 특수 카메라 렌즈로 찍어 분리된 영상을 다른 색의 필터를 통해 보내는 것 등이 있었다. 할리우드 설립자들이 이는 방식으로든지 그것에 관심을 보이지 않았음에도 불구하고 테크니컬러는 점차 할리우드 필름을 장악했다.

> 테크니컬러 시스템의 발전은 의심의 여지없이 그 시대(1930년대)의 가장 중요한 기술적인 진보였으나 영화산업에 속한 사람들은 완전히 무관심했다.

대중들은 관심을 보였고 늘 그랬듯이 대중들이 이겼다. 1939년의 <바람과 함께 사라지다>를 보려고 길게 줄을 선 관객들에 의해 대중이 짙은 테크니컬러로 입혀진 애정이야기를 좋아할지 의심하던 사람들에게 확신을 심어주었다.

1980년대에는 텔레비전 방영을 위해 옛 흑백영화에 컬러를 입혔는데, 이번에는 컴퓨터로 재생한 컬러가 감독의 본래 색상을 망쳤다고 주장하며 협회는 컬러에 대해 강경하게 나왔다. 다시 한번 대중은 컬러를 선호한 것 같았다. 흑백필름을 컬러로 만들기 위해 기술자들은 컴퓨터 그래픽 소프트웨어를 사용하여 한 프레임의 각 영역에 한 가지 색상을 선택한다. 예를 들면 기술자들은 본래의 색이 어느 색이었는지 모르거나 또는 신경쓰지 않고서 여인의 옷이나 남성의 셔츠에는 파랑을 선정할 수 있다.

스타들과 그들의 영화

영화팬들을 위한 최초의 잡지인 ≪포토플레이(Photoplay)≫가 1910년에 발행되었다. ≪영화이야기(Motion Picture Story)≫가 1년 후에 독자들에게 좋아하는 영화를 선정하게 했을 때, 그들 중 많은 사람들이 좋아하는 배우들에 대한 질문들로 응답하였다.

스타시스템은 대중들이 영화가 나아갈 방향을 결정짓는 여러 방법 중 하나였다. 영화팬들과 은막 위의 흠모의 대상들 사이의 애정문제는 수십 년의 세월이 흘러 깊어지면서 영화제작사와 배우들은 대중적인 인기를 제조하는 데 전문가가 되었다. 영화 스튜디오가 호황을 누리던 1930년대, 1940년대 그리고 1950년대에 스타시스템은 절정에 달했다. 수십 년이 지나면서 인기 남녀 배우들의 이름을 일반 가정에서 흔히 따라짓기 시작했다. 존 베리모어, 그레타 가르보, 재닛 맥다널, 제임스 캐그니, 개리 쿠퍼, 캐서린 헵번, 캐리 그랜트, 존 웨인, 밥 호프, 빙 크로스비, 험프리 보가트, 잉그리트 버그먼, 데니 케이, 주디 갈랜드, 프레드 애스테어, 마릴린 몬로, 에럴 플린, 베티 데이빗, 폴 뉴먼, 엘리자베스 테일러, 프랭크 시나트라, 소피아 로렌, 헨리 폰다, 오드리 헵번, 말론 브랜도, 골디 혼, 멜 깁슨, 마돈나, 클린트 이스트우드, 아놀드 슈와츠제네거, 숀 코너리, 해리슨 포드 그리고 줄리아 로버츠 등 극장 광고에 적힌 그들의 이름은 바로 흥행 보증수표였다.

1930년대부터 뮤지컬은 할리우드에서 가장 빛났다. 관객들이 현란함과 환타지를 좋아했다면 '꿈제조공장(dream factories)'은 단지 너무 행복하며 제작에 열을 올렸다. 여러 영화제작사가 뮤지컬을 제작했으나 그 어느 것도 계약을 통해 안정된 수의 우수한 배우들을 갖추고 있었던 MGM만큼 성공하지는 못했다. 구성이 부조리하고 항상 예측할 수 있다는 사실은 매력에 보탬이 되었다. 관객들은 노래하며 춤추는 테크니컬러 판타지 속으로 일상을 탈출하고 싶어했으며 영화사들은 그들이 원하는 것을 제공했다.

어떤 형식의 할리우드 영화가 뮤지컬보다 더 잘 알려진 것이 있다면 그것은 서부극이었다. <대열차강도(The Great Train Robbery)>가 영화를 서술적인 소설의 궤도에 확실히 올려놓은 이래로 할리우드는 '서부극(horse operas)'을 제작하였고, 설사 터무니없는 일이라도 옳다고 여겼던 일을 해내는 외로운 카우보이의 신화를 창출했다.

서부극은 싸고 빠르게 제작될 수 있었는데, 익숙한 이야기 구조, 평범한 대화, 하얀 모자를 쓴 남자 주인공들, 검은 모자를 쓴 악당들 그리고 "How!(어떻게!)" 정도의 대사만을 하고 신호에 맞추어 총 한 방에 맞아 말에서 떨어져내리는 인디언들을 틀에 박은 듯 계속 되풀이했다.

관객들은 역사적 서사극을 좋아했다. 관객들은 최고의 인기 배우, 가장 사치스런 복장, 거대한 세트, 수천 명의 출연진들로 제작된 거대 예산영화에 대해 더 비싼 가격을 지불하고 극장을 가득 채웠다.

모험영화는 이민자들이 그 나라말을 모르고서도 즐길 수 있었던 무성영화시대에 그랬던 것처럼 오늘날도 주요한 주제이다. 이 영화는 많은 생각이나 언어능력을 요구하지 않는다. 홍콩의 무술영화는 영어를 사용하는 관객들에게도 잘 통하며 실베스터 스텔론의 영화는 중국어를 사용하는 관객에게도 잘 통한다. 폭력이 잘 통한다는 사실은 불행하지만 사실이다.

검열제도

가상영화가 나오고부터 권력층은 영화가 지닌 기존 질서 파괴의 잠재성을 보고 억제하려는 움직임을 보였다. 영화의 역사는 미국에서 뿐만 아니라 세계 대부분의 나라에서도 온건한 자유를 통한 통제와 그 다음의 폭넓은 자유를 통한 통제에서 아직 성취하지 못하고 논쟁 중인, 통제의 완전한 철폐까지의 연속성으로 이야기할 수 있을 것이다.

영화의 검열은 영화사업자 스스로가 세운 영화검열협회(the National Board of Censorship of Motion Pictures)가 뉴욕에서 1909년에 형성되면서 시작되었다. 1922년 영화사는 추잡한 것과 폭력적인 것으로부터 관객을 보호하기 위해 최초의 회장 이름, 윌 헤이스(Will Hays)를 본떠서 헤이스 오피스(Hays Office)로 알려진 사무소를 설립했다.

영화 제작규범 관리국(Production Code Administration)은 용인가능한 영화상의 행동에 대한 규범을 시행했으나 이러한 지침들은 영화제작자들이 그 한계에 도전할 때마다 서서히 약화되었다. 원리주의자들인 신교도들과 가톨릭 지도자들은 할리우드의 자체 검열조항이 너무 약했으며 헤이스 자신이 그 영화업계의 고용인일 따름이라고 주장하며 수십 년간 맹공을 가했다.

성(sex)과 폭력에 대한 관심은 곧 정치적인 관점으로 확대되었다. 노동자와 관리의 논쟁, 정부 또는 경찰의 비리와 부정에 대한 표현이 금지되었다. 영화는 정치적인 논쟁을 위해서는 부적당한 도구로 간주되었다. 엄격한 기준을 지키는 데 실패한 영화는 블랙리스트에 올려 불매운동을 했다. 여러 주와 도시들이 영화를 심사하기 위해 검열협회를 설립했으나 각 협회마다 기준들이 달랐다. 예를 들어 캔자스협회는 흡연 또는 음주장면을 금지시켰고 키스장면을 몇 초 동안으로 제한하였다.

외설규제에 대한 위헌 여부를 놓고 1950년대에서 1970년대까지 나온 일련의 미국 연방대법원의 판결은 영화제작자들에게 활동의 여유를 주었다. 그것은 외국영화의 수입과 텔레비전 보급의 증대 또한 검열 규제 문제를 매듭 짓게 하는 데 한몫했다. 각계각층에서 여전히 압력을 받고 있는 영화사는 영화 속에서 어느 것을 볼 수 있고 들을 수 있는지 단일 기준을 제정하는 대신 연령에 따른 관객의 통제가 있어야 된다고 판단했다. 영국에서 사용된 한 체계를 본으로 삼아서 1968년, 오늘날 우리가 G(모든 연령층이 볼 수 있는 영화), PG(미성년자 부적당 영화), R(준성인영화) 그리고 X(성인전용영화) 식별부호로 접하고 있는 자체 검열 규범이 채택되었다.

정치적 쟁점들

경제 대공황이 전국토를 휩쓸고 지나간 경제 침체기 동안 대중들은 음울한 삶에서 탈출시켜주었던 가벼운 코미디와 모험영화를 선호했다. 대부분 관객들은 슬프고 심각한 영화를 멀리 했고, 그래서 할리우드 영화사들은 그러한 영화를 별로 만들지 않았다. 평균 영화관 입장료로 지불한 25센트는 1파운드의 고기, 1과 1/2갤론의 가솔린, 또는 8통의 편지를 부칠 수 있는 우표를 사고도 엽서 한 장을 보낼 수 있게 1페니가 남는 돈이었다. 1939년 평균 850만 장의 입장권이 매주 판매되었다.

제2차 세계대전 중에 할리우드는 애국심을 기린 영화를 통해 전쟁효과를 보았다.

전쟁 후에 일부 제작자들이 용기를 냈고 처음으로 할리우드 필름은 <용감한 자의 집(Home of the Brave)>(1949), <핑키(Pinky)>(1949) 그리고 <신사협정(Gentleman's Agreement)>(1947)을 통해 인종차별과 반유태인주의와 같은 사회적인 문제들을 다루었다. <잃어버린 주말(The Lost Weekend)>(1945)은 알코올 중독을 다루었고, <야만적 폭력(Brute Force)>(1947)은 교도소의 잔혹성을 그리고 <뱀구멍(The Snake Pit)>(1948)은 정신이상의 무서운 상태를 다루었다. 그러나 제2차 세계대전 후에 곧 이어진 냉전은 '공산주의자에 대한 공포'를 가져왔다. 심각한 정치적인 구분이 할리우드에도 나타났다. 공산주의사상을 지녔다는 혐의를 받은 배우, 작가 그리고 감독은 블랙리스트에 올랐고 일을 거절당했다. 하원 반미활동위원회(the House Un-American Activity Committee)에 의해 열린 청문회를 거쳐서 일부 사람들이 감옥에 수감되었다. 겁먹은 영화사는 사회적 변화를 대변하는 영화를 일시적으로 중지했다. 도피주의 영화의 인기가 높았으며 문제도 일으키지 않았다.

수년의 세월이 흘러서 이 고통은 마침내 사라졌지만 그 상처는 오늘날까지도 남아 있다. 사회적인 문제가 영화에 다시 등장하여 점차 더욱 솔직하게 표현되었다. 한때는 적대적인 인종문제, 동성애, 경찰 폭력 그리고 정치적 타락 같은 주제가 한계를 넘어선 적도 있었지만 이제는 더 이상 그렇지 않다. 스파이크 리(Spike Lee) 감독은 흑백 인종문제를 제약 없이 탐구했던 <똑바로 살아라(Do the right thing)>(1988)로 비평가들에게서 그리고 박스 오피스에서 찬사를 받았다. 오늘날 영화제작자들이 탐구하려는 것의 경계 너머에는 아무 것도 없다. 영화는 국내에서 그리고 국제무대에서 관객의 달러, 마르크, 엔을 얻어내기 위해 노골적인 섹스와 잔혹한 폭력을 영화에 담아 경쟁한다. 관객들은 이러한 영화와 이보다 더한 것들을 보기 위해 기꺼이 돈을 지불하고, 늘 그랬듯이 그들이 기꺼이 지불하여 보고자 했던 것을 얻는다.

자동차 전용극장

전후 텔레비전이 전국에 퍼지고 도시의 중간계층이 근교로 도심을 벗어나자 도심 영화관과 동네 극장들은 문을 닫았으나 한 종류의 극장은 번성했다. 교외 야외생활시대에는 정원 가꾸기, 배타기, 바베큐 파티, 자동차 전용극장이 일상적인 소일거리가 되었다. 영화 스타들은 하늘의 별들과 경쟁했다. 1958년까지 북부주에서는 반 년 동안 문을 닫아야 했지만 극장 3개 중 하나는 자동차 전용극장이었다. 많은 가정이 자동차를 소유했으며 휘발유 값은 쌌고 자동차 전용극장에서 보내는 밤도 그러해서, 아이들은 무료입장이었고 직접 만든 샌드위치를 가져와도 되었고, 심지어 저녁상을 차려와 식사해도 되었다. 대화를 나눌 수 있었다. 낯선 사람들과 극장 안에 앉아 있는 대신에 가족들과 외출하거나 친구들과 저녁을 보냈으나 그 당시에 텔레비전을 보며 저녁을 보내는 것과 별 차이가 없었다. 차이라면 영화가 더 좋고 또는 더 무섭고, 화면이 더 크고, 많은 배우들이 혹은 장관이 혹은 노래 그리고 춤이 화면을 가득 채웠고, 영상은 확실히 굴곡진 회색의 텔레비전 화면으로 보는 것보다 선명했고 광고는, 만일 있다면, 영화가 끝나고 다음 영화가 시작되는 중간에 나타났다.

옷을 차려 입을 필요도 없고 주차비나 보모를 고용할 필요도 없었는데, 이것은 전후 베이비-붐 시절에는 결코 사소한 문제가 아니었으며 이제 이와 동일한 이유로 사람들은 대여한 비디오를 집에 앉아 본다. 자동차 전용극장의 스낵바는 호황을 누렸다. 일부 자동차 전용극장은 놀이터, 세탁소 그리고 심지어는 피크닉 장소와 축소형 골프코스도 제공했다. 모든 극장이 그들의 부모로부터 떨어져 놀 수 있는 10대들을 위한 근거지를 제공했다. 자동차 전용극장은 '사랑나누기'에도 인기 있는 장소였다. 동시상영이 보통이었고 세 개를 상영한 적도 있

그림 4-20 전후 자동차 전용극장의 유행은 비디오 대여시장의 성장을 예견했다. 그 것들은 많은 공통적인 장점을 갖고 있다.

었다. 'B'급 영화는 그렇게 나쁘지 않았으며 자동차 전용극장에서 상영되었다. 토지값이 상승하고 텔레비전의 프로그램이 우수해지면서 '자동차 전용영화관'은 결국 문을 닫았다. 십대들은 새로 등장한 쇼핑센터 멀티플렉스(multiplex)에서 가족으로부터의 탈출구를 찾았다. 나머지 가족은 VCR 앞에 모여 먹고, 대화하고, 아기를 돌봤다.

텔레비전의 도래

1940년, 1950년대의 영화사 경영자들은 처음에 텔레비전을 일시적인 유행으로 보고 무시하여 새로운 매체가 배우, 감독, 작가, 스튜디오 그리고 영화 도서관에 접근하지 못하게 막았다. 텔레비전은 이런 장벽들을 조금씩 허물기 시작했다. 오늘날 어느 장벽도 남아 있지 않다. 막대한 총경비와 비싼 탤런트 계약금으로 대규모 영화사들은 수백만 달러를 잃었다.

살아남기 위해 그들은 직원을 해고했고 스타들과 또 다른 고가의 연기자들과 맺은 계약기간을 만료시켰으며 스튜디오 시설을 텔레비전 프로그램 제작사에 대여하기 시작했다. 이러한 약점을 통해 독자적인 제작자(producers)가 들어서게 되었고, 그들은 더 작은 영화를 제작하고, 주제에 대한 새로운 접근방법으로 예술적 모험을 시도하여 주요 영화사들이 완전히 장악하지 못하는 극장에 배포하였다. 어떤 영화들은 검열기준이 허용한 한계를 시험했다. 제작내용이 경직되고 진부했던 스튜디오에 신선한 바람이 불어왔다.

새로운 매체에 대한 두려움과는 달리, 텔레비전은 영화를 소멸시키지 않았으며, 비록 변화가 있었지만 극장도 파괴시키지 않았다. 화려하게 치장한 도시극장, 부부가 경영하는 단층 동네극장 그리고 근교 자동차 전용극장들은 주차공간과 슈퍼마켓 그리고 의류상점이 함께 있는 쇼핑몰 내에 지은 더욱 효과적이고 소박한 다중상영관(multi-room) 형식의 다중극장(cinema complexes)에 대체되어 사라졌다. 여기 저기에 15~20개의 화면들로 이루어진 거대 메가 멀티플렉스(mega-multiplexes) 위에 각기 상영되었고 영화를 단지 관람만 하기보다는 더욱 즐거운 경험으로 만들고자 하는 노력으로 휴게실 공간은 옛 영화관들을 기억할 수 있게 꾸몄다. 이러한 거대 다중매체의 일부 극장은 6층 높이의 아이맥스(IMAX) 화면을 갖추었고 일부 극장은 심지어 대중오락과 가정생활의 구분마저 흐리는 2인용 의자(love seats)도 제공하였다.

마셜 맥루한은 새로운 매체들은 그 내용으로 그들이 대체하는 선발 매체들의 내용을 사용한다고 관찰하였다. 텔레비전의 등장으로 영화팬들은 동네 극장을 찾아 밖으로 나가기보다는 집에 앉아 텔레비전에 나오는 재미있는 프로그램들을 보았으나 텔레비전에 나오는 많은 내용들과 대여한 비디오의 내용 전부가 영화였다. 정확하게 말하자면, 다만 전달매체만 바뀌었을 뿐이다. 사람들의 기호는 매체의 변화보다 민감하지 않다.

배급계획

영화를 제작에서 시작해 극장 배포에서 끝나는 사업으로 보는 것은 잘못이다. 그런 식으로 생각한다면, 오래된 매체는 새로운 매체인 텔레비전의 진보로 인해 손해보았고, 그와 같이 텔레비전은 더욱 새로운 매체인 비디오테이프의 대중적인 인기로 손해보았다. 하지만 순전히 제작의 관점에서 바라본다면 영화매체는 확대되었다. 세계적으로 이전보다 많은 영화가 더 활발하게 영화 필름과 비디오테이프로 제작되고 있으며 증가한 판로를 통해 증가된 관객들에게 배급되고 있다.

우리는 보고 싶은 할리우드 소프트웨어를 위해 새로운 하드웨어를 사용하여 이제는 다른 방식으로 '영화 보러 간다.' 요즈음 우리는 전자레인지로 방금 구워낸 팝콘으로 기분을 돋우면서 기대되는 영화 속으로 몰입하거나 들어가기 전까지 움직이는 거리는 편안한 거실의자보다 더 멀지 않다.

1990년대의 소프트웨어 배급양식에서는 장편영화의 일생은 보통 개봉관 몰 극장에서 시작된다. 거기서 인기 있는 영화는 값싼 2차 상영관인 재개봉극장으로 간다. 개봉 후 몇 달이 지나면, 대중들이 아직 신문광고나 영화평론을 기억하는 동안, 필름은 판매 혹은 대여 그리고 케이블 TV의 편당 요금 지불 서비스 방송과 비디오가게에 도착한다. 그 후에 HBO, Cinemax 그리고 기타 비싼 유선방송. 다음이 네트워크 텔레비전. 몇 해가 지나서야 필름은 지역방송국과 무료 케이블 채널인 슈퍼스테이션(superstation)에 유료배급된다. 그 배급로를 따라 항공편과 같은 특수 판로와 외국으로 배포하는 광범위한 네트워크가 존재한다.

네 가지의 신기술은 영화의 배급을 더욱 많이 변화시킬 것이다. 직접방송위성, 즉 DBS는 지역방송국이나 유선방송회사의 존재를 불필요한 것으로 만들며, 영화 필름과 기타 텔레비전 프로그램을 가정으로 직접 쏘아 보낼 수 있다. 둘째, 고선명 텔레비전, 즉 HDTV는 오직 개봉관에서만 가능했던 고품질의 영상과 소리를 제공한다. 셋째, 섬유광학은 비디오가게에 있는 것만큼 많은 수의 테이프를 저장해 놓고 비디오테이프를 유선을 통해 가정으로 전송할 것이다. 그것은 현재의 대여-반환식의 대여체계를 대체할 것이다. 넷째, 영화 한 편을 모두 저장할 수 있는 콤팩트디스크(compact disks)는 비디오테이프를 디지털 품질의 영상과 소리로 대체할 것이다. 이 모든 네 가지 기술들은 현재 나오는 중이거나 이미 우리 곁에 있는 것이다.

저예산영화

안방영화(Home movies)는 적어도 1923년부터 유통되었는데, 그때 씨네-코닥(Cine Kodak) 영화 카메라와 코더스코프(Kodascope) 영사기가 판매되었다. 이것도 영화이야기의 일부를 형성하게 되었다. 오늘날 할리우드에서 멀리 떨어져 있는 가정에서는 많은 영화들이 이전보다 훨씬 많이 제작되고 있는데 이는 1984년에 모습을 드러낸, 쉽게 사용할 수 있고 너무 비싸지 않은 가격의 비디오 캠코더, 결합식 텔레비전 카메라와 테이프 리코더를 아무나 이용할 수 있게 된 결과이다. 매년 수백만 개가 판매되었다. 어머니들은 두 살난 아들의 생일파티를 비디오로 찍고 아버지들은 뱃사람도 뱃멀미를 일으킬 만큼 상하좌우 이동의 확대축소기법을 사용하여 딸의 결혼식을 찍었다. 그리고 그들의 작품을 손님들에게 만찬 후의 오락(또는 고통)으로 제공했다.

수십 년 동안 할리우드의 황금시절에 영화를 지원했던 기술은 엄청난 양의 돈을 필요로 했다. 그러한 현실이 영화를 제작할 수 있는 능력을 일부 사람의 손에 집중시켰으나(아직도 대규모 예산을 필요로 하는 영화제작의 경우는 그렇다), 최근의 기술은 반대 방향—많은 사람의 손으로 달려가고 있다. 영화필름과 이제는 비디오테이프까지 모두 영화제작과 배급이 어느 때보다 폭이 넓어졌다.

대규모 예산영화는 아직도 제작되어 나오며, 소액자본으로 시작한 우수한 품질의 영화들도 여전히 제작되고 있다. 컴퓨터를 사용한 기술은 최근까지도 수십만 달러를 지불해야만 되었던 기계에만 제한된 모핑(morphing)과 같은 특수효과들을 사용하는 데스크탑 비디오(desktop video) 편집 처리기술을 중산층의 일반인들도 사용할 수 있게 만들었다. 비디오 영화를 촬영하고 편집하는 제작설비는 영화 제작과 같은 일을 하리라고는 생각해본 적이 없는 학교, 사무실 그리고 사업장으로 들어갔다.

 소설, 잡지 또는 신문을 한번도 읽지 않은 사람을 발견하는 것은 가능하다. 하지만 영화를 한 번도 보지 않은 사람을 찾기는 어려울 것이다. 모든 세대들이 친척이나 친구를 찾아가거나 무도회, 운동회, 클럽 모임, 또는 볼링장, 어느 정도 텔레비전이 대체하는 활동에 나가기보다는 집에 앉아 영화를 보았다. 오늘날 대부분의 영화표는 데이트하거나 친구와 저녁을 밖에서 보내기로 하거나, 더 나이든 세대가 죽치고 앉아 텔레비전에서 그들에게나 맞는 영화를 보고 있는 집을 벗어나게 되어 기뻐하는 젊은이들에게 판매된다. 흔히 그랬듯이 새로운 대중매체 기술은 보통 사람들의 삶에 중대한 영향을 끼쳤다.

5 도구창고가 된 가정 : 다섯 번째 혁명

The Fifth revolution
The Toolshed Home

커뮤니케이션 도구창고 The Communication Toolshed

현실화시키는 과정에서 직접 이동하지 않고 정보를 이동시키는 방법이 있음을 깨닫기 시작했을 때부터 전기가 실험실에 등장한 것은 아니었다. 처음에 전송된 것은 낱말을 이루게 되는 점과 선이었으며, 그것들은 직접 우리 가정으로 흘러 들어오지 못했다. 다음 단계인 전화는 이동할 필요없이 더 나은 통화―소리의 전달―를 하게 해주었으나 이 발성 통신수단은 일반적으로 정보에만 제한되었고 오락도 포함해야만 하는 완전한 범위의 만족할 만한 대중매체는 아니었다. 소리를 통한 오락은 정보를 담은 인쇄물이 그랬듯이 처음에는 물리적인 형태로 집에 도달되었다. 그것은 축음기판이었다. 대략 같은 시기에 정보와 오락으로서의 인쇄된 사진이 도착했다. 그것들은 집을 커뮤니케이션 도구창고처럼 만드는 과정에서 책, 잡지, 신문 그리고 집으로 배달되는 우편물과 같이 출판물에 합류했다.

다음으로, 다른 많은 방식이 굉장히 진보하였지만, 영화는 정보, 특히 오락을 얻기 위해 사람들을 집에서 나오게 한다는 점에서 한 걸음 퇴보하였다. 동시에 '황금시대'를 누렸던 라디오는 직접 우리 가정으로 들어왔다. 대부분의 사람들에게 경기침체와 제2차 세계대전은 황금시기를 가져다주었다. 미국이 전쟁물품을 조달하기 전까지 미국은 대량실업, 빵을 타려고 늘어선 줄 그리고 집에서 쫓겨나 가족들과 거리에 버려진 가구들로 가득했다. 돈이 없는 사람들에게 라디오 프로그램은 돈 없이 즐길 수 있는 오락으로 신의 선물이었다. 1948년부터는 상업 텔레비전이 따라왔지만 라디오와 함께 한 세월을 통해 가정이 점점 사람들이 다른 것을 하기보다는 대중매체를 사용하는 장소로서 기능한다고 보게 되었다.

무엇이 집을 가정으로 만드는가?

아무런 불평도 없이 우리를 깨우고 잠들게 하는 친구인 라디오와 텔레비전은 방에서 방으로 우리를 따라다녔고, 우리가 무엇을 하든지 상관하지 않고 친구가 되었으며 우리가 생각하기도 싫을 만큼 지쳐있을 때에도 우리 곁에 있었다.

라디오는 심지어 우리가 드라이브, 산책 또는 조

깅을 하려고 밖에 나갈 때도 함께 있었다. 케이블 텔레비전은 수많은 프로그램들을 다른 어떤 목적보다 통신수단을 사용하고 저장하는 기능을 하는 장소 곧, 커뮤니케이션 도구창고로 변해버린 가정으로 보냈다.

인터넷에 접속된 컴퓨터와 모뎀, 통신위성 안테나, 전자메일, 팩스 그리고 초라한 자동응답기 모두가 여러 부속품들로 도구함창고를 꾸미는 데 공헌하여 이렇게 연결되지 않은 집보다 연결된 곳에서 사는 것을 더 매력적이게 만들었다. 신문은 현관계단에 놓이고, 잡지는 카탈로그와 함께 우편함에 채워져 있고, 책은 선반 위에 놓여 있다. 집에 이러한 도구들이 부족하거나 만일 그 도구가 오래된 것이라면, 그 사람들은 친구들로부터 동정의 눈길을 받으며 그들을 따라잡기 위해 계획했다. '삶의 더미'가 아닌 대중매체 도구들이 20세기 후반을 살아가는 데 진정으로 집을 가정으로 만드는 요소였다.

두 세대 또는 세 세대 전에는 새로운 집들이 건축되면 현관은 앉거나 매달리거나, 냉차를 마시고 대화를 나누고 이웃을 맞이하는 장소로 사용되었다. 시대가 바뀌었다. 한 세대 전에 대화장소가 바람직한 활동, 대화를 위한 공간을 형성하기 위한 거실 가구들로 광고되었다. 시대가 바뀌었다. 여기 "당신의 최첨단 가정극장에 알맞는 최첨단의 환경"이라는 제목의 가구 광고가 최근의 신문에 났다.

> 오디오와 비디오기술은 집에서도 극장의 실제 공연을 최상의 소리와 영상을 통해 볼 수 있게 합니다. 저희 버클린(Berkline) 안락의자, 소파 그리고 2인용 의자(loveseats)는 실제 극장의 의자들보다 몇 년 앞선 제품들입니다. 그것들은 공간이 넓고, 부드럽고 그리고 가장 편안한 자세를 유지하도록 해줍니다(또한 당신이 영화를 의자 가장자리에 앉아 보려하면 신속하게 조정할 수 있습니다). 내장된 서랍에는 비디오테이프, 책 또는 잡지를 넣고 접는 식의 책상과 팝콘과 음료수를 놓아둘 수 있는 받침대도 있습니다. 그리고 버클린 사의 'Touchmotion Wallaway' 장비는 가구가 벽에서 3인치만 떨어져 있어도 단추만 누르면 부드럽게 힘들이지 않고 기울게 해줍니다.

사람과의 대화에 대한 언급은 광고에 하나도 보이지 않고 다양한 매체와의 연합만이 언급되어 있을 뿐이다. 텔레비전은 진정한 실체, 사람들이 요구하는 실체가 되었다. 전화도 없고 방문도 하지 않았고, 심지어는 오랫동안 떨어져 있던 사람이 친구를 찾아왔을 때 텔레비전이 켜져 있고 집주인이 그것을 끄지 않으려 할 때 기분이 어떻겠는가? 손님은 진정으로 중요한 어떤 것을 간섭한 침입자가 된 기분일 것이다. 어느 텔레비전 방송국 또는 네트워크가 뉴스를 연속극 도중에 내보내면 성난 항의전화 공세를 받지 않겠는가?

여기 어떤 전자제품 판매체인점의 광고가 있다.

> 짐은 새 스테레오 시스템을 사려고 했다. ······돌비(Dolby Pro Logic®) 입체음향, 굉장한 스피커들······ 집안에 꽉차도록. 그래서 나는 그와 약속했다. 그가 새 스테레오를 산다면 나는 윈도우와 CD-ROM 그리고 대단한 소프트를 담은 새 486 PC를 얻을 것이라고······ 집안에 꽉차도록!

접촉의 감소

평균적인 미국인 가족은 가내 여가활동에 시간과 돈을 더 많이 사용한다. 우리가 통신매체를 누에고치를 치듯 우리 주변에 짜넣는 동안에 다른 사람들과의 직접적인 접촉은 감소했고 삶의 방식이 재택방식으로 대체되었다. 다중 케이블 채널에 대한 뉴스는 오즈(Oz)가 500개 채널의 노란 벽돌길 끝에 있다며 기대감에 울려퍼졌다. 소비자들은 우리 감각을 즐겁게 해주는 내용을 집으로 전달해줄 환상적인 기술을 기대한다. 우리는 직접 즐기지 않고도 즐거울 수 있다.

1년에 한 번 이상 이웃과 교류한다고 말하는 미국인들의 수가 감소하였다. 조직의 회원들도 텔레비전이 집에 들어오고는 급격히 감소했고 사회단체에 참가하는 사람이나 자원봉사 업무도 그렇게 되었다. 볼링하는 사람의 수가 10% 증가했으나 볼링리그의 회원수는 1980~1993년 사이에 40%나 감소했다.

친구가 텔레비전을 보러 친구 집을 방문해야만 그 화면과 더불어 유대관계를 형성했다. 누군가 침묵을 깨면 "쉿! 나 지금 듣고(보고, 읽고) 있단

말이야" 하는 속삭임이 집밖으로 들려왔다. 결국 타인과의 친밀하고 세심한 교류보다는 고립이 증가했다.

극단적인 예로 만연하는 사회적 가치파괴 현상을 찾아보기가 어렵지 않다는 것이다.

지금 가정에서 이용할 수 있는 기술들은 삶의 방식을 선택할 수 있는 여러 방식들을 제공했으나 각각 그 대가는 치러야 한다. 하드웨어, 소프트웨어 그리고 전기에는 요금이 있고 또한 사람들간의 관계를 희생해야 한다. 당신의 집에 보유하고 있는 것들 중에 사람들이 서로 얼굴을 마주할 필요를 없애버렸거나 다른 사람과 접촉할 필요를 아예 없애버릴 수 많은 커뮤니케이션 기술들을 생각해보라. 자동응답기 전화, 전기 보안장치, 홈쇼핑 서비스 그리고 컴퓨터를 이용한 전자우편들은 오늘날 사람간의 커뮤니케이션에 관여된 대체가능한 방식들의 일부이다.

삶의 즐거움을 집안에서 찾을 수 있다면, 친구나 가족을 만나러 그렇게 자주 밖으로 나갈 필요는 없는 듯하다. 언제나 즐거운 오락들이 멋지게 포장되어 나올까 하고 나태한 생각에 빠져 있을 필요도 없는 듯하다. 우리가 매일 저녁 필요로 하는 것은 전기적이거나 인쇄된 커뮤니케이션 도구들이다. 커뮤니케이션 도구의 창고가 된 가정에서 우리는 생생한 질문을 떠올린다. "오늘밤 프로는 뭐지?"

초기에 공연을 본다는 것은 노출된 관객의 일부가 되는 것이다. 연주회, 교회, 구기(ball game)나 정치적인 시위에 참가한 사람들 반은 재미로 참여한 관객들이었다. 당신이 그 청중들 속에서 보았던 사람들과 행동들은 적어도 당신이 무대에서 보았던 것보다 흥미있고 중요하며 종종 인간적이었다.

도구창고가 된 가정의 확대

개인적인 휴대매체는 도구창고를 가정의 벽을 넘어 확장시켰다. 거실의 스테레오 시스템과 워크맨의 차이는 도구를 집밖으로 가져왔다는 것 외에는 앉기와 조깅의 차이와 별 관계가 없는 것이다. 증조모의 자랑으로 응접실을 멋지게 치장했던 빅트롤라 축음기는 증손녀대에 와서 겨우 몇 온스의 무게로 귀에 씌어지거나 벨트에 장착하는 것으로 축소되었다. 동일한 일이 믿을 수 없을 만큼 축소된 라디오에도 일어나 더 이상 할아버지 시대의 응접실에 영구적으로 설치된 12개의 진공관으로 된 필코라디오가 아니었으며 처음에는 집에서 자동차로 그리고 지금은 사람이 휴대하게 된 휴대전화에도 동일한 일이 일어나 누군가 '집에' 있음을 보장해 주었다. 다른 개인매체를 사용하는 것처럼, 전화로 대화하는 것은 그 사용자가 직접적인 접촉환경에 덜 적응되어 있다는 것을 뜻한다.

……동일한 논리가 영화에 의한 가극(vaudeville)의 대체에도 적용되고 이제 VCR에 의한 영화의 대체에도 적용된다. 완전한 고립 속에서 즐기고자 우리가 곧 쓰게 될 새로운 '가상현실' 헬멧은 단지 이러한 경향의 최신판일 뿐이다.

프랑스의 건축가인 르 코르뷔지에(Le Corbusier)는 현대가정을 "생활을 위한 기계(machine for living)"로 묘사했다. 벽에 전원이 접속되었거나 박혀 있는 모든 것들이 기계의 부분을 형성하고 있으나 우리는 비커뮤니케이션 기계류와 커뮤니케이션이 가능한 기계류를 구분해야 한다. 세탁기, 토스터 그리고 온수관 같은 이전의 것들은 우리를 편안하게 해주며 아마도 기계집에 살고 있는 우리를 행복하게 해줄 것이다. 커뮤니케이션 장비들은 우리를 정신적으로 기계 밖으로 이동시켜준다. 이것이 차이점이다.

인간적인 친밀감을 대신해서 감정적인 유대관계는 매체의 환상적인 세계와 함께 성장했다. 드라마에 나오는 가상의 인물들은 아이의 '출산' 때 선물을 받는다. 자제심을 잃은 팬들은 여배우들을 스토킹했으며 때때로 끔찍한 결과를 가져왔다. 화면상의 폭력이 길거리에서 모방폭력을 낳았다. 화면 위의 섹스가 생각을 가득 메웠다. 그 현상은 결코 새로운 것이 아니다. 디킨스가 매주 연재하던 소설 등장인물의 죽음은 19세기 수없이 많은 사람들의 눈물을 자아냈으나 그 반응은 텔레비전 시대에는 과거와는 비교할 수 없을 정도였다.

가장 기능적일 때 도구창고 가정은 실제로 비기능적일 수 있다. 저자 카진스키(Jerzy Kosinsky)는 그의 작품 『빙 데어(Being There)』의 주인공, 정원사인 챈스(Chance)에게 흥미로운 환상의 도피를 제공했는데, 이 가상인물은 공백의 인생 동안 사람들을 거의 알고 지내지 못했지만 끝없는 시간 동안 텔레비전으로부터 가상의 사회적인 실체를 구성하여 충분히 잘 대처할 수 있었다. 챈스는 날마다 어울렸지만 이해하지 못한다. 그는 사람과의 접촉이 아닌 텔레비전을 통해 사회화되는 것이다. 그는 과장된 인물이지만 아마도 그렇게 심한 과장은 아니다. 어떤 사람들을 일러 그들은 "책을 통해 살았다"고 말한다. 오늘날 확실히 어떤 사람들은 "텔레비전을 통해 살았다"고 말할 수 있을 것이다. 때때로 아니 그 이상에서 삶은 예술의 모방이다.

우리 각자는 자신을 이성적이고 자립적으로 생각하고 싶어한다. 우리의 생각은 우리 자신만의 독특한 것처럼 보인다. 우리가 물리적인 환경과 직접적인 경험을 통해 얻는 정보가 얼마나 적은지를 또 얼마나 많은 정보가 단지 간접적으로 다른 사람들이나 대중매체를 통해 들어오는지를 아는 것은 어렵다. 우리의 복잡한 커뮤니케이션 시스템은 우리 조상들을 제약했던 시간과 공간을 넘어서게 해주었으나 세상 만사가 어떻게 돌아가는지에 대한 우리의 생각들을 형성하는 데 타인에게 너무 많이 의존하게 만들었다. 우리 일상의 직접적인 경험 너머 멀리에 존재하는 장소와 사건을 알게 된 반면, 우리는 우리가 안다고 생각하는 것을 확신시킬 많은 능력을 포기했다.

지나친 매체 이용의 문제

"뭐 봤니?"는 종종 듣는 물음이다. "하루에 얼마나 오랫동안 텔레비전을 보십니까?" 하고 묻지는 않는다. 텔레비전 이전 시대에는 움직이는 영상을 보며 보내는 시간이 특별히 아이들을 위해 토요일 아침으로 고정되었고, 부모들은 일주일에 하루 저녁 정도 영화로 정해져 있었다. 시청을 제한하자는 제안이 있었을 때, 쉽게 예측할 수 있는 반응은 "난 전원을 끄려고 TV를 산 게 아니야!"였다. 컴퓨터 게임의 지나친 사용에 걱정이던 부모들에게 <Time Out>이라는 프로그램은 아이들—암호로 식별된—이 사용할 수 있는 시간을 통제하도록 설정될 수 있었다. "TV allowance"라 불리는 프로그램을 설정할 수 있는 타이머가 텔레비전 시청시간을 제한한다. '안돼(No)'는 적어도 기계장치가 그렇게 말하는 한, '안돼(No)'를 의미했다.

매체의 과도한 사용은 우리가 종종 감정적 혹은 신체적인 타인과의 접촉 부족, 증가된 고립된 행위, 감소된 육체적 활동, 과식, 스낵 음식 중독 그리고 비인간적인 자극에 대한 의존성과 같은 불행과 연결되는 상황으로 이어졌다. 한마디로 소외였다.

젊은이들의 텔레비전에 대한 의존성, 닌텐도류의 컴퓨터 게임들 그리고 라디오나 CD로 전달된 녹음된 음악이 국가적인 문제가 되었다. 4~6세의 아이들은 설문조사에서 "TV가 좋으니 아빠가 좋으니?"라는 질문을 받았으며 54%가 "TV"라고 답하였다.

텔레비전 시청에 대한 연구에서

TV가 나왔을 때 독서는 하나의 주제였다. 그녀가 쳐다보자마자 그녀의 뇌파는 심하게 느려졌다. 30초 만에 그녀는 완전한 알파 상태로—긴장이 풀리고, 수동적이고, 주의집중을 하지 못했다.

알파 상태에 대해 더 살펴보면

그레이징(Grazing)은 알파 상태에서 TV 앞에 앉는 잘 알려진 활동으로 눈이 크게 열리고 좋은 혹은 나쁜 정보들이 흘러 들어온다. 네트워크들은 저녁 7시에 채널을 맞춘 시청자들이 대부분 채널을 바꾸지 않고 저녁 프로그램 전부를 지켜본다는 사실을 자랑스럽게 지적하곤 했다.

가정—도구창고 가정—에서 그리고 도구창고 사무실에서 커뮤니케이션 도구들의 폭주는 사라질 기미를 보이지 않고 매년 속도를 더하는 것 같다. 마치 우주처럼 끊임없이 확장하는 정보사업체는 새로운 정보 또는 오락용품을 개발하여 확장하며, 거기에 대한 대중의 욕구는 만족할 줄 모른다. 한때는 대화장소가 방문객들에게 자랑스럽게 선을 보이는 자랑거리였는데, 지금은 멀티미디어로 이루어진 커뮤니케이션 매체, 곧 컴퓨터, 텔레비전, 라디오, 전화, 팩스, 자동응답기, 비디오카세트 녹음기 등으로 가득한 가정을 자랑한다. 정보시대의 적극적인 사람들인 우리는 매체 속으로 연결되는 것 같다.

물론 우리는 현대적인 커뮤니케이션 도구들을 포기하지 않을 것이다. 텔레비전은 있던 대로 거기에 있을 것이다.

몇 주일간 텔레비전 시청을 공개적으로 정지했을 때, 사람들에게 TV 없이 지내는 것이 어떤지 묻자 한 정직한 참여자는 "가족 중의 한 사람이 죽은 것"과 같았다고 씁쓸하게 말하였다. 그는 텔레비전 다큐멘터리에서 이 말을 하였다. 돈 키호테가 책을 읽고 미쳤다는 것은 의미가 없다. 물론 우리는 이 사실을 책을 읽고 알았다.

세상의 다섯 번째 정보혁명은 우리가 집이라고 부르는 커뮤니케이션 도구창고 속에서 일어난다.

가정 우편배달 Home Mail Delivery

라디오와 텔레비전을 생각하듯이 우편서비스를 생각해야 한다. 각각 기계와 인간의 유기적인 조화를 통해 우리 가정에 정보와 오락을 가져다준다. 기능을 제대로 발휘하려면 국제적인 동의안, 국가의 표준 그리고 일정한 수준의 정부 감독이 필요하다. 각각 커뮤니케이션 기술에 의존하는데, 최소한 분명한 것은 우편서비스는 종이에 의존한다는 것이다.

무엇보다 각 시스템은 측정할 수 없을 만큼 인간에게 영향을 주고 있다. 이러한 커뮤니케이션 방법 중 그 어느 것도 세상이 알지 못했다면, 우리들 일상은 많이 달랐을 것이고, 논란의 여지가 있겠지만 열등했을 것이다. 확실히 우편서비스만이 지금 제공하고 있는 개인의, 지점간의 커뮤니케이션과 라디오와 텔레비전이 제공하는 응접실에 자리잡은 기계와는 차이가 있지만, 역사의 여명 같은 단계에서 우편서비스의 시작은 현 세기의 방송사에 비교되었다.

우편서비스가 정부에 의해 운영된다면, 대부분의 나라에서 방송은 왜 그러한가? 미국에서 대부분의 라디오와 텔레비전은 상업적이고 경쟁적이지만, FedEx(Fedral Express)과 UPS(United Parcel Service)는 왜 그러한가? 친근하게 유니폼을 입고 어깨에는 가방을 메고 손에는 편지를 든 우편배달원을 장치로서 생각하는 것은 지나친 상상이기는 하나, 분명히 우편배달원은 거대한 국제적인 커뮤니케이션에서 가장 잘 드러나 보이는 부분인 것이다.

방송보다 우편서비스와 전화, 전보, 통신위성 간에 더 밀접한 비교를 이끌어낼 수 있다. 오늘날 미국 각 지역에서 이용할 수 있는 전화, 라디오, 텔레비전 그리고 자동차들과 한 세기 전의 농부들과 외딴 시골거주자들이 얼마나 떨어져 있었는지 상상하는 것은 어려운 일이다. 바깥 세상과의 유일한 연결은 거의 우편으로 도착하던 신문과 편지가 드문드문 들어오는 것뿐이었다.

무료 우편물

미국의 남북전쟁 전에 시민들은 가장 가까운 우체국에 가서 편지나 소포를 부치거나 받아왔다. 1863년 클리블랜드의 우체국 부국장인 조셉 브릭스는 무료 우편배달을 생각하게 되었는데, 남북전쟁 중에 병사들로부터 온 편지를 받으려고 마을 우체국에 늘어서서 줄서던 부인들, 아이들 그리고 친척들의 짜증에 소름이 끼쳤기 때문이었다. 이것은 즉각 성공을 거두었고 서비스는 빠르게 북부도시로 확산되었다. 1890년까지 454개 미국 도시와 마을이 무료 우편배달을 실행했다. 우편비용을 낮춘 1879년 우편협약(Postal Act) 덕분에 우편배달원의 가방에는 신문들과 잡지들이 들어 있었다. 1885년부터 제1차 세계대전까지 이 2등급 우편물들은 1파운드에 1페니면 배달되었다.

그림 5-1 미네소타 길가에 줄지어 있는 시골의 우편함.

1896년에는 지방 무료배달이 시작되었다. 농부들에게 가장 가까운 거리의 우체국은 하룻길이었다. 결국 우편물 수거는 큰 마을에 식료품과 기계류를 구입하러 갈 때까지 며칠에서 몇 주일씩 늦춰졌다. 우체국이 아예 식료잡화점에 들어섰다.

매주마다 마을 우체국을 향해 여행을 해야만 농부들은 우편물을 받아볼 수 있었고, 일간 신문을 구독하라든가 정기적으로 웃음거리 잡지를 접해보라는 것은 무의미한 짓이었다. 그 당시 그의 필요를 가장 잘 들어주는 것은 지방 주간지였다.

우체국은 1896년 웨스트버지니아에서 실험적으로 시작된 시골 무료배달(RFD)로 소외현상을 완화시켰다. 이 새로운 서비스는 환영받았고 몇 달 후에 한 농부는 그것을 포기한다는 것은 그의 삶의 일부를 떼어가는 것과 같다고 말했다. 그러나 RFD는 많은 다른 통신수단이 수반하는 사회적 대가를 치르게 하였다. 농부는 이제 세상과 통화할 수 있지만 우편물을 찾으러 마을로 여행하면 얼굴을 대하고 만났던 사람들과의 접촉이 줄어드는 대가를 치렀다.

시골 무료배달은 미국의 도로와 다리의 네트워크를 확장하기 위해 더 촉진되었다. 우편배달 마차는 자동차로 대체되었다. 빨간기가 꽂힌 터널 모양의 시골 편지함은 라드통과 비누상자 대신 모든 더러운 길을 따라 늘어선 울타리와 전신주 위로 올라갔다. 일간신문의 판매실적은 하늘로 치솟았다.

시골을 따라서 싸우던 인디언들은 없고 초원을 따라 달리던 포니 익스프레스 마부들도 없었다. 대부분 거기에는 시골 진흙길과 열망하는 농부들, 괴짜들, 정치가 그리고 제4류인 우체국장들이 한 편의 드라마를 보여준다. 아직 농촌의 무료 배달서비스의 설립은 영웅적 서사시 없이는 안되는 것이었다. 어떤 우편서비스의 확대보다도 시골 배달시스템을 설계하기 위해 더 많은 재정이 사용되었고, 더 많은 사람들이 고용되었고, 더 많은 서류작업이 수행되었다.

소포, 카탈로그 그리고 잡동사니 우편물

이러한 노력으로 소포 우편이 1913년 시작되었는데, 연방정부가 사설 속달서비스와 경쟁하게 되는 정치적 문제가 발생했다. 소포 우체국은 우편주문으로 다양하고 유용한 생산품과 물질적 위안거리를 제공하던 농장가족에게는 거대한 혜택이었으나, 그들의 우편을 통한 '농장에서 식탁으로'라는 약속, 곧 농부가 그들의 생산물을 시장에 팔 수 있도록 돕겠다는 목표는 이루지는 못했다. 반대로 카탈로그와 함께 소포 우편은 많은 시골 잡화상의 사업을 어둡게 하였다. 다시 한번 새로운 커뮤니케이션 도구가 지킬 만한 가치가 있던 것을 대체하였다. 지방 무료배달처럼, 소포 우편은 지방공동체에서 떨어져 나와 도회지에 살도록 사람들을 끌어당긴 원심력을 행사한 통신매체의 하나였다. 한때는 번창했던 식료잡화점은 대부분 미국 민속 유산으로만 남아 있을 뿐이다.

우편에 의한 매스커뮤니케이션으로 오래 견디어 낸 잡동사니(junk) 우편은 광고와 선전내용을 포함하고 있는 것들을 집으로 배달하여 대중과 만나게 해주었는데 보통 1등급 우편의 비용보다 쌌다. 몽고메리 워드(M. Ward)와 씨어즈 앤드 로벅(Sears and Roebuck)이 수백만 가구에 배포한 두툼한 카탈로그는 지방 무료배달 덕분에 쇼핑의 주요 수단이 되었는데, 우편물은 거대한 규모가 되기도 하였다. 1887년 몽고메리 워드가 배포한 540쪽의 카탈로그는 2만4천 개의 판매품목을 담고 있었다.

불쾌해진 지역의 상인들은 신문광고를 거부하며 '우편주문판매(Mail Order Trust)'와 싸우도록 신문사에 압력을 넣었다.

우편주문의 승리 그리고 새로운 우편물은 작은 공동체에 대한 큰 공동체의 승리라는 새로운 삶의 방식을 보여주었다. 그것은 장터에 대한 시장의 승리였다. 그것은 광고로 세일즈맨을 패배시켰다. 한마디로 모든 공동체에 이숙하고, 눈에 보이고, 곁에 있던 것들의 패배였다.

그림 5-3 현대적인 우체국의 광학문자 판독기는 자동적으로 우편번호의 숫자를 판독한다.

변화들

세월이 흐르자 가구당 우편물의 양도 증가했고 가구 수도 증가했다. 우편열차와 심지어는 일부 버스들이 움직이는 우체국의 역할을 담당했다. 출발할 때면 우편배달 직원은 여행을 하면서 우편물 분류작업을 했다. 우편배달에 있어 열차 의존도는 꾸준히 감소하였고 비행기 의존도가 증가하였다. 최초 시험 우편비행은 1911년에 시작되었는데, 1918년에 본격적인 서비스에 돌입하였다. 스프링 필드, 일리노이 그리고 세인트루이스 사이를 비행했던 우편비행사인 찰스 린드버그(Charles Lindbergh)는 대서양을 건너는 단독 비행에 도전하기 위해 1927년 잠시 휴업하였다.

1920년 후부터는 우편물이 기계로 처리되었다. 미국 우편번호(ZIP Code)가 1963년에 도입되었고, ZIP-plus-4와 바코드는 연방정부 보조금이 중단된 1983년에 도입되었다. 1970년에 우편개혁법안은 미국 우편서비스를 독립적인 회사로 만들었고 체신부 장관의 내각직위가 폐지되었다. 우체국의 상징은 우편 기수에서 국가의 상징인 독수리로 변경되었다. 자동광학 문자주소 해독기를 포함하여 다양한 컴퓨터를 이용한 기계들은 분류 창고 또는 회색 자루 앞에 서서 수작업하던 우체국 직원을 대체하였다. 동전 투입식 우표판매기와 우체국의 계산기계는 친숙한 광경이다. 1988년, 정부 선전물, 'AIDS를 알자'는 1억7백만 가구로 배달되었다. 1990년에는 대략 같은 수의 인구조사서가 배달되었다. 1996

그림 5-2 1944년의 항공우편 수거와 배달. 우편물이 담긴 용기가 두 개의 기둥 사이 땅 위에 놓여 있다.

년까지 매일 6억여 건 개의 우편물이 처리되었다.

모든 더욱 새로운 통신수단에도 불구하고 순수하게 우편으로 이동한 물량에 필적할 만한 것은 아무것도 없었다.

전화의 새로운 이용 New Uses for Phones

전화는 현대세계의 보증서가 되었다. 1995년, 7백 만의 미국인 가정은 개인전화, 사업용 전화 팩스, 전자메일을 사용하기 위해 추가 전화선을 설치하였고 인터넷에서 시간을 보냈다. 한 원격통신 분석가는 2000년까지 미국의 9,700만 가구 중 절반은 2개 또는 그 이상의 전화선을 보유하게 될 것이라고 예견했다.

1970년대 초까지, 컴퓨터와 그들의 터미널은 전화케이블상으로 정보를 교환하고 있었다. 이어 수십 년이 지나자 전자메일의 전송, 월드 와이드 웹상의 영상들, 비트로 그려진 팩스 영상 그리고 온라인 자료로부터 온 수많은 자료들이 방대하게 통신 소통을 증가시켰으나 광섬유와 메모리 칩의 발전으로 처리가 가능하게 되었다.

수천 가지의 개발품들이 전화시스템을 향상시켰는데, 그것들 가운데는 동축케이블, 컴퓨터자료를 전송할 수단들, 1963년에 도입된 누름 단추식(Touch Tone) 전화, 극초단파, 위성통신 그리고 광섬유 등이 있다. 태평양 연결 광섬유 케이블은 한 번에 4만 통의 전화를 연결시킬 수 있다. 국제 디지털 네트워크 서비스(ISDN), 1990년대의 기술은 더 효과적인 전화통화, 팩스, 컴퓨터 그리고 비디오의 전송을 위해 아날로그를 디지털 신호로 전환시켰다.

정보고속도로에 대한 다양한 은유 중에서, 어떤 사람은 현대 전화시스템을 단선전화선인 '정원호스(garden hose)'와 비교해 전체 농장에 물을 공급하는 복잡한 관개 시스템으로 묘사하였다.

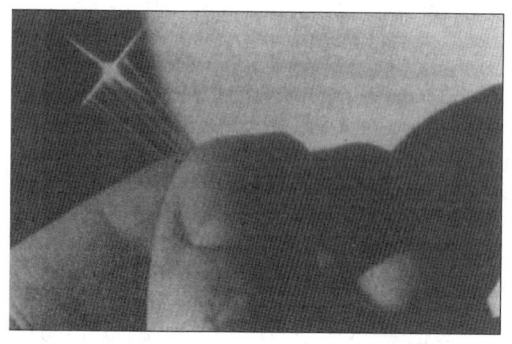

그림 5-4 광섬유선은 사람의 머리카락처럼 가늘지만 엄청난 양의 정보를 광 펄스 형태의 디지털로 전송한다.

전화회사의 구조 개편

국가의 기능에 그렇게 중심적인 시설이 정부의 주의를 피할 수는 없었다. 대부분의 나라에서 전화시스템이 고속도로시스템처럼 통제되었지만, AT&T사는 약간의 규제만 받으며 개인기업으로 성장하였다. AT&T는 작은 전화회사들을 매입하여 설립된 사실상의 국가독과점회사이나 1968년 미국연방통신위원회(FCC)의 'Carterphone Decision'에 의해 흔들리게 되었다. 그것은 전화 네트워크를 형성하기 위해 처음으로 AT&T의 자회사인 웨스턴 일렉트릭사가 제작하지 않은 장비를 연결할 것을 허용하였다. 2년 후 FCC는 MCI회사 설립을 결정하여 장거리 전화시장의 경쟁을 도입했다. 독과점금지 소송이 제기되어 1983년 AT&T사는 7개의 지역단위 회사로 분리되고 장거

그림 5-5 원거리 통신센터의 광섬유선들.

리 전화회사로서 다른 전화사들과 경쟁하게 되었다. 벨의 시스템을 국가 AT&T사와 지역담당 베이비 벨(Baby Bells)로 분리시킨 공동안이 1991년에 이루어져서 이러한 지역담당 전화통신사가 자기 전화선을 통해 정보제공 서비스를 하도록 허용하였다.

MCI, GTE, Sprint사는 전화사업에 합류하여 서비스 제공을 놓고 경쟁하였다. 그들의 경제적인 강점으로 통신사들은 특수한 뉴스, 스포츠 소식 그리고 증권시장 보고, 전자신문 그리고 다양한 정보와 서비스를 제공하도록 조직화되었다.

1996년의 전화통신 개혁법안은 국가통신사와 7개 지역담당 통신사가 각자의 사업을 위해 경쟁하도록 하였으며 케이블회사와도 정보와 오락을 전달하는 경쟁을 벌이도록 하였다. 경험과 시설을 바탕으로 베이비 벨 회사는 케이블회사, 영화제작사 그리고 신문체인점과 같은 정보공급업체와 합작투자와 합병 협의를 하였다. 구리선은 제거되었고 광섬유선이 주요 전선득을 따라 집으로 설치되었다.

한때는 국제적으로 AT&T사가 제공한 검은 전화기에 보이던 POTS(Plain Old Telephone Service)에 의존하던 통신사들이 거기에 의존하지 않고 있다. 수십 년 동안이나 전화서비스를 받으려면 통신사가 제공하는 것을 받아들여야 하는 것이 방법이었고, 벨사의 장비에 어떤 것을 덧붙이거나 전화기를 붙잡고 시간을 낭비하지 않는 것이 나았다. 수년 전에 전해지는 이야기에 따르면, 한 가정주부는 자신이 뜨개질한 덮개를 그녀의 전화번호부에 씌우는 것을 금지당했다.

휴대전화

제2차 세계대전 후에 상업적인 이동전화 서비스가 시작되었다. 안테나가 있는 50마일 반경 내에서 이루어진 통화는 교환수를 통해 전달될 수 있었다. 송신자는 CB 라디오처럼 송수화기의 단추를 눌러 말했다. 한편, 사람들은 단거리통신을 위해 워키토키를 구입했다. 한 세대가 지나서 도시 전역에 분산된 저-전원-수신-송신기인 셀에 전기적 신호를 보내서 전화를 거는 자동차용 휴대 이동전화기가 나왔는데, 교환센터를 통해 전화시스템에 연결되었다. 운전을 해야 하는 사람들에게 발성 연결기에 연결되어 있는 휴대용 팩스는 이제 자동차에서도 휴대전화 네트워크로 전화할 수 있다.

이동 위성서비스가 실현되자, 이동전화는 지구상의 어느 두 지점간이든 전화가 가능하게 해주었다. 그 기술이 이미 등장했다고 보고되었는데, 국제적인 규제 합의만을 기다리고 있다. 궁극적인 목적은 두 사람이 지구상 어느 곳이든지 휴대전화를 가지고 디지털 통신을 이용하여 명확하게 서로 통화하게 만드는 것이다.

휴대전화의 편리함은 대량판매를 이루었으며 1993년에 시작된 휴대전화 안테나에서 발사된 라디오 전파가 오랜 기간 지속되면 뇌암을 유발할 수 있다는 소문에도 판매는 줄지 않았다.

모토롤라가 제작한 또 다른 개인 통신수단인 호출기는 문자정보를 내려받기 위해 라디오 네트워크를 사용하였다. 호출기는 120개의 알파벳과 숫자로 이누어신 메시지를 수신하여 저장하였다. 부모들은 그것을 자녀에게 선물로 주어 십대의 아들 혹은 딸과 연락할 수 있는 수단으로 사용하였다. 십대들은 그들의 친구들과 연락수단으로 사용하였다. 일부 사용자들은 자기 집 전화번호를 비밀로 하고 싶을 때 호출기번호를 알려주었다.

주머니 전화

PCS(Personal Communication Service : 개인 통신서비스)로 알려진 개인 전화기의 최신형은 디지털방식으로 미국연방통신위원회가 1995년에 공매한 주파수를 사용한다. 디지털방식이기 때문에 음질이 다른 아날로그방식의 휴대 통화보다 우수하다. PCS 전화기는 그 기기 자체가 셔츠 주머니에 들어갈 만큼 작다.

모든 이동전화는 도구창고인 가정의 연장선상에 놓인다. 전화통화는 어떤 특정한 위치에 전달되는데, 송신자는 거기에 특정한 사람이 있으리라 믿는다. 한 예로, 어머니에게 전화하는 딸은 실제로 그녀의 어머니가 근처에 있으리라고 기대하며 전화를 하는 것이다. 1983년에 도입된 휴대전화, 즉 'cellphone'은 딸이 어머니와 훨씬 가깝게 다가가도록 해준 진보된 시스템이었다.

주머니 전화기는 몇 인치 정도밖에 안 되는 딕 트레이시의 손목 라디오까지 도달하였다. 1996년에는 주머니에 들어가는 전화-컴퓨터 합체기가 팩스와 전자메일을 주고받으며 인터넷으로도 연결되었다.

주머니 전화기를 사용한 통신은 교통 체증에 걸려 있을 때나 수영장 가장자리에서만 일어나는 것이 아니고 음식점 식탁, 공중 화장실, 대중교통인 버스, 심지어 십대들의 경우는 스케이트보드를 타고 내려가는 길과 같이 의외의 장소에서도 이루어진다. 수업 중에도 배낭 안에 있는 전화가 울렸다. 일부 학교는 그것들을 금지하며 또 호출기도 금하는데 수업을 방해할 뿐만 아니라 마약판매상들이 애용하는 수단이기 때문이다. 주머니 전화기는 신속하게 신제품에서 필수품으로 자리잡았다. 슈퍼맨 팬들을 제외하고는 사라져가는 전화부스에 눈물 흘릴 사람은 아무도 없었다.

새로운 화상전화

1924년 뉴저지에 있는 국가의 최고 통신연구설비인 벨) 연구소는 전화선을 통해 사진을 전송하였다. 사진전화(picture-phone)의 전형이 1964년도 세계박람회에 소개되었을 때, 대중들의 놀라움에도 불구하고 그 흐릿한 화면 때문에 상업성에 실패하였다. 화상전화는 디즈니랜드와 세계박람회에 전시되었으나 높은 운영비, 품질이 떨어지는 화상들 그리고 과연 누가 그러한 전화로 상대를 보고 싶어하고 또는 상대에게 보여주고 싶을지에 대한 의구심 때문에 대중들의 인기를 얻지 못하였다. 딸에게 전화하여 딸의 흐트러진 머리와 너저분한 방안의 상태가 못마땅하여 잔소리하는 어머니들에 대한 심술궂은 평도 있었다.

한 세대가 지나자, 향상된 기술과 새로운 이름-비디오 화상회의(video teleconferencing)-으로 화상전화기는 성공을 거두며 복귀하였다. 장비의 크기와 가격은 많이 줄어들었고 한때 시간당 1천 달러나 지불하던 고속자료 회선들은 장거리 전화 비용 정도로 삭감되었다. 훨씬 싼 비용과 원거리 전송사업의 성공으로 개명한 비디오 전화가 컴백하는 것 같다. 초기 시장평가에 나타난 성공의 비결은 사업상 필요한 사용자들이 아닌 멀리 떨어져 사는 가족과 애인들에게 목표를 설정한 것 때문이었다. 멀리 떨어진 도시에서도 이동할 필요없이 얼굴을 맞대고 할 수 있는 통화의 이점은 부정될 수 없을 것이다.

이용의 다양성

설문지 조사를 해야 되거나 판매할 제품을 보유한 회사들은 그것을 하기 위하여 800과 900의 전화번호를 사용하였다. 조직화된 전화판매인 텔레마케팅은 골칫거리가 될 정도로 거대하게 성장하였다. 대화방 그리고 '성인'회선 같은 분당 유료 서비스를 제공하는 소기업들도 일반적으로 알려져 있다. 800번대의 경우는 무척 인기가 좋아서 하나도 남지 않았다. AT&T사는 새로운 전화번호열인 888을 추가하였다.

전기도구의 세상에서 초라한 자동응답기는 무시되는 경향이 있으나 아직도 그것은 가장 강력한 통신수단 가운데 하나다. 그것의 가장 명백한 사용목적은 전화기 사용자가 메시지를 받기 위해 집에 머물 필요가 없다는 것이다. 자동응답기는 또한 끈질긴 홍보전화, 악착같이 물고늘어지는 아는 사람 또는 친척들의 부탁전화 그리고 음란전화들로부터 보호해준다. 자동응답기의 향상된 모델인 EVM(Electronic voice messaging), 즉 전기적 음성메시지는 지방 전화국, 법인회사 혹은 기타 서비스에서 운영하는 음성메일 시스템이다. 그 특징 중 하나는 전화를 건 사람이 그 시간에 전화를 사용하고 있는 사람에게 녹음된 메시지를 남겨놓는 것이다.

지방 전화국은 소비자들에게 새로운 특별 서비스를 제공한다. 일종의 전화의 엿보는 구멍인 송신자 신분증명번호(Caller ID)는 송신자의 번호를 확인하여 고객들의 사생활을 보호하거나 반대로 자기 번호를 드러내고 싶지 않은 사람으로서 송신자의 신원을 확인하기도 한다. 주변 컴퓨터기기들은 송신자의 이름, 주소 그리고 어떤 사실들을 데이터베이스에 축적한다. 전화 수신자는 즉각 그 송신자의 이름을 불러 인사할 수 있다. 집요한 부탁 및 홍보

전화나 음란한 전화를 근절시키기 위해 착신전화가 자동적으로 등록될 수도 있다.

전화발신, 통화대기 그리고 벨소리 조정 같은 한 달에 몇 달러만 내고 사용할 수 있는 기능들은 또 다른 선택사항이었다. 전화기가 있는 사람들은 또한 팩스나 컴퓨터 모뎀을 동일한 선에 접속할 것인지 아니면 따로 선을 낼 것인지 결정할 수 있다.

새로운 전화기 사용법의 예를 들자면, 송신자는 전화로 누름식 전화 단추를 누르면 연결되는 정보로 다이어트 계획을 들을 수 있다. ≪시카고 리더(Chicago Reader)≫지는 인사정보, 아파트 목록표, 수화기로 밴드음악을 조금 들려주며 제공하는 음악밴드공연 정보, 곧 나올 인기영화의 홍보선전을 포함하여 들려주는 영화정보 그리고 당일 특별요리가 무엇인지 그리고 자리를 예약할 수 있는 선택조건이 들어 있는 식당 목록표와 같은 매우 다양한 전화서비스를 제공하는 신문들 가운데 하나이다. 송신자에게 필요한 것은 다지 누름시 전화기(Touch-tone phone)였다.

더 나아가서 일본과 영국 연구가들은 자동번역 전화기를 연구하고 있다. 각자 다른 나라말로 얘기하는 두 사람의 말을 번역하는 전화기는 시범전시에도 불구하고 활용하려면 아직도 몇 년의 세월이 걸릴 것이다. 문서에는 훨씬 나은 결과가 나타나고 있다. 컴퓨서브(CompuServe)는 약간의 오류가 있긴 하지만 영어, 불어, 독어로 쓰인 온라인 메시지를 자동적으로 번역한 세계적인 토론회를 제공했다. 한 일본 소프트웨어 프로그램도 약간의 오류가 있지만 영어와 일본어 간의 텍스트 파일을 자동으로 번역하였다. 훨씬 정확하지만 저렴한 일본 문서파일 번역프로그램은 동일한 히라가나 철자를 지닌 단어 중 적절한 의미를 선택하는 인간의 도움이 필요했다.

접촉 없는 접속

전화는 사업을 하고, 모임을 정하고, 약속을 취소하고, 화를 내고, 비밀을 폭로하고, 사과하고, 달콤한 말을 속삭이고, 다른 할 일이 없는 사람과 잡담하며 시간 보낼 때 쓰이는 도구가 되었다. 그것은 보지 않고 사람과 대화가 가능하게 하였으나 얼굴을 마주보며 깊은 대화를 나누던 만남을 희생하였다. 한편, 어떤 사람들은 직접적인 접촉 없이 만날 수 있게 하는 도구의 능력을 좋게 평가하였다. 간단하게 말하면 전화로는 지금 당장 만날 수 없는 에넬 아주머니와 통화할 수 있지만 전화로 통화하는 한 직접 방문할 일은 없는 것이다.

전화 선전문구인 "손을 뻗어요. 그리고 누구든 만나요(Reach out and touch someone)"는 아직 그 호소력을 잃지 않았지만 실제 접촉은 전혀 없는 것이다. "계속 접촉하자(Keep in touch)"는 말은 "편지하거나 전화해라"는 표현이다. 새천년이 가까운 지금 간접적인 커뮤니케이션이 그 어느 때보다 훨씬 인기가 있다. 그것은 접촉하지 않는다.

'무료' 오락 'Free' Entertainment

1930년대와 1940년대에 미국인들은 가정에 있는 라디오에 붙어 살았는데, 이 라디오 방송은 매일같이 아침 연속극에서 어린이들의 방과 후의 모험극으로 그리고 저녁의 뉴스 분석과 중요 시간대의 드라마, 코미디, 퀴즈쇼 그리고 특집프로그램들을 쏟아냈다. 1,500만 명의 미국인이 일자리가 없었던 경기공황 기간에도 이 '무료' 오락프로그램은 많은 사람들이 즐길 수 있는 전부였다. 라디오 세트는 15달러면 살 수 있었다. 매주 저녁에는 시청자들이 무척이나 기다리던 인기 라디오 쇼가 있었다. 라디오는 사회적인 지위를 찾았다. 축음기(Victrola) 같이 라디오는 이제는 훨씬 쉽게 주파수를 맞출 수 있고, 충전지가 필요 없는 하나의 가구처럼 되었다. 벽에, 응접실 벽에 새 라디오의 선이 꽂혔다.

아나운서들은 지역 사투리를 제거해야 선발되었다. 방송사는 그런 식으로 계획하지는 않았지만 표준 미국 발음 패턴을 강조하는 바람에 라디오는 모든 미국인을 하나로 묶는 국가적인 노력의 한 근원이 되었고 후에는 학교로 그 기능이 이어졌다.

라디오와 영화는 미국 용광로(American melting pot)라고 불리는 도가니를 뜨겁게 달구었다. 아직도 모두가 네트워크 시스템을 완전하고 훌륭한 배합이라고 동의하지는 않으며 어느 정도 NBC와 CBS가 장악한 네트워크가 지역방송국의 능력을 제한하여 그들만의 질 높은 프로그램을 개발하지 못하게 한다. 국내 전 시청자를 목표로 하는 네트워크 프로그램은 지역적이고 토속적인 문화와 문제들은 무시하는 경향이 있었다.

미국음악인협회는 확실히 녹음된 음악을 좋아하지 않았으며 제임스 페트릴로(James Petrillo)의 유니온이 방송국에서 강력한 세력이 되기를 바라지 않았다. 대부분의 라디오는 생방송 녹음은 드물고 녹음된 것은 노래가 아니라 전기적인 복사라고 불렀다. 라디오가 녹음 음악으로 광대하게 돌아선 것은 1950년대 중반의 디스크 자키 열풍 때였다. 1950년대 초까지도 소리는 축음기에 녹음되었으며 녹음 장비는 부피가 너무 크기 때문에 거의 스튜디오에 넘겨졌다. 오디오테이프는 그 모든 것을 변혁시키고 라디오 뉴스룸의 벽을 허물 것이다.

정치적 방송

프랭클린 루스벨트(Franklin Roosevelt) 대통령은 대부분의 신문발행인들의 반대에도 불구하고 라디오를 이용하여 유권자들에게 직접 정책을 제시하였다. 전례 없는 그의 네 차례 연임은 그가 성공하였음을 보여주었으며, 더불어 라디오가 지닌 친근감을 이해한 대범한 웅변가의 수중에 있던 마이크의 효과도 증명되었다. 노동부 장관(Secretary of Labor) 프랜시즈 퍼킨스(Frances Perkins)는 다음과 같이 회상하였다:

그는 말할 때 고개를 끄덕였고 손은 단순하게, 자연스럽게, 편안하게 움직였다. 얼굴은 미소를 짓고 밝게 하여 마치 그가 실제로 사람들과 응접실에 앉아 있거나 현관 앞에서 대화하는 것처럼 보였다.

전쟁의 먹구름이 몰려와 처음엔 유럽과 아시아 전지역에 폭풍우를 쏟아 붓고 다시 미국으로 넘어오자 라디오는 유럽 지도자들의 음성을 미국 가정으로 전달하였다. 아돌프 히틀러의 거슬리는 소리와 윈스턴 처칠의 유창한 말이 미국 가정의 부엌에 탁자형 모델과 응접실의 콘솔(consoles)형 라디오의 스피커를 싸고 있는 천을 통해 흘러나왔다. 라디오는 정치적 기능을 해냈다. 히틀러는 연설의 힘을 깨닫고 『나의 투쟁(Mein Kampf)』에 다음과 같이 썼다.

나는 글로 쓴 말보다는 입으로 하는 말을 통해 훨씬 사람의 마음을 사로잡을 수 있다는 것을 안다. 세상에 일어난 가장 큰 변화 가운데 그 어느 것도 깃 달린 펜으로 이루어낸 것은 없다. 정치적이고 종교적인 속성을 지닌 사태들을 일으키는 힘은 태초부터 입을 통한 말의 마력 같은 힘에서 나왔다.

문화적 영향

일요일 아침 예배에서 심포니 오케스트라와 히트 퍼레이드까지 이 모든 것과 함께 라디오도 미국 사회에서 강력한 문화적 기능을 해냈다. 라디오의 황금시기인 대략 1930년대에서 1940년대의 20년 동안 프로그램들은 모든 사람들의 기호에 맞게 되어 있어, 지적인 기호를 반영한 프로그램에서 우스꽝스러운 프로그램까지 다양한 것들이 있었다. 아침에는 드라마가, 저녁식사 바로 전에는 아이들을 위한 모험극 그리고 주요 시간대에는 시트콤, 드라마, 버라이어티 쇼가 준비되었다. 영화계스타들의 이름을 일반가정에서 따라 짓게 되었던 것처럼, 에디 켄터(Eddie Cantor), 잭 베니(Jack Benny), 프레드 앨런(Fred Allen) 그리고 제2차 세계대전 후에는 아서 고드리(Arthur Godrey)도 같이 선호되었다. 프로그램 구조와 고정된 30분과 1시간 단위의 시간표는 오늘날의 느슨한 라디오 프로그램과는 달리 오늘날의 네트워크 텔레비전 방영시간과 유사하다.

방송이 감정에 호소하는 힘은 1938년 10월 30일 밤 오손 웰스(Orson Welles)의 화성 극장(Mercury Theater)에서 H. G. 웰스의 소설 『세계의 전쟁(War of the Worlds)』을 방송하여 화성인들이 지구를 침략했고 광선으로 수많은 사람들을 학살하고 있다고 600만 시청자들을 믿게 만들었을 때 확실히 드러났다. 일부 시청자들은 세상이 곧 망할 것이라고 소리치며 거리로 뛰쳐나갔다. 같은 해에 CBS의 세계뉴스 보도(World News Roundup)는 라디오를 중대한 뉴스 매체로 만들었다.

소리의 개선

라디오 신호에 송환 배선(feedback circuit)과 다른 개선기능을 개발한 하워드 암스트롱(Howard Armstrong)은 1933년 FM 라디오를 개발하였다. RCA의 회장 데이빗 사노프(David Sarnoff)는 그것의 잠재성을 인식하고 FM을 RCA의 텔레비전 개발에 대한 걸림돌로 보았다. 사노프는 제2차 세계대전이 지나고도 몇 년 동안이나 FM 라디오의 보급을 막아냈다. 이런 일과 다른 실패들에 좌절한 암스트롱은 자살했다.

방송과 음악녹음의 소리의 질을 성공적으로 향상시킨 오디오 기술자들은 가내 수신기를 제작하던 업계를 흔들어 놓았다. 신뢰할 만한 소리를 전달하는 것만으로는 충분하지 않았다. 그래서 튜너, 턴테이블, 증폭기 그리고 집 거실에 바른 장소에 정확하게 놓여진 스피커 같은 세부적인 장비들까지 비교하는 하이파이 애호가가 생겨났다.

1950년대와 1960년대의 20년 동안에 FM, 입체음향의 전송, 고성능 오디오테이프 그리고 레코드, 자동화를 이룬 테이프 카세트 그리고 라디오 방송국의 장비의 신뢰도를 높였을 뿐 아니라 훨씬 중요하게도 휴대용 라디오 및 자동차 내에 장착된 라디오의 새로운 거대시장을 낳은 트랜지스터의 개발 등을 포함한 기술들이 보급되었다.

라디오의 재탄생

급속도로 텔레비전이 번져나가자 라디오 방송은 멸종의 길로 가는 듯하였다. 방송사와 네트워크는 그들이 보유하고 있던 직원, 연예인 그리고 에너지를 가지고 열심히 새로운 매체로 달아났다. 가정에서 구형 필코라디오는 RCA 7인치의 둥근 화면을 가진 텔레비전에 자리를 내주고 응접실에서 제거되었다. 그러나 라디오는 생존했다. 오늘날 라디오 방송사는 텔레비전 방송이 처음 시작되었던 때보다 훨씬 많다. 1992년에 11,338개의 라디오 방송사가 있었으며 5억7천6백만 개의 라디오—보통 모든 가정에는 5.6개의 라디오—가 사용 중이었고 미국에만도 20대의 차 중 19대의 차내에는 라디오가 있었고, 미국인들은 하루 평균 3시간 20분을 라디오를 들었다.

TV시대의 라디오 프로그램은 텔레비전이 나타나기 전보다 훨씬 사적인 느낌을 주는데 지역방송사는 한때 네트워크사가 장악했던 엄격한 프로그램 방송시간을 풀어놓았다. 가치가 높은 저녁시간대인 주청취 시간대가 텔레비전에 넘어간 것을 알고 라디오 방송사는 시청자들이 출근하거나 퇴근하는 운전시간인 아침과 오후 시간을 집중 공략하였다.

새로운 텔레비전시대의 라디오 프로그램을 요약해서 말한다면 넓은 시청층을 대상으로 하는 방송에 대하여 소수의 시청층을 대상으로 하는 협송(narrow-casting 전문방송)과 기술적인 발전이었다. 각 방송사는 모든 사람을 대상으로 하는 프로그램을 만들어 거대한 가능 시청자들에게 접근하기보다는 다른 경쟁사와 자기를 구별하는 독특한 소리로 자기를 포장하여 틈새시장을 찾아 나섰다. 그러한 독특한 소리는 그들이 들려주는 음악유형으로만 만들어지는 것이 아니라 디스크 자키들의 잡담, 뉴스보도를 위해 선택된 내용들 그리고 광고 종류에 의해서도 만들어졌다. 십대들을 겨냥한 여드름 약을 선전한 방송사는 틀니 세척제 광고를 하지 않을 것이며, 클래식 음악을 틀거나 엄숙한 목소리의 아나운서들을 고용하지도 않을 것이다. 상인들은 라디오를 이용하여 청소년시장을 겨냥한 청소년문화 채널을 만들었다.

다양한 음악의 취향들이 세대간에, 민족간에, 또는 지역간의 차이에 따라 청취자들을 찾아 나선 대도시의 라디오 방송사를 분열시켰을 때 레코드 판매율은 급상승했다. 로큰롤(rock and roll), 재즈, MOR (midle-of-the-road), 컨트리 웨스턴, 마리아치(mariachi), 리듬 앤 블루스, 클래식, 빅 밴드 등이 채널만 바꾸면 흘러나왔다. 어느 지역방송사는 모두 뉴스이거나 모두 대담이었다.

그들 자체 텔레비전 네트워크에 시청자들을 빼앗긴 라디오 네트워크 사는 뉴스만 제외하고 대부분의 프로그램을 폐지하였다. 전문방송에 합류한 ABC 라디오사는 1970년대에 4개, 나중에는 7개의 정보 네트워크로 분열되었다. CBS, NBC 그리고 Mutual은 다시 세포분열하는 아메바처럼 쪼개졌다.

1990년대는 신디케이트 조직을 통한 새로운 네트워크를 볼 수 있었는데, 허풍이 있고 보수적인 러시 림보그(Rush Limbaugh)가 이끈 정치적 담화가 터져나왔다. 시장 확보를 위해서 또는 그들만의 색깔을 표현해내기 위해 어느 방송사는 방송으로 이야기할 수 있는 한계까지 도달한 토크쇼 사회자들을 데려왔다.

하워드 스턴(Howard Stern)은 상스러운 말투로 전국적인 추종자들이 생겨났으며 뉴욕 주지사 후보로 지원해주겠다는 사람들도 있었다.

시민들의 주파수

아마추어 무선통신자들의 압력에 대한 반응으로 FCC는 시민들의 라디오 방송을 위한 주파수를 따로 두었다. 시민 주파수대에서 운영하던 CB(Citizen's Band) 운용자들은 한창 때 수백만 명에 달했다. CB 사용자 중 가장 유명한 사람들은 트럭기사였는데 그들은 부주의한 동료기사를 덮치려고 광고물 뒤에 '경찰(Smokies)'들이 숨어 있는 것을 동료들에게 알려주었다. 많은 CB 장비들은 무선전화기로 대체되어 오늘날 먼지만 쌓여간다.

CB 주파수 외에도 여러 다른 서비스들이 라디오 주파수를 사용하였다. 그것들 중에는 경찰서 그리고 소방서 통신, 항공 통제, 무선천문학(radio astronomy), 이동국지원 전화서비스(지금은 대부분 무선전화기로 대체되었다) 그리고 무선호출기 시스템이 있다. 무선전화는 사실상 전화선에 연결되는 송·수신소였다.

미국의 멀리 떨어진 지역에서는 라디오가 훨씬 사적인 용도로 이용되었다. 숲과 호수 외에도 언덕과 분지 같은 곳에서 청취자들은 오락뿐만 아니라 개인의 정보를 도시로 내보내기 위해서도 무선기에 의존하였다. 라디오국 소유자들은 무료 메시지 교환을 제공하였다. 존스 가족은 스미스 가족에게 그들의 도착시간을 알렸다. 목사는 다음주 주일 설교주제를 공고한다. 저녁 소찬에 대한 언급도 한다. 모든 사람들이 주파수 속으로 들어왔는데 라디오는 공동체의 연결고리였다.

라디오의 미래

주의를 끄는 또 다른 변화는 AM 스테레오 라디오이다. 미래에는 다른 통신도구들이 그랬듯이 라디오도 훨씬 다양해지리라 예견되며 청취자들도 계속 세분화될 것이다. 직접방송위성들은 가정이나 자동차로 직접 신호를 보내주는 전국적인 라디오 방송국들을 건설하고 있다. 1990년대 중반에는 대략 200만의 케이블 라디오 가입자들이 음악전용 또는 대화전용 형식의 프로를 선택하기 위해 한 달에 약 10달러를 지불했다. 미래에 CD 음질의 소리로 AM과 FM을 대체할 위성으로 공급되는 디지털 오디오 방송(DAB)은 원음질은 모두 유지하면서도 디지털 전송에 필요한 전원이나 주파수 폭은 훨씬 적게 들게 하기 때문에 건설 중인 라디오 방송국의 수가 급격히 증가될 것이다. 거리는 더 이상 전달되는 소리의 잡음이나 끊김과는 상관이 없어진다. 그 신호는 케이블로도 공급될 수 있다.

위성전송을 제외하면 네트워크 그리고 단파방송, 라디오는 국부적이다. 월드 와이드 웹에 라디오 채널이 등장함으로써 그것이 바뀔 것이라 예상된다. 웹 사이트는 FCC의 승인을 필요로 하지 않으며 전자기판에 공간도 차지하지 않기 때문에 상업적인 점을 고려하지 않는다면 가능한 라디오 방송국의 숫자는 무한정이다.

방송의 혜택

많은 사람들에게 라디오로 나오는 음성 또는 음악은 아침에 일어나 제일 먼저 듣는 소리며 저녁에 자기 전 마지막으로 듣는 소리였다. 라디오는 모든 일상의 활동, 곧 운전, 조깅, 산책, 식사, 공부, 놀이에 따라 다녔다. 조용한 명상보다는 방송의 끊임없는 소음을 좋아했던 사람들에게는 라디오가 생각을 전혀 방해하지 않았다. "라디오의 아버지"라 자칭하는 리 드 포리스트(Lee de Forest)는 그의 '아이'를 자랑스러워 했다.

라디오는 배회하던 사람들을 저녁에 집에 머물도록 하였으며, 소외받은 어두운 곳을 밝게 비췄으며 외롭기만 하던 긴 시간들을 짧게 만들었다. 사람을 피하고 집안에 틀어박히는 사람들에게는 위로가 되는 동료이다. 그것은 고통을 달래준다. 그것은 주부에게 상담을 해주고, 농부에게 정보를 제공하고 젊은이에게는 오락과 즐거움을 준다. 우편물이 드물고 배달이 확실하지 않는 구석진 곳, 친근한 목소리를 오직 헤드폰으로만 들을 수 있는 곳, 음악을 들을 수 없는 곳으로…… 소리 없이 날아간다.

그 무생물 친구, 라디오에게 마음을 빼앗긴 대중은 우리가 사는 세상에 대해 많은 것을 알면서 대신 이웃과 사귀는 일은 뜸하게 하였다. 다른 많은 것들과 마찬가지로 라디오는 종이면서도 우리의 주인이 되었다. 1932년 라디오 방송의 역사가 갓 10여 년이 되었을 때 무선커뮤니케이션이 사회에 끼친 영향은 대략 150개 정도로 요약되었다.

다음은 그 일부이다.

1. 비슷한 자극 때문에 사람의 동질성이 증대했다.
2. 문화의 지역적 차이가 희미해졌다.
3. 도시의 음악과 예술문화가 시골마을과 동네에도 침투하였다.
4. 사회적인 계급과 경제적인 구별에서 차별이 완화되었다.
5. 문맹자들에게는 새세상이 열렸다.
6. 발음의 표준화와 더불어 방언이 쇠퇴하였다.
7. 정확한 발음의 제공, 특히 외국어.
8. 오락과 친목의 또 다른 대행자.
9. 음악을 즐기는 일이 굉장히 대중화되었다.
10. 병약자, 시각장애자, 부분적인 청각장애자, 개척자들의 오락
11. 스포츠에 대한 흥미가 증대되고, 일반적으로 인정되었다.
12. 기차, 배 그리고 자동차에 탑재된 오락.
13. 방송은 성인교육을 지원하였다.
14. 건강운동이 건강담화 방송을 통해 고무되었다.
15. 방송은 개혁운동에 사용되었다.
16. 경작수단에 대한 농부들의 폭넓은 교육.
17. 설교 능력이 부족한 목사들을 낙담시켰다.

거실의 영화 Pictures in the Parlor

미국 가정에 텔레비전이 켜져 있는 평균 시간은 하루에 7시간 45분이다. 도시 거리는 매일 저녁 썰렁하다. 미국의 또는 산업화된 다른 국가의 도심거리를 운전해보면 집집마다 어두운 방에서 새어 나오는 텔레비전의 파란 불빛을 볼 수 있다. 대중매체가 사람들을 떼어놓는 것을 이보다 더 분명하게 보여줄 수는 없다.

학교, 교회, 공동체 그리고 심지어는 가정보다 텔레비전은 전국적인 교육자며 표준 설립자가 되었으나 텔레비전 산업 내부인사나 외부인사 가운데 이것이 바람직한 일이라고 말하는 사람은 아무도 없었다. 전보, 전화, 영화, 라디오 그리고 우체국은 급진적으로 우리가 정보와 오락을 얻던 방법을 변화시켰다. 우리가 살아가는 많은 방식들을 간단히 변화시켰다. 텔레비전의 이러한 영향력이 다른 모든 것보다 훨씬 커서 우리가 시간과 돈을 사용하는 방식, 우리가 다른 사람과 관계 맺는 방식 그리고 우리가 말하고 생각하는 주제에 영향을 미쳤다. 우리의 커뮤니케이션 도구창고인 가정에서 텔레비전은 가장 시각적인 도구이다.

글문화를 옮긴 말문화로서 텔레비전은 글과 말 두 개의 문화를 동시에 전달하는 위치에 있다. 말문화는 훨씬 적극적인 독서활동보다는 수동적으로 보고 듣는 것을 좋아한 시청자들에게 다가가는 데 장점을 지니고 있다. 그것은 또한 폭넓은 글문화를 무한정의 자료를 가지고 불러낼 수도 있다.

텔레비전이 인쇄물이 아니라고 비평하는 것은 아직도 많은 불평의 초점이 되고 있는데, 근시안적이고 무의미한 것이다. 마셜 맥루한은 영화, 라디오 그리고 텔레비전을 벽이 없는 교실로 간주하였다.

지식인은 영화나 사진 앞에서 둔감하고 분명치 못할 뿐만 아니라 '대중문화'와 '대중오락'에 대해 방어적인 오만함과 생색내기로써 자기의 어리석음만 드러낸다. 현학적인 철학자들이 16세기에 인쇄된 책의 도전에 부응하지 못했던 것도 이러한 불독의 우둔한 정신이었다.

TV보기-시간 보내기

닐슨 미디어리서치(Nielsen Media Research)에 따르면 평균 성인 남자는 하루에 3시간 44분 텔레비전을 시청하고, 성인 여자는 하루에 4시간 25분 시청한다. 어머니들은 그것을 보모로 사용한다. 미국의 취학 전 아이들은 한 주에 평균 27시간 이상 텔레비전을 시청한다. 노인들에게 그것은 어느 양로원에 방문하는 것처럼 삶이 된다. 십대들은 하루 평균 2시간 43분 시청한다. 이렇게 하여 미국의 아이들은 18세까지 평균 총 2만5천 시간을 소비할 것이다.

어느 사회가 깨어 있는 삶의 거의 절반을 하나의 수동적인 활동에 빠져 있었던 적이 있었던가? 어느 기술도구가 우리가 생각하고 행동하는 방식에 이렇게 막대한 영향을 끼쳤던가? 많은 사람들이 텔레비전을 거부할 수 없는 매력, 문화적인 죽음의 바람으로 보았다. 우리 사회의 기관을 약화시키고 범죄율을 높이고, 우리의 주의력을 감퇴시키고 사실과 환상을 구분하는 인식력마저 파괴하고, 말과 의복에서 지역적인 차이를 퇴색시키고, 유년시절의 놀이를 빼앗아가고, 문맹, 임신 그리고 사춘기의 비만을 고무시키고, 그것이 다루기만 하면 타락시키는 ―정치, 교육, 경제, 종교― 것으로 525주사선의 발광점을 가진 경박한 것으로 비난받고 있다.

방송이 삶에 영향을 미쳤는지는 시간이 증명해 준다. 결국 4시간은 하루의 6분의 1이다. 수십 년에 걸쳐 확장되면, 진공관 앞에서 보내는 일생의 중요한 부분을 대표하게 되는 것이다. 취침 또는 노동으로 보내는 시간을 제외하고 나면 텔레비전의 시간 점유율은 놀라운 정도로 치솟는다. 인간사에 그러한 규모의 대중 최면 현상은 없었다. 고대 로마의 서커스 그리고 중세의 십자군도 비교가 되지 않는다.

텔레비전은 싸고 쉽게 접할 수 있다. 그것을 즐기는 데 힘, 지능, 또는 교육의 수준은 별로 필요하지 않다. 하나 또는 다른 이유들로 그것은 가난한 사람, 교육받지 못한 사람, 아이들 그리고 노인들에게 가장 인기가 있다. 어떤 사람은 사회의 가장 무력한 사람들이 텔레비전을 위로상으로 받았다고 말했다.

컬러텔레비전은 1990년대 미국인 가정의 98%가 소유하였다. 욕조나 전화기보다 텔레비전을 먼저 소유하고 있는 가정이 많았고 신문 구독을 하고 있는 가정보다는 훨씬 더 많은 가정이 그것을 소유했다. 열광적인 사람들을 위해 소수이기는 하지만 작은 TV가 자동차 담배라이터에 연결되었고 손목에 착용되었다. 코 앞 10피트 거리에 영상을 주사하는 더 작은 TV가 안경처럼 쓸 수 있게 제작되었다.

텔레비전은 모든 담화형식을 포함하기 때문에 다르다. 아무도 정부정책에 대해 알아보려거나 최근 과학의 진보를 알아보려고 극장에 가지는 않는다. 아무도 야구경기 결과를 알아보려거나 최근의 살인사건을 들으려고 레코드를 구입하지는 않는다. (만일 가까이에 텔레비전이 있다면) 더 이상 연속극을 듣거나 대통령 연설을 들으려고 라디오를 켜지는 않는다. 모든 사람들이 이러한 것과 그 이상의 것을 얻기 위해 텔레비전을 보는데 그것이 텔레비전이 문화 속에서 그렇게 강력하게 공명하는 이유이다.

조사에 따르면 많은 사람들은 비록 좋아하는 프로가 따로 있지만 내용에 상관없이 무엇이 나오든지 기분전환으로 시청한다. 아무것도 볼 것이 없다면 시청자들은 화면조정하는 것마저 보았으리라고 말한다. 결국 네트워크 경영자인 폴 클라인(Panl Klein)은 L.O.P. ―Least Objectionable Program, 거부감이 적은 프로그램― 정책을 제안하였는데, 이것으로 프로그램 제작자들은 시청자들이 보고 싶어하는 것을 개발하는 것이 아니라 그들이 볼 만한 것을 찾을 때까지 제공받은 것들을 살펴보리라는 가정하에 사람들이 최소한 거부감을 덜 가질 것들을 제작하였다. 시청자들은 프로그램을 보지 않는다. 그들은 텔레비전을 본다.

TV의 과학적 기원

텔레비전(Television)이라는 말은 멀리서 본다는 뜻이다. 그 기원은 적어도 1817년으로 거슬러 올라가는데, 스웨덴 과학자 욘 베르제리우스(Jon Berzelius)가 구리 정제시 얻어지는 부산물인 황 같은 화학원소인 셀레늄이 빛을 비추는 정도에 따라 전기를 발생한다는 사실을 발견하였다. 1873년 아일랜드인 전보운영자인 조셉 메이(Joseph May)는 셀레늄 레지스터에 빛을 비추어 대서양 전보용 전선을 통해 신호를 바다 너머로 보냈다. 2년 후에 미국인 기술자 필립 커레이(Philip Carey)는 수신기에 들어 있는 동일한 수의 전구에 연결된 셀레늄 셀을 포함하고 있는 사진기를 사용하여 텔레비전을 고안하였다. 이 모든 일이 마르코니가 처음으로 라디오 신호를 보내기 전에, 심지어는 알렉산더 그레이엄 벨이 전화기를 특허내기 전에 일어났다.

1842년 다른 곳에서는 스코틀랜드인 발명가 알렉산더 베인(Alexander Bain)이 양각된 금속 글자 위로 지나가면 전기적인 접촉을 생산하는 솔을 이용한 장치를 선보였는데, 그것은 전선을 통해 전류를 그 철로 된 글자의 인상을 감광종이에 기록한 다른 솔에 보냈다.

5년 후에 이탈리아인 아베 카셀리(Abbe Caselli)는 아미엥에서 파리로 그림을 전기로 보내려고 하였다. 결과는 조악하였으나 알아볼 수 있었다. 멀리서 보는 것은 이제 전기로 본다는 뜻이 되었다. 영국인, 이탈리아인, 독일인, 프랑스인, 러시아인 그리고 미국인 발명가들은 한 장소에서 다른 장소로 사진을 전송하는 수단을 개선시켰다. 이러한 노력으로 근대의 유선전송사진, 팩스 등을 개발하였으며 뉴욕의 타임 스퀘어에 뉴스 머릿기사를 보여주는 전광판도 개발하였다.

또 다른 곳에서는 영국인 과학자 마이클 패러디(Michael Faraday)가 1830년에 진공상태인 유리병 속으로 전류를 흘려보냈다. 이 실험을 발전시켜 윌리엄 크룩스(William Crookes) 경은 1878년 음극(cathode)에서 양극(anode)으로 전기를 보내는 병을 만들었다. 또 다른 영국인 톰슨(J. J. Thomson) 경은 전기 흐름의 방향을 자석을 이용하여 바꾸어 놓았다. 독일인 과학자 칼 브라운(Karl Braun)은 1897년에 크룩스 진공관의 내부 표면에 형광성 물질을 입혀서 음극광선이 부딪히면 빛을 내게 했다. 집에 있는 텔레비전은 음극선관(cathode ray tube : CRT라고 부르며 이 장치를 브라운이 만들었기 때문에 일반적으로 브라운관이라고도 부른다—역주)을 사용하는데 텔레비전 영상은 그 음극관 표면에 그리는 전자적 굴절형상을 이용한다.

독일인 과학도 폴 닙코(Paul Nipkow)는 처음으로 한 장면을 광학적으로 사람 눈의 시각적 연속성을 유지하며 하나하나 주사하여 텔레비전의 기초를 이루었다. 1884년 그는 한 실험에서 정물사진을 회전판을 이용하여 전송하였는데 그 회전판의 나선형 구멍들은 영상을 다양한 빛의 강도로 쪼개어 셀레늄판과 부딪히고 다양한 전기전류를 통해 그 결과를 전송했다. 또 다른 회전판의 나선형 구멍들은 영상을 재구성하였다. 진짜 텔레비전이 시작된 것이다. 그러나 1930년대까지 발명가들이 추구하던 맹목적인 경쟁은 기계적인 주사이지 전자적인 주사는 아니었다. 기술적인 문제들은 통신도구를 개발해낸 흥분이 알려질 때마다 하나씩 극복되었다. 타자기, 전화기, 영화, 축음기, 라디오 등 모든 것이 각각 몇 년만에 사용가능한 수준으로 개발되었다. 급속도의 발전이 사진과 인쇄물에도 이루어지고 있었다. 텔레비전의 시대는 아직도 몇 년을 더 기다려야 했으나 오래 걸리지는 않았다.

전자적 텔레비전

닙코의 원판에 근거한 기계적인 시스템을 완성시키려는 노력이 계속되었는데, 특히 영국의 존 로지 베어드(John Logie Baird)가 그러한 노력을 하였다. 그의 연구 결과물은 초라하여 제2차 세계대전이 터지기 바로 전까지도 기계적인 시스템을 향상시키려고 하였지만 상업적으로 성공하지는 못했다. 영국 방송사는 세계의 첫 정규 텔레비전 서비스를

1936년에 시작하였다. 그 후 곧이어 독일 기술자들은 제한된 전기 텔레비전 서비스를 시작하였다. 이 때 미국에서 진행되던 실험들은 잘되고 있었다.

1907년 러시아 과학자 보리스 로싱(Boris Rosing)은 음극선관을 이용하여 무선전송의 전기적인 시스템을 고안하였다.

러시아혁명으로 이어지는 수 년 동안의 동요 때문에 혁명기간에 실종된 로싱은 텔레비전을 실험실 밖으로 개발시키지 못하였으나 그의 작업에 친숙하였던 두 명의 젊은이가 그 길을 계속 이어 갔다. 블라디미르 즈보리킨(Vladimir Zworykin)은 로싱의 조수였다. 아이다호주의 십대인 필로 판스워드(Philo Farnsworth)는 로싱이 살던 대륙에는 가본 적이 없으나 대중적인 과학 잡지에서 그의 작업에 대해 읽었다. 러시아의 로싱에게는 알려지지 않은 영국인 과학자 캠벨 스윈턴(A. A. Campbell Swinton)은 같은 전자적 길을 따라갔는데, 다른 과학자들이 그들의 실험실에서 텔레비전을 연구하고 있을 때 그도 시작했다.

그가 아직 고등학생이었을 때, 판스워드는 전자적 텔레비전에 대한 생각을 그의 화학선생에게 기술하여 격려를 받고 실험에 착수하였다. 19세 때 캘리포니아 투자가의 지원을 받은 판스워드는 처음으로 많은 특허를 취득하였으며 전자적 시스템의 핵심부분인 조잡한 영상분해기(image dissector)를 전시할 수 있었다. 영상의 감도는 미국으로 이민왔던 즈보리킨이 웨스팅하우스(Westinghouse)에서 만들고 있던 장치에 비하면 거칠었다. 1923년 그는 음극선관의 표면에 정물영상을 전송하는 데 카메라 튜브(camera tube)를 사용한 텔레비전을 선보였다. 텔레비전의 발명은 종종 즈보리킨의 1923년 전시로 기원을 잡는다. 꾸준한 개선을 통해 최초의 상업적으로 실용화된 텔레비전인 촬상관(pick-up tube), 즉 즈보리킨의 이코노스고프(iconoscope)가 결국 모습을 나타냈다. 즈보리킨은 이민해온 동료 러시아인 RCA의 데이비드 사노프에게 갔고 그에게 전자적 텔레비전의 잠재성을 확신시켰다. 사노프는 웨스팅하우스, 제너럴 일렉트릭 그리고 RCA의 연구팀을 즈보리킨의 지휘 아래 협력하게 하여 상업적인 텔레비전 시스템을 개발하도록 하였다. 라디오와 마찬가

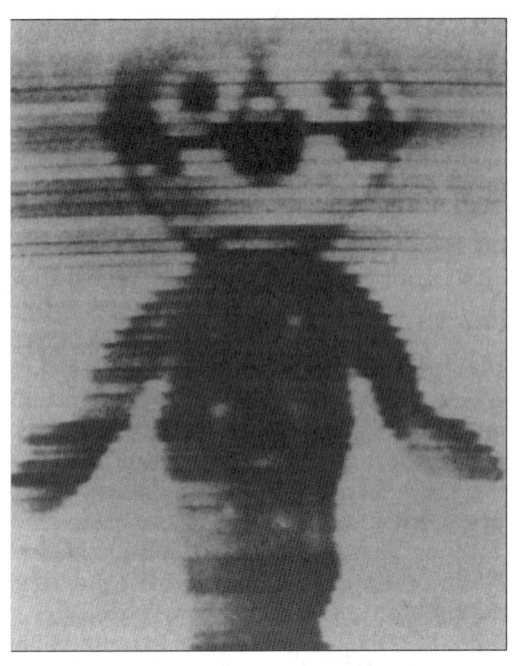

그림 5-6 텔레비전 송신연구에 사용된 고양이 펠릭스의 영상.

지로 어느 회사도 중요한 특허를 모두 소유하지는 못했으므로 최고의 개발품을 단일 시스템으로 결합시키기 위해서는 교차허가협정(cross-licensing agreement)이 필요하였다.

1925년 미국의 발명가 찰스 프랜시스 젠킨스(Charles Francis Jenkins)는 풍차의 동영상을 5마일 떨어진 수신기에 전송하였는데, 이것이 최초의 움직이는 물체의 영상전송이었다. AT&T 전화사도 연구 중이었다. 1926년 벨 전화사 연구팀은 허버트 아이브즈(Herbert Ives)의 지휘 아래 동영상을 연구소 주위로 전송하였다. AT&T는 1927년에 흑백 정물사진을 워싱턴에서 뉴욕에 전송할 수 있었고 1929년에 빨간색 장미, 녹색과 빨간색 수박 그리고 빨간색, 하얀색 그리고 파란색의 미국 국기를 담은 컬러사진을 전송하였다. 그러나 이것은 영상의 질이 낮았고 거대한 스파게티 접시와 같은 수신관의 표면에 연결된 수백 개의 전선줄에 의존하는 기계적인 주사에 의해 행해졌다. 그럼에도 컬러텔레비전은 하나의 진보였다. AT&T는 또한 근대 텔레비전에 모두 중요한 동축케이블과 극초단파를 개발하였다.

영국에서 베어드는 1928년에 거의 식별하기 어

려운 정물사진을 대서양을 건너 전송하였다. 그 해에 뉴욕 셰넥터디(Schenectady)의 제너럴 일렉트릭 연구소는 한 주에 세 번 프로그램을 기계적인 주사기로 대부분 기술자들에게 텔레비전 방송하기 시작하였다. RCA가 소유하고 있던 라디오 네트워크 NBC는 뉴욕에 자체 연구소를 가지고 있었다. 결국 그곳은 WNBC TV가 되었다. CBS도 뉴욕에 연구소가 있었는데, 지금은 WCBS-TV가 되었다. 1930년대와 1940년대를 거치면서 이러한 연구소와 다른 연구소에서 기술자들은 텔레비전 신호와 수신기를 연구하였다.

영상의 세밀도를 결정짓는 주사선의 수는 120개에서 현재의 525개로 늘어났다. 미래가 전자적 텔레비전의 것이라는 데에 대해 아무도 의문을 품지 않았다. 그것의 동작 부분에서 기계적인 텔레비전은 하나의 맹목적인 연구대상이었다.

텔레비전에 노출된 대중

처음에는 텔레비전 수상기 시장이 어디에 있을지 확실하지 않았다. 영화가 극장에서 상영되었으므로 텔레비전이 거기서 영화를 대체하리라 생각되었다. 뒤몽(Dr. Allen DuMont)은 미래는 가정에 텔레비전이 있으리라고 생각하였다. 뒤몽 연구실은 첫 완전 전자식 텔레비전을 1938년 일반인에게 판매하기 시작하였다. 칼럼리스트 화이트는 다음과 같이 썼다.

> 텔레비전이 현대 세계의 시험이 되리라고 생각하며 우리의 시야를 벗어나 그 너머를 볼 수 있는 이 새로운 기회를 통해 우리는 평화로운 삶의 새롭고 참을 수 없는 간섭을 발견하거나 하늘의 밝은 빛을 보상하거나 할 것이다. 우리가 텔레비전으로 일어서거나 몰락할 것이라고 나는 확신한다.

사노프를 선두로 선견지명이 있는 라디오산업 지도자들은 라디오 방송에 영상을 덧붙이는 것의 잠재적인 대중성을 인식하였다. 일반 미국인 대중은 1939년 처음으로 뉴욕 세계박람회에서 RCA관에서 텔레비전을 보았는데 박람회의 주제는 "내일의 세계"였다.

매일, '라디오 시티'에 있는 초기 스튜디오에서 RCA는 박람회장에 오래된 만화나 여행기 또는 요리법(보통 간단한 샐러드)을 쏘아보냈는데, 스튜디오의 열이 거의 요리를 할 정도로 뜨거웠기 때문에…… 아직은(1939년 뉴욕 세계박람회에) 참가해 놀란 수백만 명의 사람들 중 많은 사람들에게 긴 시간을 보내게 만들었던 비디오 영상들은 스크린 위에 있는 것이 아니었다. 그것은 TV 수상기 자체의 영상이다. 금속 같지만 목재로 된 TV 수상기는 정확히 5인치 높이의 장방형 유리를 끼워넣었다. 축소형 거울이었다.

NBC 그리고 CBS는 각각 뉴욕에 있는 자사의 시험방송국에서 상업방송을 할 수 있는 허가를 취득하였다. 그들이 방송전 조정기간에 부딪힌 어려움들 가운데는 스튜디오 온도를 화씨 100도가 넘게 만드는 뜨거운 빛도 있었다. 땀을 많이 흘리던 하원의원들은 1940년도 필라델피아의 공화당 집회에서 NBC 방송을 중단할 것을 요구하였다 현대이 집회에서는 어느 하원의원도 집회를 텔레비전이 보도하도록 되었을 때, 그런 요구를 할 꿈도 꾸지 않는다. 또 다른 어려움은 일반인들에게 방송할 것이 전혀 없을 때는 화질이 안 좋은 흑백화면을 보내주는 작은 화면의 크고, 다루기 힘든 가구를 구입할 만한 가치가 있는 것임을 확신시키는 것이었다. 텔레비전 한 대 값이 자동차 한 대 값과 맞먹었다. NBC와 CBS는 뉴욕지역을 대상으로 제한된 방영계획을 설정하였으나 텔레비전을 집에 무료로 설치한 텔레비전 경영자와 기술자들과 경기침체건 아니건 가격에는 신경을 쓰지 않는 일부 부자들을 제외하고는 가정시장이 없었다. 제2차 세계대전 수년 전에는 텔레비전 세트가 대부분 야구경기나 축구경기를 보고 싶어 오는 손님들을 끌기 위해 술집에 판매되었다.

전쟁이 일어나자 미국연방통신위원회는 제1차 세계대전이 라디오 개발을 동결시켰듯이 텔레비전 개발을 동결시키면서 텔레비전 허가를 거의 발행하지 않았다. 연구와 생산은 전쟁물자에만 필요하였고 레이다 시스템이나 다른 전기적 기계장치들을 만들었다. 제2차 세계대전 동안 오직 6개의 시험방송국만이 나라 안의 대략 1만 개의 세트에 프로그램을 가끔 방송하였다. 그러나 신문과 잡지는 텔레비전의 장래성에 대하여 이야기하였다. 전쟁이 끝나자 억제되었던 TV에 대한 요구가 터져나오려 하였다. 방송국은 허가를 원하였고 기업들은 TV 수상기와 방송장비를 제작하고 싶어하였으며 일반대중은 응접실에서 영상을 보고 싶어했다. 상업적인 텔레비전은 1946년에 6천 대이던 수상기 제작이 1948년에 116만 대에 이르는 인상적인 기록을 남겼다.

사용된 TV 수상기의 수는 1946년 5천 대였던 것이 1948년에 거의 백만 대에 이르렀고, 1950년에는 1천만 대에 달했는데 특히 7인치나 10인치 원형화면 수상기였다.

표준화 전쟁

RCA와 CBS 간의 컬러표준에 대한 전쟁은 텔레비전을 단색 세상에 붙들어 놓았다. 방송사 할당범위를 VHF(very-high frequency) 밴드에 제한하는 결정 때문에 채널 2에서 13번의 허가를 취득하기 위해 혹독하고 광대한 싸움이 일어났다. 모든 사람들이 이 희소가치가 있는 허가를 취득하려고 했던 것 같으며, 특히 라디오국 소유자와 신문사 발행인들이 그랬다. 누가 VHF 스펙트럼 내의 그 제한된 공간을 차지할 것인지에 대한 문제를 해결할 수가 없고 간섭을 방지하기 위한 독립성이 충분히 허용되지 않았음을 알고 FCC는 텔레비전 방송사의 자격증을 정지시켰다. 위원회는 미국 공동체의 더 많은 지역 텔레비전 방송국에 공급하기 위해 전국 텔레비전 스펙트럼 할당계획을 다시 하였다. 새방송사에 대한 동결은 1948년부터 1952년까지 지속되었으나 텔레비전 기술은 기다리지 않았다. 1951년 동축케이블과 극초단파 신호는 네트워크 프로그램을 동부 해안에서 서부 해안으로 전송하였다. FCC는 또한 UHF(ultra-high frequency) 밴드, 채널 14에서 69를 그들의 텔레비전 방송사를 원했던 지원자들의 요구를 들어주기 위해 개시하였고 1,200개 이상의 공동체에 채널들을 할당하였다. 컬러텔레비전 표준은 결국 1953년에 결정되었다. 1954년까지 350개 이상의 방송국이 VHF 그리고 UHF 방송을 내보냈다.

VHF 채널은 시작부터 재정적으로 대성공이었다. 영국 미디어 왕 로드 톰슨(Lord Thomson)은 다음과 같이 말하였다. "방송 허가증은 돈을 찍어내는 허가증이다." UHF 방송국은 대부분의 초기 텔레비전이 UHF 다이얼이 부족했기 때문에 요금도 적게 받았다. FCC가 1964년 텔레비전 세트 제조공장에 UHF 다이얼을 추가할 것을 요구한 후에도 그들은 VHF 방송국에 사용될 정확하게 조정된 다이얼을 요구하지 않았다. 시청자들이 피하는 UHF 방송사, 광고주들은 관객이 없는 곳에 돈을 쓰려하지 않았고 네트워크는 시청자나 광고주들이 거의 없는 곳을 합병할 의사가 없었으니, 이것은 많은 UHF 방송사가 네트워크 프로그램을 가질 수 없다는 것을 의미하였다. 케이블이 도래하기 전까지는 많은 UHF 방송사가 이윤을 남기며 운영되지 못하였다.

FCC는 전후 수년의 세월이 지나면서 더 좋은 표준이 나타나기를 기다렸던 유럽국가들과는 다르게 텔레비전이 전쟁 전의 표준에 따라 개발되도록 결정하였다. 결국 NTSC(그것을 개발하였던 National Television System Committee의 머릿글자를 따서)라고 불리는 미국 텔레비전 표준이 주사선이 625개인 유럽의 PAL과 SECAM 시스템보다 못 하였다. 일본, 캐나다 그리고 서방의 다른 국가들은 홀수선과 짝수선이 교대로 초당 30프레임을 교차시키면서 초당 60회 재생하는 525개의 주사선으로 영상이 만들어지는 미국의 NTSC 시스템을 채택하였다. 유럽국가

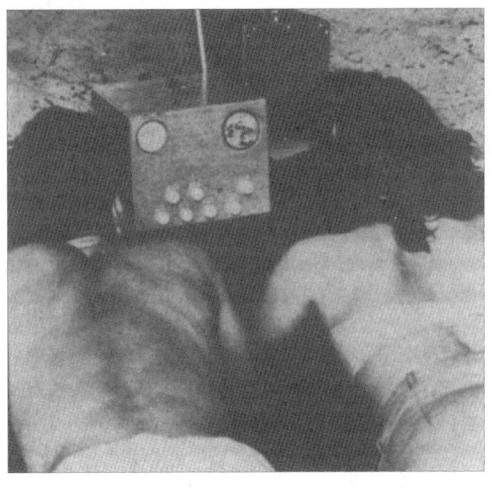

그림 5-7 1948년의 휴대용 TV 수상기는 화면이 3.5인치 정도였다.

들은 미국의 시스템보다 많은 주사선과 좋은 화질의 두 개의 다른 시스템으로 나뉘었다. 프랑스의 SECAM 시스템은 소련, 중국 그리고 동부유럽 국가에서 채택되었다. 독일의 PAL 시스템은 대영제국 그리고 대부분의 서부유럽 국가들이 채택하였다. 세계 다른 국가들은 문화적 그리고 정치적 이유로 또는 호환 가능한 전기 그리드 때문에 세 가지 가운데 하나를 선택하였다. 한 영국식민지였던 국가는 이미 영국 프로그램을 이용할 수 있었기 때문에 PAL 시스템을 선택하였을 것이다.

고선명 텔레비전(HDTV)

1990년대에 고선명 텔레비전이라는 새로운 시스템이 출현하였다. HDTV는 표준 텔레비전의 4×3의 화면비율 대신에 영화화면같이 16×9의 화면비율과 적어도 NTSC화면 주사선의 두 배 되는 주사선과 두 배의 선명함을 선보였다. 적어도 열 배는 많은 컬러정보를 포함하는 사진들과 디지털 샘플링으로 전송하기 위한 콤팩트 디스크 음질의 사운드는 기존의 텔레비전보다 훨씬 높은 선명도를 지녔다.

텔레비전의 가정 방송에 덧붙여 HDTV의 또 다른 가능성은 영화 배급을 대체했다. 영화는 수십년 동안 그랬듯이 극장에 도착하였는데 필름 깡통은 이곳에서 저곳으로 운반되었다. 그 대신에 공상가들은 필름이나 테이프가 없는 극장을 상상하였다. HDTV 신호는 위성을 통해 관객들이 대기중인 극장으로 다투어 송신될 것이다. 간단히 말해 극장에 대한 HBO의 최고급판인 셈이다. 이것은 영화 보급시 소규모 가능 관객을 대상으로 하게 되지만 규모가 있고 누적된 관객을 확보하게 해준다.

다음과 같이 물을 수 있다. 왜 극장 때문에 골치를 썩는가? 왜 그냥 테이프를 만들어 VCR로 집에서 볼 수 있게 하지 않는가? 경험에 따르면 극장에 가고, 다른 사람들에게 둘러싸여 앉아 큰 화면에서 영화를 보는 것은 집에 앉아 있는 것과는 다른 사회적인 활동이다. 그러나 도구창고가 된 가정의 편안함은 반복적으로 대부분의 사람들에게서 그러한 생각을 희박하게 만들었다.

상업적 기반

텔레비전은 다른 대부분의 국가와는 다르게 미국에서 개인기업의 형태로 발전하였는데, 그것은 의회가 모스의 일천한 전보서비스를 양도할 기회를 거부했던 19세기의 유산이다. 벨의 전화는 개인기업으로 성장하였고 그후 20여 년이 지나 마르코니의 지점간 무선라디오 서비스가 그러했다. 다시 20여 년이 지나 개인이 소유하며, 정부가 규제한 무선라디오는 방송으로 확대된 반면 다른 국가에서는 정부가 소유하고 모든 서비스를 관리하였다.

교육자들의 압력은 상대적으로 적은 수의, 부실한 재정의 교육적인 라디오 방송국, 나중에는 텔레비전 방송국을 낳았다. 이러한 상황에 대한 불만족은 많은 고통스런 조정작업을 하게 되었고 이윤도 없이, 부분적으로는 정부의 재정지원을 받는 공공 텔레비전 네트워크, 'Public Broadcasting System'과 두 개의 공공 라디오 네트워크인 'National Public Radio'와 'Public Radio International'에 이르기까지 법적 그리고 정치적 논쟁을 끝없이 하게 만들었다.

프로그램

1920년대 이웃들은 그 구역에 있는 최초의 라디오에 몰려들었다. 1940년대 후반기와 1950년대에 텔레비전이 전국에 걸쳐 판매되었는데 텔레비전이 없는 사람들은 이웃집으로 몰려가거나 라디오 가게 창가 진열대 앞으로 몰려가서 밀튼 벌과 시드 시저(Milton Berle and Sid Caesar)의 광대짓을 구경하거나 시무룩한 표정의 에드 설리번(Ed Sullivan)이나 밝고 젊은 재주꾼인 딘 마틴(Dean Martin)과 제리 루이스(Jerry Lewis), 비틀즈(Beatles) 그리고 엘비스 프레슬리(Alvis Presley) 및 포크송 가수들(folk singers)과 훈련받은 개들의 연기를 구경하였다. 구경꾼들이 즐거워하는 요소에는 오락프로가 생방송이며, 할리우드나 뉴욕에서 진행되는 동안 동시에 전국에서 지켜본다는 사실이었다. 영화에 참패한 희가극(Vaudeville)은 거대한 무대에서 다시 태어났다.

결국에는 텔레비전과 영화는 햄과 달걀처럼 같이 다니게 되었으나 처음부터 그런 것은 아니었다.

메이저 스튜디오는 텔레비전을 영화산업에 대한 위협으로 보았을 뿐 또 하나의 증가된 필름 배급 채널로는 보지 않았다. 사실 스튜디오와 극장 체인 사이의 재정적인 고리를 생각하면 텔레비전은 위협이 되었다. 그러한 고리들은 1948년 스튜디오와 영화극장과의 수직적으로 구축된 긴밀한 구조를 깨트린 U.S 대 패러마운트 사의 대결이었던 미국 연방대법원 법정사건에 대한 판정에 의해 약화되었다.

시간을 채워주고 현금을 불리기에 급급한 네트워크들이 급속하게 거대해진 관객에게 보여줄 영화를 얻는 데는 얼마 걸리지 않았다. 처음으로 도착한 것들 가운데는 B급 판정의 싼 제작비로 만들어진 서부영화가 있었는데 이것은 토요일 아침에 아이들이 시청하였다.

10여 개의 필름의 텔레비전 상영권을 소유했던 카우보이 배우들인 진 오트리(Gene Autry)와 호펄롱 캐시디(Hopalong Cassidy)는 재정적으로 상당히 성공하였다. 월트 디즈니(Walt Disney)는 ABC와 계약에 서명하여 1954년 매주 한 시간의 연속물을 방송하였다. 다른 스튜디오들도 그들의 영화 보관창고를 개방하였다. 영화가 충분히 많은 수효로 이용가능하게 된 후에 그리고 1950년대 소위 텔레비전의 황금시기의 중심부 장식이던 생방송 드라마들, 텔레비전 제작을 혁명적으로 변화시킨 비디오테이프는 어디서나 찍을 수 있고 편집할 수 있고, 선반에 올려둘 수 있는 프로그램을 생산하였다.

설정과 구성

텔레비전에 나오는 틀이 짜여진 할리우드 서부영화에 이어 동일한 형식, 좋은 사람들과 나쁜 사람들이 개척지 마을에서 총싸움을 하는 서부극 시리즈가 텔레비전용으로 제작되어 나왔다. 최고의 할리우드 스튜디오의 서부극 영화와는 다르게 인물들은 깊이가 부족하고 구성은 형편없었다. 시청자들은 결국 서부극의 설정에 질리게 되었지만 이차원적인 모험극은 아니었다. <보난자(Bonanza)>의 카우보이들이 나왔다. <미션 임파서블(Mission Impossible)>과 <아이 스파이(I Spy)>의 비밀요원들도 나왔는데 이 시리즈는 흑인배우 빌 코스비(Bill Cosby)가 두 영웅 중 한 역을 맡으므로 해서 역사를 만들었다. 사립탐정, 경찰 그리고 의사들이 텔레비전에 다투어 나왔다.

기본적인 구성은 많이 바뀌지 않았으나 인물들은 사회를 반영하고 때로는 사회적인 태도를 인도하며 변하였다. 예를 들어 신중하고 순전히 구식인 카우보이들은 인격적인 결점을 지닌 염세적인 사립탐정으로 대체되었다. 혼자이던 영웅은 흑인이나 여자를 또는 둘 다를 포함하는 한 팀의 지도자로 설정되었다. 만일 흑인경찰이 악당을 추적하는 팀의 인원이 아니라면 딱딱거리며 불평하는 중년의 뛰어난 사람이 흑인이 될 것이다. 남브롱크스(South Bronx)를 과감하게 사실대로 그려내고 다양한 사회적인 관심사항들을 그려 양념을 넣은 스티븐 보츠코(Steve Bochco)의 <힐스트리트 블루스(Hill Street Blues)>는 레이건 시대에 민주당원들에게 텔레비전을 시청하는 가정을 만들어 주었다. 풍부한 인물 설정과 매끄럽게 흘러가는 여러 구성들이 뒤따라 나온 쇼, 특히 보츠코가 제작하였던 <L.A. Law>와 병원 드라마인 <ER>에 하나의 스타일을 설정해주었는데, 사회적인 이슈들이 다시 등장하여 다루어졌다.

다른 변화로는 영웅들간의 잡담이 대사의 중요한 부분이 되었고 악당들의 범죄는 훨씬 폭력적이고 더욱 성적 묘사와 연결되었다. 모험극이 만들어진 10여 년간 그 성적이고 폭력적인 내용이 상당히 정확하게 묘사되었음을 짐작할 수 있다. 1960년대 초에 방송진흥협회(National Association for Better Broadcasting)는 5세에서 15세 사이의 평균 아이들이 1만 3천 명의 사람들이 폭력적으로 죽어가는 것을 보며, 총뿐만 아니라 불, 강간, 독, 산, 거미, 뱀, 악어, 갈퀴, 칼, 시한폭탄, 증기, 독가스, 주삿바늘 그리고 일종의 위험한 도구들을 식별하게 된다고 평가하였다. 폭력의 강력한 영상들은 아이들과 성인들에게 모두 영향을 미치고 일부 불안한 십대들과 어른들이 폭력적인 행위를 모방하게 충동한다는 사실은 이제는 부인하지 못하게 되었다. 하지만 사회의 주요 구성원들인 수많은 아이들과 십대들에게 텔레비전의 강력한 영상들은 아직도 도덕적인 지침을 제공하고 있으며, 때로는 그 도덕적 지침이 강력해지기도 한다.

프레드 프렌들리(Fred Friendly)는 "상업적인 텔레비전은 최악의 짓들을 하면서 그렇게도 많은 돈을 벌어들였는데 최고의 것을 할 여력은 없는 것 같다"라고 비꼬아서 논평하였다. 1996년의 방송개혁법안에 따라 텔레비전 제조업체들이 각 수상기에 v-chip을 설치하였는데 부모들은 폭력적이고 음란한 프로그램을 방지할 수 있었다. 네트워크, 케이블 채널 그리고 독립적인 제작자들은 정부와 대중의 압력에 부딪혀 v-chip을 위한 소프트웨어가 될 등급 시스템에 마지못해 동의하였다.

주부들을 위한 연속극

수십 년간 라디오의 인기프로그램이었던 대중적인 오후 멜로드라마, 통속극(Soap Opera)은 힘 안 들이고 라디오에서 텔레비전으로 이식되었다. 라디오는 <스텔라 달라스>, <마 퍼킨스> 그리고 <가이딩 라이트(The Guiding Light)>가 있었다. 텔레비전은 <모두 내 아이들(All My Children)> <우리 삶의 날들(Days of Our Lives)> 그리고 ─ 당연스럽게 ─ <가이딩 라이트>가 방영되었다. 뉴스보도를 제외하고는 몇 년이 지나자 가장 유명했던 어드벤처 쇼, 드라마 그리고 시추에이션 코미디가 쇠퇴해졌을 때에도 그것들은 가장 오래 방송된 프로그램이었다.

연속극이 계속 넘쳐흘렀다. 비록 주요 대상은 주부지만 그 호소력은 일터, 가정 그리고 대학 캠퍼스에까지 미쳤다. 수십 년에 걸쳐 사회적인 메시지가 소개되었으나 가장 큰 변화는 말하고 보여지는 섹스의 정도에 있었다. 통속극은 아나운서가 매일 관객들에게 35세가 넘은 여자가 아직도 로맨스를 찾을 수 있겠는가를 물었던 라디오의 <헬렌 트렌트의 로맨스(The Romance of Helen Trent)>에서 머나먼 길을 걸어왔다.

거대하고 믿을 만한 청중들만 있으면 구성은 라디오와 텔레비전에서 잘 통하는 형식을 변경할 필요가 없었다. 팀출연(ensemble casts)의 경우는 각 통속극은 일제히 하루하루 여러 가지 구성을 보였다. 거의 모든 영화와 보통의 극적인 프로그램들과는 다르게 통속극은 페이드 아웃(fade-out)으로 이어지는 해피엔딩으로 끝나지는 않았다. 만일 하나의 고통스러운 애정문제가 해결되는 것처럼 보인다면 다른 것은 그렇지 않고 '좋은' 인물들은 항상 그들 마음에 품었던 욕구를 실현하는 것도 아니다. 진짜 메시지는 항상 채널을 고정하라는 거였다. 노동자층 관객들을 매료시킨 <달라스(Dallas)>, <다이내스티(Dynasty)> 그리고 <낫츠 랜딩(Knots Landing)> 부유계층의 '여피족(yuppies)'들의 마음을 사로잡았던 <30대(thirty-something)>와 <L.A. Law> 그리고 십대들에게 인기있었던 <베버리 힐즈 90210> 같은 오래도록 방영된 프로그램들처럼 통속극은 저녁 주요시간대로 들어오게 된 인기프로그램임이 증명되었다. <달라스> 같은 주요시간의 통속극은 외국으로도 진출하였는데, 거기서 보통 여러 달 동안 방영되던 통속극인 멕시코의 그리고 브라질의 <텔레노벨라스(telenovellas)>와 경쟁하게 되었다.

시트콤

반 시간의 수요시간대 라디오 코미디쇼는 반 시간의 텔레비전 시트콤으로 이식되었다. 매주 고정 배역의 출연자들이 관객들의 기분을 즐겁게 해주기 위해 예상대로 비틀거렸다. <허니무너스(The Honeymooners)>와 <왈가닥 루시(I Love Lucy)>로 시작하여 1960년대의 <베버리 힐빌리스(The Beverly Hillbillies)>, 1970년대의 <매리 타이러 무어 쇼(The Mary Tyler Moore Show)>, <매쉬(M*A*S*H)> 그리고 <해피 데이즈(Happy Days)>, 1980년대의 <치어스(Cheers)>와 <로잰느(Roseanne)>, 1990년대의 <친구들(Friends)>, <사인펠드(Seinfeld)> 그리고 <아이들과 함께 결혼을(Married With Children)> 같은 시트콤이 등장하였다. 지난 십수 년간의 가장 주목할 만한 변화는 성적 유희와 무례한 행동의 향연이다.

상황 코미디(Situation comedy)는 사회적인 문제들을 다루는 이상적인 전달매체로 입증되었다. 도피적인 오락의 방어적 기구(balloon)는 1970년대의 <가족의 모든 것(All in the Family)>에 의해 터져버렸다. 중심적인 인물은 그 자신과는 다른 사람들을 향해 공허한 표현의 편협한 주장을 하는 재미있는 인물로 설정되었다. 당당하게 자유분방한 <가족의 모든 것>은 기꺼이 낙태와 동성애와 같은 당대의 문제들을 거론하였다. 다른 시트콤도 이어 나와 한때는 방송에서는 무시되었던 논쟁의 여지가 있는 주제들을 꺼내놓았다.

어린이를 위한 것은?

아이들의 프로그램은 상당히 변하였다. 라디오는 15분짜리 모험극을 매주 저녁식사 전에 방송하였고 <흉내내기 놀이를 해봅시다(Let's Pretend)> 같은 토요일 아침프로그램을 방송하였는데, 그것은 상상을 자극하여 독서를 고무시켰다. 텔레비전은 처음에는 <하우디 두디(Howdy Doody)> 그리고 <쿠클라(Kukla)>, <프랜과 올리(Fran and Ollie)>, <외로운 방랑자(The Lone Ranger)> 그리고 <래시(Lassie)> 같은 모험극으로 이것들을 대체하였으나 수 년이 지나자, 30분 분량의 만화영화가 주말 오후와 특히 일요일 아침에 등장하였는데, 값싸게 만들어진 모험만화들이 속출하였다. 이 가운데 일부는 뻔뻔스럽게도 장난감 광고였다. 광고주들은 다른 광고로 방송을 채웠는데 아이들은 전국적인 스캔들이 되었다. 개혁자들은 의회와 미국연방통신협의회를 포위하였다. PBS의 <세서미 스트리트(Sesame Street)>와 <미스터 로저스의 이웃(Mr. Rogers' Neighborhood)>은 자랑거리가 되었다.

가족 시청시간, 즉 주요시간의 첫 시간을 장악하려는 노력은 법을 이용한 도전에 패배하였다. <월튼네 사람들(The Waltons)> 그리고 <브래디 번치(The Brady Bunch)> 같은 프로그램으로 자발적으로 규정을 지키겠다는 방송국의 약속에도 불구하고 가족 시청시간은 점차 보통의 저녁 프로그램으로 용해되었다.

에드워드 R. 머로는 이렇게 말하였다.

이 도구는 가르칠 수 있다. 그것은 계몽할 수 있다. 그렇다. 그리고 그것은 영감을 주기도 한다. 그러나 그것은 그러한 목적에 사용하도록 사람들이 결심하였을 때에만 그렇게 할 수가 있다. 그렇지 않으면, 그것은 단지 상자 안에 들어 있는 전깃줄과 빛일 뿐이다.

이 글에서, 공영방송 시스템의 역사에서 가장 높은 시청률은 1시간 혹은 2시간으로 편성되어 주시청시간에 방영된 역사가들이 옛 사진들과 해설을 조합한 11시간짜리 다규멘터리 시리즈인 <남북전쟁(The Civil War)>이 기록했다. 하지만 소수의 제작자들을 제외하고는 모두에게 텔레비전은 아직도 상자 안의 전선들과 빛이었다. 닐 포스트맨(Neil Postman)은 다음과 같이 설명했다.

텔레비전은 교양 있는 문학을 확산하거나 풍부하게 하지 않고 그것을 공격한다. 만일 텔레비전이 어떤 것의 연장이라면 19세기 중반의 사진과 전보에 의해 시작된 전통의 것이지 15세기의 인쇄문화의 것은 아니다.

토크쇼와 '정보, 오락 프로그램'

그것들이 높은 시청률을 기록했기 때문에 텔레비전 사업은 폭력과 섹스에 대한 비판에도 불구하고 그것들을 옹호한다. 하나 또는 다른 것들이 한 주 어느 때 어느 곳에든지 방송계획에 들어가 있는 것을 찾아볼 수 있다. 폭력은 "정보오락(infotainment)"이라 불리던 대중 장르의 핵심이었다. <하드카피(Hard Copy)> 그리고 <미국판 공개수배(America's Most Wanted)>는 뉴스 프로그램의 모습을 갖추었고 그 제작진 중에는 이전 텔레비전 저널리스트도 끼어 있었다. 많은 시청자들이 그 차이를 구별할 수 없었는데, 그것은 항상 분명하지 않았고 특히 지역 방송국 뉴스룸이 그 달의 시청률에 혹하여 도덕적으로 높은 입지를 유지해야 된다는 사실을 잊고 말았을 때는 더욱 그랬다.

엄중한 비평이 오후 토크쇼에 가해졌는데 야한 성적인 내용을 빈번하게 다루었기 때문이었다. 사회자들은 초대손님들에게 종종 일탈적인 행동을 대화주제로 소개하였는데, 내용이 기이할수록 좋아했다. 손님들은 분명히 집에 앉아서 열중해서 보다가 황당하여 머리를 흔들 수백만 명의 시청자들에게 드러내도 될 만한 것인지 따져보기는커녕 공개적으로 몇 년 전까지만 해도 많은 사람들이 있는지조차 몰랐던 문제들을 이야기하였다. 시청자들은 가끔 더 많은 질문을 하고 긴장되게 의견을 더하도록 전화 요청을 받았다. 도나휴(Donahue), 헤랄도(Geraldo) 그리고 오프라(Oprah) 같은 사회자들의 이름은 일반가정에서도 따라 지었다. 사실 하나의 성만으로도 그들을 대중에게 즉각 인지시키는 것은 충분하였다. 매일 다루어지는 요약된 주제들에 성난 반응을 보이기도 하여 텔레비전이 정화되어야 한다고 의회에서 거론되기도 하였다.

십여 개의 다른 종류의 프로그램이 방송을 채웠는데, 일요일 아침 주일 설교에서 헌금하도록 대중들을 괴롭히는 텔레벤젤리스트(televangelists), 정치적인 인터뷰에서 여행기(travelogues) 및 매년 텔레비전 분야에서 최고를 뽑는 에미(Emmy) 상을 포함하여 생각할 수 있는 모든 주제에 대한 주시청 시간대의 특집 프로그램들이 있었다. 텔레비전의 방대한 프로그램에 대한 식욕을 생각해보면 그것은 단지 이용할 수 있는 시간들을 채워넣으려는 단순한 묘기였다. 한 텔레비전 경영자는 이렇게 말했다. "젠장, 평범한 것은 없구만."

유 료 프 로 그 램

수신료 지불방법은 주로 다음과 같다.

1. 정부할당. 전체주의적인 정부는 이 방법을 좋아하는데, 그것은 방송을 정부의 한 부서로 만들고 그것의 고용자들이 힘을 가진 그들에게 의지하게 만든다.
2. 시청자들의 수신료. 이 방법은 다른 국가에서 BBC, 일본의 NHK 그리고 스칸디나비아의 정부 방송국을 지원한다. 비평가들은 이러한 사용료를 퇴행적인 세금으로 간주하여 부자들과 동일하게 가난한 사람들에게 부과하여 가난한 사람에게 유죄선고를 내린 것으로 간주하지만 지지자들은 그것이 방송재정을 얻는 최상의 길이라고 생각한다.
3. 광고. 미국 시스템은 그 물질주의, 사람들이 필요하지도 않은 것을 사게 하고 뻔뻔하게 아이들에게 판매를 하고 그리고 부적절하게 프로그램이나 뉴스 도중에 광고를 끼워넣음으로써 비난 받는다. 그러나 그것은 참을 만하고 대중적이 되었다. 한때는 방송광고를 거부했던 대부분의 국가는 공영 텔레비전 채널이건 독립된 광고 채널이건 그것을 수용하였다.

광고는 몇 초 동안의 광고에 수만 혹은 수십만 달러를 지불하는 것의 효율성을 확증하였다. 많은 시청자들이 좋아하는 광고를 지켜보는 것을 좋아하는데 그 대사를 모두 외울 정도이다. 유행가나 아이들이 좋아하는 영화처럼 일부 광고들은 퇴색되지 않는다. 특히 아이들은 광고를 즐겨 본다.

아이들은 광고를 반드시 끼어들기로 보지 않았다. 누군가 TV에서 웃는 시간이 있다면 그것은 광고다. 뉴스나 통속극에서처럼 남은 여생이 그렇게 끔찍하다면 삶을 살아가는 유일한 길은 이 상품을 사는 것이다. 그러면 당신은 웃을 것이다. 이솝도 이보다 더 명쾌한 우화를 쓰진 못하였다.

방송의 쇠퇴

케이블 채널이 확대되자, 미국의 3대 네트워크의 시청자들이 전체 텔레비전 시청자들의 90% 이상이던 것이 대략 60% 정도로 줄어들었다. 완전히 시들어버리지는 않았으나 한 번도 자신들의 축적된 시청자들의 수가 내려가리라고 생각해보지 못했던 네트워크에는 이러한 감소가 커다란 충격을 안겨주었다. 각 네트워크는 보다 큰 기업에 인수되었다. CBS는 웨스팅하우스(Westing-house)가, NBC는 제너럴 일렉트릭(General Electric)이 그리고 ABC는 디즈니(Disney)가 인수하였다. 그들은 뉴스 직원들을 줄이고 다른 매체산업에 손을 뻗었다. 옛날의 고객 시청자들은 새로운 통신기술로 인해 사라졌다. 미국의 상업 네트워크는 층이 얇아진 시청자들을 놓고 전쟁을 하였다.

유럽의 공영방송 네트워크는 자기 만족에 빠져서 과잉인원 상태였는데 미국의 3대 네트워크보다 훨씬 심한 타격을 입었다. 상업경쟁, 케이블, 위성 그리고 비디오테이프 대여에서 완패 당하여 이탈리아 삼두 경영의 RAI, 스페인의 RTVE 그리고 독일의 ARD와 ZDF는 재정적으로 파멸에 직면하였다. 국가경영의 아시아 텔레비전 네트워크도 시청자들의 선택사항이 증가함에 따라 타격을 입었다.

프랑스, 러시아, 동부유럽 국가 그리고 멕시코 다른 국가에서 국영방송국들은 민영화되었다.

반면, 미국연방통신위원회는 제한된 지역의 서비스로 저출력텔레비전(LPTV)을 승인하였다. 대략 전국의 반 정도의 LPTV가 기존 TV방송 서비스가 좋지 않은 원거리 시골지역에 자리잡았다. 1/3 이상이 여행자, 학생, 스페인어를 사용하는 사람들 그리고 아이들과 같은 특별하고 다양한 시청자들의 환심을 사려고 하였다. 많은 도시의 LPTV는 종교나 쇼핑에 집중하였다.

두 세대가 지나자 텔레비전 방송은 우량아로 태어난 아이가 수십 년간 그의 건강에 대한 모든 예측을 넘어선듯 자랐으며 세기말에는 중년의 징후를 보였다. 그것은 결코 눕거나 발가락을 말아 올리거나 할 준비는 되지 않았으나 신경이 곤두서서 수많은 생산물, 다양한 케이블 채널들, 직접방송위성, 테이프와 CD에 저장된 오락거리 그리고 인터넷 비디오의 잠재성을 바라보았다. 놀랄 일도 아니지만 아이들은 아버지를 꼭 닮았다.

거실의 비극 Tragedy in the Parlor

미네애폴리스 텔레비전 방송국은 텔레비전 뉴스가 '내가 살고 있는 세상'을 반영하지 않는다는 시청자들의 불평에 주목했다. 시청자들이 옳았다. 뉴스가 구성될 때 텔레비전 뉴스방송은 적어도 세 가지 이유에서 시청자들의 세상을 방영하지 못하며 또 할 수도 없다. 첫째, 평균 시청자들의 세상은 평범하여 일하러 운전하고 출근하고 안전하게 쇼핑하고, 무사고로 하루를 보내고, 주방에서 저녁을 먹고, 평화롭게 잠드는 것이다. 반대로 텔레비전 뉴스는 평범하지 않은 것들을 보도한다. 사람들은 자기 삶에서 사고와 폭력을 피하려 하지만, 텔레비전 뉴스는 그러한 것들의 영상을 보여준다.

월터 크롱카이트(Walter Cronkite)는 나무에 끼인 고양이는 뉴스이지만 지상에서 안전하게 있는 수백 마리의 고양이는 뉴스가 되지 않는다고 언급하였다. 텔레비전 뉴스 카메라는 '나무에 끼인 고양이들'을 조준하였다. 뉴스는 또 하나의 구경하는 스포츠이다. 시청자들은 범인의 체포, 화재, 흐느끼는 피해자, 황홀한 표정의 경마도박 승리자 그리고 정치가들을 지켜본다.

둘째, 텔레비전 뉴스는 방송의 일부로서 가능한 시청자들을 폭넓게 포섭하며 초점의 분산을 요구한다. 폭넓을 수록 넓게 퍼지며, 어느 개인의 '세상'은 주목을 덜 받게 되는 것이다.

셋째, 텔레비전 뉴스를 포함하여 모든 매체의 원심력 효과는 사람들을 그들의 세상에서 벗어나게 만든다.

늘어난 지역 케이블 뉴스보도의 좀더 좁은 범위의 시청자들에 대한 집중과 기독교방송 네트워크와 MTV같은 특수 채널의 뉴스보도는 모두 이런 점에서 그들의 시청자들을 만족시킨다. 시청자들을 일부 잃더라도 시청자들의 세상에 대한 더 커진 초점을 얻을 수 있다면 텔레비전 방송사는 만족한다.

뉴스보도 선택시에 텔레비전 저널리스트는 마을의 무엇이 그리고 세상의 무엇이 우리의 시선을 사로잡는지를 결정하도록 도와준다. 이러한 현상은 '의제설정(agenda setting)'으로 알려졌다. 예를 들어 에티오피아와 소말리아의 기근이 대거 보도되어 막대기처럼 여윈 남자, 여자 그리고 아이들, 눈 주위를 맴도는 파리들의 사진으로 마음을 아프게 하였다. 미국인들의 평안한 가정에 도착한 그 보도를 통해 대규모 구제사업이 시작되었고, 소말리아에 군이 개입하였다. 하지만 근처의 수단에 사는 사람들도 똑같은 잔혹한 내전으로 말미암아 같은 시기에 기아에 허덕였지만 수단정부의 기자들에 대한 엄격한 통제 때문에 텔레비전 영상을 통해 시청자들에게는 거의 전달되지 않았고 구조의 손길도 없었다. 모잠비크와 앙골라에도 유사한 비극이 대부분 사진으로 촬영되지 못하고 보도되지 못하여 결과적으로 구제받지도 못했다.

공동체 밖에서 일어나는 것에 대해 대부분의 많은 사람들이 아는 것이란 텔레비전 뉴스를 통해서만 아는 것이다. 그리고 뉴스보도시에 그것이 단지 말로만 전해지고 보여지지 않는다면 그것은 일어나지 않은 것과도 같은 것이다.

대중집회의 장소가 지속적으로 사라지고 사람들이 그들의 시간을 전적으로 집과 직업으로 분리하기 시작하자 텔레비전 뉴스는 많은 사람들을 거대한 세상과 연결시키는 가장 중요한 연락망이 되었다.

라디오 뉴스

방송 뉴스는 방송이 시작한 지 얼마 되지 않아 등장하였다. 대부분의 국가에서 뉴스보도는 정부의 방송에 대한 감독을 반영하는 것이었다. 미국에서 라디오 방송국은 지역뉴스를 그들의 상업적인 제시의 일부로서 보도하였다. <아라비아의 로렌스>를 대중의 관심 속에 끌어들였던 여행 강사 로웰 토마스(Lowell Thomas)는 1930년 처음으로 NBC에서 미국 네트워크 라디오 뉴스보도를 시작하였다. 경제공황 동안 그들은 손실을 유지하였지만 라디오의 경제적 성공에 좌절당한 신문이 연합통신과 다른 뉴스대행사에게 방송국과 네트워크에 대한 정규서비스를 거부하게 하자 문제가 곧 나타났다.

신문사가 타협안으로 제공한 뉴스의 감축을 마지못해 받아들였지만 라디오 방송가들은 그들 자신의 정보채널을 개발하였다. '신문사와 라디오 간의 전쟁(Press-Radio War)'은 1935년에 신문사의 퇴각으로 끝났다. CBS 그리고 NBC는 미국전역과 유럽에서 기술진과 비상근 지역기자들을 동원하여 강력한 뉴스부서를 계속 신설하였다.

목적이 많은 청취자들의 주의를 붙들어 두는 방송매체의 한계적 특징인 깊이가 없는 단점 때문에 라디오가 지닌 즉각성의 이점이 드러나지 않았다. 신문편집자는 여러 문단을 통해 이야기를 진행시키는 데 관심 없는 독자들은 눈만 돌리면 다음 이야기로 넘어갈 수 있다는 것을 알고 있다. 라디오 시청자들은 다음 것을 듣기 전까지 하나의 뉴스를 전부 들어야만 한다.

사건을 단순히 기술하는 대신에 오디오기술은 라디오가 수백만 명의 시청자들을 사건 그 자체, 스포츠에서 정치적인 대화에 이르기까지 모든 것과 직접 만나게 해주었다.

야구, 축구, 복싱 그리고 경마 방송은 수백만 팬들의 마음을 사로잡았다.

가장 유명한 라디오 리포터인 에드워드 R. 머로(Edward R Murrow)는 제2차 세계대전시 독일군의 런던 공습기간에 대중매체를 현명하게 사용하였다. 밤마다 그의 스튜디오 위의 지붕꼭대기에서는 머로의 마이크가 대공포사격 소리를 담았고 머로는 폭격을 생생하게 묘사하였다. 대서양을 건너 아직 평화로운 한 국가에 사는 청취자들은 열심히 CBS 라디오 뉴스보도를 기다렸는데, 그것은 미국인들이 전쟁을 피하려던 중립주의에서 포위당한 유럽국민들을 돕기 위해 참전하고 싶다는 마음으로 바뀌는 데 일조를 하였다.

뉴스영화와 다큐멘터리 카메라가 세상의 머나먼 구석을 찾아다니던 때에 라디오 리포터들은 보통 스튜디오 안에만 머물렀다. 이러한 실정은 제2차 세계대전 기간의 라디오 리포터의 손에 새로운 휴대용 녹음기를 넣기 전까지는 변하지 않았다. 독일이 개발한 테이프 녹음기는 전쟁 이후에 미국에서는 이용할 수가 없었다.

텔레비전 뉴스의 두 가지 뿌리

텔레비전 뉴스는 두 가지 뿌리, 뉴스영화와 라디오 뉴스보도에서 자랐다. 초기 텔레비전은 그 둘을 따로 보았다. 극장의 뉴스영화처럼 텔레비전 뉴스영화는 패션쇼 그리고 자선 공연하는 영화스타들의 모습 같은 가벼운 주제들을 다루었다. 뉴스영화는 할리우드 장편영화 같은 것을 찍는 데 사용되는 무거운 35mm 카메라를 갖고 거기에 맞는 모든 장비들을 그 사건현장에 가져가야 하며 찍은 필름을 현상소로 가져가서 다시 그것을 극장이나 텔레비전 방송국으로 배포해야 한다는 운송의 문제점을 겪어야 했다. 결국 사건은 취재하기 편리할 때만 다루어질 수 있었고 시기의 적절성은 중요하지 않았다.

다른 뿌리, 라디오 뉴스는 시각적인 흥미가 부족하였다. 대본을 읽으려고 수그린 사람의 머리 위의 대머리 부분을 지켜볼 이유는 무엇인가? 하지만 초기의 텔레비전 뉴스보도는 가장 시각적인 위협을 제공하였다. 그것은 바로 카메라가 있는 라디오 뉴스보도였다.

현대의 뉴스보도는 불길하던 시작부터 한 단계 한 단계 발전하였다. '말하는 머리들(talking head)'과 맥없는 사진들은 수없이 지나면서 천천히 함께 어우러졌는데, 상상력이 풍부한 제작자들은 정물사진, 지도, 도표 그리고 뉴스 캐스터의 어깨너머로 사진을 위치시키는 배경영사를 이용하여 뉴스보도를 생동감 있게 하며 시각적으로 설명하는 방법을 고안하였다. 뉴스 캐스터들은 카메라를 의식하게 되었고 결국 큐 카드(cue cards : 출연자가 카메라에 보이지 않도록 보고 읽을 수 있도록 내용을 써놓은 판 — 역주), 나중엔 프롬프터(prompters)로부터 대사를 읽었다. 영상은 처음에는 카드와 슬라이드로 보여졌고 후에 비디오테이프에 저장되었다. 세트가 허전하던 탁자를 대체하였다. 세트 내에서 뉴스 캐스터가 사건의 생생함을 전달하도록 생방송으로 원거리 장소에 있는 리포터에게 연결되었다. 뉴스영화는 라디오 스타일의 뉴스보도에 혼합되었다. 더블 체인(Double chaining)은 오디오와 비디오를 섞어 이야기를 진행하였는데 독립적인 사운드 트랙을 필름 영상에 덧붙였다. 현장에서는 텔레비전 네트워크가 먼 지역에 새 지부를 신설하였고 텔레비전 방송사도 근교와 마을에 새 지부를 신설하였다. 네트워크 뉴스보도는 네트워크 프로그램을 내려보내던 동일한 전화선을 이용하여 지부방송사로부터 올라오는 뉴스필름 공급으로 향상되었다. 덩치가 크고 조작이 어려운 할리우드 스튜디오 35mm 필름 카메라는 16mm 필름 카메라에 대체되었고 이것도 비디오 카메라와 비디오테이프에 밀려났다.

1963년에 시작하여 네트워크와 지역 뉴스보도는 각 15분에서 30분으로 연장되었고 흑백에서 컬러로 바뀌었다. ENG, 즉 'electronic news gathering'은 CBS-TV 뉴스가 비디오 카메라와 테이프 녹음기를 보내 리차드 닉슨 대통령의 모스크바 방문을 취재하게 하였을 때 등장하였다. 텔레비전 뉴스 시청자들에게 ENG는 더 많은 사건의 장면을 담은 영상들, 더 많은 최근 뉴스와 일어나고 있는 사건의 보도, 종종 이전에 찍어놓은 익숙한 비디오테이프와 그 장면 속의 리포터의 조합을 보게 되는 것을 뜻하였다.

비디오테이프에 근거하여 ENG는 필름을 현상하는 시간이 많이 소모되는 과정을 제거하였다. 몇 년 후에 비디오 카메라와 극초단파를 사용한 휴대용 전송장비를 갖추게 되자 촬영기자들은 더 이상 그들이 찍은 영상을 들고 방송사로 돌아올 필요가 없어졌고 그렇게 시간을 절약하고 더 많은 부분을 뉴스 화젯거리를 취재하는 데 사용하게 되었다.

1980년대 ENG는 SNG(satellite news gathering)로 대체되었는데, 이것은 리포터들이 국가와 세계의 외딴 곳에서도 즉각적이고 저렴하게 생생한 보도와 영상을 전송할 수 있게 해주었다.

신기술 덕택으로 텔레비전 방송사는 그들이 있는 지역 밖의 뉴스 취재를 위해 네트워크에 덜 의존하게 되었다. 뉴스 연락망은 동일한 네트워크 지부를 공유하지 않는 방송사 사이에서도 발전하였으나 방송사의 소유권 때문이거나 방송사가 비디오 스토리들을 교환하기로 협력하였기 때문에 연결되었다. 전보가 1세기 전에 연합통신사의 조직을 고무하였던 것만큼 통신 위성, 경량 카메라 그리고 비디오테이프 녹화기는 회원 방송사에 뉴스 화제를 공급하는 CONUS 그리고 WTN(Worldwide Television News) 같은 위성뉴스 취재기관의 조직을 고무하였다.

뉴스 스태프들은 여러 날 동안 뉴스보도를 편집하였을 뿐만 아니라 인터뷰 프로그램, 다큐멘터리 그리고 특집 프로들도 다루었다. 정치적인 집회는 주시청 시간의 시청자들을 포착하기 위해 시간을 조절하였다. 선거취재는 동부주에서의 결과 보도와 시사된 바가 서부주의 선거결과에 영향을 주었다는 목소리가 전국적으로 일어났을 때 TV 자체의 효율성과 대중성 때문에 자신이 피해자가 되었다. 언론을 컴퓨터기술과 통계확률과 조합시킴으로써 텔레비전 뉴스는 대통령 선거를 망쳐놓을 잠재성도 가졌다.

케네디 암살보도

텔레비전 뉴스가 처음 시작되었을 때, 최고의 라디오 리포터들은 그것에 참여하길 원하지 않았다. 그의 프로 <부끄러움의 대가(Harvest of Shame)>로 안일한 미국에 충격을 주었던 에드워드 R. 머로는 1958년 "텔레비전의 냉담함은 네로의 바이올린을 혹은 챔벌린의 우산을 능가할 것이다"라고 언급하였다. 신문사 리포터들 그리고 사진사들은 벽에 달린 소켓에서 카메라 전원을 뽑았고 텔레비전 카메라가 허가된 '기자'회견에는 참석을 거부하였고 카메라가 중요한 장면을 찍으려고 할 때는 불쾌한 몸동작을 만들어 보였다. 뉴스보도의 시작을 알아차렸던 비평가들은 텔레비전 안테나가 모든 지붕 위에 활짝 펼쳐지고 있을 때도 그 성장하던 대중성에 대해 상상하지 않았다.

이러한 태도는 존 F. 케네디가 암살당한 1963년 11월 22일에 바뀌었다. 그의 암살 용의자의 살인사건으로 이어진 뜻밖의 상황에서 대통령의 살인사건은 시민들을 격분시켜 거리로 나오게 하는 대신에 텔레비전에 붙어 앉아 사흘이 넘게 진상을 규명하려는 드라마를 지켜보게 하였다. 모든 프로그램, 모든 광고 그리고 모든 다른 뉴스가 자취를 감췄다. 텔레비전 뉴스 영상들은 시청자들을 최면에 걸어 밤낮으로 사건설명과 반복해서 보이는 장면들에 빠져들게 하였다. 여론조사기관은 텔레비전의 도움으로 다음과 같이 보고하였다.

> 금요일 보통 집단적인 무질서 상태 이전에 나타나는 감정적인 반응을 보였던 사람들은 장례식 후에야 국가의 미래에 대해 암살사건이 내포하고 있는 바를 더 현실적으로 평가하게 될 것 같았다.

나중에 문서로 작성된 보고서가 해낼 수 있는 것보다 훨씬 훌륭하게 텔레비전 뉴스는 미국정부의 합법적인 정권이양을 통한 지속성과 힘을 보여주었다. 그것은 댈러스의 끔찍한 사건과 워싱턴 장례식의 잊을 수 없는 영상을 통해 국민을 하나로 뭉쳐주었다. 나라 전체가 깊은 슬픔에 빠져있을 때 텔레비전 뉴스는 가장 빛나는 시기를 맞이하였다. 한 마디로 열 명 중 아홉 명 이상의 미국인이 텔레비전을 지켜보았다. 뉴스와 영상들이 위성으로 23개국의 6억의 시청자들에게 방송되었을 때 전세계도 이를 지켜보았다.

시민 인권운동

텔레비전 뉴스의 감정 생성 능력은 남부지역에서의 인권운동을 다루는 동안 자주 드러났다. 어디에서도 그것의 영향력이 그렇게 분명하게 보여진 적은 없었다.

> 보도는 간이식당 연좌농성, 최남부지방까지 들어간 자유의 행진 그리고 변화를 요구하는 눈에 잘 띄는 다른 데모들로 시작되었다.
> 버밍햄 경찰부장 "황소라는 별명을 가진" 코너(Connor)는 소방호스와 개를 사용하여 인권운동하는 데모 인파를 공격하였는데 텔레비전 뉴스는 물 공격으로 엎어지고 개들에게 공격당하는 흑인들이 영상을 방영하여 충격받은 국민들을 도덕적으로 격분시켰다. 적어도 북부에서는 그러했다. 남부의 많은 방송사들은 "우리 유색인종들의 뉴스(News of Our Colored Folk)"라고 불리던 단편으로 취재를 제한하며 펼쳐지고 있는 드라마틱한 사건보도를 중시하지 않았다.

시청자들은 방위군의 보호 아래 놓인 리틀 락(Little Rock) 중앙고등학교의 인종차별 폐지, 간이식당 연좌농성, 마틴 루터 킹(Martin Luther King)의 집과 버밍햄 교회에 가해진 폭탄 테러, 남부로 향하는 버스에 탄 사람들 중에 카메라맨과 함께 온 자유행진, 제임스 메러디스(James Meredith)의 미시시피 대학의 입학, 셀마, 앨라배마, 곤봉과 소몰이용 막대기를 흔드는 보안관 그리고 주일 예복을 입은 어린이들이 대열에서 체포되어가는 생생한 보도에 사로잡혔다. 이것들과 폭력으로 가득한 수십 개의 다른 비디오 영상들이 인종차별 현상을 차분하게 받아들였던 국민에게 충격을 주었다. 연방 인종차별폐지 선언에 따라서 전원 백인인 학교에 입학하게 된 흑인아이들에 대한 폭도들의 증오의 모습은 미국의 양심을 자극하였다. 버밍햄에서 인권운동 행진을 벌이던 사람들이 경찰견과 고압 소방호스 공격에 흩어지는 광경도 그러했다. 마틴 루터 킹은 의식적으로 데모를 조직하여 최대한의 텔레비전 보도를 성사시켰고 잔혹한 버밍햄 경찰서장, "황소" 유진 코너의 무의식적인 협조도 받았다.

대부분의 역사가, 정치학자 그리고 언론인들은 버밍햄의 경찰부장 '황소' 코너와 그의 경찰견들을 보여주었던 텔레비전 카메라가 없었더라면, 소몰이용 막대와 곤봉을 셀마의 흑인들에게 사용하던 보안관 짐 클락과 그의 보안대의 모습이 없었더라면, 1964년의 시민운동 조항, 1965년의 투표권조항은 없었을 것이라는 점에 동의한다. 운동 지도자들은 어떤 영상이 유권자들을 움직이는 데 사용될 수 있는 방법을 의식하고 텔레비전 조작술에 능숙하였다. 마틴 루터 킹은 특별히 그의 선거권운동을 시작할 장소로 셀마를 선택하였는데, 그것이 그가 보안관 클락이 수백만 명의 시청자들이 지켜보는 데도 불구하고 행진하는 흑인들을 보면 자제력을 잃을 사람인 것을 알았던 까닭이다.

시민인권운동 대변자인 올러드 로웬스틴(Allard Lowenstein)은 디모인(Des Moines : 아이오와 주의 주도 —역주) 시민권을 팔려면 버밍햄의 경찰견이 필요하다고 말하였다. 케네디 대통령은 텔레비전으로 상영된 여자와 아이들에 대한 공격이 그를 "참을 수 없게" 하였다고 말했다. 그러한 모든 주의를 끄는 텔레비전 영상으로 어느 정도 활기를 얻은 전국적인 지지는 시민권법을 만들어냈다.

이런 사건들은 모두 남부에서 일어났으나 남부 주에 위치한 많은 텔레비전 방송사들은 엄격하게 시청자들이 시민인권운동에 대해 볼 수 있는 것을 제한하였다. 시민권조항을 이룩해낸 분노는 일부 남부 시청자들을 당황시켰다.

남부흑인들의 비참함에 동정을 끌어낸 동일한 텔레비전 카메라가 1965년 왓츠(Watts)에서 시작하여 캘리포니아의 도시빈민가와 북부에서 불붙은 폭동과 이어서 발생한 시카고, 클리블랜드, 뉴와크, 디트로이트 그리고 워싱턴 D.C.에서의 폭동을 보도할 때는 매우 다른 영상들을 보여주었고 전혀 다른 감정을 만들어냈다. 여기서는 텔레비전이 흑인들을 폭력의 피해자로서가 아니라 선동자로 보여주었다. "우리는 승리하리라" 대신에 시청자들은 "태워버려, 베이비, 태워버려"를 들었다. 반응은 백인들의 공포였고 흑인들이 당하는 고난에 대한 동정심이 반감되었다. 백인 중산층의 이주가 증가하였고 세금을 많이 내는 사람들이 도심에서 안전한 근교지역으로 이전하였다. 텔레비전 뉴스는 표면적인 사건만을 보여주는 과오를 범하였고 그 배후에 있는 원인들을 살펴보는 데는 실패하였다.

반전시위

1968년 시카고의 민주당 집회장 밖에서 발생한 반정부, 반전시위는 통제를 잃고 무고한 구경꾼마저 구타하는 경찰의 폭동으로 묘사되는 지경에 이르렀다.

거리에서 일어난 사건을 담은 필름은 네트워크 상에서 상영되고 재상연되어 집회 홀 안에서 일어난 것을 완전히 덮어버리고 대통령 출마를 위한 휴버트 험프리(Hubert Humphrey) 캠페인은 결코 회복될 수 없다는 소동을 일으켰다. 사건 중심부에 있던 시카고 시장 리처드 댈리(Richard Daley)는 그들의 보고서가 들어가기에는 뉴스보도가 너무 빡빡하다고 불평하였는데, 이것은 종종 듣게 되는 것으로 심지어 텔레비전 리포터들에게서도 이런 불만이 터져나왔다.

라디오나 TV 뉴스 편집자들이 얼마나 객관적이기를 바라는지 관계없이, 그들은 2분이나 3분 동안 객관적으로 보도하거나, 중요하고 복잡한 문제를 공정하게 평가할 수 없다. ……어디에 사건이 있는가? 이 질문에 뉴스 편집자들은 거의 사로잡혀 있다.

'거실의 전쟁'

역사상 처음으로 갈등의 현장에서 멀리 떨어진 사람들이 소리와 영상과 함께 실려오는, 천연색의 전쟁의 모습을 지켜보았던 베트남전은 '거실전쟁'이었다. 텔레비전은 전쟁의 실체를 시민들이 아침에 깨어났을 때나 저녁에 잠들려고 할 때 말고도 매일 밤마다 미국인들의 거실로, 저녁식사 하는 부엌 식탁으로 가져다주었다. 대부분의 장면들은 추하지 않았고 주로 정규적인 군사활동 장면이었다.

여전히, 거의 매일 밤 수년 동안 거실에 가져다주어 많은 가족들에게 저렇게 멀리 떨어져서 미군이 전쟁을 치러야 할 이유가 무엇인지를 묻게 만들었다. 군대 파견의 목적이 점차 불분명해졌다. 전쟁을 끌수록 영상들은 심한 정서적인 충격을 가져다주었다. 베트남에 도착한 젊은 신참 얼굴들과 귀국 대기 중인 시체를 담은 가방들이 줄지어 있는 것을 집에서 바라보는 시청자들에게 베트남전쟁은 존 웨인의 영화가 아니었다는 것을 분명하게 보여주었다. 살육의 중심부에 있는 실의에 찬 마을사람들, 불타는 가옥들의 영상은 반전운동에 추진력을 더해주었다.

기자, 음향기술자 그리고 16mm 동시녹음 카메라를 어깨 버팀대에 짊어진 카메라맨은 남쪽 베트남에서 군부대가 데려다주었던 곳은 어디나 여행할 수 있게 되었다. 그들이 소대에 합류하여 무성하게 자란, 위험한 밀림 길을 헤쳐나가면, 헬기들은 나무 위를 기총소사하거나 부상자를 실어나르고, 폭격기들은 정글을 폭격하였다. 필름은 날마다 사이공과 전투지역에서 빠져나왔다. 밤마다 그것은 네트워크 저녁뉴스에 나왔고 미국의 도심거리에서 일어나는 불안한 반전 분위기도 그랬다.

텔레비전 보도는 대중을 극으로 분열시켰다. 강력히 전쟁을 지지하던 많은 시청자들은 텔레비전 영상들을 보면 지원해야 할 이유를 더 많이 발견하였으나 중립적인 자세를 갖고 있던 대다수 미국인들이 강력히 반대하는 사람들에 합류하기 시작했다. 증가하는 반대자들은 거리로 나가고 방송으로 나가 베트남전쟁에 미군참전을 중지할 것을 요구하였다. 점차 국민감정은 베트남전쟁에 반대하게 되었다. 미국인들은 그들의 전쟁에 대해 기대하였던 승리 없이도 그 전쟁을 끝내도록 하는 몫이 텔레비전 보도에 달렸다고 생각했다— 또는 누군가의 견해에 의존하고 있다고 비난받았다.

혹독한 경험을 통해 텔레비전 세대에 언론의 충분한 자유를 지닌 민주주의가 장기전, 특히 국민의 텔레비전 시청을 규제한 적에 대한 전쟁을 수행할 수 있을지 의문을 제기하였다. 군 지도자들 또한 모두가 베트남전의 텔레비전 보도가 준 교훈을 잘 배웠다. 포클랜드에서 아르헨티나와 영국전에서 그리고 이어 나온 미국의 그레나다와 파나마에서의 소규모 전투에서 전투와 병사에 대한 언론인의 접근이 금지되었다. 걸프전 동안에도 통제는 광범위하여서 텔레비전 뉴스는 때때로 군사적 노력의 연장선에 있는 듯하였다. 결론적으로 노만 슈워츠코프(Norman Schwarzkopf) 장군은 미군 해병이 상륙작전을 펼칠 것이라고 보도하도록 유도하여 결국 이라크 대포들이 해안을 향하는 동안 진짜 침투부대는 사막을 건너게 하였다. 텔레비전 뉴스보도는 슈워츠코프를 대중적인 영웅으로 만들었고 미국인의 생명을 보호한 그에게 감사하는 국민들은 그가 언론인들을 속인 뉴스를 즐겁게 받아들였다.

단기간의 걸프전에 대한 최고의 보도는 바그다드에 남아 있던 CNN의 피터 아넷(Peter Arnett)에게서 나왔다. 1991년까지 기술은 베트남전 때와는 많이 다르게 발전하였고 네트워크가 사우디아라비아의 군본부에서 텔아비브로, 워싱턴 D.C.로 요르단의 암만으로 생방송 중에 전환하는 것이 보통이었다. 그 모두가 어려워 보이지 않았다. 시청자들은 깔끔한 폭격기술과 그것을 보여주는 텔레비전 뉴스기술에 놀랐으나 시체들이 쌓여 있는 장면 같은 것은 보이지 않았다. 그것은 마치 비디오게임처럼 보였다.

비신문보도

텔레비전 뉴스는 신문 언론의 또 다른 변형이 아니며 신문의 척도로 평가될 수도 없다. 인쇄된 뉴스와 세부적으로 일치되지 않는다. 다른 한편으로 신문은 텔레비전의 정서를 조작하는 능력에서 차이가 나는데, 텔레비전은 신문이 보통 할 수 있는 것보다 깊이 시청자들을 끌어들였다. 시청자들을 반응하도록 만드는 영상과 소리를 동시에 제공하는 능력이 많은 화젯거리의 보도를 통해 입증되었다.

그것들 중에는 워터게이트 사건도 있는데, 그 사건은 둘 혹은 세 개의 전국 신문사에서 조사되었으나 텔레비전이 신문사가 밝히려고 한 것이 무엇이고 정부관료들이 어떻게 반응하고 있는지를 보도하기 시작한 후에는 전국을 바꾸어놓았다. 닉슨 대통령은 만일 텔레비전 네트워크가 별로 새로운 주장을 터뜨린 것도 아니지만, 그 사건을 들추어 거실에 앉아 있는 수천만 명의 사람들에게 방송하지 않았다면 《워싱턴 포스트》와 《뉴욕 타임스》의 조사에서 살아남았을지도 모른다.

달에 가려는 경쟁도 그 비싼 우주 프로그램을 지원하도록 흥분을 조성하는 데 이바지한 텔레비전 뉴스보도와 다큐멘터리에 힘입은 바 크다. 아마도 전세계 네트워크의 10억에 해당하는 시청자들이 달 표면에서 거닐던 닐 암스트롱과 "버즈" 올드린(Aldrin)의 생방송을 지켜보았다.

지구를 구하자는 운동의 일환으로 환경문제들도 텔레비전 뉴스의 주목을 받았다.

(CBS 뉴스앵커 월터) 크롱카이트의 환경에 대한 관심은...... 거의 확실히 1970년대의 환경법안의 통과를 이루어낸 분위기를 조성하는 데 일조하였다. 그들이 강조하였던 것뿐만 아니라 그들이 무시하였던 것에 의하여 네트워크 뉴스의 편집자들은 전국적인 의제를 형성하도록 도왔을 뿐 아니라 보통 시민이 지닌 현실에 대한 개념에 색을 입혔다.

지구촌

마셜 맥루한의 지구촌(global village)이라는 은유는 텔레비전이 국경, 언어 그리고 문화를 넘어 관심 있고 중요한 사건들을 제시하면서 생명력을 얻었다. 실황중계는 때때로 상상으로 밖에 존재할 수 없는 5억 명이라는 시청자들에게 매력적인 것이 될 수도 있다. 올림픽이 그러한 사건이었다. 존 F. 케네디, 안와르 사다트, 또는 인디라 간디 같은 암살당한 세계적인 지도자들의 국장(國葬)도 그렇다. 여기에 최고로 발휘된 통신기술의 힘이 있었으며 다니엘 데이안(Daniel Dayan)과 엘리후 카츠(Eliho Katz)가 시민종교라고 불렀던 그것을 창조했다. 주요 미디어 사건들이 일상을 간섭하여 사람들은 텔레비전 세트 앞에 모여 휴일을 보냈다. 사건에 따라서는 텔레비전을 지켜보는 것이 교회에 참석하는 성스러운 분위기도 낼 수 있다. 만일 가족이 텔레비전을 보려고 모이면 거실에는 보통은 부족하던 가족애가 빛을 발한다. 잠깐 동안이지만 텔레비전 세트는 분열되어 있던 가족을 하나로 묶어준다.

TV 앞에 모인 사람들이 의식을 경청하는 분위기, 의복 그리고 태도, 많은 시청자들간의 일체감들은 모두 주일을 연상시켰다.

대중은 상대적으로 제작비가 쌌던 재미있는 뉴스보도에 긍정적으로 반응하였고 방송인들은 네트워크를 통해 농부들에게 특별한 호소력을 지닌 내용으로 새벽에 방송되는 지역뉴스에서, 아침 프로그램 동안의 '끼워넣기' 뉴스, 정오와 오후의 지역뉴스 그리고 초저녁 시간대의 네트워크 그리고 세 시간 동안 이어지는 지역뉴스 그리고 마지막으로 취침시의 뉴스에 이르기까지 더 많은 뉴스를 추가하였다.

1980년에는 케이블 채널 사업가 테드 터너(Ted Turner)는 24시간 케이블 뉴스 네트워크(Cable News Network)를 시작했고 2년 후에는 30분마다 뉴스보도를 하는 두 번째의 네트워크인 CNN Headline News를 추가하였다. CNN은 또한 그 서비스를 세계적인 규모로 퍼뜨려서 그보다 먼저 생긴 ABC, CBS 그리고 NBC는 들어본 적이 없던 다른 나라의 사람들도 CNN의 충실한 시청자가 되었다. BBC와 다른 기업들은 세계뉴스 서비스를 추가하였다. 1995년에 ABC와 NBC는 24시간 뉴스 채널을 가지고 경쟁하려는 계획을 공표하였다. 클릭만 하면 케이블 채널을 이리저리 파도 타듯이 넘나들어 시청자들은 경제뉴스 네트워크, 스포츠뉴스, 영화에 집중된 채널의 잠깐 뉴스 그리고 뮤직 비디오 시청자들을 위해 준비된 뉴스보도를 접하게 된다.

텔레비전은 미국인의 거실 속으로 들어와 50년 동안 거실을 장악했다. 처음에 유년기를 <하우디 두디(Howdy Doody)> 시간으로, 청소년기는 엘비스 프레슬리와 비틀즈와 함께하는 사춘기 의식으로 그리고 정치는 네트워크 뉴스의 일부로 편입되었다. 텔레비전은 20여 년간 시민인권운동을 축복하며 우리를 리틀 록, 아칸소 그리고 버밍햄, 알라배마로 데려다주었다. 그것은 차별에 반대하는 새로운 법을 통과시키는 데 막중하게 공헌을 했고 오벌 포버스(Orval Faubus)와 불 코너(Bull Connor)에게 불명예를 안겨주었고 마틴 루터 킹은 복을 베풀었다. 30여 년간 텔레비전은 페미니즘과 다른 형식의 성적 자유를 찬양하였다. TV는 우리를 댈러스로 데려가 존 F. 케네디를 국가의 상징으로 만들었다. 그것은 우리를 달에도 데려갔다. 그것은 우리에게 베트남전쟁의 끔찍함을 일깨워 주었다. 그것은 서기장 마오쩌뚱(Mao Tse-tung : 毛澤東)의 지배하에서 일어났던 수백만 명의 죽음보다 베이징의 천안문광장에 쌓인 수백 명의 시신을 미국인의 마음에 더 크게 기억나게 하였다.

텔레비전은 그 막대한 영향력으로 우리가 어느 책과 잡지를 읽을 것인지, 어떤 문화적인 인물이 명예와 부를 얻게 될지 그리고 어떤 정치인이 번영하고 혹은 쇠락할지를 결정하였다. 그것은 조셉 매카시, 린든 존슨(Lyndon Johnson) 그리고 리처드 닉슨을 웃음거리로 만들었다. 그것은 로널드 레이건(Ronald Reagan)을 당대에 가장 인기 있는 대통령으로 만들었다.

안락의자에 앉아 있는 우리에게 걸프전은 기분 전환하는, 피를 흘리지 않는 기술적인 운동, 즉 우리가 그 놀이와 점수 올라가는 것에 흥을 돋구는 동안 다른 사람들은 시합을 하는 하나의 비디오게임이었다. 세계 최초의 '거실 전쟁', 베트남전의 그 고통에 가득 찬 얼굴, 시체 그리고 죽어가는 모습들을 걸프전의 영상과 비교해보면 얼마나 원시적이었던가. 베트남전을 다룬 텔레비전의 능력의 득실을 고려해본 역사가들은 텔레비전의 보도 자체가 그 전쟁을 누가 이기느냐 혹은 누가 지느냐 보다 더 중요하였다고 결론지었다. 만일 이런 의견이 놀랍다면 10년이나 20년 후에는 그렇게 보이지 않을지도 모른다.

도구창고의 연결 Wiring the Toolshed

전신주와 울타리 기둥에 매달린 전선들이 텔레비전 방송사에 해를 끼칠 수 있다는 것을 처음에는 상상할 수 없었다. 케이블은 본래 텔레비전의 수신 상태를 향상시키려고 시작되었고 방송인들은 그것을 그렇게 받아들였다. 하지만 1996년에 약 2/3의 미국 가정에서 다중채널 케이블에 연결되었거나 직접위성방송을 받거나 무선서비스를 받았고 네트워크 시청자들은 1/3 수준으로 감소하였다. 케이블 경영자는 케이블 텔레비전을 에어컨에 비교하여 "당신은 필요하지 않지만 한번 사용해보면 그것 없이는 못살 것이다"라고 말하였다.

케이블회사가 HBO와 다른 새로운 서비스를 위성을 통해 공급하기 시작한 후인 1980년대 초반에도 케이블은 실제로 다양한 문화적인 서비스, 오락 그리고 정보를 중계방송하는 협송을 시작하였다. 협송(Narrowcasting : 넓다는 뜻의 Broad의 상대어로 좁다는 의미의 Narrow를 붙인 신조어 — 역주)은 삶의 한 부분이 되었다.

케이블은 우리를 합치게 할 것이다. 사실, 채널의 다중화는 시청자들이 두꺼운 메뉴판을 보고 선택할 때와는 전혀 반대의 효과를 지녔다. 텔레비전 방송인들은 그들 자신이 시청자들을 그들의 관심에 따라 더욱 세분화하여 나누는 전문방송의 시장철학, 미국에서 전후 라디오 프로그램을 이끌어 왔던 마케팅 접근법으로 방송이 중앙화 경향에서 밀려나고 있는 것을 발견하였다.

케이블 방송사들은 라디오 방송사가 1960년대에 그랬던 것처럼 케이블 채널을 민족과 세대의 구분에 따라 나누었다. 대부분의 국민들은 아카데미 시상식, 슈퍼 볼, 선거 그리고 한두 개의 인기 프로 같은 주요 프로그램들은 공유할 것이지만 나머지는 그들의 선택에 따라 개별적인 채널로 들어갈 것이다. 이러한 흐름은 원심성이지 구심성이 아니다. 우리 모두가 지구촌 문화를 공유하고 싶어하는 것은 아니며 공통가치를 추구하는 것도 아니다. 케이블 채널의 분열만큼 이것을 분명하게 보여주는 것도 없을 것이다.

두 개의 트로이 목마

그것이 시청자들을 늘려주었기 때문에 풋내기 사업을 환영한 기존의 방송인들은 그들 중심에 들어온 트로이 목마인 케이블이 자신들의 시청자수를 줄이고 또한 광고비를 놓고 경쟁하였을 때는 표정이 바뀌었다.

몇 년 후에 케이블 시스템 소유자들은 그들이 한때 환영하였던 기술에 의해 공격당하는 것이 어떤 기분인지 알게 되었을 것이다. 케이블산업에 있어서는 통신위성이 그 트로이 목마였다. 위성 수신 장치는 본래 케이블사업에 완전한 이익으로 생각되었다. 그것은 사실 다양한 케이블 전송채널을 통해 도시 시청자들을 대거 끌어들여 재정적으로 큰 수확을 거두었으나 1990년대에는 지역방송과 케이블 시스템을 건너뛰어 동일한 채널을 직접 원송신기에서 시청자에게 보낼 수 있는 직접방송위성 기술 때문에 케이블의 경쟁자의 모습으로 나타났다.

케이블 텔레비전은 어떻게 시작되었나

미국에서 전후 텔레비전의 엄청난 성장은 지역 텔레비전 방송사와 그 네트워크 프로그램 뒤의 한 단계였던 케이블 수신기의 성장에 빛이 가렸다.

1947년 말까지 주안테나 TV(MATV : master antenna television)를 공동체안테나 TV(CATV : community antenna television)로, CATV에서 우리가 케이블 TV로 알고 있는 것으로 확대하려는 기초가 마련되었다. 프로그램 제작의 기원은 케이블회사의 사업의 일부가 아니었으나 매체가 성장하면서 그것은 그 자신만의 내용을 개발하였다. 케이블은 단지 재방송 서비스에서 성장하여 일부지역에서는 시청자들에게 상호 케이블 서비스를 통해 다양한 임무를 수행할 수 있게 해주기도 하는 많은 종류의 프로그램 서비스를 제공하는 기업으로 발전하였다.

오락과 정보를 전기를 통해 집으로 가져다주는 방법으로서의 케이블 시작은 1893년으로 거슬러 올라갈 수 있는데, 라디오 프로그램과 전화 네트워크의 합작인 부다페스트의 텔레폰 히르몬도의 전선 라디오 서비스가 그것이다. 라디오 신호를 전선으로 받아와 많은 지방국에 보내는 최초의 공동체 안테나는 1923년 미시간주의 던디에 설치되었다. 제2차 세계대전까지도 그러한 라디오 시스템은 영국과 유럽대륙의 일부에서 뿐만 아니라 미국의 대도시에서도 일반적이었다.

텔레비전의 경우, BBC가 1936년 첫 방송을 시작한 지 1년 후에 유선 주안테나(master antenna) 텔레비전 수신이 런던 웨스트 엔드의 일부 부유한 아파트 거주자에게 가능하였다. 서비스가 확대되자 아파트 소유자들은 하나의 안테나로 TV 세트를 가지고 있는 모든 아파트 입주자들이 방송을 수신할 수 있기를 희망하였는데, 그들은 안테나 숲의 흉칙한 모습과 거주민의 '안테나 전쟁'으로 이어질 수 있었던 신호 간섭 현상은 말하지 않더라도 거주자가 지붕에 올라가 뱀처럼 꾸불거리는 전선을 지붕 위로 걸쳐 담 아래로 내려보내면서 각자의 안테나를 설치하도록 허락하는 일이 얼마나 위험한 일인지 알고 있었던 것이다. 문제를 해결하기 위해 주안테나가 지붕에 설치되었다. 안테나를 통해 수신된 텔레비전 신호는 증폭 없이 텔레비전 수신기로 전달되었다. 그러나 많은 수신기가 신호를 가져갈수록 공유된 신호는 약해졌다. 증폭이 필요해졌고 송신소마다 하나의 증폭기가 있었다. 이러한 활동 대부분은 뉴욕에서 발생하였으나 다음 단계는 도시에서 멀리 떨어진 곳에서부터 취해졌다. 대부분의 개발은 대도시에서 시작되었고 결국 작은 공동체로 여과되어 내려갔으나 케이블 텔레비전은 도시로 올라온 시골 쥐였다.

전후 상업텔레비전이 대도시에서 시작된 직후 구릉지역의 시골지역에서는 TV전파의 수신이 어려웠던 때인 1948년에 케이블사업이 시작되었다.

수신 가능한 신호들은 산에 막히거나 거리가 멀수록 질이 저하되었다. 사람들은 마을 위치 때문에 그들이 들었거나 읽었던 환상적인 새 오락거리를 볼 수 없다는 사실에 좌절하였다. 이러한 사실은 가전제품 판매상들에게 훨씬 더 실망스러운 일이었다.

최초의 시스템은 독립적이었다. 많은 텔레비전 방송사는 네트워크에 극초단파 연결망을 통해 연결되었지만 공동체 안테나 시스템은 어느 것에도 연결되지 않았다. 단지 방송사 신호를 재송신함으로써 그들은 가장 가까운 지역방송사가 방송하는 것만을 얻을 수 있었다.

CATV의 선구자들

정확히 어디에서 CATV가 시작되었는지는 논쟁거리이다. 몇몇 사업가들은 그들이 케이블의 선구자였다는 것을 깨닫지 못하고 황당한 사업문제를 해결하려고 시도하였다. 텔레비전 프로그램이 들어올 수 없는 마을에 어떻게 텔레비전 세트를 판매하는가?

펜실베이니아 마하노이 도시에 가전제품 가게를 일부 소유하고 있던 그 지역 전기회사의 보수공인 존 월슨(John Walson)은 할 수 있을 때는 텔레비전 세트를 판매하였다. 그 지역 거주자들이 필라델피아의 세 네트워크 방송사의 방송을 거의 수신할 수 없었기 때문에 그는 언변이 좋아야 했다. 그들 가정의 수신상태는 주변의 구릉에 방해받아 좋지 않았다. 월슨은 시범을 보여주기 위해 TV를 살 가능성이 있는 소비자와 TV수상기를 자신이 안테나를 세워 놓은 근처 산꼭대기로 데려가야 했다 상품을 판매하기에는 불편한 방법이었다고 월슨은 회상했다. "한밤중에 사람들을 산 위로 데려가는 황당함을 막기 위해 상점으로 케이블을 내려보내기로 결정하였죠." 1948년 6월 월슨은 길가의 나무, 울타리 기둥 그리고 집의 처마에 고정시켜 산꼭대기의 안테나에서 자신의 상점으로 군부대에서 쓰고 남은 이중 납 케이블선을 길게 늘여 신호를 마을로 가져왔다. 전기회사는 그에게 전신주에 전선을 달 수 있도록 허가도 해주었다. 일을 마쳤을 때는 월슨은 그의 상점 창문에서 작동하는 세트를 전시할 수 있었다.

마을에서 멋진 텔레비전 영상이 주민들 사이에 큰 화제를 일으켰다. 그의 상점 밖에 모인 군중들이 너무 많아서 경찰은 그 블록거리의 차량을 통제해야 하였다. 경찰서장은 그 자신이 직접 CATV 사업에 참여하고 진행되어가는 일에 푹 빠졌다. 월슨이 이웃집에 전선을 연장시키고 그의 집에도 하나 연장시키자 다른 이웃들은 그들 집에도 전선을 연결해주기를 부탁하였다. 월슨은 그에게서 텔레비전을 구입한 마하노이 시의 어느 가정이건 연결해주기로 제안하였다. 처음에 그는 추가요금을 받기를 거절하였으나 다음 해에는 설치비 100달러에 매달 2달러를 요구하였다. 1950년까지 1,500명의 가입자가 그의 시스템에 연결되었는데 그는 이중 납선에서 외피를 덮은 동축케이블로 전환시켰다. 그는 또한 마을 당국에 연쇄점을 신청하여 허가를 받았다.

거의 동일한 시기에 오리건의 아스토리아에서 라디오 방송사 운영자인 파슨(L. E. Parson)은 아내가 "그녀의 라디오에 그림"도 있으면 좋겠다고 하여 케이블 텔레비전을 부분적으로 연구하였다고 후에 말했다. 파슨 부부는 텔레비전이 전국방송집회에서 전시된 것을 구경하였다. 시애틀의 최초 텔레비전 방송사가 1948년 방송을 시작했을 때, 파슨 부부는 125마일 떨어진 아스토리아에서 자신들의 아파트 근처에 있는 8층의 아스토어 호텔 꼭대기에 안테나를 설치하여 흐릿한 영상을 받아볼 수 있었다. 파슨은 아내를 기쁘게 해주려는 동기에서 시작하였을지 모르지만 곧 그의 가정은 많은 방문객으로 가득 찼다. 아스토리아 주민들이 보여준 흥분 때문에 파슨은 케이블사업에 뛰어들었다. 미국의 다른 편에 있던 월슨처럼 파슨은 신호를 근처 가정으로 확장시켰다. 그는 신호를 하나의 채널로 받고 그것을 다른 채널로 동축선을 통해 마을 가입자에게 보냈으나 파슨은 월슨이 밟지 않은 단계를 밟았다. 그는 시애틀 텔레비전사에 그들의 신호를 재전송할 수 있도록 요청하였고 허가를 받았다. 파슨의 실험에 대한 신문기사는 미국연방통신위원회의 주의를 끌어 파슨에게 더 많은 정보를 요구하는 편지를 쓰게 하였으나 공식적인 조치는 취하지 않았다.

밀턴 제럴드 샵(Milton Jerrold Shapp)은 그의 아파트 하우스와 전시용 텔레비전 세트에 사용하려는 판매자들을 위해 설치한 마스터 안테나를 1949년에 있은 한 전자제품 대회에서 소개하여 많은 주목을 받았다.

재료를 사기 위한 500달러의 투자는 수백만 달러의 케이블 장비사업인 제럴드 일렉트로닉스 사의 시작이었다.

1950년 펜실베이니아 랜스퍼드에서는 로버트 탈턴(Robert Tarlton)이 주도하는 네 개의 라디오와 가전제품 소매상이 케이블사업에 뛰어들기로 결정하였다. 이전의 벤처들과는 달리, 이것은 애초부터 케이블 서비스를 대여하는 것에서 이윤이 나오는 사업으로 시작하였다. 제럴드 일렉트로닉스 사는 70

마일 떨어진 필라델피아 송신소에서 신호를 받기 위해 구릉에 설치된 약 25미터 높이의 탑으로부터 끌어오는 시스템을 고안하였다. 수신율이 높은 안테나는 신호를 증폭하여 그것을 동축케이블로 랜스퍼드의 집집마다 보냈다. 그 지역 전기와 전화회사들은 동축선을 매년 한 개의 전신주에 1달러 50센트를 받으며 그들의 전신주에 연결하도록 허가하였다. 소비자들은 설치요금 100달러에 매달 3달러의 수신료를 냈다.

이러한 노력은 신문과 잡지를 통해 전국적으로 홍보되었다. 수백 명의 운영 희망자들이 아이디어를 얻으려고 랜스퍼드에 왔다. 제럴드 일렉트로닉스사는 충분히 신속하게 장비를 생산해낼 수 없었다. 이러한 초기 사업가들이 집에 구축하려던 케이블 시스템은 공동체안테나시스템(CATV)으로 알려졌다. 그것들은 세 가지 중요한 점에서 아파트의 간단한 마스터 안테나와는 달랐다.

1. 각 채널마다 하나의 '헤드 엔드(head end)' 증폭기가 신호를 증폭하여 많은 가정에 방송하였다.
2. 거리를 횡단하는 케이블들은 그 공동체의 허가를 필요로 했는데 그것은 전신주를 소유하고 있는 시설에 일정한 금액을 지불하는 것을 의미하였다. 또한 마을의 허가가 필요하였고 혹은 아직도 그렇지만 케이블을 놓는 독점적인 권리를 얻으려면 프랜차이즈도 필요하였다.
3. 그것은 연결되는 사용자들에게서 나오는 수입으로 이윤을 생산하는 기업이었다.

랜스퍼드 시스템과 같이 초기 CATV 시스템은 텔레비전 방송신호를 수신하여 동축케이블로 가입자들의 텔레비전 수상기로 매달 수신료를 받고 배급하였다. 이러한 시스템은 프로그램을 생산하지는 않았다. 그들은 단지 근처 대도시의 텔레비전 방송사의 신호를 재송신하였다.

프로그램 만들기

마틴 말라키(Martin Malarkey)와 그의 가족은 펜실베이니아 포츠빌에 음악상점을 여럿 소유하고 있다. 그들은 RCA 공장에서 나오는 텔레비전 세트를 판매하려고 하였으나 좋지 않은 수신상태 때문에 포츠빌 주변의 판매가 부진했다. 가장 가까운 텔레비전 방송사에서도 96마일이나 떨어진 포츠빌에 RCA 기술자들이 와서 말라키의 요청에 따라 마을에서 텔레비전 수신장비를 시험하도록 도와주기로 하였다. 랜스퍼드 시스템이 가동된 지 몇 주 후에 포츠빌에도 CATV가 생겼으나 포츠빌에는 좀 다른 일이 일어났다. 말라키는 작은 텔레비전 카메라가 있었다. 1951년 그는 그것을 사용해서 어린이 자동차 경주의 우승자와 그의 가족을 포함하여 정치가들과 지역 유명인사들과의 인터뷰를 담은 30분 분량의 생방송 프로그램을 지역 라디오 방송사의 협조를 얻어 방송하였다. 포츠빌 시청자들은 기뻤다. 지역 창작품이 태어난 것이다. 그리고 프로그램을 단지 주워오는 마을 안테나의 역할을 넘어서면서 'CATV'는 'cable TV'가 되었다.

이 시기의 많은 작은 마을들은 너무 작아서 텔레비전 방송사를 유지할 수 없었다. 방송사를 건축하고 운영하는 데는 너무 많은 비용이 든다는 사실은 케이블의 계속적인 확산을 부추겼다.

케이블 초기의 성장

케이블 시스템 소유자는 1951년 전국통신텔레비전위원회(National Community Television Council)를 조직하였는데 전국케이블텔레비전협회(National Cable Television Association)의 전신으로 전국방송협회(National Association of Broadcasters)와 다르지 않은 상업그룹이었다. 해가 갈수록 그것은 케이블 산업을 위한 강력한 로비단체로 성장할 것이었다.

연방통신위원회에서 정책문제로 씨름하던 1948과 1952년 사이에 강요된 새텔레비전 허가증 동결 기간 동안 108개의 텔레비전 방송사만이 방송을 하였다. 상업방송가와 정부 모두 CATV 현상이 정부가 동결을 풀고 나면 사라지기를 희망하였으나 케이블은 계속 성장하였다.

좋은 증폭기와 다른 장비들이 케이블 서비스의 품질을 높여주고 수신지역을 확대함에 따라 수신상태도 향상되었다.

동결조치가 끝난 몇 년 동안 텔레비전 방송사의 숫자가 급격히 증가하였는데 그것은 케이블 시스템의 확산과도 일치된 현상이었다. 이것들은 아직도 대부분 소규모의 것들이어서, 한 세대도 지나지 않아 거대한 사업으로 성장하리라는 아무런 기미도 보여주지 않았었다.

	1952	1959
텔레비전 방송사	108	510
텔레비전 시청자	1,500만	4,300만
케이블 시스템	70	560
케이블 가입자	1만 4000	55만

케이블 시스템은 이제 지역의 수신상태가 양호하고 또 다른 도시로부터 신호를 들여와서 이미 완전한 네트워크 서비스를 받고 있는 지역으로도 침투하기 시작하였다. 소비자들을 끌기 위해 일부 케이블 서비스들은 사용하지 않는 채널을 통해 직접 제작한 프로를 방송하였다. 보통 제공되는 것은 온도계에서 기압계로 시계로 선회하는 카메라에서 찍혀 나온 것들이었다. 또 다른 제공거리는 신문을 대신해서 뉴스 서비스를 제공하는 AP(연합통신)의 전보기계에 초점을 맞춰놓은 카메라에서 나오는 장면이었다. 더욱 기업적인 케이블을 소유하고 있는 사람들은 시의회 회의장면과 고등학교 농구경기를 담아 보냈다.

정보 프로그램과 광고는 케이블 방송사를 마을 구매신문(neighborhood shopper newspaper)의 텔레비전 버전으로 만들었다. 도시와의 계약으로 대중의 접근이 가능한 방송사들은 또한 케이블에 마을의 모습을 내보냈다. 이것을 넘어서 케이블사는 그들만의 지역요금을 만들었다. 1990년대에 모든 종류의 뉴스가 급속히 싹을 틔웠는데, 뉴스를 포함하여 마을 케이블 프로그램이 피어나자 연방통신위원회의 오래된 입장인 지역주의와 잘 맞았다.

FCC는 지역방송을 고무하는 일을 맡았다. 위원회는 케이블 시스템이 마을에 들어와 경제적으로 텔레비전 방송사의 도입을 억제하게 되었을 때 딜레마에 빠졌다. 텔레비전 방송사가 그 단일신호를 반경 내의 모든 사람에게 방송할 수 있는 반면 케이블은 많은 신호를 이윤을 낼 수 있을 만큼의 많은 사람들이 거주하는 마을에 전선을 연결하여 특정한 사람들에게 전달하였다. 정부는 모든 사람에게 단일채널을 송신하는 것을 지원해야 하는가 아니면 많은 채널을 마을의 일부 사람에게 전송하는 것을 지원해야 하는가? 정책문제로 고심하던 FCC는 케이블이 더 새로운 기술이라는 사실도 알고 있었다. 그것을 제한하여 오래된 기업들을 보호하려 하는 것은 기본적인 미국의 기업에 맞서는 것이었다.

"만일 그들을 쳐부술 수 없다면 그들과 한패가 되라"는 옛 격언을 따라 텔레비전 방송사 소유주들은 그들의 사업에 분명하게 관련되어 있는 사업인 케이블 시스템에 투자하였다. 그때의 멀티미디어 복합기업은 텔레비전 방송사와 케이블 시스템을 그들의 통신 왕국의 일부로 모두 소유하게 되었을 것이다.

도시 독점권(Franchise)

처음에 도시들은 CATV의 도래를 즐겁게 맞이하였고 아무것도 부과하지 않거나 그 프랜차이즈에 매우 적은 액수의 요금을 징수하였다. 몇 년의 세월이 지나자 도시는 새로운 사업이 얼마나 이윤 남는 장사인지 알게 되었고 도시 거리를 사용하는 데 대한 보상을 요구하기 시작하였다. 수입의 몇 %를 요구하는 것 외에도 도시는 채널을 공립 학교와 대중의 접근을 허용하도록 남겨놓을 것과 프로그램을 방영하거나 비디오테이프를 제작하고자 원하는 시민들을 위해 장비와 제작진들을 제공해줄 것을 요구하였다. 도시의회는 다른 도시에서 맺은 계약을 통해 도시 프랜차이즈를 얻어내려 하는 케이블사와의 협상에 유익해 보이는 정보들을 얻었다. 여러 가지 사안에 대해 케이블사는 부드러운 말로 동의하였고 그후 몇 년이 지나 상황이 바뀌자 다시 협상을 벌이게 되었다.

수십 년이 지나자 케이블의 역할이 바뀌었다. 애초에 고립된 CATV 시스템은 형편없던 수신상태의 마을에 선명한 텔레비전 영상을 제공하는 재전송 시스템이었을 뿐이다. 그 기업은 대규모 도시를 포함하여 전국적인 시스템으로 발전하여 전통적인 CATV 재전송 서비스에 더하여 원거리 신호의 인입뿐만 아니라 직접 창작한 지역프로들도 방송하기 시작하였다.

무선 유료텔레비전

뉴욕, 슈넥터디에서 제니스(Zenith)의 폰비전(Phonevision) 실험은 케이블이 없는 유료 TV를 개시하였다. 그것은 코네티컷, 하트포드에서도 계속되었다. 폰비전은 전기적으로 뒤섞어놓은 영상을 통해 매일 세 편의 영화를 방송하였다. 가입자가 전화로 서비스를 주문하면 방송사는 가입자의 세트에 장착될 뒤섞인 영상을 풀어내는 장치를 가동시켰다. 대부분의 폰비전의 프로그램은 옛날 영화들과 일부는 생방송이나 녹화된 특별 이벤트를 담은 것들이었다.

STV로 알려진 유료회원제(subscription television)의 실험은 정규 방송에 대해 매주 1달러의 요금과 특별 프로그램에 따른 추가요금을 내는 가입자에 의존하였다. STV 실험은 기존의 미디어 사무실에 비상벨을 울렸다. 방송사들과 극장주인들은 STV가 성공한다면 유료텔레비전 네트워크가 그들의 관객들을 놓고 경쟁하게 될 것을 두려워하였다. 극장주인들은 사람들이 밖에 나와 영화를 보지 않고 집에 앉아 영화를 보는 것을 더 좋아하게 되면 어쩌나 하는 이유 때문에 걱정하였다. 사람들이 집같이 아늑한 상태에서 영화를 보는 즐거움을 선호했다는 사실을 보여줄 단서가 필요하다면 야외극장(drive-in theaters)의 대중성이 그 실마리가 되어야 할 것이다. 공격적인 캠페인을 벌인 STV 실험의 적들은 캘리포니아에서 유료텔레비전은 불법이라는 판정을 얻는 데 성공하였으나 그때는 이미 파괴적인 지연과 도전에 시달린 STV가 사업성이 없어진 후였다. STV의 실패는 그 후 10여 년간 유료텔레비전의 개발에 비관적인 영향을 끼쳤으나 그 업계의 혁신적인 경영자들은 결코 그것을 잊지 않았다.

펜실베이니아, 알렌타운의 트윈 카운티 케이블은 1971년 정규 유료 케이블 서비스와 선택 유료 서비스(pay-per-view)를 모두 허용하는 변환기(converter)를 고안하였다. FCC가 1970년대 초에 케이블 관련 규정을 완화하자 케이블의 향후 산업을 위한 기초작업이 수행되었다.

그것은 언젠가 정보고속도로(Information Highway)라고 불릴 것의 한 단층에 확고하게 케이블 텔레비전을 세울 것이다.

비디오테이프, 새로운 책 Videotape, a New Book

비디오테이프 녹화기는 역사상 가장 빨리 보급된 가전제품이다. 커뮤니케이션 도구창고 가정에서 영화팬들은 그것을 가지고 하루 일과를 계획할 수 있었다. 아침 신문의 텔레비전 방송순서표에는 '필독' 프로그램이 나열되어 있는데, 그것들은 녹화기를 사전 설정하여 그날 나중에 시청할 수 있도록 녹화될 것이었다. 한 주에 한 번이나 두 번 그리고 특히 주말에는 영화광들이 한두 개의 영화를 고르려고 비디오 대여점에 몰려들었다.

가정용 VCR의 이점

극장에 가서 보는 것보다 집에서 영화를 보는 것이 훨씬 편하다. 정장을 할 필요도 없을 뿐더러 아예 옷을 입을 필요도 없다. 사실 친구들이 무슨 말을 할지 혹은 낯선 사람들이 어떤 생각을 할지 개의치 않고 완전히 감상적이 될 수 있다. 영화를 보는 동안 원하는 만큼 시끄럽게 말할 수 있다. 소파 위에 쭉 뻗을 수도 있다. 테이프가 돌아가는 동안 전화로 친구에게 이야기할 수도 있고 잡지 책장을 마구 넘겨볼 수도 있다. 원하는 과자를 아무거나 먹을 수 있고 씹는 소리가 시끄러워도 문제가 되지 않는다. 부엌이나 욕실에 갈 때는 테이프를 정지시킬 수 있다. 아기를 재우고 나중에 아기침대를 살펴볼 수 있다. 영화를 멈추고 시작하고 되감고 한 마디도 놓치지 않고 그리고 보모가 필요 없고, 운전할 필요도 없고, 주차비도 들지 않는다.

집에서 시청해서는 안 되는 것이 하나 있다. 그것은 이벤트가 아니다. 극장에 가는 것은 집에서 그냥 보는 것과는 다른 경험을 할 수 있다는 사실을 알고 있다. 동일한 순간을 함께 하는 많은 다른 사람들에 에워싸여 커다란 화면에서 액션을 보는 것과 주변에서 나는 모든 소리를 듣는 것은 우리에게 영화가 주는, 일상탈출의 느낌을 더해주는데, 그 즐거움이 아직도 극장 앞에 줄을 서게 하는 것이다. 그럼에도 불구하고 바람이 몹시 부는 저녁 많은 사람들을 그들의 커뮤니케이션 도구창고인 가정에서 밖으로 내보내는 것으로는 충분하지 않다.

비디오가게의 다양함은 우리를 놀라게 한다. 새로 나온 작품들의 제한된 선택 대신에, 마을 광고에 나온 모든 극장의 것보다 선반 위에 놓인 더 많은 것들 중에 어느 것이나 고를 수 있으며 큰 가게는 영화로 가득 찬 선반들로 채워졌다.

비디오테이프로 우리는 텔레비전 프로그램 시간을 변경할 수 있어 편한 대로 시청할 수 있다. 주시청 시간대란 이제 우리가 원하는 어느 시간이고 가능해졌다. 우리는 광고도 빨리 지나갈 수 있고 그래서 소위 '무료' 텔레비전은 정말 무료가 된다. 프로그램을 제공하기 위해 돈을 지불한 광고주들에게 우리가 지닌 이 자유가 당혹스러울 것이라는 사실이 너무 안된 일이다. 이런 쉽게 가는 삶의 양식이 받아들여진 결과 사회구성원인 우리는 집을 덜 비우게 되고, 사회와 덜 어울렸다. 우리의 첫 텔레비전 세트 구입과 함께 시작된 소외현상이 계속되었다. 우리 삶의 방식은 독서를 덜하고 교회 그리고 강의에 빠지고 친구들과 가족을 덜 찾게 되는 것을 특징으로 하게 되었다. 성인 친구들이나 친척들이 저녁에 들른 때는 대여한 영화를 보며 즐겁게 시간을 보낸다. 아들이나 딸의 친구가 집에 오면, 사회적인 활동인 대화는 거의 없고 각자 텔레비전에 나오는 닌텐도게임에 열중하면 되는 것이다.

우리는 우리 자신만의 영화목록을 책처럼 책장에 지닐 수 있다. 한 세기 전에는 책이 부유한 사람들만 소유할 수 있는 귀중한 재산이었다. 지금은 물론 아무나 책을 소유할 수 있다. 오늘날 영화를 소유하는 것은 쉬운 일이 되어가고 있다.

《월 스트리트 저널》의 설문조사 결과는 미국인들은 편리하고 조작이 가능한 발명품을 가장 좋아한다는 사실을 보여주었다. VCR이 상위권에 들었다. 오직 전자오븐만이 비디오카세트 녹화기보다 위에 올랐다. 재미있게도 자동 커피 메이커를 선호했던 나이든 사람들이나 자동응답기에 점수를 준 18~25세 그룹이 꼽는 가장 소중히 여기는 장비는 VCR이 아니었다. 그러나 VCR은 항상 최고의 선택 항목에 들었다. 1995년에 미국에서만도 40여 억 개의 카세트가 테이프 대여되어 거의 110억 달러의 수익을 올렸고 거의 7억 개의 녹화된 카세트가 판매되었으며, VCR은 85%의 미국인 가정에서 찾아 볼 수 있게 되었다. 최초의 비디오테이프 녹화기는 커다랗고 흑백만 가능하였는데도 1956년에 텔레비전 방송사에 개당 5만 달러에 판매되었다. 오늘날, 컬러로 훨씬 우수한 영상을 보여주는 작은 VCR은 200달러에 판매된다.

텔레비전 녹화의 시도

텔레비전을 녹화하려는 시도는 거의 텔레비전만큼이나 오래된 것이다. 존 베어드(John Baird)는 1920년대와 1930년대에 영국을 기계식 텔레비전의 막다른 골목으로 인도했던 사람으로, 성공하지는 못했지만 축음기에 화상신호를 녹음하려고 하였다. 미국의 라디오 선구자 리 드 포리스트(Lee de Forest)는 은으로 덧입혀진 회전판과 바늘을 포함한 장비를 만들었다. 그것도 실패하였다. 두 명의 영국인, 하틀리(R. V. L. Hartley)와 아이브즈(H. E. Ives)는 결국 텔레비전 영상을 필름에 녹화하는 방법을 고안하였으나 그들이 만든 키네스코프의 질은 많은 부분에서 개선되어야 했다.

1950년대의 텔레비전의 폭발적인 성장은 녹화된 프로그램을 강력하게 요구했다. 폭넓은 주파수대의 전화나 극초단파 연결망이 생방송 보급을 위해 설치될 수 있었을 때까지도 화질이 형편없는 키네스코프가 네트워크 프로그램을 지역방송사에서 상연할 수 있는 유일한 수단이었다.

최초의 비디오테이프 기계

1951년 빙 크로즈비 엔터프라이즈의 기술자들은 초당 100인치가 돌아가는 1인치 테이프를 사용한 흑백 비디오테이프 녹화기를 발표하였다. 그런 비율이면 지름이 3피트인 테이프 하나는 15분 정도 분량의 비디오를 녹화할 수 있었다.

열 개의 헤드와 오디오용 열한번째 헤드, 테이프 속도와 녹화속도를 일치시키려는 비디오 기록(control track)용 열두 번째 헤드까지 12개의 헤드가 있었다. 그럼에도 불구하고 화질에 문제가 많았다. 크로즈비는 사업성을 감지하였기 때문에 그리고 텔레비전 프로그램을 미리 녹화하여 생방송 때문에 발묶이지 않고 골프를 즐기려는 바람 때문에 연구비를 계속 조달하였다.

2년 후에, RCA 기술자들은 그들 자신의 녹화기를 제작하였는데, 흑백뿐만 아니라 컬러영상들도 녹화해냈다. 그러나 테이프가 초당 360인치가 헤드를 지나갔고, 시간당 3마일 이상의 테이프가 필요한 셈이어서 방송에 적합한 품질의 영상을 생산하지 못하였다. 그렇게 높은 테이프 속도로는 안정적인 영상을 생산할 수가 없었다.

같은 시기에 캘리포니아에 있던 전자회사, 암펙스(Ampex)는 다른 원리로 기계를 제작하였다. 암펙스 기술자들은 테이프 녹음 헤드를 지나 빠르게 달리게 하는 대신에 녹음 헤드를 회전시켰다. 테이프의 스피드를 줄이는 방법으로 고정된 비디오 헤드 대신에 회전 헤드를 사용하여 1956년에 세탁기 두 배 크기의 녹화기를 제작하는 데 성공하였다. 네 개의 비디오 헤드가 분당 1만4,400회전을 하였고, 각각 2인치 폭의 테이프의 한 부분을 녹화하였다. 그 사업의 담당기술자 중 한 명은 레이 엠 돌비(Ray M. Dolby)였는데, 그는 고등학교를 졸업하자마자 오디오테이프 분야에서 일하였고 나중에 그의 테이프 소음제거 과정으로 유명해졌다. 비약적인 발전을 이룩한 회사는 건립자 알렉산더 엠 포니아토프(Alexander M. Poniatoff)의 첫 글자를 딴 A-M-P와 '우수하다(excellence)'는 뜻의 E-X를 붙여 '암펙스(Ampex)'라고 하였다. 또 다른 기업 3M은 고품질의 녹화용 테이프를 제작하기 위해 암펙스와 같이 일하였다. 암펙스 비디오 녹화의 질은 흐릿한 키네스코프의 영상에 비하면 엄청나게 향상되었다. 국내 전시회에 소개된 첫 시연을 본 방송인들은 정말 펄쩍 뛰며 기뻐하고 갈채를 보냈다. 텔레비전업계는 열광적으로 반응하였다. 그것이 비디오시대의 시작이었다.

서부 해안의 방송사들은, 영상의 품질을 희생하지 않고도 모든 시청자들이 일을 마치고 집에 도착할 시간인 저녁 주시청 시간이 될 때까지 세 시간 동안 동부해안의 뉴스와 오락 생방송 프로그램들을 지연시킬 수 있게 되고 시차를 극복할 수 있게 되어 매우 기뻐했다. 몇 년 후에는 스포츠 애호가들이 지나간 장면을 한번 더 보여주는 인스턴트 리플레이를 사용하여 시청하였다. 미식축구의 다운필드를 향한 질주 혹은 '원거리' 패스, 야구경기의 센터필드 홈런 혹은 더블 플레이, 권투 챔피언전의 케이오, 어느 장면도 되감기 버튼에서 벗어날 수 없었다.

1958년까지 네트워크는 비디오를 컬러로 녹화하고 있었다. 기계가 제작되었는데 텔레비전 신호와 동시에 진행시킬 수 있어 감독자가 테이프를 컷(cut)할 수 있을 뿐만 아니라 디졸브(dissolve)와 와이프(wipe) 같은 친숙한 편집기술을 사용할 수도 있었다. 이러한 네 개의 헤드를 가진 2인치 오픈릴식 암펙스와 RCA 기계들은(인치의 크기는 테이프의 폭을 의미한다) 더욱 작아지고 효율적인 1인치 오픈릴식의 헬리컬 방식기계들과 3/4인치 카세트 기계들로 대체되기 전까지 한 세대 동안 살아남았다.

암펙스와 RCA가 2인치, 4헤드 비디오 녹화기들을 제조하는 동안 일본과 미국의 기술자들은 오늘날의 헬리컬 방식 비디오 녹화기들의 전신을 제작하고 있었다. 그것들의 영상품질은 10년 동안 2인치 기계에 비해 떨어져, 방송사업에 부적당하였으나 큰 기계들 가격에 비해 훨씬 싼 가격의 더 작고 사용자에 더 친숙한 헬리컬방식 기계들은 신속하게 산업분야와 교육분야의 시장을 장악하였다.

ENG(Electronie News Gathering)

상당한 노력으로 등짐으로 짊어질 수 있는 암펙스 휴대용 2인치 녹화기는 1968년 텔레비전 네트워크가 사용하였다. 1971년 소니는 유 매틱(U-matic) 3/4인치 카세트 테이프 녹화기를 내놓았다. 이제는 더 이상 물리적으로 필름을 편집하기 위해 테이프를 붙일 필요가 없을 것이다. 그것은 비디오 카메라를 필름 카메라 대신에 텔레비전 뉴스 촬영기자들의 손에 쥐어주었다. 그것은 전기적인 방식의 뉴스 취재를 향한 하나의 중대한 도약이었다. 이런 기계들의 성능이 향상되자 텔레비전 뉴스 보도국은 완전히 필름에서 비디오테이프로 전환하였는데 테이프는 현상하는 시간을 필요로 하지 않았고, 재사용이 가능하였고, 텔레비전 미디어에 필름보다 더 잘 어울렸기 때문이다.

기술이 더욱 발전하자 텔레비전 뉴스 편집자들은 면도날로 테이프를 자르는 일을 그만두고 전기적으로 편집하기 시작하였다.

일본의 비디오회사는 잠재적으로 거대한 가정 시장으로 주의를 돌렸다. 취미애호가들은 이미 그 길을 보여주었다. 약간 수정된 휴대용 오프린시의 기계를 가지고 그들은 텔레비전 프로그램을 집에서 나중에 다시 보기 위해 녹화하였다. 일부 이러한 비디오 광은, 지금까지 보통 사람들에게서는 들어본 적이 없는, 실제로 영화 도서관을 짓고 있었다.

영화 보러 집으로

소니는 시작부터 가정시장을 고려했다. 텔레비전 방송사뿐만 아니라 시청자들까지 프로그램 시간을 이동시킬 수 있어야 된다고 생각한 소니의 아키오 모리타 사장은 "사람들은 책이 배달되었을 때 즉시 읽을 필요는 없습니다. 왜 TV 프로는 배달될 때 바로 보아야만 합니까?"라고 말했다. 소니는 1975년 0.5인치 베타맥스(Betamax) 기계를 도입하였다. 일 년 후에 JVC가 이끄는 경쟁상대인 일본 기업들이 베타맥스와 호환이 안되는 형식의 VHS(Video Home System) 기계를 생산해냈다. VHS가 점차 가정시장을 잠식하게 되자 소니는 경쟁에서 졌다. 사람들이 집에서 보려고 영화를 대여하고 싶어한다는 사실이 알려지자 비디오카세트 녹화기 판매율이 치솟았다.

사업가 안드레 블레이(Andre Blay)가 50편의 20세기 폭스 영화에 대한 카세트 제작권을 사들이는 거래를 성사시키면서 테이프 대여사업이 시작되었다. 블레이는 자신의 테이프를 사려는 고객들은 거의 없지만 모든 사람들이 그것을 빌려보고 싶어한다는 것을 알았다. 대여점이 곧 길모퉁이의 식료품점처럼 피어나기 시작했다. 사실 때때로 그 모퉁이에 자리잡은 식료품점이 선반 하나를 비디오테이프에 할당하여 일을 마치고 가는 길에 저녁식사와 오락거리로 준비된 테이프를 가져가기 쉽게 만들었다.

시간이 지나자 이런 비디오점에 비디오 슈퍼마켓이 합류하였는데 그들은 수만 개의 목록을 신프로, 코미디, 어드벤처, 미스터리, 사이언스 픽션, 로맨스, 아동프로, 가족프로, 명상, 운동, 여행, 콘서

그림 5-8 미네소타 주 세인트폴에 사는 베트남 사람들에게 식료품을 판매하는 가게의 선반에 베트남 비디오가 줄지어 있다.

그림 5-9 최소한 10여 가지 장르로 구분된 수천 개의 영화테이프로 가득찬 복도에 쇼핑카트는 아이들과 비디오테이프로 가득찼다.

그림 5-10 비디오테이프는 이웃에 있는 식품이나 주류가게에서 다른 물품들과 똑같이 취급된다.

트, 외국, 클래식, 다큐멘터리 그리고 따로 만들어진 방에는 성인전용이라는 표지가 붙은 테이프들을 종류별로 전시하였다. 일부 가게에서는 뮤직비디오와 게임은 그들만의 구역을 가졌고 체중감량에서 요리법까지 모든 것에 대한 '어떻게 할까요(how-to)'도 그랬다. 제인 폰다의 운동테이프(Workout)는 최초로 성공한 'how-to' 테이프였다. 대도시는 쿵후영화, 외국영화에 전문화된 상점들이 있었고 전자레인지로 튀긴 팝콘을 곁들여서 테이프를 집에 배달해주는 가게도 있었다.

CBS는 1960년대 중반에 EVR이라 불리던 필름카트리지를 시도했다가 실패하였다. 경쟁사인 RCA가 1973년 일종의 활동사진 홀로그램을 이용한 셀렉타비전(Selectavision) 비디오테이프 시스템을 가지고 나왔을 때도 운이 더 좋은 것은 아니었다. RCA는 후에 또 다른 셀렉타비전을 소개하였는데 이번에는 디스크로 재생시키는 일종의 영상이었다. 바늘이 디스크에 직접 닿았다.

MCA와 필립스(Philips)는 물리적인 접촉으로 인한 비디오디스크의 마모 현상이 없는 레이저 광선의 이점을 지닌 훨씬 더 비싼 대체품 디스코비전(Disco Vision)으로 경쟁하였다. 그것은 무작위적인 접근, 정지 프레임(freeze frame) 그리고 하나의 디스크에 백과사전 전체를 실을 수 있는 용량을 지녔다. 영화사들은 비디오디스크가 선명한 영상, 입체음 그리고 저렴한 가격을 지니고 있다는 점을 지적하면서 비디오디스크를 영화를 집으로 전달해주는 좋은 수단으로 생각하였다. 무엇보다도 영화사들은 비디오디스크가 재생용이라고만 느꼈다. 녹화버튼이 없으므로 무료복사도 할 수 없었다.

대중은 불행하게도 비디오디스크에 대여한 영화를 불법적으로 복사하기보다는 주인이 없는 동안 시청하지 못한 영화와 텔레비전 프로그램을 녹화하여 나중에 재생 녹화할 수 있기를 바랐다. 비디오디스크 재생기는 이것을 할 수 없었다. 그것들은 시간이동(time-shifting)을 위한 비디오카세트 녹화기의 융통성과 일치되지 않았다. 테이프가 화면의 질에서 레이저디스크에 필적할 수 없다 해도 그것은 대부분의 사람들에게 괜찮았다. 테이프는 충분히 좋았다. 베타맥스와 VHS 재생기가 빨리 출발한 덕택으로 더 많은 영화들을 이러한 규격으로 이용할 수 있게 되었다. 사람들은 영화를 대여하기로 결정하였기 때문에 약간 저렴한 디스크들은 문제가 되지 않았다. 비디오디스크의 문제들에 더하여 셀렉타비전과 디스코비전은 서로 양립할 수 없었고 제3의 규격인 고밀도 디스크와도 양립할 수 없었다.

경쟁력 있는 디스크와 테이프 규격전쟁에서 VHS 테이프는 분명히 승자로 드러났다. 비록 1980년대 후반에 레이저 비디오디스크가 재기하였지만 하나씩 하나씩 다른 제조라인들의 생산이 중단되었다. 영화의 전달매체로서 비디오테이프에 대한 더욱 위협적인 경쟁은 DVD(디지털 비디오 디스크)로, 장편영화를 4.7인치 디스크 한 장에 담기 위해 디지털 압축기술을 사용하는 특수 CD 재생기로부터 왔다.

가까운 미래

비디오와 컴퓨터산업에 있어 정보저장 및 재생의 미래는 테이프에 있지 않고 고밀도, 무작위적 접근 그리고 저장매체와 재생장치 간의 물리적인 접촉이 없는 이점을 지닌 DVD, 비디오디스크, CD-ROM 그리고 CD-I와 같은 광학 매체에 있을 것이다.

이상적인 것은 녹화할 수 있을 뿐만 아니라 디지털 오디오, 정지 혹은 활동 디지털 비디오, 애니메이션, 그래픽 그리고 문서저장도 할 수 있는 삭제가능 압축 디스크이다.

비디오점들은 광섬유 케이블을 통해 주문식 영화배급을 희망하는 케이블사가 약속한 500개 혹은 그만큼의 채널을 갖춘, 직접적인 이동 없이 커뮤니케니션할 수 있는 전달 시스템의 도전에 직면해 있다. 자기를 보호하기 위해 비디오점은 상호작용이 가능한 영화와 게임으로 가득 찬 오락의 중심지로 재건설하려고 대중, 특히 젊은층이 영화 테이프로 가득한 복도를 따라 서로 붙어 다니며 즐거워하게 될 것이라고 믿게 하려고 고려 중이다.

비디오카세트사업이 성장하자 가격은 떨어졌고 더 많은 기능들이 기계에 첨가되었다. 시간이동 녹화용 지시사항을 발견한 VCR 소유자들은 그들이 저속으로 설정해놓은 두 시간짜리 새 테이프가 좋아하는 쇼로 채워지게 될 것이라는 기대를 갖고 휴가를 보낼 수 있었다. 모든 단추들에 혼란스러운 사용자들에게는 원격조정장치가 신문과 TV 가이드에 나오는 프로그램 옆에 기록된 코드번호를 눌러서 녹화하도록 테이프에 명령을 내릴 수 있게 해준다. 날짜, 시간 그리고 채널번호는 자동적으로 설정된다.

단순성, 융통성, 저비용 그리고 고품질의 테이프 기술은 새로운 시각영상제작 세계를 창조하였다. 20세기 마지막 10년이 지나 영화가 발명된 지 100년 후에 수백만 명의 사용자들이 '영화를 제작할' 수 있게 되었다. 비디오 카메라는 초등학교에서 학습도구로 사용되기도 한다.

세계로의 보급

비디오테이프는 저렴한 테이프가 정보와 오락을 가져다주는 변방 마을을 포함하여 지구 모든 곳에 폭넓게 영향을 주었다. 비디오테이프 재생기, 텔레비전 세트 그리고 휴대용 발전기를 운반하는 트럭은 제3세계의 여러 지역에서 볼 수 있는 낯익은 모습이다. 도심에서 멀리 떨어져 사는 브라질 우림 속의 카야포(Kayapo)와 북부 캐나다의 이누이트(Inuit) 같은 사람들도 비디오테이프를 알게 되었고 정치적인 정의를 위해 투쟁하는 데 테이프를 직접 제작하였다.

몇몇 제3세계 정부들은 적극적으로 비디오테이프 프로그램을 성인교육을 위해 권장하였다. 예를 들어 여러 국가의 마을 비디오네트워크(Village Video Network)는 농업, 영양학 그리고 인구통제와 같은 주제에 대한 테이프의 교환을 제공하였다. 국제적인 그룹은 일부 마을에 비디오 카메라를 주어 나중에 다른 마을에 보여주게 될 그들 자신의 영상을 제작하도록 교육시켰다.

시각영상기술은 어디에나 있는 것 같다. 인도의 장거리 버스에 장착된 VCR은 지루함을 달래도록 도와준다. 많은 인도사람들이 비디오 상영이 없는 버스의 승차를 거부한다. 한 버스가 일곱 시간 고장나 있었으나 즐겁게 영화를 두 번 시청하였던 승객들은 오도가도 못하였지만 한 마디 불평도 없었다고 한다.

필리핀의 전기공급이 되는 시골지역에서 '베타한(betahan)'은 가난한 사람들에게 활기찬 사업을 한다('Betahan'은 'Betamax'와 '상점'을 뜻하는 'tindahan'의 합성어이다. 거의 한 세기 전의 5센트 극장의 시작을 생각나게 하는데, 남자, 여자 그리고 아이들은 1페소에서 3페소(대략 4센트에서 12센트)를 내고 벤치에 앉거나 접는 의자에 앉아 대여한 비디오테이프를 보았다. 베타한 관객들은 극장 관객들보다 더 긴장이 풀려 있다. 그들은 속닥거리고, 먹고, 화합하고 그들이 보는 것에 대한 해설을 던지기도 한다. 그들은 관객이라기보다는 확장된 가족과 같았다. 베타한은 한 가족이 개인용 비디오테이프 녹화기를 구입하였을 때 마을과 소규모 공동체(barangays)에서 시작되었다. 이웃들은 들러서 테이프 대여비와 전기세를 지불하였다.

필리핀 정부는 유용한 농업관련 테이프를 실은 밴을 농촌지역에 보냈다. 사람들이 참석하도록 유도하려고 그들은 함께 가져온 옛 필름을 선전할 것이다. 가족들은 선전된 필름을 보려고 모여들고 그 다음엔 대부분의 가족들은 빠져나가고 가족의 우두머리들만 남아 그 농업관련 교육 테이프를 지켜본다.

페르시아만은 비디오 혁명을 경험한 최초의 제3세계 지역이었다. 1970년대의 석유파동이 많은 페르시아만 인접국가 주민들에게 행복을 가져다준 후에 일본제 VCR이 쏟아져 들어왔다. 사우디아라비아에서는 1985년도 VCR이 있는 텔레비전 보유 가정수를 85%로 집계하였다. 해외파견 노동자들은 VCR을 파키스탄, 이집트, 시리아 그리고 기타 여러 나라에 있는 자신의 가정으로 보냈다. VCR 가격이 떨어지자 VCR의 수요는 가장 가난한 국가에서도 급등하였다. 더 발전한 국가에서처럼 비디오테이프는 영화극장과 경쟁하였다. 영화 시청은 성장하였지만, 전통적인 영화 구경은 쇠락했다.

개발도상국가들에는 비디오클럽과 순회 비디오 테이프 쇼가 있다. 변방지역으로 가는 버스기사들은 몇 개의 신작 테이프를 가져가고 오래된 것들은 회수해왔다. 병원, 호텔 그리고 음식점은 특별서비스로 비디오테이프 오락거리를 제공하였다. 비디오 영화는 결혼식 피로연과 생일파티를 빛나게 하였다. 말레이시아의 정보 장관은 주부들이 한 팔에는 물고기와 야채를 다른 팔에는 비디오카세트를 가지고 쇼핑에서 돌아왔다고 언급하였다.

대부분의 아랍국가에서 일반적으로 여자들은 극장에 가지 못한다. VCR의 급속한 배포 때문에 아랍 여자들은 가장 빠르게 성장한 영화 시청자들이다. 이스라엘 군이 레바논을 침공한 후 레바논의 시돈 항에 도착한 첫 배는 비디오카세트 녹화기를 싣고 있었다. 도시는 전투로 심한 피해를 입었고 사람들은 시멘트, 건축자재 그리고 다른 주요 상품들이 절대적으로 필요하였지만 그 항구에 증기를 뿜으며 들어왔던 것은 일본에서 온 VCR이었다. 최고 인기 있는 것이 처음에 왔다.

여기에 1990년 연합통신이 모스크바로부터 보도한 이야기가 있다.

수입한 VCR을 사려고 떠들썩한 수백 명의 사람들이 소련의 한 도시에 있는 상점들을 닷새 동안 둘러쌌고 어떤 사람들은 그 기계를 살 수 있는 기회를 달라는 단식투쟁과 시위도 벌였다. ……《소비에츠카야 러시아(Sovietskaya Rossiya)》 신문은 야로슬라브(Yaroslav)에서 벌어진 이 사건을 "비디오 반란"이라고 묘사하였다. ……결국, 혼란스러웠던 닷새 후에 한 행복한 구매자가 최초의 VCR을 가지고 상점을 나와 그 지방 TV 방송사에 전화를 걸어 "Victory! 페나소닉이 내 손에 있다!"라고 외쳤다.

비디오 저널리스트의 확대

비디오 배포의 또 다른 결과는 비디오 저널리즘의 가능성을 넓히는 것이다. 1992년의 타이의 반정부투쟁 때 군인들이 평화적으로 시위 중인 군중을 향해 직접 사격을 가했는데, 이 장면들이 타이 텔레비전 뉴스에는 방영되지 못했으나 세계의 다른 국가에서는 방영되었다. 방콕으로 은밀하게 들어온, 미국 뉴스 프로그램에서 녹화한 비디오테이프들은 비디오테이프가게에서 가장 인기 있는 대여품목이 되기 시작했다.

로드니 킹(Rodney King)이 로스엔젤레스 경찰에게 폭행당하는 장면의 녹화는 뉴스취재에 있어서 뿐만 아니라 사건의 과정에 있어서 평범한 시민들이 어떻게 변화를 만들어가는지 보여주는 하나의 본보기가 되었다. 아파트 창문을 통해 찍은 킹의 테이프는 텔레비전에서 반복해 방영되었고 로스엔젤레스 폭동 뒤에 숨어 있는 아프리카계 미국인들의 분노를 부추겼다. 이번에는 폭동의 모습이 녹화되었고 백인과 아시아계 미국인들에 대한 적대감을 부추겼다. '비주얼란티(visualantes : 시각적이라는 뜻의 visual과 스스로를 지키는 자경단원이라는 의미의 vigilante의 합성어―역주)'가 만든 '비디오 자경단행위(video vigilantism)'의 잠재성은 저널리즘에 대한 영향뿐만 아니라 법 시행 자체에 대한 영향에서도 간과되지 않았다. 몇몇 방송사는 카메라 소유자들이 뉴스방송에 쓸 만한 것을 촬영한 테이프가 있는지 알아보기 위해 그들을 초대했다.

해적판 비디오

비디오 불법 복제자는 두 개의 VCR을 함께 틀면서 100여 개의 최신 영화의 복사본을 제작할 수 있다. 그런 일은 세계의 여러 지역에서 일어났다. 비디오 불법 복제는 모든 곳에 만연되어 있다. 하나의 거대한 지하 네트워크가 수백만 개의 불법 복제한 비디오테이프 영화를 세계에 공급하고 있다. 새 영화의 테이프들이 카이로에서 싱가포르에 이르는 상점에 모습을 나타내는데, 때로는 미국의 개봉관 영화극장에서 출시된 지 며칠 지나지 않아 나타나기도 한다. 불법 복제된 비디오테이프 영화들은 심지어는 서양의 프로그램에 드는 달러를 지불할 능력이 없다고 주장하는 소유자들의 텔레비전 방송사에서 방송되기도 하였다.

여러 국가의 국가영화기업은 자신의 영화를 불법 복제하고 서양영화를 싸게 불법 복제하여 유통시켜 망했다. 미국영화를 선호하는 관객들은 그들 정부가 승인해주는 프로그램 대신에 그것들을 보았다. 인도네시아 정부관료는 사람들이 그들의 VCR로 오락 프로그램을 지켜보기 때문에 소수의 사람만이 그들 뉴스보도를 시청한다고 불평하였다.

지적재산권 그리고 저작권 보호의 폭넓은 논쟁이 계속 쌍방 국가간의 관계를 괴롭혔는데, 중국과 미국 간의 관계보다 더 첨예한 곳은 없다. 대만의 지위, 감옥 노동의 사용 그리고 고아들의 처우와 같은 문제들로 골치 아팠던 1990년대 중반의 중국-미국의 관계는 타락한 정부관료가 보호하는 크고 정교한 중국의 공장들이 불법 오디오테이프, 비디오테이프, CD 그리고 저작권을 무시한 컴퓨터 소프트웨어를 대량생산하였다는 내용의 미국의 고소에 도움이 되지 못했다. 이 외교 문제에 주어진 무게는 현대생활에 있어서 통신기술의 중요성의 또 다른 증거를 제공하였다.

'문화적 제국주의'

많은 나라의 정부관료들은 그 나라 국민들이 허용되지 않은 정보, 문화적으로 수용할 수 없는 가치관, 소비자운동 등에 쉽게 접근하는 것을 달가워하지 않았을 것이라고 생각된다.

서양의 영화들은 자국의 문화를 증진시키려는 노력으로 정부가 수입을 제한하는 세계의 여러 지역에서도 은밀히 시청되고 있다. 이런 서양영화 중에서 포르노그라피는 정부가 그러한 프로그램을 금지하는 지역의 개인 집으로 몰래 반입된다. 이제 영화의 불법 복제테이프는 아무데서나 튀어나온다. 비디오테이프는 홍수처럼 세상을 덮쳐 정부와 가장 강력한 오락기업회사들도 저지하기에는 무력한 듯이 보인다.

> 공산국가에서의 엄격한 정치적인 검열은 VCR만이 만족시켜줄 수 있는 욕구를 만들어냈다. 은밀한 VCR 테이프는 그러한 억압적인 통치의 종말을 재촉하였……
>
> VCR은 부적당한 제3세계 국가의 텔레비전 방송 시간표와 낮은 프로그램의 질을 보상하였다. 그러한 국가에서는 개인들이 공공연히 VCR을 구입할 여력이 거의 없으나 대여, 클럽 구매 그리고 술집이나 커피 하우스 그리고 심지어는 버스에서의 집단시청으로 가격 문제를 해결한다. 어떤 경우에는 심한 검

열이 VCR의 성장을 고무시킨다—사우디아라비아 같은 곳에서는 매우 엄격한 모슬렘 표준이 심각하게 텔레비전을 제한한다. 세계적인 VCR과 테이프의 지하시장은 판매와 대여를 제한하려는 많은 정부의 시도들을 좌절시켰다.

미국은 미국문화와 미국의 가치를 다른 국가에 심으려는 문화적 제국주의를 실천하고 있다는 비난을 받았다. 이런 나라들은 미국 작품들만큼 매력적이게 영화를 제작할 여력이 없기 때문에 그들이 직접 제작한 영화와 텔레비전 프로그램들로는 미국과 경쟁할 수 없다. 검열의 요법이 널리 시도되었지만 다만 제한적인 효과를 거두었다. <간디>(인도), <사다트>(이집트) 그리고 <행방불명>(칠레) 같은 서양의 영화들은 그들의 이야기가 차단된 국가에서는 금지되었으나, 그럼에도 불구하고 테이프로는 거기에서도 널리 시청되고 있다.

비디오 제작의 확산

미래의 역사가들은 이 커뮤니케이션 혁명에 관한 어떤 것도 그것이 보통 사람들에게 부여한 힘보다 더 중요한 것은 없다고 결론지을지도 모른다. 비디오테이프가 이루어낸 특정 변화들 가운데는 제작자의 기반 확장이 있다. 몇 년 전까지만 해도 텔레비전 촬영기자들에게만 제한되었던 비디오 카메라가 코닥의 브라우니 카메라가 한때 그랬던 것처럼 확산되었다.

비디오테이프에 저장된 텔레비전과 영화는 교육자들이 시간의 낭비이며 책에 대한 형편없는 대체물이라며 개탄하였으나 고등학교 도서관은 이제 '미디어 센터'로 불리고 있다.

캠코더는 가족의 추억거리를 보존해주는 수단으로서 사진기에 합류하였다.

휴가 중에 아이들이 무엇을 하고 놀았는지 찍어 놓은 비디오는 언젠가 할아버지에게 우편물이 아닌 광섬유를 이용하여 전자메일로 보낼 수 있게 될 것이다. 통신사가 전선을 사용하여 TV 프로그램과 관련 서비스를 그들의 고객들에게 전송할 수 있다고 연방통신위원회가 1992년에 결정하였을 때 그럴 가능성이 커졌다.

오늘날에는 몇 년 전만 해도 비웃음을 살 만한 비용으로도 전문가건 비전문가건 모두 기술적으로 인정받을 만한 품질의 영화를 제작할 수 있게 되었다. 비용은 계속 감소되고 품질은 향상되어 기능의 수적인 증가와 함께 사용의 용이성도 향상되었다. 데스크탑 비디오라는 문구는 데스크탑 퍼블리싱 다음으로 언어 속에 들어왔다. 폭넓은 영역에서 소프트웨어는 컴퓨터를 통해 대부분의 할리우드의 편집도구들, 심지어는 특수효과들을 대체하였다. 페이드(Fade), 디졸브(dissolves), 애니메이션(animation), 사운드 트랙 그리고 시각효과들은 프로그램으로 짜여서 당장 손에 넣을 수 있는 컴퓨터 프로그램으로 만들어졌다. 움직이는 영상들이 1과 0의 숫자 열로 전환될 수 있기 때문에 그것들은 압축, 저장, 압축풀기할 수 있으며, 디지털 비디오 기술의 캐치프레이즈, 비선형 편집(nonlinear editing)으로 편집을 바꾸어놓았다.

비디오테이프의 창조적인 사용법에는 끝이 없는 듯하다. "비디오 수족관"이라 불리는 헤엄치는 물고기의 테이프와 "대양의 파도" 그리고 "비디오 벽난로"의 테이프는 수천 명이 구입하였다.

적당한 파트너에게 소개하기 위해 통신기술이 서비스에 포함시킨 중매쟁이로서의 비디오테이프도 있다. 비디오 데이팅 클럽에서는 참가자들이 그들의 관심사항, 그들의 장점 그리고 그들이 만나고 싶은 사람의 유형을 비디오 카메라에 녹화한다. 그들의 비디오테이프는 후보자들에게 소개된다.

자기가 곧 죽으리라는 사실을 아는 일부 사람들은 사랑하는 사람들을 위하여 유언장을 만드는 대신에 작별 비디오테이프를 남겨놓는다. 어떤 사람이 말하는 묘비사업을 시작했다는 보도도 있었다. 태양열로 작동되는 비디오스크린과 오디오녹음기가 묘석의 일부가 된 것이다.

캠코더에 녹화된 말과 영상은 개인적인 편지를 대체할 것이다. 고등학교에서는 비디오 졸업앨범이 인쇄된 책과 함께 나왔다. 일부 초등학교에서도 호

기심 가득한 손가락들이 카메라 단추를 눌렀다.

"이것은 캠코더라고 불린다." 그녀는 말한다. "따라 해보세요. 캠-코더."
"캠-코더." 그녀의 학생들이 합창으로 대답한다.
"잘했어요." 그녀는 말한다. "그런데 캠코더는 무엇을 뜻할까요? 맞았어요. 그것은 비디오 카메라와 비디오 녹화기예요. 자, 따라해 보세요. 건전지."

"건전지." 수업에 열중한 학생들은 힘껏 소리지른다. 그들은 유명한 CBS 로고처럼 눈을 크게 뜬다. TV 101에 오신 것을 환영합니다 …… 미네아폴리스의 노스 스타 초등학교에 있는 수 크루거(Sue Krueger)는 미디어 전문가다. 그리고 미네아폴리스와 세인트 폴의 다른 학교에서는 교사들이 일찍부터 학생들이 비디오에 흥미를 갖게 하고 있다.

새로운 기록 세우기 Setting New Records

제2차 세계대전 후에 텔레비전 세트뿐 아니라 스테레오 시스템도 가구가 되었다. 기술자들이 모든 레코팅 요소들과 가정용 장비들을 완성하자 사람들은 그들의 도구창고 가정에 앉아 음악공연장의 음질과 같은 소리를 듣게 되었다.

새로운 장비에 맞추어 새로운 음악이 따라 나왔다. 1951년 라디오 디스크 자키, 알랜 프리드(Alan Freed)의 프로그램을 후원한 클리브랜드 레코드가게 주인을 한번 들르도록 초대하였다. 프리드가 본 것은 일반적으로 '흑인음악(Negro music)'으로 간주된 리듬 앤 블루스를 들으며 복도에서 춤을 추고 있는 백인 십대들이 가득한 한 가게였다. 그 방문을 통해 프리드는 "문 독 하우스(Moon Dog House)"라고 부른 새로운 프로그램을 시작하기로 마음을 다졌다. 그는 그 음악을 "로큰롤"이라고 불렀다. 그것이 레코드회사를 뒤흔들어놓았다. 비평가들은 프리드가 십대 세대를 타락시키고 있다고 비난하였다. 젊은이들도 본래 "흑인음악을 불렀던 백인 소년"으로 지칭되던 엘비스 프레슬리의 음반에 반응을 보였다.

영화와 레코드 판매를 통한 그의 대중성은 흑인 가수들의 음악을 그들에겐 닫혀 있던 주류사회 속으로 연장시킬 수 있는 길을 열어놓았다. 백인 십대들은 그 편안한 집을 벗어나게 해주는 새로운 길을 매우 즐거워하였으며 새로운 음악 자체만으로도 부모 세대로부터 독립할 수가 있었다.

행동에 영향을 미치는 녹음된 음악의 힘은 일찍이 제1차 세계대전 때부터 분명히 드러나서 <Over There>와 다른 노래들은, <Lili Marlene>이 독일인의 애국심을 부추겼듯이 미국인의 애국심을 부추겼다. 제2차 세계대전 동안 <The White Cliffs of Dover>와 <Coming in on a Wing and a Prayer>가 동일한 효과를 냈다.

<We Are the World>는 400만 장이 6주 만에 판매되었다. 그 힘은 시판된 지 6개월 만에 5천만 달러의 수익금이 끔찍한 가뭄으로 고통받는 동부 아프리카지역에 음식과 약품을 쏟아붓는 데 사용되기 위해 'USA for Africa'에 돌아갔을 때는 거대 사업 수준을 능가하였다.

감정적으로 효과 있는 미디어는 반발효과도 만들어낼 수 있다. 음반이 대가를 치렀다. 녹음된 음악들은 가정과 아이들과 그렇게 결속되어 있기 때문에 사람들은 음란하다고 여기는 가사를 들으면

그림 5-11 우리는 녹음된 음악이 나오기 전에 살았던 사람들이 알았던 노래의 곡수보다 더 많은 음악의 유형을 들을 수 있다. 뮤직랜드같은 연쇄소매점은 다양한 음악 장르를 소개한다.

상처를 받고 폭행당한 느낌을 받는다. 로큰롤 가사가 마약, 성적인 타락, 폭력, 십대들의 자살, 임신, 아동학대 부모 그리고 가정파탄으로 이어진다는 주장이 있었다. 아프리카계 미국인 문화의 일부분이었던 랩음악은 여성의 품위를 떨어뜨리고 일반적으로는 백인에 대한 증오심과 특별히 유태인과 경찰에 대한 증오심을 퍼뜨린다는 비난을 받았다. 레코드에 담뱃갑과 마찬가지로 위험하다는 표시를 붙이자는 제안도 있었다.

라디오와 녹음

시카고에 있는 WLS의 프로그램 제작자 허버트 모리슨이 독일의 비행선 힌덴베르크(Hindenberg)의 도착을 취재하기 위해 1937년 뉴저지의 레이크허스트에 여행갔을 때, 한 명의 기술자도 함께 갔다. 그들이 힌덴베르크가 폭발할 때 녹음해 놓은 것은 라디오 역사의 가장 극적인 장면 중 하나로 남아 있다. NBC는 네트워크상에서 여러 차례 그것을 방송하기 위해 녹음에 대한 금지를 풀었다. 파테(Pathe)의 뉴스영화 촬영기자도 있었다. 소리와 영상의 결합은 자주 역사적인 프로그램에서 나타났다.

라디오의 황금시대 동안 미국음악인연합은 음악가들의 직업을 보호하기 위하여 방송녹음 금지조치를 실시할 수 있었다. 1946년에 ABC가 NBC로부터 그의 프로그램들을 녹음하도록 허가하겠다고 약속하여 빙 크로즈비(Bing Crosby)를 데려옴으로써 이 금지조치에 대해 영원한 돌파구를 열었다.

텔레비전의 시대가 도래하자, 라디오는 생존을 위한 새로운 형식이 필요하였다. 녹음된 음악은 라디오 방송사에게 생존을 위한 길뿐만 아니라 번창할 길도 열어주었다. 텔레비전이 들어온 이후로 라디오 방송사의 숫자는 두 배로 증가하였고 다시 두 배로 증가하였다.

지역방송사에서 디스크 자키가 돌리던 녹음된 음반은 1950년대 후반까지 주요 프로그램 공급처가 되었다. 라디오와 녹음기술의 합작은 양쪽 사업자 모두에게 달콤한 음악을 만들어주었다.

축음기를 구입한 대부분의 사람들은 라디오 방

그림 5-12 뮤직랜드에서 소비자는 구매 결정을 하기 전에 다양한 종류의 샘플을 들어볼 수 있다.

송 서비스의 준비된 시장이었고 라디오 방송인들에게는 이미 조건을 갖춘 시청자가 되어주었다. 축음기와 레코드를 판매하도록 세워진 소매점 네트워크는 라디오를 위해서도 동일한 기능을 수행할 수 있었다. 처음에는 라디오 방송이 레코드기업의 경쟁자로 간주되었다. 그러나 시간이 지나자 기업들은 공생관계를 형성하였다. 라디오는 프로그램 공급을 위해 레코드가 필요했고 레코드사는 판매증진을 위해 라디오가 필요했다.

고감도 소리

신뢰할 만한 음악의 재생산을 뜻하는 하이파이(High Fidelity)는 1930년대에 '음전기귀환(negative feedback)'을 합체시킨 회로를 이용할 수 있게 된 시기에 시작되었다. 양질의 스피커의 작은 시장은 거의 음성영화의 도입시기까지 거슬러 올라가게 되는데, 할리우드 영화극장의 좋은 음향시설에 대한 관심에서 생겨났다. 그러나 경제공황기간 동안 CBS와 AT&T의 벨연구소 기술자들은 주요 확성기와 라디오 제작자들이 정확한 소리를 듣고자 하는 가정시장이란 존재하지 않는다는 관점을 뒤바꾸어놓았다. 그후 수십 년간 제임스 랜싱(James Lansing), 헨리 클로스(Henry Kloss), 폴 클립시(Paul Klipsch) 그리고 루돌프 보작(Rudolph Bozak)은 KLH, Advent, JBL, Altec Lansing, Bozak 그리고 Klipschorn과 같은 유명한 회사들을 설립하며 하이파이 애호가들을 위한 스피커를 고안하였다. 다른 발명가들과 기술자들이, 그들 중 많은 사람들이 일본인이었는데, 하이파이와 스테레오 녹음 그리고 저질량 픽업 헤드로부터의 재생과 개선된 회전반의 축음기 음관, 수신기 그리고 오디오테이프용 돌비 소음제거에 증폭기 그리고 콤팩트디스크의 레이저 식별 같은 부분들을 완성하였다. 유명한 연주가들을 집으로 초대해 연주하도록 하는 것은 말할 것도 없이, 메이저 홀에서 세계정상급 오케스트라의 연주를 감상할 수단이나 기회가 없는 사람들에게 하이파이 시스템은 음악을 즐길 수 있는 참신한 기회를 제공하였다.

CBS에서 일하던 헝가리 태생의 한 기술자, 피터 골드마크(Peter Goldmark)는 5분 길이의 연주시간을 지닌 점토와 셸락으로 만들어 분당 78회전으로 돌아가는 레코드를 대체할 제안을 하였다. 1948년 플라스틱으로 더 얇고, 가볍게 제작된 녹음홈이 더 많은 그의 LP("long play")레코드는 더 좋은 바늘로 향상된 오디오 음질과 마모를 오래 견디게 만들어져서 분당 33과 1/3 회전으로 보다 느리게 연수되어 23분 길이의 음악을 제공하였다. 골드마크는 더 나아가서 사파이어가 달린 바늘을, 리본 마이크 대신 콘덴서 마이크를 사용하고, 요동하지 않는 회전반을 사용하여 오디오 음질을 개선시켰다. 음악소리가 향상되자 레코드 판매는 하늘 높이 치솟았고 축음기와 오디오 부품기업도 이에 맞춰 성장하였다.

RCA는 LP에 대해 한 곡의 노래를 한쪽에 연주한 크기가 작은 분당 45회전을 가지고 반응하였다. 싸고, 단단하게 그리고 컬러플라스틱으로 제작된 45는 전후 십대 세대들에게 인기가 있었고 그것은 로큰롤의 성장에 중요한 요소 중 하나였다. '레코드 전쟁'은 기술을 통해 세력권을 장악하려는 거대 기업들의 본보기를 만들었는 데 상황은 소니와 그 경쟁사들 간의 Betamax-VHS전쟁, the HDTV전쟁 그리고 여러 가지 다른 곳에서 이후 세대에서 반복되었다.

1980년대와 1990년대 비디오게임은 음악사업에 끼어 들었으나 MTV 때문에 유명해진 뮤직비디오와 디지털기술은 사람들이 레코드 수집을 CD로 대체하기 시작하자 되돌려 놓았다.

이 시기에 거대 녹음회사들은 미디어 복합기업의 일부였다. 그들의 이름에도 불구하고 대부분의 거대기업들은 외국인이 소유하였다. 1990년대 중반에 CBS 레코드회사는 소니가 소유하였다. MCA는 또 다른 일본의 통신장비 제조회사 마츠시다가 소유하였다. RCA 레코드회사는 독일의 베르텔스만(Bertelsmann)의 분사였고 폴리그램(PolyGram)은 네덜란드의 필립스(Philips)의 분사였다. 캐피탈(Capital)은 영국과 미국의 제휴기업이었다. 다만 거대 회사 가운데 워너 음악사만 완전하게 미국인 소유였다.

소비자의 사운드 녹음의 개발은 복합적인 결과를 낳았다. 쿼드라포닉(Quadraphonic) 사운드 시스템과 녹음—논리상 스테레오를 대체한 것—은 인기를 얻는 데 실패하였다.

1987년에 도입된 디지털 오디오테이프(DAT)는 완벽한 소리의 충실도로 음악을 녹음할 수 있는 능력에도 불구하고 인기를 얻는 데는 실패하였다.

콤팩트디스크(CD)는 잘되어갔다. 물리적인 접촉과 레코드 바늘 헤드의 마모 없이 레코드의 미세한 틈을 읽는 레이저를 사용하는 콤팩트디스크 플레이어의 광학적 픽업 시스템은 전통적인 오디오 카세트 녹음보다 음질이 우수하여 폭넓은 지지를 얻었다. CD는 집에서 사용하는 사람들이 디스크에 녹음할 수 없다는(소비자의 입장에서는) 단점 때문에 괴로웠는데 이것은 가정에서의 녹음이 이미 판매의 오분의 일을 떨어뜨렸다고 추정하는 음악제작자들을 기쁘게 하였다. 하지만, 녹음 가능한 CD가 나오는 중이다. 대백과사전에 사용되던 컴퓨터 CD는 음악 CD도 연주할 수 있다. 일부 FM 방송국은 간섭 없이 앨범을 틀어주어 집에서 오디오테이프에 녹음하는 사람들에게 즐거움을 주었다. 잃어버린 수익의 보상으로 의회는 음악 작곡가, 연주가 그리고 제작자들에게 돌아갈 오디오 공테이프에 대한 1%의 세금을 부과하기로 승인하였다.

다른 형식들은 1990년대 중반까지 사람들의 관심을 끌지 못했다. 디지털 콤팩트 카세트(DCC)와 미니디스크는 다른 어떤 것과도 호환이 되지 않았고 서로도 호환되지 않았다. DCC는 붐 박스에서 판매되었고 가정용 스테레오 시스템에 있는 아날로그 테이프 녹음기 대체용으로도 판매되었다. 2.5

인치 미니디스크는 충격에 강하고 녹음할 수 있다는 CD가 지니지 못한 이점, 커뮤니케이션 도구창고 가정의 두 가지 연장인, 휴대용 기기와 자동차 안의 재생기라는 두 가지 사용이 가능하다는 이점을 지녔다.

아직도 우리에겐 책이 있다 We Still Have Books

"나는 오늘밤 책을 보다 잘까 한다"는 말은 다른 사람과의 접촉 없이 얻을 수 있는 즐거움을 약속한다. 책은 많은 커뮤니케이션 도구들의 차용에 수반되는 물러섬과 소외를 따라한다. 반면에 문맹자들은 다른 사람들과의 직접적인 대화를 통해 정보를 습득한다. 독자는 다른 사람들로부터 떨어져서 모든 감각을 떨쳐버리고 오직 시각에만 의존한다. 독자와 저자 간의 일종의 대화가 존재할 수 있다는 반박이 가능할 수 있겠으나 그것은 축음기 레코드와 필름이 멀리 떨어져서 상상의 구조를 통해서 전달되는 방식과 동일한 것이다.

도서시장은 1926년 도서클럽(the Book-of-the-Month Club)이 사업을 개시하자 일보 전진하였다. 사업의 성공으로 말미암아 경기침체에도 불구하고 한창 일어나는 새 시장의 문을 두드리려는 경쟁사들이 생겨났다. 도서클럽은 직장인 모임, 취미애호가 그리고 소수민족들을 만족시켜 주었다.

19세기의 10센트짜리 소설은 20세기의 페이퍼백(paperback)으로 재생되었는데, 그것은 제2차 세계대전 바로 전에 시작된 도서판매의 또 다른 혁명이었다. 윤이 나는 겉표지 사이에 거친 종이에 인쇄된 뻔한 구성을 지닌 10센트짜리 소설은 비록 가격이 상승하였지만 인기가 있었다. 25센트짜리 페이퍼백은 고전문학 작품, 현대소설이나 다양한 주제의 비소설을 대량으로 찍어내 새 책을 사서 볼 여력이 없는 수백만 명의 사람들 손에 쥐어주었다. 그후 반세기 동안 수십억 권의 책이 판매되었고 그것들 중 많은 것들이 하드커버(hardcover)로 장정한 책으로 다시 나왔다. 다른 소설들과 비소설은 이렇게 싸게 인쇄되고 제본된 책으로 밝은 색으로 빛나는 표지에 싸여서 약국, 버스 정류장, 슈퍼마켓에서 판매될 때만 생명력이 있었다. 공공도서관은 이제 친숙한 페이퍼백들로 특징을 이루고 있다

1950년과 1990년 사이에 출판된 책의 숫자는 8,500권에서 80만 권으로 거의 열 배로 증가하였다. 한 초기 연구에 따르면 텔레비전 시청이 현실 도피적인 소설의 독서에는 영향을 주었지만 심각한 정보를 실은 책이나 잡지에는 그렇지 못하였다고 한다. 부분적인 변환은 책의 모양에서 일어난다.

지식이 더욱 풍부해지고 그 효용성이 단기적이 되면서 옛날의 단단하고 오래 견디는 가죽제본이 사라지고, 처음에는 천으로 그 다음에는 페이퍼백으로 대체되는 것을 목격하였다. 책 자체는 그것이 담고 있는 대부분의 정보와 마찬가지로 더욱 일시적인 것이 되었다.

페이퍼백 혁명은 저렴한 책을 어디서나 구해볼 수 있게 만들면서 점차 빨라지는 정보의 퇴화속도가 오랜 기간동안 유지된 정보적 가치를 경감시키는 바로 그 순간 책의 희소가치를 경감시켰다.

스티븐 스필버그(Steven Spielberg) 감독은 아카데미 시상식에서 "기술에 대한 사랑으로 우리는 중요한 것을 잃었다. 그것은 책에 대한 사랑이다"라고 언급하였다. 잘못된 생각에 근거하였지만 그 소감은 칭찬할 만하다. 관중은 그것을 알아차렸다. 사실 책은 커뮤니케이션 기술에 대한 사랑의 일부였다. 문제는 낡은 기술인 책이 어떻게 새로운 매체에 대항하며 잘 생존할 수 있는가에 대해 제기되어야 한다. 평균 미국인들은 1년에 한 권의 책을 읽지만 독서하는 미국인들은 유행하는 책제목들이 많이 올라오고 책을 판매하는 가게들이 증가한다면 책읽기를 위해 기꺼이 더 많은 시간을 낼 것이다. 미디어기업은 여러 거대 출판사를 매입하였다.

영향력 있는 사람들은 그들의 지식을 책에서 얻고 그들이 배운 것을 행동으로 취하기 때문에 책은 여전히 영향력을 행사할 것이다. 레이첼 카슨(Rachel Carson)의 『침묵의 봄(Silent Spring)』(1962)은 환경보호운동을 형성하는 데 기여하였고 새와 야생동물을 죽이고 인간 음식에까지 들어오는 DDT와 다른 살충제 사용의 금지를 이끌어냈다. 베티 프리든(Betty Friedan)의 『여성의 신비(The Feminine Mystique)』(1963)는 페미니스트 운동에 활력을 불어넣었다.

책은 그 자체가 최초의 물리적인 대중매체였다. 실제로 제기되고 있는 문제는 말할 것도 없이 지식을 독점한 책이 새로운 언어(다른 매체)의 도전을 견디낼

수 있는가 하는 것이다. 답은 '못 한다'이다. 제기되어야 할 질문은 인쇄물이 다른 매체보다 더 잘하는 것은 무엇이고 그럴 만한 가치가 있느냐 하는 것이다.

일부 거대 서점들은 독서 탁자와 커피를 갖추고 유사 도구창고 가정처럼 자신을 재개발하였다. "만일 이길 수 없다면 한편이 되어라"는 정책에 따라 북넷(Booknet)이라고 불리는 24시간 책읽기, 작가 소개, 인터뷰, 출판사 뉴스 그리고 북쇼핑 서비스를 제공하는 케이블 채널을 시작하려는 계획이 진행 중이다. 그것의 설립자의 한 사람인 소설가 닥토로우(E. L. Doctorow)는 "북넷이 지금까지 개발된 가장 강력한 커뮤니케이션 도구 두 가지, 즉 인쇄된 책과 텔레비전 영상을 결합하게 될 것이다"라고 말하였다.

그러는 동안 이동서점이 정보고속도로시대의 시골길 뒷길을 따라 달렸다. 1905년에 시작하여 1960년대에는 2천 개의 이동서점이 생겨나 정점에 달하였는데 이 자동차시대의 흔적은 주로 빡빡한 군(county)예산 때문에 수적으로 감소하기 시작하였다. 지난 보고에 의하면 약 1천 개의 이동서점이 아직도 공공도서관에서 멀리 떨어져 사는 독자들을 위해 봉사하고 있다는 사실은 아직도 책이 지니고 있는 힘에 대해 많은 것을 말해준다.

6 정보고속도로 : 여섯 번째 혁명

The Sixth Revolution
The High Way

엄청난 교통량 Heavy Traffic

포스트모더니즘 사상가 마크 포스터(Mark Poster)는 수사학적이며 답변하기 어려운 흥미로운 물음들을 만들었다.

만일 내가 캘리포니아에 있으면서 직접 혹은 전자우편으로 파리의 한 친구와 통화할 수 있다면, 만일 내가 집을 떠나지 않고서 지구 저편에서 벌어지는 정치적 혹은 문화적인 사건을 목격할 수 있다면, 만일 다른 먼 곳에 위치한 데이터베이스가 나의 인적사항을 포함하고 있고 이런 사건들과 내가 어떤 관련이 있는지에 대한 정보도 없이 내 삶에 영향을 미칠 결정을 내리는 정부요원들에게 정보를 준다면, 만일 내가 집에서 TV를 사용하거나 컴퓨터를 사용하여 쇼핑을 할 수 있다면 나는 어디에 있는 것이며 나는 누구인가? 이러한 상황 속에서 나는 이성과 자립적인 주체성 속에 중심 잡은 또는 정의된 자아의 경계에 내재하는 자신을 찾을 수 없으며 사회적 공간에서 분열되고, 전복되고, 흩어진다.

소동과 변화로 가득한 세기말에 우리는 더 이상 전선이 깔린 곳에 제한받지 않는다. 한때는 사회를 연합시키는 요소로 간주된 케이블, 텔레비전 그리고 위성기술 자체가 관심분야에서는 우리에게 보다 가깝지만 보이지 않는 사람들과의 사귐을 가능케 해주는 연결망을 형성하면서도 우리에게 친밀하던 사람들로부터 우리를 소외시키기 때문에 그것들은 맥루한의 "지구촌"을 통과하지 않는다는 사실이 분명하다. 그러나 지식의 습득은 하나를 얻기 위해 다른 것을 버려야 하는(zero sum game) 것이 아니다. 사람들은 브라질 우림지대의 상실에 대해서는 민감할지 모르나 아직도 뒤뜰에 있는 잡초를 뽑는다.

정보시대의 뛰어난 선지자인 맥루한이 기술의 잠재성을 보는 눈은 대중매체 기술이 인류가 다시 하나의 종족을 이룰 수 있다고 생각했지만, 인류가 하나의 종족을 이루고 싶어하는지는 물어보지 않았다는 사실을 발견했다. 그것은 분명히 우리가 바라는 것, 커뮤니케이션 도구들을 다양한 목적에 따라 분리시키는 방법과는 거리가 멀다. 이러한 증거들은 우리가 단지 가끔 함께 모여 동일한 정보와 오락을 공유하고 싶어할 뿐이라는 사실을 보여주는 것 같다. 지구촌에서 정보시대를 살아가는 우리가 거주하는 곳이 정말 그곳이라면, 우리는 우리들의 전기, 인쇄물, 영상, 음악으로 채워진 집, 우리들의 커뮤니케이션 도구창고에 거주하면서 우리들의 따로 분리된 길을 가고 싶어할 것이다

1930년대와 1940년대 20여 년간의 황금시대 동안 라디오는 미국을 하나의 국가로 뭉쳐주어 가능한 하나의 공통된 악센트를 지닌 하나의 공통된 말을 사용하게 하고 도덕적 가치관을 공유하게 하고, 대공황과 제2차 세계대전을 극복하게 하였다.

더 이상은 아니다. 라디오는 분열되어 경쟁하고 있다. 영화도 마찬가지여서 빡빡하게 운영되는 스튜디오 시스템은 사라져가는 추억이 되었다. 텔레비전도 그렇고 이제 케이블 채널이 세 가지 옛 네트워크를 침식하였다. 한마디로 미국문화는 한때 우리를 서로 끌어당겼던 미디어에 의해 형성되었다. 벌어지고 있는 상황에 대한 은유는 '정보 초고속도로' 혹은 다소 약하게 '정보고속도로'로 표현된다. 다양한 가능성들을 표현해줄 더 나은 은유가 있겠지만 우리는 대체로 이것에 집착한다.

정보고속도로는 세 가지 중요한 영역의 커뮤니케이션을 확장시킨다.

1. 그것은 새로운 미디어와 더 많은 커뮤니케이션 선택사항들을 제공하여 선택의 기회를 넓히고 그러한 선택을 통해 우리를 가족과 공동체에서 분리시킨다.
2. 그것은 사용자들에게 전송되는 정보와 오락을 더 많이 통제할 수 있게 하고 상호작용할 수 있게 한다. 상호작용성은 '상향흐름(upstream)'에 자료를 요청하고 '하향흐름(downstream)'에 자료를 공급할 수 있게 한다. 상호작용성은 또한 전자우편과 게시판을 통해 본 적이 없고, 들어본 적도 없고, 드러나지 않는 작가들로 영원히 남게 될 사람들을 서로 연결시킨다.
3. 그것은 원거리 접속을 통해 개인적인 활동을 가능하게 한다. 이전보다 훨씬 많은 사람들이 집에서 일하고, 배우고, 쇼핑하고, 오락거리를 가져올 수 있어 산업혁명기에는 하지 못했던 사회를 뒤흔들만한 잠재성을 지닌 모든 일들을 산업혁명과는 반대방향에서 할 수 있지만 또 그 반대방향

도 가능하다. 이것은 도시를 바꾸는 잠재성뿐만 아니라 세계를 함축하는 잠재성도 지닌 것이다.

현재의 시점에서, 제국도 아니었고, 로마인의 것도 아니었고, 신성하지도 않았던 신성로마제국과 비교하는 것은 아무런 가치가 없을지도 모르겠다. 정보고속도로는 주로 정보에 대한 것이 아니며, 고속도로가 되지도 않을 것이다라고 레오 보거트(Leo Bogart)는 말했다. 그것이 얼마나 초강대한 것이 될지에 대해서 보거트는 언급을 보류하였다.

선택

선택한 커뮤니케이션 수단이 자유롭고 개방된 사회에서 확산되면 훨씬 많고 다양한 채널, 공급처, 음성, 내용 그리고 관객들이 따라온다. 많은 제작자들은 많은 시청자들에게 매우 다양한 내용들을 전송한다. 이러한 일은 내용의 양, 경쟁의 압력 그리고 시청자들의 욕구와 필요가 기존의 채널로는 충족되지 않기 때문에 필연적으로 많은 채널에서 일어난다.

  선택사항들은 기분을 좋게 하지만 소외시키기도 한다. 기본원리는 원심력이다. 시장분화는 우리가 가지고 있는 공통점을 강조하기보다는 사람들을 서로 구별해주는 그러한 질적인 차이를 목표로 삼는다. 그것은 동부유럽, 아프리카 그리고 아시아에서 일어나고 있는 개발도상국 세계의 여러 민족주의 현상과 같은 것이다.

확산현상은 더 많은 사람들이 동일한 수의 선택권을 부여받는 것을 의미하는 것이 아니라 더 풍부하고 다양한 것들을 접하게 되는 것을 의미한다.

  우리는 전문화된 지적인 소규모 문화집단들의 엄청난 성장을 기대해 볼 수 있다. 오페라가 있고 오페라 애호가들을 위한 오페라 뉴스가 있을 것이고, 미생물학자들에게 필요한 미생물학 정보자료와 교환도 있을 것이다. 이런 모든 것들은 일정한 사람들의 시간과 주의를 전국적인 스포츠, 정치, 영웅 그리고 뉴스의 일반적인 관심거리에서 다른 데로 돌릴 것이다……

모든 소그룹이 그 기호들을 만족시키기가 쉬운 사회는 연합을 이루기가 더욱 어려워질 것이다.

19세기의 산업혁명이 대량화하였던 것을 정보고 속도로가 분해시킨다. 대량화는 산업혁명의 자연스런 산물이었다. 반(反)대량화는 단지 후기산업사회 정보혁명의 산물로 자연스럽다. 다양한 커뮤니케이션 도구들에 근거하여 미디어기업들에게 벌어지고 있는 일들을 한번 훑어보면 핵심을 알 수 있다.

예를 들어 녹음된 음악을 생각해보자. 모든 역사 시대에서 제한된 범위의 음악이 각 사회에서 이용 가능하였고 거의 모든 것이 그 공동체의 인원들에 의해 연주되었다. 1세기 전, 음악이 상점에서 포장되어 나올 수 있다는 생각이 새롭게 등장한 시기에는 그 제한이 무너지기 시작하였다.

오늘날 우리는 거대한 레코드가게들과 카탈로그를 통해 상당히 다양한 종류의 음악을 접할 수가 있다. 개인적인 취향에 따라 그것들은 풀잎처럼 넘쳐난다. 만일 경제적으로 이점을 지니고 정치적으로 개방된 서양에서 많은 사용자들이 다양한 음악적 취향을 따르게 된다면 그 논리는 모든 사회에 분명하게 적용되지는 않을 것이다. 더 많은 사용자들이란 의미가 다양성이 아닌 단지 숫자가 많다는 것을 의미하는 자유와 통제된 사회 간의 근본적인 차이를 보여주는 곳이 있다.

또한 영화를 생각해보자. 한때 몇몇 주요 스튜디오들이 영화제작을 통제하였다. MGM, 워너 브러더즈, 패러마운트, 콜럼비아, 20세기 폭스, 유니버설 그리고 일부 다른 영화사들이 고정된 채널을 통해 배급용 작품들을 공장에서 물건을 찍어내듯이 생산라인에서 생산하였다. 오늘날 제작자들은 세계 아무데서나 설립되고, 해체되고 다시 설립되고 있다. 새로운 커뮤니케이션 기술들은 필름을 제작하는 새로운 방법과 스튜디오의 전성기에는 생각도 못 했던 새로운 유통채널을 창조하였다. 비(非)미국계 시장은 미국시장과 동등해져 10년이 지나지 않아 시장을 지배하리라 예상된다.

또한 책을 생각해보자. 제작이 수도승들의 필사나 초기 출판기술 그 자체에 제한 받았을 때 상대적으로 다양성은 찾아보기 힘들었다. 19세기에 들어서도 필수적으로 읽어야 할 책은 『성경』과 『농부의 책력(Farmer's Almanac)』뿐이라고 말하던 사람들이 있었다. 이제 검열에서 자유로워진 도서관과 서점에서 문제가 되는 것은, 수십 명의 마법사 견습생들처럼 책을 쏟아내고 있는 출판사로부터 선택할 책의 제목들과 사람들이 몰려든 선반에 올려놓을 것들, 즉 풍부함이다.

라디오 방송은 방송사가 나이, 민족, 교육정도 그리고 문화적인 구분에 따라 분화된 시청자들을 목표로 삼으면서 협송(전문방송)이 되었다. 제2차 세계대전 후에 미국의 라디오방송사가 두 배 증가하였고, 다시 두 배 증가하였다. 파산한 다소 큰 유통망의 일반 잡지들처럼 세 개의 주도적인 라디오 네트워크, 곧 ABC, CBS 그리고 NBC는 거의 뉴스 공급자로 축소되었다. 새로운 기술, 인터넷상의 라디오는 라디오방송사의 수적인 상당한 증가를 약속해준다.

또한 잡지들을 생각해보자. 두 세대 전에 미국 잡지판매대는 몇몇 거대한 유통망을 지닌 주간지가 장악하였다. 이제 새로운 전문적인 잡지들은 독자들이 원하는 것에 분명하게 초점을 맞춘다. 소수 민족그룹, 종교, 직업, 취미 또는 성적인 편애를 지닌 사람들은 적어도 하나의 잡지, 신문, 혹은 뉴스레터가 있다. 전문적인 잡지들은 텔레비전이 나타난 이후 라디오가 한 것을, 그리고 지금은 케이블이 하고 있는 것을 한다. 그리고 전문적인 잡지의 출판은 전문적인 광고를 불러왔다. 잡지들은 독자층을 문화와 기호의 척도에 따라 재편성한다.

소수 집단을 위한 커뮤니케이션 매체는 그들의 차별화된 의사공동체를 조직하는 능력과 전국적인 정체성을 그룹에 부여하고 그들의 관심을 전국적으로 퍼뜨리는 능력을 통해 사회적 기관의 원심력을 대표한다.

신문의 경우 도심 오후 시간의 일간지들은 텔레비전에 의해 분명히 타격을 입었으나 교외지역의 신문은 잘되어갔다. 탁상출판(DTP, desktop publishing) 기술의 도움으로 뉴스레터와 같은 다른 출판 정보물도 그러했다. 이러한 결합에 인터넷상의 뉴스보도 문서들인 전자출판물이 더해져야 할 것이다.

상호작용성

대부분의 글들은 다만 정보고속도로의 한 측면, 즉 위성과 극초단파, 광섬유를 통해 배포지점에서 집과 직장의 수백 억의 사람들에게 정보와 오락을 전송하려는 측면에만 제한되었다. 우리는 광섬유가 자료와 영화를 요청하는 상향흐름을 가능하게 하리라는 것을 제외하고는, 집에서 원거리에 있는 분배 중심점으로 이동하는 정보의 흐름에 대해서는 별로 읽어볼 수 없다.

상호작용의 케이블은 집에서 투표하는 감질나는 모습이나 뉴잉글랜드 마을모임의 21세기판 회의의 참석을 제공하였다. 미국의 계관시인 리타 도브(Rita Dove)는 한 교실에 들어가 시에 대해 이야기하는 동안 흩어져 있는 여러 반의 아이들이 보고, 듣고 그리고 묻는 것을 상상하였다.

> 원거리 컴퓨터의 뛰어난 프로그램을 이용하여 당신은 하루종일 화면을 통해 헨리 키신저, 짐 베이싱어, 또는 빌리 그레이엄과 상호소통할 수 있다. 유명인사들은 자신의 소프트웨어를 제작 판매할 수 있고 또한 그것들을 쌍방향 개인 비디오 통신에 이용할 수 있게 만들 수도 있다. 당신은 세계에서 가장 재미난 교수들이 당신의 물음에 대답하고 당신만의 학습속도를 따라 진도를 나가는 완전한 상호통신의 물리학이나 컴퓨터 과학 같은 과목을 들을 수 있다. 직장에 출근하지 않고도 당신은 완전한 상호통신의 일과를 해낼 수 있고 비행기를 타지 않고도 국제기업을 경영할 수 있다.
>
> 당신은 당신의 아이가 전국을 돌아다니며 고등학교에서 야구시합을 하는 것을 지켜볼 수 있고, 당신이 선택하는 스타디움의 어느 지점에서건 슈퍼볼(Super Bowl)을 볼 수 있고, 또는 마이클 조던과 함께 바스켓 위로 날아오를 수도 있다. 알프스 위로 비행기를 날릴 수도 있고 에베레스트산을 오를 수도 있다. 이 모든 것이 강력한 고해상도 화면을 통해 가능하다.

가능성들은 전문가 마케팅에서 사라지지 않았다. 컴퓨터 터미널에 접속한 고객이 관심 있어 하는 제품을 확인하고, 고객들의 반응에 따라 만들어진 질의사항들에 대해 답변하고 출력된 정보와 조언을 듣고 나가는 것은 있을 수 있는 일이다. 월드 와이드 웹의 상업사이트는 지금 그곳에 가까이 왔다.

커뮤니케이션에 의한 분리

토막난 미디어는 토막난 가족을 반영한다. 한 지붕 아래 대가족들은 미디어 선택이 제한된 시기에는 정상적인 형태였다. 오늘날 미디어 선택이 제한되면 그러한 전체주의적인 통치 안에서 많은 대가족들을 쉽게 찾아볼 수 있을 것이다. 모든 전체주의 사회가 전통적인 가족을 찬양하고 엄격하게 시민사회를 통제하는 것은 우연이 아니다.

반대로 깨진 가족과 혼자 거주하는 아파트는 선택사항이 많은 사회의 산물이다. 현대 핵가족 가정에서는 부모와 아이들이 그들만의 커뮤니케이션 재료를 독립된 방식으로 찾아간다. 1993년까지 9~11세의 미국 아이들 중에서 37%가 자신의 텔레비전 세트를 가지고 있으며, 12~13세의 49%가 그리고 14~15세의 54%가 가지고 있었다. 'Individual'은 'indi-video'가 되었다. 라디오를 크게 틀어놓은 젊은이들 머리에 단단히 고정된 이어폰들은 다른 가족들이 침범할 수 없게 하였다. 다른 가족구성원들로부터 도피하기 위해 코를 들이박는 책이나 잡지는 이어폰보다는 사회적으로 허용되는 매체였다.

저녁식사 중에 중요한 주제를 놓고 열띤 대화를 하는 미국인 가족이 증가한다는 것은 특별하고 심지어는 진기한 것이다. 텔레비전을 보며 식사하는 것은 전체 미국인의 2/3에 해당한다. 슈퍼마켓은 별도로 냉장시설을 한 'TV 저녁식사' 판매대를 만들어 협조하고 있다. 개리슨 케일러(Garrison Keillor)는 덴마크의 친구들 집에서 보낸 저녁시간에 대해 다음과 같이 언급하였다:

> ……갑자기 나는 우리가 식사 내내 대화를 나누었다는 사실과 세 명의 어른과 두 명의 십대 소년들이 아무도 축구를 하러 가거나 텔레비전을 보려고 식탁에서 빠져나가지 않았다는 사실에 충격을 받았다.
>
> 문명이란 우리가 점심과 저녁시간에 이어온 것인데 가족들이 일주일 내내, 동시에 한 장소에 앉아보거나 25단어 이상을 이야기하는 경우가 드문 미

국에서 당신은 과연 대화나 이야기가 지금부터 20년 후에도 존재할지 혹은 우리가 전자우편으로만 네트워크를 할지 궁금하게 될 것이다.

미디어를 통해 우리의 공동체는 혈연, 결혼 그리고 이웃에 기반한 결속에서 그 인원들이 얼굴을 모르거나 목소리를 모르는 또는 우리가 전화로 통화하거나, 전자우편을 보내거나, 팩스를 보내거나 얼굴을 대하지 않고 메시지를 교환하는 간편한 다른 방식을 찾을 때 형성되는 일시적인 공동체이거나 또는 다른 어떤 공동체인 네트워크의 관심그룹으로 이동하였다. 컴퓨터 대화방과 게시판은 잡초처럼 빠르고 왕성하게 자란다. 영화스타들뿐만 아니라 정치인들도 대중매체를 통해 여과된 이미지들이 어떻게 우리가 좋아하는 실체가 되어가는지 보고 싶다면 유명한 잡지를 골라 보라. 우리가 밟고 서 있는 현실이 얼마나 빠르게 변하고 있는지 느끼고 싶다면 CD-ROM으로 된 전자잡지를 골라보거나 또는 인기 있는 월드 와이드 웹 사이트를 방문해보라.

우리는 모든 쇼핑몰, 약국 그리고 식료품점에 있는 잡지들과 페이퍼백 책들은 말할 것 없이 라디오, 케이블 채널 그리고 비디오 중에 어느 매체를 선택할지 헤맨다. 현관 계단 위에 던져놓고 가는 원하지 않는 신문들은 잡초처럼 커진다. 우편함은 버려야만 되는 원하지 않는 카탈로그들로 가득 차 있다.

앞으로는 더 많은 선택거리들이 생길 것이다. 우리는 정보와 오락을 얻는 방법과 우리가 얻고자 선택한 것들의 근본적인 변동 가운데 살아가고 있다.

미디어는 우리를 이곳에서 지금 데려갈 것이다. 텔레비전이 나오기 오래 전에 찰스 디킨즈는 우편배달원이 그의 우편물 가방에 무엇을 담아올지 알았다. 『적막한 집(Bleak House)』에서 젤리비(Jellyby) 부인은 그녀의 자녀들에게 무심한 덕분에 니제르 강 왼쪽 둑의 보리오블라가(Borrio-boola-Gha)의 많은 사람들의 삶을 향상시키는 일에 전념할 수 있었다. 그녀의 아이들은 지저분하고 집안은 엉망이었다. 젤리비 부인은 매일 아프리카의 상태에 대해 2백여 통의 편지를 받아보았다. 그리고 텔레비전의 통속적인 연속극은 아직 생겨나지도 않았다.

원거리 연결

점차 사용자들은 원거리 접속을 가능하게 해주는 기계로 상호 통화하고 대부분의 이동이 회사에서 도구창고 가정으로 전자고속도로상에서 이루어질 것으로 기대되면서 그것은 직장 일 자체를 위해 사용된다. 한마디로 통근은 하지만 대문을 통과해서 걸어가는 일은 없다. 그러한 가정은 회사본부가 있는 곳보다는 훨씬 재미난 도시나 또는 근로자가 한 조각의 땅을 소유하고 자연과 함께 살아가려는 오래된 꿈을 이룰 만한 시골 깊숙한 곳에 위치할 것이다. 산업혁명시대에 시골에서 도시로의 강요된 인구이동은 새로운 정보시대에는 아마도 반전될 것이다.

가상공간(cyberspace)을 통과하는 정보고속도로는 문자 그대로 실체가 없이 이루어진 장소를 통과하는 길이다. 모든 것은 가상현실이지 실제가 아니다. 하지만 이러한 전자환상은 어느 콘크리트와 강철로 만든 고속도로와 그것들이 우리 세상을 변화시키고 있는 것만큼이나 실제적인 것이다. 고속도로는 실제 도시, 실제 나라 그리고 실제 대륙 속을 통과한다. 운전자들이 그들의 직업, 쇼핑 그리고 재미를 위해 전자고속도로를 운행하고 있을 때, 실제 도시에는 무슨 일이 일어나는가? 전자적으로 연결된 새로운 세상의 엘리트 시민들은 소란스러운 도심의 중심부에서 멀리 떨어지기 위해 정보기술을 사용할 수 있을 것이다.

> 수 세기 동안 도시는 다양한 그룹의 사람들이 함께 영향을 주고받는 장소였다. 그것들은 다양성과 복합성의 장소였다. 오늘날 엘리트들은 이런 물리적인 장소로부터 자신을 떼어내고 있다. ……새로운 기술들은 점차 어느 장소에 묶이지 않아도 되도록 그들을 해방시키고 있다.

마누엘 카스텔(Manuel Castells)은 아프리카는 세계 전역에서 일어나는 세계적인 사회적 변동이나 정보사회와는 관련이 없게 될 것이라고 예견하였다. 아프리카는 세계에서 가장 적은 전화선, 가장 저조한 통화 성공률 그리고 국제전화 비용이 가장 높은 국가이다.

정보고속도로의 반대쪽 끝에는 인구 500만 명에 1%의 문맹률을 가진 덴마크가 있다. 1995년에는 정부가 모든 정부 사무실, 병원, 의사들, 약국, 회사, 학교 그리고 연구조사기관을 5년 내에 온라인으로 연결시킬 계획을 발표하였다. 덴마크인은 각자 번호가 매겨진 ID 카드를 발급 받을 것이다. 공공 기록은 쉽게 모든 사람에게 접근이 가능하여 열린, 종이 없는 사회를 보여줄 것이다.

미디어가 풍부한 서방국가에서는 데이터베이스가 손가락 하나로 정보를 접하리라고는 꿈도 꾸지 못하였던 사람들의 기쁨을 증가시켰다. ≪뉴 사이언스(New Scientist)≫의 한 기사는 "세계의 정보를 컴퓨터 네트워크를 통해 접근할 수 있는 지금 누가 도서관을 필요로 하는가?"라고 물었다.

대중매체의 원심력은 투표함을 포함하여 밀접하던 것들로부터 우리를 떨어뜨린다. 미디어가 풍부한 미국에서는 선거일 텔레비전 화면에 투표장이 아직도 마감하지 않았음을 상기시키는 호소로 채워지며 투표결과는 당혹스럽게도 저조하다. 방관자의 국가로서 우리는 선거를 단지 또 하나의 지켜보는 활동으로 이해한다.

훨씬 많은 사람들이 투표를 하기보다는 텔레비전에 나오는 전국의 선거결과를 그냥 지켜본다. 시장이나 도시의 발의를 위한 지방투표의 경우 그 결과는 절망적인 수준이다. 그것은 놀랄 일이 아니다. 결국 우리 대부분은 오래 전에 지역공동체의 일들을 포기하였다.

작은 인적 서류들도 정보고속도로에 등장하였다. 아기를 입양하고 싶으나 지역적으로 장벽이 있는 사람들은 월드 와이드 웹상에 올라온 다른 나라의 입양 가능한 아기들 목록을 발견할 수 있다. 그들은 마우스를 한번 클릭하면 세부적인 사항과 사진도 받아볼 수 있다. 오래고, 추운 겨울에 싫증난 사람 누구에게나 웹은 몽상가의 기쁨이 되었다.

통신이 도달하지 못하는 변방지역은 세상에 거의 남아 있지 않다. 버마의 산악민족들이 BBC 텔레비전을 지켜보기 위해 몰려와 있는, 그리고 잠베지 깅에서는 카누를 타고 <심슨 가족(The Simpsons)>에서 보았던 것을 다른 사람들에게 말해주는 한 안내인에 대한 이야기가 있다.

세계의 여섯 번째 정보혁명은 가상공간을 통과하는 고속도로이다.

컴퓨터의 장악 Computer at the Wheel

제2차 세계대전 말에 컴퓨터는 대학 공학부의 거대한 연구실을 꽉 채우고 있던 손으로 직접 제작한 괴물 한두 개를 제외하고는 존재하지 않았다. 반세기 후에 그것들은 앞에는 자판이 있고 위에는 TV 화면이 있는 친숙한 소형컴퓨터 또는 점점 익숙해지고 있는 노트북 등 손톱만한 칩들로 만들어진 컴퓨터들이 모든 사람들의 손 닿는 곳에 있다. 그것들은 노동자를 대체하고, 장애자들을 도와주고, 시끄러운 게임을 실행시켜 주고, 아이들을 가르치며, 기계를 제어하는 등 여러 가지 일을 한다. 매일 컴퓨터가 전혀 개입되지 않고 인간의 힘만으로 이루어지는 일은 생각하기가 어려워지고 있다. 컴퓨터의 궁극적인 운명은 배경 속으로 녹아 들어가 모든 곳에 존재하는 것 같다. 그러나 모든 커뮤니케이션 도구들과 같이, 컴퓨터도 직접 접촉 환경으로부터 우리를 격리시킨다.

수년 동안 컴퓨터는 집중시키는 힘으로 생각되었다. ― 높은 자리에 있는 사람들은 수백만 명의 사람들에 대한 최신기록들을 접근할 수 있고 그들의 영역에 오웰식의 감시의 눈을 달 수 있다. 퍼스널 컴퓨터가 출현하고 인터넷과 같은 네트워크들이 보급된 후로 우리는 이제 컴퓨터의 근본적인 성격이 분산시키는 힘이라는 것을…… 그들의 나라를 디지털의 암흑기로 지켜나가야 하는지(그래서 끔찍한 경제적인 결과들을 감내해야 하는지) 아니면 위험스럽게도 전사회를 개방시킬 기술을 해방시켜야 하는지 선택해야 되는 독재자들에게 위협이 되고 있다는 것을 이해하게 되었다. 그러나 컴퓨터와 네트워크가 개인의 힘을 증폭시키고 스파게티 국수의 뒤엉킴처럼 회사조직 체계를 뒤틀어놓으면서 동일한 역학적 효과가 모든 곳의 관리자들을 당혹시키고 있다.

앨빈 토플러는 컴퓨터를 일컬어 이렇게 말했다.

……핵가족은 그 우월성을 확보하기 위해서 대량생산 체제를 필요로 하기 때문에, 제2의 물결은 가족에게 모든 낙태법과 동성연애자들의 권리운동과 세상의 포르노그라피보다 훨씬 커다란 위협이다.

커뮤니케이션 도구

처음에는 계산기를 만들기 위해 시작한 일이었기 때문에 커뮤니케이션은 생각지도 못했던 것이었지만 컴퓨터는 거의 모든 종류의 개인 혹은 대중매체의 핵심요소가 되었다. 거대한 현대 신문사에서 컴퓨터는 자판 위에 놓인 기자의 손끝에서부터 신문더미를 정리하고 세고, 운반트럭 대기, 인쇄과정 등 전반에 걸쳐 보조한다. 문서처리 프로그램을 이용하여 기사를 준비하는 저널리스트를 도와주는 그러한 단순한 발전을 넘어서 컴퓨터는 전커뮤니케이션 업계에 혁명을 몰고 왔다.

저렴한 소형컴퓨터와 배우기 쉬운 탁상출판 소프트웨어는 오직 숙련된 인쇄공들만이 거대한 기계를 가지고 찍어내던 고급 출판물을 생산하였다. 탁상출판의 경제적 압박을 느끼고 출판사들은 탁상출판가들이 집에서 하는 것, 문서편집기, 글꼴, 그림, 사진 그리고 면 배정 소프트웨어와 스캐너와 레이저 프린터를 가지고 디자인된 사진촬영이 가능한 지면들을 창조하는 것과 일치되는 인쇄와 제본서비스를 제공하여 새로운 기술에 적응하였다. 작가들은 그들 자신의 잡지와 책을 출판하는 일이 능력 밖의 일이 아니라는 사실을 발견하였다.

데이터베이스를 통해 언론인들은 발행된 보고들을 접해볼 수 있다. 그러나 파일로 정리된 정보들에 대한 무차별적인 접근은 사생활을 침해할 수 있어 우리 삶에 또 다른 변화를 가져왔다. 예를 들면 납세신고가 국가자료은행에 저장된 후에 국세청(Internal Revenue Service) 직원들은 안면이 있는 사람들, 친척들 그리고 유명인사들의 신고내역을 캐내다가 붙잡혔다. 정보 부유, 정보 빈곤의 불균형이라는 골칫거리도 표면화되었다.

우리는 이미 돈이 없는 사람들이 돈이 있는 사람들보다 고급정보에 접근하기가 어렵다는 사실을 알고 있으며 가난한 학생이 유복한 학생보다 컴퓨터를 사용할 확률이 네 배 정도 낮다는 것도 알고 있다. 이러한 불균형한 정보의 보급이 모든 책을 독점하였던 귀족 식자층과 옛날의 무지한 소작인들간의 구별만큼 커다란 사회적인 분열을 초래할 것인가?

1960년대까지 컴퓨터가 낱말을 저장하고 전송하는 데 사용될 수 있다는 사실을 인지한 사람은 거의 없었다. 그것의 역사는 수학문제를 계산하는 기계에 대한 꿈에 기반하였다.

최근까지(정보를 다루는 데 있어서) 겨우 세 가지 중요한 발전이 있었다. 약 5천~6천 년 전의 문자(또는 그리거나 새김)의 발명, 약 1천 년 후에, 지금은 숫자의 디지털식 표현이라고 불릴 수 있는 것을 사용한 단순한 셈처리 방법의 발견, 약 500년 전의 인쇄술의 발견…….

그 모든 것들은 어떻게 시작되었는가

대중매체는 지중해 문명, 아시아 그리고 아프리카에서 계산기로 사용되던 고대 주판까지 거슬러 올라갈 수 있는 컴퓨터의 역사 전반에서 고려된 사항이 아니었다. 레오나르도 다 빈치는 계산기를 위한 디자인을 그렸고 두 명의 17세기 철학자 블레즈 파스칼(Blaise Pascal)과 고트프리트 라이프니츠(Gottfried Leibniz)는 작동하는 모형을 만들었다.

19세기에 케임브리지 대학의 20세의 수학과 학생 찰스 배비지(Charles Babbage)는 은행, 항해, 조사, 수학 그리고 과학에 필요한 목록표의 숫자들을 계산하는 '엔진'을 고안하였다. 배비지는 그 엔진 속에 숫자들을 공급하는 펀치카드의 개념을 카드가 직조기의 복잡한 패턴 속으로 실을 집어넣는 방직공장의 방법에서 인용했다.

수십 년 후 미국에서는 인구조사국 근로자 허먼 홀러리스(Herman Hollerith)가 펀치카드 자료를 계산하는 기계를 발명하였다. 그가 시작한 사업이 IBM이 되었다. 반세기 후에 벨 연구소에서는 기술자

조지 스티비츠(George Stibitz)가 하나의 조잡한 컴퓨터인, 세계 최초의 전기 디지털 계산기를 제작하였다. 그리고 1940년 박람회에서 그는 뉴햄프셔와 뉴욕을 연결하는 보통 전화선을 통해 전보 자판기계를 접속시켰다. 그것은 또 하나의 최초의 원거리 통신, 컴퓨터와 전화선을 연결한 최초의 작품이었다.

1952년 유니백(Univac)은 CBS 네트워크가 대통령 선거일 저녁 전문가들이 예상했던 박빙의 투표결과와는 반대인 아이젠하워의 대승을 보도할 수 있게 도와주면서 대중에게 컴퓨터를 소개하였다. 그것은 대중에게 정보를 전달하기 위한 컴퓨터와 텔레비전의 또 다른 최초의 연합이었으나 그 연합의 중요성은 선거 결과의 기쁨으로 인해 무시되었다.

탁상출판

탁상출판은 미국으로 이민온 중국인 안황 박사가 1971년에 설계한 제한된 편집기능을 갖춘 자동화된 타자기로 시작된 워드프로세싱 다음에 나왔다. 제록스사 연구가들은 마우스로 제어될 수 있을 뿐만 아니라 또한 화면에 활자체를 보여주고 결과를 레이저 프린터로 보내는 위지윅(WYSIWYG, "당신이 보는 것을 그대로 얻을 수 있다," "What you see is what you get")라고 알려진 것을 시작하는 그림을 기반으로 하는 컴퓨터의 개념을 생각하였다. 포스트 스크립트(The Post-Script) 지면 입력 프로그램, 휴렛패커드의 저가의 레이저 프린터 그리고 1984년도의 맥킨토시 컴퓨터의 도입은 대중 속에 탁상출판의 실현을 가져왔는데 이 용어는 다음 해에 주요 지면디자인 프로그램이 된 페이지메이커(Pagemaker)의 개발자인 폴 브레이너드(Paul Brainerd)가 만든 신조어이다.

정보시대는 문서와 데이터베이스를 CD, 하드 그리고 플로피 디스크, 자기를 이용하거나 광학적 기술을 이용하는 두 가지의 매체에 축적한다. 넥시스(Nexis)와 렉시스(Lexis)는 4천 개 이상의 데이터베이스에서 정보검색에 사용되는 전형적인 것이다.

탁상출판에 쓰이는 주요 장비인 컴퓨터와 레이저 프린터는 보통의 재정을 지닌 사람들이 출판할 수 있는 최초의 기회를 창조한 것이 아니었다. 타자기와 등사기는 오랫동안 주변에 있었다. 컴퓨터와 레이저 프린터가 제공하는 것은 평등주의이며 매력 있고 때로는 전문성이 보이는 작품을 제공하는 수단이다. 수만 명의 사람들이 이제 상대적으로 적은 수의 사람들만이 과거에 할 수 있었던 것을 하며 다른 사람에게 도움을 받지 않고도 그들의 글을 멋지게 포장할 수가 있다. 진정한 의미에서 탁상출판은 정보 확산의 능력을 많은 사람들의 손에 부여하는 기회를 제공한다.

1차 사용자들은 사내 잡지와 팸플릿을 제작하려고 상업적인 인쇄소를 드나들었던 회사였다. 그들은 더 이상 인쇄소들의 시간표와 약속에 매달리지 않고 마지막 수정에 대해 걱정하지 않는다.

학교, 정부 사무실, 클럽 그리고 모든 종류의 기관들이 셀 수 없이 많은 신문, 뉴스레터, 잡지 그리고 광고전단을 찍어냈다. 음식점은 차림표를 인쇄하고, 극장은 프로그램을 인쇄하고 그리고 학생들은 깔끔한 모습의 학기말 보고서들을 제출하였다.

역사적인 의미에서 탁상출판은 구텐베르크와 그를 따랐던 사람들이 5백 년 전에 인쇄인-출판인이었기 때문에 유럽에서 인쇄의 시작만큼이나 오래된 것이다. 그러한 문제라면 벤저민 프랭클린도 그랬다. 1세기 전에 산업혁명의 한 부분으로 크고 비싼 기계가 도입되어 사정이 바뀌었다. 가장 새로운 통신혁명은 어떤 의미에서 시계를 되돌려 놓았다. 한 평론가는 다음과 같이 말하였다.

> 정말 나를 흥분시키는 것은…… 그렇지 않았으면 그 작품이 어둠 속으로 사라져버렸을 작가가 우리 문화에 광대한 영향을 미칠 책 또는 팸플릿 또는 신문을 만들려고 탁상출판을 이용할 것이라는 생각이다.

심지어 워드는 인쇄된 면의 영구성이 확실히 부족하다는 사실을 알고 있는 작가적 장애(writer's block)에 시달리는 사람들에게는 쉽게 사라져버리는 화면이 은혜가 될 것이다. 워드프로세서는 또한 편지를 쓰는 사람에게도 편안함을 준다.

예를 들어, 처음에는 '개인별로 구분이 된' 사소한 차이점을 제외하고는, 아무도 그가 또는 그녀가 유일한 수신인인지 확신할 수 없는 50명에게 편지를 보내는 데에는 일종의 사회적인 기만행위가 있는 것 같았다. 우리는 전통적인 구텐베르크식의 구별법이 속임수인지 또는 심지어는 그것이 특별히 예외가 없는 것인지 더 이상 생각하지 않는다. 그것은 단순히 우리가 기술만 있다면 곧바로 우리 것이 되는 워드프로세서가 제공해주는 기회였다.

탁상출판은 아직 시작단계의 산업이지만 이미 많은 문서들이 창조되고 배포되는 방식에 영향을 미쳤다. 작가, 편집인, 출판인, 도서관 사서 그리고 도서판매자들은 말이 독자에게 전달되는 방식에 대한 근본적인 변화뿐만 아니라 이용할 수 있는 내용의 다양성도 약속해주는 새로운 기술에 적응하였다. 대중매체의 모든 면에서처럼 많은 제작자들이 훨씬 다양한 주제에 대해 많은 내용을 끊임없이 확대되는 독자들에게 전달하고 있다.

특정 독자층을 겨냥한 잡지 Magazines Target Their Readers

증가하는 다른 매체와의 경쟁에도 불구하고 잡지는 계속 사람들이 정보와 오락을 공급받는 매우 바람직한 방식이 되었다. 잡지산업계의 연구에 따르면 미국 성인들 중 거의 열에 아홉은 보통 한 달에 열 권의 잡지를 읽는다고 한다. 예상할 수 있듯이 상류층의 독자들은 더 많은 잡지를 읽지만 광택이 나고 멋진 사진, 그림 그리고 컬러로 채워진 잡지는 교육을 받지 못하고 심지어 문맹인 사람들도 많이 본다. 외국으로 여행가는 사람들은 심지어 그 나라말을 모르는 경우에도 잡지를 훑어 볼 수 있어 사진을 보고 머릿기사와 사진 설명문을 조금씩 읽어볼 수 있다.

잡지는 사람들을 분리시키는 분산화 경향인 원심력의 선봉이었다. 잡지사는 그들의 인쇄 및 전자 생산물이 다른 미디어가 목표로 삼은 독자를 찾아내는 길을 보여주었다. 수천 가지 전문 및 특수잡지들이 정기간행물과 일간신문을 포기했으나 대중들이 확인 가능한 직업, 관심영역, 나이별 모임, 취미, 종교 그리고 기관에 내용을 제한한 잡지를 구독신청을 하는 독자들에게 관심을 집중했다.

일반적인 잡지들처럼 라디오는 제2차 세계대전 후에 나온 텔레비전이 얻은 대중성의 희생양이었다. 라디오 방송사는 비록 라디오의 지역성이 잡지사가 하는 식으로 그들의 관심에 따라 시청자들을 구별하는 능력이 제한되기는 하지만 특정 시청자들을 목표로 삼아 대응하였다. 만일 인터넷상에서 펼쳐지는 라디오의 신기술이 성공적으로 판명된다면 잡지사들이 이룩한 좁은 범위의 청취자 목표삼기가 기대될 수도 있다. 이용가능한 케이블 텔레비전 채널의 수가 증가하면서 유사한 범위 좁힘이 일어날 것이다.

보급의 선두주자로, 대중 판매되는 잡지의 재정적인 지원자였던 광고주들에게 거대한 시청율을 제공하면서 텔레비전은 모두 백만 부 이상의 판매율을 보였던 The Saturday Evening Post), Life, Collier's, Look의 광고주들을 빼앗아갔다고 비난받았다. 그러나 더욱 세밀하게 초점을 맞춘 잡지사는 번창하였다. 그들의 광고비율은 더 낮아졌고 그들의 독자들은 더욱 특정 광고에 반응하였다.

거대한 판매부수를 가진 잡지들이 아직도 출판되고 있다. 미국인 은퇴자 연합의 후원을 받는 격월간 잡지 《현대의 장년(Modern Maturity)》은 한 번에 2천만 부 이상을 찍어낸다. 신문사의 일요일 추가물인 퍼레이드(Parade)는 총 3천6백만 부를 인쇄한다. 일부 거대한 판매잡지는 독립적인 출판물로 사업을 한다. 1922년에 설립된 리더스 다이제스트(The Reader's Digest)사는 그 빈약한 보급숫자 때문에 매년 정교한 배포전략을 다루었다. 《다이제스트(Digest)》는 매달 점자를 포함하여 열여덟 가지 언어로 된 약 40개의 보급판을 발행하였고 전세계에 약 3천만 부의 책자를 배포하였다. 주간지 《TV 가이드(TV Guide)》는 1천5백만 부 인쇄하지만 많은 독립적인 보급판으로 그렇게 한다.

배급에서 운송방법은 전국적인 신문뿐만 아니라 《타임(Time)》과 《뉴스위크(Newsweek)》같은 전국의 뉴스 잡지의 발행인들이 고려하는 중요한 사항이다. 특수한 운송수단을 통해 또는 일요일에 써진 정보를 월요일에 우편시스템을 통해 집으로 배달하기 위해 위성을 통해 지면들을 지역별로 분산되어 있는 인쇄소에 보내고 거기서 잡지는 비행기와 트럭을 이용해서 지역 판매점으로 가게 된다. 대규모 판매 잡지의 독자들은 처음에 그들의 이름, 주소 그리고 구독자료가 종이딱지가 아닌 실제 잡지 겉표지에 인쇄되어 나오는 것을 발견했을 때 놀랐다.

잡지는 또한 잡지판매대에서의 판매료와 구독료에서 벌어들이는 수입문제에 대해 다른 답변을 제시하었다. 정기구독은 보통 판매대의 판매가격에서 상당히 할인되지만 광고주들은 단일본을 구입하는 사람들에게 접근하고 싶어한다. The New Yorker는 정기구독을 선호한다. Cosmopolitan은 다른 방향으로 나가 판매대의 가격을 깎고 정기구독료를 올렸다.

하지만 대부분의 잡지들은 구독료와 특정한 주제에 관심 있는 대중의 일부에 목표를 설정한 광고로 생계를 유지하며 아주 적게 유통판매된다. 그것들 중에는 대안 출판계의 일부인 자가 출판 잡지 ≪진스(zines)≫도 있다. 등사된 수백 부의 ≪진스≫는 발행자·작가의 관점을 공유하거나 확신받고 싶어하는 어떤 사람에게나 손을 뻗었다.

≪진스≫는 많은 나라 특히 소련연방과 동부 유럽에서 얼마 전에 공산정부를 비난했던 지하출판활동 Samizdat처럼 대체 또는 지하출판의 모습으로 존재한다. 미국의 ≪진스≫도 더 이상 미국의 지도자들을 존중하지 않는다. 중요한 차이점은 출판의 자유이다.

1990년대 중반의 잡지에 대한 가장 새로운 생각은 다른 종류의 ≪진(zine)≫, 전자잡지이다. 사람들을 관심별로 연결해주는 그렇게 많은 방법을 제공하는 인터넷이 잡지도 제공하게 되리라는 것은 피할 수 없는 사실이었다. 1996년까지 수백 가지를 월드 와이드 웹에서 찾아 볼 수 있고 매일 계속 증가하고 있다. 각각의 잡지는 기사를 불러내주는 홈페이지, 단추들과 때로는 웹 네트워크상의 다른 장소로 연결해주는 광고와 링크들로 이루어진다. 일부 잡지들은 멀티미디어 세계의 핵심적인 요소인 CD-ROM 디스크로 구입할 수도 있다.

1990년대에 싹을 틔운 많은 소규모 보급잡지들과 더욱 작은 규모의 뉴스레터들은 탁상출판 도구에 힘입어 그들의 존재를 계속 유지하고 있다. 소형컴퓨터와 사진을 받아들이는 흑백 스캐너, 사진 촬영이 가능한 지면을 생산해내는 레이저 프린터 그리고 지면 디자인 프로그램을 갖춘 가장 작은 발행인들은 사업을 일으켰고 기술의 진보는 더 많은 제작자들이 광범위한 커뮤니케이션을 이전보다 많은 고객들에게 제공할 수 있게 만들었다.

그림 6-1 잡지판매대에는 수천 가지의 정기간행물이 있다. 이 사진은 컴퓨터잡지 판매구역의 일부이다.

멀티미디어, 더 새로운 책 Multimedia, a Newer Book

텍사스, 산 안토니오의 트리니티 대학 3학년 몰리 암스트롱(Moly Armstrorg)은 현미경 슬라이드에서 병아리 태아의 심장 이미지를 취해서 그것들을 컴퓨터에 전송하여 회전하는 3-D 모델을 만들었다. 그녀는 그 영상을 비디오테이프에 받아 미세해부학 교수에게 학기 보고서로 제출하였다.

멀티미디어란 무엇인가?

그녀의 인상적인 작업은 결과를 생산해내기 위해 여러 가지 미디어를 결합시키고 있기 때문에 멀티미디어의 정의에 맞아떨어진다. 보다 엄밀한 정의에 따르면 사용자들을 힘들이지 않고 한 장소에서 다른 어느 장소로, 클릭 한번으로 이동시켜주는 연결망을 통해 그래픽, 애니메이션, 비디오 그리고 오디오와 같은 요소들에 접근할 수 있는 사용자들의 상호작용성을 요구한다.

그러한 연결망의 예로서 미디어 역사라는 주제를 가지고 월드 와이드 웹상에서 미디어 역사로 시작해 보도록 하자. "미디어 역사"라는 구절을 검색엔진에 기입한다. 우리는 선택 목록들을 얻게 된다. 그래픽상에서 클릭하여 "Media History Project"로 간다. 하이퍼링크를 통해 우리는 "접속(Connections)"에 클릭하여 "텔레비전(Television)"으로 간다. 거기서 "공중파의 황금시대 미디어 페이지(Airwaves Golden Age Media Page)"에 클릭하자. 선택항목 가운데, 우리는 "하이퍼링크에 무엇이 숨어있는지 누가 알겠어……"라고 독자를 유혹하는 "그림자(The Shadow)"로 클릭한다.

일부 이러한 연결들은 정지 혹은 동영상과 소리로 이어질 수 있었다. 만일 우리가 CD-ROM으로 클릭하고 있다면, 우리는 백과사전 한 권을 채우기에 충분한 문서와 영상정보를 찾아볼 수 있을 것이다.

한 델라웨어 대학 교수는 멀티미디어인 것과 아닌 것의 정의를 이렇게 내렸다.

> 첫째, 당신이 보고 듣는 것을 조정할 수 있고 상호작용할 수 있는 컴퓨터가 있어야 한다. 둘째, 정보를 연결하는 연결망이 있어야 한다. 셋째, 연결된 정보의 웹을 여행할 수 있게 해주는 항해도구가 있어야 한다. 마지막으로, 멀티미디어는 지켜보는 스포츠가 아니기 때문에 당신이 모으고, 처리하고, 당신만의 정보와 생각을 전달할 수 있는 길이 있어야 한다.
>
> 만일 이러한 요소 중 어느 하나가 누락된다면, 멀티미디어를 갖고 있는 것이 아니다. 예를 들어 상호작용을 가능하게 해주는 컴퓨터가 없다면 당신은 혼합된 미디어를 갖고 있는 것이지 멀티미디어는 아니다. 만일 구조와 차원의 감각을 제공해주는 연결망이 없다면 당신은 멀티미디어가 아닌 책선반을 가지고 있는 것이다. 만일 당신이 활동의 과정을 결정할 수 있게 해주는 항해도구가 없다면 당신이 지니고 있는 것은 영화이지 멀티미디어가 아니다. 만일 당신이 자신의 생각을 창조하고 기여할 수 없다면, 당신이 가지고 있는 것은 텔레비전이지 멀티미디어가 아니다.

CD-ROM

만일 비디오테이프가 책의 정보고속도로 버전을 제공한다면 CD-ROM도 그러하다. 수천 개의 CD-ROM(Compact Disc-Read Only Memory)들은 천문학에서 동물학에 이르기까지 모든 범위의 주제에 대하여 출판되고 있다. 손에 쥘 수 있을 만한 크기의 은색판 위에 자료를 실어 넣은 이 커뮤니케이션 도구는 대량의 읽을거리를 포함할 뿐만 아니라 입체적인 소리와 정지 그리고 동영상 모두를 포함하고 있다. 데이터베이스는 사용자들이 페이지마다 다른 이야기를 다루는 잡지를 넘겨 보듯이 쉽게 앞뒤로 훑어볼 수 있도록 되어 있다.

주요 CD-ROM 재생기―소니, 필립스, 타임 워너, 토시바―들은 CD-ROM 원판 위에 영화 전체 내용을 실은 디지털 비디오 디스크인 DVD의 동일한 규격에 합의하였다. DVD는 녹화할 수 있다는 이점을 지닌 비디오테이프와 경쟁할 것이다. 하지만 이 디지털 디스크는 비디오테이프의 아날로그 신호가 제공할 수 있는 것보다 훨씬 나은 영상과 다채널 사운드를 제공한다. 게다가 사용자들은 직접 좋아하는 장면으로 곧장 넘어갈 수 있다. 비디오가 끝나도 되감아야 할 필요는 없다.

콤팩트 디스크상에 재발명된 책은 CD-ROM 타이틀 목록에 추가되었다. 백과대사전과 다른 참고도서들에 이어 수백 개의 타이틀이 폭넓은 범위의 주제들, 특별히 아동을 위한 도서들이 나왔다. 여기 한 개의 CD-ROM 원판에 실린 그러한 책에 대한 비평이 있다.

> 당신은 '소프트웨어 툴웍스(Software Toolworks)'가 '샌디에이고 동물원 제공 동물비디오(The San Diego Zoo Presents……)'에 집어넣은 퀵타임(Quicktime) 영화, 사진, 동물소리, 이야기 그리고 잘 쓰여진 정보들의 양이 어느 정도인지 믿기가 어려울 것이다. 그 동물들! 이런 샌디에이고 동물원(San Diego Zoo)의 멀티미디어 여행은 1,300개의 사진과 한 시간 분량의 비디오 단편들로 구성된 200마리 이상의 동물들의 삶과 서식지를 보여주고 있다. 소프트웨어 사파리(safari)는 2,500개의 주의 깊게 상호 언급된 페이지들에서 설명되고 윤기나게 포장된 멋진 그래픽으로 제시되었다.

2,500장의 읽을거리에도 불구하고 만일 이러한 작품을 책으로 간주하기 어렵다면 "수백여 개의 예증, 비디오 토막 그리고 의료행위 절차와 신체의 부분들을 보여주는 동영상들을 포함하고 있는" '메이요병원 가족건강서-상호작용판(The Mayo Clinic Family Health Book—Interacitve Edition)'을 책으로 간주하기는 쉬울 것이다. 아니면 이솝우화를 생각해보라. CD-ROM에는 각 이솝우화의 배경음악이 잘 선택되어 있다. 아이들은 우화를 디스크로 들을 수도 있고 직접 읽을 수도 있다.

오디오테이프로 나온 책은 시각장애인들에게 수년 동안 사용되어왔다. 요약된 형태로 그것들은 특히 매일 먼 거리를 통근해야 하는 운전자들에게 인기가 있었다.

교육적인 디스크 제작자들은 아이들의 텔레비전보다 멋지고 빠르게 앞서가려 한다는 비난을 받았다. 비평가들은 교양 있고 논리적인 사고에서 계속 일탈하기 때문에 교육적인 도구들은 비니오 난번과 MTV의 정신 없는 소리들로 구성된 CD-ROM을 제작해서는 안 된다고 주장했다.

그러나 멀티미디어가 열광적으로 매체에 연결되어 있는 세대의 MTV가 제공하는 리듬에 호소하는 동안, 일부 비평가들은 그런 모든 열광적 연결은 교육을 망치는 것이라고 믿었다. 교양의 유감스런 상태를 고려하면 A는 B로 이어진다는 설명형식과 논리적인 주장과 관련된 사고의 엄격한 양식의 부분적인 포기에 진정한 위험이 있다. 멀티미디어의 힘은 이성이 아니고 감성의 힘이다.—지역 TV 뉴스를 만드는 동일한 요소가 사람의 마음을 흔들지만 아직 충분하지 못하다.

1996년까지 수천 개의 CD-ROM 디스크가 이용가능하였고 더 많은 것들이 매일 출시되었다. 카탈로그를 대충 한번 훑어만 봐도 우표의 백과사전, JFK 암살사건 백과사전, 미국의 모든 도로지도, 미국의 모든 전화번호부, 어마하게 많은 수의 책들과 게임들 및 비키니를 입은 모델에서 전통회화에 이르는 예술작품과 사진 같은 선택거리를 접할 수 있다. 비디오테이프와 오디오테이프의 강의와 비평을 담고 있는 <맥루한의 이해(Understanding McLuhan)> 및 완전한 책자인 <미디어의 이해(Understanding Media)>와 <구텐베르크 갤럭시(The Gutenberg Galaxy)>는 그냥 지나칠 관심거리 이상의 것이다.

CD-ROM 잡지들

≪블렌더(Blender)≫는 1996년 미국에서 CD-ROM으로 제작된 대략 여섯 개의 잡지 가운데 하나였다. ≪블렌더≫는 각 판본의 약 7만5천 부를 레코드와

그림 6-2 ≪블렌더≫ 같은 CD잡지들은 빠른 속도의 멀티미디어 혼합과 함께 대부분 젊은 사용자들에게 수만 부씩 배달된다.

소프트웨어가게에 구독신청을 받아 12달러 정도에 판매되었다. 대부분의 다른 CD-ROM 잡지들, 또는 ≪진스(zines)≫처럼 그것은 대중문화와 오락뉴스를 다루었으나 쉽게 정치 또는 경제뉴스도 다루게 되었다. 각각의 CD-ROM 디스크에 들어 있는 것은 문서, 오디오, 애니매이션, 그래픽 그리고 비디오, 모든 컬러와 디지털의 복합물들이다. 격월로 발행되는 ≪블렌더≫는 오디오와 비디오 샘플, 비디오 인터뷰, 기사, 게임 그리고 광고와 함께 영화와 음악 비평을 싣고 있다.

발행인의 슬로건은 "새로운 미디어의 첫 번째 물결"이었다. 그것은 상호작용 멀티미디어의 이점을 지닌 광고를 담고 있었다. 예를 들어 듀어스 스카치(Dewars scotch)와 퓨마 테니스화의 광고는 단서를 찾아 하는 게임들이었다. 듀어스 스카치광고에서 어떤 사람이 단추를 누르게 되면 듀어스 스카치와 관련된 농담이 나타난다. 또 다른 단추를 누르면 듀어스 상품을 주문할 수 있게 된다. 칵테일 제조법을 얻으려면 또 다른 단추를 눌러라. 소니의 한 광고에는 외국의 복잡한 줄거리의 영화를 보는 느낌을 주는 이야기 속을 여행하며 사막을 가로지르는 모토사이클 위에 사람을 태운다. 시청자는 소니 상품을 만나게 되고 즐거워한다. 사용자들은 반 시간을 소비하며 듀어스 세상이나 소니 세상 속을 돌아다닐 것이다.

리바이스, 도요타 그리고 유니버설 영화사는 다른 광고환경을 제공하였다. 광고주들은 이것이 방송광고를 지켜보며 앉아 있어야 하는 것과 비교되는 관객들이 광고를 보며 보내기로 선택한 스스로 원한 시간임을 주목하였다. 광고대행사와 거대 광고주들은 신속하게 CD-ROM과 WWW에 자신들을 출현시켰다.

한 세기가 마감할 때가 가까워오는데, 멀티미디어는 여러 가지 등장하고 경쟁하는 기술들을 통합하고 있기 때문에 멀티미디어가 나아가게 될 방향과 그것을 운반할 운송수단이 충분히 드러나지 않고 있다. 분명한 것은 멀티미디어가 이미 도래했다는 것이다.

케이블 협송 Cable Narrowcasting

1970년대 중반까지 케이블 텔레비전은 대부분 신호를 향상시키고 텔레비전 방송사에서 너무 멀리 떨어진 공동체에 지상파 방송을 전달하는 수단이었다. 그것이 변하기 시작하였다.

1972년 펜실베이니아의 월크스바(Wilkes-Barre)에서 HBO(Home Box Office)는 영화와 스포츠의 유료채널을 시험하기 시작하였다. 근처 케이블 운용자들은 그 생각을 좋아했고 승낙하기로 하여서 HBO는 그 초단파 시스템을 확대하여 증가된 케이블회사를 포함하도록 하였다. HBO의 프로그램을 초단파를 통해 연결해주는 비용은 HBO가 RCA의 국내 통신위성, SATCOM을 이용하여 프로그램을 배포하도록 계약할 기회를 잡도록 해주었다. 그것은 전국적인 배급의 가능성을 갖게 해주었다. 전국적으로 거대한 시청자를 확보하기 위한 프로그램을 찾으면서 HBO는 아마도 플로이드 패터슨 대 잉그마르 요한슨(Floyd Patterson-Ingmar Johansson)의 두 번째 헤비급 매치의 Tele-PrompTers사의 실험적인 Key-TV 유료텔레비전 방송을 반겼던 그 흥분의 순간을 기억했는지 권투경기를 선택했다.

1975년 9월 30일 HBO는 조 프레지어 대 무하마드 알리의 챔피언전을 마닐라로부터 위성방송하였다. "마닐라의 전율(thrilla from Manila)"이라고 알리가 이름 붙힌 케이블방송은 대성공을 거두어서 모기업인 Time사는 SATCOM 무선레이더를 장기간 임대하여 HBO 프로그램을 직경 10미터의 지상국 수신안테나를 소유하고 있거나 기꺼이 15만 달러를 소비할 케이블 시스템에 전송하였다. 이러한 움직임은 지역적이던 HBO를 무삭제 영화에 프로그램 도중에 끼어드는 광고 없이 영화, 특별 이벤트 그리고 스포츠 생중계를 위성으로 전달하는 전국적인 네트워크로 변형시켰다. 1977년까지 262개의 케이블 시스템이 HBO 서비스에 가입되었다. 기술은 빠르게 발전해서 1977년까지 비용이 1만 달러 아래로 내려간 4.5m의 작은 안테나는 가장 작은 케이블 시스템까지도 대부분 수신할 수 있게 되었다.

테드 터너의 등장

케이블 운용자들이 HBO 프로그램을 수신하기 위해 위성 안테나를 구입하고 있는 것을 보고 있던 애틀랜타의 방송인 테드 터너(Ted Turner)는 자신의 UHF 방송사를 동일한 SATCOM 위성에 연결하였다. HBO처럼 개인 가입자들에게 광고가 없는 특약 채널에 요금을 부과하는 방법과는 달리 터너는 가입자당 적은 요금을 부과하는 광고가 있는 저렴한 프로그램을 그때까지 가입자들에게 무료채널 서비스밖에 제공하지 못한 케이블 시스템에 제공하였다. 케이블 서비스에 가입한 모든 사람들이 프로그램을 볼 수 있었다. 그의 방송사는 24시간 영화, 스포츠 그리고 뉴스를 제공하였다. 전국적이 되자 이제는 WTBS라고 불리는 적자투성이었던 UHF 방송사는 최초의 '슈퍼스테이션(superstation)'이 되었다. 터너는 "HBO는 그것을 차버렸지만 그들이 실제 가지고 있는 것은 그 당시 영화였기 때문에 하나의 서비스가 정말로 전국을 연결하기에는 충분하지 않았다. 우리는 야구, 농구 그리고 하키를 가져왔다"라고 회상했다.

HBO와 터너의 성공담은 간과되지 않았다. 위성을 통한 새로운 채널에는 TV선교사(televangelist)인 팻 로버트슨(Pat Robertson)의 기독교방송 네트워크(CBN)도 나왔다. '배움채널(Learning Channel)'은 주요 네트워크가 무시한 교육적인 사명을 택했다. 브라보(Bravo)는 세계 여러 나라에서 나온 영화에 관심 있고 사려 깊은 관객들에 전달하였다. 라이프타임(Lifetime)은 성인 여성을 위해 프로그램을 제공했다. 게티 석유회사의 오락 스포츠 프로그램 네트워크(ESPN)는 성인 남성에 초점을 맞추었다. MTV의 이미지는 주로 젊은 남성에게 겨냥했다. 디즈니채널(Disney Channel)과 니클레디온(Nickelodeon)은 어린이 프로그램에 새로운 차원을 형성했다. 케이블 위성 공공업무 네트워크(The Cable Satellite Public Affairs Network, C-SPAN)는 미국 하원의회(U.S. House of Representatives)의 의사진행 상황을 위성을 통해 케이블에 보내주기 위해 만들어졌다. 두 개의 '슈퍼스테이션'인 시카고의 WGN과 뉴욕의 WOR이 합작으로 이용가능한 케이블 채널이 쇄도하게 하였다. 1981년 음악 텔레비전(MTV)과 1983년 내슈빌 네트워크(Nashville Network)를 포함하여 광고주-지원자들에 의해 음악 비디오 채널이 개시되었다. 1985년에는 디스커버리 채널(The Discovery Channel)이 데뷔하여 자연과 역사에 대한 교육적 주제의 다큐멘터리 프로그램을 제공하였다. HBO가 위성을 사용하자 뒤이어 쇼타임, 영화채널 그리고 씨네맥스와 같은 영화로 가득 찬 유료TV(pay-TV)가 등장하였다.

1980년에 터너 방송사는 전국적인 뉴스 서비스, 케이블 뉴스 네트워크(CNN)를 위성을 통해 제공하기 시작했다. 그것이 성공하자 계속해서 30분 단위의 뉴스보도를 하는 제2의 CNN 채널이 나왔다. 1991년의 걸프전 기간 시청률조사에 의하면 CNN이 사람들이 뉴스를 보기 위해 선택하는 첫째 아니면 둘째 프로그램이 되었다.

학교 교실에서 논쟁거리가 되고 있는 채널원(Channel One)은 광고를 포함하는 뉴스보도를 보냈다. 학교는 무료로 텔레비전 모니터, 비디오카세트 녹음기, 심지어는 위성안테나를 계약에 승낙하도록 하려고 제공받았다. 학생들은 그들을 향해 준비된 십대에 호소하는 이야기와 빠르게 움직이는 그래픽으로 가득 찬 뉴스보도에 노출되었다. 매일 광고에 노출된 많은 학생들은 왜 사회비평가들이 절망하여 머리를 쥐어뜯는지 이해할 수 없었다.

새로운 채널들

다른 특수화된 채널이 형성되었고 시청자들은 빙하에서 떨어져 나온 얼음덩이같이 되었다. 1996년까지 스페인어 사용자, 아프리카계 미국인 그리고 아시아인 시청자들을 위한 채널 및 아이들, 십대들, 젊은 성인들 그리고 노인들을 위한 채널들이 존재하거나 계획되었다. 또한 대담 전용채널, 국제뉴스, 두 개의 골프 전용채널, 옛날 스포츠 필름 채널, 두 개의 역사 채널, 음식 전용채널 및 운동과 건강을 위한 독립된 채널, 집과 정원, 군사문제, 돈 문제, 소비자 문제, 독신자 쇼, 책, 미술, 기독교음악, 컨츄리 음악, 영화 미리보기, 연속극, 게임 쇼를 제공하는 채널 및 다중언어로 방송되는 국제 채널, 여러 쇼핑 채널, 성과 관련된 상품을 판매하는 채널 그리고 항목별 광고와 정보광고(infomercial)를 위한 두 채널을 계획하거나 실현 중에 있다.

텔레비전이 사회를 일치시키는 힘이 있는 것으로 상상한 사람들은 일간신문에 나온 케이블 목록표를 보기만 하면 될 것이다. 토크 쇼의 사회자인 래리 킹(Larry King)은 "어떻게든지 이것이 특정한 메시지를 가지고 적정한 관객을 목표를 삼는 것이 훨씬 쉬운 일일 테니 정치인과 그들의 미디어 컨설턴트에게는 유익할 것입니다"라고 언급하였다. 아마도 모든 사회비평가들이 그러한 전망을 듣고 잠잠하지는 않을 것이다.

텔레비전을 많이 보는 그룹으로 미국 내의 가난한 사람들과 텔레비전을 적게 보는 중산층간의 불균형에 대한 우려의 목소리가 나타났다. 세상에는 TV를 시청하는 것을 부러워하는 곳도 있지만 상대적으로 부유한 미국에서 부럽지 않은 진실은 가난한 사람들이 중산층 사람들보다 광고주들이 제공하는 '무료' 텔레비전을 대단히 많이 시청한다는 사실이다. 그 차별은 어느 정도 교육적인 차별에 기인하고 어느 정도는 다른 종류의 오락비용에 기인한다. 다른 채널 선택이 시청자 단위를 흡수해 가버리면 가난한 사람들은 뒤에 남게 될 것이고 가난한 사람과 사회의 나머지 간에 퍼지는 커뮤니케이션은 폭이 넓어지게 된다. 그리하여 "대중매체 정보의 사회체계 내의 유입이 증가하면 보다 높은 사회적, 경제적 지위에 있는 사람들은 낮은 지위의 사람들보다 빨리 이 정보를 획득하는 경향이 있어 이런 구별된 집단간의 지식의 격차가 줄어들기보다는 증가하는 경향이 있다"는 '지식격차'론을 뒷받침하게 될 가능성이 있다.

홈쇼핑

홈쇼핑 네트워크와 케이블 밸류 네트워크는 수백만 명이 즐기는 것들 중 최고의 두 가지 활동을 조합하였는데, 그것은 TV보기와 쇼핑이다. 그것의 지지자들은 홈쇼핑을 수신자부담 전화로 주문을 받으려고 대기 중인 전자소매(electronic retailing) 또는

그림 6-3 집에서 TV를 보며 쇼핑하는 것은 많은 사람들이 즐거워 하는 활동들을 결합시켜 놓은 것이다. 사업이 활발한 홈 쇼핑네트워크의 전화센터에는 주문을 받는 사람들이 많이 필요하다.

직배판매(direct-to-home selling)라고 부르기를 좋아한다.

도구창고 가정에서 쇼핑하는 것은 이동 없는 커뮤니케이션의 개념에 한 차원을 더 추가하였다. 그것은 케이블 쇼핑 네트워크뿐만 아니라 텔레비전 쇼핑 프로그램, 정보적 상업광고(infomercials : 프로그램처럼 긴 광고들), 상호작용의 텔레비전 마케팅, 전화 데이터베이스 마케팅 그리고 컴퓨터 모뎀을 통한 쇼핑을 포함하였다. 1990년대 중반까지 전체 판매량은 수십억 달러에 이르도록 증가하였으며 전국적으로 유명한 공장주와 소매상인들이 그 사업에 뛰어들었다. 인터넷에서는 독립적으로 수 천명의 상인들이 월드 와이드 웹에 홈페이지를 개설하고 웹잡지(Web zines)에 광고하였다. 전자상거래가 증가하면 카탈로그를 통한 보통의 우편주문 판매는 많은 소매점들과 함께 쇠퇴할 것으로 예상된다. 상표이름은 그것들이 지닌 호소력의 일부를 잃게 될 것이며 마케팅은 소규모, 전문화된 그룹으로 잠재적인 시장으로 나누는 개념을 따라갈 것으로 예측된다. 상호작용 케이블을 통해 식료품과 약국의 잡화를 판매하려는 계획도 생겨나고 있다.

지난 세기 동안 나온 커뮤니케이션 기술은 우편으로 보내진 카탈로그와 지금은 당연시 여기고 있는 상표명의 대중성을 가능하게 만들었다. 작은 마을의 잡화점들이 피해를 입었다. 새로운 통신기술은 이제 다시 한번 운명의 바퀴를 돌리고 있으며 이번에는 카탈로그 우편배달자들을 희생시키고 있다.

케이블 프랜차이즈

미국에서 케이블 사업 수입은 1978년 10억 달러를 넘어섰다. 2년 후에 수입은 40억 달러를 넘었다. 1994년에 케이블 사용자들에게서 나온 총액이 230억 달러를 넘었고 광고주들에게서 나온 총액은 40억 달러를 넘었다. 많은 소규모 사설 케이블 시스템이 남아 있지만 케이블사업은 점차 방송사, 유료 케이블 채널사, 신문사, 잡지사 그리고 심지어는 책 출판과 레코드 제작과 같은 기업까지도 끌어안고 통신왕국을 이루고 있는 다중시스템 운용자(MSO : multi systems operator)에 속하게 된다.

위성은 1970년대 후반과 1980년대 초반의 케이블 텔레비전의 경이적인 성장에 불씨를 던졌다. 그때까지 케이블회사는 수백만 명의 작은 마을 시청자들에게 지방방송사와 때로는 근처의 보다 큰 시장을 지닌 일부 방송사의 선명한 화상을 전송하였으나 거대 도시를 연결하여 메트로폴리탄이나 근교의 시청자들에게 충분히 제공하지는 못했다. 위성이 그것을 바꾸어 놓았다. 케이블 텔레비전은 대부분의 방송신호 재전송자의 역할에서 이제까지 가능하지 못했던 프로그램을 제공하는 출처로 진화하였다.

케이블이 도시와 근교지역으로 이동했을 때, 주요 시장 독점판매권을 확보하기 위한 케이블 프랜차이즈 전쟁이 잇달아 일어났다. 그러나 도시는 작은 마을보다는 상대하기 어려운 거래자임이 드러났다. 도시의회는 케이블 운용자가 충족시켜야 되는 채널의 수, 가입비용 그리고 시스템을 설치하고 운영하는 데 걸리는 시간 같은 준수사항을 명시하였다. 프랜차이즈의 중요한 역할은 교육과 시민사업 및 대중의 접근을 허용하여 어느 거주민도 프로그램이나 견해를 제시할 수 있는 따로 설정된 채널을 포함하는 지역사회가 접근가능한 채널이었다. 도시 속에 들어오고 싶어했던 케이블회사는 폭넓은 대중 서비스를 제공해야 했다. 다른 말로 하면 케이블은 가극단의 무대만이 될 수는 없었다. 그것은 마을회관과 길모퉁이에 있는 가두연설대도 되어야 했다. 프랜차이즈를 획득하기 위해서 케이블회사는 대중이 접근가능한 채널과 프로그램을 제작하는 데 필요한 장비와 인력을 약속하였다.

프랜차이즈는 케이블회사에게 그들이 시스템을 건설하게 될 그 도시 내에서의 독점권을 인정하였으나, 경쟁 케이블회사나 프랜차이즈 유지자들의 독점적 입지는 계약대로 행하지 않는다고 주장하는 시민단체의 공격을 받았다. 경쟁만이 분명한 해결책인 것 같았다. 1992년까지 적어도 50개의 도시가 경쟁 케이블 서비스를 가지고 있었고 그 수가 증가하고 있다. 1996년의 텔리커뮤니케이션 개혁법안은 전화회사도 경쟁에 참여할 수 있도록 허용했다.

유료케이블 TV

유료TV가 아닌 많은 프로그램 서비스들은 기본 케이블 채널(basic cable)로 알려졌다. 기본 케이블 너머에는 보다 높은 월 시청료를 지불해야 이용할 수 있는 하나 또는 그 이상의 층 또는 많은 케이블 채널들이 있다. 이것들 너머에는 고정된 월 시청료를 지닌 HBO와 같은 채널들이 있다. 일부 케이블 시스템들도 이용 프로그램 단위로 요금을 지불하는 PPV(pay-per-view) 채널을 제공한다. 아무나 전화로 영화 또는 미리보기 채널에서 광고된 특별 이벤트를 주문하면 케이블회사는 가입자의 가정에 설치된 주소로 찾아 갈 수 있는 변환기로 그 프로그램을 제공한다. 각 가입자들은 전화번호와 같은 고유한 번호를 갖게 된다.

1991년에 시작된 PPV 시험은 덴버 지역의 시청자들이 비디오센터에서 시청자의 집으로 광섬유를 타고 전송되는 1천 개 이상의 제목 목록표를 보고 영화를 주문할 수 있게 해주었다. 그것은 반납하러 갈 필요가 없는 거실의 비디오가게였다. 최첨단기술들도 빠르게 움직이는 이 시대의 표준들에 의해 구식이 되었다. 그것은 선반 위의 비디오테이프를 발견하고 소비자들을 위해 비디오 재생기에 그것들을 집어넣을 피고용자들에 의존한다.

타임 워너(Time Warner)와 다른 미국의 미디어 거대기업들은 광섬유 케이블의 주파수대와 컴퓨터의 융통성과 저장성을 결합시킨 새로운 상호작용의 멀티미디어 서비스에 막대한 투자를 하였다. 플로리다 올랜도에서 타임 워너의 풀 서비스 네트워크(Full Service Network)는 VOD(Video On Demand)의 실험적인 서비스로 시청자들에게 어떤 기능들이 가능한지 보여주기 위해 멀티미디어 내비게이션 시스템을 사용하였다. 영화를 전송하는 데 필요한 주파수 대역폭의 문제를 해결하는 데 위성과 광섬유만 도움을 준 것이 아니라 디지털 비디오 압축기술도 도움을 주었다.

케이블과 전화회사의 막강한 세력의 합병 협상이 이루어져 500개 채널에 대한 약속으로 흥분할 만한 헤드라인을 만들었다. 임의적으로 선택된 숫자는 우연히 우리를 오도한다. 사실상 무한수의 채널이 우리를 유혹하고 있다.

약속된 서비스가 모두에게 이용가능할 것인지에 대한 기술적인 약속들이 정치적인 문제에 가로막혔다.

또 다른 문제가 통신업자들 사이에 돌아다닌다. 모든 케이블 서비스 기업들이 그 전송관으로 접근할 수 있을까? 내용의 제작이 그것의 배급과 분리될 수 있을까? 어떤 점에서 미국 헌법 수정조항 1조(First Amendment)는 독점금지와 충돌하는가? 1990년대 중반까지 미국의 전화회사들은 케이블회사를 합병하고 영역을 확장하여 오락물의 제작과 다양한 종류의 미디어에도 손을 뻗쳐 일부 기업의 손에 힘이 집중되는 위험한 현상을 지켜보는 평자들에게 경계심을 심어주었다. 1996년의 원거리통신 개혁법안은 모든 사람들이 모든 사람의 마당에서 놀 수 있도록 만들었다. 원거리, 지역 전화서비스, 케이블 서비스 그리고 미디어 제작, 방송가들은 더 많은 방송사를 소유할 수 있고, 케이블회사들은 그들의 수신료를 인상할 수 있고 전력회사는 광범위한 원거리통신 서비스를 제공할 수 있다. 독과점의 두려움에도 불구하고 더 많은 제작자들이 더욱 다양한 자료들을 더 많은 채널을 통해 이전보다 더 큰 규모의 시청자들에게 전달하고 있는 것이 여전히 사실이다.

기본 그리고 유료서비스들은 프로그램 사용료를 내지 않고 이웃집의 전파를 도청하거나 특수한 전기장치를 사용하여 전선을 이어 도청하거나 위성안테나를 구입하여 도청하는 불법 도청자들로 인해 고난을 당했다. 케이블회사는 이러한 서비스 도청으로 인한 손실액이 매년 5억에서 7억 달러에 이른다고 집계하였다. HBO와 다른 유료채널들은 공급 자료를 암호화하기 시작하였다. 1986년에 HBO는 HBO와 Cinemax의 공급프로그램을 비정상적인 음향과 영상으로 찌그러트려 전송했다. 다른 채널들도 신속하게 이를 따랐다. 요금을 내고 뒤뜰에 안테나를 단 사람에게는 정상적인 것이 공급되었다.

케이블 서비스에 가입할 수 있는 미국인 가정에서 다섯 중에 둘도 안 되는 가정이 그렇게 하지 않았다. 직접위성방송 시스템의 투자자들은 이러한 가정을 잠재적인 시장으로 보았고 지금은 케이블

TV의 정규방송 프로 외에도 늘어난 영화 채널, 이른바 다가오는 500개 채널 세계의 맛을 제공하게 될 DBS 서비스가 나오게 되었다.

무선케이블 TV

더 오래된 기술의 하나인 무선케이블도 약간의 관심을 끌었다. 그것의 서비스는 MDS(multipoint distribution servie), MMDS(multichannel multipoint distribution service), ITFS(instruction television fixed service) 그리고 OFS(operational fixed service)와 같은 머리글자들을 통해 확인되었다. 무선케이블은 한정된 의미에서는 위성이 없는 직접위성방송이었다. 단파 송신탑은 텔레비전 영상을 수신안테나를 설치한 집, 호텔, 아파트 또는 직장으로 송신하였다. 송신범위가 한 나라 전체를 포함할 수 있는 위성과는 달리 단파신호는 지역적으로 송신안테나의 전송가능 영역 내의 안테나에만 도달할 수 있는 한계를 지녔다.

무선케이블은 종종 33개에 이르는 케이블 서비스를 제공하였는데 그 수는 보통 케이블회사가 수고하기에는 너무나 작은 시장이었다. 그 숫자는 신호에 영향을 미치던 날씨문제를 극복하였고 무선케이블을 정규 케이블과 진짜로 경쟁하게 만든 디지털 전송방식으로 300개의 채널로 늘릴 수 있게 되었다. 1990년대 중반에는 무선케이블이 적어도 38개국에서 사용되었다.

또한 아직도 개인 케이블(private cable)로도 알려진 SMATV(satellite master antenna television)가 사용되고 있는데, 이것은 케이블을 아파트나 방으로 전달해 주는 아파트, 호텔, 병원, 사무실 건물, 또는 콘도 건물 옥상에 설치된 위성안테나인 셈이다. 그것은 케이블 시스템의 축소판이다.

광섬유

직경 100분의 1인치 이하 크기인 유리로 만들어진 광섬유는 케이블 보급에 유망한 기술을 제시하였다. 빛의 형태로 정보를 전송하면 하나의 머리카락 같은 선이 1만6천 개에 달하는 통화를 나를 수 있는데, 이것은 구리선의 24통화와 비교된다. 하나의 광섬유는 167개의 텔레비전 채널을 전송할 수 있으며 한편 전화선 크기의 여섯 가닥 선은 1천 개 이상의 비디오 신호를 공급할 수 있다.

빛으로 메시지를 보내는 것은 고대 그리스가 반짝이게 광을 낸 방패를 사용해 태양의 빛을 반사하였던 일광반사 신호만큼이나 그 기원이 오래된 것이다. 알렉산더 그레이엄 벨이 전선으로 목소리를 전달하기 전에 영국의 물리학자 존 틴돌(John Tyndall)은 빛을 물의 흐름 속으로 잡아놓을 수 있음을 보여주었다.

벨 그 자신은 빛이 음성신호를 전달하는 광선전화기로 음성을 전송할 수 있다는 사실을 입증하려고 하였지만 나쁜 기상상태가 전송을 방해하였다. 노먼 프랜치(Norman French)는 1934년 음성신호를 생산하기 위해 견고한 유리막대를 사용하는 광전화기의 특허권을 받았지만 거대한 도약은 1958년 레이저를 개발한 과학자들인 아서 슈왈로(Arthur Schawlow)와 찰스 타운스(Charles Townes)에게서 나왔다. 코닝 유리회사(Corning Glass Works)는 사람 머리카락 만한 두께의 이산화 규산유리로 된 광섬유의 효율적인 제조법을 생각해냈다. 1990년대 초까지 소금 결정체 크기인 광원의 레이저는 음성, 사진 그리고 문서를 일련의 1과 0의 연쇄로 전환시키면서 초당 10억 회 깜빡일 수 있었다. 광섬유 끝에 있는 수신부의 사진 감광기는 빛의 깜빡임을 음성, 사진 그리고 문서를 재구성하게 되는 전자적 신호로 재구성하였다.

빛은 전자보다 빨리 이동하기 때문에 전송속도가 눈에 띄게 증가했다. 『대영백과사전(Encyclopedia Brittanica)』과 성경의 전체 텍스트가 이 초면 광섬유를 따라 지구를 한 바퀴 돌 수 있을 것이다.

가정의 전화선으로 연결되면 광섬유는 이론적으로 무한수의 채널을 송신할 수 있다. 전화선의 광대한 진입의 놀라운 능력과 결합하여 Baby Bells는 네트워크와 케이블을 동시에 무용지물로 만들 수 있었다. 그리고 상호작용의 연결망으로 중앙컴퓨터 자료은행에 연결하면 광섬유 시스템은 일종의 전지한 전자요정으로 봉사할 것이다. 단추를 한번만 누르면 가입자들은 쇼핑을 하고, 은행에 가고, 메시지를 보내고, 극장 좌석을 예매하고, 여행을 예약하고, 옛

신문기사를 요청하거나 새로운 수학과목 레슨을 받을 수 있다.

가볍고 강한 광섬유는 많은 물리적인 혹사를 견디어 낼 수 있으나 그 자체의 전원을 지니고 있는 동선과는 다르게 전원이 나가면 기능할 수 없다. 그것은 꺼져버린다. 전화회사가 대체 비상전원을 공급해주어야 할 것이다. 비록 순수하게 광섬유를 제작하고 설치하는 비용은 동선과 경쟁할 수 있지만 새로 사용하기 위해 기존의 동선을 새로운 기술과 대체하는 비용이 지연되는 요인이 되고 있다. 광신호를 전자 아날로그신호로 전환하기 위해 필요한 부품이 텔레비전 세트로 연결되는 비용도 그렇다.

광섬유를 따라 전송되는 디지털 영상들과 사운드의 품질은 처음 들어본 시청자들을 놀라게 할 것이다. 동선을 통과하고 있는 전자신호들은 출발한 뒤 곧 섞이기 시작하지만 유리를 통과하는 빛의 전송은 그렇지 않다. 또한 쌍방향 전송은 동선과는 달리 유리라 문제가 없다. 광섬유의 제작이 증가하면서 가격은 급격히 떨어졌고 동시에 자료를 전송하는 광섬유의 능력이 올라갔다. 신호가 기존의 채널들을 효율적으로 이용하게 해주는 디지털 비디오 압축이라 불리는 DVC(Digital Video Compression) 기술에 의해 변환되자 그 능력은 더욱 확대되었다.

광섬유를 통한 프로그램

아침 8시 또는 10시에 시작하는 영화를 지켜보는 것이 항상 편리한 것은 아니기 때문에 HBO는 동일한 영화를 여러 채널을 통해 디지털 압축과 광섬유기술을 사용하여 엇갈린 시간대에 다중송신하는 실험을 하였다.

지금의 케이블이 전달하는 것보다 훨씬 넓어진 프로그램 선택의 가능성에다가 새로운 기술의 잠재성이 오리지널과 거의 구별되지 않는 품질의 영상을 벽 크기로 전달하는 고선명 텔레비전과 결합했다. 폭포에 뛰어들고 싶을 만큼 진짜처럼 보일날이 올 것이다.

일본 연구가들은 골프 치는 사람들이 3차원 시뮬레이션 골프코스에서 스윙연습을 하는 것을 상상한다. …… "의사들은 지역사무실이 아닌 세계 사무실을 갖게 될 것이다. 그리고 휴가를 갈 수 있는데— 또는 휴양지를 선택하는데—다른 환경에 자신을 침수시켜서, 바르셀로나 또는 카리브해안을 따라 한가히 산책한다"라고 벨 통신 연구소의 간부인 스무트(Mr. Smoot)는 말한다.

동축케이블은 본래 전송되었던 케이블 서비스를 아주 잘 해내는 것 같다. 그것은 또한 비디오텍스와 홈쇼핑도 할 수 있다. 집으로 연결된 광섬유가 할 수 있는 것은 수백 가지 채널들 및 그 채널 대부분이 사용되게 될 신청영화들을 제공하는 것이다. 만일 대중이 그 서비스에 기꺼이 요금을 낸다면 광섬유는 네트워크를 뒤바꾸어놓거나 광섬유-동축선의 혼합 네트워크(주요 선은 광섬유, 가정으로 연결되는 부분은 동축선)는 비디오 대여점에 가는 수고를 없애줄 것이다.

플러그를 꽂은 사회의 구성원은 그들의 도구창고 가정에 더욱 깊이 안주하게 될 것이고 바깥 출입을 대체해주는 통신에 감사하게 될 것이다. Request TV 회장 제프리 라이스(Jeffery Reiss)는 "가정이 세상에서 가장 큰 전자극장이 될 것이다. 사람들은 '왜 우리가 밖으로 나가야 하지' 하고 말하기 시작할 것이다"라고 예측하였다.

지구상의 송신 가능 영역 Footprints on the Globe

위성들은 거리의 개념을 재정의하였다. 전보가 시작한 것을 통신위성이 완성하였다. 인텔샛(국제상업통신위성기구 : Intelsat) 간부는 휴가 여행을 다음과 같이 회상하였다.

우리는 몇 주 전에 멕시코의 과이마스에 있었는데 시카고에서 온 한 사람과 함께 가난에 몹시 시달리는 한 작은 지역을 통과하고 있었다. 그는 "누가 여기에 있을까요? 세상에 대해서는 아무것도 아는 게 없고, 저렇게 불결한데"라고 말하며 그 지역을 나쁘게 평가하느라 바빴다. 나는 집들을 사진 찍느라 바빴는데, 그 집은 아마도 25평방피트의 규모로 차도에는 1954년 산 세비픽업 트럭이 하나 있고 지붕에는 위성안테나가 있었다. 대략 1천명의 사람들이 사는 지역에 약 50개의 위성안테나라니!

그는 "어쨌든 저 안테나들은 무엇을 하죠?"라고 물었다. 나는 이 사람들이 적어도 7개 국가에서 5개 국어로 130개의 TV 채널을 받아볼 수 있고 게다가 부수적으로 딸려오는 FM 스테레오도 들을 수 있다고 말해주었다. 다시 말해 그들은 퀘벡, 베네주엘라, 멕시코시티, 미국의 모든 지역 BBC 그리고 심지어 경우에 따라서는 일본도 가지고 있다. 그리고 그들은 당신과 마찬가지로 분명하게 시카고 심포니의 연주를 들을 수 있다.

그는 놀랐다. 그리고 그는 "그들이 그 모든 것을 볼 때 무슨 생각을 할까요? 그리고 그들이 살고 있는 이곳을 본다면?"라고 물었다. 나는 침묵했고 나 이 아네드 침묵하였고, 그도 침묵했다.

가난한 사람들은 어떻게 반응하였을까? 그들은 조국에 개혁을 요구할 수 있을 것이다. 혁명을 일으킬 수도 있을 것이다. 심지어는 세상의 '가진 자들'에게 불만을 쌓아갈 수도 있을 것이다. 일부는 훔칠지도 모른다. 근본주의로 물러설 수도 있다. 아니면 모든 것을 희생해서라도 텔레비전에서 본 부유한 나라로 이민가려고 노력할 수도 있다.

지정학적 고려

지구의 정지궤도상에 있는 통신위성의 개념을 창출한 아서 클락(Arthur Clarke)은 "통신위성이 세상 전역으로(출판매체가 했던 것보다) 훨씬 강력하게 생각과 개념들을 퍼뜨릴 것이다"라고 언급하였다. 지정학적으로 함축된 의미는 놀랄 만하다. 통제소를 거치지 않고 사람들이 사는 가정으로 직접 가는 직접위성방송(DBS)은 산업화된 나라에서 수입되는 프로그램에 신경을 쓰는 제3세계 나라들에서는 순수한 기쁨을 가지고 환영받지는 못했다. 우리가 하늘을 가리키도록 의도된 이런 통신 위성들은 대신에 문화적 제국주의라는 옛 논쟁을 불러일으켰다.

DBS가 지닌 '코카콜라-식민화'의 잠재성 또는 직접적인 선전 텔레비전 방송까지도 그 기꺼워하지 않는 수신국의 수신차단 능력으로 상쇄되지가 않는다. 라디오 신호와는 다르게 위성텔레비전 송신은 차단하기 어렵다. 시청자들은 위성이 제공하는 것은 무엇이든 텔레비전 프로그램을 수신하며, 정부의 검열은 간섭하지 못한다.

1996년까지 10여 개 이상의 위성들이 아시아에 프로그램을 송신하였다. 많은 사람들이 위성안테나를 설치하였으나 모든 정부가 그것을 환영하였던 것은 아니다. Star-TV의 소유주 루퍼트 머독(Rupert Murdoch)은 위성텔레비전과 같은 기술들이 "전체주의적인 모든 통치 국가에 대해 하나같이 위협이 되고 있음이 분명해졌다"고 주장하였고 이 언급으로 인해 중국은 위성안테나 사용을 금지하고 있다.

중국은 또한 Star-TV를 금지하려는 의도를 공표하였는데 이에 머독은 중국의 지도자들을 BBC World Service를 Star-TV에서 제외하셨다고 날래야겠다는 생각을 하게 되었다. 중국에 100만 개의 불법 위성안테나가 서양 프로그램을 수신할 수 있는 곳에 설치된 것으로 추정도 되지만, 중국은 위성안테나를 사치스러운 호텔과 일부 사업에만 허용하였다.

1994년 이란은 가정에 달린 위성안테나를 불법으로 선언하였다. 비록 그 금지가 항상 강요되는 것은 아니지만 직접 수신은 또한 시리아, 사우디아라비아, 레바논, 카타르, 이라크, 베트남 그리고 싱가포르에서 금지되었다. 싱가포르, 홍콩 그리고 타이완의 대부분 지역에서는 문지기들이 아파트 단지의 안테나를 설치한 작은 케이블 운용자들이다. 미얀마는 안테나에 대해 허가세를 부과하여 원하지 않는 프로그램을 다루었다. 말레이시아는 중국과 유사한 제한을 하였다. 수하르토 대통령은 심지어 시골사람들이 도시인들이 얼마나 잘 살고 있는지 보게 될까 두려워 팔라파(Palapa) 위성에 대한 광고도 금지하였다. 그 금지항은 8년간 효력을 보였다. 인도네시아의 시청자들은 후에 시청이 허용되었으나 그들의 안테나는 팔라파 위성에만 향하게 되었다. 일본—모든 나라 중에서—은 망설이며 일반가정의 안테나가 외국위성을 향하는 것을 허용하였고 한국은 일본위성을 향하는 것에 동의하였다. DBS의 전파영역 즉 수신지역이 한국의 일부 지역을 포함하였고 한국정부는 그것을 좋아하지 않았다.

다른 국가 위성의 수신영역에 들어가는 나라가 되는 것은 항상 단점만 있는 것은 아니다. 십여 개 이상의 유럽의 유텔샛(Eutelsat)의 수신영역 아래 놓이는 동부유럽, 중동부 그리고 북부아프리카 국가들은 서비스를 살 수 있고 그렇지 않으면 자신의 위성을 쏘아 올려 그 서비스와 경쟁해야 하는데 그것은 주파수대가 이용가능하더라도 아주 비쌀 것이다.

집에서의 위성 수신을 금지하는 것은 해외로 전송하는 것을 막지는 않는다. 싱가포르, 말레이시아 그리고 이란의 정부방송 기업은 위성을 통해 국제적으로 방송하고 있거나 그렇게 하려고 계획하고 있다.

몇 초 간격

모든 것 중에 현대 통신에서 가장 주목할 만한 사실은 지구 반대편에 있는 사람들이 몇 분의 일초 떨어져서 산다는 것이며 최초의 비행기가 이륙하기 전에 그리고 심지어는 최초의 라디오 방송이 있기 전에 태어난 남자와 여자들이 아직도 살아 있다는 것이다. 예를 들어 일본사람들이 20세기 초에 미국인들의 눈에 얼마나 이상하고 얼마나 기이하였는지 또 미국인들이 일본인의 눈에는 얼마나 낯설고 두려웠을지 생각해보라. 이제 쌀농사를 짓는 일본의 젊은 농부와 중년의 미네소타 가정주부는 유럽에서 열린 올림픽의 동일한 텔레비전 생방송을 지켜볼 수 있다. 기술적으로는 대화를 나누며 서로 지켜볼 수도 있을 것이다. 보다 새로운 기술이 전화상으로 대화하면 통역도 해주는 날이 올 것이다.

통신위성의 힘으로 애틀란타 올림픽게임은 전세계의 수십 억의 사람들이 지켜볼 수 있었는데 최초의 지구정지궤도 통신위성이 약 30년 전에 궤도에 올라간 것을 생각하면 놀랄 만한 업적이다. 위성분야에서 짝을 이뤄 발전한 것은 수신안테나였다. 최초의 지상국은 각각 1천만 달러의 비용이 들고 기술자들을 필요로 하였다. 가장 최근의 가정용 안테나는 몇 백 달러에 판매되고 쉽게 설치할 수 있다. 다시 한번 우리는 대중통신 도구들이 공유하는 더 작고, 더 싸고 그 기능이 좋아지는 동시에 운용하기는 더 쉬워지는 특징들을 보았다.

뉴스보도의 구조 변화

전보처럼 통신위성은 뉴스보도의 변화에 촉매역할을 하였다. 전보가 규모가 작은 지역 내의 뉴스보도 능력을 높였듯이 위성은 지방방송사의 도달범위를 넓혀 놓았다. 전보는 멕시코-미국의 전쟁 그리고 남북전쟁과 같은 내용의 즉각적인 보도를 가능하게 하였다.

그것은 멀리 떨어진 지역에서 협동적인 보도 정리를 촉진하여 연합통신을 형성하고 기사작성 스타일에서 객관성과 통일성을 증진시켰다. 통신위성은 원거리 기사보도를 더욱 싸고 더욱 용이하게 하여 지방텔레비전 방송사가 기자들을 미국의 전 지역과 지구의 머나먼 구석으로 파견하도록 하였다. 베를린장벽이 무너질 때 미국 지방방송사 기자들은 대서양을 건너 생방송으로 보도하는 사람들 가운데 함께 있었다.

'위성실황중계(Live via satellite)'는 친숙한 말이다. 스포츠, 뉴스보도 그리고 기자들이 작성한 개인 뉴스 이야기들의 방송을 위한 텔레비전 네트워크의 빈번한 위성 사용은 코너스(Conus)와 같은 독립적인 네트워킹 주선업체를 통한 뉴스 내용을 서로 교환하는 지방방송사와 같았다. 지방 뉴스 감독들은 이전보다 더욱 많은 국가 및 국제뉴스를 선택할 수 있게 되었다. 한 세대 전에는 거리가 사건을 다루는 결정적인 요인으로 작용했다. 베트남전 때 텔레비전 방송사는 먼 거리로는 뉴스를 보도하지 못하였다. ABC, CBS 그리고 NBC가 그러하였으나 AT&T가 3천 달러를 받고 국가간 비디오 전송회선을 제공하게 되자, 심지어는 네트워크들도 리포터의 필름을 수용하여 정리하려 하지 않았다.

1990년대까지 비디오 영상들은 75달러에 전국에 전송되었다. 위성 전송의 가격이 폭락하자 위성으로 기자가 네트워크나 방송사로 매일 기사를 전송할 수 있게 되었다. ENG(Electronic News Gathering)가

SNG(Satellite News Gathering)로 대체되면서 지방방송사 위성송신 장비를 탑재한 뉴스 트럭은 본부에서 멀리까지 기사를 취재하러 달렸다. 리포터들은 트럭이 도착한 지 몇 분 안 돼서 생중계로 사건 현장에서 보도할 수 있었다.

전통적인 텔레비전 네트워크 연결망에 대체안을 제공한 통신위성은 텔레비전 뉴스 보도의 구조에 근본적인 변동을 일으키는 하나의 원인이 되었다. 싸게 원거리 보도를 수신할 수 있는 지방방송 뉴스 부서는 더 이상 주요 네트워크 사에게 의존하지 않게 되었다.

네트워크 뉴스보도를 자신의 버전으로 대체하기로 결정한 대도시 방송사가 매년 부수입으로 수백만 달러를 벌어들일 수 있다는 사실은 간과되지 않았다. 네트워크 뉴스보도—때로는 공룡이라고 지칭되는—가 생존할 수 있는지는 많이 토론되어야 할 문제이다.

비디오, 오디오 그리고 신문을 대체한 온시 뉴스와 방송사에 더해서 위성은 다우존스 뉴스 서비스(Dow-Jones New Service), 넥시스(Nexis), 렉시스(Lexis) 그리고 직접 독자들에게 제공하는 다른 온라인 서비스에서 자료를 전송한다. 위성은 또한 ≪월스트리트 저널≫과 USA Today와 같은 신문을 위한 페이지 원판을 지역인쇄소에 전송한다.

일반시민들에게 위성은 오락용 케이블 텔레비전 서비스에 가장 확실한 영향을 미쳤다. 전체의 케이블사업은 HBO가 알리와 프레이저 권투경기를 가지고 시작한 위성 오락프로그램 연결망에 의존한다.

시작

위성시대는 소련이 최초의 스푸트니크를 1957년 쏘아올렸을 때 시작되었다. 놀라고 당황한 미국은 그 반응으로 우주프로그램에 뛰어들었다. 존 F. 케네디가 대통령에 당선되는 데에는, 우주개발을 하는 데 더욱 힘쓰겠다는 약속이 일부 작용했다. 국방위성은 통신에서의 중요한 진보를 이룩하였으나 위성이 민간을 위한 통신활동의 이상적인 도구라는 것이 곧 확실해졌다. 1962년 의회는 글로벌 시스템을 발사하고 운영할 개인이 소유하는 기업 COMSAT의 설립을 가능하게 한 통신위성 법안을 작성하였고 케네디 대통령은 서명하였다. 그 당시에는 유럽에서 미국으로 보내오는 텔레비전 생방송을 보는 것은 불가능하였다. 대신 영화는 대서양을 건너 유입되었다. 텔레비전 네트워크는 인화되지 않은 필름을 상업용 수송기를 이용해 사이공에서 도쿄를 거쳐 샌프란시스코에 전달하였고, 그곳에서 현상해 저녁 뉴스용으로 뉴욕에 초단파로 전송해 화면으로 내보냈다.

비디오테이프와 위성 덕분에 전쟁기사는 훨씬 효율적이 되어 확실히 전쟁답게 보여줄 수 있게 되었다.

과학자들은 일종의 거대한 안테나 탑으로서의 위성통신의 잠재성을 인식하였지만 1960년에 나온 최초의 미국 통신위성 '에코(Echo) 1'은 라디오 신호를 되돌려 보내는 단기간의 수동적인 반사기를 위해 궤도에 올려진 은으로 만든 기구에 지나지 않았다. 알루미늄으로 덧입혀 빛나는 은빛 때문에, 그리고 에코가 10층 건물만큼이나 컸기 때문에 지구상에 낮은 궤도로 돌고 있을 때는 수천만이 에코를 보았다. 통신기술이 발전하자 플라스틱기구들은 많지 않았지만 소련이 이미 강아지 '라이카(Laika)'를 그 심장소리를 레이저로 전송하는 기계를 탑재한 우주선에 태워 우주로 보냈는데 미국인들은 그들의 뒷문을 통해 자기 나라 국가가 무엇을 하고 있는지 눈으로 목격할 수 있기를 바랐다. 에코의 발사 두 달 후 미군의 쿠리어 I(Courier I)은 쌍방향 통신을 위해 수신기와 송신기를 장착했다. 우주에서의 벽 로저스 무기를 꿈꾸는 뉴스 해설가들은 냉전에서 러시아가 초기에 유리한 고지를 점령했지만 미국이 반격을 가하고 있다고 말하였다.

에코 이후 두 해가 지나자 최초의 상업통신 위성인 텔스타 I(Telstar I)이 나왔다. 이 AT&T사의 위성은 하늘의 초단파 탑으로 신호를 수신하여 증폭시키고 라디오 신호를 강력한 지상방송사간에 재송신하는 트랜스폰더(트랜스미터와 리스폰더)를 장착하였다. 주로 대서양을 횡단하는 통신용으로 발사되어 텔스타 I 은 1년 뒤에 태평양을 횡단하는 통신용으로 발사된 텔스타 II와 합류하였다. 텔스타 I

의 단점은 대략 90분에 지구 한 바퀴를 선회하여 적어도 한 번에 15분 동안은 유럽과 미국에 있는 방송사들의 시야에서 사라진다는 것이었다. 거대하고 비싼 추적 안테나는 텔스타가 낮은 지구정지궤도상에 있기 때문에 그것을 추적해야 한다.

과학소설가로 가장 잘 알려진 아서 클락(Arthur Clarke)은 1945년 한 기사에서 만일 위성이 24시간의 지구 궤도상에서 적도 2만 2,300마일 상공에 위치하게 되면 그것은 지구의 고정된 지점과 관계해서 정지상태가 될 것이라고 썼다. 적도상공에 서로 일정한 간격을 두고 정지한 세 개의 위성들이 거의 모든 지구상의 신호를 수신하고 또 그곳으로 송신한다. 클락은 다음과 같이 썼다.

> 많은 사람들이 이러한 토론에서 제안된 해결책을 심각하게 생각하기에는 너무 억지스러운 것으로 생각할 것이다. 여기서 바라본 모든 것이 지난 10여 년간의 — 특히 V-2가 그 전신이 되고 있는 원거리 로케트의 완벽성에 있어서 — 발전의 논리적인 연장선이라면 그러한 태도는 비합리적이다.

1960년대 중반까지 클락의 이론은 고정된 궤도의 무중력 공간 속에서 충돌하는 전기의 형식으로 입증되었다. 태양열 에너지에 전원을 공급받아 초기 통신위성은 거의 전구의 세기인 100와트도 안 되는 상대적으로 적은 전류를 사용하였다. 신호는 전기적 간섭이 많은 도시에서 멀리 떨어진 민감하고, 크고 그리고 비싼 지상의 수신소에 의해서만 수신되어 증폭될 수 있었다.

INTELSAT

1964년 도쿄올림픽게임 개막식은 생중계로 지구 정지(또는 geosynchronous로 알려진)궤도상에 있게 될 최초의 위성 '신콤 3(Syncom 3)'에 의해 북반구의 대부분 지역으로 방송되었다. 1년 후에 '얼리버드(Early Bird)'라고 별칭되는 76파운드의 기계 '컴샛(Comsat)' 위성 '인텔샛 I(Intelsat I)'이 대서양 상공의 지구 정지궤도상에 머물러 북대서양의 국가들을 연결하였다. 18개월간 작동하도록 고안되어 4년간 유지되며 9년 전에 대양 밑바닥에 설치된 대서양 케이블보다 여섯 배나 많은 240개의 전화회선을 운송하였다.

얼리버드는 상업통신을 시작하였다. 대서양과 인도양 상공의 위성들은 1969년 백악관의 집무실에 있던 닉슨 대통령과 달 표면의 닐 암스트롱 사이의 전화통화를 포함해 역사 속에서 가장 널리 보여진 사건인 최초의 달 착륙이 있기 3주 전에 전지구를 대상으로 하는 보도를 하였다.

그림 6-4 통신위성 인텔샛 VII과 VII-A 시리즈가 궤도상에서 음향, 비디오, 기타 자료들을 실은 전파를 보낸다.

100개 이상의 국가가 제휴해 국제원거리통신위성기구(International Telecommunications Satellite Organi- zation)를 조직하였다. 다른 어떤 사업자보다 우주상에 통신위성을 많이 보유하고 있는 인텔샛은 텔레비전, 라디오, 컴퓨터 자료 그리고 전화회로를 위한 서비스를 전세계의 약 300여 개 국영 그리고 대규모의 개인 조직에 임대한다. 그 협정은 1996년까지 136개국이던 회원국들에게 이익이 되고 있다. 인텔샛의 비용은 전화, 텔렉스, 라디오 그리고 텔레비전 신호의 송신비용이 급격히 떨어졌음에도 상대적으로 치솟았다.

비디오 원격화상회의

위성을 통한 화상회의는 1974년 시작된 실험단계를 벗어났다. 곧바로 우주의 교사(Teacher-in-the-Sky)라고 별명이 붙은 NASA 응용기술위성(Applications Technology Satellite)이 안테나를 에필래치아를 향해 뻗고, 멀리 떨어진 지리적 위치 때문에 학문 진보의 기회가 없던 교사들에게 대학원 과정을 제공하였다.

저녁강의가 끝나면 안테나는 록키산맥으로 이동하여 중학교(junior high schools)의 직업교육을 제공하였다. 그 수업이 끝나면 안테나는 다시 한번 서쪽으로 이동하여, 이번에는 알래스카를 향해 특수한 문제를 안고 요청한 외딴 지역의 사람들에게 쌍방향 의료상담을 제공하였다. 한 경우는 건설지역의 한 위생담당자가 외과의사로부터 한땀한땀 지도를 받아가며 심하게 부상당한 사람의 얼굴을 꿰맸다. 수명기간 5년 동안 우주의 교사는 남부 아시아에 이전에 텔레비전을 본 적이 없던 사람들에게 의료, 농법 그리고 가족계획 프로그램을 방송하였다. 그것은 인도가 자체 위성프로그램 개발을 시작하도록 만들었다. 미국에서는 1979년에 학습채널(The Learning Channel)을 시작하였다. 그것이 성공하자 사람들은 어떤 의미에서는 비싼 여행을 하지 않고도 얼굴을 마주 볼 수 있다는 것을 깨달았다.

사업과 전문적인 화상회의는 한창 피어나는 분야가 되었다. 교육분야에서는 대학원 학습에서 누워만 있는 아이들을 수업에 참여시키는 것까지 모든 것을 가리키는 원거리 학습(distance learning)이라는 말을 점점 자주 들을 수 있다.

직접위성방송

세 가지 종류의 통신위성이 궤도를 돌고 있다. MSS(mobile satellite service)는 피터 아넷(Peter Arnett)이 걸프전을 보도하며 사용한 시스템과 같은 이동 위성서비스를 포함하도록 확대되었다. FSS(fixed satellite service)는 전화, 텔레비전, 라디오 그리고 자료전송에 사용되는 표준 상업성 C-밴드 서비스이다.

BSS(broadcast satellite service)는 DBS(direct broadcast satelite service) 송신에 사용된다. DBS는 고선명 TV(HDTV) 영상을 전송하는 이상적인 방법일 것이다. 1996년 제너럴 모터스사의 지사인 휴즈 일렉트로닉스는 약 175개의 직접위성방송(DirecTV) 채널을 제공하였다. USSB는 약 25개의 직접위성방송 채널을 제공하였다. 프라임스타(Primestar)는 약 150개의 FSS 채널을 확대하리라 예상하였다. 여러 회사의 경쟁자 에코스타 커뮤니케이션스(Echo Star Communications)는 국제적인 채널들을 포함하여 약 200개의 직접위성방송 채널을 약속하였다.

모든 유형의 직접위성방송용 위성-집간의 서비스가 또한 DTH(direct to home)로 고안되었다. 직접위성방송 서비스의 단점은 국가적, 국제적일 수만 있고 지역적일 수는 없다는 데 있다. 지역뉴스보도를 듣기 위해서는 케이블이나 소형 TV 안테나와 같은 어떤 다른 방법이 필요하다. 그리고 기술적인 해결책이 길을 열어주지 않는 한 위성으로 상호작용이 가능한 서비스는 이용할 수 없고, 시청자들의 돈을 절약하기 위해 위성 대신 케이블을 통해 쌍방향 서비스가 가능할 것이다.

직접위성방송은 상대적으로 저렴한(약 500달러) 직경 18에서 39인치 위성안테나를 갖추고 있는 가정으로 직접 지상파 방송을 전송하기 위해서 위성 트랜스미터를 적용한다. 시골 풍경을 보내는 8피트 또는 그 이상의 2천달러인 C-밴드 안테나보다 훨씬 작은 우산형이건, 평면형이건 지붕 위나 창문 돌출부에 설치된 직접위성방송 안테나는 지붕 위 안테나보다 더 눈에 띄지도 않는다. 안테나가 프로그램을 위해 텔레비전에 연결되고 영화를 위해서 VCR

에 연결될 뿐만 아니라 자료를 위해 집 안의 컴퓨터에도 연결될 것으로 기대된다.

C-밴드와 Ku-밴드

지구상에서 위성으로 송신하는 트랜스미터는 2만2,300마일 떨어진 위성 트랜스폰더로 신호를 보내면 그곳에서 신호를 증폭시켜 올라오는 신호와의 간섭을 피하기 위해 주파수를 변경하여 지상의 위성안테나로 재전송한다. 이 다운링크는 전화선을 따라 각각 텔레비전 세트에 연결된 작은 VCR 크기의 수신해독기로 전달된다. 전자기대의 C-밴드와 Ku-밴드 주파수들은 전화, 컴퓨터 자료, 라디오 그리고 텔레비전 전송에 사용될 수 있다. Ku-밴드 주파수를 사용하는 직접위성방송은 텔레비전 신호를 직접 집으로 전송한다.

각 밴드는 자신만의 장점과 문제점을 가지고 있다. C-밴드 신호는 Ku-밴드가 지상의 폭풍우에 영향을 받는 것과는 달리 영향을 받지 않는다. 하지만 C-밴드 다운링크 주파수는 위성의 파워와 지상국의 위치를 제한하는 지상의 단파시스템과 공유되어야 한다. Ku-밴드는 단파와 간섭하지 않으며 지상국은 도시 중앙에 위치할 수도 있다. 위성이 되돌려 보내는 신호가 더 강할수록 파장은 더 높고, 다른 궤도의 위성과의 간격이 더 넓고, 수신안테나는 더 적게 필요하다.

뒤범벅 신호

비록 C-밴드 전송이 가정으로의 직접 송신을 위해 계획된 것은 아니지만 500만 가정이 지붕 위와 뒤뜰에 수신안테나를 설치하였다. 프로그램 공급자들과 케이블 운용자들은, 남들은 돈을 지불하고 보는 것을 무료로 보는 안테나 소유자들이 점점 늘게 되어 충격을 받았다. 더 심한 것은 안테나 소유자들의 이러한 프로그램 수신은 서비스 도청에 해당한다는 법원의 판정에도 불구하고, 그들의 소유로 그들이 원하는 것을 행하는 것을 정당하다고 느낀다는 것이었다. 법적으로 위협하였으나 케이블 사업자들은 수만 명의 시민들을 법원으로 끌고 갈 마음은 없었다.

안테나 제조업자들을 망하게 만드는 것은 케이블을 이용할 수 없는 지역에 사는 사람들에게는 안테나가 판매될 것이기 때문에 해결책이 못 되었다. 이것은 또 합법적인 사업이다. 실질적인 해결책은 위성신호를 암호화하거나 뒤섞어서 월세로 대여가 가능한 해독기를 통해서만 수신이 가능하게 만드는 것이다. 요금을 내지 않으려고 해독기를 제조하는 것은 분명한 위법행위이다.

국제표준기구는 때때로 NTSC, PAL, SECAM, D-2, Mac, Beta 그리고 VHS 등과 같이 호환되지 않는 비디오 표준과 오디오 등의 다른 문제들을 다루기 위해 가끔 모임을 가졌다.

그림 6-5 소비자들이 직접위성방송을 수신하기 위해서는 18인치 접시안테나와 원격조정장치와 수신기가 필요하다.

> 무한한 스포츠 그리고 매달 즐길 수 있는 1,700개의 다양한 영화들을 잊지 마세요 — 모두 스튜디오 품질, 광고 없고, 밖에 나갈 필요 없고, 방해받지도 않습니다. 케이블 서비스로는 한 달에 100가지밖에 받을 수 없습니다.
> 우주시대로 진입하세요!
> 지금 전화하세요! 무료로 견적을 내드립니다.

텔레포트

집과 호텔에서 사용하는 안테나 너머에는 수백만 달러의 텔레포트가 위성과 지상 통신시설을 사용하여 원거리 화상회의를 포함한 텔레비전, 라디오 그리고 자료 서비스를 제공하고 있다. 비행기가 승객들과 짐을 실어나르는 수송기라면 현대의 텔레포트는 정보를 실어나르는 수송기다.

초소구경단말기(Very Small Aperture Terminal)를 의미하는 VSAT은 개인 네트워킹 시스템으로 지상의 전선을 대체하는 위성을 사용한다. 전화 시스템 이외에 거대 기업들은 그것이 싸고, 신뢰할 만하며, 빠르고 고품질이기 때문에 자신들의 지사와 VSAT를 통해 통화한다. 일부 개발도상국가들은 VSAT를 다른 수단들은 신뢰할 수 없거나 이용할 수 없을 때 원거리 통화를 위해 상대적으로 저렴한 방법으로 사용한다.

세 가지 유형의 위성통신을 이용한 회의가 사람 수에 상관없이 사용할 수 있다. 오웰의 『1984년』에서 나온 듯한 비디오 원거리회의는 장비와 폭넓은 전송선이 필요하기 때문에 가장 적게 이용되고 가장 비싼 방법이지만 성장하고 있다. 오디오회의는 친숙한 전화회의 통화보다 환상적인 버전으로 훨씬 깨끗한 오디오선을 사용하고 때때로 일부 제한된 시각정보도 포함한다. 컴퓨터회의는 많은 사람들이 참가하는 전자우편 버전이다. 다른 버전과는 다르게 그것은 비동시적이다. 참가자들은 메시지가 도착할 때 그 자리에 있어야 할 필요가 없다.

무한공간의 한계

가장 새로운 위성들 가운데 인텔셋 VII-A 시리즈에 해당하는 것들은 40개의 트랜스폰더를 각각 보유하고 있어 디지털 기술을 사용하여 동시에 11만 2,500건의 전화통화와 세 개의 TV 채널을 송신할 수 있다. 하지만 통신 주파수대에 관련해서 공간은 무한하지 않다. 주파수대를 확장하는 놀라운 솜씨에도 불구하고 한계는 존재한다. 포화상태를 벗어나는 한 가지 길은 일반 아날로그 텔레비전 신호에서 하나의 영화를 송신하고 있는 트랜스폰더가 같은 스펙트럼에서 열 개의 영화를 전송할 수 있도록 압축될 수 있는 디지털신호로 전환하는 것이다. 직접위성방송 신호는 이미 디지털이다.

통신위성을 향상시키는 데 투자된 과학과 기술적 재능의 일부는 우리가 살고 있는 도구창고 가정으로 더 많은 오락을 전달하는 데 소요되고 있다. 소비자들이 더욱 많은 선택에 반응을 보이기 때문에 아래와 같은 가정용 위성안테나 광고가 나온다.

전자적 출퇴근 Electronic Commuting

전자(電子)는 학교와 직장을 오가는 이동수단인 자동차를 대체한다.

아래 예들을 생각해보라.

- 순회판사는 오렌지 죄수복을 입은 죄수가 모니터 앞에 회개하는 모습으로 서 있으면 청문회실에서 재판을 진행한다. 판사는 더 이상 자동차를 타고 교도소를 순회할 필요가 없다.

- 주요 병원에 있는 두 명의 심장전문의는 70마일이나 떨어진 시골병원에 있는 심장병 환자의 심전도와 X-ray를 검사한다. 영상, 소리 그리고 자료가 광섬유를 지나는 디지털 신호로서 아이오와를 교차한다. 일부 환자들은 의사들의 따뜻함과 다른 사람의 존재와의 접촉이 부재하기 때문에 불편함을 느낄 수 있지만 이점이 더욱 크다. 원거리통신 설비의 건설은 말할 수 없다.
- 기자들은 그녀와 기술자들이 위성트럭을 타고 도착한 지 몇 분 후면 살인현장에서 생중계 보도를 한다. 사건이 텔레비전 방송사에서 얼마나 떨어져 있는지는 중요하지 않게 되고 기자들은 더욱 멀리 여행하게 되었다.
- 중간관리자들은 아침, 점심, 저녁 내내 휴대전화를 가지고 다닌다. 근무 주간에는 도피할 시간이란 없으며 그 주간은 5일이 아닌 7일로 되어 있다. 가정은 단지 자료를 다루는 또 다른 장소가 되었다.
- 컨설턴트들은 통신 및 계산 장비를 실은 밴에서 살고 일하며 집-회사-자동차의 삼각형 위에서 맴돈다. 그들의 집 주소는 전화번호, 팩스번호 그리고 전자우편 인터넷 주소이다. 그들은 도시에서

그림 6-7 상호작용이 가능한 원격교육 장비를 갖춘 교실에 어떤 학생들은 위성으로 출석한다.

도시로 이동하며 사업을 한다. 만일 사업이 해안 도시에서 이루어지면 보트도 똑같은 기능을 하게 된다.
- 스포케인 시에 있는 스페인어 교사는 위성을 통해 알래스카와 괌처럼 멀리 떨어져 있는 1,300명의 학생들에게 강의한다.
- 시(詩)를 클릭한 영문학과 학생들은 문학평론과 작가의 전기내용으로 하이퍼링크된다.
- 법대생들은 전자게시판을 사용하여 교수들에게 혼란스럽게 생각하는 법적인 문제를 묻는다. 소프트웨어가 학생이 익명으로 접근할 수 있게 해주어 '멍청한' 질문을 하는 것을 두려워하지 않는다. 강의 노트, 숙제 그리고 법률자료는 온라인으로 주고받는다. 그래서 교수들은 보충자료들을 복사하는 데 시간을 덜 소비하게 되었다. 컴퓨터를 가지고 있지 않은 학생들은 컴퓨터 실습실에 간다.

재택근무

한 보고서에 따르면 1993년 미국의 성인 노동력의 1/3인, 760만 명이 완전히 전자상으로 직장에 통

그림 6-6 대학의 옥상에 설치된 위성안테나는 상호작용이 가능한 원거리 교육을 가능하게 해준다.

근하는 텔레커뮤터(telecommuters)로 확인되었고, 총 4,110만 재택근무자들이 업무의 일부 또는 전부를 집에서 하였다. 그들 가운데는 회계사, 건축가, 은행가, 서점원, 점원, 컴퓨터 운용자, 프로그래머, 시스템 분석가, 변호사, 부동산 대리인, 비서, 브로커, 여행사 그리고 작가들이 있다.

의사들은 개인 통신네트워크에 연결되어 응급상황에 들어가 자세한 정보를 실시간으로 교환하게 된다. 오랜 기간 질병으로 학교에 참석하지 못한 아이들은 곁에 놓인 장비들을 사용하여 매일 학급활동에 참여할 수 있었다. 약 100개의 미네소타 학교구역들은 원거리통신을 통해 비용을 절감한다. 가장 중요한 것은 학교가 그렇지 않았으면 이용할 수 없었을 과정을 제공할 수 있게 하여 인접 구역과 수업을 공유한다는 것이다.

> 수송이 배를 의미하였을 때 사람들은 베니스를 건설하였다. 그것이 기차를 의미하였을 때 그들은 시카고를 건설하였다. 그것이 자동차를 의미하였을 때 그들은 로스앤젤레스를 건설하였다. 도시들은 항상 근본적으로 그 당시의 지배적인 수송수단에 의해 모습을 갖춰 나갔다. 그것은 도시계획의 정해진 한 가지 사항이다. 그러나 오늘, 계획자들은 사회가 수송수단이 아니라 텔레커뮤티케이션에 의해 이끌려가는 시대에 새로운 종류의 도시를 건설하려 하고 있음을 보기 시작했다……
>
> 적어도 산업혁명기 이후로는 일하고 급료를 받으려는 사람들은 일자리가 있는 장소로 이주하여야 했다……
>
> 텔레커뮤티케이션은 그 핵심부에서 수백 마일이나 떨어져 퍼져 있는 도시의 분산을 창출할 것이다. 또는 거주자들에게 안전하고 더 목가적인 환경을 제공하는 더 작은 마을들의 부흥으로 이어질 것이다.

재택근무의 장점

정보고속도로의 한 차로—텔레커뮤니케이션—는 통행료가 싸고, 지역 내에서 전지구적인 규모에 접근하며, 실제 여행을 하지 않아도 되고, 때로는 기존 체제를 파괴한다. 이 차로를 이용하는 우리의 자동차는 팩시밀리, 비디오 폰, 컴퓨터 모뎀 또는 아마도 일반 전화기가 될 것이다. 우리의 목적은 일하러 운전하여 시내에 가는 것을 피하자는 것이다.

사무실 공간을 임대하는 비용을 생각한다면, 기업들이 일부 근로자들을 네트워크에 연결시켜 집에서 근무하게 하는 것이 비용이 적게 든다. 그러나 원거리통신은 노사관계를 바꾸어놓아 평생직장이 사라졌다. 파트타임 계약자 또는 컨설턴트들로 대체된다.

근로자가 보육비는 말할 것도 없이 매일 통근하는 데 드는 시간과 돈의 소비를 없애는 것이 확실히 더욱 효율적이다. 고속도로를 기어가는 자동차 행렬 속에서 많은 근로자들을 해방시켜 주고 있다. 1993년 성인 노동력의 1/3인 약 4,100만 명의 미국인들이 적어도 근무시간의 일부라도 집에서 근무하였다.

앨빈 토플러는 1980년에 사무실과 공장에서 집으로의 작업이동이 증가할 것을 예견하고 "전자주택(the electronic cottage)"이라고 지칭하였다.

그 은유는 이 책에서 소개되고 있는 종이, 사진 그리고 우리가 오락과 정보를 위해 사용하고 있는 통신 전자도구들로 가득 찬 도구창고 가정과 조금밖에 차이가 없다.

점증적으로, 통신 도구창고 사무실은 일부 사무실 근로자들이 집에 머물고도 그들의 업무에 접속되게 함으로써 텔레커뮤팅(telecommuting)이라 불리는 과정을 수행할 통신 도구창고 가정과 한 덩어리가 되었다.

도구창고 가정을 작업장으로 확장시켜 얻게 되는 개인적, 금전적 이득은 자동차의 마모, 가솔린, 드라이 클리닝 그리고 아동 보육비를 포함하여 상당하다. 다른 사람들과 떨어져서 혼자 작업하게 되는 외로움은 잠시 쉬면서 동네에서 야구경기를 하는 아이들을 지켜보거나 잡화점에 갈 수 있어 별문제가 되지 않는다. 그러나 전화는 사람과의 상호 통화 그리고 직급이 높은 사람들과 컨설턴트들과 통화할 수 있게 해주며, 비디오 폰 통화와 비디오 원거리회의 통화는 동료들과의 통신 정도를 증가시킬 것이다. 직장에 있는 동안 어린 아이들을 돌보는 데 쓰이는 보육비와 급료가 필요하기 때문에, 젊은 어머니들이 일을 하지만, 어린아이와 함께 있으며 아마도 정규 회사 근로자 연금과 의료보험 혜택도 없는 자료 입력 또는 단편적인 업무는 별로 즐겁지 않을 것이다. 다시 한번 우리는 도구를 만들었고 그 도구들이 우리를 만들고 있다.

텔레센터

은자처럼 존재하는 것은 우리에게 맞지 않다. 멀리 떨어진 직장으로 통근하는 것과 집에서 근무하는 것을 결합한 텔레센터(telecenter)는 통신도구들로 완전한 장비를 갖춘 다른 회사를 위해 일하는 사람들이 근무할 수 있고 커피 뽑는 기계 주변에 모여들 수도 있는 지역공동체 마을을 제공한다. 텔레센터는 매일 북적대는 고속도로로 긴 시간 동안 통근할 필요를 제거하였으나 대부분의 사람들은 본성상 군집요소를 지니고 있고 다른 사람들의 존재가 필요하기 때문에 자체적인 일부 모임은 허용한다. 이러한 이점에는 복사기, 팩시밀리, 비디오폰 그리고 어쩌다 겨우 필요로 하는 다른 도구들을 구입할 필요가 없게 되므로 분명히 재정적인 절약도 따라온다. 장비를 잘 갖춘 텔레센터는 대여에 필요한 통신 사무용 도구들을 모두 갖추게 될 것이다. 그것은 시간이 오래 걸리는 도시로의 통근이 아닌 약간의 이동만으로 통신을 제공한다.

자동차의 해로운 작용에 대한 관심이 증가하는 시대에 원거리통신은 전자적인 통신으로 여행을 대체할 가능성을 확대시키고 있다. 컴퓨터와 통신위성은 모든 종류의 거리상의 이동을 포함시키기 위해 제조된 용어인 원거리통신을 지원한다. 이 개념은 전화, 컴퓨터, 팩시밀리, 방송, 케이블 그리고 위성기술들을 포함하는 사람들과 기계간의 전자적인 교환 구도와 접근성을 반영하고 있다.

수백만 달러의 텔레센터는 위성과 지상통신을 사용하여 비디오 원거리회의를 포함한 텔레비전, 라디오 그리고 자료 서비스들을 제공한다. 비행기가 승객들과 짐을 실어나르는 운송수단인 것처럼 현대의 텔레포트는 정보를 나르는 운송수단이다. 다시 한번 사람은 실제로 아무 데도 가지 않고도 통신할 새로운 길을 발견하였다.

우리가 살 곳은 어디인가?

미래는 천연자원과 그것의 오염에 대한 생각을 하면서 더 많은 이동수단의 대체를 약속하고 있다. 전자 카탈로그로 쇼핑하고, 회사에 나가지 않고 컴퓨터 모뎀과 팩시밀리, 비디오 원거리회의를 통해 집에서 근무하고, 취직 면접을 하고, 수업에 참석하고 그리고 컴퓨터가 지원하는 진찰 진료의 제공은 모두 보고된 성공사례들이다. 의심할 바 없이 그것들은 확대될 것이다. 어떻게 그것들이 미래의 생활방식에 영향을 미칠 것인지가 사회학자들에게 도전의 대상이 되고 있다.

현대 통신은 오염을 최소한으로 줄이고 있다. 그것은 지상의 천연자원을 최소한만 사용한다.

모두 인정하고 있는 한계의 시대에 그것은 무한함을 찾아냈다. 이 강력한 변화의 대리인은 사고를 개혁시키며 자신의 일을 해내고 있다. 현대 통신은 땅을 고갈시키지 않는다.

만일 어떤 사람의 업무의 중요한 부분, 마케팅, 교육, 오락 그리고 복지문제가 집을 떠나지 않고도 해결될 수 있다면, 거주지 선택문제는 어떻게 되겠는가? 많은 사람들이 도시 또는 교외에 사는 대신 시골에서 살기로 선택하게 될까? 경영진에 속하는 사람들이 샌프란시스코나 산타페에 살고 전자상으로 오마하에 통근하려고 할까? 제2차 세계대전 후에 일어난, 부분적으로는 자동차의 기술과 초고속도로에 의해 결정된, 도시에서 교외로의 중산층의 거주이동은 미국인의 생활을 바꾸어 놓았다. 통신기술의 용이성에 근거해서 나타나기 시작한 새로운 인구이동은 교외로의 이동만큼이나 생활의 새로운 모습을 형성하였다.

도시에서는 어떤 일이 일어날까?

미국 내에 있는 대부분의 작은 마을들은 고등학교 졸업생들이 도시에 대한 기대감과 흥분을 가지고 마을을 떠나자 고난을 겪게 되었다. 일부는 아이들을 키우기 위해 돌아왔지만 극히 일부에 지나지 않았다. 인구 감소로 사업이 망했다. 학교는 문을 닫았다. 마을은 본질적으로 죽은 것이나 다름없어 국민연금으로 살아가는 나이든 사람들만 남았을 뿐이다. 도시범죄에 대한 걱정과 높은 생활비가 도시에서 사는 이점을 압도한다면 텔레커뮤팅은 적어도 그 일부는 역전시킬 수 있었다.

만일 사람들이 집에서 근무를 할 수 있게 되고 그런 집들이 도시, 국가, 세계 어느 곳이나 있을 수 있게 된다면 어떤 공동체가 형성될까? 과연 도시라는 것이 필요하기나 하겠는가? 아마도 원거리통신은 사람들에게 그러한 원심력을 행사하여 마누엘 카스텔이 예견하였듯이, 기존의 도시들이 쇠퇴하며 도구창고 가정으로 이어진 전자고속도로의 사회에서 활동하지 않는 사람들에게만 도시 역할을 하게 될 것이다. 전자 세상의 일부가 될 기회를 갖지 못한 사람들은, "이용되지 못할 것이다. 그들은 무시되고 있다. 그것은 쓰임에서 무관함으로의 이동이다. 그것은 훨씬 나쁘다"고 카스텔은 말했다.

우리는 줄어드는 세금과, 오르는 비용 그리고 다른 현대 도시의 질병의 특징으로 무너지는 사회 기반구조를 남겨놓고 교외로 원심력적인 이동을 하는 것을 이미 확인하였다. 만일 대부분의 전자공동체가 한때 살았고 일했던 도시로 들어가야 할 아무 이유도 없다면 사태가 나아질 수 없다. 그런 일이 아직은 일어나지 않았으나 그런 경향이 증가하고 있다.

인터넷 The Internet

1996년 클린턴 대통령이 '원거리통신 개혁법안'에 서명한 날 세상의 인터넷 사용자들은 우연히 '가상공간의 24시간'을 만드는 데 협력하게 되었다. 인터넷 사용자들은 어떻게 웨일스의 시골의사들이 진단을 의뢰하기 위해 150마일이나 떨어진 전문가들에게 사진들을 전송하였는지, 어떻게 에스토니언 대학의 한 여학생이 전세계적인 여성들의 네트워크에 접속되었는지, 어떻게 캄보디아의 공공사업 노동자들이 온라인으로 임대프로그램을 위한 협상을 하게 되었는지 등등을 알려주었다. 그러나 사용자들은 또한 그러한 강력한 정보도구 주변에서 소용돌이치는 정치적 전투의 감각도 지니고 있어서 그날 통신예절법안에 함축되어 있는 검열에 대해 시위하면서 많은 홈페이지들이 조의를 표하는 검은색을 사용하였다.

검열은 사라지지 않을 것이다. 국경이 없는 인터넷 세상에서 고양이와 쥐의 게임이 1996년 엄격한 아시아 정부와 자유로운 접속을 하기 위해 체포될 위험도 무릅쓰려는 시민들에 의해 벌어졌다. 중국과 싱가포르는 그들이 좋아하지 않는 정치적 또는 성적인 내용을 담은 특정 웹 사이트를 차단하려고 하였다. 그들은 인터넷 서비스 제공자의 수를 제한한 다음 승인되지 않은 사이트를 차단하려고 전자

직인 여과장치를 설치했다. 다른 정부는 호기심 이상의 시선으로 지켜보았다. 그러나 반대자들은 일종의 메일 발송자로서 서비스하는 홈페이지를 해외로 설정하여 장벽을 돌아간다.

또한 사이트 주소들은 이동될 수 있다. 만일 누가 들어가기로 마음만 먹는다면, 그리고 접속량이 증가한다면 인터넷은 막기가 쉽지 않다.

각각 컴퓨터 소프트웨어와 마이크로칩의 세계에서 가장 큰 공급자인 마이크로소프트와 인텔은 인터넷을 주요 언어와 비디오 전화시스템으로 만들려는 계획을 발표하였다. 그들의 발표에 따르면 컴퓨터 사용자들은 지역 전화통화 요금으로 서로 접속할 수 있을 것이다.

세상에 있는 수백만 명의 사람이 매일 인터넷을 사용한다. 4만(아무도 정확하게 알지는 못한다) 개 이상의 정부, 기업, 대학 그리고 사설 네트워크를 연결하는 하나의 네트워크가 호주에서 잠비아에 이르는 200여 개 국가에서 200만 개 이상의 호스트 컴퓨터들을 보유하고 있어 데이터베이스에 들어가고, 전자우편 메시지를 교환하고 또는 특별한 관심을 공유하는 사용자들과 대화를 나눌 수 있다. 1995년의 한 조사에 따르면, 미국에서만 950만 명의 사용자들이 평균 매주 6.6시간을 인터넷에 사용하고

있었다. 이후의 조사결과를 보면, 그 사용자 수가 몇 배로 증가한 것을 알 수 있다. 1995년 말에는 미국인과 캐나다인들이 평균적으로 비디오테이프를 보는 만큼의 시간을 인터넷에 소비하였다.

개인기업들은 인터넷을 사용하여 내부간의 대화를 하고 고객들에게 기술적인 지원을 한다. 정치인들은 자신들의 메시지를 유권자들에게 전달하는 저렴한 방법으로 인터넷을 사용한다. 각기 다른 캠퍼스에 있는 지루한 대학생들은 인터넷을 통해 다중이용자 지하감옥(Multi-User Dungeons)이라 불리는 MUDS에 들어가 중세 마을에서 악당들과 서로 전투를 한다. 그것은 송신자가 원하는 한 모두 익명으로 된다. 시간 여유가 많은 모든 사람들을 위해서는 연속극이 있다. 이제 모든 사람들은 벽에 붙은 파리처럼 기분 내키는 대로 앉아서 지켜보거나 날아다닐 수 있게 되었다. 유혹적인 인터넷은 그렇지 않았으면 많은 시간을 머리를 쓰며 바쁘게 보낼 사람들을 달래서 그들의 관심을 사로잡는 게시판을 통해 다른 길로 빠지게 하였다. 한 교수는 회상하기를 "어느 날 나는 연구 프로젝트 때문에 자료를 찾고 있었는데 스웨덴의 룬트(Lund)가 보낸 천체물리학 서류들을 보다가 엉뚱한 데로 빠져 있는 자신을 발견하였습니다. 나는 그 문서들과 번역서들을 읽는 데 더 이상 시간을 쓰지 않았습니다. 그 시점에서 말했죠 "됐다. 완전히 선을 넘었다. 이제 여기서 벗어나야 겠다!" 하루에 18시간을 온라인에 머무른 사용자들이 월 전화세를 수백 달러나 지불하게 된 인터넷 중독사례들이 보고되었다. 인터넷중독자 지원그룹(Internet Addiction Support Group)은 300명의 온라인 회원이 있는데 '가상공간중독자(cyberaddicts)'가 만나게 되는 것과 반대되는 결과를 가져오는 것 같다. 일부 회사는 사원들이 컴퓨터에 시간을 낭비하지 못하게 하려고 시도한다. UnGame이라 불리는 소프트웨어는 3천 가지 게임들에 접속하는 것을 차단한다.

인터넷의 주인은 누구인가?

버지니아 레스턴에 위치한 인터넷소사이어티(Internet Society)는 인터넷 네트워크를 감찰하였으나 컴퓨터 전문가의 말에 따르면, "누가 인터넷을 책임지는가를 묻는 것은 누가 전국적인 보행자도로 시스템을 책임지는가를 묻는 것이나 다름없다." 미국 국방성은 1969년 군사지역과 민간지역 간의 통신을 향상시키려고 인터넷을 설립하였다. 핵공격과 같은 상황에서도 계속 통신을 유지할 수 있게 하기 위해 인터넷은 중앙통제 지점이 없이도 기능하도록 건설되었다. 네트워크상의 각 컴퓨터는 동일한 책임을 졌다. 1984년 고속 통신회선의 '중추신경'을 통해 슈퍼컴퓨터들은 인터넷을 연합시키지 않고도 기상예보와 같은 작업을 위해 대량의 자료를 교환할 수 있게 되었다. 국립과학재단(The National Science Foundation)은 비록 매년 인터넷이 더욱 많아졌다는 것이 분명해졌지만 그것을 연구도구로 운영하였다. 그 서비스는 미국정부의 보조금을 받기 때문에 전화, 우편, 또는 팩스보다 더 쌌다.

그것이 그렇게 혼란된 모습으로 성장했기 때문에 일부 사용자들은 정부의 통제가 증가하기를 요청하였는데, 1920년대 중반에 미국 방송인들은 연방정부가 나서서 공중파 방송의 무질서를 규제해 주기를 바랐던 상황과 같다. 1994년 정부가 관리한 지 25년이 지나서 인터넷은 사기업으로 넘어갔다. 본질적으로 모두에게 자유로운 인터넷은 그 자신만의 호소력을 지니고 있다. 한 편지 작가는 다음과 같이 말하였다.

> 내 인터넷에 손대지 말라. 정부는 참견하지 말라. 우리 가상공간중독자(cyberjunkies)들이 알아서 규제할 것이다! 인터넷은 자유와 개방된 표현을 지지한다. 그것은 그 내용이 좋건, 나쁘건, 추하건 상관없는 언론의 순수한 자유이다. 그러니 당신은 구시대 잡지편집자들의 말에 귀기울일 필요가 없다.

명함 위에 있는 글자와 기호의 조합으로 이루어진 인터넷 주소는 사용자가 전국적인, 심지어는 전지구적인 규모로 그의 또는 그녀의 도구창고 가정에서 편안하게 기능하고 있기 때문에 '그것과 함께' 있다는 표시였다. 인터넷의 영역은 정보 그 자체만큼이나 거대한 것 같다. 프로그램들과 텍스트는 FTP(File Transfer Protocol)로 내려받을 수 있다. 인터넷 전체로 컴퓨터에 저장된 정보는 텔넷(Telnet)이라 불리는 시스템으로 접근할 수 있다. 고퍼(Gopher)라 불리는 파일 접근 시스템은 보다 쉽게 정보에 접근할 수 있도록 주제별로 정리되어 있다. 자주 듣게 되는 두 가지 용어는 파일의 주소를 의미하는 URL(Uniform Resource Locator)과 웹 페이지를 작성할 때 사용되는 언어인 HTML(Hypertext Markup Language)이다.

한때는 과학자들과 컴퓨터 전문가들의 영역이었던 인터넷을 거의 모든 사람들이 접근 가능하게 되었다. 그러나 그것이 단지 다른 컴퓨터 네트워크에 연결되는 컴퓨터 네트워크이기 때문에 인터넷을 민주주의 또는 무정부주의라고 정의하기는 어렵다. 만일 이런 말이 멍청하게 들린다면, 컴퓨터 천재들이여! 다시 한번 생각해보라! 그 기이한 시작 때문에 인터넷은 상대적으로 규제를 덜 받는 상상할 수 없는 보물들로 가득한 전자세상을 통과하는 도로이다.

그것은 심각한 장소가 될 수 있고 실제로 그 전자우편은 과학자들과 다른 학자들이 서로 토론하는 주요방식의 하나이다. ……그것은 예술적이고, 학문적인 측면이 있어 셰익스피어의 전집, 고전음악에 대해 알고 싶은 모든 것, 그리고 기이하고 기이하지 않은 영화들의 비평을 제공하는 파일들로 가득하다…….

다음은 실용적인 측면이다. 중앙정보부의 세계 거의 모든 국가에 대한 정치적 상황의 최근 평가뿐만 아니라 수백 개의 대학과 정부 도서관 카드 카탈로그들을 이용할 수 있다…….

마지막으로 재밋거리가 있다. 거의 모든 종류의 음식 요리법, 밥 딜런(Bob Dylan)이 만든 모든 노래 가사들 또는 1만 가지 매니악, 섹스 지침, 게임, 잡지, 체스 클럽, 홍콩을 지배하는 법률 그리고 우주선에서 보내온 영상들을 당신의 컴퓨터로 내려받을 수 있다.

관심을 끄는 컴퓨터게임은 캘리포니아 대학에서 제작된 국가예산 시뮬레이션이었다. 플레이어들은 연방예산의 단순화된 모델을 보았다. 그들은 국방에서 초등교육에 이르는 범위의 프로그램들을 삭감하거나 삭제할 수 있었다. 많은 플레이어들은 균형예산이 그리 쉽지 않다는 것을 발견했다.

월드 와이드 웹(World Wide Web)

회원군단이 점점 증가 중인 월드 와이드 웹 혹은 WWW는 인터넷의 가장 광범위한 영역이다. 그것은 글, 그래픽, 비디오 그리고 소리를 결합시키고 컬러를 더하고, 광고와 내려받을 수 있는 텍스트와 프로그램들을 포함한다. 그것은 인터넷에 외관상의 질서를 주고 있다. 주요 단어 또는 구절만으로 어느 주제에 대한 정보라도 검색하는 것이 가능하다.

웹은 이미 모뎀과 브라우저 소프트웨어가 있는 사람이라면 아무나 이용할 수 있다. 10만 개 이상의 각각의 WWW 사이트(http://주소/문서이름)는 내용 목록표를 포함하고 있는 홈페이지로 당신을 맞이할 것이다. 홈페이지는 집 안에 있는 많은 방들의 문(또는 사업을 위한 가게 현관)으로서 기능한다. 각각의 방은 글, 사진 그리고 소리들이 결합된 자료들을 포함하고 있다. 작은 그림에 내고 클릭하면 그것은 커져서 화면을 채우게 될 것이다. 소리에 대고 클릭하면 그것은 당신의 컴퓨터 스피커를 통해 컨트리 뮤직이건 사자의 으르렁거림이건 모두 쏟아낼 것이다. 웹은 하이퍼텍스트 또는 하이퍼미디어 소프트웨어를 사용하여 사용자들이 주제에서 주제로 상호참조하면서 자신의 길을 따라가도록 해준다.

특이한 것 중에는 커피메이커를 바라보고 있는 비디오 카메라가 있는데, 그것은 나이든 사람들에게 초기 케이블 채널에서 보았던 시계, 온도계, 기압계 사이를 왔다갔다하던 비디오 카메라를 생각나게 한다. 세계의 지하철 도로망을 포함하여 가이드는 더욱 흥미있는 것이다.

무료 소프트웨어와 전자잡지들을 사진과 소리와 함께 내려받을 수 있다.

사업가들은 서로 통신하기 위하여 인터넷을 사용한다. 인디애나폴리스의 도미노 피자 연쇄점은 버펄로 윙(buffalo wings)이 부족한가? 리틀록 점(Little Rock)은 피자 반죽이 더 필요한가? 도미링크(Domilink)에 접속해보라! 연결망에 대한 정보와 마이애미에서 하는 것처럼 노스다코타에 있는 미노트의 소스맛을 똑같이 낼 수 있는 요리비법을 신속하게 얻을 수 있다.

넷스케이프 내비게이터라는 쉽게 사용하는 웹 브라우징 소프트웨어의 관리자인 짐 클라크(Jim Clark)와 모자이크 디자인으로 넷스케이프를 만든 기본기술을 제공한 마크 안드리센(Marc Andreessen)은 수백만 장의 프로그램을 무료로 제공하는 과정에서 부자가 되었다. 소프트웨어를 제공하기 때문에 그들은 사업가들이 곧 바로 광고 대상과 잠재적인 소비자들로 삼게 된 사용자 베이스를 구축하였다. 1995년도 보고서는 넷스케이프 홈페이지가 하루에 300만 회 이상의 접속을 보였다고 평가했다.

전자화폐

만일 아무나 홈페이지를 제작할 수 있다면, 아무나 출판인이 될 수 있을 것이다. 독자들은(hits로 불리는 웹 사이트의 어느 부분에 방문) 수십만 명에 이를 것이다. 인터넷 출판가들은 상품 맛보기를 대중에게 제공하고, 옛날 방식으로 현금 또는 신용카드로 그들에게 우송될 것에 대한 구독료를 내도록 요구하여 돈을 받는 방법을 발견했다. 많은 출판인들이 여전히 그들의 명성 덕분에 돈을 벌고 있지만 전자화폐에 대한 현재의 시험들이 성공적으로 나타나면 새로운 출판업계가 생겨나게 될 것이다.

내려받을(download) 수 있는 인쇄된 자료는 '전자화폐(e-cash)'로 지불될 수 있는 자연스러운 판매항목이지만 사실 지금 우편으로 보내오는 카탈로그로 판매될 수 있는 모든 것들은 어느 날 광고된 것을 웹을 통해 주문하고 한 구좌에서 다른 구좌로 전자화폐를 이동시켜 지불할 수 있을 것이다. 디지캐시(Digicash)를 설립한 수학자 데이비드 촘(David Chaum)은 도둑들이 전자적으로 저금된 것에는 손을 대지 못할 것이라고 확신하였다.

신용카드와 다른 재정정보의 보안은 도둑들을 격퇴시키기 위해 복잡한 암호화를 필요로 하지만 정부는 그러한 암호화가 또한 테러리스트와 아동호색가들의 사생활도 보호할 것이라고 두려워한다. 1996년 미국정부는 마지못하여 암호화된 인터넷 프로그램의 판매금지 조항을 완화했다.

웹상으로 이용할 수 있는 것은 전화번호부(yellow pages)를 채울 만큼 많아서 일부 사람들이 사실 기존의 전화책자를 모방한 전화번호부를 제작하리라는 것은 지나친 생각이 아니다. 그것은 편안한 형식으로 빨리 훑어볼 수 있는 이점을 지녔지만 급속히 변화하는 미디어들을 기술하기 위해 책이라는 정적인 매체에 의존하는 단점을 지녔다. 인쇄된 전화번호부는 책방에 도달하기 전에 이미 낡은 것이 될 수밖에 없지만 아직은 쓸 만한 서비스를 제공하고 있다.

웹은 그 자체에 "Net Search," "Open Text Index," "Alta Vista," "Switchboard," "Deja News," "Excite," "The Lycos Home Page," "WebCrawler Searching," 그리고 "Yahoo" 등의 무료 검색도구들을 가지고 있다. 접속한 사람은 누구든지 깜짝 놀랄 만한 주제들을 통해서 이용할 수 있는 것들에 접근할 수 있다. 현금이나 전자화폐를 사용하여 기꺼이 가입하는 사람들에게는 더욱 자세한 정보가 제공된다. 가입자들은 전자우편 주소록인 리스트서브(listserv)에 등록된다. 리스트서브에 등록된 회원은 다양한 데이터베이스와 온라인 뉴스 서비스에서 수집된 이야기들을 전달하는 진짜 개별화된 전자신문인 정기적인 주요 뉴스 모음을 받을 수 있다.

게시판

1994년의 로스앤젤레스 지진은 친척들이 어떻게 되었는지 알고 싶어하는 그 지역 밖 사람들의 영리함을 시험하였다. 통화선을 정상적으로 유지하기 위하여 AT&T는 들어오는 통화를 제한하도록 네트워크를 프로그램하였다. 그러나 지진이 있은 지 20분도 안 되어 컴퓨터 사용자들은 인터넷으로 접속하여 메시지를 주고받았다. 연합통신은 다음과 같이 보고하였다.

> 덴마크의 토비아스 쾰러(Tobias Koehler)의 간청은 지진 후에 곧장 흘러나왔다.
> "여보시오 거기 캘리포니아, 밴투라는 괜찮소? 내 여동생이 방금 그곳으로 갔는데 그녀는 캘리포니아가 처음이오."
> 햄 라디오 네트워크의 전자적 버전으로서 나라 안의 여러 지역에 거주하고 있는 일부 컴퓨터 사용

자들은 친척들과 친구들에게서 온 메시지들을 지진 지역에서 원거리통신을 사용할 수 없는 지역에 있는 사람들에게 연락해주기도 하였다.

다음날까지, 프로디지(Prodigy) 게시판에 올라온 1만2천 개의 메시지는 지진에 대한 것이었다.

혼란스러운 인터넷에서, 사려 깊은 것에서부터 얄팍하고 심지어 위험성까지 내포하고 있는 '뉴스그룹들'이라고 알려진 정보고속도로의 싸구려 선술집 같은 구역보다 더 제멋대로인 곳은 없다. 누군가 1996년 컴퓨서브(CompuServe)가 포르노그라피로 확인된 약 200개의 주소에 회원들의 접속을 금지하기로 내린 결정과 같은 검열을 가하지 않는 한, 아동포르노그라피를 포함하여 무엇이나 가능한 것이다. 아동포르노그라피를 다루는 사이트를 근절하려는 노력이 행해지고 있지만 국경이 없는 인터넷 세계에서는 쉽지가 않다. 웹 사이트상의 10여 개의 네오 나치 뉴스그룹들은 제1차 수정 자유 인권 문제에 대해 격렬하게 반발하였다. 모든 논점들은 제1차 수정법안이 미국 헌법의 일부분이라는 평범한 사실을 말하지만 인터넷은 국제적이다. 예를 들어 卍자형 상징은 독일에서는 불법이다.

누군가 보물 또는 쓰레기를 가져와 무슨 내용에 대해서건 하나의 뉴스그룹을 시작하거나 다른 사람의 말에 자신의 의견을 덧붙이기 시작할 수 있다. 공격행위는 제멋대로인 무정부상태의 일부인 플레밍(flaming)으로 알려져 있다. 게시판, 포럼 그리고 대화방은 끊이지 않는 불협화음을 더해간다.

(SIGs라고 불리는) 특별한 관심 그룹들을 위한 전자신문들 또는 게시판은 지리학을 무시하고 맥루한의 지구촌의 다양한 버전을 만들어내지만 결코 하나의 마을은 아니다. 뉴스그룹 BBS(bulletin board system)를 통해 수천 가지 중 한 가지 예를 인용한다면, 옛 누비질(Quilting) 전통은 사람들을 결집시킨다.

…… 누비질하는 사람들 그룹은 컴퓨터 게시판을 누비질모임으로 전환시켰다. 일반적인 관심정보와 쇼핑 서비스에 가입한 31명의 회원들은 프로디지(Prodigy) 서비스가 지난 여름 누비질 아이디어에 대한 서비스의 기술 게시판을 자주 이용하게 되면

서 친숙하게 되리라는 것을 알고 있다.

그들의 최초 그룹활동은 컴퓨터 게시판 상에서 계획한 옷감 표본을 우편으로 교환하는 것이었다.

수천 개의 게시판들이 단지 아무나 읽을 수 있는 코르크판의 전자적 형태로 미국에서만 수백만 명의 사용자들에게 이용되었다. 많은 이용자들은 또한 공짜나 공유할 수 있는 컴퓨터 프로그램을 얻기 위해 들어가 거기서 내려받을 수 있었다.

후원단체들은 뉴스그룹을 이용하여 신체적 장애, 식사 장애, 마약중독, AIDS, 암, 당뇨 그리고 정신이상과 관련된 문제를 다룬다. 적어도 스스로 "한번에 조금씩(One Byte at a Time)"이라고 부르는 무명의 알코올중독자(Alchoholics Anonymouse) 그룹은 게시판을 운영하고 있다. 모임에 나가 다른 사람들의 얼굴을 마주하는 것보다는 "여보세요, 제 이름은 수잔이고 저는 알코올 중독자입니다"라고 자판으로 입력하는 것이 훨씬 편리하고 결성식으로 낭황스럽지 않다. 온라인으로 연결된 세상의 모든 회원들로부터 동정 어린 이해의 말이 담긴 답장을 받는다. 온라인은 거리가 의미가 없다.

성별을 드러내지 못하는 여성들은 첫 대면시간을 심각하게 고려하고 있었고 아이디어에 감사하고 있다고 보고하였다.

헌신에 기여하는 게시판은 종교적인 토론 그룹뿐만 아니라 기도 그룹들도 포함한다. 가상교회에서 기도하는 것은 거동이 불편한 사람들의 특별한 필요를 충족시킨다. 그것은 또한 그들의 공동체에서 극소수에 속하는 공동종교주의자들을 연합시킨다. 이 마을에 사는 한두 사람을 저 마을에 사는 몇 사람과 결합시키면 당신은 곧 활기있는 모임을 조직하게 된다. 하지만 이미 관찰하였듯이 본 적도 없는 사람과의 원거리접속은 통신자를 그의 또는 그녀의 직접적인 환경에서 분리시킨다.

통제훈련

뉴스그룹들은 통신을 개인적인 범위에서와 대중적인 범위에서 모두 허용하여 회원들이 메시지를 한 사람 또는 전부에게 보낼 수 있다. 일부 게시판

들은 컴퓨터 자체에 대한 정보를 제공하지만 또한 일반적인 주제, 정치적인 주제, 정치적인 원인, 심지어는 일부 게시판에 대한 반대선전의 토론장으로도 사용되었다.

프로디지(Prodigy) 온라인 서비스는 거부감을 주는 내용들을 제거하기 위해서 게시판을 위한 항목들을 용인하거나 거부하는 정책을 세우거나 분규의 소지가 있는 자료내용은 편집하지 않기로 하였다.

호전적인 그룹들이 인터넷에 증오의 메시지를 쏟아붓지 못하게 하는 것은 가능하지 않을 것이다. 제1차 수정보호안을 설정한 미국은 아무리 부도덕하더라도 사고를 표현하는 데는 관대하다. 아무나 자유롭게 원하는 생각을 표현해도 되는 데 익숙지 않은 국가들은 인터넷에서는 그것에 익숙해지는 것 외에는 선택의 여지가 없을 것이다.

모든 게시판들은 컴퓨터, 모뎀 그리고 전화만 있으면 세상 아무나 접근할 수 있다. 일부 게시판 시스템 운영자(sysops)는 무료로 접근을 허용하고, 다른 운영자들은 아주 적은 요금을 설정하고 있다. 많은 운영자들은 어느 개인의 메시지건 엿볼 수 있으며 검열할 수 있는 권위를 스스로에게 부여하고 있다. 그들은 자신들이 창조한 전자공동체의 경찰인 셈이다. 그들은 또한 영주이기도 하다. 전형적인 운영자는 컴퓨터, 모뎀, 임대한 전화선, 네트워크 라우터 그리고 존재할 이유를 가지고 가상공간 주소로 확인할 수 있기만 하면 된다. 일부 운영자들은 또한 그 사업을 통해 얼마나 돈을 벌어들일 수 있는지 계산한다. 다른 많은 사람들에게 그것은 비싸고 시간을 소모하지만 마음을 사로잡는 취미로 남아 있다.

대부분의 뉴스그룹들은 얼굴을 대면하고 만나려고 하지 않는 참가자들을 연대시켜 동일 관심사를 지닌 가상공간 공동체를 형성하여 실제 이름을 대신하여 아마추어 무선동호회를 연상시키는 통신도구들의 얇은 층을 통해 우정관계를 재편성한다.

'터민 토어(TERMIN A. TOR)'는 드로이드(N. DROID)'와 마음에 있는 기이한 이야기들을 나누었다. 그 그룹에 있는 어느 누구도 드로이드가 어떻게 생겼는지 드로이드 그 또는 그녀 자신을 제외하고는 모른다.

지식그룹

다른 차원에서, 국가에서 운영하는 국립교육연구네트워크(National Research Education Network)는 광섬유를 통해 대학들을 연결시키고 교수들과 학생들이 정보와 슈퍼컴퓨터 자료를 공유하고 협동할 수 있도록 허용한다. 그것은 전국 정보서비스의 시작이 될 것이다. 비디오 화상회의를 통한 원거리 학습은 성장하는 분야로서 대학과 사기업들 모두가 운영하고 있다.

교수, 사업가 그리고 정부관료들이 인터넷을 빠른 정보교환의 원천으로 사용하는 시절은 사라지지 않았다. 가치 있는 정보를 교환하고 싶어하는 더욱 심각한 그룹들은 관심 있는 모임에게 가입할 것을 요구하며 어느 정도 질서정연한 정보를 전달하려고 한다. 비용은 포함되지 않는다. 감독자들은 누가 가입자로서의 높은 지위를 인정받을 수 있는지, 자료를 교환하는 데 참여할 수 있는 권리를 받게 될지 결정한다. 선택된 사람은 매일 전자상으로 들어오는 대량 자료를 살펴볼 수 있는 특권을 받는다.

수만 개의 네트워크들이 세상 전역에 만들어졌다. 사기업을 위한 네트워크가 있고, 대학을 위한 네트워크가 있고, 정부요원들과 사립기관들을 위한 네트워크가 있다. 랜(LAN)이라 불리는 지역적인 네트워크들은 컴퓨터가 파일들과 프린터와 같은 주변 장비들을 공유할 수 있게 해준다. 뉴스그룹을 위한 유즈넷(Usenet)과 월드 와이드 웹 같은 슈퍼 네트워크들은 많은 네트워크들을 상호 연결시켰다. 이러한 '네트워크들의 네트워크'는 사용자들이 방대한 영역의 게시판들 속으로 들어가고 다른 네트워크의 전자우편 사용자들에게 도달할 수 있게 해주었다. 예를 들어 유즈넷은 수십만 개의 컴퓨터 연결망을 형성하여 컴퓨터 프로그램과 요리비법에서 일본 만화영화 미리보기에 이르기까지 모든 것을 교환할 수 있게 연결되어 있다.

광고

광고는 처음에 판매할 품목들을 게시판에 나열

하는 무료광고로 등장했으나 불가피하게 인터넷으로 들어왔다. 월드 와이드 웹은 주요 광고주들을 위한 전달매체임이 입증되었다. 전형적으로 회사는 웹상에 가게 현관 역할을 하는 홈페이지를 올려 가게를 차렸다. 그것은 매력적으로 보였고 마우스 클릭 한 번이면 안으로 들어가 이용가능한 물건들을 보여주었다.

맥도널드 사는 '아메리카 온라인'의 오락섹션에 광고를 게재하면서 정보고속도로에 주요 광고주들을 선도하였다. 두 개의 황금아치 모양의 로고를 가진 맥도널드 사는 인터넷 네트워크 정보센터(Internet Net work Information Center)에 '도메인 이름'을 먼저 등록한 회사에게 이름을 빼앗겼다는 것은 유의해야 할 것이다. 인터넷 네트워크 정보센터는 중앙의 관리 면에서는 인터넷만큼이나 폐쇄적이다.

자동차 구매자들은 웹상에서 정보를 얻을 뿐 아니라 전국에 있는 수백 명의 판매자들과 계약한 할인판매자들을 통해 물건을 구입한다. 구매자와 판매자는 보통 소매가보다 수천 달러 싼 가격이 될 물건값을 깎지 않도록 합의에 도달하였다. 인터넷은 자동차사업을 뒤흔들었다. 가정용품 소매자들과 다른 소매자들도 머지않아 그렇게 되리라고 생각하는 것이 맞을 듯하다. 1999년까지 온라인 판매는 40억 달러에 이를 것으로 전망되었다.

대화방

당신이 옛날 방식대로 데이트를 하기 전에는 인간적인 접촉, '얼굴을 마주하는 시간'은 없으나 사용자들은 인터넷 대화방(Internet Relay Chat lines) 혹은 IRC라고 불리는 것에서도 진정한 사랑을 발견한다. 이것들은 진행형 대화이다. 'A'가 무엇인가를 입력한다. 'B'가 대답한다. 'C'가 말을 덧붙인다. 'A'는 그 언급을 사라지게 할 수 없다. 그리고 그렇게 저녁 그리고 다음날 아침까지 계속된다. '재미(Fun)', '입술(Lips)' 그리고 '핫 섹스(Hot Sex)'와 같은 익명으로 안전하게 시작된 온라인 대화는 전자우편으로 사진을 교환한 후에 실제 만남으로 이어지고 거기서 가상현실의 환상은 갑자기 뜨거운 커피잔 너머 차가운 현실을 마주하게 된다. 가상공간 데이트를 통해 이루어진 일부 결혼이 보고되었으나 훨씬 많은 사람들이 실망을 했다. 자판의 고립된 삶에서 사회적 만남의 소용돌이를 택한 외로운 '컴퓨터 머리들' 가운데는 가슴에 상처를 입은 사람도 적지 않았다. 아직도 옛날의 비트 흐름에 의해 영원히 전해 있는 희망이 솟아났다.

대화방은 특히 중독성이 심하다. 어떤 학생들—전부 그렇지는 않으나 대부분이 남성들인—은 12시간이 지나도 떨어질 수가 없었다. 일부 학생들은 재빠르게 응답하지 못하는 위험을 피하기 위해 먹지 않고 또는 잠시 화장실에 다녀오지도 않고 지냈다. 가까이 있고 눈에 보이는 것을 무시하므로 한 명 이상의 소년이 살과 피를 지닌 여자친구를 잃게 되었고 정학을 받았는데 그것은 중독성 활동목록에 대화방을 확실하게 포함시키고 있다.

시애틀에 사는 34세의 한 남자는 '디어 애비(Dear Abby)'에게 그가 '컴퓨터 대화방에 빠져 있다'는 편지를 썼다.

> 저는 마이애미의 한 젊은 여성과(컴퓨터로만—전화도, 편지도 없이) 접속해왔습니다. 최근 몇 주 동안 우리의 대화는 아주 성적인 묘사도 담기 시작했습니다(이것은 '컴퓨터 섹스'라고 알려져 있습니다).
>
> 애비, 당신 생각에는 제가 제 아내에게 충실하지 못하다고 생각하십니까—아니면 단지 해가 되지 않는 어떤 재미에 빠져 있다고 생각하십니까? 이런 식으로 채팅하는 대상은 그녀가 누구인지(이름, 나이, 성 등) 확인할 길이 없어 95세의 할아버지와 채팅하고 있을지도 모를 일이라는 점을 생각해주십시오

애비는 컴퓨터 섹스가 결혼생활을 파괴할 수 있으며 만일 아내가 발견하게 되면 컴퓨터도 무사하지 못하리라고 대답하였다.

채팅은 사업적인 목적으로 기업에서도 사용하고 특수한 주제에 대한 토론에 관심 있는 사람들이 사용한다는 점을 언급해야 되겠다.

사회적 연관관계

집에 있는 컴퓨터를 통해 인터넷에 연결되면 우

리는 도서관을 방문해서 도서관 사서에게 안녕하세요 하고 미소짓는 최소한의 접촉마저도 하지 않게 된다. 컴퓨터 게시판의 사용자인 하워드 라인골드(Howard Rheingold)는 감정적인 접속과 한계의 모습을 보여주었다.

나의 가상공동체인 WELL(Whole Earth 'Lectronic Link)은 샌프란시스코 만 지역에 근거하며 그 회원들은 세계 전역에 사는 사람들이다. 1985년 나의 모뎀을 통해 WELL에 가입한 이후 매일 2시간 이상을 WELL과 더 큰 인터넷에 접속하였다. 나의 가족과 나의 육신의 공동체는, 컴퓨터 네트워크는 판에 박은 듯 똑같고 영혼이 없는 괴물들로 가득하지 않다는 사실을 입증하는 산 증거이다. 확실히 실제 세상에서 얻지 못하는 인간적인 접촉을 구하는 많은 외롭고 사회적으로 조화되지 못한 사람들이 있다.

그러나 다른 모든 사람들과 마찬가지로—우리는 일하러 가고, 가족을 부양하고, 학부형 회의와 야구경기에 참가하는 많은 사람들이 있다.

가상공동체는 유토피아가 아니다. 사람들은 그들의 이익뿐만 아니라 그들의 한계도 이해할 필요가 있다. 모든 기술이 문화적 그림자를 드리우듯이 어두운 면이 있다. 전자게시판 시스템은 사람들을 함께 어울리게 해주지만 컴퓨터 화면은 관계를 통제하고 사람들을 멀리 떨어지게 만드는 길이 될 수 있다.

연방 보조금의 지원을 받아 공공 도서관과 정부는 부자와 가난한 사람에게 차별 없이 접근을 제공하는 방법을 포함하여 다양한 차원에서 정보 고속도로를 사용할 방도를 고안하였다. 정부는 이력서를 만들거나 고용 데이터베이스에 접근하는 다른 사람들에게 고용될 수 있는 수단을 박탈당한 가난한 사람들이 여전히 뒤쳐지게 될 것이라는 점에 관심을 표명하였다.

지금은 전자파일로 된 그렇게 많은 도서관 카드 카탈로그들을 가지고 사무실과 집의 컴퓨터를 사용하는 사람들에게 접근 가능하지만 일부 대학이 다음 단계로 넘어가서 사용자들이 도서관에 발을 들여놓지 않고 전화나 팩스로 책을 주문할 수 있게 만드는 것도 시간문제일 뿐이다. 책들은 우체국이나 대학의 사무실간의 우편서비스로 배달될 것이다. 책 자체를 내려받을 수 있는 날이 올 것이다. 그러면 책은 항상 도서관 선반에 초기 상태로 남아 있을 것이다. 사용자는 책의 연체료에 대해 걱정할 필요도 없다. 전자 데이터베이스는 이미 이동 없이 이러한 통신기능을 제공한다. 기꺼이 그리고 실로 열정적으로 모여 있는 정보를 공유하고자 하는 개인들과 기관들 덕택에 수백 개의 도서관이 존재한다.

인터넷상의 라디오

라디오 신호를 인터넷상으로 보내는 것보다 잠재적 폭발력이 강한 것이 존재한다는 증거는 어디에도 없다.

신호들은 전선을 따라 이동하기 때문에 전자기파 대역에 대한 요구는 없다. 연방통신위원회 또는 다른 어떤 동등한 정부기관의 허가도 필요하지 않다. 이용가능한 기술 때문에 라디오 프로그램, 노래 또는 연설을 실시간으로 내려받을 수 있거나 들을 수 있게 되었다.

인터넷을 통하는 것의 가장 중요한 점은 라디오 방송사가 더 이상 지역에 제한되지 않는다는 점이다. 단파와 분명한 채널 방송 그리고 일부 제한된 위성을 통한 라디오 방송 서비스를 제외하고는 기본적으로 공동체 기술이 되어왔다. 그의 도시 또는 마을 그리고 인접 지역의 많은 시청자들을 충분히 끌어들일 수 없는 방송인들은 생존할 수 없게 되었다. 인터넷 라디오로 그 한계가 사라졌다. 익살스런 노래들—길버트와 설리번(Gilbert & Sullivan), 톰 리어(Tom Leher), 브로드웨이쇼(Broadway show) 등등—을 전문화하고 싶다고 가정하자. 아마도 미국의 어느 도시도 그러한 라디오 방송시간표를 지지해줄 수 없을 것이다. 그러나 멤피스의 100여 명의 시청자들, 도 모인(DesMoines)의 100여 명 이상의 시청자들, 쿠웨이트와 켈커타에서 각각 20여 명 그리고 매우 낮은 운영비로 라디오기업은 얼마만큼의 돈을 벌어들일 수 있을 것이다.

음악 외에도 인터넷 라디오 방송사는 모임, 연설, 포럼, 대화 또는 다른 라디오를 방송할 수 있다. 1996년에 홍콩, 타이완 그리고 말레이시아의 라디오 방송사들은 그들 국가와 세계의 청취자들에게 도달하고 있었다. 넷 라디오(net.radio) 사이트가 월드 와이드 웹에 영업을 개시한 1995년 후반 어느 날 그것은 18만6천 회 이상의 '히트'를 기록하였다. 라디오 방송의 부정확한 시청률과는 달리 네트워크 라디오 방송사는 정확하게 얼마나 많은 사람들이 방송을 듣고 있는지 알 수 있을 뿐 아니라 청취자들은 접속하기 위해 입회서를 작성해야 하기 때문에 이름, 주소 그리고 전화번호도 확인할 수 있다.

텔레비전 신호들도 웹을 통하여 세상으로 전파될 수 있으나 그 질은 1996년의 방송 표준에서 멀리 떨어져 있었다. 그럼에도 불구하고 1996년에 전 텔레비전 저널리스트 린다 엘러비(Linda Ellerbee)를 등장시킨 <엔카르타 온 더 레코드(Encarta on the Record)>와 같은 오디오 트랙과 비디오 영상이 담긴 프로그램이 시작하였다.

통신기술자들은 파이프를 비유로 사용한다. 컴퓨터 모뎀으로 연결되는 전화선은 좁은 파이프이다. 텔레비전으로 방송을 전달하는 동축케이블은 넓은 관이다. 케이블 박스로 방송을 전달하는 광섬유는 관의 나이아가라 폭포인 셈이다. 영화들을 몇 초 안에 내려받을 수 있다. 케이블 박스로 인터넷에 접근하면 대량의 자료를 몇 초 안에 이동시킬 수 있고, 특별히 인터넷의 정지 및 동영상을 내려받는 데 환영받고 있다.

인터넷을 설명하려는 것은 코끼리를 묘사하려고 한 장님들의 우화를 상기시킨다. 그것은 전화 시스템과 같고, 아무나 개인적인 메시지를 즉각 다른 사람에게 전달할 수 있다. 아니다, 그것은 라디오와 같아 한 사람을 즉시 수백만 명의 사람들과 연결시킬 수 있다. 아니다, 그것은 신문과 같아 싱싱한 정보와 특집기사들, 광고 그리고 대중 포럼을 보고할 수 있다. 아니다, 그것은 우편서비스와 같아 개인우편과 정크메일을 보낼 수 있다. 아니다, 그것은 텔레비전과 같아 영상과 소리를 말에 덧붙여서 월드와이드 웹상에 올릴 수 있다. 아니다, 그것은 잡지와 같아 고도로 집중된 수천 개의 그룹 가운데 스스로 선택된 수백만 명의 독자들에게 전달될 수 있다. 그것은 거대한 우체국이다. 그것은 거대한 도서관이다. 그것은 거대한 가두연설대이다. 그리고 기타 등등이다.

컴퓨터 안의 우체통 Mail Box In the Computer

전자우편(e-mail)은 우체국을 앞지를 뿐만 아니라 전화도 앞지른다. 그것은 모퉁이의 우편함을 찾아가는 일마저 생략하는 전적으로 '이동이 필요없는 통신'이고, 편지지, 봉투 그리고 우표에 수반되는 노고도 필요로 하지 않는다. 지역간 통신 시스템은 집안에 우편함을 두고 있어 모뎀과 통신 소프트웨어를 갖춘 컴퓨터 안에 있다. 그렇게 장비를 갖춘 컴퓨터 주인은 세상의 반 정도의 가정 또는 사무실에 하나 또는 많은 비슷한 장비를 갖추고 있는 컴퓨터로 메시지를 송신할—편지를 보낼—수 있다.

전화, 라디오 또는 텔레비전을 사용하려면 송신자와 수신자 간의 개방된 통신채널이 필요하다. 통화가 없는 동안에도 그 채널은 개방되어 있어야 한다. 반대로 전자우편은 저장 및 전송통신을 사용한다. 메시지는 전송 사이트에 저장되어 있고, 많은 다른 정보 우편물들이 사용하는 공유된 채널을 따라 수신 사이트로 전송되고 그리고 수신 사이트에 저장되어 한가한 시간에 읽을 수 있다. 이런 식으로 전자우편은 통신 주파수대를 효율적이고 절약적으로 사용한다. 예를 들어, 1만5천 명의 사람들이 한 장의 편지를 1천 마일이나 떨어진 도시에 사는 1만5천 명의 친구들에게 한 사람이 다른 한 사람에게 10분 동안 전화하는 데 필요한 만큼의 채널을 따라 송신할 수 있다. 전자우편의 단점은 텔레비전 프로그램과 같은 방대한 양의 실시간 자료를 보낼 수는 없다는 것이다.

우편시스템과 '전화 통화'를 앞질러 우편 수신자는 쉽고 신속하게 전자우편에 답장할 수 있다. 영국에서는 당신의 친구가 컴퓨터를 가지고 있지 않을지라도 전자우편을 보낼 수 있다. 전자우편(Electronic Post)이라 불리는 서비스로 당신은 친구 집에서 가장 가까운 우체국으로 전자우편을 보낼 수 있다. 그 지역 우편배달부는 그 편지를 레이저로 인쇄하고, 봉투에 담아 배달해 줄 것이다.

뉴스그룹 게시판에서는 전자우편이 정치적인 것을 포함하여 중심적인 경향에서 얼마나 멀어진 것이건 상관없이, 모두 검열을 받지 않은 특별한 관심을 지닌 사람들을 연결한다. 여러 국가의 정부검열자들은 아마도 무슨 일이 진행되고 있는지 모르며, 알았다 하더라도 국경 너머로 정보가 교환되는 모든 편지를 복사하고 모든 컴퓨터 모뎀을 장악하거나 모든 국제 전화를 추적할 수 없기 때문에 금지할 도리가 없을 것이다.

하나의 전송 노드—전화—를 다른 하나와 몇 초 안에 접속시킬 수 있다는 점에서 전자우편의 전송 시스템은 전화 네트워크를 닮았고, 글로 쓴 정보를 전송할 수 있다는 점에서는 우편서비스를 닮았다. 하지만 전자우편은 일부 수취인에게는 '너무나 민주적'이다. 그들의 우편함이 스타를 정신 없이 좋아하는 사람들과 유명한 사람과 접속하려는 열망을 지닌 다른 사람들로부터 온 메시지들로 뒤죽박죽되었기 때문에 영화스타들과 다른 유명인사들은 전자우편 주소를 공개하지 않는 지경에 이르렀다. 목록에 등록되지 않은 전자우편 주소들은 가능하지만 확실히 그런 주소를 파 들어가 그것을 널리 게시판에 알리는 것을 즐기는 해커들에게 매력적인 도전거리를 제공하게 될 것이다.

전자우편은 우편목록에 있는 누구에게나 전달될 수 있다. 정크메일을 부치는 해커는 원한다면 익명으로 무엇이든지 보낼 수가 있다. 유명한 뉴스그룹에 속한 모든 사람의 전자우편함은 매일 가득 차 있다. 연쇄편지는 우편시스템을 이용하는 것과 마찬가지로 인터넷에서 불법적인 것이지만 불쾌하게 계속 들어온다. 이러한 불쾌감보다 더 나쁜 것은 인터넷상으로 '가상 스토킹'을 시작하는 스토커의 위협이다.

변태성욕자들은 저질스러운 편지와 사진들을 보낼 아이들의 전자우편 주소를 알아내려고 하였다. 그들을 막을 방법은 쉽게 발견되지 못하고 있다.

문체(文体)

전자우편은 또한 편지쓰기를 다시 유행시켰으나 성질이 급하게 비꼬였다. 이런 즉각적인 메시지들은 우편시스템을 통해 느리게 기어오는 '달팽이 우편'보다 더 짧고 더 비형식적이다. 일부 사용자들은 전자우편 통신은 전화통화처럼 규제사항들을 줄인다고 생각한다. 메시지들은 훨씬 직접적이고 감정적이다.

'편지쓰기를 싫어'하는 사람들은 자판으로 몇 자 두드리는 데서는 그들이 그러한 감정적인 요소를 접할 수 없다고 말한다. 일부 평자들은 문서를 팩스로 보내는 것은 더욱 공손한, 더욱 우아한 완곡어법보다는 직설적인 메모와 같다고 하였으나, 철학자 데이비드 글리든(David Glidden)은 게시판에서 편지쓰기가 기술이었던 시대로 되돌아가는 것을 보았다.

비록 편지쓰기의 기술이 죽었지만 다른 모양의 쓰기가 나타났다. 서로 컴퓨터 화면으로 쓰는 사람들을 생각하면서…… 고대 포럼은 연설을 행하던 장소였고 컴퓨터 포럼은 글을 교환하는 장소이다.

모든 새로운 기술과 함께 글쓰기 기술도 변한다. 헨리 제임스(Henry James)가 종이 위에 연속적으로 원고를 쓰는 것에서 타이피스트에게 불러주는 것으로 전환하였을 때, 그의 문장은 늘어났고 그의 소설은 더 잘 보급되었다. 그의 글쓰기는 더욱 그가 이야기하는 식으로 되었다. 컴퓨터를 이용해 작문을 하는 것은 다소 역효과를 가지고 있어 산문에 더욱 초점을 맞추고 기술을 부리고, 손으로 직접 쓰는 일을 줄이고 또는 타이피스트가 그만두게 만든 끝없는 일련의 개정을 해낼 수 있고 심지어는 고무시킬 수 있었다.

전화시대에 잃었던 어떤 것이 컴퓨터를 통해 되돌아오고 있는 것 같다. 문자의 우정과 대화를 통해 형성된 우정은 글을 통해 형성된 것과는 다소 다르다. 말로 된 우정은 훨씬 일시적이고 교활한 말을 많이 하고, 직업, 습관, 쇼핑 또는 섹스이야기와 같은 일상적인 삶의 사실들을 던져준다. 글로 생성된 우정은 훨씬 더 친밀하다.

팩스 보내기 Faxing

치아파스 주의 우림에서 자파티스타(Zapatista)가 연방군들이 "아이들을 죽이고, 여자들을 구타하고 강간하고" 있다는 공보를 팩스로 내보냈을 때, 멕시코군인들은 자파티스타 반군을 추적하느라 한창이었다. 진짜로 무슨 일이 일어나고 있는지 알려는 요구가 잇따르자 공격자들은 일시 정지에 들어가고 그 지역에 기자들 출입이 허가되었다. 그들은 잔학행위의 증거를 하나도 발견하지 못했다. 그동안 자파티스타 반군들은 노트북 컴퓨터를 들고 우림 속 깊숙이 숨어들어 갔다.

부통령 고어(Al Gore)는 모든 병사들이 휴대전화, 컴퓨터 그리고 팩스를 갖추게 될 전자 전장을 예견하였다.

소강상태에는 그들은 데이트를 정할 수 있고, 저녁으로 항상 먹고 싶은 것을 결정할 수 있고, 그리고 집에 있는 컴퓨터에 식물에 물을 주어야 할 시간이 되면 알려주게 만들 수 있다.

하원 대변인 깅리치(Newt Gingrich)는 예견하기를 의자에 앉은 장군들이,

…… 실제 시간으로 전투상황을 지켜볼 수 있을 것이다. 그리고 전투를 지켜보면서 전화기를 들어 전장에 있는 아들이나 딸에게 전화를 걸 수도 있다. 장군들은 그들 분대가 수행하고 있는 작전에 대한 견해를 통화할 수 있을 것이다.

이러한 이야기를 듣고 있는 사람들은 과학소설의 허황된 어리석음이라고 고개를 돌리겠지만, 다른 점에서는 거의 동의를 보지 못하고 있는 미국 부통령과 하원 대변인이 모두 심각하게 이야기를 하고 있다.

팩시밀리의 속도

일반 전화선을 사용하는 팩시밀리는 정부의 우편 시스템 또는 속달회사보다 훨씬 빠르다. 많은 사람들에게 팩스는 컴퓨터를 필요로 하지 않기 때문에 전자우편을 보내기보다 사용하기가 더 쉽다. 전자우편과는 다르게 팩스 메시지는 텍스트처럼 그래픽을 쉽게 전송할 수 있으며, 중국어나 일본어를 쓰는 사람들에게는 굉장한 소식이었다. 그들의 문자는 전보기계를 좌절시킨 복잡한 표의문자에 의존하고 있어 팩시밀리가 문자를 전송하는 이상적인 방법으로 판명되었다. 팩시밀리를 생산하는 대규모 공장을 지닌 일본인들이 거대한 시장을 형성하고 있다는 사실은 별로 놀라운 것이 아니다.

전자우편과 팩스는 모두 한 곳에서 다른 한 곳으로 또는 한 곳에서 다른 여러 곳으로 몇 초면 전송된다. 각각의 방법은 각자의 이점을 지니고 있다.

완전히 전기적인 전자우편은 종이가 필요없다. 문자와 숫자로 이루어진 글자들은 한 사람이 쓸 수 있고, 다른 사람에게 편집될 수 있고 그리고 쓴 사람에게 되돌아 올 수 있다. 예를 들어 공동 작가들은 서류를 종이에 쓰지 않고도 주고받을 수 있다. 그러나 전자우편은 사진을 전송할 수는 없다. 팩스는 비트맵으로 된 영상을 전송하며 그것들은 근본적으로 지면에 복사되는 점들의 무늬들로 글과 사진이 팩스기계에게는 동일한 것이다. 원래의 팩스 메시지는 종이 또는 컴퓨터 파일로 나타날 수 있는 것이다.

현대 팩시밀리는 종이 위에 있는 것을 어두운 점과 밝은 점을 읽어들이기 위해 레이저 빔 같은 빛을 사용하여 스캐닝하여 디지털자료로 전환시켜서 전화선으로 그 페이지를 재생하게 될 수신기로 전송한다. 독립형인 팩시밀리의 많은 기능들이 어느 팩스와도 통신할 수 있는 팩스 보드를 내재하고 있는 컴퓨터에 또는 팩스 소프트웨어에 의해 대체될 수 있다. 마지막 수신장소의 레이저 프린터는 컴퓨터로 읽어들인 내용을 인쇄할 수 있다.

'fax'라는 새로운 단어의 탄생

그 낱말은 명사 팩시밀리(facsimile)로 시작하였다. 그것은 줄여서는 팩스(fax)가 되었다. 그 다음 사회 속으로 확산되어 유행하게 된 확실한 증거로, 명사 팩스는 형용사 팩스('a fax report')가 되었고 또한 동사('Fax it to me')가 되어 과거시제로도 사용되었다('I faxed it to you yesterday'). 한 세기 전에는 전화가 동일한 길을 걸었다. 팩시밀리(라틴어로 '유사하게 만들다')는 또한 결과물뿐만 아니라 사진을 포함하고 있는 서류의 영상을 도시의 다른 쪽으로 또는 대륙 혹은 대양을 건너 다른 팩시밀리를 가지고 있는 사람에게 전송하는 기계도 지칭할 수 있다. 당신 문밖이 아니라 컴퓨터 프린터에 도착하게 될 신문이 아직은 대부분 미래학자들의 꿈이지만 팩시밀리 기술은 그것을 보다 가깝게 만들고 있다. 뉴스레터를 포함하여 서류와 편지에서 팩스는 우편 배달부를 앞지른다. 그것은 전화기에 연결된 사진 복사기이다. 세상 어느 곳이든지 배달하는 데 몇

초면 된다.

팩스와 컴퓨터 모뎀은 그들의 동료들이 쓰고 그리고 실험하는 것처럼 그들도 쓰고 실험하기 위해서 더 이상 운전하여 매일 직장에 나가지는 않기로 결정한 재택근무자들에게는 마술상자가 되었다.

팩스의 기원

비록 20세기의 마지막 10여 년 동안 급속하게 사회 속으로 확산된 팩시밀리가 가장 새로운 통신도구들 가운데 하나로 간주되지만, 그 뿌리는 전보가 발명되고 알렉산더 그레이엄 벨이 전화를 발명하기 오래 전인 1842년까지 거슬러 올라갈 수 있다. 발명의 영예는 스코틀랜드의 발명가 알렉산더 베인(Alexander Bain)에게 돌아가는데, 그는 전기선으로 신호를 전송하기 위해 구리판 위에 도드라지게 만든 알파벳 글자 위에 금속붓이 쓸고 지나가도록 설치를 했다. 그 결과 화학적으로 처리된 종이 위에 흔들리는 진자에 의해 그려진 글자들의 거친 복사를 얻어냈다.

거의 같은 시기에 런던의 베이크웰(F. C. Bakewell)은 손으로 쓴 글과 스케치들을 전송하는 시범을 보인 전기 화학적인 복사전보를 개발하고 있었다. 1865년에는 이탈리아의 아베 장 카셀리(Abbe Jean Caselli)가 전선으로 프랑스 황후의 실제 사진을 스캐닝 실린더, 스타일러스 그리고 코팅된 종이, AP와 UP가 사진을 회원신문사에 전송하기 위해 사용한 기본기술을 이용하여 전송하였다.

19세기 후반에는 기차역에 설치된 서화전송기(telautograph)가 좌석 예약현황을 기록하였다. 그것은 손으로 쓴 메시지를 전보선을 통해 250마일이나 떨어진 곳에 보낼 수 있었다. 그 장치는 알렉산더 그레이엄 벨과 동일한 날 전화의 특허권을 신청하였던 엘리샤 그레이(Elisha Gray)가 발명하였다. 1902년에는 아서 콘(Arther Korn) 박사가 개발한 광전자 스캐닝 시스템(photoelectric scanning system)이 영상을 전송하고 재생할 수 있었다. 1934년에 회원신문사들에게 연합통신은 정규 광전자 서비스를 시작했다. AT&T와 RCA는 사진과 기상도를 무선으로 전송하였다.

팩시밀리로 신문을 집과 사무실로 직접 보내려는 초기 노력은 성공을 거두지 못했다. 상태가 형편없이 나오는 이 기계들은 속도가 느렸고, 비쌌다. 사태를 더 악화시킨 것은 제조회사가 다른 기계와는 호환이 되지 않았다는 점이다. 반세기가 지나서 현관으로 나가는 대신 집안에 신문이 배달된다면 기꺼이 요금을 지불하려는 사람들을 위하여 실험에 부흥이 일어났다.

제록스(Xerox)는 1966년 최초의 종이를 사용한 팩시밀리인 원격복사기(Telecopier)를 사업에 도입하였다. 매그나복스(Magnavox)가 제작한 그 기계는 질이 떨어지는 팩스를 생산하였으나 일본이 1984년에 시장을 개척하고 들어오기까지 이용할 수 있는 다른 것은 없었다. 그들의 팩시밀리는 원격복사기보다 느린 시간으로 전송되어 보다 선명한 영상을 보여주었다. 사업체의 수요가 엄청난 비율로 증가하고 곧이어 가정의 수요가 증가하면서 1세기 전에 나온 전화 그리고 최근에 나온 컴퓨터와 복사기가 '직장-먼저-다음-집'이라는 패턴을 따르게 되었다.

팩스의 인기 폭발은 1968년을 지배했던 법정사건, 소비자들이 팩스기계와 기타 벨(Bell) 사의 제품이 아닌 장치를 벨 시스템에 연결시킬 수 있도록 허용한 카터전화 결의(Carterphone Decision) 후에 시작되었다. 기술의 진보와 전송을 위한 세계적인 단일 표준에 대한 협의가 나머지를 처리했다.

이러한 호황의 희생양은 텔렉스 사업이었다. 또 다른 희생양은 아마도 미국의 우체국이 제공하는 철야 우편배달과 속달서비스(Federal Express)와 같은 사설 운송사업일 것이다. 만약 서류를 받을 수 있는 팩스가 있고 팩시밀리 가격이 싸지고, 속도가 빨라지면 직접 이동을 해야 하는 다른 방법보다 더욱 편리하다. 사실 팩스요금은 1등급 우표값이 떨어지듯이 떨어져서 1990년까지 때로는 한 장의 편지를 우표를 붙여 보내는 것보다 팩스로 보내는 것이 더 쌌다.

다양한 사용

팩스는 승인을 얻기 위해 광고주에게 광고지를 보내는 광고대행사, 텔레비전 방송사에 기상도를 팩스로 보내는 국립기상청(U.S. National Weather Service) 또는 전화를 걸어 사무실에서 다시 기사를 쓰게 만드는 대신에 원거리의 도시에 있는 사무실 책상으로 기사를 전송하는 신문사 지국 기자와 같은 대중매체 처리에 관계된 업무도 포함하여 한계가 없어 보이는 방식으로 사용된다.

처음에는 사업가간의 통신을 위해 사용되기 시작했지만, 팩스는 현대의 대중매체 기술과 수단을 장악하고 있는 사람들의 상상을 과소평가한 사람들에게 놀라운 방식으로 사용된다.

먼저 우리는 팩스로 짧은 글을 보낸다. 다음에는 생일축하 인사를 남긴다. 그 다음은 점심으로 햄과 치즈를 넣은 샌드위치를 가져올 것을 주문한다. 그리고 이제는 70개 이상의 작품으로 구성된 미술전시회가 있는데, 그 모든 것이 세계 곳곳에서 팩스로 전송된 것이다……마치 사업하는 사람들이 업무처리 하듯이—납덩이처럼 무거운 발을 가진 배달원과 우체국의 꾸물거림 같은 시간을 소모하는 문제를 제거하면서—팩스는 70개 이상의 다른 작품을 한번에 전시하는 임무도 아주 신속하게 가능하게 했다.

한 라디오 방송사는 음악을 보내달라는 요청을 팩스로 하도록 권장했다. 음식점은 팩스로 들어온 점심주문을 배달하였다. 한 명의 일본인과 한 명의 미국인으로 구성된 볼링팀은 팩스로 상대의 점수, 전략 그리고 격려를 전달하면서 대서양을 건너 시합하였다.

팩스는 의도하지 않았던 결과를 만들어낸 또 다른 통신기술이다. 팩스의 주인은 그들이 사서 넣은 종이 위에 찍혀나오며 전사지 출구를 막아버린 잡동사니 우편물을 발견하였다.

물론 이 팩스의 호황에도 어두운 면이 있는데 그것은 잡동사니 팩스들이다. 때때로 장비들은 하루종일 통신한 팩스번호 목록을 업자들에게 제공하여 부수입을 올리는 사무실 종업원들에 의해 사용되기도 한다. 그들은 DM업자에게 판매하려고 팩스번호를 모으고 있다. …… 잡동사니 우편물들이 많은 사무실의 팩스를 망가뜨리려고 위협하고 있으니 이제 당신의 팩스번호를 감추는 것도 재치있는 행동이다. 번호를 주변에 함부로 알리지 말라.

한 광고주는 그의 광고가 사용하고 있는 바로 그 동일한 종이를 판매하려고 시도하였다. 일부 집요한 잡동사니 팩스 광고주들은 팩스 전송을 자동재다이얼과 결합시켜 그들의 메시지가 끝날 때까지는 아무것도 나올 수 없게 했다.

매년 확산된 팩시밀리 기술은 미국에게 진정한 매이저 전국 신문사를 제공하여, 주요 신문의 지면들이 위성으로 지역의 인쇄소에 전송될 수 있어 화요일자 신문을 화요일에 뉴욕과 워싱턴 D.C.뿐만 아니라 미국의 전 도시에서 그리고 바다 건너서까지 받아볼 수 있게 했다. 팩시밀리가 사회에 확산되면서 가격은 하락하고 여러 가지 특별품목들이 증가하였다. 편지들, 사진들 그리고 그림들이 전화만 있으면 세계 어디에나 전송되었다. 20세기가 마감하려는 시기에 그것은 세상의 어느 곳이든지 가능하다는 뜻이다.

정보고속도로로의 진입 Going Up the Highway

고대 로마의 원형경기장에서는 관중들이 엄지를 올리거나 내려서 검투사들이 죽느냐 사느냐 하는 문제를 결정했다. 1982년 <토요일밤의 생방송(Saturday Night Live)>(1980년대 인기 있던 NBC방송의 코미디프로그램—역주) 코미디언 에디 머피는 그가 '래리'라고 이름 지은 살아 있는 바닷가재를 들어 올렸다. 시청자들은 하나의 번호를 눌러 래리가 살기를 바라는지 아니면 다른 번호를 눌러 래리가 냄비 속으로 들어가야 되는지를 결정할 수 있었다. 한 통화당 50센트에 12만3천 통의 전화가 걸려와 래리를 살려야 한다고 응답하였고 11만7천 통의 전화는 냄비 속으로 들어가야 된다고 응답했다. 적어도 그것이 발표된 결과였다. 투표결과는 달랐으나 제작자들이 바닷가재 래리를 요리하고 싶은 생각이 없어서 대신에 투표결과를 요리하였다는 소문이 있었다.

　미래에는 우리를 위해 더 많은 바닷가재를 붙들고 있지는 않겠지만 전자 국민투표와 같은 확실히 더 많은 선택거리를 들고 있을 것이다. 우리가 집이라고 부르는 통신 도구창고에서 이루어지는 우리의 선택에서 상호작용하는 텔레비전(ITV)이라고도 불리는 쌍방향 케이블보다 더한 것은 없다. 케이블의 상호작용의 잠재성에 대한 많은 약속들이 미래학자들과 프랜차이즈를 신청한 케이블회사들에 의해 시의회에 제시되었다. 중앙센터에서 집으로 하향 전송되고 집에서 중앙센터로 상향 전송되는 쌍방향 전송 능력 덕분에 케이블은 쇼핑하고, 커피를 끓이고, 집을 보호할 수가 있다.

　대중은 상호작용의 능력을 원하는가? 컴퓨터 터미널 기반의 인터넷 시스템은 대단히 인기가 있는 반면 텔레비전 터미널 기반의 운용에 대한 답변은 '아니오!'인 것 같다. GTE는 거주민들에게 홈뱅킹, 홈쇼핑, 공부, 게임을 하고 영화를 볼 수 있게 해주는 상호작용 시스템을 시험하기 위해 부유한 로스앤젤레스 근교의 세리토스에 수백만 달러를 투자하였다. 그 실험은 실패하였다. "솔직히 말해서 누가 그것을 사용할지 난 모르겠습니다"라고 시장은 말하였다. 사실 호텔은 정각에 어느 영화가 시작될 것이라고 알려주는 대신 점차 주문하는 즉시 영화를 제공하고 있다. 그리고 세가(Sega) 케이블 채널은

어린 청소년들에게 50가지 상호작용 게임 중에서 선택하도록 하고 있다. 상호작용의 시스템이 사용자에게 친근할수록 사용은 증가하였다.

큐브 실험

　동일한 관심의 부족으로 큐브(Qube) 실험은 사장되었다. 1977년 워너-아멕스(Warner-Amex)는 대단히 대중화된 상호작용 시스템, 큐브를 오하이오주 시에 있는 콜롬버스, 케이블 시스템에 도입하였고 나중에는 다른 여러 시스템 속에 병합시켰다. 큐브 가입자들은 모든 응답을 분석하는 중앙컴퓨터에 전기신호를 보내주는 0에서 9까지의 번호가 있는 키패드를 가지고 있었다. 응답을 유도하기 위해서 아나운서 또는 문자메시지가 화면을 통해 가입자들에게 특정 의회의 안건이 통과되어야 하는지와 같은 다양한 이슈들에 대해 문제를 제기하였다. 가입자들은 많은 선택들 가운데서 적당한 단추를 선택하였다. 컴퓨터는 통화를 계산하였고 각 선택에 대한 백분율을 화면에 나타내 보여주었다.

　상호작용 시스템은 또한 그들이 무슨 프로그램을 보고 있는지 알 수 있게 가정을 대상으로 여론조사도 하였다. 큐브는 1981년 가입자들에게 뉴스, 일기예보 그리고 소비자정보와 같은 유용한 정보를 보유하고 있는 컴퓨터 자료은행에 접근할 수 있도록 하기 위해 상호작용 능력을 확대하였다. 시청자들은 상품을 타기 위해 서로 경쟁할 수 있었다. 시청자들은 또한 쇼핑 목록을 살펴보고 주문을 하고 프로그램을 선택할 수 있었다. 불행히도 상호작용 프로그램들이 제작자의 예상보다 호소력이 떨어졌는지 아니면 워너-아멕스가 큐브 케이블 서비스가 손님을 끌어들이기 위해 손해를 보고 싸게 판매하려는 사람들보다 나을 게 없다는 것을 예상하지 못했기 때문인지, 서비스는 7년간 3백만 달러 이상의 적자를 내고 회사는 그 야망찬 실험을 마감했다.

　그러나 워너는 그 개념에 큰 인상을 받았음이 분명하다. 타임 워너(Time Warner)로 타임사와 합병된 후 그 회사는 1994년 플로리다, 올랜도의 4천가정을 대상으로 디지털 비디오 주문 서비스로 더 큰

그림 6-8 셋톱박스는 TV수상기에 상호작용이 가능하게 해준다.

상호작용 실험을 시작하였다. 언제든지 1천 가정이 비디오테이프를 가지고 있는 것처럼 빨리 감기, 되감기 또는 일시정지를 할 수 있는 약 100가지의 영화를 포함한 풀 서비스(Full Service) 네트워크의 어느 서비스든 동시에 접속할 수 있었다. 시청자들은 쇼핑하고, 은행에 가고, 피자를 주문할 수 있었다. 타임 워너와 다른 미국의 미디어 대기업들은 새로운 상호작용 및 멀티미디어 서비스에 수백만 달러를 투자하였다. 주요 목적은 광섬유 케이블의 주파수대와 컴퓨터의 적응성과 저장능력을 결합시키는 것이었다.

다른 상호작용의 노력들이 시도되었고 때로는 폐기되었다. 1990년대의 ACTV 상호작용 텔레비전은 뉴욕 가입자들을 대상으로 상품을 타기 위해 경쟁하는 게임을 진행했다.

시청자들은 딜러가 건방지게("당신의 하찮은 적은 판돈은 내 손 안에 있다")라고 말하는 듯한, 단추를 눌러서 하는 블랙잭을 즐겼다. 유사한 방식으로 '정신과 의사'가 질문을 던지고, 고개를 끄덕이고, 뭔가를 적고, 시청자에게 "뭔가 감추고 있군요" 하고 나무랄 수도 있는 상호작용적 진찰도 할 수 있게 되었다. 일부 캘리포니아 시청자들은 <행운의 바퀴(Wheel of Fortune)>와 <제퍼디(Jeopardy)> 프로에 참여하여 즐길 수 있다. 1996년에 싱가폴의 항공사는 일부 비행기의 좌석 뒤편에 부착된 화면으로 진짜 도박프로그램을 설치하였다. 탑승객들은 신용카드를 사용하여 놀이를 하였다.

궁극적으로 사용자들은 상호작용 텔레비전이 전망이 있을 것으로 판단할 것이다. 만일 가입자들을 기반으로 하는 이러한 서비스가 비판적인 대중을 움직이는 데 실패한다면 그것은 생존할 수 없다. 프랑스, 영국, 일본 그리고 캐나다는 문자방송과 비디오텍스를 포함하여 실험적인 것에서 이윤이 생기는 것에 이르기까지 적극적으로 쌍방향 시스템을 제공하였지만 미국의 많은 기업들은 그러한 서비스를 개시하려던 계획을 포기하였다.

텔레텍스트와 비디오텍스

신문은 숲을 삼켜버린다. 문자방송과 비디오텍

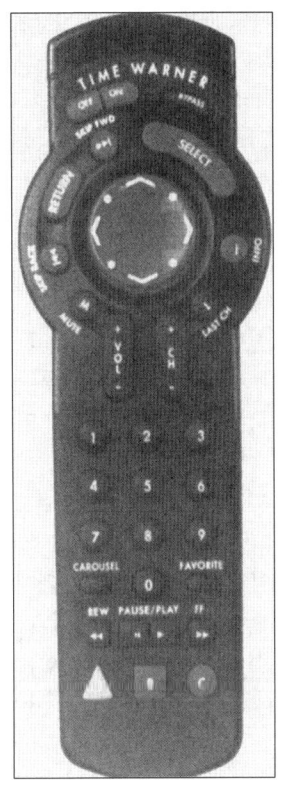

그림 6-9 셋톱박스 조작을 위한 리모트 콘트롤

스는 그렇지 않다. 냉소적인 사람들은 "죽은 나무 매체"라고 언급하였다. 신문은 운송되기 위해 트럭과 차가 필요하고, 때로는 버스와 비행기를 필요로 한다. 모든 것들이 석유를 사용한다. 문자방송과 비디오텍스는 전기적으로 통화되며 이런 것들이 전혀 필요가 없다. 도시의 일간신문은 무게가 2파운드는 된다. 일요일판은 그것의 두 배이다. 실상 신문은 모든 가정에서 대부분은 읽지 않고, 그냥 쓰레기가 되어 버려진다. 자원이 감소하고 오염이 증가하고 있는 세상에서 뉴스와 정보의 전기적인 통화는 의미가 있다.

문자방송은 텔레비전 신호의 사용되지 않은 주사선이나 수직 공백 간격(세트가 완전히 조정이 되지 않았을 때 보이는 텔레비전 화면의 수평선)을 통해 시청자들에게 텍스트를 일방통행으로 전송하는 것이다. 세트에 장착된 특수 해독장치는 정보를 해독하여 시청자들이 선택할 수 있는 지면형식의 텍스트로 보여준다.

비디오텍스는 컴퓨터 기반의 상호작용 시스템으로 시청자들이 정보를 보유하고 있는 자료은행에 접근할 수 있게 해준다. 시청자들은 또한 거래를 할 수도 있다. 이 시스템은 더 많은 정보가 저장될 수 있기 때문에 문자방송보다는 훨씬 많은 실용성이 있다. 텔레비전 모니터를 사용하는 문자방송 사용자들은 또한 그것을 받아보기 전에 '페이지'가 펼쳐지기를 기다려야 하지만 컴퓨터 모니터를 사용하는 비디오텍스 사용자들은 즉각 정보의 내용에 접근할 수 있다. 혼동되는 일은 텔레텍스트와 비디오텍스라는 용어가 가끔 같은 뜻으로 사용된다는 것이다.

온라인 비디오텍스에 대한 비판은 화면 앞에 앉아 글을 읽어야 하는 불편함 외에도 소파에 드러누워 일간신문의 일면기사를 훑어보거나 뉴스보도를 시청하는 편안하고 일상적인 방식과는 달리 그날 뉴스의 전체적인 인상을 얻기가 힘들다는 것이었다. 비디오텍스를 사용하는 것은 빨대의 작은 구멍을 통해 미식 축구경기장을 바라보는 것에 비교되었다.

비디오텍스 상업서비스의 아이디어는 1964년 뉴욕 세계박람회에 방문한 영국의 과학자들이 AT&T 영상전화를 접하고서 시작되었다. 비록 그들은 얼굴을 맞대고 전화통화하는 데에는 직접적인 가치를 별로 발견하지 못했지만 텔레비전 화면을 전화 네트워크에 연결하는 생각은 그들을 사로잡았다. 그들이 보여주고 싶은 것은 얼굴이 아니라 정보였다. 본래 뷰데이터(viewdata)라 불렀던 비디오텍스 서비스는 1979년 프레스텔(Prestel)이라는 상호명으로 영국 우체국의 고객들에게 처음으로 제공되었다. 프레스텔 시스템을 사용하면 모뎀에 연결된 텔레비전 세트, 키패드 그리고 전화기를 지닌 사람들은 증권에서 별점에 이르는 정보로 가득한 컴퓨터에 접근할 수 있었다. 그러나 프레스텔은 영국국민의 마음을 사로잡지 못했다. 비록 그것은 여행사와 같은 어떤 사업에서는 인기가 있었지만 2%도 안 되는 사람들만이 서비스를 받았다. 그러는 동안 영국의 시팩스(Ceefax)와 오라클(Oracle) 시스템, 이 두 문자방송은 뉴스, 퍼즐, 소설 그리고 특별한 그룹을 위한 정보를 제공하였다.

프랑스, 일본 그리고 캐나다도 문자방송과 비디오텍스 시스템을 개발하였다. 프랑스의 국가 시스템인 텔레텔(Teletel)은 다섯 가구당 한 가구에 연결되면서 상호작용 텔레비전의 가장 성공적인 사용사례가 되었다. 프랑스의 우편서비스 PTT는 전화 사용자들에게 무료 모니터와 자판, 즉 미니텔(Minitel)을 제공하고 디렉토리에 나열된 1만 가지의 사설서비스에 접속하는 데 요금을 부과했다.

대중은 쇼핑을 하고 상품값을 치를 때, 비행기와 기차표 값을 낼 때, 호텔을 예약할 때, 최신 뉴스, 일기 또는 별점을 듣거나 동호인들과 채팅을 할 때도 미니텔을 사용한다. 가입자들은 전자우편에도 그것을 사용하였다. 1996년 원거리통신 법안은 통신사와 케이블 시스템이 합병되면서 아마도 미국 내에 유사한 서비스를 탄생시킬 것이다.

온라인 서비스

AOL(America Online)이라 불리는 미국의 온라인은 유행의 첨단을 걷는 고객들인 젊은이들에게 멋지고 최신 유행으로 보이려고 한다. 비디오텍스 서비스로 시작했던 컴퓨서브(CompuServe)는 AOL이 하는 것처럼 연합통신 뉴스를 주문에 의해 제공하고, 많은 종류의 대화방의 접근과 전자우편 그리고 다양한 정보를 제공하고 있다. 컴퓨서브는 선진국의 지역번호에 접속할 수 있는 신중하고 국제적인 네트워크로서 전문인과 기업가 사용자들 가운데 적합한 장소를 설립하였다. 사용자들도 특수도서관과 데이터베이스에 접근할 수 있게 되었다. 다우존스 뉴스검색(Dow Jones News Retrieval)은 일반대중에게 도착하기 전에 사업정보서비스로서 시작하였다. 상업적인 서비스들이 제공하는 많은 특별상품들은 넷스케이프 사의 네비게이터와 같은 항해 소프트웨어를 통해 월드 와이드 웹과 나머지 인터넷에 이르는 독립적인 출입구를 지닌 서버들이 이용할 수 있다.

온라인 서비스에 대한 한 가지 비판은 남자들에 의해 고안되었고 대부분 남자가 사용하고 있지 여자는 아니라는 점이었다. 발달과정 중 다섯 중에 넷 이상의 가입자들이 남성이었다. 프로디지(Prodigy)는 여기서 교훈을 얻어 여성 고객수를 늘이기 위해 상품 시장을 확보하고 디자인을 돕는 데 여성을 고용하였다. 목적은 초보자들도 쉽게 여행할 수 있는 그래픽과 대화방을 갖춘 가족 중심의 서비스였다. 그러나 그것은 단지 작은 규모의 시장을 확보하였을 뿐이다.

다른 상호작용성 운용

직접 이동하지 않고 통화하려는 대중의 강한 욕구를 만족시키기 위해 잠재적으로 유행할 형태의 상호작용 텔레비전의 하나는 1980년대의 케이블 프로그램의 특이한 현상이었던 홈쇼핑이다. 상호작용의 형태에서는 가입자들이 쌍방향 케이블 시스템을 통해 그들의 계좌정보를 사용하여 상품을 구입할 수 있다. 텔레쇼핑(Teleshopping)은 주문을 하기 위해 텔레비전과 전화 및 컴퓨터를 결합시킨다. 시카고 교외의 디어필드(Deerfield)에서는 실험에 참여한 시청자들은 화면에 표시된 항목의 카탈로그 번호를 전화로 눌러서 수십 개의 지역가게로 주문할 수 있다.

케이블의 쌍방향 능력은 강도, 화재 그리고 응급사태 경보기가 케이블 시스템에 접속되도록 할 수 있다. 가입한 가정은 중앙감시국의 컴퓨터에 의해 모든 것이 정상인지 10초마다 점검된다. 만일 어떤 문제가 발견되면 신호가 케이블회사로 전달되고, 회사는 경찰에 통보한다. 공동체 차원에서의 상호작용 케이블 시스템은 교통신호 제어, 에너지 관리 그리고 계량기 판독과 같은 서비스를 제공한다.

모든 다양한 상호작용 케이블이 잘되어 가는 것은 아니다. 대중이 가장 원하는 것은 요리의 종류가 많은 스모가스보드 요리점과 같은 가능성, 전자우편, 컴퓨터게임 그리고 뉴스 머릿기사, 스포츠, 주식 증권보고 그리고 일기예보에 접속한 비디오텍스를 포함하는 것들이다. 나이트 리더(Knight-Ridder)의 뷰트론(Viewtron)과 오직 주문된 뉴스만을 제공한 ≪로스앤젤레스 타임스 미러(Los Angeles Times-Mirror)≫와 ≪뉴욕 타임스≫의 유사한 서비스들은 실패했다. 대중은 오락을 제공하지 않는 특수한 터미널에는 요금을 내지 않을 것이다. 개인용 컴퓨터에 접속된 비영리 단체의 온라인 터미널과 집-은행 터미널도 더 낫지 못하다. 당신이 단추를 누르거나 화면을 만지면 정보를 제공하는 쇼핑몰과 공항의 온라인 터미널은 더욱 안 되었다. 그것들은 적대시되었다. 십대 소년들은 그것들을 거부할 수 없는 듯 보인다. 어쨌든지 그들은 아직 사용하고 있다.

상호작용의 가능성

상호작용 케이블은 복잡한 기술 없이도 연결될 수 있다. 집안에 있는 트랜시버는 다양한 선택에 대해 키패드에 있는 누름 버튼을 가지고 대답하는 단순한 '예 또는 아니오' 응답으로부터 컴퓨터 자판이나 음성인식 장치를 통한 대화에 이르는 시청자의 쌍방향 능력을 제공한다.

만일 적은 사람들이 통화를 한다면 전화는 충분히 잘 운용될 것이나 전국적인 규모로 수백만 명이 한 번에 의견을 표시하기 위해 통화를 했다면 대부분은 통화를 하지 못했을 것이다. 벨 시스템은 그러한 통화를 다루도록 설립되지 않았다. 1992년 1월의 부시 대통령의 연두교서 후에 CBS 시청자들은 그들의 의견을 전화로 얘기하도록 요청받았다. 2,500만 명의 사람이 시도하였으나 단지 31만 5천명만이 통화가 이루어졌다.

컴퓨터에 광섬유가 연결된 집은 학교수업을 받을 수 있고 시험에 대한 학생의 답안을 제출할 수 있는데 옛날의 익숙하던 홈스터디 코스의 전기화된 변형이라 하겠다. 예를 들어 캘리포니아의 오하이(Ojai)에 있는 로렐 스프링스 고등학교에서는 학생들이 강의를 포함하여 모든 도서자료와 학습지도가 전기적으로 학생들의 집으로 전달되는 온라인 과정을 선택할 수 있다. 모두 인정하듯이, 할당된 영어소설은 옛 모습의 책으로 되어 있는 것이 읽기에 수월하지만 사회과목에서 과학에 이르는 모든 것들이 온라인이다. 숙제는 각 과정을 위해 제작된 소프트웨어를 이용하여 온라인으로 제출된다. 다른 종류의 정보는 데이터베이스에서 찾을 수 있을 것이다.

신문사와 직접 경쟁하는 일일 광고 목록은 많은

도시에서 찾아볼 수 있는 현실이다. 월세 아파트는 지속적으로 갱신되는 부동산자료에 입력될 수 있다. 그것은 부동산회사의 사업을 신문의 구독자뿐 아니라 경쟁자가 되게 하였다.

유사한 방식으로 자동차 매매가 이루어질 수 있다. 1995년까지 약 50개의 다른 제작사의 자동차가 판매원으로부터 압박을 느끼게 될 것이라고 생각되는 판매장을 방문하기 싫어하는 자동차 구매자들에게 대안을 제시하는 신차 구입자를 위한 안내(New Car Buyers Guide)라 불린 광고가 인터넷과 CD-ROM에 났다.

텔레비전 프로그램의 조작

광섬유의 상호작용 가능성은 몽상가들을 시청자들에게 프로그램의 선택을 제공할 뿐만 아니라 프로그램 내에도 선택을 제공하자고 얘기하게 만들었다. 몬트리올의 쌍방향 케이블 가입자들은 야구 경기와 하키경기에서 원하는 카메라 각도를 선택한다. 몬트리올의 사례를 따라 미식축구경기를 지켜보는 시청자들도 잠재적으로 지금은 텔레비전 감독만이 이용할 수 있는 선택사항인 위에서, 50야드 선상에서 또는 엔드존에서 볼 수 있는 순간을 선택하게 될 것이다. 게임쇼를 시청하는 사람들은 스튜디오의 사람들과 반대로 진행시킬 수 있고, 다양한 선택문제들을 답하고, 사회자가 "집에 있는 당신이 틀렸어요"라고 말하는 것을 들을 수 있다. 그녀가 성장했던 장소를 화면에서 발견한 향수병에 걸린 시청자는 고향의 최근 소식을 받을 수 있을 것이다. 미래에는 드라마를 지켜보는 시청자가 이야기의 진행방향을 선택할 수 있을 것이다. 아이들은 성인들보다 이러한 전망을 훨씬 호소력 있게 느끼지만 누가 알겠는가?

L-VIS(Live Video Insertion System)라 불린 시스템은 야구장의 벽 위에 사용자가 설정한 게시판 같은 광고를 '교합기술(occlusion technology)'이라는 전기적 영상을 사용하여 실제로 그 벽 위에 있는 것을 시청자들에게는 가리고 광고를 슬쩍 끼워넣었다. 정지 영상은 곧 동영상으로 심지어는 3-D영상으로 대체될 것이고 광고는 벽에서 경기장 중앙으로 이동될 것으로 기대된다.

일정한 인구통계학적인 인물 유형에 맞게 광고를 집에 도착하도록 결정하기 위한 시험들도 시행되었다. 만일 쌍방향 텔레비전의 그러한 사용이 가능하다면 동일한 프로그램을 지켜보는 나이든 부부와 젊은 독신여성이 각기 다른 광고를 보게 될 것이다. 더욱 불길하게도 언젠가 민주당원은 공화당원이 듣게 되는 것과 다른 내용의 정치연설을 듣게 될 것이다. 젊은이와 나이든 사람들이 서로 다른 메시지를 받게 될 것이다.

조지 거브너(George Gerbner)에 따르면 "우리가 케이블을 통해 접하게 되는 것은 인쇄를 통해 이루어졌던 것과 유사한 우리 세상의 변혁이다."

온라인 뉴스 News Online

신문은 더 이상 예전의 그것이 아니다. 그것들은 하얀 종이 위의 검은 잉크 이상의 것이다. 그것은 전화기의 목소리, 컴퓨터 화면 위 픽셀들의 행렬, CD-ROM 디스크이다. 미국의 신문들은 멀티미디어가 되고 있다. 그것들은 모든 독자를 위한 단일 생산물이 아닌 다양한 시청자를 위한 다양한 생산물을 제공하도록 자기를 개혁하고 있다. 모든 연령과 피부색 그리고 민족성, 언어와 성적인 입장 그리고 무엇보다 모든 가능한 관심별로 다양해진다. 그리고 다시 협송(narrowcasting)과 선택(choice)이 된다.

전자신문

그 뿌리가 1970년 후반으로 거슬러 올라가는 종이 없는 신문은 마침내 전국적인 온라인 신문으로 계획된 프로디지와 같은 온라인 데이터베이스 서비스를 통해 그리고 온라인 사업에 들어선 많은 신문사들을 통해 우리집에 도착하고 있다. 한 달에 몇 달러면 일간신문은, 특히 대도시의 그것들은 독자들에게 24시간 뉴스를 갱신과 주요 기사에 대한 인쇄된 신문의 것보다 많은 정보와 인터넷 접근까지 제공한다. 별도의 요금을 지불하면 독자들은 스포츠의 결승 점수, 경마 결과, 가로세로 단어맞추기 해답, 자세한 별점 내용 그리고 연속극 업데이트까지 제공받을 수 있다.

상호작용 신문은 오늘날 존재하는 그 어떤 것과도 다르게 생중계되는 사설란과 op-ed란(사설란과 반대되는 의견란)을 창조하였다. 그것은 인터넷의 채팅 또는 한 번에 여러 가지 주제에 대해 동시에 토론을 하는 리스트서브(Listserv)를 닮았다. 많은 토론이 뉴스와 사설의 내용에 링크되어 있다.

의견의 영역에서 현재의 사설과 의견란이 마치 석기시대의 것처럼 보이게 만들어줄 지속적으로 상호작용하는 심포지엄을 창조하는 것도 가능할 것이다.

인터넷에서 어디를 찾아보아야 하는지 아는 사람은 세상의 신문들로부터 뉴스 요약을 찾을 수 있다. 예를 들어 클라리넷(ClariNet)은 지역과 주제별로 구분된 뉴스 서비스들의 뉴스를 제공한다. 연합통신과 CNN은 독립된 뉴스 사이트가 있다. 수백 개의 신문사, 텔레비전사, 라디오국, 잡지 그리고 뉴스레터들이 그러하다. 그들의 숫자는 매일 증가한다.

텔코스(Telcos), 신문 그리고 뉴스 캐스팅

1995년 185개의 일간신문사를 소유하고 있는, 여덟 개의 가장 큰 미국 신문사는 온라인 지역신문사의 전국적인 네트워크를 만들기로 합의하였고 정보제공자와 사용자 간의 정보와 판매의 교환소를 설립하기 위해 협력하도록 미국의 모든 일간신문사를 초대하였다. 발표된 목표는 뉴스, 특집기사, 스포츠 및 티켓 구매, 홈쇼핑, 전자우편 그리고 게시판 등 방대한 양의 정보를 제공 판매하는 것이다.

통신사와 신문사는 미래에 훌륭한 동업자가 될지도 모른다. 신문사는 책임 있는 편집물을 생산하고 통신사는 그것들을 집으로 연결된 케이블을 통해 전기적으로 전송할 수 있다.

이제 신문의 지면 제한에 구애받지 않고 뉴스를 얻는 새로운 길이 있을 것이다. 어느 통신사 또는 주요 신문사의 기사들은 온라인으로 송신될 수 있을 것이다.

텔레비전 뉴스보도는 본래적으로 시간의 제약을 받는다. 실험가들은 신문과 뉴스보도를 조합해 기사가 텍스트와 목소리를 포함하도록 하는 작업을 진행 중이다. 그러한 절차는 현관에 도착하는 일요일 신문의 대부분이 읽히지도 않은 채 버려지는 낭비를 없애줄 것이다. 미국에서는 이렇게 낭비되는 종이의 양이 수 파운드에 달한다. 자동차들은 범퍼 스티커에 "우리의 숲을 지킵시다. 일요일 ≪뉴욕타임즈≫를 읽지 맙시다"라고 쓰인 메시지를 한때 달고 다녔다. 우리는 아직 일간신문이 종이 없이 만들어지리라는 꿈을 성취하지는 못하였다. 이러한 목표로 나아간다면 목재를 실어 나르는 트럭의 기름 그리고 현관에 도착하는 신문들과 같은 천연자원들은 말할 것도 없이 감소하고 있는 세상의 숲을 구하면서 정보는 우리의 집으로 전기적으로 도착하게 될 것이다.

매일 뉴스와 광고를 전달하기 위해서는 종이의 소모가 불가피하다는 것을 인식하고 미래학자들은 오래 전에 전화 또는 텔레비전이나 컴퓨터 화면에 연결된 케이블선을 통한 주문식 뉴스 서비스를 예견하였다. 전자신문은 종이가 없어도 뉴스를 전달할 수 있을 뿐 아니라 보통의 신문이 전달하는 것 이상의 관심주제들에 대한 훨씬 많은 정보를 제공할 수 있다. 그것은 전문잡지와 필적할 것이다.

신문 대신 뉴스 팔기

신문은 다만 뉴스를 전달하는 하나의 수단이다. 만일 뉴스가 전자상으로 전달될 수 있다면, 기사를 수집하고 준비하는 데는 비용이 들겠지만 우리들의 집으로 전달하는 데는 들지 않을 것이다. 거대하고 비싼 인쇄기, 신문용지 그리고 복잡한 배달체계는 전자세상에서는 불필요한 것이다.

만일 세계 전역의 인터넷상에서 자가경영의 기

그림 6-10 미니애폴리스의 《스타 트리뷴》지의 온라인 페이지는 기사의 헤드라인, 항목별 분류광고 같은 특별한 서비스 그리고 다른 신문들의 색인표(directory) 등을 보여준다.

자들이 음악과 그림이 들어 있는 그들의 기사를 몇 센트만을 받고 디지털 현금을 이용하는 각각의 독자들에게 직접 판매하는 날이 오면, 언론의 전 체계가 새로운 형태로 바뀔 것이다. 점성가 잔 딕슨(Jean Dixon)은 프로디지 회원들에게 사람이 태어난 날의 별점을 인터넷으로 제공하였다. 프로디지가 부과하는 모든 요금의 일부는 그 점성가에게 돌아간다. 한 명의 존경받는 언론인인 연합통신과 《뉴스위크》지의 로버트 페리(Robert Parry)는 그의 연구보고를 무료로 웹상에 그리고 구독신청에 의해 전자우편, 팩스 또는 우편서비스를 이용하여 직접 배달받고 싶어하는 독자들에게 제공하였다.

MIT의 미디어 연구실에서(New Speak처럼 들리는) 뉴스피크(NewsPeek)가 사용자에게 흥미 있는 기삿거리들만 수용하도록 조직되었다. 다른 연구가들은 독자들이 전화선에 연결된 휴대용 컴퓨터에 접속하는 모습을 상상하였다. 최신 뉴스들을 한가할 때 읽을 수 있도록 내려받을 것이다.

오늘날 인터넷을 통해 이용할 수 있는 편집되지 않고 조직되지 않은 정보의 양은 대단히 방대해서 오직 많은 자유시간을 가진 단호한 독자들만이 그 날의 뉴스를 이해하기 위해 정보 속을 돌아다니며 주워들을 수 있을 것이다.

컴퓨터화된 신문

현대의 신문은 모든 과정이 컴퓨터에 의존하고 있다. 기자들은 기사를 작성할 때 워드프로세스 프로그램과 철자교정기를 사용하여 자판으로 타이프하고 신문철을 해 놓은 옛 자료실을 대체한 지난 신문기사들의 전자적인 상태의 기록들을 보관하고 있는 온라인 도서관 데이터베이스를 이용한다. 터미널을 이용하여 기자들은 컴퓨터로 처리된 정부 기록들에 접근할 수 있다. 연합통신과 다른 신문사들의 전자 복사판은 모뎀을 통해 고속자료선으로 쏟아져 들어온다. 원고 편집자들은 기사들을 비디오 전시 터미널로 불러들여 그것들과 머릿기사들을 편집한다. 사진들은 점을 이루는 숫자들의 열로 컴퓨터에 들어와 크기를 맞추어 절삭된다. 조판편집자들은 지면디자인 소프트웨어를 사용하여 각 편집을 고안한다. 전화로 받은 광고들은 컴퓨터로 곧장 들어간다. 대형광고는 디스켓으로 도착한다. 작업이 끝난 지면은 인쇄준비가 된 얇은 판으로 만들어지는데, 물론 컴퓨터로 제어한다. 데이터베이스상의 판매목록들은 가정배달의 속도를 높인다.

한때는 모든 신문사 사무실의 보증서였던 흐트러진 종이 뭉치들이 이제 불분명하다. 많은 신문들에서 소음, 얼룩 그리고 잉크 냄새들이 사라졌고 파스텔 카페트로 대체되었다. 심지어는 작은 주간지와 자유로운 교외의 고객들도 컴퓨터의 이점을 이용한다.

1990년대 중반까지 미국과 캐나다의 수백 개의 신문들이 그들의 지면조판을 컴퓨터로 한다. 그들 중 많은 사람들이 수작업으로 그림과 사진들을 붙였던 반면에 일부는 모든 시각적인 자료를 지면디자인 작업에 포함시켰다.

어떤 기자들은, 특히 빡빡한 마감시간에 쫓기는 스포츠 리포터들은 현대적인 노트북 컴퓨터를 갖고 그들이 배정된 곳으로 이동한다. 경기장에서 그들은 게임이 진행되는 동안 기사를 작성한다. 점수와 우승팀은 마지막에 기록된다. 기사는 신문사에 또는 연합통신사 편집국에 단추 하나만 눌러서 전송된다. 휴대용 컴퓨터는 휴대전화기에 부착되어 있어 기자는 공중전화를 찾으러 나갈 필요도 없다. 불확실한 전화 접속상태를 경험해 본 외국 특파원들은 단 1분 또는 2분 내에 정확하게 전체 보도내용을 전송할 수 있는 장비에 대해 고마워하였다. 통화상태가 불량인 전화기에 대고 "아니 그것은 Baker할 때 그 B야"라고 소리치는 것보다 훨씬 효율적이다.

전국 배포

전세계에 대한 심각한 뉴스의 할당에 불만족인 지방신문 독자들을 위해 지리적으로 보다 작은 나라들이 항상 전국적인 신문을 제공하였던 유럽의 신문사와 필적할 만한 전국적인 신문사가 미국 내에 나타났다. 현대의 통신기술은 미국 내에 전국적인 신문사가 가능하게 하였다.

전국에 배포되는 신문을 위해 위성은 각 지면의 영상을 지방 배포지점으로 지정된 도시의 인쇄소에 위치한 수신안테나에 보낸다. 《뉴욕 타임스》와 《월 스트리트 저널》 같은 전국적인 신문들의 화요일판은 화요일에 전국의 대부분 현관 앞에 도착한다.

마치 이 모든 것이 불충분한 듯이 일부 영리한 신문판매소는 그들의 재고가 떨어질 즈음 배급소에 신호를 보낸다. 노래에도 있듯이 《타임》(시간 혹은 신문이라는 이중적 의미로 쓰임 — 역주)은 바뀌어 간다.

■ 요약

A Summing Up

여섯 가지 모든 정보혁명 기간 중에, 변화의 동요로 끓어오르는 일부 지역에서는 적어도 한 가지 커뮤니케이션 메시지를 생산하는 새로운 방법이 많은 청중에게 그 메시지를 전달할 하나의 새로운 도구와 결합되었다. 그 결과 때로는 느리고 때로는 빠른 그러나 항상 굽히지 않는 혁명이라 불릴 만한 변화가 일어났다. 동시에 변화의 효소는 새로운 미디어 자체를 확산시켰다.

항상 분리될 수 없는 결합이 커뮤니케이션 도구들과 사회의 구조간에 존재했다. 역사를 통해 그것들은 함께 발전하여 서로 엮이고 상호 인과관계를 지니면서 서로에게 자극을 주었다.

그러한 일관된 형태의 공생활동에 대한 합리적인 해명을 얻기는 어렵지 않다. 그러한 사회의 변동으로 이어지는 양식은 발명가들의 천재성 이상의 것에 의존한다. 유레카(Eureka)! 순간은 항상 필수적이지만 불충분한 근거가 되어왔다.

사회의 동요가 성공의 가능성이 상당히 존재하는 곳에서 아마도 정치적인 또는 개인적인 이득을 바라고 변화를 찾는 사람들에 의해 일어난다는 점을 인식하며 시작되는 설명은 일련의 논리적인 절차로 진술될 수 있다. 그들이 바라는 변화를 유도하기 위해서 사람들은 할 수 있는 무슨 방법이든지, 특히 커뮤니케이션 매체를 사용하여 다른 사람들을 확신시키려 든다. 대규모 사람들을 확신시키는 데 성공여부가 달린 곳에 그들은 대중매체를 사용한다. 만일 새로 개발된 커뮤니케이션 수단이 성공적이라면, 커뮤니케이션의 수용자들은 메시지에 소개된 것일 뿐 아니라 그 전달 수단에도 소개된 것이다. 그것들의 효율성은 자명해진다.

일부 커뮤니케이션 수용자들은 사회의 새로운 움직이는 사람 그리고 변혁자가 되면서 그들만의 목적을 위해 이러한 새로운 도구들을 적용한다. 결과는 기존의 정치적, 사회적 또는 경제적 상황을 바꿀 뿐 아니라 새로운 커뮤니케이션 도구들의 사용을 확대하는 정보혁명으로 연장된다. 역사가 주는 교훈은 그 커뮤니케이션의 도구가 그들의 사회 또는 그들 자신의 미래, 기쁨 또는 편리가 더 나아지기를 원하는 사람들에게 사용되리라는 것이다.

총을 가진 사회는 그것을 사용할 길을 찾게 된다는 말이 있다. 커뮤니케이션 수단을 소유한 사회는 그것을 이용할 길을 찾을 것이고, 통일되지 않은 방식으로 그렇게 하리라는 것도 더욱 맞는 말이다. 무기와는 달리 커뮤니케이션 도구들은 필요할 때를 기다리며 선반 위에 놓여 있도록 의도되지 않았다.

상업, 교육, 정보 전환, 개인적인 통신 그리고 여가활동에 적극적으로 이용되도록 보급된 커뮤니케이션 도구들은 잠재적으로 그것들을 사용하기 위해 노력을 해야 하거나 위험을 무릅써야 하는 현상에 충분히 만족하지 못한 사람들에게 언제든지 이용될 수 있다. 만족하지 못한 사람들에게도 부족함이 없이 어디에나 있다.

여섯 단계의 정보혁명 다시 보기 Revisiting the Six Intormation Revolutions

검증된 여섯 가지 혁명 중에 처음 전달매체로 파피루스를 이용한 통신을 위한 음성기호의 조합인 문자가 만들어져서 지중해 주변의 나라들이 지식을 공유하게 되었고, 역사시대가 시작되었으며 예술과 과학의 엄청난 진보를 이룩하였다. 시공간을 지나는 진정한 정보 이동의 시작이었다. 정보는 저장될 수 있었기 때문에 정신은 더 이상 암기를 강요하지 않게 되었다.

두 번째 정보혁명, 인쇄는 메시지를 생산하는 구텐베르크의 활자인쇄시스템을 전송수단인 종이와 결합시켰다. 인쇄기와 함께 종이는 르네상스, 휴머니즘, 개혁, 반개혁 그리고 중상주의에 날개를 달아준 글을 주었고 정체된 중세시대를 종결시키는 데 공헌을 하였다. 인쇄혁명은 식자층의 확산을 도왔고 식자율에 도움을 입었다. 인쇄와 더불어 현대세계가 시작되었다.

세 번째 혁명, 매스미디어는 종이의 대량생산과 식자층의 증가를 자극하는 신문과 잡지의 대량생산을 결합시켰다. 국립학교, 국립도서관, 전보 그리고 사진이 이 혁명에 합류하여 처음으로 대중에게 지식과 시사정보를 전달하였다. 광고는 산업혁명이 공장 생산품의 시장을 확대하며 활기를 띠게 하였다. 대중매체로 인해 민주주의와 자본주의가 깊이 뿌리내렸다.

네 번째 혁명, 오락은 한 덩어리로 도피할 수 있는 기회를 가져왔다. 다른 장소 다른 시간에 대한 실제 그리고 가상의 이야기들은 대중을 지루하고, 불편하고, 불행한 이곳 바로 현재로부터 해방시켜 주었다. 축음기 레코드의 음악이 배달되었다. 제본된 책의 소설, 잡지의 이야기와 기사들, 뉴스와 여행사진들, 추억을 간직하게 해주는 적당한 가격의 개인 사진기, 라디오가 제공하는 음악, 드라마 그리고 유머, 5센트 극장과 영화관의 신비한 암흑 속에 나타나는 미남 미녀들이 제공되었다. 사람들은 더 이상 그들 자신의 몽상을 만들 필요가 없다. 그들은 이미 만들어져서 나왔다.

우리는 다섯 번째 정보혁명인 가정에서 커뮤니케이션 도구창고로의 전환기를 살고 있다. 수백만명의 사람들에게 집은 더 이상 전통적인 의미에서 주로 먹고, 자고, 가족을 이루게 해주는 친밀감을 느끼려 모이는 장소가 아니다. 대신에 그곳은 커뮤니케이션 도구들이 쌓여 있고 십을 멋어나는 봉신이 전송되고 수신되는 장소이다. 바로 이곳에서 사람들은 정신적으로 또는 육체적으로 서로 떨어져서 모뎀, 자동응답기, 팩스, 케이블 그리고 위성안테나를 통해 들어오는 텔레비전 또 비디오테이프, 라디오, 전화, 책, 잡지, 신문 그리고 컴퓨터에 많은 시간을 사용한다. 우리는 대중매체의 힘이 우리를 서로 떨어뜨린다는 사실을 발견하였고 거기에 만족하고 있는 것 같다.

마지막으로 우리는 여섯 번째 혁명, 정보고속도로를 따라 선택거리로 가득한 여행에 들어섰다. 이 혁명의 차원은 완전히 드러나지 않았으나 그것은 직접 이동으로부터 완전히 탈피한 커뮤니케이션을 약속한다. 집에서 일하고, 집에서 배우고, 집에서 멀리 있는 사람과 통신하고 현관을 거의 나서지 않고도 대부분의 삶의 즐거움을 집에서 수용하면서 개인으로 살아가게 해준다.

집은 더 이상 직장, 학교, 오락 제공 장소 또는 사랑하는 사람들의 집에서 물리적으로 접근 가능한 영역 안에 있어야 될 필요가 없다. 원하는 곳은 어디든지 가능하다. 그것은 지난 2세기 동안 도시로 향한 산업혁명기의 인구와 부의 유입을 시간이 지나면서 역전시킬 수 있었다. 수많은 긍정적이고 부정적인 사회적 결과들이 그러한 인구의 이동을 따랐다. 더 나아가서 정보에 부여되는 가치들은 커뮤니케이션 도구들이 풍족하지 못한 지구의 거대한 지역에 경제적인 침체로 위협하였다.

개인적인 차원에서는 어느 커뮤니케이션 기술이 사용되든지 새로운 기술이 이용가능할 때 그때까지 만족스럽던 다른 커뮤니케이션 도구 또는 행위들을 대체한다. 암기를 대체한 소크라테스 시대의 쓰기처럼 그것은 정보고속도로에도 동일하게 해당한다. 전자우편이 우체국의 '달팽이 우편'을 대체하든지, 영화를 내려받는 것이 저녁 나들이를 대체하든지, 대화방의 시간들이 데이트를 대체하든지, 어떤 다른 기술이나 행위들은 대체된다. 직접적인 인간의 접촉과 같은 바람직한 것도 잃게 될 수 있다. 새로운 매체의 어려움 없는 국제적인 도달에도 불구하고 책을 읽어서든 또는 인터넷 데이터베이스와 온라인으로 연결되어서든 정보와 오락의 획득은 종종 소외를 수반한다. 그런 소외는 입말에서 글말 문화로의 이동으로 시작했고 걱정스럽게도 정보고속도로를 따라가는 것이 사회적 기능장애가 될 정도로 계속 확대되었다.

3세대에 걸친 커뮤니케이션

부족 문명시대의 한 인간, 중세시대의 한 인간 그리고 최첨단의 커뮤니케이션 도구들 가운데서 살아가는 현대세계의 한 인간, 이렇게 세 가지 인간을 생각해보자. 비록 그들이 남자이거나 여자이거나 우리는 문화, 교육 그리고 지위뿐 아니라 성에 따라서 개인적인 차이를 인지해야 한다. 즉 우리는 다음에 나오는 일반화가 지니고 있는 약점을 인정해야 한다.

부족시대 사람들은 대부분 선사시대에 속한다고 말할 수 있다. 물론 지금도 지구의 사막의 오지, 정글, 극지방에 소수가 존재한다. 중세형의 인간들은 계속적으로 많은 곳에 존재한다. 도구창고시대의 인간들은 바로 옆집에 살거나 아마도 매일 아침 거울 속에서 당신을 바라보고 있을 것이다.

부족시대 사람들은 타고난 것 외에는 대부분 통신도구가 없었다. 오직 일부 사람들만이 부족시대 사람들이 일생 동안 알고 지낼 사람들이다. 우리 모두가 알고 있듯이, 부족시대 사람들은 시각에 의해서 뿐 아니라 후각에 의해서도 그러한 친밀함을 알고 있었을 것이다. 예술품, 편지 그리고 거대한 사회가 없고 두려움과 위험으로 둘러싸인 자연상태인 부족시대 사람들의 삶을 토머스 홉스(Thomas Hobbes)는 외롭고, 가난하고, 불결하고, 잔인하고, 짧다고 요약하였다. 그러나 부족시대 사람들의 삶이 가난하고, 불결하고, 잔인하고, 짧더라도 그것은 현대 커뮤니케이션 도구들에 둘러싸여서 그것들에 의존하여 실제로 매우 외로운 삶을 살게 되는 도구에 연결된 인간의 삶보다는 덜 외로웠을 것이다. 부족시대 사람들의 경우 확실히 주변의 위험과 접하고 있고 존속을 위해서 그 종족의 다른 사람들에 의존하면서 모든 다섯 가지 감각과 여섯 번째 감각이 강도 깊게 그리고 친밀하게 동료 종족을 알기에 충분할 정도로 예민해 있었다. 만일 누가 부족시대 사람들은 다른 곳에서는 어떤 삶이 있을지 생각해 보아야 된다고 이야기하려 든다면 원시인들은 아마도 비웃으며 코방귀를 뀌고 그들의 일상으로 돌아갔을 것이다.

자신이 태어난 지구상의 위치와 사회적 계층에 의존하는 중세인은 아마도 커뮤니케이션 창고시대의 인간보다 가까운 시기에 살았겠지만 커뮤니케이션의 입장에서 본다면 원시인의 정신과 일상생활에 더 가깝게 살았다. 만일 마을에서 태어났다면 중세인은 몇 안 되는 사람들을 알고 지냈을 것이다. 10세기 동안의 노르망디 프랑스 지방에 살았던 보통 사람은 평생 100에서 200명 사이의 사람들을 만나고 600단어 정도를 알고 지냈다.

비록 바깥 세상에 대해서 인식하였지만 중세 사람들은 그것을 조사해야 될 것으로 생각지 않았다. 한 마을에 태어나게 되면 중세사람은 십자군원정에 참여하는 드문 기회가 생기지 않는 한 그 마을에 머물렀다. 그 마을 너머의 세상에 대한 중세인의 빈약한 정보들은 여러 곳을 거쳐 다니는 여행자들로부터 나왔으나, 만일 마르코 폴로(Marco Polo)가 그랬듯이, 이상하고 다른 세상에 대한 보고를 하면 중세인은 비웃으며 코방귀를 뀌고 그날의 일과로 돌아가는 일 외에는 다른 반응을 할 이유가 없었다.

우리가 당연시하고 있는 거의 모든 커뮤니케이션 도구들이 중세시대에는 존재하지 않았다. 그것들 중에 있던 것은 양피지 혹은 종이, 수도원에 필사된 책, 뉴스 책(newsbook), 우편서비스, 교회의 착색된 유리창 또는 성경의 이야기를 말해주는 수도원의 벽화들이나 그것들 중 어느 것을 알고 지내는 것도 중세인의 평생 동안의 거주지에 달렸다. 아무튼 그것들은 거의 중요하지 않았다. 중세인이 읽을 수 있으면서 쓸 수는 없는 경우는 확실히 있을 법하지 않다. 중세인들에게 중요한 것은 이웃과의 관계, 토지의 주인과의 관계 그리고 이 세상과 도래할 세상을 지배하는 전지전능한 하나님과의 관계였다. 원시인들처럼 중세인은 아마도 제정신일 때는 최대한 오감을 사용하였을 것이다.

세상에 완전히 조화된 커뮤니케이션 도구 인간은 수백만 명의 사람들의 존재를 알고, 영화와 비디오테이프로 그들을 보고, 텔레비전으로 그들을 보고, CD로 그들의 음악을 듣고, 신문, 책 그리고 잡지에서 그들에 대한 이야기를 읽고, 전화로 그들 중 일부에게 이야기를 하고, 우편과 전자우편으로 다른 사람들과 잡담을 나눈다. 커뮤니케이션 도구 인간은 원시인 또는 중세인이 실제 인간들의 존재를 인식하고 있던 것보다 훨씬 더 허구적인 인간들의 존재에 대한 문어, 구어 그리고 시각매체를 통해 지식을 보유하고 있다. 이러한 조상들처럼 커뮤니케이션 도구 인간은 친근감을 필요로 하지만 밀접한, 직접적인, 물리적 접촉을 통해 그것을 얻는 일은 드물다. 만일 누가 다른 사람의 냄새를 맡는, 향수가 아니라 씻지 않은 살 냄새를 맡는 즐거움을 얘기하려 한다면 커뮤니케이션 도구 인간은 다른 사람과 만나게 될 경우 그전에 항상 잘 선택된 방취제를 적당히 사용하기 때문에 비웃으며 코방귀를 뀌고 일상업무로 돌아갈 것이다.

만일 커뮤니케이션 도구 인간이 장님, 귀머거리 또는 거동이 불편한 신체적 장애가 있다면, 점자, 오디오서비스, 센서장비 그리고 청각장애자용 자막처리(closed-captioning)와 같은 소프트웨어를 하드웨어에 사용하여 감각을 대신하여 정보와 오락을 받아들일 것이다.

그러나 수백만 명의 다른 사람들의 존재를 인식한다 하더라도 커뮤니케이션 도구 인간은 사실 원시인이나 중세인보다 더 적은 접촉을 갖고, 사람들에게 인사하고 그의 이름을 알고 있을 훨씬 적은 수의 사람으로부터 인사를 받는다. 커뮤니케이션 도구 인간은 감정적인 자극의 어떤 필요도 전송된 형태의 성, 폭력 그리고 도박, 단추 한 번 누르기만 하면 되는 쉽게 이용가능한 다양한 통신방법으로 모든 것들을 승화시킬 것이다. 사실 3차원의 가상 현실 중의 하나가 XXX등급을 받을 것이라는 숨막히는 보고들을 읽으면 커뮤니케이션 도구 인간은 기술의 로맨스(techno-romance)가 도착하기를 참고 기다릴 수 없을 지경이다. 오감의 경우는 오직 그중 두 가지, 시각과 청각만이 예민하게 유지된다. 커뮤니케이션 도구 인간의 후각은 어떤 불쾌한 냄새가 따라 오지 않는 한 거의 쓸 일이 없다. 예민한 촉각은 실제 사랑행위 또는 금고털이와는 동떨어진 가상세계에서는 의미가 없다. 미각의 경우 오래 전에 TV 저녁식사가 대신하고 있다.

커뮤니케이션 도구들이 커뮤니케이션 도구 인간의 권력이나 부를 보장하지는 않지만, 그 도구들이 없이는 권력이나 부를 전혀 얻을 수가 없다. 정부가 그 도구를 금지시킨다면 커뮤니케이션 도구 인간은 분명히 힘을 잃을 것이다. 만일 커뮤니케이션 도구 인간이 정보와 오락을 가져다주는 도구를 소유하고 있으나 후자를 위해서만 사용한다면 부는 찾아오지 않을 것이다.

만일 커뮤니케이션 도구 인간이 전자 거미줄 속의 거미처럼 혼자 살기로 선택한다면, 그것은 혼자 사는 것이 접속시간을 침범하는 일도 없고 매체의 선택을 놓고 논쟁할 일도 없는 최소한 방해받지 않는 삶의 형태이기 때문일 것이다. 커뮤니케이션 도구 인간은 매체의 선택에 반항한다. 커뮤니케이션의 역사가 우리에게 말해주고 있는 것이 있다면, 그것은 항상 더 많은 선택이 따라온다는 것이다.

■ 참고문헌

Bibliography

Abrahamson, Albert. 1955, *Electronic Motion Pictures: A Hustory of the Televisoin Camera*. Berkeley: University of California Press.

Aitken, Hugh G. 1976, *Syntony & Spark: The origins of Radio*. New York: Wiley.

Aldgate, Anthony. 1979, *Cinema And History*. London: Scholar Press.

Aldridge, B. L. 1964, *The Victor Talking Machine Company*. Camden, NJ: RCA Sales Corp.

Allen Marti Lu. 1991, *The Beginning of Understanding: Writing in the Ancient World*. Ann Arbor: Kelsey Museum of Archaeology.

American Heritage of Invention & Technology; "Laying a Cable Across the Sea," Fall, 1987.

Amphlett, James. 1986, *The Newspaper Press*. London: Whittaker & Co.

Angelakos, Diogenes and Everhart, Thomas E. 1968, *Microwave Communications*. New York: McGraw-Hill.

Anderson, Benedict. 1991, *Imagined Communities: Reflections on the Origin and Spread of Nationalism*. London: Verso.

Archer, Gleason. 1938, *The History of Radio to 1926*. New York: American Historical Society.

Asimov, Isaac. 1982, *Asimov's Biographical Encyclopedia of Science and Tchnology*., 2nd revised ed. Garden City, N.Y.: Doubleday.

_____. 1967, *Is Anyone There?* Garden City, N.Y.: Doubleday.

Augarten, Stan. 1984, *Bit by Bit*. New York: Ticknor & fields.

Bachlin, Peter. 1952, *Newsreels Across The world*. Paris: UNESCO.

Baker, W.J. 1970, *The History of the Marconi Company*. London: Methuen.

Bardeche, Maurice. 1938, *The History of Motion Pictures*. New York: W.W.Norton & Co..

Baker, Joel A. 1992, *Paradigms: The Business of Discovering the Future*. New York: Harper Business.

Barnouw, Erik. 1966-70, *A History of Broadcasting In the United States*. 3 vols. New York: Oxford University Press.

_____. 1978, *The Sponsor*. New York: Oford University Press.

Basalla, George. 1988, *The Evolution of Technology*. Cambridge: Cambrideg University Press.

Batra, Rajeev, and Glazer, Rashi, eds.. 1989, *Cabel TV Advertising*. New York: Quorum Books.

Baxter, Sylvester. 1906, "The Telephone Gir," *The Outlook*, 26 May.

Beaton, Cecil W.H. 1975, *The Magic Image*. Boston: Little, Brown.

Beaver, Frank E. 1983, *On Film: A History of the Motion Picture*. New York: McGraw-Hill.

Beck, Kirsten. 1983, *Cultivation the Wasteland*. New York: American Council for the Arts.

Begun, S.J. 1949, *Magnetic Recording*. New York: Rinehart.

Beith, John Hay. 1946, *The Post Office Went To War*. LonDon: H.M. Stationery Office.

Beniger, James R. 1986, *The Control Revolution*. Cambridge, Mass.: Harvard University Press.

Bijker, Wiebe E., Hughes, Thomas P., and Pinch, Trevor, eds. 1987, *The Social Construction of Technological Systems*. Cambridege: MIT Press.

Blake, G.G. 1974, *History of Radio Telegraphy & Telephony*. New York: Arno Press.

Bliss, Edward, Jr. 1991, *Now the News*. New York: Columbia University Press.

Blumenthal, Howard 1983, J. *The Media Room*. New York: Penguin Books.

Boorstin, Daniel J. 1973, *The Americans: The Democratic Experience*. New York: Random House.

Brand, Stewart. 1987, *The Media Lab*. New York: Viking Press.

Braun, E. 1982, *Revolution In Miniature: The History and Impact of Semiconductor Electronics*. Cambridge: Cambridge University Press.

Brewer, Roy. 1973, *The Man Who Loved Letters*. New York: Rowman and Littlefield.

Bright, Charles. 1918, *Telegraphy, Aeronautics and War*. London: Constable & Co..

Brittain, James E. 1981, *Turning Points In American Electrical History*. New York: IEEE Press.

Broecker, William L., ed. 1984, *Encyclopedia of Photography*. New York: Crown Publishers.

Books, John. 1976, *Telephone: The First 100 Years*. New York: Harper & Row.

Brothers, Alfred. 1899, *Photography: Its History*, 2nd ed. London: C. Griffin & Co..

Bruns, James H. 1992, *Mail on the Move*. Polo, Ill: Transportaion Trails.

Buckland, Gail. 1980, *Fox Talbot And The Invention of Photography*. Boston: D.R. Godine.

Bunnell, David. "Tracking the Revolution," 1986, *Publish!*, September/October.

Burch, Robert M. 1910, *Colour Printing & Color Printers*. London: Pitman & Sons.

Burckhardt, Jacob. 1963, *History of Greek Culture*. Trans. Palmer Hilty. New York: Frederick Ungar Publishing Co..

Burke, James. "Communication in the Middle Ages," in David Crowley and Paul Heyer, 1991, *Communication in History*. New York: Longman.

_____. 1978, *Connections*. Boston: Little, Brown & Co..

Burrows, A.R. 1924, *The Story of Broadcasting*. New York: Cassell & Co., Ltd..

Bush, Wendull T. 1918, "An Impression of Greek Political philosophy," *Studies in the History of Ideas*, vol. 1. New York: Columbia University Press.

Butler, Pierce. 1940, *The Origin of Printing In Europe*. Chicago: University of Chicago Press.

Butterworth, William E. 1977, *Hi Fi: From Edison's Phonography To Quad Sound*. New York: Four Winds Press.

Cameron, E.W., ed. 1980, *Sound and the Cinema*. New York: Redgrave Publishing Co..

Cantor, Norman, and Werthman, Michael. 1968, *The History of Popular Culture*. New York: Macmillan.

Carey, James. "Harold Adams Innis and Marshall McLuhan," 1967, *The Anioch Review*, vol. 27.

Carpenter, Edmund. 1960, *Explorations in Communication*. Boston: Beacon Press.

Carruthers, George. 1947, *Paper in the Making*. Toronto: The Garden City Press Cooperative.

Carter, Harry. 1969, *A View of Early Typography*. Oxford: Clarendon Press.

Carter, Hodding, III. 1967, *The Black American and the*

Press. Orinda, CA: Ward Ritchie Press.

Carter, John. 1967, *Printing And The Mind of Man*. New York: Holt, Rinehart & Winston.

Carter, T.F. 1955, *The Invention of Printing in China and Its Spread Westward*. New York: Ronald Press.

Casmir, Fred L., ed. 1991, *Communication in Development*. Norwood, N.J.: Ablex Publishing Corp..

Centerwall, Brandon S. "Television and Violent Crime," *The Public Interest*, (Spring 1993): 61.

Chanan, Michael. 1980, *The Dream That Kicks*. Boston: Routledge & Kegan Paul.

Chappell, Warren. 1970, *A Short History of the Printed Word*. New York: Alfred A. Knopf.

Chase, Scott, "22,300 Miles Closer to Heaven," *Via Satellite*, December 1988.

Christie, Linda Gail. 1985, *The Simon & Schuster Guide to Computer Peripherals*. New York: Simon & Schuster.

Clark, David G. and Blankenburg, William B. 1973, *You & Media*. San Francisco: Canfield Pres.

Clark, Kenneth. 1969, *Civilization*. New York: Harper & Row.

Clarke, Arthur C. 1958, *Voice Across The sea*. New York: Harper & Row.

Clarkson, Leslie. Edath, 1975, *Disease and Famine in Pre-industrial England*. Dublin: Gill and Macmillan.

Coe, Brian. 1977, *The Brith of Photography*. New York: Taplinger Publishing Co..

_____. 1981, *History of Motion Picture Photography*. New York: Zoetrope, Inc..

Cohn, angelo. 1967, *The Wonderful World of Paper*. London: Abelard-Schuman.

Collins, Doublas. 1990, *The Story of Kodar*. New York: Harry Abrams, Inc..

Cooke, Philip. 1990, *Back to the Future*. London: Dunwin Hyman.

Corn, Joseph J., ed. 1986, *Imagining Tomorrow*. Cambridge: The MIT Press.

Cornish, Edward. "The Coming of an Information Society," *The futurist*, (April 1981): 14.

Costigan, Daniel M. 1971, *Fax: The Principles And Practice of Facsimile communication*. Philadelphia: Chilton Book Co.

Cotrell, Leonard. 1965, *The Quest for Sumer*. New York: G.P. Putnam's Sons.

Coulton, George C. 1960, *Medieval village, Manor and Monastery*. New York: Harper & Bros., Torchbooks.

Coursey, Philip R. 1919, *Telephony without Wires*. New York: Wireless Press, Ltd..

Crawford, William. 1979, *The Keepers of Light: A History*. Dobbs Ferry, N. Y.: Morgan & Morgan.

Crosby, John. 1952, *Out of The Blue*. New York: simon & Schuster.

Crowley, David, and Hyer, Paul. 1991, *Communication in History*. New York: Longman.

Cullinan, Gerald. 1973, *The United States Postal Service*. New York: Praeger.

Curran, James, ed. 1977, *Mass Communications and Society*. London: Edward Arnold, Ltd.

Czitrom, Daniel J. 1982, *Media and the American Mind*. Chapel Hill, N.C.: University of North Carolina Press.

Davis, Charles. 1972, *The Manufacture of Paper*. New York: Arno Press.

Darnton, Robert, and Roche, Daniel, eds. 1989, *Revolution in Print: The Press in France 1775-1800*. Verkeley: University of California Press.

Davis, Natalie Zemon. 1981, "Printing and the People: Early Modern France," in *Literacy and Social Development in the West: A Reader*, ed. Harvery J. Graff. Cambridge: Cambridge University Press.

Dayan, Daniel, and Katz, Elihu. 1992, *Media Events*. Cambridge: Harvard University press.

DeForets, Lee. 1942, *Television Today and Tomorrow*. New York: Dial Press.

Deluca, Stuart M. 1980, *Televisio's Transformation: The Next 25 Years*. San Diego: A.S. Barnes.

Denman, Frank. 1952, *Television: The Magic Window*. New York: Macmillan.

Deslandes, Jacques. 1966, *Histoire Comparee du Cinema*. Paris: Casterman.

Didsbury, Howard F. ed., 1982, *Communications and the*

Future. Bethesda, Md., World Future Society.

"The Difficult Birth of the Typewirter," *American Heritae of Invention & Technology;* Spring / Summer, 1988.

Dilts, Marion May. 1941, *The Telephone in a Changing World*. New York: Longman's Green.

Disraeli, Isaac. 1940, *The Invention of printing*. New York: The Merican institute of Graphic Arts.

Dizard, Wilson P. 1982, *The Coming Information Age*. New York: Longman.

Dominick, Joseph R., Sherman, Barry, and Copeland, Gary, eds. 1993, *Broadcasting/Cable and Beyond*. New York: McGraw-Hill.

Donovan, Robert J. and Scherer, Ray. 1992, *Unsilent Revolution: Television News and American Public Life*. New York: Cambridge University Press.

Doulas, Susan J. 1987, *Inventing American Broadcasting, 1899-1922*. Baltimore: The Johns Hopkins University Press.

Driver, G.R. 1948, *Semitic Writing: From Pictograph to Alphabet*. London: Oxford University Press.

Dryer, Sherman H. 1942, *Radio In Wartime*. New York: Greenberg.

Dunlap, Orrin E. 1962, *Communication In Space: From Wireless to Satellite Relay*. New York: Harper.

_____. 1970, *Communications In Space: From Marconi to Man on the Moon*. New York: Harper & Row.

_____. 1944, *Radio's 100 Men of Science*. New York: Harper & Bros..

Dunn, John, ed. 1992, *Democracy: The Unfinished Journey, 508 BC to AD 1993*. New York: Oxford University press.

Durant, Will and Ariel. 1939-1957, *The Story of Civilization*, Vol 1-5. New York: Simon & Schuster.

Dyer, Frank and Martin, Thomas. 1929, *Edison, His Life and Inventions*. New York: Harper & Bros..

Eaglesfield, Charles. Laser Light: 1967, *Fundamentals and Optical Communications*. New York: St. Martin's Press.

Eargle, John. 1986, *Handbook of Recording Engineering*. New York: Van Nostrand Reinhold.

Edgerton, Harold E. 1979, *Moments of Vision: The Stroboscopic Revolution in Photography*. Cambridge: MIT Press.

Eisentstein, Elizabeth. 1979, *The Printing Press As An Agent Of Change*. Cambridge: Cambridge University Press.

_____. 1983, *The Printing Revolution in Early Modern Europe*. Cambridge: Cambridge University Press.

Ellis, Jack C. 1979, *A History o Film,* 2nd ed. Englewood Cliffs, N.J.: Prentice-Hall.

Emery, Edwin and Michael. 1988, *The Press and America*, Sixth Edition. Englewood Cliffs, N.J.: Prentice Hall.

Engels, Friederich. 1958, *The Conditions of theWorking Class in English Tradition*. Trans. & ed. W. Ottenderson and W.H. Chaloner. Oxford: Oxford University Press.

Ennes, Harold E. 1979, *Television Broadcasting: Tape Recording Systems*. Indianapolis: Howard W.Sams & Co.

Everson, George. 1949, *The Story of Television: The Life of Philo T.Farnsworth*. New York: W.W. Norton.

Faber, Ronald J. and O'Guinn, Thomas C. "Expanding the View of Consumer Socialization," *Resarch in Consumer Behavior*, Vol. 3 (1988): 58.

Fabre, Maurice. 1963, *A History of Communications*. New York: Hawthorne Books.

Fahie, John J. 1884, *A History of Electric Telegraphy to the Year 1837*. London: E. & F. Spon.

Fang, Irving E. 1987, *The Computer Story*. St. Paul: Rada Press.

_____. 1993, *Pictures*. St. Paul: Rada Press.

_____. 1977, *Those Radio Commentators!* Ames: Iowa State University Press.

Febvre, Lucien and Martin, Henri-Jean. 1984, *The Coming of the Book*. Trans. David Gerard, ed. Geoffrey Nowell-Smith and David Wooten. London: Verso.

Fedida, Sam. 1979, *Viewdata Revolution*.New York: Wiley.

Fenster, J.M. "How Bing Crosby Brought You Audiotape," *Invention and Technology*, (Fall 1994): 58.

Fielding, Raymond. 1972, *The American Newsreel 1911-1967*. Norman: University of Oklahoma Press.

_____. 1979, *A Technological History of Motion Pictures And Television*. Berkeley: University of California Press.

Finley, M.I., ed. 1984, *The Legacy of Greece*. Oxford: Oford University Press.

Foque, Victor. 1979, *The Truth Concerning the Invention of Photography*. New York: Tennant & Ward.

Forester, Tom. 1979, *High-Tech Society*. Cambridge: MIT Press.

_____. ed. 1985, *The Information Technology Rovolution*. Cambridge: MIT Press.

Forkert, Otto. 1933, *From Gutenberg To The Cuneo Press: An Historical Sketch*. Chicago: Cuneo Press.

Fornatele, Peter. 1980, *Radio In The Televions Age*. Woodstock, N.Y.: Overlook Press.

Franklin, Harold B. 1929, *Sound Motion Pictures*. Garden City, N.J.: Doubleday, Doran.

Friedman, Joseph S. 1944, *History of Color Photography*. Boston: American Photographic Publishing Co.

Friedman, Thomas L. 1989, *From Beirut to Jerusalem*. New York: Farrar, Straus & Giroux.

Fuller, Wayne E. 1972, *The American Mail, Enlarger of the Common Life*. Chicago: University of Chicago Press.

Gabler, Edwin. 1988, *The American Telegrapher: A Social History, 1860-1900*. New Brunswick, N. J.: Rutgers University Press.

Ganley, Gladys D. 1992, *The Exploding Political Power of Personal Media*. Norwood, N.J.: Ablex Publishing.

Garrett, Ablert E. 1911, *The Advance of Photography*. London: K. Paul, Trench, Trubner & Co.

Garson, barbara. 1988, *The Electronic Sweatshop: How Computers Are Transforming the Office of the Future into the Factory of the Past*. New York: Bantam Books.

Gaur, Albertine. 1987, *A History of Writing*. London: The British Library.

Geck, Elisabeth. 1968, *Johannes Gutenberg: From Lead Letter to the Computer*. Bad Godesberg: Inter Nationes.

Geldud, Harry M. 1989, *The Birth of the Talkies: From Edison to Jolson*. Bloomington: Indiana University Press.

Gernsheim, Helmut and Alison. 1955, *The History of Photography*. London: Oxford University Press.

Gernsheim, Helmut. 1982, *The Origins of Photography*. New York: Thames and Hudson.

Gibson, James M. and Hall, James C. Jr. 1969, *Damn Reading!: A Case Against Literacy*. New York: Vantage Press.

Glasser, Theodore. "The Role of the Press, and the Value of Journalism," *Focus,* University of Minnesota, (Fall 1988).

Goldberg, Robert and Gerald Jay. 1990, *Anchors: Brokaw, Jennings, Rather and the Evening News*. New York: Carol Publishing Group.

Goldsmith, Alfred N. 1930, *This Thing Called Broadcasting*. New York: H. Holt & Co.

Goldsmith, Arthur. 1990, "Reinventing the Image," *Popular Photography*, March.

Goldstine, Herman H. 1972, *The Computer from Pascal to von Neumann*. Princeton, N.J.: Princeton University Press.

Goody, Jack. 1968, *Literacy in Traditional Societies*. Cambridge: Cambridge University Press.

Gorham, Maurice A.C. 1952, *Broadcasting and Television*. London: Dakers.

Gouldner, Alvin W. 1976, *The Dialection of Ideology and Technology*. Oxford: Oxford University Press.

Grant, August E. and Wilkinson, Kenton T., eds. 1993, *Communication Technology Updata, 1993-1994*. Austin: Technology Futures, Inc.

Gray, Thomas. 1892, *The Inventors of the Elegraph and Telephone*. Washington: Smithsonian Institution.

Green, Fitzhugh. 1929, *The Film Finds Its Tongue*. New York: G.P. Putnam's Sons.

Gumpert, Gary. 1987, *Talking Tombstones and Other Tales of the Media Age*. Oxford: Oxford University Press.

Hamilton, Frederick W. 1918, *The Invention of Typography*. Chicago: The Committee of Education. United Typothetae.

Hammargren, Russell James. 1934, *The Impact of Radio On The Newspaper*. M.A. thesis, University of Minnesota.

Hammer, Mina F. 1940, *History of the Dodak and its*

Continuations. New York: Pioneer Publications.

Hammond, John H. 1981, *The Camera Obscura: A Chronicle.* Bristol, England: Adam Hilger, Ltd..

Hansen, Miriam. 1991, Babel and *Babylon: Spectatorship in American Silent Film.* Cambridge: Harvard University Press.

Hanson, Jarice. 1994, *Connections: Technologies of Communication.* New York: Harper Collins.

Harlow, Alvin F. 1938, *Old Post Bags.* New York: D. Appleton.

_____. 1936, *Old Wires and New Waves.* New York: D. Appleton-Century.

Harpur, Patrick, ed. 1982, *The Timetable of Technology.* New York: Hearst Books.

Harris, William V. 1989, *Ancient Literacy.* Cambridge: Harvard University Press.

Hartmann, Heidi I., Kraut, Robert E., and Tilly, Louise A. eds. 1986, *Computer Chips and Paper Clips: Technology and Women's Employment.* Washington, D. C.: National Academy Press.

Haskins, Charles H. 1929, *Studies in Medieval Culture.* Oxford: The Clarendon Press.

Hassard, John R.G. 1878, *The Wonders Of The Press.* New York: The Tribune Association.

Havelock, Eric A. 1963, *Preface to Plato.* Cambridge, Mass.: Belknap Press.

Hawks, Ellison. 1927, *Pioneers of Wireless.* London: Methuen & Co.

Haynes, Merritt W. 1930, *The Students' History of Printing.* New York: McGraw-Hill.

Head, Sydney W., Sterling, Christopher H., and Schofield, Lemuel B. 1994, *Broadcasting in America,* 7th ed., Boston: Houghton-Mifflin.

Hellemans, Alexander and Bunch, Bryan. 1991, *The Timetables of Science: A Chronology of the Most Important People and Events in the History of Science.* New York: Simon & Schuster.

Hendricks, Gordon. 1961, *The Edison Motion Picture Myth.* Berkeley: University of California Press.

Herodotus. *The History.* 1987, Trans. David Grene.

Chicago: University of Chicago Press.

Hessel, Alfred. 1955, *A History of Libraries.* Trans. Reuben Peiss. New Brunswick, N.J.: The Scarecrow Press.

Hiebert, Ray. 1985, *Impact of Mass Media: Current Issues,* New York: Longman.

Hindle, Brooke. 1981, *Emulation and Invention.* New York: New York University Press.

A History of Engineering and Science in the Bell System. Vol. 7, Bell Laboratories Series. New York, AT&T, 1975.

Hoe, Robert. 1902, *A Short History of the Printing Press.* New York: R.Hoe.

Hofstadter, Richard. 1963, *The Progressive Movement, 1900-1915.* New York: Simon & Schuster.

Hofstetter, Fred T. "Is Multimedia the New Literacy?" *Eductaors Tech Exchange* (Winter 1994): 7.

Hollander, Richard. 1985, *Video Democracy.* Mt. Airy, Md.: Lomond Publications.

House, William C. 1978, *Laser Beam Information Systems.* New York: Petrocelli Books.

Hubbard. Geoffrey. 1956, *Cooke & Wheatstone & the Invention of the Electric Telegraph.* London: Routledge & K. Paul.

Hubbell, Richard W. 1942, *4,000 Years of Television.* New York: G.P. Putnam's Sons.

Hughbanks, Leroy. 1945, *Talking Wax or the Story of the Phonograph.* New York: Hobson Book Press.

Hunter, Dard. 1978, *Papermaking: The History and Technique of an Ancient Craft.* New York: Dover Publications.

Huss, Richard E. 1973, *The Development of Printers' Mechanical Typesetting Methods, 1822-1925.* Charlottesville: University press of Virginia.

Hutt, Allen. 1973, *The Changing Newspaper.* London: Gordon Fraser Gallery..

Inglis, Andrew F. 1990, *Behind the Tube.* Stoneham, Mass.: Focal Press.

Innis Harold 1972, A. *The Bias of Communication.* Toronto: University of Toronto Press, rev. ed..

_____. 1972, *Empire and Communications.* Toronto:

University of Toronto Press, revised ed..

Isaacs, George A. 1931, *The Story of the Newspaper Printing Press*. London: Cooperative Printing Society.

Jaggard, William. 1908, *Printing: Its Brith Ang Growth*. Liverpool: The Shakespeare Press.

Jeffrey, Ian. 1981, *Photography: A Concise History*. New York: Oxford University Press..

Jenkins, Reese. 1975, *Images & Enterprise: Technology & the American Photography Industry*. Baltimore: Johns Hopkins University Press.

Jennings, mary-Lou and Madge, Charles, eds. 1985, *Pandœmonium: 1660-1886*. New York: The Free Press.

Jespersen, James and Fits-Randolph, Jane. 1981, *Mercury's Web: The Story of Telecommunications*. New York: Atheneum.

Johnson, Paul. 1987, *A History of the Jews*. New York: Haper & Row.

Jones, Alexander. 1852, *Historical Sketch of the Electric Telegraph*. New York: George P.Putnam.

Jussim, Estelle. 1984, *Visual Communication and the Graphic Arts: Photographic Techniques in the 19th Century*. New York: R.R. Bowker.

Katz, donald R. "Are Newspapers Yesterday's News?" *Esquire* (January 1990): 40.

Keith, Michael C. and Krause, Joseph M. 1993, *The Radio Station*, 3rd ed. Boston: Focal Press.

Kelley, Marcia. "Work-at-home," *The Futurist* (November/December 1988) 32.

Kennedy, Paul. 1993, *Preparing for the Twenty-First Century*. Toronto: Harper Collins Publishers Ltd..

Kenyon, Frederic G. 1951, *Books and Readers in Ancient Greece and Rome*, 2nd ed. Oxford: Clarendon Press.

Kielbowicz, Richard. "News Gathering by Mail in the Age of the Telegraph: Adapting to a New Technology," *Technology and Culture*, Janurary 1987.

King, Larry. 1993, *On the Line*. New York: Harcourt Brace & Co..

Kingslake, Rudolf. 1989, *A History of the Photographic Lens*. Boston: Academic Press.

Koestler, Arthur. 1964, *The Sleepwalkers: A History of Man's Changing Vision of the Universe*. New York: Penguin books.

Kosinski, Jerzy. 1970, *Being There*. New York: Harcourt Brace Jovanovich.

Kozol, Jonathan, 1985, *Illiterate America*. Garden City, N.Y.: Anchor Press.

Kramarae, Cheris, ed. 1988, *Technology and Women's Voice: Keeping in Touch*. New York: Routledge & Kegan Paul.

Kramer, Samuel. 1956, *From the Tablets of Sumer*. Indian Hills, Colo.: Falcon's Wing Press.

Lakshmanan, T.R. 1993, "Social Change Induced by technology: Promotion and Resistance," in Nordal Akerman, ed. *The Necessity of Friction*. Heidelberg: Physica-Verlag.

Lander, David. 1990, "Technology Makes Music," *Invention and Technology*, Spring/Summer.

Lardner, James. 1987, *Fast Forward*. New York: W.W. Norton.

Lascia, J.D. June 1989, "Photographs That Lie," *Washington Journalism Review*.

Laufer, Berthold. 1931, *Paper and Printing in Ancient China*. Chicago: Printed for the Caxton Blub.

Layton, Edwin T. Jr. 1973, *Technology and Social Change in America*. New York: Harper & Row.

Lehman, Maxwell. 1981, *Communication Technologies and Information Flow*. New York: Pergamon Press.

Leinwoll, Stanley. 1979, *From Spark to Satellite*. New York: Charles Scribner's Sons.

Lenmark, Barbara G. 1954, *Some Effects of the Teletypesetter on the Newspaper*. M.A. thesis, Univer sity of Minnesota.

Lewis, Tom. 1991, *Empire of the Air: The Men Who Made Radio*. New York: HarperCollins.

Lichty, Lawrence. 1975, *American Broadcasting: A Source Book on the History of Radio and Television*. New York: Hastings House.

Lloyd, G.E.R. 1984, "Science and Mathematics," in M.I. Finley (ed.), *The Legacy of Greece*. Oxford University Press.

Logan, Robert K. 1986, *The Alphabet Effect: The Impact of the Phonetic Alphabet on the Development of Western Civilization*. New York: William Morrow and Co.

Lowman, Charles E. 1972, *Magnetic Recording*. New York: McGraw-Hill.

Lown, Edward. 1977, *An Introduction To Technological Changes In Journalism*. Ann Arbor, Mich.: Published for the Journalism Program, State University of New York at New Paltz by University Microfilms International.

MacDonald, J.Fred. 1983, *Blacks and White TV-Afro-Americans in Television Since 1948*. Chicago: Nelson-Hall Publishers, p.89.

_____. 1979, *Don't Touch That Dial: Radio Programming in American Life, 1920-1960*. Chicago: Nelson-Hall Publishers.

Macgowan, Kenneth. 1965, *Behind The Screen: History and Techniques of the Motin Picture*. New York: Delacorte Press.

Maclaurin, William R. 1949, *Invention & Innovation in the Radio Industry*. New York: Macmillan.

MacNeil, Robert. 1968, *The People machine*. New York: Harper & Row.

Manchester, William. 1992, *A World Lit Only by Fire: The Medieval Mind and the Renaissance*. Boston: Little, Brown and Company.

Mander, Jerry. 1978, *Four Arguments for the Elinination of Television*. New York: Morrow.

Marchand, Philip. 1989, *Marshall McLuhan*. New York: Ticknor & Fields.

Marcus, Alan I. and Segal, Howard P. 1990, *Technology in America: A Brief Fhistory*. New York: Harcourt Brace jovanovich.

Marek, Kurt W. 1965, *Archaeology of the Cinema*. New York: Harcourt, Brace & World.

Marland, E.A. 1964, *Early Electrical Communication*. London: Abelard-Schuman.

Marrou, H.I. 1984, "Education and Rhetoric," in M.I. Finley (ed.), *The Legacy of Greece*. Oxford: Oxford University Press.

Martin, Henri-Jean. 1994, *The History and Power of Writing*. Trans. Lydia G. Cochrane. Chicago: University of Chicago Press.

Martin, James. 1977, *Future Developments In Telecommunications*. Englewood Cliffs, N.J.: Prentice-Hall.

_____. 1990, *Telecommunications and the Computer*, 3rd ed. Englewood Cliffs, N.J.: Prentice-Hall.

_____. 1981, *Telematic Society: A Challenge for Tomorrow*. Englewood Cliffs, N.J.: PrenticeHall.

Marvin, Carolyn. 1988, *When Old Technologies Were New*. Oxford: Oxford University Press.

Mason, William A. 1920, *A History of the Art of Writing*. New York: Macmillan Co.

Maspero, Gaston. 1922, *The Dawn of Civilization: Egypt and Chaldœa*. Trans. M.T. McClure. London: Society for Promoting Christian Knowledge.

Matusow, Barbara. 1984, *The Evening Stars*. New York: Ballantine Books.

Maurer, Allan. 1982, *Lasers: Light Wave of the Future*. New York: Arco Publishing, Inc.

McClure, M.T. 1918, "Appearance and Reality in Greek Philosophy," *Studies in the History of Ideas*, vol. 1. New York: Columbia University Press.

McLean, Mick. 1985, *The Information Explosion: The New Electronic Media in Japan and Europe*. Westport, Conn.: Greenwood Press.

McLuhan, Marshall. 1964, *Understanding media: The Extensions of Man*. New York: McGraw-Hill.

_____. 1962, *The Gutenberg Galaxy: The Making of Typographic Man*. Toronto: University of toronto Press.

_____. and Powers, Bruce. 1989, *The Global Village*. Oxford: Oxfore University Press.

McMurtie, Douglas C. 1989, *The Book*. New York: Dorset Press.

Mees, C.E.K. 1961, *From Dry Plates to Ektachrome Film*. New York: Ziff-Davis publishing Co.

Meggs, Philip B. 1983, *A History of Graphic Design*. New York: Van Nostrand Reinhold.

Merriam, C. 1890, *Telegraphing Among the Ancients*. Cambridge: Cambridge univerity Press.

Michaelis, Anthony. 1965, *From Semaphore to Satellite*. Geneva: International Telecommunication Union.

Mingo, Jack. 1983, *The Official couch Potato Handbook*. Santa Barbara, CA: Capra Press.

Momigliano, Arnaldo. "History and Biography" in M.I. Finley (ed.), 1984, *The Legacy of Greece*. Oxford: Oxford University Press.

Moran, James. 1973, *Printing Presses:History and Development*. Berkeley: University of California Press.

Moreau, R. 1986, *The Computer Comes of Age*. Cambridge, Mass.: The MIT Press.

Morris, Lloyd R. 1949, *Not So Long Ago*. New York: Random House.

Morse, Arthur H. 1925, *Radio: Bean & Broadcast*. London: Benn.

Moseley, Maboth. 1964, *Irascible Genius: A Life of Charles Babbage, Inventor*. London: Hutchinson.

Nasaw, David. 1993, *Going Out: The Rise and Fall of Public Amusements*. New York: Basic Books.

Neale, Steve. 1985, *Cinema and Technology: Image, Sound, Color*. Bloomington: Indiana University Press.

Newhall, Beaumont. 1967, *Latent Image: The Discovery of Photography*. Garden City, N.Y.: Doubleday.

Newhall, Beaumont. 1956, *On Photography: A Sourcebook of Photo History*. Watkins Glen, N.Y.: Century House.

North, Joseph H. 1973, *The Early Development of the Motion Picture*. New York: Arno Press.

O'Brien, John E. 1910, *Telegraphing in Battle*. Scranton, Pa.: The Reader Press.

Ogburn, William F. 1950, *Social Change*. New York: Viking Press.

_____, and Nimkoff, M.F. 1950, *Sociology*. New York: Houghton-Mifflin.

Ong, Walter S. 1967, *The Presence of the Word: Some Prolegomena for Cultural and Religious History*. New Haven: Yale University Press.

Oslin, George P. 1992, *The Story of Telecommunications*. Macon, Ga.: Mercer University Press.

Pask, Gordon. 1982, *Microman: Computers and the Evolution of Consciousness*. New York: Macmillan.

Pattison, Robert. 1982, *On Literacy*. Oxford: Oxford University Press.

Pease, Edward C., ed. Summer 1993, *Radio: The Forgotten Medium*. New York: Columbia University, The Freedom Forum Media Studies Center.

Peckman, Morse. 1962, *Beyond the Tragic Vision*. New York: George Braziller.

Peterson, Theodore, 1964, *Magazines in the Twentieth Century*. Urbana: University of Illinois Press.

Petrie, W.M. Flinders. 1912, *The Formation of the Alphabet*. London:Macmillan & Co.

Plato. *Phaedo*. 1993, Trans. and ed. David Gallop. Oxford: Oxford University Press.

_____. 1988, *Phaedrus*. Trans. C.J. Rowe, (2nd corrected ed.). Warminster, England: Aris & Rowe.

Plum, William R. 1882, *The Military Telegraph During The Civil War*. Chicago: Jansen, McLurg & Co.

Polscher, Andrew A. 1968, *The Evolution of Printing Presses from Wood to Metal*. Harper Woods, Mich.: Adagio Press.

Pool, Ithiel de Sola. 1983, *Technologies of Freedom*. Cambridge: Harvard University Press.

Poster, Mark. 1990, *The Mode of Information: Poststructuralism and Social Context*. Chicago: The University of Chicago press.

Postman, Neil. 1985, *Amusing Ourselves to Death*. New York: Viking Penguin.

Pound, Arthur. 1926, *The Telephone Idea: 50 Years After*. New York: Greenberg.

Pratt, William K. 1969, *Laser Communications Systems*. New York, Wiley.

Presbrey, Frank. 1929, *The History and Development of Advertising*. Garden City, N.Y.: Doubleday, Doran.

Prescott, George B. 1972, *Bell's Speaking Telephone: Its Invention, construction*. New York: Arno Press.

_____. 1860, *History, Theory & Practice of the Electionic Telegraph*. Boston: Ticknor & Fields.

Putnam, Robert D. "Bowling Alone: America's Declining Social Capital," *Journal of Democracy* (January 1995): 65-78.

Quigley, Martin. 1948, *Magic Shadows: The Story of the Origin of Motion Pictures*. Washington: Georgetown University Press.

Read, Oliver and Welch, Walter L. 1976, *From Tin Foil To Stereo*, 2nd ed. Indianapolis: Howard W.Sams & Co.

Redmond, James. 1974, *Broadcasting: The Developing Technology*. London: British Broadcasting Corp.

Reid, James D. 1879, *The Telegraph in America*. Boston: Derby Bros..

Rhode, Eric. 1976, *A History of the Cinema*. New York: Hill and Wang.

Rhodes, Frederick L. 1929, *Beginnings of Telephony*. New York: Harper & Bros..

Ritchie, David. 1986, *The Computer Pioneers*. New York: Simon & Schuster.

Robinson, David 1973, *The History of World Cinema*. New York: Stein and Day.

Rogers, Everett M. 1986, *Communication Technology*. New York: The Free Press.

Rolo, Charles. 1942, *Radio Goes to War*. New York: G.P. Putnam's Sons.

Rosenblum, Naomi. 1989, *A World History of Photography*. New York: Abbeville Press.

Rose, Albert. Vision: 1973, *Human & Electronic*. New York: Plenum Press.

Rosewater, Victor. 1930, *History of Cooperative News-Gathering in the United States*. New York: D. Appleton& Co.

Rosten, Leo. 1941, *Hollywood, the Movie Colony and the Movie makers*. New York: Harcourt Brace & Co.

Roszak, Theodore. 1986, *The Cult of Information*. New York: Pantheon.

Russell, James. 1934, *The Impact of Radio on the Newspaper*. Unpublished M.A. Thesis, University of Minnesota.

Rybczynski, Witold. 1983, *Taming the Tiger: The Struggle to Control Technology*. New York: Viking Press.

Safley, Thomas and Rosenband, Leonard eds. 1993, *The Workplace before the Factory: Artisans and Proletarians, 1500-1800*. Ithaca: Cornell University Press.

Salt, Barry. 1983, *Film Style and Technology: History and Analysis*. London: Starword.

Sanderson, Richard A. 1971, *A Historical Study*. New York: Arno Press.

Scarborough, John. 1976, *Facets of Hellenic Life*. Boston: Houghton Mifflin Co.

Scheele, Carl H. 1970, *A Short History of the Mail Service*. Washington: Smithsonian Institute Press.

Schiffer, Michael Brian. 1991, *The Portable Radio in American Life*. Tucson: University of Arizona Press.

Schmandt-Besserat, Denise. 1992, *Before Writing*. austin: University of Texas Press.

Schramm, Wilbur. 1988, *The Story of Human connumication: Cave Painting to microchip*. New York: Harper & Row.

Schroeder, Peter B. 1967, *Contact at Sea*. Ridgewood, N.J.: Gregg Press.

Schubert, Paul. 1928, *The Electric Word: The Rise of Radio*. New York: Macmillan.

Schubert, Steven. "The Oriental Origins of the Alexandrian Library," *Libri* 43.2, (1993): 163.

Schudson, Michael. 1978, *Discovering the News*. New York: Basic Books, Inc.

Settel, Irving and Lass, William. 1969, *A Pictorial History of Television*. New York: Grosset & Dunlap.

Shaffner, Taliaferro P. 1859, *The Telegraph Manual*. New York: Pudney & Russell.

Shapiro, Neil. 1983, *The Small Computer Connection*. New York: McGraw-Hill.

Shaw, Donald L. "News Bias and the Telegraph," *Journalism Quarterly*, Spring, 1967. pp.3-12.

Shaw, Thomas. 1944, *The Conquest of Distance by Wire Telephony*. New York: AT&T.

Shiers, George. 1977, *The Development of Wireless to 1920*. New York: Arno Press.

_____. 1977, *The Electric Telegraph: An Historical Anthology*. New York: Arno Press.

_____. 1977, *Technical Development of Television*. New York: Arno Press.

_____. 1977, *The Telephone: An Historical Anthology*. New York: Arno Press.

Shipman, David. 1982, *The Story of Cinema*. New York: St. Martin's Press.

Shurkin, Joel. 1984, *Engines of the Mind: A History of the Computer*. New York: Norton.

Sigel, Efrem. 1983, *The Future of videotext*. White Plains, N.Y.: Knowledge Industry Publications.

_____. 1981, *Videodiscs: The Technology, the Application & the Future*. New York: Van Nostrand.

Simon, Irving B. 1965, *The Story of Printing: From Woodblocks to Electronics*. New York: Harvey House.

Singer, et. al., (eds). 1958, *A History of Technology; Vol. 5, The Late 19th Century*. Oxford: The Clarendon Press.

Singleton, Loy. 1983, *Telecommunications in the Information Age*. Cambridge, Mass.: Ballinger Publishing Co.

Sloan, William, et al, eds. 1989, *The Media in America: A History*. Worthington, Ohio: Publishing Horizons.

Smith, Adele M. 1912, *Printing And Writing Materials: Their Evolution*. Philadelphia, published by the author.

Smith, Anthony. 1988, *Books to Bytes: The Computer and the Library*. New York: Gannett Center for Media Studies.

_____. 1986, *Goodbye Gutenberg*. New York: Oxford University Press.

Smith, F. Leslie. 1985, *Perspectives on Radio and Television*. New York: Harper & Row.

Soley, Lawrence C. 1987, *Clandestine Radio Broadcasting*. New York: Praeger.

Speliotis, Dennis E. and Johnson, Clark E. 1972, *Advances In Magnetic Recording*. New York: N.Y. Academy of Sciences.

Starr, Chester G. 1961, *The Origins of Greek Civilization: 1100-650 B.C.* Alfred A. Knopf.

Stearns, Peter N. 1993, *The Industrial Revolution in World History*. Boulder: Wesstview Press.

Stein, Dorothy. 1987, *Ada: A Life and a Legacy*. Cambridge: The MITPress.

Steinberg, S.H. 1962, *Five Hundred Years of Printing*, 2nd ed.. Baltimore: Penguin Books.

Stephens, Mitchell. 1988, *A History of News*. New York: Viking Press.

Sterling, Christopher H. and Kittross, John M. 1990, *Stay Tuned: A Concise History of American Broadcasting*, 2nd ed.. Belmont, Calif.: Wadsworth.

Still, Alfred. 1946, *Communication through the Ages*. New York: Murray Hill Books.

"The Stormy Birth of the FM Radio," *American Heritage of Invention & Technology;* fall, 1985.

Stump, Matt and Jessell, Harry. "Cable: The First Forty Years," *Broadcasting*, 21 November 1988.

Swift, John. 1950, *Adventure in Vision: The First 25 Years of Television*. London: J. Lehman.

Tedesch, James T., ed. 1972, *The Social Influence Process*. Chicago: Aldine Atherton Publishing.

Thomas, Lowell. 1939, *Magic Dials: The Story of Radio and Television*. New York: L. Furman.

Thomas, Sari, ed. 1984, *Studies in Mass Communication and Technology*. Norwood, N.J.: Albex Publishing.

Thompson, James W. 1940, *Ancient Libraries*. Berkeley: University of California Press.

Thompson, John S. 1972, *History of Composing Machines*. New York: Arno Press.

Thompson, S.P. 1974, *Philipp Reis: Inventor of the Telephone*. Reprint of 1883 edition. New York: Arno Press.

Toffler, Alvin. 1971, *Future Shock*. New York: Bantam Books.

_____. 1980, *The Third Wave*. New York: William Morrow.

Towers, Walter K. 1924, *From Beacon Fire to Radio*. New York: Harper & Bros..

Trethowan, Ian. 1975, *The Development of Radio*. London: British Broadcasting Corp.

Tsien, Tsuen-Hsien. 1962, *Written on Bamboo and Silk*. Chicago: University of Chicago Press.

Tubbs, Douglas B. 1975, *The Illustrated History of the Camera from 1839 to the Present*. Boston: New York: Graphic Society.

Tuchman, Barbara. 1978, *A Distant Mirror: The*

Calamitous 14th Century. New York: Alfred A. Knopf.

Turkle, Sherry. 1984, *The Second Self*. New York: Simon & Schuster.

Bryan S. Turner, ed. 1990, *Theories of Modernity and Postmodernity*. London: Sage Publications.

Vattimo, Gianni. 1992, *The Transparent Society*, trans. David Webb. Baltimore: The Johns Hopkins University Press.

Vivian, John. 1995, *The Media of Mass Communication*, 3rd ed. Boston: Allyn and Bacon.

Vogt, Ernest. 1949, *Radio Technology: Telegraphy, Telephony, Television*. New York: Pitman Publishing.

Vyvyan, Richard N. 1922, *Wireless Over 30 Years*. London: G. Routledge & Sons, Ltd.

Waterhouse, James. 1903, *The Beginnings of Photography*. Washington: Smithsonian Institution.

Watson, Thomas A. 1940, *The Birth and Babyhood of the Telephone*. New York: AT&T.

Weaver, David H. 1983, *Videotex Journalism*. Hillsdale, N.J.: L. Erlbaum Associates.

Westcott, Charles G., and Dubbe, Richard F. 1974, *Tape Recorders-How They Work*. Indianapolis: Howard W. Sams & Co., The Bobbs Merrill Co.

Wheeler, Leslie J. 1969, *Principles of Cinematography*, 4th ed. London: Fountain Press.

Wheen, Francis. 1985, *Televiision*. London: Century Publishing.

White, Ray B. 1939, *Telegrams in 1889-and Since!* Princeton, N.J.: Princeton University Press.

Wiborg, Frank B. 1926, *Printing Ink: A History*. New York: Harper & Bros.

Wicklein, John. 1981, *Electronic Nightmare: The New Communications and Freedom*. New York: The Viking Press.

Wile, Frederic W. 1926, *Emile Berliner, Maker of the Microphone*. Indianapolis: Bobbs-Merrill.

Wilkinson, Paul. 1986, *Terrorism and the Liberal State*. New York: New York University Press.

Williams, Frederick. 1982, *The Communications Revolution*. Beverly Hills: Sage Press.

Williams, Raymond, ed. 1981, *Contact: Human Communication and Its History*. New York: Thames and Hudson.

Williams, Raymond. 1975, *Televison: Technology and Cultural Form*. New York: Schockben Books.

Williams, Rosalind. 1990, *Notes on the Underground*. Cambridge: MIT Press.

Willis, Edgar E. and Aldridge, Henry B. 1992, *Television, Cable and Radio*. Englewood Cliffs: Prentice-Hall.

Wilson, Carmen. 1950, Magnetic Recording 1900-1949. Chicago: John Crerar Library Bibliographic Series, no.1.

Winn, Marie. 1985, *The Plug-In Drug*. New York: Viking Press.

Winsbury, Rex. 1975, *New Technology and the Press*. London: H.M. Stationery Office.

Winston, Brian 1986, *Misunderstanding Media*. Cambridge: Harvard University Press.

Wood, Henry A. 1932, *Progress in Newspaper Manufacture*. New York: wood Newspaper Machinery Corp.

Wood, James P. 1956, *Magazines in the United States*, 2nd ed. New York: Ronald Press.

Wrigley, Maurice J. 1939, *The Cinema: Historical, Technical, & Bibliographical*. London: Grafton & Co.

Wulforst, Harry. 1982, *Breakthrough to the Computer Age*. New York: Scribner.

Wymer, Norman. 1966, *From Marconi to Telstar*. London: Longmans.

Young, L.C. 1973, *Materials in Printing Processes*. New York: Hastings House.

Zilliacus, Laurin. 1953, *Mail for the World*. New York: John Day.

■ 커뮤니케이션 약사

B.C.

3500 : 슈메르인들 점토판 위에 회계관련 문서를 상형문자로 기록하다.
2600 : 이집트에서 필사자들 고용되다.
2400 : 인도에서 인장을 새겨 저자를 확인할 수 있도록 하다.
2200 : 현존하는 최고(最古)의 문서 파피루스에 쓰여지다.
1500 : 페니키아식 알파벳 성립
1400 : 중국 최고(最古)의 기록 뼈 위에 기록되다.
1270 : 시리아의 학자 백과사전을 편찬하다.
900 : 중국에서 정부용으로 우편제도를 조직하다.
775 : 그리스인들 왼쪽에서 오른쪽으로 쓰는 표음 알파벳을 개발하다.
530 : 그리스에 도서관이 건립되다.
500 : 그리스에서 나팔, 북, 큰소리로 외침, 봉화, 연기, 거울 등을 신호용으로 사용하다.
500 : 페르시아에서 역마(驛馬 : Pony express)제도 조직하다.
500 : 중국의 학자들 갈대에 물감을 찍어 대나무 조각 위에 글씨를 쓰다.
400 : 중국인들 나무조각, 대나무, 비단 위에 글씨를 쓰다.
200 : 양피지, 벨럼가죽 등으로 책을 만들다.
200 : 티파오 관보가 중국관리들에게 유통되다.
59 : 율리우스 시저, 악타 듀르나(Acta Diurna)를 게시하도록 명령하다.

A.D.

100 : 로마의 사자(使者)들 정부의 우편물을 제국 전체로 배달하다.
105 : 채륜, 종이를 발명하다.
175 : 중국의 고전들이 돌에 조각되었으며 이들은 후에 탁본으로 이용되었다.
180 : 초보적인 요지경이 중국에서 만들어지다.
250 : 종이의 사용이 중앙아시아로 퍼지다.
350 : 이집트에서 양피지로 만든 성가책이 나무표지로 장정되다.
450 : 중국에서 인장(印章)에 잉크를 묻혀 종이 위에 찍다. 이것이 진짜 인쇄이다.
600 : 중국에서 책이 인쇄되다.
700 : 종이의 품질개선을 위해 반수제(번짐을 방지하는 제재 — 역주)를 사용하다.
751 : 중국 밖의 지역인 사마르칸트에서 중국인

포로들에 의해 종이가 생산되다.
765 : 그림책이 일본에서 인쇄되다.
868 : 중국에서 금강경을 목판인쇄하다.
950 : 종이의 사용이 스페인까지 확산되다.
950 : 중국에서 두루마리의 페이지를 접은 책이 등장하다.
950 : 중국의 규방에서 무료한 여인이 놀이용 카드를 만들다.
1000 : 멕시코 유카탄반도의 마야인들 나무껍질을 이용하여 필기용 종이를 만들다.
1035 : 일본인들 버려진 종이를 이용하여 재생종이를 만들다.
1049 : 피셍 점토를 이용하여 활자를 만들다.
1116 : 중국인들 바느질하여 철(綴)한 책을 만들다.
1140 : 이집트에서 종이를 만들기 위해 미라의 천을 벗겨내다.
1147 : 건설에 이하면 십자규저잰에 참여한 용사들이 종이 만드는 기술자들을 포로로 데려오다.
1200 : 유럽의 수도원들이 우편제도를 이용하여 커뮤니케이션 하다.
1200 : 파리대학이 메신저 서비스를 시작하다.
1282 : 이탈리아에서 종이에 비침무늬를 넣다.
1298 : 마르코 폴로가 중국에서는 지폐를 사용한다고 말하다.
1300 : 중앙아시아에서 목판활자가 만들어지다.
1305 : 택시스가(家) 유럽에서 개인적인 우편서비스를 시작하다.
1309 : 영국에서 종이가 사용되다.
1392 : 한국에 구리활자를 만들기 위한 활자주조소 설치.
1423 : 유럽인들 목판인쇄 사용.
1443 : 한국어 발음을 간소화한 표음문자 한글 창제.
1450 : 몇몇 뉴스레터들이 유럽에서 유통되기 시작하다.
1451 : 구텐베르크는 옛 독일의 시를 인쇄하기 위해 인쇄기를 사용하다.
1452 : 인쇄를 위한 금속판이 사용되다.
1453 : 구텐베르크가 42줄 성경을 인쇄하다.
1464 : 프랑스 왕 우편 시스템을 설립하다.
1477 : 영국에서 광고가 나타나다.

1490 : 유럽에서 종이 위에 인쇄된 책들이 보편화되다.
1495 : 영국에 제지공장 세워지다.
1500 : 유럽에서 수학에 +, − 부호가 사용되다.
1500 : 이때까지 약 3만5천 종의 책이 인쇄되었고 1천만 부 정도가 보급되었다.
1500 : 유럽의 식자층들 두 개의 렌즈가 달린 안경을 쓰다.
1533 : 영국에 우체국장 임명되다.
1545 : 가라몬드 자신의 활자체를 디자인하다.
1550 : 무역상들에 의해 중국에서 유럽으로 벽지(壁紙)가 전해지다.
1560 : 이탈리아에서 휴대용 카메라 옵스큐라를 이용하여 상(像)을 정확하게 묘사하게 되다.
1560 : 유럽에서 법제화되고 규제된 개인 우편시스템이 성장하다.
1565 : 연필이 발명되다.
1609 : 독일에서 정기적으로 발행되는 신문이 최초로 등장하다.
1627 : 프랑스 등기우편을 선보이다.
1631 : 프랑스의 신문 항목별로 분류된 안내광고를 게재하다.
1639 : 보스턴의 어떤 사람이 국제우편 거래를 설치하다.
1640 : 독일의 예수회 수사였던 커크너상(像)을 투사하기 위한 매직 랜턴을 만들다.
1650 : 라이프치히에 일간신문 등장하다.
1653 : 파리의 시민들 우편요금을 지불한 편지를 우체통에 넣을 수 있게 되다.
1655 : 광고(advertising)라는 단어가 등장하다.
1659 : 런던 시민들 1페니(penny)에 우편물을 보낼 수 있게 되다.
1661 : 식민지였던 버지니아주 내에서 우편제도가 시작되다.
1673 : 뉴욕과 보스턴 사이에 편지가 배달되다.
1689 : 신문이 최초로 접히지 않은 전단형태로 인쇄되다.
1696 : 이때까지 영국에 100개의 제지공장이 생기다.
1698 : 남케롤라이나에 공공도서관이 문을 열다.
1704 : 보스턴의 신문광고를 인쇄하다.

1710 : 독일의 제판공 르블론 삼색인쇄를 개발하다.
1714 : 헨리 밀 영국에서 타자기 특허를 받다.
1719 : 류머 종이를 만드는 데 나무를 사용할 것을 제안하다.
1725 : 스코틀랜드의 인쇄업자 연판(鉛版)인쇄 시스템을 개발하다.
1727 : 슐츠 사진화학의 연구를 시작하다.
1732 : 필라델피아에서 벤저민 프랭클린이 대출 도서관을 시작하다.
1755 : 정기적인 우편선이 영국과 식민지 사이를 왕래하다.
1770 : 지우개 발명되다.
1774 : 스웨덴의 화학자 종이 표백제를 발명하다.
1775 : 미 대륙회의(Continental Congress)에서 체신부를 승인하고 벤저민 프랭클린을 초대 장관으로 임명하다.
1780 : 철제 펜이 깃털 펜을 대체하기 시작하다.
1784 : 프랑스에서 넝마 없이 식물을 사용하여 책을 만들기 시작하다.
1785 : 역마차가 미국 내의 마을 사이의 편지를 배달하다.
1790 : 영국에서 수력을 이용한 인쇄술 발명되다.
1792 : 프랑스에서 기계적인 신호기를 건설하다.
1792 : 영국에서 우편으로 송금이 시작되다.
1792 : 인지조례가 미국 전역에서 정규적인 우편을 보장하다.
1794 : 최초의 집배원이 미국 도시의 거리에 등장하다.
1794 : 영화관의 전신이라고 할 수 있는 파노라마관(館) 문을 열다.
1794 : 신호 시스템이 파리와 릴리를 연결하다.
1798 : 독일의 제네펠더 석판인쇄술 발명
1799 : 프랑스의 로베르 종이 만드는 기계 발명
1800 : 편지가 메인주의 포틀랜드에서 조지아주의 사바나까지 도착하는 데 20일 걸리다.
1801 : 신호기 시스템 프랑스 해안을 따라 건설되다.
1801 : 조세프-마리 재커드 펀치카드를 사용하는 직조기 발명
1803 : 포드리니어 끊임없는 두루마리 종이 생산기계 발명.

1807 : 카메라 루시다가 상을 모사하는 능력을 개선하다.
1808 : 이탈리아의 튜리가 장님인 백작부인을 위해 타자기를 만들다.
1810 : 독일에서 전기화학적 전보 만들다.
1810 : 우편서비스 동일한 개인 계약하에 합병되다.
1813 : 의회가 증기선이 편지를 운반하도록 인가하다.
1814 : 영국에서 증기력을 이용한 회전식 인쇄기로 ≪더 타임스≫를 인쇄하다.
1815 : 미국 내에 3천 개의 우체국이 생기다.
1816 : 2센트 미만의 가격으로 신문을 우편배달하다.
1816 : 닙시 8시간의 노출로 상(像)을 포착하다.
1818 : 스웨덴의 베르젤리우스가 빛에 반응하는 전기적 전도성을 셀레니엄으로부터 분리해내다.
1819 : 내피어 인쇄용 윤전기를 제작하다.
1820 : 계산기(calculator)의 전신인 계수기(Arithmometer) 발명
1821 : 영국에서 휘트스턴 소리를 재생하다.
1823 : 배비지가 계산기계의 일부를 제작하다.
1823 : 영국의 로널드가 자신의 정원에 전신기계를 만들었지만 아무도 관심을 가지지 않았다.
1825 : 소머트로프에 의해 시각적 잔상이 보여지다.
1827 : 닙시 진짜 사진을 만들다.
1827 : 런던에서 휘트스턴 마이크를 제작하다.
1829 : 다게르가 사진의 발명을 위하여 닙시와 합류하다.
1829 : 버츠 최초로 미국의 타자기 특허를 얻다.
1830 : 영국에서 광택나는 종이 생산되다.
1832 : 벨기에의 페나키스토스코프와 오스트리아의 스트로보스코프 영화의 발명을 촉진하다.
1833 : 1페니짜리 뉴욕의 신문이 대량 시장의 문을 열다.
1833 : 독일에서 전신이 2마일 가까이 도달하다.
1834 : 배비지 컴퓨터의 전신이라고 할 수 있는 분석엔진을 생각하다.
1836 : 로랜드 힐 영국의 우편제도의 재편을 시작하다.
1837 : 영국에서 휘트스턴과 쿡은 전기를 이용한

커뮤니케이션 약사 285

전신의 특허를 내다.
1837 : 모스 전기 전신장치를 미국에서 전시하다.
1837 : 피트먼이 영국에서 속기에 관한 책을 출판하다.
1837 : 다게르 사진의 노출시간을 20분으로 줄이다.
1838 : 영국에서 휘트스턴의 입체경이 그림을 입체로 보이게 하다.
1838 : 다게르와 닙시의 사진술이 대유행하기 시작하다.
1839 : 폭스 탈보트는 영국에서 음화로부터 사진을 인화하다.
1839 : 허셀 사진의 고착제를 발명하다.
1839 : 러시아의 야코비가 인쇄판을 복사하는 전자 타이핑을 발명하다.
1839 : 인쇄에 전기가 사용되다.
1840 : 영국에서 최초의 우표가 판매되다.
1841 : 오스트리아의 페츠발 f/3.6싸니 렌스글 민들다.
1841 : 광고대행사 탄생하다.
1841 : 런던에서 최초의 활자 조판기계 사용되다.
1842 : 삽화가 그려진 런던뉴스 등장하다.
1842 : 크리스마스 카드 등장 ― 종이의 새로운 용도
1843 : 미국에서 사진의 확대장치 개발
1843 : 에이다, 레이디 러브레이스 컴퓨터에 관해 설명한 그녀의 노트를 출판하다.
1844 : 모스의 전신 워싱턴과 볼티모어를 연결하다.
1845 : 우편제도 개편안은 국내와 국제우편의 가격을 내리고 통제했다.
1845 : 타자기의 리본 발명되다.
1846 : 이중 실린더 윤전기가 발명되어 1시간에 8천 장을 인쇄할 수 있게 되다.
1847 : 사업용 전보가 최초로 사용되다.
1847 : 영국에서 베이크웰이 "복사전보"를 만들다.
1848 : 미국연합통신(AP)의 전신 뉴욕에 설립되다.
1849 : 사진 슬라이드 발명
1850 : 표지를 종이로 만든 책 등장
1851 : 미국에서 나무섬유로 종이를 만들다.
1851 : 이리를 철도 전신에 의존하다.
1851 : 전신 케이블 영국해협을 건너다.
1851 : 아처 습판사진 현상법을 발명하다.
1851 : 신문 우송료가 반으로 줄어 군(county)내는 무료로 배부하다.
1852 : 우표가 널리 사용되다.
1853 : 종이접는 기계로 봉투를 만들다.
1854 : 크리미아전쟁에 전신이 사용되다.
1854 : 프랑스의 브르셀이 실험적인 전화를 만들다.
1854 : 카르트 드 비지테 현상법이 사진술을 간단하게 만들다.
1854 : 굽어진 연판을 사용한 인쇄술이 칼럼의 괘선을 제거하여 넓은 광고를 수월하게 했다.
1855 : 미국에서 인쇄전보가 발명되다.
1855 : 편지요금이 사전지불이 의무화되다.
1855 : 등기우편서비스가 시작되다.
1856 : 포이테반 사진 석반인쇄를 시작하다.
1856 : 기계가 신문, 책을 접고 잉크를 말리다.
1857 : 조판기계가 선보이다.
1857 : 프랑스의 스캇이 만든 포노토그라프, 에디슨의 축음기의 선구가 되다.
1858 : 미국의 거리에 우체통이 선보이다.
1858 : 최초의 대서양 횡단 전신서비스 시도가 실패로 돌아가다.
1858 : 연필의 끝에 지우개가 달리다.
1858 : 항공사진 촬영되다.
1859 : 카메라에 광각렌즈가 장착되다.
1860 : 미주리주의 세인트 조세프에서 캘리포니아의 새크라멘토 사이를 포니 익스프레스가 우편물을 배달하다.
1861 : 전보가 포니 익스프레스를 갑자기 중단하게 만들다.
1861 : 최초의 컬러사진용 화학물질 개발
1861 : 오리버 웬델 홈즈 입체경을 발명하다.
1862 : 이탈리아의 카셀리 전선을 통해 그림을 송신하다.
1862 : 미국에 지폐 등장하다.
1863 : 미국의 대도시들 우편물의 무료배달 시작되다.
1863 : 파리에서 최초의 국제우편회의 개최되다.
1864 : "열차 우체국" 직원들이 열차 내에서 우편물을 분류하다.
1864 : 미국에서 우편환이 판매되기 시작하여 6개

월 동안에 130만 달러가 판매되다.
1865 : 대서양 횡단 케이블이 미국과 유럽 사이에 즉각적인 커뮤니케이션이 가능하도록 묶어 주다.
1866 : 웨스턴 유니온이 미국의 전신통신을 주름 잡다.
1867 : 미국의 숄즈가 작동하는 타자기를 만들다.
1869 : 감색법을 사용한 컬러사진 등장
1869 : 스트르리아에 우편엽서 등장
1870 : 월 스트리트에 증권시세표 등장
1871 : 망판(網板 : halftone process) 인쇄술로 신분에 사진을 인쇄할 수 있게 되다.
1872 : 전신선로의 양쪽 끝에서 동시에 전송이 가능하게 되다.
1873 : 미국에 우편엽서 등장, 가격은 1페니.
1873 : 뉴욕의 일간지에 삽화 등장.
1873 : 맥스웰 전자기파이론을 발표하다
1873 : 레밍턴 회사 숄의 타자기를 생산하기 시작하다.
1873 : 타자기에 쿼티(QUERTY)라는 사이비 과학적 키보드를 갖게 되다.
1873 : 아이랜드의 메이가 대서양횡단 케이블을 통해 신호를 보내기 위해 셀레니움을 사용하다.
1874 : 만국우편연합 결성
1875 : 에디슨 등사판을 발명하다.
1875 : 미국의 케레이가 사진을 전송하기 위해 셀레니움 모자이크를 디자인하다.
1876 : 벨 전화를 발명하다.
1877 : 프랑스의 찰스 크로스 축음기를 발명하다.
1877 : 미국에서 에디슨 역시 축음기를 발명하다.
1878 : 마이브리지가 말의 움직임을 촬영하다.
1878 : 영국의 화학자 크룩스가 음극선관(TV의 브라운관—역주) 발명하다.
1878 : 미국과 독일에서 다이나믹 마이크가 발명되다.
1878 : 미국, 전화번호부를 발행하다.
1878 : 신문에 전면광고 실리다.
1878 : 건판사진
1879 : 벤데이 현상법이 신문에 지도와 그림을 넣을 수 있도록 도와주다.

1880 : 망판인쇄를 이용한 사진 신문에 등장하다.
1880 : 에디슨 전등(電燈) 발명
1880 : 프랑스의 르블랑 화상을 부분적으로 전송할 수 있다는 이론 발표
1880 : 최초의 소포우편
1881 : 타자기를 통해 여성들이 비즈니스 세계에 등장하다.
1881 : 사무실이 현대적인 모습을 갖추기 시작하다.
1882 : 영국에서 최초로 사진을 유선으로 전송하다.
1883 : 에디슨 후에 방송용 튜브의 기초가 되는 "에디슨 효과" 발견
1884 : 독일의 닙코 초기 텔레비전 형태인 주사판(scanning disc) 개발
1884 : 일반인들도 장거리 전화를 걸 수 있게 되다.
1884 : 전자 도표작성기 등장
1884 : 워터맨사 초기형 만녀필을 없애버리다.
1885 : 사무실에서 받아쓰기기계를 구입하다.
1885 : 이스트만 코닥 코팅된 인화지를 만들다.
1885 : 미국 우체국 속달우편을 제공하다.
1885 : 열차가 신문을 매일 배달하다.
1886 : 그라포폰 사의 왁스 실린더와 사파이어 바늘이 음질을 향상시키다.
1886 : 머젠탈러가 조판을 위한 리노 타이프(자동 두도 식자기)를 만들다.
1887 : 유리판 사진을 대체할 셀룰로이드 필름이 개발되다.
1887 : 몽고메리 워드가 540페이지짜리 카탈로그를 우송하다.
1887 : 베를리너가 기계로 찍어낸 평평한 디스크로부터 음악을 얻다.
1887 : 다기능 계산기인 사무용 계산기(Comptometer)가 개발되다.
1887 : 잡지에 광고가 등장하다.
1888 : 코닥의 상자 카메라가 사진찍기를 간편하게 만들다.
1888 : 하인리히 헤르츠 전파의 실재를 증명하다.
1888 : 동전으로 작동하는 공중전화 등장
1888 : 일반인들에게 판매를 목적으로 한 에디슨의 축음기 생산을 시작하다.
1888 : 오벨린 스미스 자기(磁氣) 기록의 제4의 이론

을 세우다.
1889 : 허먼 홀레리스가 미국 인구를 펀치카드로 계산하다.
1890 : A. B. 딕이 등사기를 판매하다.
1890 : 타자기가 사무실에서 일반적으로 사용되다.
1890 : 영국에서 프리스 그린이 영화용 카메라와 영사기를 제작하다.
1890 : 프랑스에서 브랜리의 무선 전신용 검파기가 무선신호를 전도하다.
1891 : 대형인쇄 및 접이기계가 4페이지짜리 신문 9만 매를 인쇄하고 접어내다.
1891 : 카메라에 망원렌즈가 장착되다.
1891 : 에디슨의 조수인 딕슨이 영화용 카메라를 제작하다.
1892 : 에디슨과 딕슨이 들여다 보는 영사기 제작
1892 : 4가지 색을 인쇄할 수 있는 윤전기 제작
1892 : 이동가능한 타자기 제작
1892 : 자동 전화교환기 가동
1893 : 딕슨이 뉴저지에 영화 스튜디오를 건설하다.
1893 : 사무용기기에 주소인쇄기가 첨가되다.
1894 : 마르코니가 무선 전보기기 발명하다.
1895 : 프랑스의 뤼미에르형제가 이동가능한 영화 카메라를 제작하다.
1895 : 파리의 관객들 영사된 영화를 감상하다.
1895 : 영국의 프리스 그린이 사진식자기를 발명하다.
1896 : 언더우드 모델의 타자기가 타자수들이 자신이 치는 것을 볼 수 있게 만들다.
1896 : 자동식자기가 기계로 한 글자씩 조판을 하다.
1896 : 제지공장에 전기가 사용되다.
1896 : 영국에서 영사기가 사용되다.
1896 : X-레이 사진 촬영되다.
1896 : 오지까지 우편배달이 실시되다.
1897 : 영국에서 거의 모든 가정에 집배원이 우편물을 배달하다.
1897 : 독일에서 브라운이 형광물질을 이용하여 음극선관(브라운관)을 개선하다.
1897 : 제너럴 일렉트릭(GE)사 홍보국 창설.
1898 : 인공조명을 이용한 사진이 촬영되다.
1898 : 뉴욕주 잘못된 광고에 대항하는 법률을 통

과시키다.
1899 : 덴마크의 폴슨에 의해 소리가 자기적으로 녹음되다.
1899 : RCA의 전신인 미국 마르코니 회사 설립되다.
1900 : 코닥사의 브라우니 카메라가 사진찍기를 싸고 간단하게 만들다.
1900 : 푸핀의 장하(裝荷) 코일이 전화음성의 왜곡을 감소시키다.
1901 : 단단한 셸락 수지로 만든 사진 디스크가 판매되다.
1901 : 최초의 전동타자기 블릭큰스더퍼 소개되다.
1901 : 마르코니의 무선신호 대서양을 건너다.
1902 : 독일의 차이스 4개의 원소로 제작한 카메라 렌즈 '테사르'를 발명하다.
1902 : 아연판에 에칭하여 사진을 새기다.
1902 : 미국해군 선박에 무선전화를 설치하다.
1902 : 사진을 전기적으로 주사하여 송수신이 가능하게 되다.
1903 : 무선통신, 전보, 축음기, 영화, 인쇄 등의 기술이 진보하다.
1903 : 런던의 '데일리 미러' 사진으로만 도판을 넣다.
1903 : 미국에서 저렴한 크레용이 대량으로 생산되다.
1904 : ;전화 자동응답기가 발명되다.
1904 : 플레밍이 발명한 2극 진공관이 무선통신을 개선시키다.
1904 : 오프셋 인쇄가 상업적으로 현실화되다.
1904 : 독일에서 사진이 유선으로 전송되다.
1904 : 하인, 미국 빈민들을 촬영하다.
1904 : <대열차강도>는 극영화의 수요를 창출했다.
1904 : 만화책 등장.
1904 : 음악이 축음기판 양면에 녹음되다.
1905 : 피츠버그에서 최초의 5페니짜리 극장이 문을 열다.
1905 : 사진, 인쇄, 우편이 결합된 사진 우편엽서가 대유행하다.
1905 : 프랑스에서 파테가 흑백사진에 기계로 색을 입히다.
1905 : 뉴질랜드에서 우편요금계기(우표 대신에 일

부인을 찍는 기계) 소개되다.
1905 : 업종별 전화번호부(Yellow Pages) 만들어지다.
1905 : 24곡을 선곡할 수 있는 주크 박스 개발되다.
1906 : 빅트롤라(빅터 사의 축음기 상표이름)축음기를 가구로 만들다.
1906 : 영국에서 개발한 새로운 컬러인쇄법으로 책 값을 싸게 만들다.
1906 : 미국에서 목소리와 음악으로 된 프로그램이 방송되다.
1906 : 리 드 포레스트 3극 진공관을 발명하다.
1906 : 던우디와 피카드가 광석 라디오를 만들다.
1906 : 만화영화 제작되다.
1906 : 페센덴이 선박의무선 통신사들을 자극하기 위해 바이올린을 연주하다.
1906 : 실험적인 유성영화 제작되다.
1907 : 벨과 하웰, 영사시스템을 개발하다.
1907 : 뤼미에르 형제 정사진 현상방법을 발명하다.
1907 : 드 포레스트, 라디오로 정규적인 음악방송 실시.
1907 : 러시아의 로싱, 텔레비전의 이론을 발전시키다.
1908 : 미국의 스미스 진자 컬러영화를 소개하다.
1909 : 무선 조난신호가 충돌한 선박으로부터 1700명의 생명을 구하다.
1910 : 스웨덴의 엘크스트롬 "플라잉 스폿" 카메라를 발명하다.
1911 : 윤전판이 잡지에 사진인쇄를 편리하게 하다.
1911 : "우편 저축 시스템" 시작되다.
1912 : 미국에서 라디오 방송국을 통제할 수 있는 법이 통과되다.
1912 : 모터가 달린 영화 카메라가 수동 카메라를 대체하다.
1912 : 피드백과 헤테로다인 시스템이 현대적인 라디오의 시작을 알리다.
1912 : 비행기를 이용한 우편배달이 최초로 이루어지다.
1913 : 휴대용 축음기가 생산되다.
1914 : 비행기에 무선 메시지 전송이 이루어지다.
1914 : 독일의 라이카회사에서 최초의 35밀리 필름을 사용하는 사진기를 만들다.

1914 : 미국에서 도다드가 로케트 실험을 시작하다.
1914 : 최초의 대륙간 전화 통화되다.
1915 : 미국과 일본 간에 무선통신 서비스가 연결되다.
1915 : 무선전화가 음성을 대서양 건너 전송하다.
1915 : <국가의 탄생>이 영화의 새로운 기준을 제시했지만 그것은 인종차별적이었다.
1915 : 전기를 사용하는 스피커 발명
1916 : 사진기에 광학적 화인더(촬영 대상물을 확인할 수 있는 장치)가 장착되다.
1916 : 라디오에 튜너가 장착되다.
1917 : 사진식자가 사용되다.
1917 : 프랭크 콘라드가 후에 KDKA가 되는 라디오 방송국을 세우다.
1917 : 컨덴서 마이크가 사용되어 방송녹음의 발전에 기여하다.
1918 : 워싱턴 시와 뉴욕 간의 최초 정기 항공우편 개시.
1919 : 단파라디오 발명.
1919 : 플립플롭 회로가 발명되어 후에 컴퓨터(계산기)의 계산을 돕게 되다.
1920 : 미국 전역에 항공우편 서비스 시작
1920 : 전기를 이용한 음향녹음이 시작되다.
1920 : 피츠버그의 KDKA가 최초로 정규방송을 개시.
1921 : 수정 결정판(Quartz crystals)이 불안정한 라디오 신호를 안정시키다.
1921 : '로봇(robot)'이라는 단어가 언어에 편입되다.
1921 : 웨스턴 유니온 유선전송사진 서비스 시작
1922 : 광고가 방송되기 시작하다.
1922 : 테크니 컬러가 영화의 두 가지 색 현상방식을 소개하다.
1922 : 독일의 UFA사가 광학적 음향트랙(Optical sound track)이 있는 필름을 생산하다.
1922 : 가수들 녹음 스튜디오에서 축음기용 혼 마우스를 없애다.
1922 : 최초의 다큐멘터리 <북극의 나눅(Nanook of the North)> 제작되다.
1923 : 즈보르킨 텔레비전전전 카메라용 전자 이코노 스코프 촬상관 개발

1923 : 리본 마이크가 스튜디오 마이크의 표준이 되다.
1923 : 점으로 분해된 그림(영상)이 전선을 통해 보내지다.
1923 : 화재에 강한 16mm 필름 등장하다.
1923 : 코닥사 가정용 영화장비 소개.
1923 : 네온사인 광고 등장.
1924 : 나선형의 스프링으로 장정된 노트 등장.
1924 : 최초로 광고주가 붙은 '에브리데이 아우어(The Every hour)'가 방송되다.
1924 : 콘라드가 KDKA 방송국에 단파 송신기를 설치하다.
1924 : 동부에서 서부까지 항공우편이 매일 시행되다.
1924 : 전화선을 통한 영상전송 실시.
1924 : 미국 내에 250만 대의 라디오 수신기가 보급되다.
1925 : 미국 전역에 무선으로 팩스를 전송할 수 있는 상업적 서비스 실시.
1925 : 전체적으로 전기로 작동할 수 있는 축음기가 제작되다.
1925 : 풍차 날개처럼 생긴 장치로 움직이는 영상을 전송하는 데 성공하다.
1925 : 프랑스에서 와이드 스크린 영화가 개발되다.
1926 : 대서양을 건너는 상업적인 무선영상 팩스 서비스 실시되다.
1926 : 베어드가 전기적 장치를 한 텔레비전을 선보이다.
1926 : 몇몇 라디오에 자동음량 조절장치가 설치되었는데 이것은 장단점이 있었다.
1926 : '이 달의 책' 클럽(Book-of-the-Month Club) 탄생.
1926 : 미국에서 최초의 16밀리 영화가 촬영되다.
1926 : 고다르(Goddard)가 최초로 액체연료 로켓을 발사하다.
1926 : 상설 라디오 네트워크 NBC가 설립되다.
1926 : 벨 전화연구소가 텔레비전을 통해 영화를 전송하다.
1927 : NBC가 제2의 라디오 네트워크를 시작하고 CBS가 설립되다.
1927 : 판스워스가 완전한 전자적 텔레비전을 조립하다.
1927 : 최초의 발성영화 졸슨의 <재즈 싱어> 제작되다.
1927 : 무비톤에서 뉴스 영화에 소리를 제공하다.
1927 : 미국 라디오법에서 전파의 공중소유를 선언하다.
1927 : 음극귀환이 하이파이 사운드를 만들 수 있게 하다.
1928 : 텔레타이프 기계가 선보이다.
1928 : 3가구에 텔레비전을 설치하고 프로그래밍을 시작하다.
1928 : 베어드가 텔레비전을 기록하기 위해 비디오 디스크를 발명하다.
1928 : 텔레비전 신호가 대서양을 건너는 실험에 성공하다.
1928 : 뉴욕의 슈넥터디에서 정규 편성된 텔레비전 방송 실시.
1928 : <증기선 윌리(Steamboat Willie)>라는 작품에서 미키 마우스 소개되다.
1928 : 타임 스퀘어의 전광판에 움직이는 헤드라인 등장.
1928 : IBM사에서 80줄짜리 펀치카드를 채택하다.
1929 : 전자적인 컬러 텔레비전 실험이 시작되다.
1929 : 전보송신기로 1분에 500자를 전송하다.
1929 : 배에 승선하고 있는 승객들이 가까운 연안에 전화를 걸 수 있게 되다.
1929 : 중매인들이 자동화된 전광판에서 주가를 볼 수 있게 되다.
1929 : 자동차에 장착하는 라디오 등장
1929 : 독일의 실험실에서 자기 테이프에 소리를 녹음하는 실험 성공
1929 : 런던에 텔레비전 스튜디오 건설
1929 : 마이애미에서 남아메리카까지 항공우편 배달
1930 : 위험한 분말을 사용하는 사진기용 플래시가 플래시 전구로 대체되다.
1930 : 미국에서 라디오의 '황금시대' 시작되다.
1930 : 토마스 로웰이 최초의 정규뉴스를 시작하다.

1930 : 영국의 기계식 시스템에 기초한 텔레비전 생산을 시작하다.
1930 : AT&T 영상 전화기를 시도하다.
1931 : 상업적 텔레타이프 서비스 개시.
1931 : 로스엔젤레스와 모스코바에서 전자식 텔레비전 방송.
1931 : 사진가들에게 노출계가 판매되다.
1931 : 벨 연구소에서 스테레오 녹음을 실험하다.
1931 : NBC에서 실험적으로 120주사선의 텔레비전을 송신하다.
1932 : 디즈니사에서 만화가 3색의 테크니 컬러를 도입하다.
1932 : 코닥사에서 가정용 8밀리 필름을 소개하다.
1932 : 런던의 ≪더 타임스≫ 신문에서 새로운 타임스 로마 서체를 사용하다.
1932 : 영화 <나폴레옹>에서 스테레오 음향을 사용하다.
1932 : 줌 렌즈가 발명되었지만 실용적인 모델은 21년 뒤에야 나왔다.
1932 : 측광계 발명.
1932 : NBC와 CBS가 광고에서 가격을 말할 수 있도록 허락하다.
1932 : 암스트롱이 FM을 발명했지만 실질적인 미래는 20년 후에야 열렸다.
1933 : 스포츠 촬영에 다중 플래시 사용.
1933 : 노래하는 전보.
1934 : 뉴저지에 자동차 전용극장 개장.
1934 : AP통신사 유선으로 사진전송 서비스 시작
1934 : 독일에서 텔레비전 중계차가 거리를 누비다.
1934 : 스코틀랜드에서 전화선을 통해 텔레타이프를 전송하다.
1934 : 3색 테크니 컬러가 일반영화에 사용되다.
1934 : 1934년의 통신법이 FCC를 창설하게 하다.
1934 : 미국 가정의 반 정도가 라디오를 소유하게 되다.
1934 : 무추얼 라디오 네트워크가 방송을 시작하다.
1935 : 독일의 필름을 감아서 사용하는 SLR카메라가 플래시 전구에 동조되다.
1935 : IBM사의 전동 타자기가 생산되다.
1935 : '펭귄' 문고판 책 생산
1935 : 전 전자식(全 電子式) VHF 텔레비전 실험실에서 나오다.
1935 : 코닥사 코다크롬 컬러필름을 개발하다.
1935 : 여론조사회사인 닐슨사의 청취율 조사기계 '오디 미터'가 라디오 청취자 조사를 하다.
1935 : 트위터(tweeter/고음색 재생용 스피커—역자주)와 우퍼(woofer/저음역 재생용 스피커—역자주)가 스피커의 왜곡을 줄이다.
1936 : 런던에서 텔레비전 정규방송이 시작되다.
1936 : 독일에서 자기 테이프 녹음기, 마그네토폰이 제작되다.
1936 : 베를린올림픽이 폐쇄회로 텔레비전으로 중계되다.
1936 : 벨 연구소가 음성인식기계를 발명하다.
1936 : 코다크롬 필름이 컬러사진 촬영을 활발하게 하다.
1936 : 뉴욕과 필라델피아가 동축선으로 연결되다.
1936 : 영국의 수학자 앨런 튜링이 "계산 가능한 숫자들"에서 일반적인 목적의 계산기 (컴퓨터)를 설명하다.
1937 : 벨 연구소의 스티비츠가 전기에 의한 디지털 계산기를 발명하다.
1937 : PCM(Pulse Code Modulation) 방식이 디지털 음향전송 방법을 제시하다.
1937 : NBC가 텔레비전 중계차를 뉴욕 거리에 내보내다.
1937 : '힌덴버그'호 충돌, 폭발 참사가 전국에 녹음 방송되다.
1937 : 칼슨이 복사기를 발명하다.
1937 : 최초의 장편 만화영화 백설공주 제작
1938 : 스트로보(사진용 섬광전구) 소개되다.
1938 : 아르헨티나의 비로형제 볼펜을 발명하다.
1938 : CBS의 월드 뉴스 라운드 업이 현대적인 뉴스의 선구가 되다.
1938 : 듀몬 사가 가정용 전자식 텔레비전을 판매하다.
1938 : 오슨 웰스의 라디오 드라마 <세계의 전쟁>에서 화성인의 침공을 실감나게 묘사하여

전국을 공포의 도가니에 빠지게 하다.
1939 : 기계식 텔레비전 시스템 폐기처분되다.
1939 : 뉴욕의 세계박람회에서 텔레비전을 대중에게 선보이다.
1939 : 미국에서 전자식 텔레비전 정규방송 시작되다.
1939 : 대서양을 건너는 항공우편 서비스 시작되다.
1939 : 스포츠 중계, 버라이어티 쇼, 장편영화 등을 포함하여 많은 최초의 것들이 텔레비전을 방송되다.
1940 : 디즈니의 만화영화 '환타지아'가 미국의 영화관객들에게 스테레오 사운드를 소개하다.
1941 : FCC가 미국 텔레비전의 표준방식을 결정하다.
1941 : NBC와 CBS가 상업방송을 시작했으나 제2차 세계대전으로 지장을 받다.
1941 : CBS의 골드마크가 전자적 컬러텔레비전을 실험하다.
1941 : 극초단파(Microwave) 송출.
1941 : 독일에서 최초로 소프트웨어에 의해 통제된 컴퓨터 '제우스 Z3' 탄생.
1942 : 아이오와의 마타나소프와 베리가 최초의 전자적 디지털 컴퓨터 제작.
1942 : 코닥사 컬러사진을 인화하다.
1942 : 전화선에 장착된 중계기가 장거리 전화의 잡음을 감소시키다.
1943 : 와이어 녹음기가 연합군측의 라디오 기자들이 제2차세계 대전을 보도하는 데 도움이 되다.
1944 : 하바드의 마크 1호가 업무에 사용된 최초의 디지털 컴퓨터가 되다.
1944 : IBM이 일정한 공간을 비워둘 수 있는 타자기를 내놓다.
1945 : 미국 병사들이 독일의 라디오 방송국에서 테이프를 사용하는 녹음기를 발견하다.
1945 : 클라크가 커뮤니케이션을 위한 정지위성을 상상하다.
1945 : 종이로 만드는 물건이 약 1만 4,000가지나 되는 것으로 추산되다.
1946 : 주크 박스가 대량생산되기 시작하다.
1946 : 펜실베이니아의 에니악(ENIAC)이 현대적인 전자 컴퓨터의 선구자가 되다.
1946 : 자동차용 무선전화가 전화 네트워크에 접속되다.
1946 : 프랑스의 기술자들이 사진식자 기계를 만들다.
1947 : 영국에서 일하던 헝가리 기술자가 홀로그라피를 발명하다.
1947 : 트랜지스터가 발명되어 진공관을 대체하게 되다.
1947 : 텔레비전 카메라에 줌 렌즈를 장착하고 야구 월드시리즈를 중계하다.
1948 : 비닐판으로 만들어진 LP디스크가 만들어지다.
1948 : 벨 연구소의 쇄논과 위버가 정보학설을 발표하다.
1948 : 랜드의 폴라로이드 카메라가 몇 분 만에 사진을 인화하다.
1948 : 할리우드, 화재에 강한 필름을 사용하다.
1948 : 대중들은 텔레비전에 열광했고, FCC는 새로운 방송사 설립허가를 중단하다.
1948 : 비행기가 9개 주에 텔레비전 신호를 중계하다.
1949 : 미국에 네트워크 텔레비전 방송이 설립되다.
1949 : RCA사가 45rpm속도의 음반을 소개하다.
1949 : 케이블 텔레비전의 선구자인 CATV 시작되다.
1949 : MIT의 월윈드(Whirlwind) 최초의 리얼타임 컴퓨터가 되다.
1949 : 마그네틱 코어 컴퓨터 메모리 발명되다.
1950 : 정규적인 컬러 텔레비전 방송 송신
1950 : 비디콘이라는 촬상장치가 텔레비전의 화질을 향상시키다.
1950 : 닐슨사의 시청률조사기계인 오디미터가 시청률을 조사하기 시작하다.
1951 : 미국 내에 전년도에 비해 10배 늘어난 150만 대의 텔레비전 수상기가 보급되다.
1951 : 세 대의 영사기로 만들어내는 넓고 굽어진 화면의 시네라마가 일시적으로 관객들을 압도했다.
1951 : 컴퓨터가 판매되기 시작하다.
1951 : 플래시가 내장된 사진기가 등장하다.

1951 : 동축선이 동부에서 서부까지 연결되다.
1951 : 빙 크로스비의 회사가 비디오 녹화를 실험하다.
1952 : 3차원 영화가 관객들에게 전율을 제공하다.
1952 : 소니가 소형 트랜지스터 라디오를 내놓다.
1952 : EDVAC이 컴퓨터기술의 발전에 커다란 공을 세우다.
1952 : 유니백 컴퓨터를 사용한 CBS가 대통령 선거 방송에서 승리하다.
1952 : 전화에 지역번호가 등장하다.
1953 : NTSC 컬러 텔레비전 표준방식을 결정하다.
1953 : CATV가 먼 곳의 신호를 끌어오기 위해 극초단파(microwave)를 사용하다.
1954 : 소련이 우주선 스푸트닉 호를 발사하다.
1954 : 전세계적으로 매일 발행되는 신문의 부수보다 라디오 수신기 숫자가 많아지다.
1954 : 미국에서 NTSC 표준방식을 사용하는 컬러 텔레비전이 정규방송을 시작하다.
1954 : 스포츠가 컬러로 생중계되다.
1954 : 트랜지스터 라디오가 판매되기 시작하다.
1955 : 광섬유를 통한 커뮤니케이션 실험이 시작되다.
1956 : 암펙스 사가 실용적인 비디오테이프 녹화기를 만들다.
1956 : 벨 연구소가 화상전화를 실험하다.
1956 : 최초의 대서양 횡단 유선전화 개통
1957 : 소련의 우주선 스푸트닉 호가 우주에서 신호를 보내다.
1957 : 포트란(FORTRAN)이 최초의 고급 컴퓨터 프로그램언어가 되다.
1957 : 수술장면이 텔레비전으로 중계되다.
1957 : 전체가 사진식자로 만들어진 최초의 책이 오프셋으로 인쇄되다.
1958 : 비디오테이프가 컬러를 재생하다.
1958 : 스테레오 녹음방식이 판매를 목적으로 소개되다.
1958 : 데이터가 일반 전화선을 통해 전송되다.
1958 : 위성통신의 전단계로 방송전파를 로켓에 반사시키다.

1958 : 레이저 등장.
1958 : 케이블 FM라디오 방송을 전송하다.
1959 : 케이블 텔레비전으로 지역의 안내방송, 날씨정보, 지역광고 등을 방송하다.
1959 : 마이크로 칩 발명
1959 : 제록스 사 평면 종이복사기 생산
1959 : 벨 연구소 인공지능 실험
1959 : 프랑스의 SECAM, 독일의 PAL 등 텔레비전 방송시스템 등장
1960 : 궤도상에 있는 풍선 Echo Ⅰ호가 라디오 신호를 지구로 반송하다.
1960 : 로드 아일랜드에 전자적이고 자동화된 우체국 개국.
1960 : 냄새나는 영화(Smell-O-Vision)가 개발됐지만 관객들은 코방귀만 뀌었다.
1960 : 우정성이 팩시밀리 우편을 실험하다.
1960 : 제니스 사가 유료 계약 텔레비전을 시험했으나 실패하다.
1961 : 권투경기를 통한 유료 텔레비전 시험이 가능성을 보이다.
1961 : FCC가 FM 스테레오 방송을 허가하여 FM 기술개발에 박차를 가하다.
1961 : 벨 연구소가 광파(光波) 커뮤니케이션을 시험하다.
1961 : IBM사가 볼 타입 타자기를 소개하다.
1961 : 인쇄용 사식문자인 레트라셋(Letraset) 조판이 헤드라인 제작을 간편하게 했다.
1961 : 시분할(時分割) 컴퓨터(time-sharing computer:1대의 컴퓨터를 동시에 여러 사람이 다른 목적으로 사용한 것) 개발되다.
1962 : 케이블 방송사들이 원거리의 신호를 끌어들이다.
1962 : FCC가 텔레비전 수상기에 UHF 튜너를 장착하도록 요구하다.
1962 : 통신위성 콤샛(Comsat)이 전지구 위성시스템의 발사와 운용의 새로운 장을 열다.
1962 : 통신위성 텔스타(Telstar)가 대서양을 건너 영상을 전송하다.
1963 : 네델란드에서 오디오 카세트 도입되다.

1963 : 미국, 우편번호 제정.
1963 : CBS와 NBC 컬러뉴스를 30분으로 연장하다.
1963 : PDP-8 최초의 소형 컴퓨터로 대중화되다.
1963 : 폴라로이드 즉석사진기 컬러화되다.
1963 : 통신위성이 지구 정지궤도에 자리잡다.
1963 : 케네디 암살보도로 TV뉴스의 시대가 오다.
1964 : 동경올림픽이 위성을 통해 전세계로 중계되다.
1964 : 터치 톤 전화와 영상전화 서비스 시작되다.
1964 : 일본에서 가정용 녹화기 개발.
1964 : 러시아의 과학자들 목성에 신호를 전송하다.
1964 : 국제위성기구 Intelsat 조직되다.
1965 : 전자교환기가 소비자들에게 부가서비스를 제공하다.
1965 : 소련에서 국내 텔레비전 송출을 시작하다.
1965 : 시분할 컴퓨터가 대중화되다.
1965 : 뉴스용 컬러필름 개발.
1965 : 통신위성 얼리 버드(Early Bird-Intelsat Ⅰ)가 대서양 상공 궤도에 오르다.
1965 : 코닥사에서 가정용 영화촬영을 위한 수퍼 8밀리를 내놓다.
1965 : 카트리지 음향 녹음용 테이프가 발매되었지만 몇 년 후 사라졌다.
1965 : 대부분의 텔레비전전이 컬러화되다.
1965 : FCC의 규칙이 케이블 텔레비전의 체계를 구축하게 하다.
1965 : 케이블 텔레비전 업계를 통해 견고한 장비들이 확산되다.
1966 : 리노트론으로 인쇄를 위해 초당 천 개의 컴퓨터 문자 숫자식을 만들어내다.
1966 : 광섬유 케이블이 통신 채널을 몇 배로 늘리다.
1966 : 제록스사가 원거리 복사기 즉 팩스기계를 판매하다.
1967 : 돌비사가 쉿하는 잡음(hiss)를 제거하다.
1967 : 컴퓨터에 빛을 이용한 필기도구(light pen)가 사용되다.
1967 : 비디오테이프에 녹화된 영화가 가정용으로 판매되다.
1967 : 무선전화기가 몇 통의 전화를 받다.

1967 : 전세계적으로는 약 2억 대의 전화가 보급되고 그 절반이 미국에 있었다.
1968 : 텔레비전 카메라맨들이 폭이 2인치인 테이프를 사용하는 녹화기를 가지고 다니다.
1968 : FCC가 벨 회사가 생산하지 않은 장비를 전화시스템에 사용할 수 있게 하다.
1968 : 인텔샛이 전세계를 연결하는 통신위성의 고리를 완성하다.
1968 : 미국에 약 7천8백만 대의 텔레비전이 보급되고 전세계적으로는 약 2억 대가 보급되다.
1968 : RAM 마이크로 칩이 시장에 나오다.
1969 : 우주비행사들이 달에서 생생한 영상을 보내다.
1970 : 우편법 개정안이 미국의 우편업무를 자립하게 만들다.
1970 : 독일에서 비디오 디스크가 선보이다.
1970 : 미국 우체국과 웨스턴 유니온이 전보 발신지(紙)를 제공하다.
1970 : 컴퓨터의 플로피 디스크가 즉각적인 성공을 거두다.
1971 : 인텔사가 컴퓨터의 중앙처리장치인 마이크로프로세서를 제작하다.
1971 : 소니사의 3/4인치 "유 매틱" 카세트 VCR이 텔레비전 뉴스촬영을 용이하게 하다.
1971 : 최초의 워드프로세서 <왕 1200> 등장.
1972 : HBO가 유료 케이블 텔레비전 서비스를 시작하다.
1972 : 새로운 FCC 규칙에 공동체 접근채널을 삽입토록 하다.
1972 : 폴라로이드 카메라에 자동초점장치 장착.
1972 : 디지털 텔레비전이 실험실에서 나오다.
1972 : 영국의 BBC가 "시 팩스(Ceefax)"라는 쌍방향 케이블 정보시스템을 내놓다.
1972 : 미국의 어떤 회사도 통신위성을 가질 수 있게 되다.
1972 : 랜드샛 Ⅰ(Landsat Ⅰ-"eye-in-the-sky") 위성 발사.
1972 : 소니사에서 휴대하기 훨씬 간편한 휴대용 녹화기 포타팩(Port-a-pack) 개발.
1972 : "퐁(Pong)"이 비디오게임의 광기를 불러일으

키기 시작하다.
1973 : 프랑스에서 초소형 컴퓨터(microcomputer) 태어나다.
1973 : IBM사의 셀렉트릭이라는 타자기가 자동수정이 가능해지다.
1974 : 영국의 BBC가 텔레비전 수상기에 문자나 도형 등의 부가 데이터를 송신하다.
1974 : ENG(Electronic News Gathering : 뉴스취재용 전자카메라) 개발되다.
1974 : 통신위성으로 전보를 송신하다.
1974 : "하늘의 선생(Teacher-in-the-Sky)"이라는 이름의 위성이 교육목적으로 사용되다.
1975 : 상자형의 초소형 컴퓨터가 가정용으로 판매되기 시작하다.
1975 : "마닐라의 공포" 실질적인 오리지널 케이블 프로그램이 되다.
1976 : 소니사의 베타맥스와 JVC의 VHS가 가정용 비디오시장 쟁탈전이 시작되다.
1976 : Apple I 컴퓨터 등장.
1976 : 돌비 스테레오가 영화관에도 적용되다.
1976 : 테드 터너가 위성으로 전국에 프로그램을 보내다.
1976 : 사진기들이 마이크로프로세서에 의해 조종되다.
1977 : 컬럼버스와 오하이오주민들이 QUBE라는 쌍방향 케이블방송을 실험하다.
1978 : 코니카 사에서 겨누고 찍기만 하면 되는 카메라 개발.
1978 : PBS가 송출을 위해 전화선을 포기하고 위성을 택하다.
1978 : 전자타자기 판매를 시작하다.
1979 : 음성인식기계가 1천 개의 단어를 인식하다.
1979 : 명령에 의해 데이터를 제공하는 비디오 텍스트 등장.
1979 : 레이저로 읽는 비디오 디스크가 네덜란드에서 개발되다.
1979 : 일본에서 최초의 휴대전화 네트워크가 구성되다.
1979 : 컴퓨터화된 레이저 인쇄는 중국의 인쇄업자들에게 축복이었다.
1980 : 프랑스에서 갈매기가 날아가는 것을 3차원 영화로(Holographic film) 보여주다.
1980 : 인텔샛V가 1만2천 회선의 전화와 2개의 컬러텔레비전 채널을 중계하다.
1980 : 대중을 위한 국제 팩스서비스, 인텔 포스트 서비스 개시
1980 : 애틀랜타, 최초의 광통신 시스템을 갖추다.
1980 : 24시간 뉴스 채널 CNN 방송 개시
1980 : 어드레스할 수 있는 케이블 TV 컨버터가 각각의 가정을 정확히 나타내다.
1981 : 45만 개의 트랜지스터가 사방 0.635cm 크기의 실리콘 칩에 들어가다.
1981 : 홀로그램 기술이 발달하여 비디오게임에도 적용되다.
1981 : 소니의 워크맨이 유행하기 시작하다.
1981 : IBM PC 등장
1981 : 휴대용 컴퓨터가 소개되다.
1981 : 최초의 컴퓨터 마우스 소개
1982 : 일본에서 필름 없이 전자적으로 영상을 기록하는 카메라 등장
1982 : USA Today 신문, 위성을 이용해서 각 지역거점에서 인쇄하다.
1982 : 코닥 사 디스크 카세트의 필름을 사용하다.
1982 : 광학적 문자인식기가 봉투 위에 있는 도시, 주, 우편번호 등을 인식하다.
1983 : 미국에서 휴대전화 네트워크 시작하다.
1983 : 레이저와 플라스틱이 신문생산을 개선하다.
1983 : 컴퓨터 칩이 28만 8,000비트의 메모리를 수용할 수 있게 되다.
1983 : ≪타임≫지가 "금년의 인물"로 컴퓨터를 선정하다.
1983 : 9자리 숫자의 우편번호와 우편용 바코드 등장.
1983 : AT&T사가 분사를 강요당해 7개의 소규모 전화회사가 태어나다.
1983 : 미국 비디오 텍스트 서비스가 시작되었으나 3년 만에 실패하다.
1984 : SNG(Satellite News Gathering) 송신을 위한 트럭

이 사용되다.
1984 : 실험적인 장비가 기본적인 일본어를 영어로 번역했지만 실수도 있었다.
1984 : 휴대용 CD플레이어가 나오다.
1984 : ≪내셔널 지오그래픽≫ 잡지가 표지에 홀로그램을 사용하다.
1984 : TV 수상기를 손목에 찰 수 있게 되다.
1984 : 일본에서 고품질의 팩스 생산되다.
1984 : 카메라와 테이프 녹화기가 결합하여 캠코더가 되다.
1984 : 32비트 마이크로프로세서.
1984 : 1메가 바이트 메모리 칩 등장
1984 : CONUS가 Ku-Band 위성방송사에 뉴스를 중계하다.
1985 : 정지화상을 비트단위로 편집하기 위한 디지털 영상처리가 가능해지다.
1985 : CD-ROM이 27만 페이지의 텍스트를 CD레코드에 담을 수 있게 되다.
1985 : 휴대전화가 자동차에도 들어가다.
1985 : 문자, 언어 통합 컴퓨터가 2만 단어를 발음하다.
1985 : 텔레비전 방송을 스테레오로 들을 수 있게 되다.
1985 : 미국의 TV네트워크들이 가맹국에 위성으로 전파를 보내다.
1985 : 박람회에서 소니가 가로 40미터, 세로 25미터의 대형 스크린을 선보이다.
1985 : 소니가 신용카드만한 크기의 라디오를 만들다.
1985 : 시청 프로그램 숫자만큼 요금을 내는 채널(pay-per-view)이 영업을 시작하다.
1986 : HBO가 신호를 뒤범벅으로 만들어 특별한 장치 없이는 볼 수 없게 만들다.
1986 : 케이블 텔레비전에 홈 쇼핑 네트워크 등장
1987 : 미국 전체 가구의 반정도가 케이블 TV에 연결되다.
1987 : 정부가 케이블방송업계의 규칙을 폐기하다.
1988 : 정부가 1억700만의 주소에 팜플렛을 발송하다.

1989 : 천안문사태를 통해 미디어의 정보 전파의 힘을 전세계에 보여주다.
1989 : 태평양을 연결하는 광섬유 케이블을 통해 4만 회선의 전화를 수용할 수 있게 되다.
1990 : 언제든지 날아갈 수 있는 SNG가 해외 취재 보도에 큰 도움이 되다.
1990 : IBM이 자회사 셀렉트릭을 매각했는데, 이것은 타자기의 시대가 지나갔다는 신호였다.
1990 : 대부분의 2인치 폭의 테이프를 사용하는 녹화기가 사라지다.
1990 : 비디오 디스크가 새로운 레이저 형태로 돌아오다.
1991 : 만화영화 <미녀와 야수>가 아카데미상 최우수 작품상 후보에 오르다.
1991 : 걸프전 취재보도에서 전세계 뉴스를 CNN이 주도하다.
1991 : 생방송 뉴스가 세계의 수도에서 걸프전 현장으로 전환하는 것이 매우 쉽게 보이다.
1991 : 덴버의 주민들이 집에서 1,000편 이상의 영화 중에서 선택하여 주문 시청할 수 있게 되다.
1991 : 영화관객들이 <터미네이터 II>의 컴퓨터 모핑기법을 보고 깜짝 놀라다.
1991 : 소형 전화회사들이 정부로부터 정보서비스를 제공할 수 있는 허가를 얻다.
1991 : 소련의 고르바초프 반대세력의 음모가 전지구적 시스템인 인터넷의 도움으로 실패로 돌아가다.
1991 : 미국에서만 40억 개 이상의 비디오 카세트 테이프가 대여되다.
1991 : 미국내의 4가구 중 3가구가 VCR을 소유하게 되었는데 이것은 가전제품 중 가장 빨리 보급된 것이다.
1992 : 케이블 텔레비전의 수입이 220억 달러에 이르다.
1992 : 최소한 50개 이상의 도시에 한 개 이상의 케이블 텔레비전 방송국을 갖게 되다.
1992 : 부시 대통령의 연설이 끝난 후 2,500만 이상의 시청자가 의견을 개진하기 위해 전화를

걸려고 시도하다.
1993 : 영화 <쥬라기 공원>에서 공룡들이 지구를 떠돌아다니다.
1993 : 휴대전화기가 뇌종양을 일으킨다는 확인되지 않은 소문이 떠돌아다니다.
1993 : 폭력적인 텔레비전 프로그램을 차단할 수 있는 "V-chip"의 수요가 생기다.
1993 : 1/3 정도의 미국인들이 출근하는 대신 집에서 일정량의 업무를 수행하다.
1994 : 25년 만에 인터넷 영업을 민영화하다.
1994 : 롤링 스톤즈의 콘서트가 전세계적인 인터넷인 "Mbone"을 통해 200개의 워크스테이션으로 퍼져나가다.
1994 : 서구의 영향을 줄이기 위해 10여 개의 국가들이 위성방송 수신용 접시 안테나를 제한하거나 금지했다.
1994 : 로스앤젤레스 지진 후에 1만 2천 건의 메시지가 게시판을 메우다.
1994 : 잡지들이 CD-ROM 디스크로 출간되기 시작하다.
1994 : 경쟁사들이 HDTV의 표준화에 동의하다.
1995 : 실험적인 CD-ROM 디스크에 장편영화 한 편을 모두 담을 수 있게 되다.
1995 : 소니가 평면 TV를 선보이다.
1995 : 직접위성방송이 미국 전역에 방송을 하게 되다.
1995 : 덴마크가 향후 5년내에 전국을 온라인으로 연결하겠다는 계획을 발표하다.
1995 : 미국의 주요 일간지들이 전국적인 온라인 신문 네트워크를 구축하다.
1995 : 라마 알렉산더가 대통령 후보 출마발표를 위한 매체로 인터넷을 선택하다.
1995 : 실제 상황진행의 음향을 인터넷을 통해 들을 수 있게 되다.
1996 : 스트립다운 넷 컴퓨터가 도래하다.
1996 : 10만 개 이상의 웹 사이트가 생겨났고 급속히 증가하다.
1996 : 전세계적으로 인터넷 이용자가 6천만 명을 돌파했고 급속히 늘어나고 있다.
1996 : TV-top 박스가 텔레비전을 인터넷에 연결했다.
1996 : 발전된 사진 시스템이 필름 장착을 용이하게 했고 인화 포맷의 선택을 가능하게 했다.
1996 : 원격통신법 개정안하에서 전화회사, 케이블방송, 방송사들이 경쟁하게 되다.
1996 : 미국 우체국들이 매일 약 6억 통의 우편물을 처리하다.
1996 : 포켓전화와 컴퓨터가 시장에 등장하다.

■ 찾아보기

(ㄱ)

가나(Kana) 31
가상공간(cyberspace) 220
가상공간중독자 246
가제츠(gazettes) 60
객관적인 보도 80
거실전쟁 194
걸프전 28, 195
검열 25
계몽주의 70
고르바초프, 미하일 20, 22
고선명 텔레비전 185
고어(Al Gore) 255
공동체 안테나 TV(CATV : community antenna television) 198
광고(advertisement) 87, 88
광고대행사 89
광동 지방 26
광석라디오 117, 121
광섬유 172, 233
구전문화 41
구텐베르크, 요하네스 13, 48, 51, 53, 54, 59, 61, 64, 65, 68, 74, 82, 223
<구텐베르크 갤럭시(The Gutenberg Galaxy)> 227
<국가의 탄생(The Birth of a Nation, 1915)> 155
국립과학재단 246
국립교육연구네트워크 250
국제 디지털 네트워크 서비스(ISDN) 172
국제원거리통신위성기구 239
권리장전(the Bill of Right) 78
그리스어(헬라어) 36
그리피스(D. W. Griffith) 155
그린(Graham Greene) 12
글라스노스트(glasnost) 20
금강경(Diamond Sutra) 65
길드 72
깅리치, 뉴트(Newt Gingrich) 27, 255
꿈 제조공장(dream factories) 159

(ㄴ)

나나니벌 78
나폴레옹 73
남북전쟁 73, 89, 107
내비게이터(Navigator) 260
《내셔널 지오그래픽(National Geographic)》 149
네트워크 27, 144
넷스케이프(Netscape) 248, 260
노동조합 72
뉘렘베르크 52
뉴스북(newsbooks) 60
《뉴스위크(Newsweek)》 21, 264
《뉴욕 월드(New York World)》 120
《뉴욕 타임스(New York Times)》 121, 131, 196, 261, 265
《뉴욕 트리뷴(New York Tribune)》 108
《뉴욕 헤럴드(New York Herald)》 108
니네바(Ninevah) 42
닉슨, 리처드(Richard Nixon) 27, 195
닌텐 28
닐 암스트롱 196
닐 포스트맨(Neil Postman) 188
닐슨 미디어리서치 180

(ㄷ)

다게르, 루이(Louis Daguerre) 98
다게르타입(daguerreotype) 98
다니엘 디포(Daniel Defoe) 130
다마스커스 51, 65
다우존스 뉴스검색(Dow Jones News Retrieval) 260
다중시스템 운용자(MSO : multi systems operator) 231
단테(Dante) 48
<달나라 여행> 150
<달라스(Dallas)> 187
<대열차강도> 153
대화(Dialogues) 41

≪더 네이션(The Nation)≫ 92
≪더 리뷰(The Review)≫ 130
데스크탑 비디오 164, 210
≪데일리 뉴스(Daily News)≫ 130
데카당스 156
<도나휴(Donahue)> 188
독립선언문 94
돌비 166
돔 페드로 2세(Dom Pedro II) 112
뒤몽(Dr. Allen DuMont) 183
듀랑(Durant) 34, 41
드라코 법전 40
등소평 정부 21
디모인(Des Moines) 194
디지털 오디오 방송(DAB) 178
디지털 오디오테이프(DAT) 213
디지털 콤팩트 카세트(DCC) 140, 213
딕슨(W. K. L. Dickson) 124

(ㄹ)

라디오 91
<라쇼몽> 157
라스코 30
랜(LAN) 250
≪런던 타임즈≫ 108
레밍턴 86
레이 엠 돌비(Ray M. Dolby) 204
레이건 27
로드 앤 토머스(Lord & Thomas) 89, 91
로마 교황청 55
로버트 탈턴(Robert Tarlton) 199
로버트 패리(Robert Parry) 264
로베르, 니콜라(Nickolas Robert) 76
『로빈슨 크루소(Robinson Crusoe)』 130
≪로스앤젤레스 타임스 미러(Los Angeles Times-Mirror)≫ 261
로스차일드, 나단(Nathan Rothschild) 59
로이터통신 25, 80
로큰롤 211
로툴라(rotula) 57
롤라드(Lollard) 47
롤라드교단 56
루브르박물관 35

루스벨트 27
루위스 하인(Lewis Hine) 101
루이스와 오귀스트 뤼미에르(Louis, and Auguste Lumire) 124
뤼미에르 형제 125
르네 드 로뮈르(Rene de Raumur) 77
르네상스 49, 54, 63, 65, 267
리 드 포리스트(Lee de Forest) 116, 119, 120, 179, 203
리노타이프 82
≪리더스 다이제스트(The Readers Digest)≫ 131
리쿠르구스 40
리프친스키 15

(ㅁ)

마그네토폰 139
마그니티즈다트(magnitizdat) 20
마르코 폴로 66
마르코니 무선전보회사 119
마르코니(Guglielmo Marconi) 117, 118
마르크스 70
마이크로소프트 245
마이크로칩 116
마인츠 55, 60, 68
마크 트웨인(Mark Twain) 76, 86
마크 포스터(Mark Poster) 216
마틴 루터 킹(Martin Luther King) 193
마틴 루터(Martin Luther) 48, 64
마틴 말라키(Martin Malarkey) 200
만국우편연합(Univesal Postal Union) 96
매리 픽포드(Mary Pickford) 154
<매쉬(M*A*S*H)> 187
매카시(McCarthy) 149
매튜 브래디(Mathew Brady) 101
맥루한, 마셜 16, 17, 22, 36, 133, 162, 180
맥킨토시 223
머독, 루퍼트(Rupert Murdoch) 235
멀티플렉스(multiplex) 162
메르쿠리우스 갈로-벨지쿠스(Mercurius Gallo-Belgicus) 60
메소포타미아 31, 32
모더니즘 74
모리스, 로이드(Lloyd Morris) 128
모세 33

모스, 사무엘 F. B.(Samuel F.B. Morse) 99, 105
모스 부호 118, 120
목판본 54
무성영화 157
문자방송 259
문화적 제국주의 25, 210
문화제국주의 26
뮤토스코프(Mutoscope peephole) 125
미국연방통신위원회 183
미국연방통신위원회(FCC) 172, 183
미국의 소리(VOA) 20, 21, 117
미국전화전보회사(AT&T : American Telephone and Telegraph) 114
미국혁명 72, 76
미니디스크(MD) 140
미디어 갱스터 27
<미디어의 이해(Understanding Media)> 227
<미션 임파서블(Mission Impossible)> 186
민용문자(民用文字 : demotic) 32
민주주의 39
밀턴 54

(ㅂ)

바그다드 51, 65
<바람과 함께 사라지다> 159
바빌론 31, 42
바스티유감옥 56
바웬사 27
바티칸 47
박물관 38
반전시위 194
반전운동 195
발로키스탄 24
발성영사기(Vitaphone) 158
발성영화(talkies) 158
방송(broadcasting) 121, 141
방송진흥협회 186
버나드 볼프(Bernard Wolff) 109
버스터 키턴(Buster Keaton) 154
베네딕트 수도사 36
베두인 24
베를린 장벽 26
베를린 필하모닉 139

베버, 막스(Max Weber) 129
베타맥스(Betamax) 205
베트남 29
벤저민 프랭클린(Banjamin Franklin) 71 76, 78, 80, 93, 130
벤저민 해리스(Benjamin Harris) 60
벨, 알렉산더 그레이엄(Alexander Graham Bell) 110, 111, 134
벨 전화회사(Bell Telephone Company) 112
<보난자(Bonanza)> 186
보니파스(Boniface) 47
볼로냐(Bologna) 53
≪볼티모어 선(Baltimore Sun)≫ 109
부어스틴, 대니얼 J.(Daniel J. Boorstin) 103
부호 85
뷰데이터(viewdata) 260
브라우니 사진기 147
블라디미르 즈보리킨(Vladimir Zworykin) 182
블랙 마리아(Black Maria) 125
블렌더(Blender) 227
비디오 저널리즘 208
비디오텍스 260
비선형 편집 210
비잔틴 48
빅토르 위고(Victor Hugo) 68
빅토리아여왕 112
<빌 코즈비(Bill Cosby)> 186
빌헬름 뢴트겐(Wilhelm Roentgen) 103
빙 크로즈비(Bing Crosby) 139, 212

(ㅅ)

사노프, 데이빗(David Sarnoff) 177, 182
사담 후세인 24
사마르칸드 51, 65
사무엘 골드윈(Samuel Goldwyn) 126
사미즈다트(samizdat) 15, 20
사진(photography) 99
산업혁명 70, 71, 73, 76, 85, 87, 127
상식(Common Sense) 15, 76
상형문자 32
상호 방송시스템(MBS : Mutual Broadcasting system) 145
새물결(New Wave) 156
샌드위치맨 88

샤를마뉴(Charlemagne) 49, 62
서부극 160
성경 88
세가(Sega) 258
세넷(Sennett) 154
<세서미 스트리트(Sesame Street)> 188
세익스피어 39
세종대왕 67
셰익스피어 24, 88
소니 마비카(Sony Mavica) 148
소니 워크맨 140
≪소비에츠카야 러시아(Sovietskaya Rossiya)≫ 208
소크라테스 41
소크라테스(Socrates) 39
쇼베 30
수메르인 31, 34
슈워츠코프, H. 노만(H. Norman Schwarzkopf) 28, 195
스냅사진 147
스콜라주의 53
스크라이브너즈(scriveners) 53
스타시스템 159
스탠퍼드, 리랜드(Leland Stanford) 124
스트라보 38
스트랜드극장 152
스티븐 스필버그 123
스파르타 40
스파이크 리 161
스푸트니크 237
시민 인권운동 193
시민사회 39
시스템 운영자(sysops) 250
시어도어 베일(Theodore Vail) 114
시어즈 로벅(Roebuck & Co.) 90
시카고 리더(Chicago Reader) 175
시트콤 25, 187
시팩스(Ceefax) 260
신곡(The Divine Comedy) 48
신관서체(hieratic) 32
신문(newspaper) 60
신세계정보통신질서(NWICO) 25
『실락원』 54
십계명 33
십자군전쟁 56, 64
쌍방향 시스템 259
쌍방향 케이블 262

쐐기문자 33

(ㅇ)

아돌포스 68
아리스토텔레스 38
아메리카 온라인 251
아메리칸 그라포폰 135
아방가르드(Avant-grade) 156
아비뇽 47
아서 클락(Arthur Clarke) 235
아야톨라 호메이니 24
<아이 스파이(I Spy)> 186
아이어 앤 선(N.W. Ayer & Son) 90
아카디아인 31
아키라 쿠로자 157
아테네 38
아티카 40
악타 디우르나(Acta Diurna) 32, 59
안셀 아담즈(Ansel Adams) 145
안왕 박사 223
안토니우스(Antony) 43
알두스 마니티우스(Aldus Manitius) 63
알렉산더, 라마(Lamar Alexander) 27
알렉산더(Alexander)대왕 64
알렉산드리아 35
알렉산드리아도서관 43
알렉산드리아항구 43
알렉시스 토크빌(Alexis Tocqueville) 74
알타미라 30
알파벳 36
알프레드 베일(Alfred Vail) 105
암펙스(Ampex) 204
앗시리아 42
앙리 카르티에-브레송(Henri Cartier-Bresson) 145
애거트클럽(The Agate Club) 92
앤드류 브래드퍼드(Andrew Bradford) 130
앤드류 잭슨(Andrew Jackson) 장군 95
앤드류 해밀턴 78
앨 고어(Al Gore) 27
앵커 24
양피지 35
양화(positive) 99
언더우드(John T. Underwood) 86

에두아르드 브랜리(Édouard Branly) 118
에드워드 R. 머로 188, 193
에드워드 W. 보크(Edward W. Bok) 90
에드워드 마이브리지(Edward Muybridge) 124
에드윈 포터(Edwin Porter) 153
에디슨, 토머스(Thomas Edison) 69, 110, 118, 124, 134
에라스무스, 데시데리우스(Desiderius Erasmus) 48
에미(Emmy) 189
에밀 베를리너 135
에이브라함 링컨(Abraham Lincoln) 107
에이젠스타인, 세르게이 156
엘 시드 48
엘레샤 그레이(Elisha Gray) 111
엘리자베스 아이젠스타인(Elizabeth Eisenstein) 53
엘비스 프레슬리(Elvis Presley) 211
엥겔스 70
연합통신(the Associated Press) 80, 94, 109, 191, 192, 248, 264
영국방송사(BBC) 144
영화 123
영화검열협회 160
옐친, 보리스 20
오디세이 38
오라클(Oracle) 260
오스트라카 39
오슨 웰스(Orson Welles) 176
오트마 메간탈러(Ottmar Merganthaler) 76
오프라(Oprah) 188
옥스퍼드 63, 68
옵셋 석판인쇄(offset lithography) 76
<왈가닥 루시(I Love Lucy)> 187
왕권신수설 61
왕첸(Wang Chn) 66
요비우스(Jovius) 66
요셉 니엡스(Jeseph Nipce) 98
요한 슐츠(JohannSchulze) 97
우체국 58
우편번호 171
우편협약(Postal Act) 169
울만 슈트뢰머(Ulman Stroemer) 52
워너브라더스(Warner Bros.) 152, 158
워드프로세싱 223
≪워싱턴 포스트≫ 20, 196
워크맨 138
워터게이트사건 195

원거리 학습(distance learning) 239
원격복사기(Telecopier) 256
≪월 스트리트 저널(Wall Street Journal)≫ 22, 203, 237, 265
월드 와이드 웹 172, 178, 219, 247
월터 크롱카이트(Walter Cronkite) 190, 196
월터 톰슨(J. Walter Thompson) 90
웨스턴 유니언(Western Unio) 86, 107, 110
웨스팅하우스(Westinghouse) 141, 142, 144
웹잡지(Web zines) 231
위성실황중계(Live via satellite) 236
위지윅(WYSIWYG) 223
윈스턴 처칠(Wiston Churchill) 176
윌 듀랑(Will Durant) 35
윌리엄 도크우라(William Dockwra) 58
윌리엄 캑스턴(William Caxton) 54
윌리엄 쿡(William Cooke) 105
윌리엄 틴데일(William Tyndale) 56
윌리엄 폭스 탈보트(William Fox Talbot) 69, 98
윌리엄 프리스 경(Sir William Prece) 113
윌리엄 프리스 그린(William Friese Greene) 124
윌리엄 헨리 잭슨(William Henry Jackson) 101
유 매틱(U-matic) 205
유니백(Univac) 223
유료TV 229
유메네스왕 43
유성영화 158
유엔교육과학문화기구(UNESCO) 25
유카탄반도 36
유텔샛(Eutelsat) 236
유파트리드(Eupatrids) 40
음유시인 63
음화(negative) 99
이노센트 6세 66
이스트먼-코닥 147
≪이코노미스트≫ 26
인권선언(Declaration of the Rights of Man) 76
인문주의 65
인문주의자 48, 63
≪인민일보≫ 25
인지조례(印紙條例 : the Stamp Act) 60
인큐나불라 52
인터넷 26, 246, 252, 253
인터넷 네트워크 정보센터 251
인터넷 사회(Internet Society) 246

인터넷 중독자 지원그룹 246
인텔 245
인텔샛 234
인텔샛 I 238
일라이 휘트니(Eli Whitney) 77
일리아드 32, 38
잉카족 30
잉크 33

(ㅈ)

자동차 전용극장 161
≪자유신문≫ 82
자유유럽방송(Radio Free Europe) 20
<자전거 도둑> 157
장 몽골피어(Jean Montgolfier) 51
재즈싱어(The Jazz Singer) 158
재택근무 242
잔다르크 47
저널리스트 23, 25, 29
저지 카진스키(Jerzy Kosinsky) 167
전국케이블텔레비전협회 200
전국통신텔레비전위원회 200
전보(telegraph) 105
전서구 59
전자메일 172
전자주택(the electronic cottage) 243
전자화폐(e-cash) 248
전함 포템킨 156
점토판 31
정보 넝마주이 15
정보고속도로(Information Highway) 13, 15, 39, 172, 217, 220, 202
정보혁명 29
제너럴 일렉트릭 142
제록스(Xerox) 103, 256
제이콥 리이스(Jacob Riis) 101
제임스 1세(James I) 61
제임스 로버트슨(James Robertson) 100
제임스 클럭 맥스웰(James Clerk Maxwell) 113, 118
제임스 폴크(James Polk) 109
조셉 매카시(Joseph McCarthy) 27
조셉 펫즈발(Josef Petzval) 99
조셉 퓰리처(Joseph Pulitzer) 81

조셉 헨리(Joseph Henry) 118
조지 거브너(George Gerbner) 262
조지 로웰(George Rowell) 89
조지 멜리에 150
조지 워싱턴 93
조지 이스트먼(George Eastman) 125, 146
존 E. 파워즈(John E. Powers) 92
존 F. 케네디 193, 237
존 밀턴 80
존 암브로즈 플레밍 120
존 올드캐슬 경(Sir John Oldcastle) 56
존 월슨(John Walson) 199
존 위클리프(John Wyclif) 47
존 칼하운(John Calhoun) 95
존 파워즈(John Powers) 91
존 피터 젠거(John Peter Zenger) 78
주안테나 TV(MATV : master antenna television) 198
줄리어스 로이터 59
줄리어스 시저(Julius Caesar) 43, 59
지구촌(global village) 16, 22, 130, 196, 216
지로그라피(xerography) 103
직접방송위성 163
직접위성방송(DBS) 24, 235
진공관 116
진스(zines) 228
집적회로 118
징기스칸(Genghis Khan) 66

(ㅊ)

찰리 채플린(Charlie Chaplin) 154
찰스 1세(Charles I) 78
찰스 프랜시스 젠킨즈(Charles Francis Jenkins) 182
찰스 휘트스턴(Charles Wheatstone) 105
찰즈 하바스(Charles Havas) 109
채륜(Ts'ai Lun) 49
천안문광장사건 20
체르노빌 29
체스터 칼슨(Chester Carlson) 103
초서시대 39
촬상관 182
추문 폭로자 101
축음기 133

(ㅋ)

카나르드(canards) 60
카드무스(Cardmus)왕 38
카르타고 88
카메라 루시다(camera lucida) 97
카메라 옵스큐라(camera obscura) 97
카세트 테이프 140
카스텔, 마누엘(Manuel Castells) 245
카탈로그 90
카트리지 140
카피라이터 91
칼 브라운(Karl Braun) 181
캠코더 210
커뮤니케이션 도구창고 16, 19
컴퓨서브(CompuServe) 260
컴퓨터 게시판 252
컴퓨터 키보드 87
케네디 27
케이블 뉴스 네트워크(Cable News Network) 196
케이블 채널(basic cable) 232
케임브리지 63, 68
코닥(Kodak) 90, 146
콜럼버스 56
콤팩트디스크(CD) 140, 213
쿠완(ku-wan) 30
퀴푸(quipu) 30
큐브(Qube)실험 258
크렘린궁 19
크리스토퍼 숄스(Christopher Sholes) 85, 87
키네스코프 203
키네토그라프(Kinetograph) 125
키네토스코프(Kinetoscope) 125
키스톤 캅스(Keystone Kops') 154

(ㅌ)

타블로이드 신문 79
타블로이드판 130
타쏘(Tasso) 48, 58
타이타닉 호 120
타이피스트 84
≪타임 스퀘어(Times Square)≫ 91
타임 워너(Time Warner) 232, 259
타자기 84
탁상출판(desktop publishing) 218, 223
탈보타이프(talbotype) 100
탐 메츠거 28
탐 페인(Tom Paine) 76
테드 커플(Ted Koppel) 22
테드 터너(Ted Turner) 196, 229
테러리스트 23
테크니컬러 159
텔레벤젤리스트(televangelists) 189
텔레비전 181
텔레센터(telecenter) 244
텔레쇼핑(Teleshopping) 261
텔레커뮤터(telecommuters) 243
텔레커뮤티케이션 243
텔레타이프(teletype) 86, 116
텔레타이프라이터 86
텔레텍스트 260
텔레텔(Teletel) 260
텔레폰 히르몬도(Telefon Hirmondo) 114
텔스타 I 237
토머스, 로웰(Lowell Thomas) 191
토머스 왓슨(Thomas Watson) 18, 112
토머스 웨지우드(Thomas Wedgewood) 98
토머스 제퍼슨 78
토머스 카알라일(Thomas Carlyle) 72
토큰 31
토플러, 앨빈 222, 243
톰슨, 로드(Lord Thomson) 184
톨레도 48
통속극(Soap Opera) 187
트랜스폰더 237
트랜지스터 116
티마소아라 22
티파오(tipao) 59

(ㅍ)

파피루스 34, 35, 38, 39
패러마운트(Paramount) 153
팩스(fax) 255
팩시밀리(facsimile) 255
팻 로버트슨(Pat Robertson) 229
페니 아케이드(Penny arcades) 128

페니 잡지(The Penny Magazine) 131
페니신문(pennypress) 77, 79, 81, 82, 105, 109, 127
페니키아(Phoenicia) 13, 38
패러데이, 마이클(Michael Faraday) 118
페르가몬 43
페르가몬도서관 43
페르디난트 브라운 121
페센덴, 리지날드 121
페스트 46
페인(Tom Paine) 15
페턴, 로저(Roger Feuton) 100
페트라르카(Petrarch) 48
펠리체 베아토(Felice Beato) 100
펭 따오(Fng Tao) 64
포니 익스프레스(Pony Express) 58, 95
포르노그라피 209
포스트모더니즘 74
폴 닙코(Paul Nipkow) 181
폴 로이터(Paul Reuter) 109
폴라로이드(Polaroid) 카메라 148
폼페이 88
표음문자 31
표의문자 31
푸르드리니에(Fourdrinier) 75, 76, 81
풀 서비스 네트워크(Full Service Network) 232
퓰리처(Pulitzer) 129
프란시스 두블리에(Francis Doublier) 126
프란시스 베이컨(Francis Bacon) 64
프랑스혁명 76
프랜시즈 퍼킨스(Frances Perkins) 176
프랭크 콘라드(Frank Conrad) 141
프랭클린 루스벨트(Franklin Roosevelt) 176
프레데릭 2세(Frederick Ⅱ) 51
프레드 프렌들리 186
프레드릭 아이브즈(Frederick Ives) 102
프레드릭 아처(Frederick Archer) 100
프레스텔(Prestel) 260
프로디지(Prodigy) 260
프로테스탄트 48
프리드리히 엥겔스(Friedrich Engels) 73
프톨레미 왕조 35
프톨레미(Ptolemy) 43
플라톤(Plato) 39, 41
플로피 디스크 223
플리니(pliny) 32

피터 아넷(Peter Arnett) 29, 195
필경사 35, 52
필립스(Philips) 206
필사자(筆寫者) 34
필승(畢昇) 66

(ㅎ)

하바스통신 80
하워드 암스트롱(E. Howard Armstrong) 119, 177, 121
하이파이 212
하인리히 헤르츠(Heinrich Hertz) 118
한글 67
한자동맹(the Hanseatic League) 58
할리우드 124
함무라비법전 32
합성사진 149
허먼 홀러리스(Herman Hollerith) 222
허버트 후버(Herbert Hoover) 91
허스트(Hearst) 129
헤겔 39
헤드 엔드 200
헤라클레스(Heracles) 39
헤로도토스 37
헨리 데이빗 소로(Henry David Thoreau) 110
헨리 밀 85
헬라 37, 38
헬라문명 39
헬라세계 42
헬레니즘 43
협송 197
협송(narrow-casting) 177
호, 리차드(Richard Hoe) 75
호딩(hoarding) 88
호레이스 만(Horace Man) 71
호머 32, 38
홀로그램 150
홈쇼핑 230, 261
홈페이지 245
화상회의 174, 239
환등기 슬라이드(lantern slide) 100
환타지아(Fantasia) 137
활동사진 123, 128, 152
황색 저널리즘(Yellow journalism) 129

휴대전화 173
휴머니즘 48, 63, 267
흑사병 46
히브리문자 34
히틀러, 아돌프(Adolf Hitler) 139, 176
힉소스왕조(the Hyksos) 34
힌덴베르크(Hindenberg) 212
힐 스트리트 블루스(Hill Street Blues) 186
3-D영상 262
5센트 극장 150
5센트 영화관 13
<80일간의 세계일주(Around the World in Eighty Days)> 130

ABC 145, 178, 189
ABC 뉴스 29
AM 스테레오 178
AOL 260
AP(연합통신) 201
AT&T 18, 137, 143, 172, 182

BBC 20, 189, 196
BBC방송 20
BBS 249

C-밴드 21, 240
CATV 200
CB 178
CBS 145, 178, 183, 189
CD-I 207
CD-ROM 207, 226
CNN 19, 21, 26, 27, 28, 195, 196, 229, 263
COMSAT 237
CONUS 192
Cinemax 163
CompuServe 175

DAT 140
DBS 163, 233
DTH 239
DVC(Digital Video Compression) 234
DVD 207, 226
Daily Graphic 102

ENG(Electronic News Gathering) 192, 204, 236
ER 186
ESPN 229
EVM 174

FCC 178, 184, 201
FM 라디오 177
FedEx(Fedral Express) 58, 169

GE(General Electric) 144

HBO(Home Box Office) 163, 185, 197, 228
HDTV 163, 185

IBM 18, 85, 222
IRC 251
IT 144
ITV 144
Illustrated London News 102

KDKA 141
Ku-밴드 21, 240

L-VIS(Live Video Insertion System) 262
L.A. Law 186
LP 213
Life 102

MCA 206
MGM(Metro-Goldwyn-Mayer영화사) 153, 159
MIT 264
MTV 27, 190, 227, 229
MUD 246
Mutual 178

NBC 145, 178, 183, 189
NHK 189
NTSC 184

Observer 81

PAL 184
PBS 188
PCS 173
PPV(pay-per-view) 232

RCA   142, 144, 182

SATCOM   228
SECAM   184
SMATV(satellite master antenna television)   233
SNG(Satellite News Gathering)   237
STV   202
Star-TV   235

≪TV 가이드≫   207
TV선교사   229
The Ladies' Home Journal   90

UHF   184
UPS(United Parcel Service)   58, 169
USA Today   237

VHF   184
VHS(Video Home System)   205
VOD(Video On Demand)   232
VSAT   241

WTN   192

Xerox 914   103

■ 지은이

• 어빙 팽(Irving Fang)

미네소타 대학교의 저널리즘과 매스커뮤니케이션 대학의 교수로 전공은 매스커뮤니케이션 역사와 방송 저널리즘이다. 신문기자, 편집자, 통신사, 방송 뉴스작가, ABC뉴스의 정치부 부 부장 등 다양한 분야에서 저널리스트로 활동했다. 또한 유럽, 아시아, 아프리카의 대학과 텔레비전, 라디오방송 등에서 방송 뉴스와 커뮤니케이션 기술 등에 대해 강의했다. 1990년 저널리즘과 매스커뮤니케이션 교육협회로부터 올해의 탁월한 방송 저널리즘 교육자로 선정되었으며, 1996~1997년까지 플브라이트 재단의 연구교수로서 필리핀 대학에서 근무했다.

■ 옮긴이

• 심길중

서울예술대학을 졸업하고 교육방송에서 프로듀서/디렉터로 근무했다. Los Angeles의 Columbia College에서 텔레비전과 영화 제작을 공부하고 New York Institute of Technology 대학원에서 Communication Art를 전공하였고, New York의 TBC에서 프로듀서/디렉터로 일했다
1990년부터 서울예술대학 방송연예과 교수로 재직 중이다.
『미디어 제2의 신』, 『비디오촬영기법』 등을 번역했고 『텔레비전 제작론』을 집필했으며 KBS 영상사업단에서 『텔레비전 프로덕션』이라는 텔레비전 제작을 위한 시청각 교재를 제작했다.

한울아카데미 420
매스커뮤니케이션의 역사
— 6단계 정보혁명

ⓒ 심길중, 2002

지은이 | 어빙 팽
옮긴이 | 심길중
펴낸이 | 김종수
펴낸곳 | 도서출판 한울

초판 1쇄 발행 | 2002년 3월 20일
초판 3쇄 발행 | 2011년 11월 20일

주소 | 413-832 파주시 교하읍 문발리 535-7 302(본사)
     121-801 서울시 마포구 공덕동 105-90 서울빌딩 1층(서울 사무소)
전화 | 02-326-0095(영업) 031-955-0606, 02-336-6183(편집부)
팩스 | 02-333-7543
등록 | 1980년 3월 13일, 제406-2003-051호

Printed in Korea.
ISBN 978-89-460-4520-0 93300

* 가격은 겉표지에 있습니다.